D1692463

Gundlach Handbuch Musikunterricht Grundschule

Schwann-Handbuch

Willi Gundlach (Hrsg.)

Handbuch Musikunterricht Grundschule

Schwann Düsseldorf

CIP-Kurztitelaufnahme der Deutschen Bibliothek

Handbuch Musikunterricht Grundschule / Willi
Gundlach (Hrsg.). − Düsseldorf : Schwann,
1984.
   (Schwann-Handbuch)
   ISBN 3-590-144445-9
NE: Gundlach, Willi [Hrsg.]

© 1984 Pädagogischer Verlag Schwann-Bagel GmbH Düsseldorf
Alle Rechte vorbehalten
1. Auflage 1984
Gesamtherstellung: Lengericher Handelsdruckerei, Jürgen Bossemeyer GmbH & Co.
KG, 4540 Lengerich/Westf.
ISBN 3-590-14445-9

Inhalt

Vorwort 9

I. Einleitung

Willi Gundlach
Musikunterricht in der Grundschule. Die Entwicklung der letzten
15 Jahre 15

Willi Gundlach
Zu den Beiträgen des Handbuchs 25

II. Lernfelder des Musikunterrichts

Gottfried Küntzel
Musikmachen – der vokale Bereich 37

Eva Rieger/Dankmar Venus
Musikmachen – der instrumentale Bereich 110

Martin Geck
Zur Didaktik des Instrumenten-Selbstbaus 133

Eva Bannmüller/Peter Fuchs
Bewegung und Musik als Anlaß zum Spielen 138

Helmut Segler
Die Tänze der Kinder im Grundschulalter 154

Heinz Lemmermann/Rudolf Weber
Musikhören 170

Siegfried Vogelsänger
Musiktheorie in der Grundschule 200

Wilfried Fischer
Musik in der Umwelt 225

Walter Heise
Musik und Malen 253

III. Musik im Schulleben

Horst Weber
Musik im Schulleben 267

Hermann Große-Jäger
Musikunterricht im ersten Schuljahr 274

Irmgard Merkt
Musik mit ausländischen Kindern 284

IV. Unterrichtsvorbereitung und Leistungsbeurteilung

Ingrid Böhle
Unterricht vorbereiten, durchführen, auswerten
(1. Ausbildungsphase) 295

Otto Junker
Unterricht planen (2. Ausbildungsphase) 318

Rainer Schmitt
Erfolgs- und Leistungskontrolle 340

V. Psychologische Aspekte des musikalischen Lernens/Fragen der Forschung

Rudolf-Dieter Kraemer
Musikalisches Lernen 357

Sigrid Abel-Struth
Die Rezeption musikpädagogischer Forschung in der musikalischen Lehre der Grundschule 393

VI. Die Grundschule und andere Institutionen

Hermann Große-Jäger
Musikerziehung im Elementarbereich 405

Werner Probst
Musik im Primarbereich der Sonderschulen 420

Günther Noll
Grundschule und Musikschule 429

VII. Die Ausbildung und Fortbildung der Lehrer für den Musikunterricht in der Grundschule

Ulrich Günther
Die Ausbildung der Lehrer (1. Phase) 441

Otto Junker
Die Ausbildung der Lehrer (2. Phase) 461

Hans-Bruno Ernst
Die Fortbildung der Lehrer 473

VIII. Medien und Hilfsmittel

Dieter Klöckner
Hilfsmittel und Einrichtungen für den Musikunterricht 489

Werner Abegg
Musik-Schallplatten und -Cassetten für Grundschulkinder 505

Martin Geck/Niels Knolle
Tonband- und Filmarbeit 516

Karl Weber
Schulfunk 520

IX. Anhang
Lehrbücher für den Musikunterricht 528
Stundentafeln für Musik in den Bundesländern 532
Lehrpläne für den Musikunterricht 534
Literatur 537
Autoren 542

Register 543

Vorwort

Im Jahre 1954 gab Hans Fischer ein „Handbuch der Musikerziehung" heraus, dem er vier Jahre später einen zweiten Band „Musikerziehung in der Grundschule" folgen ließ.
25 Jahre danach hat sich die musikpädagogische Landschaft – gerade im Hinblick auf die Grundschule – so tiefgreifend verändert, daß ein neuer Ansatz gerechtfertigt, ja notwendig erscheint.
Vor allem in den letzten 15 Jahren ist dieser gesamte Bereich gründlich in Bewegung geraten: die Institution Grundschule insgesamt, die Musikdidaktik im besonderen und der Musikunterricht in der Grundschule als eine Folge von beiden. Deshalb ist es eine Aufgabe dieses Handbuchs, Bilanz zu ziehen. Das geschieht mit einer Zusammenfassung des heute Praktizierten und Diskutierten, des lange Tradierten wie des neu ans Licht gekommenen. Damit sollen Zusammenhänge sichtbar gemacht, Strukturen herausgearbeitet, Orientierungen geboten werden. Die Fülle der Aspekte und Entwürfe, der Ideen und Konzepte soll geordnet und gesichtet werden.
Aber so dicht man auch das Netz der Beziehungen zwischen den Teilbereichen knüpfen mag, eine lückenlose Darstellung des Wichtigen (was ist wem wichtig?) kann nicht erreicht werden. Immer wird man, je nach Blickwinkel in anderer Weise, Lücken feststellen können. Immer ergeben sich aber auch Überschneidungen, die allerdings kein Mangel sein müssen, sondern anregend wirken können. Schließlich ist ein so komplexes Phänomen wie das der Auseinandersetzung von Kindern mit Musik im Rahmen der Institution Grundschule nicht durch eine zwingende Systematik so und nicht anders zu fassen.
Darüber hinaus ist durchaus Mißtrauen angebracht gegenüber geschlossenen theoretischen Systemen. Zumindest im Rahmen eines Handbuchs ist eine weitere Öffnung auf die Vielfalt der Erscheinungen nötig, als sie es sicherlich vermöchten.
Gleichwohl ist mit dem Charakter des Zusammenfassens nicht schon die Form des neutralen Referierens zwingend gegeben. Die Autoren und der Herausgeber haben Standpunkte, die von den Ansichten anderer abweichen und die nicht verdeckt werden sollen. Mit jeder Darstellung sind immer auch Wertungen, Urteile und Akzentsetzungen verbunden.
So wurde auch erst gar nicht der Versuch gemacht, den einzelnen Beiträgen ein uniformes formales Gerüst aufzuzwingen. Dazu sind die einzelnen Probleme viel zu verschiedenartig.

Die Grundsätze für die Gestaltung der Beiträge lassen sich so beschreiben: Wie bei der Anlage des gesamten Handbuchs kam es auch hier darauf an, einen Überblick über den jeweiligen Bereich zu geben, je nach Erfordernis mit einem historischen Rückblick, einer Zusammenfassung der grundsätzlichen Aspekte und wichtigsten Probleme und einer konkreten Ausformung, auf praktische Beispiele und weiterführende Hinweise bezogen. Allerdings muß man berücksichtigen, daß es Themen gibt, die mehr als andere einer grundsätzlichen Erörterung bedürfen. Man würde in solchen Fällen ihre Problematik unzulässig verkürzen, wenn man sich vor allem auf die Darstellung der Praxisaspekte konzentrierte. So ergibt es sich, daß der eine Beitrag sehr schnell zu praxisbezogenen Aspekten kommt, während der andere – wenn die Materie kompliziert, neuartig, kontrovers ist – zunächst mehr Raum für die Herausarbeitung der Grundfragen braucht.

Insgesamt aber haben alle Autoren den Wunsch des Herausgebers berücksichtigt – wenn es dessen überhaupt bedurfte – und ihre Beiträge in möglichst allgemeinverständlicher Form dargestellt.

Auch die Festlegung der Umfänge der einzelnen Beiträge hatte ihre Probleme. Es gibt keinen verbindlichen Maßstab, nach dem für jedes Thema ein ganz bestimmter Umfang zu ermitteln wäre. Allenfalls Relationen waren herauszuarbeiten und auf Seitenangaben zu übertragen, wobei auch dies ehrlicherweise mehr nach dem Prinzip der „aufgeklärten Willkür" als dem der zwingenden Ableitung geschah. Ein gewisses Vertrauen auf die allgemeine fachliche Erfahrung, verbunden mit dem Augenmaß der Autoren führte zu Ergebnissen, die m. E. durchaus vertretbar sind.

Das Handbuch soll zunächst dem *Praktiker* nützlich sein. Dabei ist nicht in erster Linie an das zusammenhängende Studium des Ganzen gedacht. Vielmehr ist denkbar, daß jeder sich jenes herausholt, auf das er gerade Antworten sucht. Er wird hoffentlich konkrete Anregungen wie weiterführende Hinweise finden. Gleichermaßen richtet es sich an Fachleiter, Dozenten und Studenten wie auch an die weitere Fachöffentlichkeit: an Grundschulpädagogen in Wissenschaft und Praxis, an Musikpädagogen in den Nachbarbereichen der Grundschule, an Vertreter der Schulverwaltungen wie der zuständigen Ministerien. Ihnen allen soll das Handbuch den Umriß des Faches wie den Zusammenhang seiner Teilbereiche sichtbar machen. Es soll vor allem auch die Fachdiskussion beleben.

Ich danke allen meinen Kolleginnen und Kollegen, die sich als Autoren zur Verfügung gestellt haben – nicht nur für ihre Bereitwilligkeit, die jeweiligen Aufgaben zu übernehmen, Rahmenvorgaben zu akzeptieren, Anregungen des Herausgebers in ihre Überlegungen einzubeziehen, sondern auch für zahlreiche Vorschläge, Hinweise und Hilfen, die von ihrer Seite kamen und dem Fortgang des Ganzen überaus nützlich waren. Vor allem danke ich meinen engeren Mitarbeitern INGRID BÖHLE und CORNELIA NEST für ihre tatkräftige Mitarbeit am Teil IX.

Der Verlag stand sachkundig zur Verfügung, wo es notwendig war, und nahm die verschiedenen Abweichungen von den Vorabsprachen mit Verständnis und freundlicher Gelassenheit hin. Ihm gilt – vor allem dem zuständigen Redakteur, Herrn WOLFGANG ALTENHOFF – mein Dank.

Eine Bilanz – wie am Anfang erwähnt – kann in unserem Zusammenhang immer nur eine Zwischenbilanz sein. Abschließendes ist nicht möglich und wäre auch nicht wünschenswert.

Vielleicht kann das Handbuch dem Engagierten eine Herausforderung sein, dem Ratsuchenden eine Hilfe, vielleicht kann es der Öffentlichkeit etwas sichtbar machen von den Aufgaben und Problemen des Musikunterrichts in der Grundschule und damit der Sache insgesamt dienen.

Dortmund, Dezember 1983 *Willi Gundlach*

I. Einleitung

Musikunterricht in der Grundschule. Die Entwicklung der letzten 15 Jahre

Willi Gundlach

Wenn es um Musikunterricht in der Grundschule geht, liegt zunächst ein Blick auf jene Institution nahe, die dem Musikunterricht den Rahmen gibt: auf die Grundschule selber. Ihre Probleme wie ihre Struktur, ihre Beschaffenheit insgesamt müssen auch die Musik als einen Teil davon beeinflussen.

I. Reformansätze in der Grundschule

Der Grundschulkongreß 1969 in Frankfurt – in der Bildungspolitik der letzten Jahrzehnte inzwischen ein historisches Datum – brachte die Probleme dieser Schulstufe erstmals deutlich ans Licht einer größeren Öffentlichkeit. Er machte auf gravierende Mängel in organisatorischer wie inhaltlicher Hinsicht aufmerksam und entwarf Konzepte für eine zeitgemäße Umgestaltung der Grundschule, für eine Neubewertung ihrer Aufgaben und Ziele.
Der Neubeginn dieser Jahre, die „zweite Grundschulreform in diesem Jahrhundert" (HAARMANN 1977, 6) ist zunächst gekennzeichnet durch eine größere Verselbständigung der Grundschule. Bis dahin war sie wohl einerseits die gemeinsame Grundschule für alle Kinder, andererseits aber Unterstufe der Volksschule, mit der sie organisatorisch fest verbunden war. Die Lehrerausbildung bezog sich weitgehend auf die Volksschule insgesamt und berücksichtigte grundschuleigene Probleme nur spärlich. Die Lehrpläne galten meist für die gesamte Volksschule, wobei der Unterstufenbereich oft nur wenig von dem späteren abgehoben war.
Damals, am Beginn der 70er Jahre, wurde die Grundschule in steigendem Maße eine eigene Schule mit eigener Leitung und mit Lehrern, die ausschließlich für diesen Altersbereich zur Verfügung standen. Die Lehrerbildung stellte sich auf diese Lage ein und entwickelte entsprechende eigene Studiengänge, die Lehrpläne wurden in allen Bundesländern speziell für die Grundschule entwickelt. Aber nicht nur um organisatorische Fragen ging es, wichtiger noch waren inhaltliche. Hier vor allem setzte der Grundschulkongreß deutlich Akzente. Die Titel der drei Berichtsbände des Kongresses deuten die Schwerpunkte der Veränderungen an: Band 1, „Begabung und Lernen im Kindesalter", knüpfte an das aufsehenerregende Gutachten des Deutschen Bildungsrates an (ROTH, Begabung und Lernen, 1969) und machte es für die Gegebenheiten der Grundschule fruchtbar. In den Mittelpunkt rückte nun ein dynamischer Begabungsbe-

griff, der den Einflüssen von Erziehung und Umwelt mehr Raum gab als frühere statische Konzepte und der auch zu Konsequenzen im Bereich des sozialen Lernens führte. Band 2, „Ausgleichende Erziehung in der Grundschule", lenkte den Blick auf die vielfältigen Formen von Behinderung und Benachteiligung, die bei Grundschulkindern anzutreffen sind und die von der Grundstufe unseres Bildungswesens ausgeglichen oder zumindest gemildert werden müssen. Der doppelte Auftrag „Auslesen und Fördern", der die Grundschule in seiner Polarität seit ihrer Gründung 1920 belastet hatte, erhielt hier eine deutliche Akzentverschiebung zum Bereich des Förderns. Mit Band 3 schließlich, „Inhalte grundlegende Bildung", wurde der Basischarakter der Grundschule für das gesamte Schulwesen betont.

Mit diesen Vorstellungen löste man sich auch von reformpädagogischen Konzepten, die einen ungefächerten Gesamtunterricht als Zentrum des Unterrichts verstanden hatten, der sich am Prinzip der Heimatkunde orientierte, der die Schule als Schonraum verstand, in dem das Kind beschützt vor der Welt mit ihren verwirrend vielfältigen Anforderungen in Ruhe heranreifen sollte. Das aber hatte, wie die Erfahrung zeigte, allzuoft zur Reduzierung der Vielfalt der Phänomene auf allzu simple Angebote geführt. Im Zusammenhang damit war oft falsch verstandene Kindertümelei entstanden, das Prinzip der Heimatkunde hatte ideologische Verengung begünstigt.

Es ist hier nicht der Ort, diesen Ablösungsprozeß im einzelnen nachzuzeichnen, vor allem auch nicht, manche Irrwege zu beschreiben, wie etwa die zeitweilig allzu schroffe Abwendung von allen Konzepten der Reformpädagogik auch da, wo sie erwiesenermaßen in der Gegenwart noch Sinn haben konnten. Ebenso problematisch war das gelegentlich zu stürmische Zugehen auf Neues, wenn z. B. das Prinzip der Wissenschaftsorientierung nicht genügend in die Eigenart der Altersstufe hineintransportiert wurde und im Ergebnis kindferne Abstrahismen entstanden, die in der Praxis scheitern mußten.

Diese kurze Skizze der Veränderungen im Bereich der Grundschule, in deren Verlauf diese Institution „von der Unterstufe der Volksschule zur Primarstufe des Bildungswesens" verselbständigt wurde (HAARMANN 1977, 5), erscheint deshalb notwendig, weil das alles auch die Bedingungen und die Zielrichtung, den Spielraum und die Möglichkeiten eines Musikunterrichts in der Grundschule berührte. So gesehen bedeutet „Musikunterricht in der Grundschule" immer auch „Musikunterricht unter den Bedingungen der Grundschule".

II. Veränderungen in der Musikdidaktik

Nicht nur die Institution Grundschule machte in den letzten 15 Jahren umfassende Veränderungen durch, auch die Musikpädagogik wandelte sich in dieser Zeit tiefgreifend. Auch hier vollzog sich ein schmerzhafter Ablösungsprozeß von Konzepten der Reformpädagogik, die bis dahin einen beherrschenden Einfluß gehabt hatten. Vor allem das Prinzip des Musischen, dieses Zusammenwirken von Singen, Spielen, Sprache, Darstellung und Bewegung zu einem ganzheitlichen, erlebnisgeprägten Gestaltungsprinzip, hatte auch die Zielsetzungen der Musikerziehung durchdrungen und überformt. In zunehmendem Maße wurden ihre ideologischen Gefährdungen diskutiert, wie sie sich vor allem in einem übersteigerten Gemeinschaftsprinzip und in den unklaren Aussagen vieler Gemeinschaftslieder zeigten. Die Indienstnahme musischer Ausdrucksformen durch den Nationalsozialismus machte den hohen Anteil an Irrationalität bei diesen Konzepten sichtbar. Zudem wurde die Gefahr immer deutlicher, daß man bei dem musischen Ansatz, der mehrere Teilbereiche miteinander verschmolz, von allem etwas, aber von nichts eine gründliche, eine vertiefte Kenntnis und Fähigkeit erlangen konnte.

So wendete sich die Musikdidaktik in steigendem Maße der „Sache Musik" zu und versuchte, aus ihr heraus ihren pädagogischen Auftrag zu begründen. Es genügte ihr nicht mehr, Musik als Teil eines Lebensprinzips mit einem rational nicht klar erfaßbaren Auftrag in der Schule zu wissen. Diese Wendung zeigt sich anschaulich an den Titeln der wichtigsten didaktischen Veröffentlichungen um 1970.

„Musik als Schulfach" (SEGLER/ABRAHAM 1966): Ohne auf den Inhalt einzugehen, der für die damalige Zeit brisant war und heftige Diskussionen auslöste, läßt sich am Titel zeigen, daß man Musik nicht mehr als Unterrichtsprinzip, als Ferment, als schmückendes Beiwerk der Schule verstanden wissen wollte, sondern als eigenes „Fach", mit eigenen Zielen, allen anderen Fächern vergleichbar.

Bei MICHAEL ALTs „Didaktik der Musik" (1968) ist vor allem der Untertitel bezeichnend: „Orientierung am Kunstwerk". Nicht vornehmlich an Gegebenheiten des Schullebens, am Kind und seiner Eigenart, sondern an der Sache Musik in ihrer bedeutsamsten, über jeder Diskussion stehenden Ausprägung, am Kunstwerk orientierte man sich.

„Unterweisung im Musikhören" (VENUS 1969): Dieser Titel verzichtet bewußt auf jeden Anklang an Erlebnishaftes, Emotionales, wie es der Reformpädagogik so nahe gelegen hatte. In unterkühlter Form betont er den Charakter des Unterweisens, um ja nicht von der vollen Konzentration auf die Sache abzulenken.

„Unterricht in Musik" (ANTHOLZ 1970) und „Musik als Unterrichtsgegenstand" (VOGELSÄNGER 1970): Beide betonen den Gesichtspunkt des Unterrichts, um zu signalisieren, daß dem Fach Musik ein Ort und eine Vermittlungsform eingeräumt werden müsse wie jedem anderen Unterrichtsfach auch.

Im Zusammenhang dieser Entwicklung wurde aber auch in steigendem Maße die überwältigende Bedeutung der Massenmedien zur Kenntnis genommen. Man öffnete sich den Impulsen der neuesten Musik und bezog ebenso wie die Grundschule im ganzen die Ergebnisse der neuen Begabungs- und Sozialisationstheorien mit ein.

So blieb es nicht bei einer Konzentration auf die „Sache" Musik, es kam auch zu einer Auseinandersetzung mit der „sozialen Tatsache" Musik. Fragen wie die gesellschaftliche Bedeutung der Musik, die Wirkung der Musik auf einzelne wie auf Gruppen, die Bedingungen einer ästhetischen Wahrnehmungserziehung

wurden ebenso diskutiert wie die Bedeutung der Musik als Wirtschaftsfaktor oder als Instrument der Manipulation. Auch die therapeutischen Möglichkeiten der Musik wurden auf neue Art wiederentdeckt.
Alle diese Fragen, die zunächst in der Musikdidaktik generell diskutiert wurden, konnten auch die Musik in der Grundschule nicht unberührt lassen.

III. Vom Singunterricht zum Musikunterricht in der Grundschule

Bereits beim oben erwähnten Grundschulkongreß 1969 wurden Grundfragen der „Musikerziehung in der Grundschule" erörtert und „Gedanken zum Entwurf einer Musikdidaktik für die Grundstufe" entwickelt (ULRICH GÜNTHER, in: „Inhalte grundlegender Bildung"). Hier ging es einerseits um eine kritische Distanzierung von einem traditonellen Verständnis von Musikerziehung in der Grundschule mit ihrem volkstümlichen und kindertümlichen Ansatz, mit ihrer Beschränkung auf Singen und Spielen und der damit verbundenen Vernachlässigung des Lernens musikalischer Sachverhalte. Andererseits wurde ein Ansatz einer umfassenden Neukonzeption skizziert. Dieser bezog sich auf sechs Lernkomplexe und thematisierte vor allem die vielfältigen Erfahrungen mit dem Hörbaren, die sich in der konkreten Wirklichkeit jedes einzelnen Kindes ergeben. Die Fragen von Musik und Sprache wurden auf neue Weise ins Spiel gebracht und ein Schwerpunkt im Bereich des Hörens und Verstehens von Schallereignissen gesetzt.
Der Initiator des Grundschulkongresses, der Arbeitskreis Grundschule, erkannte die steigende Bedeutung all dieser Fragen für die Grundschule und bot in den folgenden Jahren immer wieder die Möglichkeit, Fragen der Musikdidaktik in der Grundschule intensiver zu bearbeiten und einer breiteren Öffentlichkeit zugänglich zu machen (Themenhefte Musik der Zs. Grundschule und die Sonderbände „Musikunterricht auf der Grundstufe" 1974 und Musikunterricht in der Grundschule II" 1977).
Ein didaktisches Konzept „Hörwelt und Musik" wurde 1973 von S. ABEL-STRUTH der Bildungskommission des deutschen Bildungsrates als Gutachten vorgelegt. Hier wurden bisherige kindorientierte und sachorientierte Positionen um den Bereich auditiver Umweltorientierung erweitert. Das Konzept bezog sich auf fünf Lernkomplexe: motivationaler, explorativer, sensibilisierender, psychomotorischer, strukturierender. Mit seinem verhaltensorientierten Ansatz versuchte es, eine einseitige Betonung von Inhaltsfragen – wie dies früher oft geschehen war – zu vermeiden.
Im Zwischenbereich von theoretischen Entwürfen auf der einen Seite, wie sie gerade skizziert wurden, und anwendungsorientierten Konzepten auf der anderen Seite, wie sie im Bereich von Lehrwerken an die Öffentlichkeit kamen und weiter unten beschrieben werden, wurden in steigendem Maße auch solche Ansätze vorgestellt, die auf Schulversuchen beruhten und das Neue in Form von kommentierten Praxisberichten präsentierten. Zu den bekanntesten zählten die „Karlsruher Versuche für den Musikunterricht der Grundschule" (1974),

bei denen in kontinuierlichem Unterricht in Grundschulen über mehrere Jahre hinweg neue Ideen zur Klangerprobung, zu Fragen von Sprache, Sprechen und Stimme, zur Musik – Bewegung – Szene und zu „Musik hören und verstehen" erprobt wurden.

In diesem Umfeld wurden aber nicht nur andere Inhalte, sondern auch neue Unterrichtsformen praktiziert. Gegenüber manchen Tendenzen zu einem lernzielorientierten Unterricht, mit dem ein Unterrichtsverlauf bis ins einzelne festgelegt werden sollte, traten nun handlungsorientierte Konzepte in den Vordergrund. Prinzipien des entdeckenden Lernens, des Erkundens, Erprobens und Experimentierens verbanden sich mit Vorstellungen von einem offenen Curriculum, das weniger das Ergebnis als den Prozeß des Unterrichts meinte.

Einen besonderen Impuls erhielt die Diskussion durch neue Entwicklungen im *Elementarbereich*. In der Erziehungswissenschaft setzte sich in jener Zeit immer mehr der Gedanke durch, daß gerade frühes Lernen – in der Zeit vor der eigentlichen Grundschulzeit – besonders wichtig und erfolgreich sei. Es entstanden zahlreiche Konzepte frühkindlicher Förderung. Auch die Musikdidaktik beteiligte sich mit zunehmender Intensität daran.

Das geschah mit bilanzierenden Sammelbänden (ABEL 1971; NOLL/SUDER 1974; Institut für Frühpädagogik 1974) und mit mehr oder weniger praxisorientierten neuartigen Ansätzen (MEYER-DENKMANN 1970; FRIEDEMANN 1972; AUERBACH 1971; ABEL 1972).

So unterschiedlich die einzelnen Ansätze auch waren – sie reichten von einer intensiven Einbeziehung der Ausdrucksformen der Avantgarde bis zu einer altersgemäßen Weiterentwicklung tradierter Vorstellungen –, sie brachten alle eine Fülle von Ideen hervor, die ihrerseits wieder auf den Bereich der Grundschule ausstrahlten und dazu beitrugen, ihn weiter zu beleben.

Deutlich spiegelten sich diese Entwicklungen auch im Bereich der *Lehrpläne*. Seit 1970 erschienen in allen Bundesländern neue Lehrpläne, die ausdrücklich für die Grundschule bestimmt waren und nicht mehr wie früher für die Volksschule insgesamt, wobei die Grundschule einen Teil des Gesamtplanes gebildet hatte. Inhaltlich lösten sich alle Pläne mehr oder weniger ausdrücklich von den reformpädagogischen Konzepten der früheren Zeit. Außerdem wurde bei allen Plänen der Bereich neben dem Singen – nach wie vor der wichtigste Bereich des Musikunterrichts der Grundschule – entschieden ausgeweitet. Dabei kamen verschiedene Einflüsse zum Tragen: Auf der einen Seite wurden Impulse der Kunstwerkdidaktik aufgenommen (NRW).

Dies ist zugleich ein Beispiel für einen typischen Ausbreitungsweg neuer Ideen in der Schule: Zuerst werden sie in der höheren Schule entwickelt (die Orientierung am Kunstwerk als Leitvorstellung im Gymnasium), dann wandern sie in das mittlere Schulwesen – in reduzierter Form –, und schließlich gelangen sie in die Grundschule, für diese noch einmal so vereinfacht, wie man glaubt, es Grundschulkindern anbieten zu können.

Andere Lehrpläne nahmen mehr den Gedanken einer auditiven Kommunikation auf, wie sie auf Anregungen aus der Musik der Avantgarde, der allgemeinen Ästhetikdiskussion und den stärker in den Vordergrund getretenen sozialen

Bezügen didaktischen Denkens sich herausgebildet hatten (Hamburg, Hessen; vgl. auch VENUS 1973). Allen aber war die Vorstellung gemeinsam, daß Singen und eine an ihr zu messende Musiklehre nicht mehr genügen könne für den Musikunterricht in der Grundschule.

Die Grundlinien des Neuen können in Kürze zusammengefaßt werden durch den Hinweis auf eine umfassende Analyse aller neuen Lehrpläne seit 1970, die von einer Reihe von Fachleuten 1977 mit dem Ziel durchgeführt wurde, die neuen Strukturen herauszuarbeiten und die wichtigsten Teilbereiche (Lernfelder) zusammenzufassen. Auf diese Weise wurden vier Lernfelder beschrieben: Musikmachen, Musikhören, Musiktheorie, Musik in der Umwelt (Musikunterricht in der Grundschule II).

Auch im Bereich der *Lehrbücher* zeigte sich ein grundsätzlicher Wandel seit 1970. Bis dahin hatte es in der Hand des Grundschulkindes ausschließlich das Liederbuch gegeben. Nun entstand in kurzer Zeit eine große Anzahl von Musikbüchern (siehe Anhang), d. h. von Lehrbüchern, die inhaltlich sehr vielfältig gestaltet waren. Neben Liedern und Sachverhalten der Musiklehre enthielten sie oft reichhaltiges Anschauungsmaterial zu vielen Bereichen der Musik: in Fotos, Partiturausschnitten, Schaubildern, Textzitaten usw. Darüber hinaus versuchte man, die Vielfalt des Gebotenen durch Arbeitsanweisungen, Gestaltungsaufgaben und durch konkrete Unterrichtshinweise zu strukturieren.

Den Musikbüchern wurden mehr oder weniger ausführliche Lehrerbände beigegeben, die mit zusätzlichen Materialien, Quellennachweisen, Unterrichtsvorschlägen, Begründungen für die gewählten Inhalte und Verfahren dem Lehrer eine Hilfe bei den z. T. recht neuartigen Anforderungen sein wollten. In steigendem Maße wurden den Lehrwerken auch Tonträger hinzugefügt, z. T. als einfache Sammlung von Musikstücken, z. T. auch als didaktisch für den speziellen Zusammenhang aufbereitetes Material, das unmittelbar in bestimmte Unterrichtsverläufe eingegliedert werden sollte.

Die Lehrbücher werden – neben den Lehrplänen – zur Charakterisierung des Musikunterrichts deshalb besonders hervorgehoben, weil sie in der Praxis die didaktischen Vorstellungen weit nachhaltiger und direkter beeinflussen, als didaktische Abhandlungen dies vermöchten.

Bei alledem darf aber nicht übersehen werden, daß die Unterrichtsrealität in weiten Bereichen keineswegs so war und ist, wie die entfalteten und oft attraktiven Konzepte der Lehrwerke es vermuten lassen könnten. Das liegt zunächst in der Schwierigkeit der Materie Schulbuch insgesamt begründet und betrifft damit keineswegs das Schulfach Musik in der Grundschule speziell. Die ältere Form des Musikbuches – das Liederbuch – war eine reine Materialsammlung. Damit erfüllte es einen ganz bestimmten partiellen Zweck, Texte und Noten verfügbar zu halten, die der Lehrer an der ihm richtig erscheinenden Stelle des Unterrichts heranzog. Alle jüngeren Versuche, dem Lehrwerk den Charakter eines Arbeitsbuches zu geben, stehen vor dem Dilemma, einerseits eine Unterrichtssituation zu konstruieren – denn auf Unterrichtskonstruktionen laufen solche Arrangements hinaus, die konkrete Materialien in bestimmter Weise anordnen und daraus Arbeitsanweisungen, Erkundungs- und Gestaltungsaufgaben entwickeln –, andererseits deren Lösung, zumindest in Teilen, ebenfalls mitzugeben. Tun sie dies nicht, wird das Buch für den Schüler zur unverständlichen Chiffre, die nur der Lehrer – anhand weiterer Materialien – entschlüsseln kann. Damit verliert es seine Verständlichkeit, seine Plausibilität schlechthin, es versteht den Benutzer zudem als unmündig.

Dazu kommt im Fach Musik die Dimension des Erklingenden, also der Tonträger, ohne die ein Arbeitsbuch allzuleicht farblos, abstrakt und mißverständlich bleibt. Auf diese kann in gewisser Weise das gleiche wie auf die Lehrbücher angewendet werden: Reine Materialsammlungen – die Aneinanderreihung von Musikstücken – sind lediglich eine Zusammenstellung des täglich ohnehin Verfügbaren. Didaktisch aufbereitete Beispiele – Teilrealisationen, instruktive Gegenüberstellungen – laufen Gefahr, den Lehrer zu gängeln, den Unterricht auch da in ganz bestimmter Weise festzulegen, wo er sich spontan ganz anders entwickeln würde.

Wer diese Schwierigkeiten erkennt, kann gleichwohl Lehrbücher als wichtige und anregende Hilfsmittel für den Unterricht benutzen. In ihrer Doppelfunktion – einerseits ein wesentliches Medium für den Unterricht zu sein, andererseits dem Lehrer ein didaktisches Konzept „konkret", zwar jeweils in Teilen, dafür aber täglich immer wieder, zu vermitteln – werden Lehrwerke zum zentralen didaktischen Faktor für den Musikunterricht in der Grundschule. Welche weiteren Konsequenzen das haben kann – als Gefährdung wie als Gewinn –, kann an dieser Stelle nicht erörtert werden.

Kann man dies beschriebene Problem – die Funktion des Lehrwerks für die Didaktik – auf das Fach Musik generell anwenden, so kommt für die Grundschule ein weiteres dazu, das stufenspezifisch ist und größere Bedeutung hat, als seine organisatorische Außenseite vermuten lassen könnte. Es handelt sich um die Frage, ob der Musikunterricht in der Grundschule vom Fachlehrer oder vom Klassenlehrer erteilt werden soll.

IV. Das Problem Klassenlehrer oder Fachlehrer für den Musikunterricht

Der Anspruch des Faches, die Kompliziertheit seiner Fragestellungen, die Bedeutung des Gegenstandes für das Kind – dies alles spricht für das Fachlehrerprinzip. Die Eigenart der Grundschule dagegen – gerade in den ersten Jahren soll noch ein möglichst großer Teil des Unterrichts in der Hand des Klassenlehrers liegen – läßt nur wenig Raum für die durchgängige Versorgung der Klassen mit Fachunterricht.

Aufschlußreich ist auch, wie sich diese Frage historisch entwickelt hat. (Vgl. auch U. GÜNTHER, „Die Ausbildung der Lehrer ...", in diesem Band.)

In der alten Schule wie in der Schule der Reformpädagogik galt das Klassenlehrerprinzip. Das basierte auf der oben genannten Auffassung, daß möglichst der gesamte Unterricht der Klasse in der Hand des Klassenlehrers liegen sollte. Die Kinder jenes Alters sollten noch nicht einem häufigen täglichen Lehrerwechsel ausgesetzt werden, der Lehrer wiederum sollte die Möglichkeiten haben, die einzelnen Lernbereiche über Fächergrenzen hinweg zu verbinden und aufeinander abzustimmen. Musik im Horizont der Grundschule war aber auch noch nicht jener komplizierte und differenzierte Zusammenhang von Hören und Machen, von Altem und Neuem, von Vielschichtigem und Schlichtem, der zum sicheren Sich-verfügbar-Machen wie zur angemessenen Vermittlung des Fachlehrers bedurfte. Vielmehr wurde Musik weitgehend als Singfach verstanden und war Teil der sittlichen Erziehung (in der alten Schule) bzw. der musischen Erziehung (in der Schule der Reformpädagogik). Damit ergab sich aber geradezu die Notwendigkeit, den Klassenlehrer und nicht einen nur selten vor den Kindern erscheinenden Spezialisten mit der Durchführung zu betrauen.

In der Lehrerbildung genoß Musik dementsprechend eine Sonderstellung, sie war verpflichtender Bestandteil der Ausbildung für alle, und der Erfolg der gesamten Ausbildung zum Lehrer, ja bereits die Zulassung zu ihr, war an bestimmte Fähigkeiten und Fertigkeiten im Bereich der Musik geknüpft – eine Anforderung, die in vergleichbarer Form für kein anderes Fach existierte.

Im gleichen Maße, wie die Lehrerausbildung sich von einem Seminaranspruch über ein eigenes Akademie-Profil zur wissenschaftlichen Ausbildung an Universitäten entwickelte, wurden auch die speziellen Anforderungen an alle Studenten im Bereich der Musik gelockert und schließlich ganz fallengelassen. Statt dessen wurde Musik nun wie jedes andere Fach auch behandelt und den Studenten als eines von zwei oder drei Fächern eigener Wahl zum vertieften Studium angeboten. Dahinter stand die Auffassung, Fachkompetenz sei nur über eine intensivere Beschäftigung mit Unterrichtsgegenständen zu erreichen, dies aber könne aus der Sicht der Studenten notwendigerweise nur wenige Fächer betreffen.

Von der Seite des Faches Musik wurde diese Entwicklung nicht ungern gesehen, bot sie doch die Möglichkeit, den immer mehr sich ausdifferenzierenden Unterrichtsgegenstand mit der explosionsartigen Ausdehnung des Musikangebots, den damit verbundenen Fragen der Massenmedien und der medienvermittelten Musik, mit dem ständig sich deutlicher ausprägenden Bewußtsein von den Bedingungen und den Wirkungen des Musiklernens – um nur einige der wichtigsten zu nennen – zumindest einigermaßen in den Griff zu bekommen. So kam es in den letzten Jahren zur Herausbildung eines Fachlehrerstudiums Musik für das Lehramt an der Grundschule (bzw. an Grund- und Hauptschulen).

Das hat zum einen viele Vorteile: Mit einem vertieften Fachstudium können Lehrer so ausgebildet werden, daß sie den komplexen Problemen des Faches, die heute von der Fachdidaktik formuliert sind, besser gerecht werden als solche, die Musik lediglich im Rahmen von wenigen Pflichtstunden studieren. Eine Vertiefung ist auch notwendig im Hinblick auf vielfältige Aufgaben, die später in der Praxis über den Unterricht im engeren Sinne hinausführen: als Fachleiter, als Mitarbeiter in Lehrplankommissionen, als Erprobungslehrer für neue Konzepte, für Forschungsvorhaben, in der Lehrerfortbildung usw. So gesehen

ist ein Fachlehrerstudium Musik – zumindest als ein Angebot neben andersartigen – unverzichtbar. Schon bald aber wurden auch die Nachteile sichtbar: In der Praxis werden auf diesem Wege über ein vertieftes Fachstudium nie genügend qualifizierte Lehrer in die Schule und zum Erteilen von Musikunterricht kommen.
Zum einen ist der Spielraum durch eine „gemäßigte Form des Klassenlehrerprinzips" (Formulierung aus NRW) eingeengt. Wenn der größere Teil des Unterrichts in der Klasse vom Klassenlehrer erteilt wird, bleiben daneben zu wenig Möglichkeiten, Fachlehrer heranzuziehen. Die oft geringe Größe der einzelnen Grundschulen verschärft diese Schwierigkeiten noch, denn die organisatorischen Voraussetzungen werden dadurch weiter verschlechtert.
Schließlich sind derzeit – nach Jahren der ständigen Schrumpfung der Schülerzahlen – die Lehrerstellen in den Grundschulen praktisch vollständig besetzt. Mit neuen Kolleginnen oder Kollegen, die etwa ihre vertiefte Ausbildung zur Geltung bringen könnten, ist in absehbarer Zeit kaum zu rechnen.
So wird immer deutlicher, daß im Fach Musik der Grundschule ein Fachlehrersystem nicht durchsetzbar ist – aus pädagogischen wie aus organisatorischen Gründen, d. h.: Der Mangel an gründlich ausgebildeten Musiklehrern als Ergebnis dieser Konstellation kann nicht als ein vorübergehender Zustand angesehen werden, der sich sozusagen bei Gelegenheit selber behebt. Der Mangel ist vielmehr strukturell bedingt. Wir müssen uns darauf einstellen, mit ihm zu leben oder nach Lösungen zu suchen, die über das bisher Praktizierte hinausgehen.
Hier werden generell zwei Wege diskutiert: Mit einem weiter reduzierten Studienangebot können evtl. weitere Kreise erreicht werden, so daß neben den Musikfachlehrer moderner Prägung ein Lehrer treten könnte, der neben manchem anderen auch etwas – realistischerweise recht wenig – über Musik gelernt hat. Für die Fachdidaktik wäre es natürlich unerquicklich, wieder Konzepte einer „Schmalspurausbildung" entwickeln zu müssen. Das würde nur zu unzulänglichen Ergebnissen führen in einer Zeit, die sich nicht von der Komplexität der Sache Musik, so wie sie heute existiert und wissenschaftlich formuliert ist, verabschieden kann. Frühere Konzepte sind nicht wiederherstellbar, weder organisatorisch noch inhaltlich.
Daneben richtet sich die Aufmerksamkeit in steigendem Maße auf Lehrerfortbildung. Sie kann die Chance bieten, angesichts eines sich kaum verändernden Lehrerbestandes vertiefende Qualifikationen aufzubauen. Einige Beispiele sind bereits zu nennen (vgl. den Beitrag zur Lehrerfortbildung in diesem Band).

Literatur

Abel-Struth, S.: Musikalischer Beginn in Kindergarten und Vorschule, Bd. 1, Situation und Aspekte, Kassel 1971; Bd. 2, Praktikum, Kassel 1972; Bd. 3, Materialien, Kassel 1977
Abel-Struth, S.: Hörwelt und Musik, in: Deutscher Bildungsrat, Gutachten und Studien

der Bildungskommission, 48/1, Die Eingangsstufe des Primarbereichs, Bd. 2/1, Stuttgart 1975, S. 151–171
Adorno, Th.: Kritik des Musikanten, in: Dissonanzen. Musik in der verwalteten Welt, Göttingen 1956
Adorno, Th.: Zur Musikpädagogik, in: Dissonanzen 2/1961
Alt, M.: Didaktik der Musik. Orientierung am Kunstwerk, Düsseldorf 1968 (⁵1980)
Antholz, H.: Unterricht in Musik, Düsseldorf 1970
Auerbach, L.: Hören lernen – Musik erleben, Wolfenbüttel 1971
Friedemann, L.: Kinder spielen mit Kängen und Tönen, Wolfenbüttel 1972
Fuchs, P. (Hrsg.): Karlsruher Versuche für den Musikunterricht der Grundschule, Stuttgart 1974
Günther, U.: Musikerziehung in der Grundschule, S. 215–221; Gedanken zum Entwurf einer Musikdidaktik für die Grundstufe, S. 223–228; beide in: *Schwartz, E. (Hrsg.):* Grundschulkongreß 69, Bd. 3, Inhalte grundlegender Bildung
Günther, U./Ott, Th./Ritzel, F.: Musikunterricht 1–6, Weinheim 1982
Günther, U./Gundlach, W. (Hrsg.): Musikunterricht auf der Grundstufe. Diskussionsbeiträge und Materialien. AK Grundschule, Frankfurt 1974
Gundlach, W. (Hrsg.): Musikunterricht in der Grundschule II, Analyse der Richtlinien, AK Grundschule, Frankfurt 1977
Haarmann, D., u. a. (Hrsg.): Lernen und Lehren in der Grundschule. Studienbuch für den Unterricht der Primarstufe, Braunschweig 1977
Institut für Frühpädagogik (Hrsg.): Musik und Bewegung im Elementarbereich, München 1974
Küntzel-Hansen, M.: Musik mit Kindern. Versuche mit Geräusch und Klang, Stuttgart 1973
Meyer-Denkmann, G.: Klangexperimente und Gestaltungsversuche im Kindesalter, Wien 1970
Noll, G.: Curriculumforschung im Elementarbereich – ausgewählte Materialien zum Verhältnis von Kind und Musik im Vorschulalter, in: Musikpädagogische Forschung, Bd. 5, Laaber 1984
Noll, G./Suder, A. (Hrsg.): Musik im Vorschulalter, Regensburg 1974
Roth, H. (Hrsg.): Begabung und Lernen. Ergebnisse neuer Forschungen. Deutscher Bildungsrat. Gutachten und Studien der Bildungskommission, Bd. 4, Stuttgart 1969
Schwartz, E.: Die Grundschule – Funktion und Reform, Braunschweig 1969
Schwartz, E. (Hrsg.): Grundschulkongreß 69, Bd. 1: Begabung und Lernen im Kindesalter; Bd. 2: Ausgleichende Erziehung in der Grundschule; Bd. 3: Inhalte grundlegender Bildung, Frankfurt 1970
Segler, H./Abraham, L. U.: Musik als Schulfach, Braunschweig 1966
Seidenfaden, Fr.: Die musische Erziehung in der Gegenwart und ihre geschichtlichen Quellen und Voraussetzungen, Ratingen 1962
Venus, D.: Unterweisung im Musikhören, Wuppertal 1969
Venus, D.: Neuere Richtlinien für den Musikunterricht in der Grundschule, in: Die Grundschule, H. 6/73, S. 373–376
Vogelsänger, S.: Musik als Unterrichtsgegenstand, Mainz 1970
Warner, Th.: Musische Erziehung zwischen Kult und Kunst, Darmstadt 1964

Zu den Beiträgen des Handbuchs

Willi Gundlach

Die Probleme, wie sie sich heute im Umkreis des Musikunterrichts in der Grundschule darstellen, werden in den Beiträgen des Handbuchs von vielen Seiten her behandelt. Dabei liegt ein Schwerpunkt auf den inhaltlichen Teilbereichen des Unterrichts, den Lernfeldern. Zur Klärung und Abgrenzung des Begriffs Lernfeld sind zuvor aber einige Anmerkungen erforderlich.

I. Teilbereiche des Musikunterrichts: Lernfelder

Seit einiger Zeit setzt sich zur Gliederung des gesamten Gegenstandsbereichs des Musikunterrichts immer mehr der Begriff „Lernfeld" durch. Dazu muß man an folgendes erinnern: In der alten Schule wurden Gegenstandsbereiche als Stoffe, als konkrete Inhalte beschrieben. In Lehrplänen für den Musikunterricht der Grundschule (der Unterstufe der Volksschule) wurden dementsprechend vor allem jene Lieder genannt, die Gegenstand des Musikunterrichts sein sollten.
Die tiefgreifenden Veränderungen in unserem Fach, die auch zu einer bisher nicht gekannten Ausweitung der möglichen Inhalte führte, dazu auch die veränderten Auffassungen vom Charakter der Lernprozesse zwangen dazu, neue Kriterien für die Gliederung und Akzentuierung des Gesamtbereiches Musikunterricht zu entwickeln. Der erste größere Entwurf in dieser Richtung, „fünf vorrangige Verhaltensweisen gegenüber der Musik" (VENUS 1969, S. 21) von Dankmar Venus war verhaltensorientiert, d. h. es wurden bestimmte im Zusammenhang mit Musikunterricht gewünschte Verhaltensweisen beschrieben, auf die der Musikunterricht hinarbeiten sollte. Diese Verhaltensweisen lauteten:
Produktion, Reproduktion, Rezeption, Transposition (von Musik), Reflexion (über Musik) (diese Fragen sind ausführlicher beschrieben in: Gundlach 1984). Das hatte den Vorteil, daß der Unterricht von den Fesseln einer zu engen Bindung an bestimmte Stoffe befreit werden konnte. Es eröffnete die Chance, auf neue Fragestellungen und Inhalte flexibler reagieren zu können, als es früher möglich gewesen war. Bei der potentiell unendlich großen Anzahl von Gegenständen sollte man diejenigen auswählen können, die dem jeweiligen gewünschten Verhaltensziel am besten entsprachen. Die Konzentration auf die Kategorie

des Verhaltens brachte daneben das Denken über wichtige Ziele des Musikunterrichts in Bewegung. Gleichwohl zeigte sich bald, daß der Verzicht auf die Darstellung konkreter Gegenstände erhebliche Nachteile hatte. Pragmatisch gesehen führte dies zu ziemlicher Orientierungslosigkeit, denn Gegenstände können – zumal im Schulalltag – nicht immer ad hoc aus Verhaltenskategorien herausentwickelt werden. Damit wäre der Lehrer überfordert.
In grundsätzlicher Hinsicht wurde zudem deutlich, daß konkrete Gegenstände auch ihren eigenen Wert haben, selber Maßstab bilden und Anspruch akzentuieren. Eine ausschließliche Konzentration auf Verhaltenskategorien hätte konkrete Gegenstände zu reinen Funktionen bestimmter Unterrichtsprozesse gemacht und ihren unverwechselbaren Charakter außer acht gelassen.
Auf dem Hintergrund dieser Probleme – weder reine Stoffpläne noch ausschließliche Verhaltenskategorien akzeptieren zu können – bildeten sich Mischformen heraus, die z. T. verhaltens- und z. T. gegenstandsorientiert sind, die neben systematischen Gesichtspunkten auch solche der historischen Kontinuität berücksichtigen.
Eine der bekanntesten benennt die Lernfelder so:
Werkhören
Musikübung
Musiktheorie
Musikpädagogische Information (Richtlinien ... NRW, 1973).
Hier sind die ersten beiden Lernfelder verhaltensorientiert, die beiden anderen sachstrukturell. Das zweite und das dritte knüpfen an überlieferte Inhalte an, die beiden anderen betreffen neuere. Bei diesen Überlegungen ist zu berücksichtigen, daß bestimmte Begriffe, wie sie hier für Lernfelder zur Diskussion stehen, im Hinblick auf das, was sie meinen, immer nur einen Umriß geben können, aber nicht den gesamten mit ihnen in Verbindung stehenden Inhaltsbereich exakt zu definieren und einzugrenzen vermögen. Die Beschreibung, welche Reichweite der einzelne Begriff hat, für das er steht, muß immer aus seinem Umfeld und seiner Verwendung herausgeschält werden, d. h. auch hinter Begriffen, die verhaltensorientiert sind, stehen in der Praxis mehr oder weniger eindeutig bestimmte Inhalte. So ist GROSSE-JÄGER durchaus zuzustimmen, wenn er unter Lernfeld zweierlei versteht: „bestimmte vorherrschende Umgangsweisen mit Musik" (das steht für Verhaltensweisen) und „ihnen entsprechende musikalische Inhalte" (GROSSE-JÄGER 1983).
Das heißt also: Nachdem ein gewisses Stadium allzugroßer Formalgläubigkeit überwunden ist und die Bedeutung von Begriffen für die Bezeichnung der Sache relativiert erscheint, erkennt man, daß bei bestimmten Lernfeld-Begriffen auch das jeweilige inhaltliche Umfeld eine Rolle spielt.
Gleichwohl ist der Begriff „Lernfeld" nicht optimal. Gerade, weil er beim ersten Hinsehen den Eindruck erweckt, als sei er anschaulich und griffig, wird oft sein verschwommener Charakter übersehen.
Heute spielt der Begriff in allen Lehrplänen (Übersicht bei NOLTE 1982) wie in vielen Lehrbüchern eine Rolle. Dabei wird eine Tendenz zur Reduzierung der

Anzahl der Lernfelder sichtbar. Soweit das nicht lediglich heißt, daß man Probleme und Anstrengungen ausklammern will, um den Musikunterricht ganz auf vertraute Provinzen früherer Art zu reduzieren, ist das für Lehrpläne durchaus sinnvoll, denn es erleichtert den Lehrern die Arbeit, ist übersichtlicher und entspricht auch oft den begrenzten Möglichkeiten des Schulalltags.
Im Rahmen eines Handbuchs müssen die Fragen möglichst in ihrer Differenziertheit zur Sprache kommen. So werden in diesem Zusammenhang neun Beiträge vorgelegt: Der Schwerpunkt liegt beim Musikmachen und bei der Bewegung im Zusammenhang von Musik:

Musikmachen – vokal
Musikmachen – instrumental (ergänzend dazu: Instrumentenbau)
Musik und Bewegung / Die Tänze der Kinder

Es folgen:

Musikhören
Musiktheorie
Musik in der Umwelt
Musik und Malen

Literatur

Große-Jäger, H.: Zum Begriff Lernfeld im Lehrplan Musik Grundschule. Unveröff. Manuskript für die Lehrplankommission Grundschule NRW, 1983
Gundlach, W.: Lernfelder des Musikunterrichts. Versuch einer Strukturierung des Gegenstandsbereichs Musik in der Grundschule und deren Veränderungen in den letzten zehn Jahren, in: Ritzel, F./Stroh, W. M. (Hrsg.): Musikpädagogische Konzeptionen und Schulalltag. Versuch einer kritischen Bilanz der 70er Jahre, Wilhelmshaven 1984
Nolte, E.: Die neuen Curricula, Lehrpläne und Richtlinien für den Musikunterricht an den allgemeinbildenden Schulen in der Bundesrepublik Deutschland und Westberlin. Einführung und Dokumentation, Teil I: Primarstufe, Mainz 1982
Venus, D.: Unterweisung im Musikhören, Wuppertal 1969

II. Lernfelder des Musikunterrichts

Der zentrale Bereich des Musikunterrichts in der Grundschule ist der *Umgang mit Lied und Singen* in vielerlei Form, also der vokale Aspekt des Musikmachens. Nach Zeiten einseitiger Betonung des Singens, verbunden mit ideologischer Überfrachtung und reduzierten Formen des Umgangs mit Liedern und nach Perioden einer Liedabstinenz zugunsten kognitiver Lernprozesse rückt heute dieser Bereich aufs neue in den Mittelpunkt – den er möglicherweise mehr in der didaktischen Theorie als in der pädagogischen Praxis verloren hatte. Dabei muß man sich klar machen, daß ein schlichtes Zurück zum Bewußtseinsstand früherer Zeiten nicht möglich ist. Zu viele Rahmenbedingungen haben sich zu sehr verändert.

Deshalb erscheint eine umfassende Darstellung des Themas notwendig. Sie nimmt zum Subjekt-Objekt-Verhältnis beim Singen Stellung, erörtert die mögliche Vielfalt im Umgang mit Lied und Stimme – die weit über das Einüben und Singen von Liedern hinausführt – und behandelt ausführlich die Frage des Repertoires an Liedern: Was singen Kinder, welche Kriterien der Liedauswahl sind gegeben? In diesem Beitrag bietet sich der fortwährende Bezug auf Beispiele und Praxissituationen an. Eine kommentierte Liste mit 33 Liederbüchern, die heute im Raum der Grundschule bekannt sind und benutzt werden, rundet das Ganze ab.

Der *instrumentale Bereich des Musikmachens* trat in der Grundschule immer allzuweit hinter das Singen zurück, obgleich es eine Reihe von wichtigen Ansätzen gab. So stellt ein historischer Rückblick die Entwicklung dieser Fragen dar und ordnet vor allem das Orff-Schulwerk in den geschichtlichen Zusammenhang wie in den Horizont gegenwärtiger Didaktik ein.

Ein systematischer Aufriß heutiger Möglichkeiten der Einbeziehung von Instrumenten beschreibt verschiedene Aspekte des Umgangs: experimentell-entdeckend, improvisierend bis hin zu Fragen der Instrumentenkunde und des Instrumentenbaus.

Diese werden noch einmal gesondert aufgegriffen. Ein kürzerer ergänzender Beitrag zur *Didaktik des Instrumenten-Selbstbaus* analysiert die Normen unserer Musikkultur kritisch und lenkt den Blick auf die Musik der Naturvölker und die außereuropäischen Musikkulturen. Daran schließen sich Beschreibungen von Lernzielen und Lerninhalten an.

Bewegung und Musik als Anlaß zum Spielen sind in der Grundschule leider keine Selbstverständlichkeit. Dabei ist das Wechselverhältnis „Musik löst Bewegung aus – Bewegung löst Musik aus" ganz natürlich. So umfassen die Beispiele Bewegungs- und Ausdrucksstudien und Anregungen für szenisches Spiel.

Unter den *Tänzen der Kinder im Grundschulalter* versteht man nicht jene, die den Kindern von Erwachsenen in erzieherischer Absicht nahegebracht werden, sondern die naturwüchsigen, in informellem Kreise tradierten Tänze, die außerhalb der Schule existieren. Ihre Kenntnis ist für den Lehrer – auch wenn er sie nicht direkt in seine Arbeit einbezieht – sehr aufschlußreich, weil sie etwas über den Erlebnisumkreis der Kinder, über ihre Ausdrucksmöglichkeiten und Bewegungsvorstellungen erkennbar werden lassen. Solche „Eigenwelten" können ein wichtiges Korrektiv gegenüber der Verschulung sein – wenn man sie zur Kenntnis nimmt.

Musikhören als eigenes Lernfeld im Sinne eines herausgehobenen Teilbereichs spielt erst seit jüngerer Zeit eine Rolle in der Grundschule. In der Schule überhaupt konnte es erst richtig Fuß fassen, seit die Massenmedien sich so enorm ausbreiteten und auch für den Unterricht alle nur denkbaren Musikwerke verfügbar wurden. Vom Gymnasium über Real- und Hauptschule gelangte es am Beginn der siebziger Jahre in die Grundschule. Daher waren zunächst Zielsetzungen, Methoden und Werkauswahl stark von gymnasialen Vorstellungen beeinflußt. Kindgemäße Ansätze entwickelten sich zunächst nur schrittweise. Auf dem Hintergrund dieser Problematik wird in dem vorliegenden

Beitrag vor allem die Vielfalt der methodischen Möglichkeiten vorgestellt. Die Kinder sollen allseitig angesprochen werden und selber handelnd sich mit den Dingen auseinandersetzen können.

Musiktheorie spielte – auch – in der Grundschule immer schon eine Rolle, wenn auch meist in ganz bescheidenem Rahmen. Ihre Zielsetzungen, ihre Inhalte, ihre Dimension insgesamt erhielt sie vom Lied der Schule. Was dieses als musikalisches Material darstellte, war Gegenstand der Musiklehre, die mit dem Ziel behandelt wurde, den Schüler instand zu setzen, ein Lied aus den Noten zu erschließen. Viele Pädagogengenerationen widmeten sich diesem Thema mit nicht nachlassender Energie und unerschöpflichem methodischen Einfallsreichtum, um in dem eng umgrenzten Rahmen Fortschritte zu erzielen. Erst die Ausbreitung der Massenmedien, mit denen der scheinbar naturgegebene Liedrahmen für die Volksschule durchbrochen wurde und ganz andere Inhalte in den Horizont der Didaktik brachte, machte auch offensichtlich, daß man für diesen Bereich neue Ansätze suchen müßte.

Gleichwohl übt das Thema Notenlehre auf viele Lehrer – früher wie heute – eine erstaunliche Faszination aus.

Offenbar besteht die Vorstellung, daß man hier ein überschaubares Feld vor sich hat, das schrittweise und in linearem Fortschreiten zu erschließen, leicht in Lerneinheiten zu gliedern ist, die wiederum gut zu überprüfen sind. So steht dieses Lernfeld auch heute noch immer in der Gefahr, mehr oder weniger zum Selbstzweck zu werden, sich in den Vordergrund zu drängen und damit andere, möglicherweise wichtigere Inhalte zu kurz kommen zu lassen.

Dies alles erfordert ein sorgfältiges Durchdenken der Aufgaben der Musiktheorie in der Grundschule. Dabei wird auch deutlich, daß dies Thema keineswegs auf Noten und Notation beschränkt bleiben kann, wie das heute noch oft geschieht. Unterrichtsskizzen bringen das grundsätzlich Gesagte zur Anwendung.

Musik in der Umwelt ist das jüngste Lernfeld im Umkreis von Lehrplänen und didaktischen Konzeptionen. Seine Entstehung und weitere Entwicklung wird kritisch aufgearbeitet. Das führt zu didaktischen und methodischen Überlegungen und zu Vorschlägen für mögliche Unterrichtssequenzen.

Musikmalen – ein verlockendes Gebiet! Wo die Interpretationsmöglichkeiten der Sprache erschöpft sind, kann Malen zur Musik neue Möglichkeiten des Verstehens erschließen. Man drückt in Farbe und Form das aus, was man hört, was einen dabei „bewegt". So einleuchtend solche Gedankengänge auf den ersten Blick sind – in der Praxis führen sie oft zu kurzschlüssigen Verfahren und unbrauchbaren Ergebnissen. Deshalb erscheint es notwendig, die Eigenart solcher Prozesse herauszuarbeiten, vor allem auch das Zusammenwirken von Kunstpädagogik und Musikpädagogik darzustellen. Auf diesen Wegen ergeben sich vorsichtige Annäherungen an die Behandlung des Problems im Unterricht.

III. Musik im Schulleben

Zum Thema *Musik im Schulleben* muß man sich vergegenwärtigen, daß Musik in der Grundschule keineswegs auf einen Fachunterricht im engeren Sinne beschränkt ist. Das wäre schon aus Gründen einer mangelnden Versorgung mit ausreichend ausgebildeten Lehrern nicht möglich (vgl. den Abschnitt „Fachlehrer und Klassenlehrer" in der Einleitung). Aus der Sicht der Kinder wäre dies auch nicht wünschenswert. Gerade am Schulanfang ist Musik noch eingebettet in die Erlebniswelt des Kindes (vgl. den Beitrag „Musikunterricht im ersten Schuljahr" in diesem Band). Das erfordert viel Raum für einen tätigen Umgang mit Musik, eingefügt in die Ereignisfolge des Tages und des Jahres mit ihren zahlreichen Anlässen. Darüber hinaus drängen alle Arten von Gestaltungen danach, dargestellt und vorgestellt zu werden: vor anderen Kindern, vor anderen Klassen, vor den Eltern. Damit wird auch das Schulleben in vielerlei Weise gestaltet. Dies gehört zum Erziehungsauftrag der Schule und muß sehr ernstgenommen werden. Solche und weiterführende Gedanken werden in diesem Beitrag, vor allem anhand von Praxisbeispielen behandelt.

Musikunterricht im ersten Schuljahr hat in mancherlei Hinsicht eine Sonderstellung im Zusammenhang der Grundschuljahre: Er steht wie alle Fächer am Übergang vom spielenden zum fachlichen Lernen. Dabei ist er weitgehend eingebettet in gesamtunterrichtliche Konzepte und wird in der Regel von einer Klassenlehrerin erteilt, die nur in wenigen Fällen eine spezielle Ausbildung als Musiklehrerin hat. So steht unser Fach besonders in dieser Phase im Spannungsfeld von ganzheitlichem Musikmachen und fachlicher Differenzierung. Diese Probleme werden ausführlich erörtert und mit Praxisbeispielen belegt.

Musik mit ausländischen Kindern in der Grundschule stellt ein neuartiges Problem auch im Zusammenhang des Musikunterrichts dar. Wir beschäftigen uns in der Schule seit längerer Zeit mit ausländischen Liedern: zuerst vor allem mit denen der Nachbarvölker, dann – wenn auch zaghaft und nicht ohne Probleme – mit denen anderer Kontinente und Kulturen. Dabei ziehen wir immer nur den Gegenstand Lied in mehr oder weniger isolierter Form, in der Regel in deutscher Übersetzung, ins Klassenzimmer. Jetzt aber hat sich die Lage grundsätzlich geändert. In zahlreichen Klassen sitzen Kinder anderer Länder, nicht als Gäste für wenige Tage oder Wochen, sondern als ständige Mitglieder. Eine Auseinandersetzung mit diesen Fragen kann sich nicht nur auf musikalische Aspekte beschränken. Sie muß im größeren überfachlichen Zusammenhang gesehen werden. Der vorliegende Beitrag spannt diesen weiten Bogen, der bis zu musikalischen Einzelfragen führt. (Das geschieht vor allem am Beispiel türkischer Kinder.) Er hat einführenden und grundlegenden Charakter.

IV. Unterrichtsvorbereitung und Leistungsbeurteilung

Fragen der *Unterrichtsvorbereitung* spielen vor allem in der Ausbildung beider Phasen eine Rolle. Je mehr die zweite Phase sich ausdehnt – in NRW umfaßt sie

24 Monate –, um so wichtiger ist es, zu begründen, warum und in welcher Weise auch in der ersten Phase diese Fragen eine Rolle spielen sollen. So wird das Thema „Unterrichtsvorbereitung" zwar aus verschiedenen Blickwinkeln, aber beide Male mit dem Ziel durchgeführt, konkrete Beispiele vorzulegen, zu begründen und in Einzelheiten zu beschreiben. Das erscheint auch deshalb wichtig, weil allgemeine Werke zur Unterrichtsvorbereitung selten oder nie auf das Fach Musik im einzelnen eingehen.
Es besteht heute Einigkeit darin, daß zur *Leistungsbewertung* im Musikunterricht ein „Zensurensingen" früherer Zeiten nicht mehr ausreichen kann. Es gibt inzwischen ein vielfältiges, aber zum Teil auch kompliziertes Instrumentarium zur Überprüfung des Unterrichtserfolgs. Dieser gesamte Bereich wird hier einführend dargestellt. Gerade die eingeflochtenen praktischen Beispiele können auch jenem Lehrer eine Anregung sein, der aufgrund situativer Bedingungen nicht in der Lage ist, solche Methoden wie die hier vorgestellten im Ganzen anzuwenden.

V. Musikalisches Lernen – Fragen der Forschung

Musikalisches Lernen hängst zusammen mit Fragen musikalischer Begabung, musikalischer Fähigkeiten von Grundschulkindern und außermusikalischer Einflüsse auf das musikalische Lernen. Auf diesem Hintergrund läßt sich die Eigenart musikalischen Lernens näher beschreiben. Das geschieht immer auch anhand unterrichtsbezogener Anmerkungen, um auch demjenigen, der mit allen diesen Fragen noch nicht vertraut war, die Verbindung zur Grundschulpraxis darzustellen.
Lernen durch Entdecken, Imitieren, Spielen bringt musikbezogene Zugangsweisen in den Zusammenhang erziehungswissenschaftlicher Ansätze.
Musikpädagogische Forschung ist für die Grundschule nicht nur notwendig, um musikdidaktischen Entwürfen, Lehrplänen und Lehrbüchern klarere Rahmenbedingungen über die Möglichkeiten musikalischen Lernens, über den Zusammenhang von Kind, Musik und Gesellschaft zu verschaffen. Auch der praktizierende Lehrer profitiert täglich von ihr. Gelegentlich kommt er mit Forschung in Berührung, wenn er zu Befragungen, Untersuchungen beiträgt oder sie „erleidet".
Aus diesem Grunde ist ein Überblick über die wichtigsten Forschungsansätze und vor allem über deren Aufnahme und Verarbeitung in der musikalischen Lehre der Grundschule wichtig. Schwerpunkte sind: musikalische Hörfähigkeiten, Sprechen über Musik und musikalische Einstellungen.

VI. Die Grundschule und andere Institutionen

Die Position der Institution Grundschule wird um so klarer, je genauer man auch ihr Umfeld in den Blick nimmt. Dies geschieht auf dreierlei Weise:

Bereits im *Elementarbereich* kommen Kinder in verschiedener Weise mit Musik in Berührung. Die wichtigste Institution in diesem Zusammenhang ist der Kindergarten, der deshalb ausführlicher behandelt wird. Aufschlußreich ist vor allem die Herausarbeitung der Eigenart der Musikerziehung im Elementarbereich, weil sie auch die Eigenart der Grundschule mit beleuchtet. Eine Reihe von Beispielen verdeutlicht das Gesagte und gibt Anregungen für die Praxis. Über die Rolle der *Musik in Sonderschulen* ist im allgemeinen sehr wenig bekannt. Gerade in einer Zeit, die in steigendem Maße versucht, auch behinderte Kinder soweit wie möglich zu integrieren, ist es wichtig, die Probleme aus diesem Bereich zu kennen. Dabei ist es notwendig, zunächst einmal die verschiedenen Behinderungsarten zu charakterisieren, um danach die wichtigsten didaktischen Fragen zu erörtern.

Die Arbeit der *Musikschulen* berührt den Musiklehrer in der Grundschule täglich. In jeder Klasse sitzt eine Reihe von Kindern, die neben der Vormittagsschule in der Musikschule Unterricht hat und mit seinen dort erworbenen Kenntnissen und Fähigkeiten in die Klasse integriert werden muß.

Eine genauere Kenntnis der Arbeit der Musikschulen ist für den Lehrer unabdingbar, eine gute Abstimmung zwischen beiden Institutionen ist auch aus bildungspolitischen Gründen notwendig. In diesem Beitrag werden alle diese Probleme zusammengefaßt, Gemeinsamkeiten wie Unterschiede herausgearbeitet.

VII. Ausbildung und Fortbildung der Lehrer

Eine Schlüsselfrage zum Verständnis des Musikunterrichts in der Grundschule ist die der *Ausbildung der Lehrer* an den Hochschulen. Sie ist zum einen abhängig von den bildungspolitischen Vorstellungen der jeweiligen Zeit, zum anderen bedeutet sie Weichenstellung für Veränderungen in der Schule. Aus diesen Gründen ist auch die historische Perspektive des Themas wichtig. Die Entwicklungen der letzten 15 Jahre sind tiefgreifend. Sie werden erst in längeren Zeiträumen zur Veränderung der Situation in den Schulen beitragen. Eine Analyse der früheren wie der gegenwärtigen Verhältnisse führt zu Anmerkungen über die künftige Musiklehrerausbildung.

Während früher der Lehrer nach seinem Studium sofort in der Schule selbständig tätig wurde und durch ein begleitendes Seminar auf die zweite Prüfung vorbereitet wurde, ist heute die *Ausbildung in der zweiten Phase* immer mehr zu einer Zeit der schrittweise geleiteten Einführung in die Praxis geworden. Die Probleme, Prinzipien und Organisationsformen dieser Phase werden – hier mit Schwerpunkt auf den Verhältnissen in NRW – zusammenfassend dargestellt.

Wir stehen heute in einer Situation, die kaum noch Möglichkeiten für die Aufnahme neuer Lehrer in die Grundschule bietet. Um so wichtiger wird die *Fortbildung* der praktizierenden Lehrer. Darüber hinaus erfordert die Eigenart der Grundschule in besonderem Maße immer wieder begleitende Maßnahmen der Qualifizierung für spezielle Aufgaben, die in dieser Weise in der ersten Phase nicht behandelt werden konnten. Dies wird immer mehr erkannt. Einzelne Länder haben großangelegte Fortbildungsprogramme für den Musikunterricht entwickelt. Über diese Fragen gibt der Beitrag eine Übersicht.

VIII. Medien und Hilfsmittel

Fragen der *Hilfsmittel und Einrichtungen* für den Musikunterricht berühren jeden Lehrer täglich. Das erfordert Orientierungen, vor allem auch, um die notwendigen Ansprüche gegenüber Dritten (Schulleitung, Kollegen, Schulaufsicht, Elternschaft) vertreten zu können. Damit verbunden sind die Fragen der Gestaltung und Einrichtung des Musik-Fachraumes. Aus diesen Gründen stehen im Vordergrund dieses Beitrages konkrete Angaben über alle wichtigen Teilbereiche.

Musik-Schallplatten und Musik-Cassetten spielen – in der Hand der Kinder wie als Hilfsmittel des Unterrichts – eine immer größere Rolle. Das Angebot ist inzwischen unüberschaubar groß. Um so wichtiger ist eine Systematisierung, die, verbunden mit Kurzbesprechungen, eine Hilfe bietet, sich in der Fülle der Angebote zurechtzufinden.

Die mediengeprägte Gegenwart, die auch unsere Schüler voll in ihren Bann gezogen hat, fordert auch vom Musikunterricht Antworten. Ansätze dazu bieten die Vorschläge zur *Arbeit mit Cassettenrecordern und mit Filmen*. Mag manches davon – wegen der damit verbundenen aufwendigen Einrichtung – auch nicht überall realisierbar sein, so zeigt es doch in praxisbezogener Weise die Richtung, in der man weiterarbeiten sollte.

Der *Schulfunk*, seit Jahrzehnten ein wichtiges ergänzendes Medium des Musikunterrichts, findet auch heute noch, wie Umfragen bestätigen, eine erstaunlich große Resonanz bei Lehrern der Grundschule. Ein Blick auf didaktische Konzeptionen von Schulfunksendungen, auf Möglichkeiten des Umgangs mit solchen Sendungen wird verbunden mit Nachweisen zur Beschaffung von Materialien bei den Sendern.

IX. Anhang

Der Anhang soll dem Benutzer einen Überblick über verschiedene Sachbereiche geben und ihm ggf. den Zugang zu den Quellen erleichtern.

Neuere Lehrbücher: Hier sind die wichtigsten der seit 1970 erschienenen Werke berücksichtigt.

Lehrpläne der Bundesländer: Die Nachweise der Bezugsquellen sollen dem Interessierten bei der Beschaffung von Lehrplänen eine Hilfe sein.

Stundentafeln: Gerade hier kann der Vergleich zwischen den einzelnen Bundesländern aufschlußreich sein. Die Angaben beruhen, wie bei den Lehrplänen, auf Auskünften der Kulturministerien oder der von ihnen beauftragten Institute.
Literatur: Zwar enthält jeder Beitrag – zum Teil ausführliche – Literaturangaben. Trotzdem erscheint ein zusammenfassendes Verzeichnis am Schluß angebracht.

II. Lernfelder des Musikunterrichts

Musikmachen – der vokale Bereich
Umgang mit Lied und Stimme

Gottfried Küntzel

I. Singen in der Schule – ein klarer Fall oder ein wunder Punkt?

Daß eine Bestandsaufnahme der „Lernfelder des Musikunterrichts" mit dem Thema „Singen" beginnt, daran wird niemand etwas Besonderes finden. Schon aus Tradition erscheint dies als selbstverständlich. Wenn es in der Grundschule überhaupt ein Fach ‚Musik' geben soll, dann ist dies wohl in erster Linie Singen – was denn sonst? Das war doch schon immer so, auch wenn es in letzter Zeit in Frage gestellt oder in Vergessenheit geraten war. Es wird Zeit, daß man sich darauf wieder besinnt. So werden die meisten Außenstehenden spontan argumentieren, und mit solchen Worten treten neuerdings Politiker und Elternvertreter vor die Öffentlichkeit. Ach, wenn sie doch bloß wüßten, *wie* problematisch mittlerweile eine solche Forderung geworden ist! Das Selbstverständliche ist zum Fragwürdigsten geworden; es hat sich mit Problemen regelrecht vollgesogen.

Schauen wir uns ein wenig um: Da sind erstens die *Lehrer*. Wenn eine Grundschullehrerin zwischendurch mit ihren Kindern singt (Lieder natürlich, was denn sonst?), wird sie sagen: „Also bitte – mit Musikunterricht hat das nichts zu tun, und damit will ich auch nichts zu tun haben!" Eine andere, die als Fachlehrerin einen Musikunterricht nach allen Regeln ihrer erlernten Kunst zu erteilen bemüht ist, wird sagen: „Mit dem Singen traditioneller Lieder weiß ich didaktisch-methodisch partout nichts anzufangen. Kreatives Umgehen mit graphisch notierten Stimmaktionen, die Stimme als Musikinstrument – ja! Aber was soll mir ‚Der Kuckuck und der Esel'? Doch allenfalls, daraus ein kleines szenisches Spiel zu entwickeln und das Lied zu parodieren!" (Ich übertreibe etwas, um das Dilemma deutlich zu machen. Auch ein Musiktheorie-Fan ist an dieser Fachlehrer Stelle denkbar.) Für den Lehrer bedeutet das also: Weder erschöpft sich Musikunterricht im Singen, noch ist Singen eine Sache ausschließlich des Musikunterrichts, sind Lieder ausschließlich ein musikalisches Phänomen. Liedersingen mit Kindern heißt: Umgehen mit Texten, mit Emotionen; heißt: Menschen formen und beeinflussen.

Da sind zweitens die *Schüler*. Befragt man Erwachsene, aber auch Jugendliche, die gerade aus der Schule entlassen sind, nach ihren Erinnerungen an das Singen in der Schule, dann kommen (nicht nur, aber mit auffallender Dominanz) Berichte wie diese: „Wir mußten aufstehen und einzeln ein Lied vorsingen.

Dann hat der Lehrer eine Nummer in sein Buch geschrieben. Bei mir war dann die Lust am Singen futsch." Oder: „Ich singe ja auch heute noch gerne, aber singen zu müssen auf Kommando, und immer nur das, was der Lehrer will, das hat mich in der Schule immer ganz schön genervt." Ein anderer wird vielleicht ergänzen: „Und dann die Texte von der Tafel abschreiben und zu Hause auswendig lernen..." Und was derartige Unlusterzeuger noch sind.
Auch wenn wir heute Methoden kennen, die den Drill der alten Paukschule vergessen lassen – der Widerspruch bleibt: Singen beruht auf Spontaneität und gehört in Situationen, die sich dafür eignen. Schule aber kann nur augenblicksweise vergessen machen, daß sie eine Zwangsveranstaltung ist. Alles an ihr kann als Zwang empfunden werden: der Stundenplan, die Planung des Lehrers, der Beschluß der Klasse „Heute wollen wir mal singen".
Da sind drittens die *Fachwissenschaftler* und *-didaktiker*, die den Stellenwert des Singens im Unterricht neu bestimmen sollen. Schaut man sich die seit 1973 in Kraft getretenen Lehrpläne und Richtlinien der Bundesländer an (NOLTE 1982, 38 ff.) wird man verblüfft feststellen, daß vom Liedersingen so gut wie überhaupt nicht mehr die Rede ist. Welcher Schock hat die Didaktiker in eine solche Abstinenz getrieben? Im wesentlichen waren es drei Erkenntnisse, die in den sechziger Jahren das Bewußtsein einer breiteren Öffentlichkeit erreicht haben:

- welch schlimme Vergangenheit das Schulsingen bezüglich seiner ideologischen Besetztheit bis in die Nachkriegszeit hinein gehabt hat;
- daß Musik in toto aus mehr und anderem besteht als nur aus Liedern;
- daß die Umwelterfahrung der Kinder bezüglich Musik viel umfangreicher und differenzierter ist, als daß sie mit einer Didaktik nur vom Liede aus aufzufangen wäre. Entsprechendes gilt für die musikalische Ausdrucksfähigkeit der Kinder allgemein.

Die Musikdidaktik hat die Konsequenzen aus diesen Erkenntnissen gezogen und (auch und gerade für die Grundschule) ihr Lehrprogramm erheblich verändert und erweitert. Während sich dieses in den Lehrplan- und Richtlinientexten (in denen Lieder wie gesagt nicht mehr vorkommen) niedergeschlagen hat, ist die Praxis des Liedersingens zwar an den Rand des Geschehens gedrückt, aber keineswegs gänzlich ausgelöscht worden.
Heute (1983) ist deutlich eine Rehabilitation des Liedersingens zu bemerken und mit ihr der Wunsch nach Wiederbelebung musischer Praxis, die entlasten soll vom Streß und von der Verkopfung des Unterrichts.
Sicher gibt es sehr viele Lehrer, Erzieher, Sozialarbeiter und Sozialpädagogen, die mit schönster Selbstverständlichkeit mit den ihnen anvertrauten jungen Menschen singen. Sie ignorieren die Problematik, mit der sich speziell in der Geschichte unseres Bildungswesens dieses Tun belastet hat (vgl. dazu W. GUNDLACHs Einleitung zu diesem Buch), und haben auch recht damit, wenn sie in bestimmten Situationen pädagogisch angemessen handeln müssen. Aber wenn es darum geht, pädagogisches Handeln zu reflektieren – und wir müssen, im Gegensatz zu früher, heute jeden Pädagogen dazu anleiten –, dann läßt sich diese Hintergrundproblematik nicht ausblenden.
H. SEGLER überschreibt einen Aufsatz über Theorieversuche des Singens in

der Schule mit der lapidaren Frage „Macht Singen dumm?" (SEGLER 1976). Hinter dieser Frage steckt mehr als nur die Lust an Provokation. Hunderte von Jahren Singpraxis in Schulen, analysiert auf die sie tragende Ideologie, lehren einen erschreckenden Mißbrauch von Macht: Singen als Disziplinierungsmittel, Lieder als Transportmittel erwünschter Einstellungen und Glaubenshaltungen; eine Praxis des Liedersingens, die „den Singenden zum Objekt degradiert, entweder zum Objekt eines zeitlosen Bildungsgutes und formalen Bildungsprozesses oder zum Objekt der eigenen unreflektierten Emotion" (a. a. O., 139).

Wie auch immer der Platz des Singens in der Schule neu zu bestimmen sein wird – unreflektiertes Drauflossingen kann nicht mehr guten Gewissens empfohlen werden. Naivität als didaktisches Prinzip können wir uns nach soviel geschichtlicher Erfahrung nicht mehr leisten.

Hierzu eine kleine Dokumentation:

Pressemitteilung des Niedersächsischen Kultusministers vom 8. Juni 1979 „Für einen musicheren Musikunterricht – insbesondere in den jüngeren Klassen –, in dem weniger über Musik geredet, sondern mehr Musik gemacht und das Singen nicht ausgeblendet wird, hat heute in Hannover Kultusminister Dr. WERNER REMMERS plädiert. ‚Denn' – so REMMERS wörtlich – ‚gesungen wird heute meist nur noch aus dem Radio, der Cassette und von der Platte; Kinder bzw. Klassen, die selbst inner- und außerhalb der Schule singen, werden immer mehr zu einer Rarität. Diesem beklemmenden Defizit hoffe ich, ein wenig durch die z. Z. laufende Überarbeitung der Rahmenrichtlinien für die Grundschule begegnen zu können.' . . . ‚Ich finde, es ist bei aller großen Anerkennung der Arbeit der Musiklehrer unrichtig, immer mehr im Unterricht über Musik zu reden und einen gewissermaßen amusischen Musikunterricht zu erteilen; im Musikunterricht soll Musik und Gesang praktisch vollzogen werden', meinte der Minister. . . . ‚Die Bedeutung des Gesanges und des Musizierens für das Zusammengehörigkeitsgefühl, die Geselligkeit und das Herausführen aus der Passivität ist unschätzbar', meinte der Minister abschließend."

Artikel aus dem Weser-Kurier (Bremen) vom 27. 8. 1980
Grundschülern den falschen Text beigebracht.
Elternprotest in B. / Kultusministerium forderte einen Bericht an.
ACHIM (scr) Die Hausaufgabe entwickelt sich zu einem Ärgernis, der Vorstand des SPD-Distrikts B. spricht von einem Skandal. K. M., Klassenlehrer der 4a und Konrektor der Grundschule B., ließ seine Viertkläßler die ersten beiden Strophen des Deutschlandliedes aufschreiben. Daheim sollten sie den Text auswendig lernen. (Seit Kriegsende sollen die ersten beiden Strophen nicht mehr öffentlich gesungen werden, Text unserer Nationalhymne ist ausschließlich die dritte Strophe.)
Bei den Eltern war das Echo recht unterschiedlich. Einige nahmen gar nicht wahr, was ihre neunjährigen Kinder als Hausaufgabe aufbekommen hatten. Andere freuten sich für ihre Kinder, daß diese „nur zwei Strophen" lernen mußten. Wiederum andere Eltern waren empört. Nachdem ihre Empörung laut geworden war, teilte der Lehrer den Schülern auch den Text der dritten Strophe mit. . .
(Es folgt eine Darstellung der Geschichte des Deutschlandliedes)
. . . Der Makel, der dieser ersten Strophe inzwischen anhaftet, geht auf die Zeit des Nationalsozialismus von 1933–1945 zurück. Gemeinsam mit dem Horst-Wessel-Lied wurde die erste Strophe des Deutschlandliedes nicht nur zur Nationalhymne erklärt, sondern ihr Text vor allem gezielt falsch ausgelegt. Nun sollte die erste Zeile aussagen, es sei ein erstrebenswertes Ziel, daß Deutschland einmal die ganze Welt beherrsche. Gemeinsam mit anderen Liedern („Nach Ostland geht unser Ritt") und Parolen („Elsaß-Lothringen heim ins Reich") diente damals dieses Lied Lehrern und Jugendführern als

ein wirksames Mittel, 12 Jahre lang Kinder und Jugendliche politisch und moralisch zu verführen.
Wie wichtig den NS-Verführern dieses Lied als Erziehungsmittel war, teilte HITLERs Reichsjugendführer BALDUR VON SCHIRACH auf einem Schulungskursus Volksschullehrern mit: „Im Lied, im Singen findet der junge Mensch Einkehr in das Empfinden der Gemeinschaft. In dem Gefühl, das ihn dabei trägt, verliert er das außerhalb der Gemeinschaft liegende Individuelle, schwingt er ein in die Gemeinschaft und verliert sich in eine herrliche Einheit... ". Im Klartext: Die Jugend, lautete damals die Erziehungsparole, sollte nicht mehr denken, sondern fühlen und glauben.
Der Lehrer sagt, er habe den Text mit seinen Schülern in B. als Gedicht durchgenommen. Kollegen schüttelten bedenklich den Kopf, nachdem sie am darauffolgenden Tag Schüler der vierten Klasse erlebten, die auf dem Heimweg die erste Strophe laut sangen...
... Vermutlich hätte dieser Ausrutscher kein so großes Echo gefunden, wenn es ein einmaliger Fauxpas gewesen wäre. Doch der Lehrer bekennt sich offen zu seiner extrem nationalen Einstellung, vor der Gebietsreform vertrat er die rechtslastige NPD im B.-er Gemeinderat...

RAINER WERNER FASSBINDER, kürzlich verstorbener Filmemacher, in einem Bericht über seine Filmarbeit:
„... weil die Gruppe (gemeint: das Team seiner Schauspieler und Mitarbeiter) zwar in einer gewissen Pfadfinderseligkeit schwelgte; so wurde z. B. manche Nacht zur Klampfe gesungen, und ein relativ hirnloses Gefühl einer Art schwammiger Zusammengehörigkeit breitete sich hemmungslos aus" (FASSBINDER 1981, 178).

dpa-Meldung, in der Tagespresse erschienen am 14. Januar 1983
„7 Tage Arrest brachte einem Soldaten aus Bingen/Rhein die Weigerung ein, beim Panzerbataillon 154 in Westerburg (Westerwaldkreis) ein Panzerlied aus dem Jahre 1935 zu singen... Der Panzerschütze sollte mit seinen Kameraden das Lied erlernen, um – wie bei der Bundeswehr üblich – das Marschieren zu untermalen, berichtete die Bundeswehr. Gegen den Text der vierten Strophe des im Bundeswehr-Liederbuch stehenden Liedes wehrte sich der Mann. Hier heißt es: „... und kehren wir nicht mehr zur Heimat zurück, trifft uns die Todeskugel, ruft uns das Schicksal ab, dann ist unser Panzer ein ehernes Grab.'
Der Arrest des Soldaten wird nun ein parlamentarisches Nachspiel haben. Der Sprecher des Corps wies darauf hin, die Bundeswehr müsse, da sie auf Befehl und Gehorsam aufgebaut sei, Befehle mit angemessenen Mitteln durchsetzen. Nach Verbüßung seiner Strafe könne dem Soldaten erneut der Singbefehl erteilt werden. Weigere er sich erneut, müsse er mit 21 Tagen Arrest und einer Weitermeldung an die Staatsanwaltschaft rechnen. Auf die Beschwerde des Rekruten hin werde sich das Truppengericht erneut mit dem Fall beschäftigen."

Fazit: Mißtrauen ist angebracht, vor allem dann, wenn Singen wieder von oben herab verordnet werden soll. Der verräterische Gebrauch des Wortes „Gemeinschaft" oder „Zusammengehörigkeitsgefühl" in den amtlichen Verlautbarungen sollte sensibel dafür machen, daß zwischen „hirnlosem Gefühl einer Art schwammiger Zugehörigkeit" (FASSBINDER) und dem brutalen Zwang zu Singen (Bundeswehr) ein breites Spektrum liegt, in welchem allemal die Versuchung steckt, Schüler dazu zu bringen, „nicht mehr zu denken, sondern zu fühlen und glauben" und – so könnte man den Pressekommentator ergänzen – quasi blind und bewußtlos zu agieren.
Immer noch ist TH. W. ADORNOs Diktum von 1957 bedenkenswert: „Nirgends steht geschrieben, daß Singen not sei. Zu fragen ist, was gesungen wird, wie und in welchem Ambiente."

Das im (vielzitierten) ersten Satz Gemeinte sehe ich anders: Singen ist tatsächlich eine Konstante des Menschseins, ein anthropologisches Faktum (vgl. KÜNTZEL 1976); Menschen das Singen zu verbieten oder zu verleiden, bedeutet gleichermaßen Unterdrückung, wie es ihnen zu befehlen. Aber der (beim Zitieren meist unterdrückte) zweite Satz sagt etwas für unseren Zusammenhang Entscheidendes und Beherzigenswertes: Es kommt darauf an, in welcher Situation gesungen wird, wie sich der (verbale) Sinn oder Inhalt des Gesungenen zu dieser Situation verhält und was aus dem Ganzen gemacht wird – sofern „mit Kindern singen" ein pädagogisch intendiertes Handeln ist.

Literatur zur Neubestimmung des Stellenwertes von Lied und Singen im Musikunterricht der Schule:
ADORNO 1956; FISCHER 1977; FUCHS 1977; GECK 1974; GÜNTHER 1974; GUNDLACH 1974; KLUSEN 1973, 1975; KÜNTZEL 1976; KÜNTZEL-HANSEN 1981; MERKT 1981; NOLL 1982; NOLTE 1978; REIDL 1983; SCHLEUNING 1978; SCHMIDT 1981; SEGLER 1973, 1975; VOGELSÄNGER 1973; WEYER 1973.

II. Die Struktur des Lernfeldes „Umgang mit Lied und Stimme"

In drei Dimensionen soll dieses Feld vermessen werden:
1. *Singen:* Was heißt „Singen", welche Bedeutung hat es für den Menschen, speziell für das Kind? Welche vokalen Ausdrucksmöglichkeiten gibt es?
2. *Lieder:* Was sind Lieder, wie entstehen sie, wie verändern sie sich? Was sagen sie aus? In welchem Zusammenhang stehen Lieder, Liedgattungen und -typen mit dem Leben und der Umwelt der Kinder?
3. *Liedersingen:* Wie werden Lieder an Kinder vermittelt, welche Auswahlkriterien für Lieder gibt es? Wie lernen Kinder, produktiv mit Liedern (oder anderen Vokalgattungen) umzugehen? (Die Anregung zu dieser Dreiteilung verdanke ich ULRICH GÜNTHER aus der Zeit der gemeinsamen Arbeit an „Sequenzen".)

1. Zum Subjekt-Objekt-Verhältnis (das singende Subjekt – der Mensch, das gesungene Objekt – das Lied)

Mustert man die gegenwärtige didaktische Diskussion nach „Theorieversuche des Singens", so kristallisieren sich zwei opponierende Standpunkte heraus, an denen sich die Polarität Subjekt-Objekt gut darstellen läßt.
FRIEDRICH KLAUSMEIER, der Exponent der „Subjekt"-Position, sieht das Singen als eine für die emotionale Balance des (jungen) Menschen lebensnotwendige Tätigkeit an. Nach dem Modell der Psychoanalyse untersucht er die frühesten Lautäußerungen des Säuglings, das Schreien und Lallen, auf ihre Lust- und Unlustkomponenten (KLAUSMEIER 1978) hin und verfolgt die Entwicklung des Singens des Kindes bis ins Jugendalter:

„Die Fähigkeit zu schreien gehört zur physisch-psychischen Ausrüstung, damit der Säugling ausreichende elterliche Fürsorge bekommt und überleben kann. Mit dem Schrei wendet sich der Säugling nach außen, an die Pflegeperson. Ähnlich dem Ruf, enthält er aggressive, auffordernde Information, die die Mutter bald zu unterscheiden und zu verstehen lernt..."

In dem Maße, wie der Säugling lernt, Informationen anderweitig durch Gesten zu vermitteln, entwickelt er zusätzlich die Fähigkeit, intensiv lustvoll zu schreien, ohne die Funktion von aggressiver Information. Mit dieser zweiten Qualität, sich lustvoll zu äußern, bildet der Schrei die Basis für intensives lautes Singen...
Eine andere Qualität des Singens entwickelt sich aus dem Lallen. Diese Äußerungsform tritt erstmalig schon im ersten Lebensmonat auf, und zwar stets nach der Mahlzeit...
Sie (die Lallgesänge) sind von anderen Personen unabhängig und offensichtlich Ausdruck eines lustvollen Behagens und Erlebens des eigenen Körpers...
Jene frühen Gefühle, die die Person durch Lallen äußerte, erlebt sie später im leisen, zufriedenen Singen...
Durch Singen weckt die Person in sich wieder jene frühen Gefühle, die sie noch vor der Fähigkeit sprachlicher Information erlebte. Dies erkennt man daran, daß sich viele Stotterer, die kaum ein Wort kontinuierlich zu sprechen vermögen, ohne Schwierigkeiten mit singender Stimmeinstellung mitteilen können...
Singen weckt im Sänger die frühen lustvollen Gefühle der Selbstliebe. Bei Versagungen und anderweitigen Belastungen im späteren Leben ruft der Singende immer wieder diese Gefühle grenzenlosen Wohlbehagens in sich wach..." (1980, 206 f.).

Die Freude am Singen wird, nach KLAUSMEIER, dem Kind durch einen für unsere Kultur spezifischen Mechanismus gebremst und mit Schamgefühlen belastet:

„wenn nämlich in der Familie – als Agenten der Kultur – lautes Singen abgewertet wird und in der Wohnung lautes, lustvolles Schreien und Singen verboten ist, wenn die Eltern selbst nicht singen und nur leise und gehemmt sprechen, dann lernt das Kind, sich wegen der lauten freudigen Stimmäußerung zu schämen. Aus diesem Grunde vermögen in unserer Gesellschaft viele Menschen nur zu singen, wenn sie sich alleine wähnen, z. B. in der Badewanne, im Auto, im Wald, oder auch unbeobachtet in fremden Ländern, oder wenn die Schamhemmung durch Identifizierung mit einer Gruppe, beim gemeinsamen Singen in der Klasse, im Chor, oder auch durch Alkoholeinwirkung aufgehoben ist..." (ebd., 208).

Einen weiteren Hemmfaktor sieht KLAUSMEIER in der Strategie des Schulmusikunterrichts, die Aufmerksamkeit des Schülers auf das gesungene Objekt, also Lieder und Vokalwerke, zu lenken und dessen eigenen vokalen Ausdruck zu vernachlässigen. Sie orientiert sich:

„am musikalischen Objekt und nicht am Verhalten und an den Bedürfnissen der Schüler, zielt nicht auf die emotionale Ausdrucksfähigkeit von Jugendlichen, die unter dem Zwang der technischen Umwelt ihre emotionale Balance zugunsten rationellen Verhaltens verloren haben..." (ebd., 208).

Angesichts der Massenmedien meint KLAUSMEIER feststellen zu können, daß „Jugendliche diesem allmächtigen Klangrausch in dem Maße mehr verfallen, als sie selbst unfähig sind, ausdrucksstark zu singen." Die Lösung aus diesem Dilemma sieht KLAUSMEIER darin:

„mit Hilfe der empirischen Musiksoziologie die Schulmusik vom musikalischen Objekt weg auf die Schüler und ihr Ausdrucksbedürfnis zu lenken" (ebd., 209).

Die Gegenposition hierzu vertreten am pointiertesten HELMUT SEGLER und LARS ULRICH ABRAHAM. Diese Autoren sehen im Kind ein gesellschaftlich determiniertes Wesen, das sich durch Reflexion seiner Lage den vielfachen Zwängen (auch: Singzwängen) gegenüber zu distanzieren habe und zu eigenen

Entscheidungen und Wertsetzungen gelangen müsse. Dies geschieht im Musikunterricht vor allem dadurch, daß Lieder nicht als Identifikationsangebote, sondern als Objekte behandelt werden, an denen Erkenntnisse zu gewinnen sind, als „musikalische Gegenstände, die eine systematische Ordnung erfordern" (SEGLER/ABRAHAM 1966, 20; vgl. auch Bundeszentrale 1967; H. OTTO 1957).

„Der homo cantans kann sehr sympathisch sein, in bestimmten Gruppen oder in Massen auftretend flößt er zumeist Schrecken ein, weil der Außenstehende und nicht Mitsingende hilflos ist gegenüber dem extravertierten Säuglingsgehabe in seinem Allmachtsgefühl, das sich entweder selbst bestätigt oder konsequent jeden Außenstehenden in die eigene Besessenheit einbeziehen will... Die zumeist sympathiegetönten Handlungsfelder des Singens, sympathiegetönt gegenüber undiskutierten Überzeugungen oder irgendwelchen Glaubensinhalten und auch sympathiegetönt gegenüber den Funktionären in der Person des jeweiligen Chor- oder Singeleiters, sind frei von Zweifeln und frei vom Stachel des Denkens. Musik und Singen haben zu geschehen. Leuchtende Kinderaugen, womöglich noch im Kinderchor-Design, sind der Beweis..."
„Zu kritisieren ist die soziale Funktion der pseudokathartischen Anwendung des Singens. Freude, Spaß und Vergnügen per Pädagogik bedeuten zumeist nichts anderes als Macht ausüben über andere Subjekte..." (SEGLER 1976, 140).
„Singen rechtfertigt sich nicht aus der biologischen und antiseptisch psycho-hygienischen Schnullerperspektive gewesener Säuglinge, sondern Singen wird zu einem Thema, das uns betroffen macht und vielschichtige ideologische Meinungen signalisiert..." (ebd., 139).

Die Konsequenz aus solcher didaktischer Position ist, daß in einem solchen Unterrichtskonzept Liedersingen nur noch als ironisch-gebrochene Reflexion a) des Singverhaltens von Menschen, b) der Lieder als historisch-gesellschaftlicher Dokumente (vgl. BRECKOFF et al. 1971) vorkommt:

„Durch Lernprozesse gefilterte Motivation zum Singen und damit Befreiung aus dem Zwang zum Singen kann sein: ... Singen ohne zu singen, d. h. intellektueller Anspruch und damit das Vergnügen, Lieder zu betrachten, zu analysieren und nach den verschiedensten Kategorien immer wieder neu zu ordnen..." (SEGLER 1975, 700).

Wer als Lehrer es mit Grundschulkindern, aber auch mit Älteren zu tun hat, fühlt sich hier alleingelassen: dieses machen Kinder nicht mit, solange sie selbst nicht „nach Herzenslust" singen dürfen.
Eine solche Schlußfolgerung führt uns also in eine Sackgasse. Nicht viel anders steht es mit der von KLAUSMEIER vertretenen. Dieser resümiert seinen Beitrag „Mut zum Singen" mit dem Satz:

„... zum Vorsingen vor anderen – und seien es Schüler – gehört ein gewisses Maß an Darstellungslust. Diese Fähigkeit, sich singend zu produzieren, kann man weder durch Instrumentalspiel noch durch Lautsprechermusik, am wenigsten durch Analyse von Sprachtexten ersetzen. Es hilft nur eins, Mut zum expressiven Singen, und die Schüler werden begeistert mitsingen" (1980, 209).

Hier ist sofort die Frage nachzuschieben „ja – und *was* gesungen wird, soll das völlig gleichgültig bleiben?" Zu Recht kritisiert SEGLER diesen Vorschlag als ein Singen, das:

„ebenso geschichtslos und somit pädagogisiert ist wie die frühere Elementarisierung des Singens in angeblich kindliche Melodiemodelle oder neuere Elementarisierung der Musik in geschichtslose physikalische Schallereignisse".

Und er fügt hinzu:

„musikalische Bedürfnisse sind keine Naturkonstanten. Singen ist das, was es historisch geworden ist. Der singende Mensch und das gesungene Objekt, zu dem auch das Subjekt degradiert werden kann (,wir werden gesungen'), sind in Beziehung zueinander zu setzen..." (1976, 141).

Mit den letzten Worten deutet sich ein Ausweg an, die Brücke zu einer Theorie, welche eine vernünftige Praxis zu begründen in der Lage wäre. Wie könnte dieses „In-Beziehung-zueinander-Setzen" aussehen? Ich gebe hier einen Gedanken wieder, den ich 1975 anläßlich der von SEGLER erwähnten Hamburger Tagung schon einmal vorgetragen habe:

Jeder Akt des Singens in einer konkreten Situation (K) befindet sich im Schnittpunkt zweier Dimensionen: einer anthropologisch-psychologischen (A) und einer historisch-kulturellen (H) Dimension.

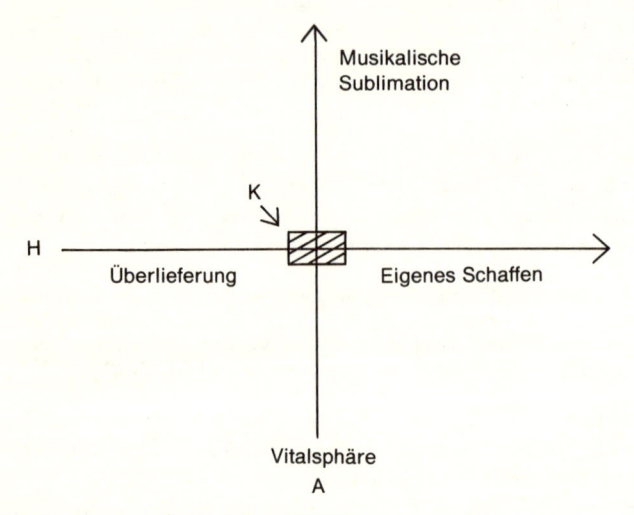

```
                    ↑ Musikalische
                      Sublimation
                 K
                 ↘
    H ─────────────▨─────────────→
      Überlieferung │ Eigenes Schaffen
                    │
                    │
                    ↓
                 Vitalsphäre
                    A
```

Abbildung 1: Diagramm zu den Dimensionen des Singens

In A haben wir es mit dem Subjekt zu tun, dessen Singen einem individuellen oder kollektiven Ausdrucksbedürfnis entspringt. An dessen Wurzel steht der Schrei, der Basisgefühle wie Schmerz, Angst, Wut oder Freude signalisiert, aber auch, im Summen und Vorsichhintönen, die Urerfahrung des sinnlichen Wohlbehagens. Singen vereinigt beide Komponenten in sich; es stellt eine sublimierte Form des Schreiens dar.

In H haben wir es mit objektiven Gebilden zu tun, die unsere Kultur im geschichtlichen Verlauf hervorgebracht hat: mit „Liedern" im weitesten Sinne. Singen ist gebunden an Konventionen, an gesellschaftliche Rituale, an Formen

und Formeln des kollektiven Ausdrucks, aber auch an künstlerische Gebilde aus unserer Vergangenheit. Für das Singen ergibt sich gleiche Notwendigkeit wie für das Sprechen: Man braucht einen Wortschatz und eine Syntax, um sich ausdrücken zu können. Für das Singen verbinden sich in dieser Syntax sprachliche und musikalische Elemente. Resultate dieser Verbindungen sind Lieder oder liedähnliche Gesänge. Sie sind Ausdruck einer bestimmten Gruppe zu einem bestimmten Zeitpunkt in einer bestimmten historisch-gesellschaftlichen Situation. In ihnen verbergen und verschlüsseln sich allgemein menschliche Erfahrungen, aber auch konkrete Ereignisse und Zustände, in einer für die Gruppe spezifischen Ausdrucksform. Vielfach lösen sie sich aus ihrer Ursprungssituation und werden von anderen Gruppen zu anderen Zeiten übernommen und entsprechend verändert.
Versuchen wir nun, diese allgemeinen Erkenntnisse für unsere spezielle Situation „Singen in der Schule" zu konkretisieren. Wir haben es mit folgenden Rahmendaten zu tun:

a) die Kinder in ihrer jeweils alters- und sozialisationsbedingten Bedürfnislage;
b) die Institution Schule mit ihrem Erziehungs- und Bildungsauftrag und -ziel, aber auch mit ihren einengenden Zwängen;
c) die verschiedenen Situationen, die sich mit diesen Kindern innerhalb dieser Institution ergeben;
d) das vorhandene Repertoire an Liedern und Gesängen (Kanons, Chorsätzen usw.).

Die bisherige Lied- und Singdidaktik ist zu stark und zu ausschließlich von dem Gedanken ausgegangen, daß Singen ein Akt der Reproduktion fertiger Gestalten sei, mit dem sich der Erwerb kultur- und musikkundlicher Kenntnisse verbinden läßt. Wir müssen ihre Aufgabe nun weiter, differenzierter und flexibler sehen:
Auf der senkrechten Dimension wäre mehr Spielraum des stimmlichen Ausdrucks zuzulassen, wären die Kinder zu einer größeren Variationsbreite zwischen vitalem und zartem Ausdruck anzuregen und anzuleiten (der genormtflache, plärrende Stimmklang so manchen Klassensingens hat etwas Abstoßendes). Wer Kinder einmal bei vokalen Improvisationen (etwa bei der Nachahmung von Gesangsstars) zugehört hat, kann ermessen, zu welcher Differenzierung der stimmlichen Mittel Kinder fähig sind. Deswegen ist über das Liedersingen hinaus der freien Stimmaktion beim Improvisieren, im szenischen Spiel oder Hörspiel Raum zu geben.
Auf der waagerechten Dimension geht es darum, die Kinder an Liedern, die sie zu singen lernen, zunächst einmal schlicht das „Schöne" erfahren und erleben zu lassen, das ein solches Gebilde birgt.
Weitere Stufen des Lernens führen in zwei Richtungen: zum einen durch Bekanntschaft mit ganz unterschiedlichen Melodie- und Texttypen das „Vokabular" der eigenen Ausdrucksfähigkeit zu erweitern; zum anderen: allmählich zu begreifen, was hinter Liedern an Sinn, Bedeutung und Geschichte steckt, etwas über die Menschen, die man singen hört, zu erfahren: ihre Lebensumstände und Motive, ihre Situation. Damit ist die historische und ethnographische Dimension des Umgangs mit Liedern angesprochen. Sie hat auch eine Zukunftsbedeu-

tung insofern, als die Kinder Gelegenheit erhalten sollen, alte Formeln mit neuem aktuellen Inhalt zu erfüllen, d. h. Lieder zu verändern, weiterzudichten, mit neuem Text zu versehen und Lieder selbst zu machen. Die Auswahlkriterien für Lieder sind also neu zu durchdenken. Es geht nicht mehr allein darum, zu erreichen, daß der Schüler „die Schule mit einem Schatz gerne gesungener Lieder verläßt" (so die älteren Lehrpläne, vgl. NOLTE 1975, S. 225), also nicht mehr um das pure Ansammeln. Bei jedem Lied ist zu fragen, in welche der vier genannten Richtungen es sich entfalten läßt oder für welche dieser Dimensionen es Bedeutung hat oder erlangen kann:

- für die Vitalsphäre: ob und wie es der „Lust, sich musikalisch auszudrücken" (KLAUSMEIER), entgegenkommt;
- für die musikalische Sublimation: was sich musikalisch (nicht nur theoretisch) daran lernen und entwickeln läßt;
- für die Überlieferung: ob es uns etwas über andere Menschen, über fremde Länder und Sitten, über frühere Zeiten mitteilt;
- für die eigene Ausdrucksmöglichkeit: ob es geeignet ist, unser „Vokabular", unsere ästhetische Erfahrung für eigene Produktion zu erweitern; ob es sich zum Um- oder Weiterdichten oder zum Improvisieren eignet;
- schließlich: ob es uns in einer konkreten Situation hilft und nützt.

Literatur zur Theorie des Singens:
KARBUSICKY 1973; KLAUSMEIER 1968, 1982; KLUSEN 1979; MAYR-KERN 1977; SEGLER 1976; STOCKHAUSEN 1973.

Zur Theorie des Volksliedes:
BRECKOFF et al. 1975; BREDNICH 1973/75; M. FUCHS 1983; HECK 1978; KARBUSICKY 1973, 1979; NOLL 1973; RIHA 1975; RÜHMKORF 1967; SCHLEUNING/ STROH 1980; TIBBE/BONSON 1981.

2. Mögliche Vielfalt des Umgangs mit Lied und Stimme

Zunächst sollen einmal die Möglichkeiten aufgezählt werden, die es im Unterricht zu verknüpfen gilt (Kommentare und praktische Beispiele folgen):

1. *Aufgreifen, was da ist*
   Kinder bringen Lieder mit, die sie gehört haben, die sie zu Hause (oder sonstwo) gelernt haben, die sie gerne mögen, die sie in einem Buch gefunden haben.
   Das gleiche tut der Lehrer (selbstverständlich mit Vorbedacht und bestimmter Auswahl, aber für die Kinder sollte es zunächst gleichgültig sein, wer die Lieder vorschlägt oder vorstellt). Das werden Kinder- und Volkslieder, aber auch Schlager sein (zu den Liedgattungen vgl. Abschnitt III. 2). Kinder und Lehrer singen gemeinsam, was vorgeschlagen wurde (zur Methode vgl. Abschnitt V. 1).
2. *Musikmachen mit Liedern und Kanons*
   Üben, das Lied so zu singen, daß es sich gut anhört (evtl. Tonbandkontrolle). Die Melodie etwas auseinandernehmen und mit ihren Elementen spielen, z. B. Vorsänger, dann Chor – zwei Gruppen in Wechsel, Wechsel laut und leise, langsam und schnell. An diesen Elementen trainieren, die Stimmen noch schöner klingen zu lassen (Stimmbildung, vgl. Abschnitt IV. 2).
   Zum Lied eine rhythmische Begleitung auf Schlaginstrumenten finden. Versuchen, einfache Melodieteile auf Instrumente zu übertragen.
   Eine einfache harmonische Begleitung mit Tönen (Stabspielen) zu den Melodien finden und üben.

3. *Lieder tanzen und (szenisch) darstellen*
   Viele Lieder können nach Art überlieferter Kindertänze getanzt werden (Umsetzen der musikalischen Form in Bewegung), vgl. SEGLER et al. 1982, Liederbuch ⑱; bei anderen kann der Textinhalt mit Pantomime und Rollenspiel dargestellt werden. Ausbaumöglichkeiten mit Kostümen und Requisiten; auch als Puppen- oder Schattenspiel darstellen.
4. *Etwas erfinden für und mit unseren Stimmen*
   Texte rhythmisch sprechen; in Gruppenarbeit (auch als freiwillige Hausaufgabe) verschiedene Rhythmen finden, dazu Melodien entwickeln.
   Zu Liedern neue Strophen erfinden; auf bekannte Melodien eigene Texte machen. Eigene kleine Lieder erfinden (z. B. Tierlieder, vgl. S. 50 f.) und mit Noten oder Klangzeichen aufschreiben. Freie, spontane Improvisationen mit Stimmen, solo und tutti, eingebettet in thematische Zusammenhänge, auch angeregt durch Hörbeispiele. Erfinden von graphischen Partituren, die mit Stimmen realisiert werden können.
5. *Menschen singen hören – was sagt uns dies?*
   Hörbeispiele anhören und diskutieren: Wer singt (Männer, Frauen, Kinder)? Zu welchem Anlaß, an welchem Ort? Wie klingt das, und was bedeutet das, was sie singen? (Mutmaßungen, dann Informationen durch den Lehrer.) Die Hörbeispiele als Anregung zu eigenen Vokalaktionen benutzen.
6. *Lieder, die wir singen – was bedeuten sie, wo kommen sie her?*
   Nachdenken darüber, was die Texte der Lieder aussagen, was hinter ihnen steckt, welche Geschichte sie haben und wie die Menschen sie benutzen.
7. *Musik hören, in der Liedmelodien verarbeitet werden*
   Die Melodien, die wir selbst gesungen haben, in Musikstücken wiedererkennen und hörend verfolgen, was mit ihnen musikalisch geschieht.

3. Kommentare zur Praxis

Mit Absicht habe ich mich bei der Aufzählung der 7 Möglichkeiten nicht auf das Musikmachen beschränkt, sondern auch das Hören und das Nachdenken über ‚Singen in unserer Umwelt' einbezogen. Damit soll die Absicht deutlich werden, den vokalen Bereich einerseits stärker in das Gesamtkonzept des Musikunterrichts (in dem „Machen" und „Hören" zwei gleichgewichtige Zentren sind) einzubinden, andererseits auch im fächerübergreifenden Unterricht (Sach- und Umweltkunde, Spiel, Fest und Feier) wirksam werden zu lassen. Singen soll sich weder erschöpfen in der Randfunktion eines vom Denken entlastenden Tuns (eines „musischen Ausgleichs"), noch soll es in die alte Dominanz aus einer Zeit zurückfallen, in der Musik in der Schule noch ein „Technisches Fach" war, nämlich Singen.

Auch möchte ich bei der Musterung der Möglichkeiten das 5./6. Schuljahr (Orientierungsstufe, Förderstufe, Beobachtungsstufe) einbeziehen. Erstens ist die Disposition der Kinder zum Singen dort noch ähnlich wie die der Dritt- und Viertkläßler. Zweitens kommen wirklich neuartige, die alte starre Singdidaktik aufsprengende Anregungen aus Unterrichtsmodellen dieser Stufe (ähnlich wie aus der Experimentellen Musikalischen Früherziehung, z. B. bei KÜNTZEL-HANSEN und MEYER-DENKMANN starke Anregungen auf die Grundschul-Musikdidaktik ausgegangen sind). Drittens schließt die Grundschule in einigen Bundesländern das 5./6. Schuljahr ein, und viertens werden Grundschule und Orientierungsstufe im Schwerpunktstudium der angehenden Grund- und Hauptschullehrer als Einheit gesehen.

Einen ersten Versuch, ein neues, umfassendes Konzept „Singen" zu konkretisieren und in Unterrichtsmaterialien auszuformen, habe ich 1976 als zweite Folge von „Sequenzen" vorgelegt. Einige Gedanken daraus werden in den folgenden Kommentaren aufgegriffen.

Zu 1: „Aufgreifen, was da ist"

Hier ist an ein lockeres, noch wenig lehrhaftes Umgehen mit Liedern gedacht, ein gegenseitiges Geben und Nehmen, wie es auch in Familie oder Freundeskreis üblich ist. Wichtig ist, daß Lehrer und Kinder hierbei gleichrangige Partner sind und daß auch die Kinder untereinander – die versierten, vorlauten und die zurückhaltenden – sich gegenseitig mitteilen und anhören. Etwas Neues lernen kann auch der Lehrer, wenn die Kinder es ihm beibringen. Hier können auch Lieder mittels Tonträger vorgestellt und nachgesungen werden.

Selbstverständlich bleibt es bei dieser lockeren, unverbindlichen Form nicht stehen. Aber als eine nicht-verschulte, eine quasi natürliche Art der Liedvermittlung ist sie immer wieder einmal angebracht, um Schulroutine und -müdigkeit zu durchbrechen. Außerdem erfährt der Lehrer auf diesem Wege etwas über den Liedschatz der Kinder, der normalerweise in deren „Untergrund" bleibt (vgl. RÜHMKORF), oder er nimmt aktuelle Schlager wahr, die er im eigenen Mediengebrauch überhört oder gar nicht erst zu Gehör bekommt, die aber bei den Kindern auf Resonanz stoßen und an denen sich günstig für das Klassenmusizieren anknüpfen läßt. Hierzu braucht der Lehrer sich nur einmal in den Schulpausen umzuhören, was die Kinder in kleinen Gruppen in den Ecken und Winkeln singen. Mit dem nötigen Taktgefühl wird es ihm gelingen, die Kinder zu veranlassen, die dort gesungenen Lieder auch im Klassenunterricht einmal vorzustellen (vgl. hierzu: TSCHACHE 1982: „Der Lager-Boogie").

Der Regelfall jedoch wird sein, daß der Lehrer die Lieder aussucht und einbringt (Näheres zur Liedauswahl in den Kapiteln „Liedgattungen" und „Singgelegenheiten"). Und die Regel wird auch sein, daß die Kinder das Lied noch nicht kennen, so daß es der Lehrer „einsingen" oder „erarbeiten" muß (zur Methode vgl. Abschnitt IV 2). Hier beginnt bereits das „Musikmachen", denn Vor- und Nachsingen und das Üben einzelner Teile folgt den musikalischen Gesetzen des „call-response" oder des „solo-tutti", bewegt sich jedenfalls im Takt und im musikalischen Schwung der jeweiligen Melodie.

Zu 2 und 3: „Musikmachen mit Liedern"/„Lieder tanzen und darstellen"

Jedes Lied hat zwei Komponenten:

- einen vom Text her gegebenen gedanklich-begrifflichen Inhalt,
- eine von der Form (Melodieteile, Rhythmus, Harmoniefolge) her gegebene musikalische Gestalt.

Beide Komponenten gehen eine enge Verbindung ein, machen den (vom Kind als Ganzheit wahrgenommenen) Gehalt des Liedes aus.

Unterrichten mit und an Liedern heißt nun, deren Gehalt in beiden Richtungen zu entfalten, d. h. Empfindung und Bewußtsein für beide Komponenten

herzustellen, und zwar in erster Linie durch verschiedene Aktionsformen, erst in zweiter Linie durch verbale Erläuterungen.
Diese Aktionsformen sind, bezogen auf den Textinhalt:

- das gestische oder pantomimisch-darstellende Spiel;
- das Einbetten in einen Sprechtext, eine Geschichte;
- das Malen zum Lied u. ä. mehr;

Bezogen auf die musikalische Gestalt:

- eine sinnvolle vokale Dramaturgie (Vorsänger-Chor, zwei Chöre im Wechsel; laut-leise, langsam-schnell singen);
- das Begleiten und Untermalen des Gesangs mit Instrumenten, wobei die musikalische Form durch den Wechsel der Klangfarben, durch Wechsel der rhythmischen und klanglichen Dichte (viel – wenig) herausgearbeitet werden kann;
- Übertragen von Liedmelodien auf Instrumente;
- die Realisierung der musikalischen Form als Tanzform;
- Zeichnungen zum Melodieverlauf.

Beide Komponenten getrennt zu behandeln (um sie dann vielleicht wieder zu vereinen), ist nicht nur methodisch sinnvoll, sondern auch von der Sache her legitim. Die Volksliedkunde kennt viele Beispiele hierfür: Text und Melodie lösen sich aus ihrer ursprünglichen Einheit und gehen neue Verbindungen ein; zu einem Liedtext (Gedicht) gibt es mehrere verschiedene Melodien; neue Texte werden auf schon bekannte Melodien gesungen usw.
Schließlich gibt es auch vokale Gebilde ohne Text (z. B. „Tumba" s. u.) dann haben wir es mit einem Musizieren mit Vokalklängen, losgelöst von jeder inhaltlichen Bedeutung, zu tun.
Die Verbindung des Liedersingens zu den genannten Aktivitäten wird in den Beiträgen „Musik machen: der instrumentale Bereich" und „Bewegung und Darstellung zur Musik" näher erläutert. Unterrichtsbeispiele hierzu finden sich in diesem Beitrag auf S. 76 ff.

Zu 4: „Etwas erfinden für und mit unseren Stimmen"

Bis hierher haben wir uns auf fachlich relativ gesichertem Terrain bewegt. Wenn wir „aufgreifen, was da ist", geht es eigentlich nur noch um die Erarbeitung und um das ästhetisch befriedigende Ausgestalten des Vorgegebenen.
Hier nun geht es darum, die bei Kindern vorhandene (meist verschüttete) Fähigkeit zu mobilisieren, selbst Texte und Melodien zu erfinden oder vorhandene Lieder zu Eigenem abzuwandeln.
Wozu diese sehr anspruchsvolle Aufgabe? Sie erscheint unerläßlich, wenn wir den Anspruch aufrecht erhalten wollen, die Kinder zur Selbstbestimmung, zum Selbstvertrauen in eigene Fähigkeiten, zu einem positiven Selbstbewußtsein zu führen, und zwar im ästhetischen Bereich ebenso wie in allen anderen Bereichen.
Der Singunterricht hat bisher keinen Beitrag dazu leisten können, im Gegenteil: Die Geschichte lehrt, daß Liedersingen, gewollt oder ungewollt, stets die Anpassung, die Unterordnung, das Auslöschen der Individualität bewirkt und ästhetisch verklärt hat.

a) Schulkinder machen eigene Lieder – Probleme und Möglichkeiten

Von der Schulpraxis her gesehen muß aber gleich dazugesagt werden: Erfindungsübungen, die über formale Spielereien hinaus dem Kind dazu verhelfen wollen, sich inhaltlich zu artikulieren (allein oder in der Gruppe), sind methodisch und organisatorisch sehr schwierig zu realisieren. Eindrucksvolle Belege für die pädagogische Notwendigkeit, aber auch für die enormen Schwierigkeiten solcher Versuche liefert der Sammelband „Kinderlieder selber machen" einer Freiburger Lehrergruppe (SCHLEUNING 1978).

Zum Liedererfinden bei Grundschülern liegen noch zu wenig Erfahrungen vor, als daß man schon etwas Systematisches zu dessen Didaktik sagen könnte. Nach den Erfahrungen der Freiburger Gruppe scheinen sich aber einige Punkte schon herauszukristallisieren:

1. Text und Melodie sollen möglichst gleichzeitig erfunden werden (dabei ein Tonband laufen lassen, weil es oft unmöglich ist, einen geglückten Einfall zu wiederholen).
2. Keine einengenden melodischen Modelle vorgeben (z. B. Rufterz oder Dreitonformeln). Kinder greifen zwar zuweilen von sich aus bekannte Melodienanfänge auf, z. B.: (Zwei Mädchen 1. Schuljahr, SCHLEUNING 1978, 13)

Notenbeispiel 1

Wer singt auf dem Baum? Ein Vo-gel, ein Vo-gel

Aber um die Unbefangenheit der Kinder zu bewahren, sollte der Lehrer nichts Derartiges vorgeben.
3. Auch die Thematik sollte von den Kindern bestimmt werden; sie muß aktuell und für die Kinder im Moment interessant sein. Für sie überwiegt der Spaß am Singen und Erfinden; die Inhalte treten für sie an Bedeutung zurück. Auf keinen Fall dürfen die Kinder das Gefühl haben, der Lehrer wolle sie auf diese Weise aushorchen. Am unverfänglichsten sind Nonsenslieder. Sie kommen dem unbändigen Drang der Kinder, „Quatsch" zu machen, entgegen (manchmal das einzig Vernüftige, um die täglichen Pressionen ohne Schaden zu überstehen).

Es gibt auch Praxisberichte, die optimistischer stimmen, so bei KÜNTZEL-HANSEN (1981, 224): Dort geht es um Erfahrungen mit Vorschulkindern und Schulanfängern; textinhaltliche Probleme der kindlichen Singimprovisationen bleiben dabei, im Gegensatz zu den Versuchen der Freiburger Gruppe, ausgespart. Ein Beispiel:

„Beim Abhören der Schallplatte ‚Carneval der Tiere' (von C. SAINT-SAËNS) werden zu jedem Stück die entsprechenden Bewegungen der Tiere (Elefant, Löwe, Känguruh, Vögel, Hühner, Schwan etc.) nachgeahmt. In jeder Stunde wird nur eine kurze Musikstelle einem Tier zugeordnet, abgespielt und gehört. Bei der Bewegung bleibt es aber nicht. Alle Kinder zeichnen z. B. Löwen, schneiden sie aus, kleben sie auf einer Tapete zusammen, denken sich einen kurzen Text aus und erfinden zu diesem Text eine Melodie. So entstehen zwar nur kurze, aber von den Kindern selbst erdachte Tierbilder, die jedes Kind zu einem eigenen Tierliederbuch sammeln kann."

> Auch wenn nur zwei Noten bekannt sind, kann schon eine eigene Liedzeile entstehen.

Abbildung 2: Tier-Collage (aus: KÜNTZEL-HANSEN 1981/224)

Das melodische Material für solche Erfindungen (deren Texte von der Lehrerin aufgeschrieben sind, weil die Kinder noch nicht schreiben können) ist hierbei von den Tönen bestimmt, die im Notenkurs erarbeitet worden sind.
Kehren wir noch einmal zurück zu der wirklich „freien" Singimprovisation:

b) Kleinkinder beim Singen beobachten

Wichtig für die Einschätzung dessen, was Kindern an Möglichkeiten zur Verfügung steht, ist die Beobachtung von Kleinkindern, die unbemerkt vor sich hinsingen. Leider stehen nur wenige Aufzeichnungen solcher Gesänge zur Verfügung (vgl. GAUSTER 1982, KLAUSMEIER 1982; KÜNTZEL-HANSEN 1981; SCHLEUNING 1977). Sie unterscheiden sich grundsätzlich von den Versuchsergebnissen einiger Psychologen, die zur Erforschung des kindlichen Melodiebildungsvermögens Kindern Texte zum Singen vorgegeben haben. Während hier die Produkte stark von der metrischen Struktur der Texte sowie von der unnatürlichen Singsituation bestimmt waren, sind die wirklich aufschlußreichen Erfindungen diejenigen, die spontan entstehen, wenn Kinder im Spiel oder Bilderbuchanschauen versunken sich unbeobachtet wähnen. Da wird deutlich, wie das Kind Erfahrungen, Erlebnisse, Eindrücke, aber auch Ängste, Konflikte und Gefühle verarbeitet. Deutlich wird aber auch, welche stimmliche Vielfalt ihm zu Gebote steht, etwa im fiktiven Dialog, wenn zwei Personen (oder Tiere) stimmlich charakterisiert werden, und welches melodische Material das Kind benutzt, wenn es bei einer Improvisation Fragmente bekannter Melodien mit Sprechgesängen und Rezitationen in engsten Tonstufenfolgen zusammensetzt.
Geradezu tödlich für die melodische Kreativität wirkt sich aus, wenn die Kinder bis zum Exzeß angehalten werden, in Zwei- und Dreitonformeln (z. B. c"-a', c"-

d"-c"-a') erst nachzusingen, dann selbst etwas zu erfinden. Hier sind in der musikalischen Elementarerziehung gerade im Gefolge des Orff-Schulwerks gravierende Fehler begangen worden (wie Klaus Theweleit in einer Rundfunksendung „Musikalische Phantasie in Fesseln" einmal eindrucksvoll dargestellt hat).

c) Beispiele

Das oben mitgeteilte Beispiel und auch die im folgenden erwähnten sollen den Lehrer nicht verleiten, solche Lieder zu übernehmen und weiterzugeben; sie werden hier mitgeteilt, um ihn zu ermutigen, zu eigener Liederfindung anzuregen.
In „Sequenzen Musik 5/6" (KÜNTZEL 1976) sind auf der Schallplatte und im Schülerbuch S. 32 f. (Kommentar dazu: Lehrerband S. 85), eigenständige Liedproduktionen von Schulkindern wiedergegeben. Eine 3. Klasse formuliert den Protest gegen zu viele Hausaufgaben; in einer 5. Klasse kommt das immerwährende Problem zur Sprache: abends nicht fernsehen zu dürfen, sondern ins Bett zu müssen.

d) Mit bekannten Liedern frei umgehen

„Frei umgehen" kann heißen, daß ein Lied als nicht abgeschlossen betrachtet wird, d. h. daß weitere Strophen hinzugedichtet werden. Viele alte Volkslieder sind darauf angelegt, von den Singenden weiter improvisiert zu werden, z. B. Die Vogelhochzeit, Das Lied vom Herrn Pastor sin Kauh, Wir sind zwei Musikante, Was braucht mer auf dem Bauerndorf, Wannst in Himmi sagt er willst kemma u. a. m. Eine Fülle neuer Lieder speziell für kreative Aktionen mit Kindern sind in jüngster Zeit geschaffen worden (vgl. Liederbuchliste, dort die Inhaltsangaben).
Bekannt geworden ist das „Erbsenlied" von KÜNTZEL-HANSEN (siehe Abb. 3 und 4), bei dem die Kinder (Vorschule, Schulanfang) nicht nur neue Situationen und Texte erfinden, sondern sie auch grafisch darstellen können („Liederkommode" ⑥, 19, vgl. KÜNTZEL-HANSEN 1981, 223 f.; Unterrichtsentwurf für 1. Schuljahr hierzu in G. und M. KÜNTZEL 1983, Lehrbogen V, 1).
„Mit bekannten Liedern frei umgehen" heißt aber auch, sie so umzudichten, daß ein ganz neuer Sinn entsteht. Solche „Parodien" benützen die Bekanntheit der Melodie, dieses Neue, meist Bissige, Subversive, Anklagende oder Verspottende rasch weiterzutransportieren.
Eine auf literarischem Niveau bekannte Parodie ist Erich Kästners „Weihnachtslied, chemisch gereinigt"

Original	Parodie
Morgen, Kinder, wirds was geben	Morgen, Kinder, wirds nichts geben!
morgen werden wir uns freun!	Nur wer hat, kriegt noch geschenkt.
Welch ein Jubel, welch ein Leben	Mutter schenkte euch das Leben.
wird in unserm Hause sein ...	Das genügt, wenn man's bedenkt ...

(aus: I. WEBER-KELLERMANN, Weihnachtslieder kritisch kommentiert, Mainz/München 1982, 248 f.)

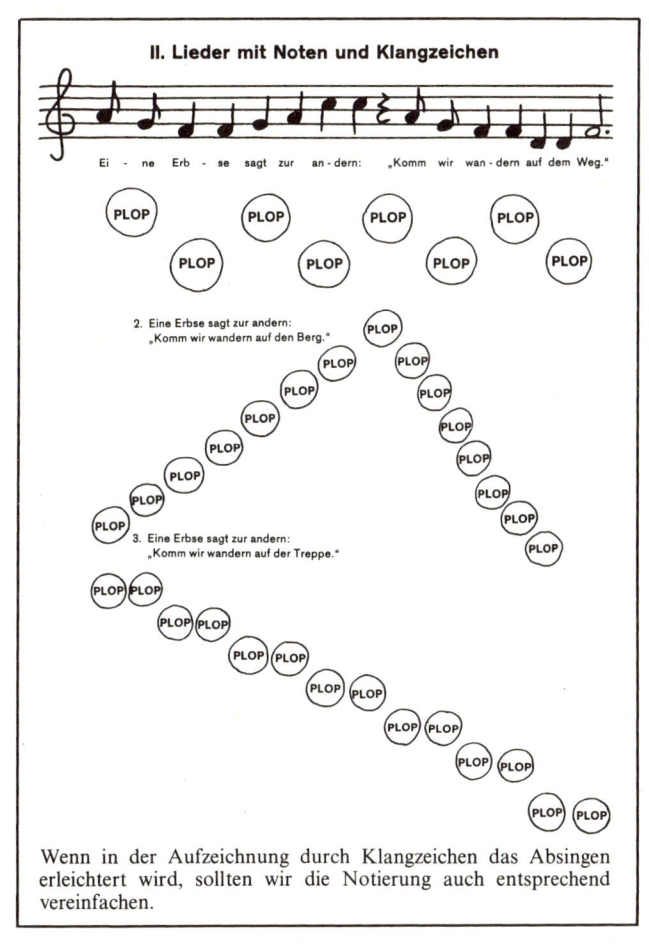

> **II. Lieder mit Noten und Klangzeichen**
>
> [Noten: Ei-ne Erb-se sagt zur an-dern: „Komm wir wan-dern auf dem Weg."]
>
> PLOP PLOP PLOP PLOP
> PLOP PLOP PLOP PLOP
>
> 2. Eine Erbse sagt zur andern:
> „Komm wir wandern auf den Berg."
>
> [PLOP-Zeichen in Bergform angeordnet]
>
> 3. Eine Erbse sagt zur andern:
> „Komm wir wandern auf der Treppe."
>
> [PLOP-Zeichen in Treppenform angeordnet]
>
> Wenn in der Aufzeichnung durch Klangzeichen das Absingen erleichtert wird, sollten wir die Notierung auch entsprechend vereinfachen.

Abbildung 3: „Erbsenlied" (aus: KÜNTZEL-HANSEN ⑥ 19 bzw. 1981, 223)

Nicht minder schlagkräftig ist die kindliche Poesie aus dem „literarischen Untergrund", die RÜHMKORF und BORNEMANN gesammelt haben (auch bei SCHLEUNING 1978 finden sich Parodien). Es gibt wohl kaum ein Kind, das nicht die fäkalische Version von „Alle meine Entchen" kennt. Mit den beiden Schallplatten „Der Ziegenbock im Unterrock" und „Warum ist die Banane krumm?" liegen brisante Sammlungen solcher Untergrund-Poesien vor. Der Lehrer sollte sie kennen, um zu wissen, was sich hinter den unschuldvollen Mienen unserer Kleinsten alles abspielen könnte (von der Verwendung solcher Platten im Unterricht ist abzuraten – sie bringt nichts ein außer heilloser Empörung bei Kollegen und Eltern und Sanktionen der Schulaufsicht). Sich darum zu kümmern, ist nicht seine Aufgabe, aber ganz ignorieren sollte er ein solches Potential auch wieder nicht. Kinder werden auf dem Wege der Parodie, also auf ästhetisch verschlüsselte Weise, eine Menge von dem los, was sie bedrückt oder beschäftigt.

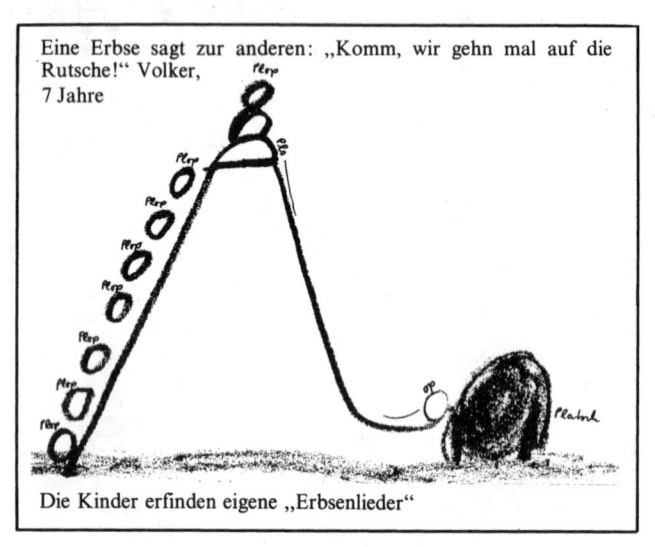

> Eine Erbse sagt zur anderen: „Komm, wir gehn mal auf die Rutsche!" Volker, 7 Jahre
>
> Die Kinder erfinden eigene „Erbsenlieder"

Abbildung 4: Schülerversion (aus: KÜNTZEL-HANSEN 1981, 224)

Dazu der Hinweis auf zwei Beispiele:
In der 3. Auflage der „Liederkommode" (⑥, seit 1979) sind Texte abgedruckt, die Kinder zu bekannten Weihnachtsliedern gedichtet haben. In ihnen ist, neben üblicher Klischees von Weihnachtsseligkeit, auch eine realistischere Sicht des Lebens in der Adventszeit zu finden („Vater und Mutter, die sind schon ganz hektisch! S'ist wohl am besten, man geht und versteckt sich" zur Melodie „Bald nun ist Weihnachtszeit"). Im übrigen gibt es in diesem Band konstruktive Vorschläge, wie man mit Kindern bekannte und auch weniger bekannte Weihnachtslieder inhaltlich reflektieren kann.
In einer 5. Klasse einer Lüneburger Orientierungsstufe haben Studenten in einem von mir betreuten Fachpraktikum die Schüler zur Produktion von Parodien angeregt; sie sind bei UNBEHAUN mitgeteilt, der damals Fachlehrer der Klasse war (1980, 67; dort auch ab S. 63 Ausführungen über „Lieder singen und verändern").
Die Schüler hatten sich aus einer Liste bekannter Volkslieder das Lied „Hoch auf dem gelben Wagen" herausgesucht. Sie
„– stellen fest, welche Tatbestände bzw. Wörter den Liedtext als ‚alt' charakterisieren: gelber Wagen, Rosse, Horn usw.
 – Die Schüler suchen in Gruppen nach Wörtern und Wendungen, aus denen man eine zeitgemäße Textfassung machen kann: Brummer, Laster, Diesel usw. Sie schreiben die Wörter gleich auf Folie. Anschließend werden alle Gruppenergebnisse über Tageslichtprojektor bekanntgegeben.
 – Mit Hilfe der Wortsammlungen sollen die Strophen so umschrieben werden, daß sie sich wieder reimen und nach der alten Melodie gesungen werden können. Die Gruppen einigen sich, welche der Strophen sie übernehmen wollen. Sie üben die fertiggestellte Strophe ein und singen sie nach Abschluß der Gruppenarbeit den anderen vor. Immer noch holprige Stellen werden gemeinsam ausgefeilt.
‚Hoch auf dem gelben Brummer sitz ich beim Fahrer vorn.

Vorwärts der Motor rattert, dröhnend tutet das Horn.
Parkplätze winken im Grünen, dort ruhen wir uns aus.
Ich würde so gerne noch schlafen, aber ich muß bald nach Haus.
Der Sender im Radio bringt Rock-Musik, den allerneusten Hit.
Und weil mich hier keiner hören kann, singe ich kräftig mit.
Das scheint dem Laster zu gefallen, er rollt viel flotter voran.
Der Fahrer, der möchte gern tanzen, aber der Laster zieht an.
Vorne ist eine Raststätte, da halte ich mal an.
Der Lastwagen kriegt seinen Diesel, ich trink nur ein Bier und denk daran, daß die Polizei mich erwischen könnt und aus dem Wagen holt, ich lebe ja schließlich vom Fahren, und daß der Lastwagen rollt.'

Im weiteren Verlauf des Unterrichts wurde der Gesang dieses Liedes aufgenommen und mit eingeblendeten Geräuschen (vokal imitiert) und eingeblendeter Rock-Musik zu einer Tonbandcollage verarbeitet.

e) Stimmaktionen, Sprache und Musik

Didaktisch und unterrichtspraktisch besser aufbereitet als „Lieder selbermachen" sind Unterrichtsinhalte wie „Stimmaktionen" und „Sprache und Musik". Angeregt durch Begegnungen mit Vokalwerken aus der Avandgarde der sechziger Jahre (LIGETI, STOCKHAUSEN, PENDERECKI, SCHNEBEL, BERIO u. a.) und in ihrer musikpädagogischen Phantasie beflügelt durch die Reflexionen dieser Komponisten über ein neues Verhältnis zwischen Sprache und Musik haben in den Jahren 1970 mehrere Pädagogen im Unterricht mit Vor- und Grundschulkindern auf diesem Gebiet experimentiert. Niedergeschlagen haben sich diese Erfahrungen vor allem in den Veröffentlichungen von FUCHS, KÜNTZEL-HANSEN und MEYER-DENKMANN.

„Daß die Stimme eine ähnliche Klangvariationsbreite benutzt wie irgendeins der selbstgebauten oder gekauften Instrumente, wird den Kindern spätestens dann klar, wenn sie versuchen, mit der Stimme Geräusche und Klänge der Umwelt nachzuahmen. Die Singstimme, bisher oft nur im Kinderlied aktiviert, und da meist beschränkt auf einen engen Tonraum, wird nun in ihrer Vielfalt ebenso erkundet wie die verschiedenen Klangmöglichkeiten etwa einer Pauke, Geige oder Flöte. Die Stimme kann weinen, lachen, flüstern, schreien, sprechen, heulen, rufen, keuchen usw.; sie kann damit alle musikalischen Klangeigenschaften demonstrieren: lang, kurz, hell-dunkel, hoch-tief, langsam-schnell, laut-leise, anschwellend-abschwellend. Sie kann Klangzeichen absingen, also z. B. Linien, Punkte und Wellen in verschiedenen Formen. Sie kann damit ihren eigenen Tonumfang und die dynamischen Möglichkeiten demonstrieren und auch steigern. Kinder mögen es, ihre Stimme auf unterschiedlichste Art als ihr eigenes Instrument zu erleben. Sie finden Zeichen, um Musik für Stimmen zu malen. Ehe sie Noten können, entwickeln sie Partituren für drei, vier oder fünf Stimmen. Ehe sie wissen, was ein Kanon ist, notieren sie aufeinanderfolgende gleiche Klänge in Zeichen und achten auf die verschiedenen Anfänge, den Zusammenklang und die Schlüsse. Ehe sie je etwas von gemischten Chören gehört haben, unterscheiden sie durch verschiedene Farbgebung zwischen hellen und dunklen Stimmen und versuchen, sie herauszuhören. Sie zerteilen Worte, um einzelne Silben oder Buchstaben klingen zu hören. Sie gehen spielerisch mit Vokalen und Konsonanten um und trainieren so das deutliche Sprechen . . ." (KÜNTZEL-HANSEN 1972, 2).

Bei der eben zitierten Autorin spielt die Verbindung freier Stimmaktion mit grafischer Notation eine große Rolle. In ihrer „Liederkommode" sind Lieder abgedruckt, bei denen der Melodieverlauf entweder nur angedeutet oder nur in

Teilen festgelegt ist (vgl. oben S. 53 „Erbsenlied"; zur Aufzeichnung freier Stimmaktionen vgl. S. 54). Als akustische Vorbilder für freie Stimmaktionen der Kinder haben sich besonders bewährt: BERIO, Sequenza III für Stimme, LUTOSLAWSKI, „Trois poémes . . . (beide bei WERGO), STOCKHAUSEN „für Stimmen" (DG).
Die Fragen, die Fuchs mit seinen Kollegen und mit Grundschülern reflektiert und praktiziert hat (FUCHS et al. 1974, 55), sind:

„Wo endet sprechen, wann beginnt singen?
Warum wird Sprache gesungen?
Wie läßt sich Sprache in Musik übersetzen?
Wie läßt sich Sprache begleiten?
Wie kann Sprache zur Musik werden?"

In dem Berichtband „Karlsruher Versuche für den Musikunterricht der Grundschule" finden sich Unterrichtsarrangements zu den genannten Fragen. Eine beliebte Vorlage für ein „Vertonen" von Sprache ohne Töne, nur mit geheimnisvollen Stimmklängen, ist das „Gruselett" von Christian Morgenstern. Unter der Vorstellung „Geisterstunde" sind der Phantasie für Stimmverfremdung keine Grenzen gesetzt: Übertrieben hoch/tief, schnell/langsam, in gleitenden Tonhöhen und abrupten Wechselns sprechen und singen:

„Der Flügelflagel gaustert
durchs Wiruwaruholz,
die rote Fingur plaustert,
und grausig gutzt der Golz."

Bei KÜNTZEL-HANSEN (1972, 44–46) stehen hierzu grafische Entwürfe, die mit einem dritten Schuljahr erarbeitet worden sind. Bei FUCHS steht ähnliches:

„Der Gedanke ‚Geisterstunde' beeinflußte alle Aktivitäten. Zur Begleitung verwendeten die Kinder Blechdosen, die sie aneinanderschlagen ließen; sie rieben auf dem Tamburin, bliesen wie Nachtvögel, zwischen den Händen, tappten mit den Schuhen durchs Klassenzimmer, ließen Wasser aus dem Wasserhahn laufen, machten in der Gruppe Glissandi mit der Stimme. Viel Zeit wurde darauf verwendet, anstelle eines bloßen Nacheinanders der Begleitformen eine Gleichzeitigkeit zu planen.
Zum Vergleich der verwendeten Mittel wurden im weiteren Verlauf des Unterrichts zwei Ausschnitte der Wolfschluchtszene aus der Oper ‚Der Freischütz' vorgespielt (Anfang der Szene bis zum Erscheinen von Samiel, ca. 3 Minuten – und der letzte Teil der Szene mit Sturm und reitendem Heer, ca. 1 Minute). Die Kinder verglichen daraufhin das Hörbeispiel mit ihren eigenen Gestaltungsversuchen" (1974, 102).

f) Singimprovisation nach dem call-response-Prinzip

Manche Hörbeispiele, besonders aus Pop- und Rocktiteln, lösen bei Kindern vitale, begeisterte Vokalimprovisationen aus. Im Rahmen einer Unterrichtseinheit „Indianer" in einer zweiten Klasse wurde die Einleitung zu einem Rocktitel „Chant 13th hour" der indianischen Rock-Band „Redbone" (LP Embassy EMB 31056, CBS 1970) vorgespielt. Das Original beginnt mit einem von tiefen Männerstimmen dröhnend gesungenen Orgelpunkt auf E; allmählich treten

Trommeln und Rasseln dazu. Die Trommel pendelt sich auf einen ostinaten Rhythmus ein, dann setzt der Vorsänger ein, und der Chor antwortet ihm.

Notenbeispiel 2

Der Vorsänger variiert seine Rufe, während der Chor bei seiner Antwort bleibt. Nach viermaligem Wechselsingen geht dieses Vorspiel über den Anfang des Rocktitels.

Dieser sehr vital gesungene Wechselgesang fasziniert die Kinder, und sie sind stets sofort bereit, dieses nachzumachen. Dabei spielt sich meistens die Regel ein, daß der Chor aufgreift, was der Vorsänger gesungen hat. Wichtig ist, daß durch Klatschen und Trommeln ständig ein Grundrhythmus vorhanden ist, der das Singen im rhythmischen Fluß hält. Wichtig ist auch, daß die Kinder im Kreis sitzen. Jeder Vorsänger improvisiert einige Rufe und gibt dann an seine Nachbarn weiter. So kommt jedes Kind einmal zum Solosingen, und es zeigt sich, daß auch Beiträge, die aus dem Taktrhythmus und aus der Tonart fallen, vom Chor auf das Genaueste nachgesungen werden, d. h.: Jede Leistung wird akzeptiert, die Scheu vorm Vorsingen verschwindet. (Die Platte wird nicht mehr erhältlich sein, deswegen: Ohren auf, wo sich geeignete Hörvorlagen befinden!)

Weitere Literatur:
Breckoff et al. 1975; Fischer et al. 1977; Weyer 1973.

Zu 5: „Menschen singen hören – was sagt uns dies?

In den vorangegangenen Kommentaren war schon wiederholt von Hörbeispielen die Rede (Rock-Musik, Avantgarde, Oper u. a.). In allen Fällen hat es sich nicht um Kinderstimmen gehandelt, die für Kinder Kinderlieder singen (mit solchen Tonträgern werden Kinder zu Hause oft alleingelassen – eine traurige Art der Isolierung ästhetischer Erfahrung vom gesellschaftlichen oder familiären Zusammenhang), sondern von Erwachsenen in einem ursprünglich nicht für Kinder bestimmten Zusammenhang. Gerade aber der ist für Kinder interessant (unter dem undurchlässigen Firnis einer kommerziellen „Kinderkultur" werden Kinder im wesentlichen klein und dumm gehalten) und im Sinne der „education" – eines Herausführens aus dem Zustand der Unmündigkeit – pädagogisch wichtig. Insofern hat das Fernsehen hier schon eine bedeutsame Funktion (wenn es sich nicht gerade um eine jener unsäglich verniedlichenden Kindersendungen handelt, die den eben erwähnten Firnis produzieren), und die Eindrücke des Fernsehens und der Umwelt zu klären, zu ordnen und aufzuarbeiten, ist Aufgabe des Grundschulunterrichts.

Hier sollte der Lehrer mit vielfältigen Platten- (bzw. Cassetten-)Beispielen operieren, um diese Aufarbeitung zu leisten. Eine speziell hierfür zusammengestellte Beispielsammlung bietet die LP „Sequenzen, Musiksekundarstufe I, 2. Folge „Singen", Klett, Stuttgart, Best.-Nr. 09761):

Singsituationen in unserer Umwelt (Familie, Party, Stadtfest, Sportstation);
Singen im Leben anderer Völker (soziale Situationen in Westafrika, Tunesien, USA);
Stimmfunktionen (Sprechen, Singen in verschiedenen Situationen);
Lieder bei der Arbeit (Fischer, Mütter, Gleisarbeiter);
Singen für ein Publikum (Blues, Protestsong, Opernszene, Kinderchor);
Lieder machen – Lieder verändern (Mozarts „Ein Mädchen oder Weibchen", Morallied „Üb immer Treu und Redlichkeit").

Ein in der Sammlung enthaltenes Beispiel hatte FUCHS schon vorher unterrichtlich ausgewertet: den Sermon eines schwarzen Predigers in einer USA-Negergemeinde. In diesem faszinierenden Ausschnitt legt der Prediger (Reverend Kelsey) zunächst einen Vers der Apostelgeschichte aus. Allmählich hebt sich seine Stimme immer mehr, die Gemeindemitglieder fallen mit "Yeah" und „Amen" ein, das Sprechen geht nahtlos in Singen über, bis schließlich Prediger und Gemeinde sich zu einem ekstatischen, von Klatschrhythmen begleiteten call-response-Gesang vereinen.

In den „Karlsruher Versuchen" (FUCHS 1974, 111 ff.) ist das Protokoll eines Gesprächs abgedruckt, das Schüler einer vierten Klasse über dieses Hörbeispiel geführt haben. Es ist unbedingt lesenswert: Wie sich die Schüler langsam an die Sache herantasten und was aller über Singen bei uns und anderswo zur Sprache kommt, ist außerordentlich bemerkenswert und sollte Mut machen, ähnliches auch in der eigenen Klasse zu versuchen.

Zu 6: Lieder, die wir singen – was bedeuten sie?

Im allgemeinen sind Kinder nicht gern bereit, über Lieder, die sie gerne singen, nachzudenken. Singen soll ihrer Ansicht nach Spaß machen und gerade entlasten vom Nachdenkenmüssen. Die meisten Liedtexte sind, so meinen sie, sowieso klar, besonders bei den favorisierten lustigen Liedern (und die Nichtverständlichkeit von Texten ist manchmal gerade das Lustige), und bei anderen scheint es manchmal willkommen zu sein, die Textbedeutung in geheimnisvollem, die Phantasie anregenden Dämmern zu belassen, statt sie durch Zerpflücken ins kalte Licht der Rationalität zu holen.

Über die Möglichkeit, den Textinhalt eines Liedes in das darstellende Spiel zu übertragen, wurde schon gesprochen (S. 48 f.). Diese Art der Reflexion ist für das Verständnis sicher wirksamer als ein Lehrervortrag.

Methodische Vorschläge zur Erarbeitung von Liedern gehen vielfach (z. B. bei GROSSE-JÄGER) davon aus, daß vor Einführung des Liedes der Textinhalt durch entwickelndes Gespräch oder Lehrererzählungen vorab geklärt wird. Auch FUCHS/GRUNDLACH schlagen in besonderen Fällen diesen Weg vor, z. B. bei „Der Mond ist aufgegangen".

„Bei diesem Lied hat der Text soviel Eigengewicht, daß es sich lohnt, die Textaussage zunächst gemeinsam zu besprechen und von daher den Zugang zum Lied zu erschließen" (① Lehrerband S. 17).

Dieser Ansatz sollte wirklich die Ausnahme bleiben, weil er sonst das Liedersingen der Schulroutine unterwirft – ein sicherer Weg, den Kindern die Lust am Singen zu nehmen.

Weihnachtslieder eignen sich vielleicht am ehesten, einer Reflexion auf Textinhalte unterzogen zu werden: Sie sind bereits bekannt, die Kinder haben eine gewisse Distanz zu ihnen, und sie spielen in der Gesellschaft eine deutlich erkennbare Rolle (s. o. S. 54).

Vom fünften Schuljahr an ist die Reflexion über Lieder vielleicht auch auf folgendem Weg zu fördern: Die Schüler werden in Gruppen eingeteilt; jede Gruppe soll anhand von Liederbüchern eine Liedauswahl für bestimmte Gelegenheiten treffen und im Plenum vorschlagen und begründen. Das motiviert zu einem Gespräch über Lieder und zum Ausprobieren der vorgeschlagenen Lieder.

Eine nachahmenswerte Art, im Umlauf befindliche Lieder aufzugreifen, weiterzuentwickeln und auf ihre Hintergründe zu untersuchen, stellt TSCHACHE (1982) vor. Er beobachtete, wie Schülerinnen seiner sechsten Klasse auf dem Schulhof folgendes Klatschspiel sangen und paarweise spielten (Notenbeispiel 3).

Die Kinder hatten keine Ahnung, was der Text, besonders das „Solaja-Boogie" bedeutet: „irgendwie so ein lustiger Tanz". Ein Mädchen meinte, den Liedtext selbst erfunden zu haben; andere widersprachen, weil er ihnen aus der Grundschulzeit bekannt war; wieder andere hatten ihn von dänischen (!) Kindern gelernt. Der Lehrer erläuterte, was ein „Boogie" ist, führte die typisch rollende Klavierbegleitung vor und ließ dazu das Lied nochmals singen. Zu Hause hatten Freiwillige neue Strophen dazu erfunden und später der Klasse vorgeführt. Währenddessen ist der Lehrer der Sache nachgegangen; er hat herausgefunden, daß das Lied eigentlich „Lager-Boogie" heißt und auf die Verhältnisse in den Internierungslagern der Amerikaner nach dem Zweiten Weltkrieg anspielt (daher auch der Name „Kippen-Boogie").

Dies hat er den Schülern mitgeteilt und beiläufig dabei ein Stück Volkslied-

Notenbeispiel 3

Die Mutter liegt im Krankenhaus, der Vater im Sum Sum
Die Oma geht mit Negern aus, die Kinder tanzen rum. Yeah Yeah Yeah
tschu tschu, So la ja Boogie. So heißt unser Boogie Woogie
Tschu, tschu, tschu, die Zeit vergeht im Nu.

kunde betrieben. Ein lustiges Lied mit ernstem Hintergrund, in einer konkreten Situation entstanden, von Mund zu Mund (hier: von Kind zu Kind als Klatschspiel) weitergegeben und dabei zur Unkenntlichkeit entstellt. Seine Funktion aber hat es behalten: „Die Zeit vergeht im Nu."

Über die Behandlung zeitkritischer Kinderlieder im Unterricht der 5./6. Klasse berichten A. JUNG et al.: Zum Thema „Kind und Gewalt" (diskutiert anhand von Zeitungsberichten) wurde das Lied „Hände" von BETTINA WEGNER eingeführt; „Spiel nicht mit den Schmuddelkindern" von FR. J. DEGENHARDT gab Anlaß zu einem Rollenspiel (übergeordnetes Thema „Kind und Milieu"), und zum Thema „Geschlechtsspezifisches Rollenverhalten" wurde in Gruppen die Frage erörtert, warum Jungen nicht neben Mädchen sitzen wollen und umgekehrt; damit war das Lied von V. LUDWIG und B. HEYMANN „Wer sagt, daß Mädchen dümmer sind" thematisch vorbereitet und in den Erfahrungshorizont der Schüler gestellt.

Zu 7: Musik hören, in der Liedmelodien verarbeitet werden

Die Didaktik des Musikhörens ist schon längst abgerückt von der Vorstellung, man könne Kindern nur solche Hörobjekte anbieten, die sich im Rahmen von einfachen, leicht faßlichen Liedformen bewegen. Diese Vorstellung ist trügerisch insofern, als Vertrautheit mit einer Melodie noch lange nicht quasi automatisch Vertrautheit mit einer Musik herstellt, in der diese kompositorisch verarbeitet ist. Das gefühlige Musikhören, in das man sich privat zurückzieht, ist didaktisch unergiebig – im Gegensatz zu einem wachmachenden, zu Fragen und Diskussionen provozierenden Höreindruck.

Gleichwohl gibt es auch Möglichkeiten, ein Hörobjekt zu erschließen, durch das sich das schon Bekannte – hier: die Liedmelodie – wie ein roter Faden zieht:

Was *anders* als die Liedmelodie ist, öffnet sich dann der bewußten Wahrnehmung.
Mögliche Stufen der Höranalyse:
- Wir hören die Aufnahme irgendeines Liedes mit Begleitung mehrerer Instrumente. Welche Instrumente spielen höher als die Melodie, welche tiefer? An welcher Textstelle kommt z. B. eine Trommel hinzu? Wann setzt eine zweite Singstimme ein? (Vgl. Unterrichtsentwurf „Anna", S. 85 f.)
- Die instrumentale Fassung von „Tumba" (㉔, Unterrichtsentwurf S. 83 f.) wird auf der Platte erst einstimmig vorgetragen. Von einem bestimmten Punkt an teilen sich die Instrumente und spielen die Kanonfassung. Höraufgabe: Ab wann tritt zur Melodie eine zweite Stimme hinzu? Was spielt diese zweite Stimme? (Die Kinder sollen erkennen, daß es der Anfang von „Tumba" ist. Zu diesem Zeitpunkt dürfen sie natürlich noch nicht wissen, daß man dieses Lied auch als Kanon musizieren kann.)
- Der Kanon „Meister Jakob" ist bekannt und auch schon mehrstimmig gesungen worden (vgl. G. und M. KÜNTZEL, Lehrbogen I/4). Der Lehrer spielt den Anfang des dritten Satzes aus G. MAHLERs 1. Sinfonie vor (unvorbereitet, ohne daß der Kanon zuvor gesungen wurde). Dieser Sinfoniesatz beginnt mit einer düsteren Instrumentalversion dieses Kanons, nach Moll abgewandelt. Frage: An was erinnert euch diese Musik? Kennt ihr die Melodie wieder, die darin versteckt ist? Welche Instrumente spielen die erste, die zweite usw. Stimme? Wann kommt etwas hinzu, was nicht zum Kanon gehört? Worin unterscheidet sich diese hier gehörte Fassung von der, die wir kennen? (Moll, Durchgangstöne)
- MOZARTs Klavier-Variationen über „A vous dirai-je, Maman" (Melodie bei uns bekannt als „Morgen kommt der Weihnachtsmann") (oder DOHNANYIs Orchestervariationen über das gleiche Lied): Was passiert mit der Melodie? Was an ihr wird verändert?
- JOHANN SEBASTIAN BACH Choral Nr. 9 „Ach, mein herzliebes Jesulein" aus dem Weihnachtsoratorium (Schluß der 1. Kantate): Hier ist die Melodie des Weihnachtsliedes „Vom Himmel hoch da komm ich her" verarbeitet. Der Lehrer spielt den Anfang des Stückes unvorbereitet vor: Welche bekannte Melodie ist hier zu hören? Könnt ihr den Text verstehen? Die Sänger haben zwischen den Zeilen viel Zeit, Luft zu holen. Was geschieht in dieser Zeit? (Trompeten und Pauken spielen.) Die Schüler versuchen, die Melodie mitzusingen und achten dabei auf die jeweils neuen Einsätze. Der Lehrer erläutert den Zusammenhang zwischen der Instrumentalbegleitung (Pauken und Trompeten als Zeichen für Königsherrschaft) und dem Chor, der von dem Kind in der Krippe singt. Damit deutet Bach an, wie die Christenheit dieses Geschehen versteht: Das Kind soll später die Königsherrschaft antreten.

III. Das Repertoire an Liedern

1. Statistisches zu Liederrepertoires und -präferenzen

Es gibt eine nahezu unendliche Vielzahl von Liedern. Jeder Mensch hat ein Repertoire, das pyramidenartig gestuft ist. Eine breite Basis bilden Lieder, die er kennt, bei deren Nennung oder Erklingen er sofort sagt „kenn ich" (passiver Liedschatz). Eine wesentlich schmalere Schicht besteht aus Liedern, die er singen könnte (zumindest die erste Strophe) und vielleicht auch tatsächlich singt (aktiver Liedschatz). Und dann gibt es eine Handvoll Lieder, die er besonders gerne mag. So viele Menschen es gibt, so viele Repertoires gibt es, von denen keines dem anderen völlig gleicht. Aber alle enthalten Lieder, die andere auch

kennen und lieben, bis hin zu Liedern, die breite Volksmassen als ihnen zugehörig empfinden.
Hier ist nun eine zentrale These anzubringen, die lautet: Es gibt keine Macht auf der Erde, die bestimmen und auf die Dauer durchsetzen könnte, welche Lieder massenhaft gekannt, gesungen, geliebt werden. Alle Bemühungen von Schule, Kirche und Vereinen, bestimmte Lieder „durchzusetzen", sind vergebens, wenn sie nicht auf die Disposition bei den Massen stoßen, die die Lieder einwurzeln läßt. Und ähnlich ist es beim Schlager: Keine noch so raffinierte Machart, Promotion und Marketingstrategie eines Schlagers kann letztlich garantieren, daß dieser auf den obersten Plätzen der Hitliste landet. Ganz wenigen gelingt es für eine Saison oder länger, die Masse des täglich Produzierten verhallt un- oder kaum gehört. Und man fragt sich vergebens, warum dieser und nicht einer der vielen anderen.
Um es in einem Vergleich zu sagen: Es ist wie in einem Garten, in den man säen und pflanzen möchte, was man will – es gedeihen nur ganz bestimmte Gewächse. Andere dafür wachsen üppig, obwohl es den kultivierenden Instanzen gar nicht recht ist!
Jede Gemeinschaft, ob gewachsen oder zusammengezwungen, stellt einen solchen „Mutterboden" dar, auf dem ein jeweils besonderes Liedrepertoire gedeiht. Auch verschiedene alters- und bildungsspezifische Gruppen unterscheiden sich in ihren Präferenzen. Hierzu einige Beispiele:

Repertoire I
Zu Beginn der siebziger Jahre haben ERNST KLUSEN und seine Mitarbeiter eine repräsentative Befragung in fast allen Bundesländern unternommen. Dabei haben 1460 Befragte im Alter von 14 bis 60 Jahren und älter Lieder genannt, die sie kennen: Die sieben bekanntesten der frei genannten Lieder sind demnach:

(1) Am Brunnen vor dem Tore
(2) Das Wandern ist des Müllers Lust
(3) Stille Nacht, heilige Nacht
(4) Sah ein Knab ein Röslein stehn
(5) Im schönsten Wiesengrunde
(6) Oh du fröhliche, oh du selige
(7) Der Mai ist gekommen.

Die sieben Lieder, die aus einer vorgegebenen Liste (Inhaltsverzeichnis der „Mundorgel") am häufigsten als bekannt angekreuzt wurden, sind:

(8) Der Mond ist aufgegangen
(9) Kein schöner Land in dieser Zeit
(10) Auf, auf zum fröhlichen Jagen
(11) Wir lagen vor Madagaskar
(12) Wenn die bunten Fahnen wehen
(13) Die blauen Dragoner
(14) Im Frühtau zu Berge

Kurzer Kommentar: An dieser Liste fällt auf, daß bei allen Liedern die Textdichter und – mit Ausnahme von 5, 10 und 14 – auch die Komponisten der Melodien namentlich bekannt sind. Die Lieder 10 bis 14 haben wahrscheinlich nur deswegen solche hohen

Listenplätze erreicht, weil sie auf einer Liste zum Ankreuzen vorgegeben waren. Sie stammen aus der Jugendbewegung dieses Jahrhunderts, während die 9 ersten Lieder aus der Zeit zwischen 1771 und 1853 stammen.

Repertoire II
Im Schuljahr 1979/80 habe ich an Grundschullehrer der Region Nordostniedersachsen (und zwar an alle Lehrerinnen und Lehrer, die mit Grundschulklassen singen, sei es im Musikunterricht, sei es in anderen Stunden – angesprochen waren auch Lehrkräfte, die keine Musikausbildung haben) ein Rundschreiben versandt und um die Beantwortung folgender Fragen gebeten:

„Welche Lieder singen sie mit Ihren Klassen (Schuljahr?) und welche Lieder kommen bei Ihren Schülern besonders gut an? Welche Liederbücher dienen Ihnen als Quelle, und welche Liederbücher benutzen die Kinder?"

169 Zuschriften mit Liederlisten (im Schnitt 25 Titel) sind eingegangen. Insgesamt wurden 1030 verschiedene Lieder genannt, davon 363, die mindestens dreimal genannt worden sind. Als Quellen wurden 122 verschiedene Liederbücher angegeben.

Hier die am meisten genannten Lieder (die Ziffern rechts bedeuten die Zahl der Nennungen; in Klammer: Zahl der Voten „kommt besonders gut bei den Kindern an"):

Rangordnung	Liedgruppe		
1	B	Der Kuckuck und der Esel	95 (27)
2	A	Auf einem Baum ein Kuckuck	82 (25)
3	B	Alle Vögel sind schon da	79 (16)
4	D	Singt ein Vogel, singt im Märzenwald	75 (25)
5	A	Die Vögel wollten Hochzeit halten	75 (23)
6	A	Meister Jakob (K)	73 (25)
7	A	Ich bin ein Musikante	62 (10)
8	A	Jetzt fahrn wir übern See	58 (27)
9	C	Drei Chinesen mit dem Kontrabaß	55 (27)
10	A	Schön ist die Welt	55 (13)
11	A	Ging ein Weiblein Nüsse schütteln	51 (21)
12	A	Ein Schneider fing 'ne Maus	49 (19)
13	B	Es war eine Mutter	47 (6)
14	A	Jetzt fängt das schöne Frühjahr an	47 (5)
15	A	Ein Jäger aus Kurpfalz	45 (12)
16	B	Laßt uns froh und munter sein	44 (14)
17	B	Schneeflöckchen, Weißröckchen	44 (10)
18	B	Wer will fleißige Handwerker sehn	43 (12)
19	B	Jetzt steigt Hampelmann	40 (15)
20	B	Spannelanger Hansel	40 (12)
21	D	Juchhe, Juchhe der erste Schnee	40 (5)
22	A	Grün, grün, grün sind alle meine Kleider	39 (17)
23	A	Der Jäger längs dem Weiher	39 (11)
24	B	Hänsel und Gretel	39 (9)
25	B	Ich bin das ganze Jahr vergnügt	38 (10)
26	B	Wide wide wenne	38 (8)
27	A	Im Märzen der Bauer	38 (8)

28	B	Ein Männlein steht im Walde	38	(3)
29	C	Auf der Mauer auf der Lauer	37	(19)
30	C	Im Frühtau zu Berge	37	(18)

Gewichtung dieses Repertoirs nach Liedgruppen:

A (713 Nennungen): Volkslieder, die im 19. Jahrhundert aufgezeichnet, aber z. T. älteren Ursprungs sind und ursprünglich *keine* Kinderlieder waren. Diese Lieder haben z. T. einen tieferen mythologischen oder historischen Hintergrund.

B (585 Nennungen): Volkstümliche Liedschöpfungen des 19. Jahrhunderts („Liedidyllen"), die Erwachsene für Kinder gemacht haben (davon allein drei aus der Sammlung „Fünfzig Kinderlieder" 1843 von A. H. Hoffmann von Fallersleben: 1, 3 und 28).

C (129 Nennungen): Liedgut der Bündischen Jugend im ersten Drittel des 20. Jahrhunderts.

D (115 Nennungen): Neue Kinderlieder aus der dritten Generation der Jugendbewegung, nach dem Zweiten Weltkrieg.

Zur Beliebtheit dieser Lieder bei den Kindern: Nach Einschätzung der Lehrer kommen bei den Kindern am besten folgende Lieder an (die Zahlen in Klammern sind die Prozentsätze der jeweiligen Nennung):

Wir wollten mal auf Großfahrt gehn (69)
Trat ich heut vor die Türe (66)
Der Cowboy Jim aus Texas (65)
Kommet all und seht (64)
Die alte Moorhexe (64)
Ich hab ne Tante in Marokko (61)
Der Jäger wollte schießen gehn (58)
Sascha geizt mit den Worten (57)
Bolle reiste jüngst zu Pfingsten (57)
Die Wissenschaft hat festgestellt (56)

Repertoire III
Im Schuljahr 1982/83 habe ich von 1343 Schülern im Alter von 8 bis 13 Jahren aus Niedersachsen ausgefüllte Fragebogen zurückbekommen, die ich über Lehrer an Grundschulen und Orientierungsstufen verteilen ließ. Die Frage (übernommen von SCHEPPING 1980) lautete:

„Vermutlich singst Du ab und zu ein Lied oder mehrere Lieder. Kannst Du einmal überlegen, *welche Lieder* Du besonders *gern* singst? Du sollst aber nicht möglichst viele Lieder nennen, sondern nur die Lieder, die Du besonders gerne singst. Denk ruhig ein wenig nach und schreibe dann hier auf . . ." (dazu noch zwei Zusatzfragen).

Die Lehrer kannten das Ziel dieser Befragung, nämlich ein möglichst unfrisiertes Bild über das zu erhalten, was die Schüler nun wirklich mögen. Deswegen haben sie die Schüler ermuntert, unbefangen alles aufzuschreiben, also nicht nur die in der Schule vermittelten Lieder. Wie zu erwarten war, werden die Präferenzen der Kinder völlig beherrscht von den aktuellen Hits der Saison (die sie auch, wie Stichproben ergaben, perfekt zu singen wissen).

Bei der Auswertung der Fragebogen wurde das Repertoire in zwei Gruppen geteilt:

Gruppe A: die vorwiegend in Schule, Elternhaus und Jugendgruppe vermittelten Lieder (Volks-, Kinder-, Kirchen- und Weihnachtslieder);
Gruppe B: die aus den Medien übernommenen aktuellen Titel (Schlager, Neue Deutsche Welle, Rock).

Der Vergleich mit gleichartigen Untersuchungen SCHEPPINGs, die mehrere Jahre zuvor stattgefunden haben (vgl. KÜNTZEL 1982), zeigt, daß die Lieder der Gruppe B nach einiger Zeit *völlig* aus dem Repertoire verschwinden und neuen Titeln Platz machen, während die Lieder der Gruppe A konstant bleiben. Im Schuljahr 1982/83 hat sich in der o. g. Probandengruppe folgende Präferenz ergeben (mit Zahl der Nennungen):

99 Luftballons	660
Da da da	410
Major Tom (völlig losgelöst)	272
Die Sennerin vom Königssee	204
Ich bin so verschossen in deine Sommersprossen	203
Nur geträumt	177
Leuchtturm	173
Anna	147
Do you really want to hurt me	141

Es folgen dann noch 5 Titel der Gruppe B, bis Lieder der Gruppe A erscheinen:

Bolle reiste jüngst zu Pfingsten	105
Die Affen rasen durch den Wald	99
Danke für diesen guten Morgen	76
Meister Jakob	67
Schön ist die Welt	66
Alle Vögel sind schon da	61
Ein Mann, der sich Columbus nannt	56
Hoch auf dem gelben Wagen	55
Die Wissenschaft hat festgestellt	52
Wenn wir erklimmen	52
Ein Hase saß im tiefen Tal	51
Jetzt fahrn wir übern See	50

In der Spanne der Nennungen zwischen 100 und 50 tauchen noch 19 weitere Lieder der Gruppe B auf.

Der Anteil der beiden Liedgruppen im Repertoire der Kinder verschiebt sich mit zunehmendem Alter wie folgt:

Altersgruppe	Liedgruppenanteile in Prozent	
	A	B
8–9	77	23
10	56	44
11–12	19	81
13	28	72

Repertoire IV
Um zu sehen, was bei jungen Menschen bleibt, wenn sie ihre Schlagerphase hinter sich gebracht haben, habe ich 127 Studenten des Faches Musik im Stu-

diengang Lehramt an Grund- und Hauptschulen über 5 Semester hinweg (1980–82) nach ihrem Repertoire befragt. Sie haben auf einer Liste von 360 Liedtiteln (identisch mit dem Repertoire II) die ihnen bekannten und zusätzlich noch einmal die von ihnen besonders geschätzten Lieder angekreuzt, dazu weitere besonders beliebte Titel aufgeschrieben.

Wie zu erwarten stimmen die Prioritäten weitgehend mit dem des Repertoires II überein, was die Spitzentitel betrifft. Dies rührt sicher aus der Affinität der beiden Personengruppen her. Dagegen ist kaum anzunehmen, daß sich darin ein besonderer Unterrichtserfolg der Grundschullehrer widerspiegelt – vielmehr scheint eine Ursache zu sein, daß sich für diese Lieder ein günstiger Nährboden in dieser sozio-kulturellen Schicht befindet.

Bei den Studenten ist aus dem Schulrepertoire besonders beliebt:

Die Gedanken sind frei
Der Mond ist aufgegangen
Bunt sind schon die Wälder
Kumbaya, my Lord
Hejo, spann den Wagen an
Danke für diesen guten Morgen
Auf einem Baum ein Kuckuck saß
Es tönen die Lieder
Meister Jakob

Zusätzlich wurden als besonders beliebt genannt:

Donna Donna (on a wagon)
Dona nobis pacem
We shall overcome
Swing low
Shalom chaverim
All meinen Gedanken
Dat du min Leevsten büst
There is a house of rising sun
Die Moorsoldaten (Wohin auch das Auge)

Auch in vielen Liederlisten der Grundschullehrer befinden sich Lieder von der Art der letztgenannten; sie schlagen statistisch nicht zu Buche, weil sie sehr breit gestreut sind, bilden aber offensichtlich einen wichtigen Bestand im Repertoire eines Lehrers.

2. Typen des Kinderlieds

a) Zur Geschichtlichkeit des Repertoires

Von den Psychologen wird Singen als ein Stück Regression, als Zurücktauchen der Seele in das frühkindliche Dasein beschrieben (KLAUSMEIER 1978). Wenn wir die „schönen alten Lieder" singen, die uns zeitlos gültig vorkommen, tauchen wir vom Gehalt der Lieder her gesehen ebenfalls zurück: jedoch nicht in eine zeitlos mythische Vergangenheit, sondern offensichtlich an einen historisch ziemlich genau bestimmbaren Punkt, nämlich ins frühe 19. Jahrhundert.

Auf den merkwürdigen Tatbestand, daß die 9 bekanntesten und beliebtesten deutschen Volkslieder alle nachweislich innerhalb von 82 Jahren um das Jahr 1800 herum gedichtet und vertont worden sind, wurde schon hingewiesen. Dies ist genau die Zeit, in der „Kindheit" als eigenständiger kultureller Lebensbereich geschaffen und in der Literatur, Malerei und Musik verklärt wird. Gesellschaftlich hat dies seine Ursache im Wandel der Familienstruktur. In der bäuerlichen und frühbürgerlichen Gesellschaft war die Familie noch eine Produktionsgemeinschaft, in deren Funktionen die Kinder hineinwuchsen, ohne daß sie einer besonderen Absonderung und Behütung bedurft hätten. Mit dem aufkeimenden Industriezeitalter änderte sich dies: Die Väter gingen zur Arbeit außerhalb des Hauses, die Mütter versorgten das Haus, die Kinder gingen in die Schule und hatten zu Hause ihre „Kinderstube".

MERKT (1979) beschreibt, wie sich dieser Umschwung im Kinderlied spiegelt. Aus der vorbürgerlichen Zeit stammen Brauchtumslieder, die heute (in Büchern, kaum mehr im Leben) als Kinderreigen weiterexistieren. In ihnen hat damals eine Art „Probehandeln" oder Rollenspiel der Kinder stattgefunden, indem sie sich auf ihre Rolle im späteren Leben vorbereiteten. Die Melodie solcher Lieder ist rezitierend, musikalisch ohne Eigenständigkeit (Beispiele: „Ringelrangel Reihe" und „Petersil und Suppenkraut"). In der neuen Familienstruktur ist diesem „Probehandeln" der Boden entzogen. Aus Liedern der Kinder werden Lieder für Kinder. MERKT zeigt diesen Wandel am Lied „Es tanzt ein BibaButzemann". Aus einem Sagenmotiv (der Butz als Kinderschreck des Volksaberglaubens) wird ein lustiger Kobold, mit dem sich die Kinder identifizieren können (der Sack, in den sie früher gesteckt worden wären, wird weggeworfen). An diesem Lied zeigt sich nach MERKT (1979, 82)

„die Dialektik des Fortschritts: einerseits geht das Lied stärker auf die Bedürfnisse von Kindern im Sinne von lustigen Sprach- und Klangspielereien ein. Andererseits entfernt es sich von der Möglichkeit, den Kindern Inhalte zu vermitteln, die sie bei der Bewältigung der Lebenswirklichkeit gebrauchen können.
Dieser Wandel zeigt sich auch im musikalischen Bereich. Die Melodie ist kein bloßes Rezitationsschema, das reale Handlungen begleitet, sondern sie ist eigenständig, weil bewußt ‚komponiert'."

b) Lieder für Kinder

(1) Die Tradition dieser Liedgattung setzt, wie dargestellt, Anfang des 19. Jahrhunderts ein. Penetrante Exemplare der Gattung „Schullied", wie z. B.:

„Stille, stille, mäuschenstill,
Kinder, weil's der Lehrer will!
Denn wir Kinder sind noch klein,
müssen immer artig sein" (COBURG 1845, zitiert nach LEMMERMANN 1978, 30).

sind heute verschwunden – sie wären der Lächerlichkeit preisgegeben. Übriggeblieben sind subtilere Formen der Pädagogisierung. Das bekannte „Alle meine Entchen" hieß ursprünglich „Alle meine Enten" (BÖHME 1897) und wurde von Kegeljungen gesungen, wenn „Alle Neune" getroffen waren. Das Diminutiv „Entchen" und die später hinzugefügten Strophen

„alle meine Hühnchen scharren in der Streu,
picken alle Körnlein auf und legen mir ein Ei.
Alle meine Gänschen watscheln mit der Liese
jeden Tag im Gänsemarsch auf der grünen Wiese" (BRECKOFF et al. 1975, 197)

signalisieren, daß dieses ursprünglich echte Gebrauchslied zu einem Schul- und Kindergartenlied umfunktioniert worden ist. Erwachsene formen die Texte so, wie sie die Kinder sehen und wie sie glauben, daß Kinder die Welt so sehen: klein, niedlich und fröhlich. Auch die Lieder von HOFFMANN VON FALLERSLEBEN, die verdientermaßen überlebt haben, zeichnen die Welt wie putzige Bildchen aus einem Bilderbuch:

Summ summ summ
Ein Männlein steht im Walde
Kuckuck Kuckuck rufts aus dem Wald
Winter ade, scheiden tut weh
Auf unsrer Wiese gehet was
Alle Vögel sind schon da

Im letztgenannten Lied wird auch ausgesprochen, wie man die Kinder gerne sehen möchte:

„Alle wollen wir lustig sein/lustig wie die Vögelein
hier und dort, feldaus, feldein/singen, springen, scherzen."

Lieder dieser Art und aus dieser Zeit sind heute noch außerordentlich populär:

Schneeflöckchen Weißröckchen	In einem kleinen Apfel
Ihr Kinderlein kommet	Fuchs du hast die Gans gestohlen
Laßt uns froh und munter sein	Weißt du wieviel Sternlein stehen
Auf unserer Wiese gehet was	

(2) Um die Jahrhundertwende werden Kinderlieder geschaffen, die noch stärker den Spiel- und Nachahmungstrieb der Kinder berücksichtigen, z. B.:

Wer will fleißige Handwerker sehn
Zeigt her eure Füße
Jetzt steigt Hampelmann u. ä.

Die Reformpädagogen der 20er Jahre, die wider die wilhelminische Verknöcherung des Schulwesens antraten und die Schule aus einer Zwangsanstalt zu einem Lebensraum des Kindes machen wollten, verbannten das Schullied des 19. Jahrhunderts in die Mottenkiste und griffen zurück auf alte, lebensechte Volks- und Kinderlieder. Die Sammlung „Der Musikant" von FRITZ JÖDE ist hierfür ein repräsentatives Zeugnis. In den Liedpräferenzen der Grundschullehrer (Repertoire II) schlägt dieser Einfluß noch heute durch. Aus heutiger Sicht muß man allerdings auch sagen, daß der Kreis um JÖDE pädagogisch motiviert mit vielen Liedern das gleiche getan hat, was die Volksliedsammler des 19. Jahrhunderts aus moralischen Gründen vornahmen: die Lieder durch Verstümmelungen zu „säubern" und durch Hinzudichten harmloser Strophen zu „bessern". Beispiele aus einer großen Zahl sind hierfür:

- „Jetzt fängt das schöne Frühjahr an" (ursprünglich ein Lied von einem mißglückten „Fenstergang" eines Burschen in die Kammer seines Mädchens) und

- „Der Wächter auf dem Türmlein saß" (eines der alten „Tagelieder", in denen der Wächter die Liebenden vor Sonnenanbruch weckt, damit der Liebhaber unbemerkt entkommen kann).

Das Verfahren ist immer das gleiche: Durch das Abtrennen der Eingangsstrophen vom eigentlichen Liedinhalt werden neue, im frischen Volksliedton klingende, aber harmlose und dadurch pädagogisch einwandfreie Lieder gewonnen.

(3) Nach dem Zweiten Weltkrieg entstanden aus dem Geist der Jugendbewegung und des „Musischen Lebens" neue Kinderlieder, die an die Tradition wiederbelebter alter Lieder anknüpften. Durchgesetzt haben sich hiervon

Singt ein Vogel, singt im Märzenwald
Juchhe Juchhe der erste Schnee
Hei so treiben wir den Winter aus
Unsre Katz heißt Mohrle
Kommet all und seht (Schneemann)

In unübersehbarer Zahl sind Kinderlieder dieser Art bis heute entstanden; dazu gehört auch „Schornsteinfeger, schwarzer Mann" (s. u. S. 78).

(4) Mittlerweile wurden auch Kinderlieder anderer Länder und Erdteile für den Schulgebrauch adaptiert. Dieser Einfluß macht sich besonders in LEMMERMANNS Sammlung „Die Zugabe" (Liederliste ③ bis ⑤) bemerkbar, deren Titel besagt, daß als Ergänzung zum festgefahrenen Repertoire ein neues Liedgut bereitgestellt werden soll: „unverbraucht, taufrisch, reizvoll" (Vorwort zu ③). Manches davon konnte sich, vor allem in Norddeutschland, verbreiten, z. B.:

Onkel Jörg hat einen Bauernhof
Trat ich heute vor die Türe (Chachacha)
Sascha geizte mit den Worten
Wenn die Sonne ihre Strahlen
Leute habt ihr schon gehört (Sitz-Boogie)
U gonni gonni ßa (Bewegungsspiel)

(5) Als eine weitere Alternative zum bestehenden Kinderliedgut hat KÜNTZEL-HANSEN nebst einigen Komponisten „Songs, Szenen, Klangaktionen" für Kinder entworfen und 1972 in der Sammlung „Die Liederkommode" ⑥ veröffentlicht. Noch konsequenter als bei manchen neuen Kinderliedern wird hier die Umwelt der Kinder thematisiert, ohne romantische Verklärung und biedermeierliche Verniedlichung, aber auch ohne den anklagenden Unterton der Sozialkritik. Entscheidend ist, daß die Kinder zur klanglichen Endgestalt der Vorlagen eigenständig beitragen können durch die Auswahl einer Melodie, durch die Anreicherung des Liedes mit Geräuschen und szenischen Elementen, durch die freie Realisierung von graphischen Notationen oder graphisch dargestellten Szenen, durch das selbständige Weiterführen eines Liedes. Hier geht es also nicht um pures Liedersingen, sondern um die Aktivierung alles dessen, was den Kindern an kreativen Möglichkeiten offensteht.

(6) Die eingangs zitierte Autorin MERKT zieht ein Resümee aus der eben geschilderten Entwicklung:

„Inhaltlich gesehen ist in der erzieherischen Tendenz seit den Liedidyllen des 19. Jh. kein entscheidender Wandel eingetreten. Weiterhin im Mittelpunkt steht die Erziehung zur Anpassung und die Verinnerlichung entsprechender Verhaltensnormen. Oberflächlich gesehen geben sich die Lieder häufiger als die der älteren Schicht lustig oder ‚antiautoritär'. Bei näherem Zusehen zeigt es sich jedoch, daß dahinter entweder die alte pädagogische Absicht steckt oder daß die Kinder mit munteren Angeboten alleingelassen werden und somit orientierungslos bleiben" (1979, 92).

Die nötige gesellschaftliche Orientierung sieht MERKT in den Liedern einer Gruppe von Liedermachern, die nicht aus den Institutionen Schule, Kindergarten und Musikschule kommen bzw. für sie schreiben, sondern ihre Adressaten über Kinderhäuser, Kindergärten der Studentenbewegung oder über spezielle Kindertheater zu erreichen versuchen. Repräsentativ für diese Gruppe sind CHRISTIANE & FREDRIK, D. SÜVERKRÜP, FR. J. DEGENHARDT und das Gripstheater, dazu die Liederbücher ㉗ bis ㉙ und diverse Schallplatten aus dem „Pläne"-Verlag in Dortmund. Relativ bekannt geworden sind die Titel

Wer sagt, daß Mädchen dümmer sind
Der Baggerführer Willibald
Die Rübe
Doof geborn wird keiner
Wir werden immer größer
He du mich drückt der Schuh

Gemeinsam ist allen diesen Liedern, daß sie nicht einfach Umwelt beschreiben, sondern Probleme zwischenmenschlicher Beziehungen direkt benennen und dabei Partei für das Kind ergreifen. Solche Lieder bedeuten, nach den Worten der Grips-Autoren, „in unserer kinderfeindlichen Gesellschaft erst einmal den Versuch, das Selbstwertgefühl der Kinder zu entwickeln" (zitiert nach MERKT 1981, 227); sie verwenden dabei die Elemente der Popmusik, damit die Kinder sie als „Ohrwurm" mit nach Hause nehmen können.
Bei aller Anerkennung einer lauteren Absicht muß kritisch eingewandt werden, daß die Texte zwar gut den Ton der Kinder treffen, nicht immer aber deren Verständnis- und Problemhorizont. Kinder im Grundschulalter können mit den Problemen meist noch nichts anfangen, vor allem dann nicht, wenn sie nicht in eine plausible Handlung gekleidet und von Figuren (Menschen oder Tiere) getragen sind, mit denen sie sich identifizieren können. Viele kommen in einer unsäglich platten und plakativ-direkten Sprache daher; sie erinnern damit fatalerweise an den Gestus moralisierender Schullieder der wilhelminischen Zeit des 19. Jahrhunderts. Zu sprachlichen kommen auch noch inhaltliche Schwierigkeiten hinzu. Bei dem im schnodderigen Ton gehaltenen „Wer sagt, daß Mädchen dümmer sind, der spinnt" werden die Jungen z. T. erst darauf aufmerksam gemacht, daß Mädchen anders sein könnten als sie selbst. Erst im Alter ab 11/12 Jahren können die Kinder solche tatsächlich vorhandenen Probleme der geschlechterrollenspezifischen Erziehung erkennen und diskutieren; dann sind solche Lieder eher angebracht (vgl. S. 60).

c) Lieder der Kinder

Es ist sicher gewagt zu behaupten, daß Kinder – analog zum Brauchtumslied des vorindustriellen Zeitalters – jenseits der Einflußsphäre von Schule, Eltern und pädagogisch intendierten Medien ihre eigenen Lieder haben. Zumindest lassen sich beide Sphären nicht trennscharf auseinander halten, angesichts der Raffinesse, mit der Pädagogen und Kulturschaffende heute „Kindgemäßes" produzieren. Aber dennoch meine ich, daß es zum Repertoire „Lieder für Kinder" eine gewisse Alternative gibt.

(1) Da wären zunächst die Parodien klassischer Kinderlieder, bei RÜHMKORF und BORNEMANN in Hülle und Fülle nachzulesen. Betrachten wir, was Kinder aus „Alle meine Entchen" machen, so scheint es, als nähmen sie Rache an dem, was die Pädagogen an Liedern manipuliert haben, die ehemals ihre eigenen waren.

(2) Neben diesem „literarischen Untergrund" gibt es allen Anschein nach auch noch so etwas wie einen „musikalischen Hinterhof" der Kinder: Gemeint sind die zahlreichen Klatschspiele und Reihen-Singtänze, die in stillen Winkeln unter Ausschluß der Öffentlichkeit stattfinden, und in denen es alles andere als zimperlich zugeht (s. o. S. 60 „Solaja-Boogie" – daß dieser auf einem Schulhof in einer Schulpause entdeckt werden konnte, war ein Glücksfall für die musikalische Volkskunde). Leider ist die Sammlung solcher Gebrauchslieder, die SEGLER in langen Jahren zusammengetragen hat, noch nicht veröffentlicht. Sie wird ganz neue Einblicke ins Kinderliederrepertoire „am grünen Holz" geben (SEGLER 1981).

Ein Lied aus diesem Genre, das in den letzten Jahren auch das Ohr der Pädagogen erreicht hat und in Liederbüchern zu erscheinen beginnt, ist „Hab 'ne Tante in Marokko und die kommt". Die Melodie dazu ist die für Parodien prädestinierte Weise von „She is coming round the corner", im Deutschen auch bekannt als „Von den blauen Bergen kommen wir".

(3) An den Grenzen zum „offiziellen" Liedgut stehen Lieder wie:

Bolle reiste jüngst
Die Affen rasen durch den Wald
Ein Mann, der sich Columbus nannt
Die Wissenschaft hat festgestellt

In einen Harung jung
Oh hängt ihn auf
Drei Chinesen (Japanesen),

die sich sehr hoch in der Gunst der Schüler befinden. Dieses Repertoire stammt aus der Bündischen Jugend der 20er/30er Jahre und ist in Sammlung wie „Der Kilometerstein" (Bad Godesberg, seit 1934 viele Auflagen) zusammengefaßt. Etwas von Hordenseligkeit und (in der rüden Ballade vom „Bolle") Kraftmeiertum schwingt in diesen Liedern. Die Beliebtheit rührt wohl daher, daß sie einerseits „lustig", andererseits aber so beschaffen sind, daß sich die Kinder nicht bevormundet, nicht als Objekt der Pädagogen empfinden. Fahrt und Lager sind die angemessenen Situationen für diese Lieder (in ihnen sind sie auch entstanden): Wer sie singt, fühlt sich zwar frei von Schule und Elternhaus, aber doch einem gewissen Gruppenzwang unterworfen.

(4) Bleiben noch die Schlager, die Hits der Saison zu nennen, die die Kinder für

die Zeit, in der sie von ihnen wie von einer Virusinfektion befallen sind, als „ihre" Lieder empfinden. Das Repertoire III (S. 65) spricht in dieser Hinsicht eine beredte Sprache. Es macht deutlich, in welchem Maße die Medien die Rolle des Liedvermittlers übernommen haben. Da sind zum einen die Kindersendungen im Fernsehen wie „Die Biene Maja" oder „Sesamstraße", zum anderen die Cassetten und Platten, die schon die Kleinsten geschenkt bekommen und immer wieder hören wollen.

Aus diesem auf Kinder zugeschnittenen Reportoire steigt gelegentlich ein Titel ganz hoch in deren Gunst (1978 z. B. das „Lied der Schlümpfe" von VADER ABRAHAM, vgl. SCHEPPING 1980, 239 ff.). Rätselhaft aber bleibt, wie Titel der „Neuen Deutschen Welle" und anderer Schlager- und Rock-Strömungen, die nun wirklich nicht mit Kindern als Konsumenten-Zielgruppe rechnen, derart kometenhaft in deren Vorliebe aufsteigen konnten (vgl. S. 65). Offensichtlich, weil sie auch von Erwachsenen gehört werden, also eben *keine* „Lieder für Kinder" sind.

Weitere Literatur zur Kinderlied-Forschung und zur empirischen Forschung über Liedsingen:
BAADER 1979; BORNEMANN 1973, 1974; ELSNER 1972; GAUSTER 1982; GROSSE-JÄGER 1980; KLUSEN 1971, 1974, 1978; KÜNTZEL 1982; KÜNTZEL-HANSEN 1981; LORBE 1971; RÜHMKORF 1967; SCHLEUNING 1977, 1978; SEGLER 1982.

3. Übersicht über Liedformen

Eine Systematik möglicher *Textinhalte* von Liedern soll hier nicht erstellt werden; hierzu gibt in der Liederbuchliste (Anhang A) die zweite Spalte von rechts Auskunft.
Ebenso werden Lieder mit bestimmten *Funktionen,* z. B. Tanzlieder, Lieder mit Gesten und Pantomimen, nicht hier, sondern in Abschnitt V. 2 behandelt. Statt dessen soll eine knappe Übersicht über die *formalen Anlagen* von Liedern gegeben werden.

a) Singzeilen

Sie bestehen aus einer Aneinanderreihung von formelhaften Wendungen, z. B.:
Laterne, Laterne
Backe, backe Kuchen

b) Strophenlieder

Sie sind die Form, die „Lied" als Gattung im Sinne von Volkslied oder volkstümlichen Kunstlied definieren. Die meisten Menschen kennen Lieder, wenn überhaupt, nur in der ersten Strophe oder in „zersungenen" Kurzfassungen, in denen verschiedene Strophen zu einer vereinigt sind, z. B. „Hänschen klein" und „Alle Vögel sind schon da" (die Schlußteile der bekannten Versionen gehören jeweils zur zweiten Strophe: „da besinnt sich das Kind ..." und „Amsel, Drossel, Fink und Star ...").

(1) Volkskinderlieder sind meistens so angelegt, daß sie sich auch über mehrere Strophen hinweg leicht einprägen. Sehr viel trägt ein Kehrreim dazu bei; er gestattet, daß auch diejenigen mitsingen können, die keine oder nicht alle Strophen kennen.
Lieder mit angehängtem Kehrreim:

Die Vogelhochzeit   Sascha geizte mit den Worten
Ein Jäger aus Kurpfalz   Die Affen rasen durch den Wald

Mit eingeschobenem Kehrreim:

Auf einem Baum ein Kuckuck
In einen Harung jung und stramm

Mit eingeschobenen Rufen:

Im Frühtau zu Berge
Onkel Jörg hat einen Bauernhof

Mit eingeschobenem Ruf und Kehrreim:

Der Jäger längs dem Weiher ging

(2) Ein zusätzlicher Anreiz, Lieder über längere Strecken hin auszudehnen, liegt im Aufzählprinzip, z. B.:

Vögel (Vogelhochzeit)
Tiere der Landwirtschaft (Onkel Jörg hat einen Bauernhof)
Musikinstrumente (Ich bin ein Musikante)
Buchstaben (A, a, a, der Winter der ist da)
Wochentage (Laurentia)
Monate (Und wer im Januar geboren ist)
Farben (Grün, grün, grün sind alle meine Kleider)
Körperteile (Aluette)
Kleidungsstücke (Jetzt steigt Hampelmann)
Zahlenreihen (10 kleine Negerlein, Schön ist ein Zylinderhut)

(3) Ein Lied, das fast nur aus einem Kehrreim besteht, ist das beliebte „Singt ein Vogel, singt im Märzenwald". Es lädt zum Weiterdichten ein, indem man nur ein neues Stichwort zu nennen braucht, z. B. „Scheint die Sonne – blüht ein Blümlein – hüpft ein Häschen" usw.

(4) Nach Art der Kinderpredigten gibt es Lieder, die sich nach dem Anschlußprinzip quasi von allein fortsetzen, z. B.:

Ein Schneider fing 'ne Maus
Wenn der Topf aber nun ein Loch hat

Dies Letztere ist auch ein Endloslied, das im Schluß wieder in den Anfang mündet (wie „Ein Hund lief in die Küche").

(5) Beliebt sind auch die Kettenlieder, bei denen die Strophen durch Wiederholen des Vorangegangenen immer länger werden. Sie sind eine Variante des Aufzählprinzips (Laurentia) oder des Anschlußprinzips:

Drunter in der grünen Au
Will euch eins singen

Als Kinderlied mit Gestenspiel bzw. Schnaderhüpferl gehört hierher:

Ich hab 'ne Tante in Marokko
Und jetzt gang i ans Peters Brünnele

c) Gesungene Sprachspiele

Sie bestehen aus nur einer Strophe, die bei der Wiederholung nach verschiedenen Prinzipien variiert wird:

- Auswechseln der Vokale (Drei Chinesen)
- Ersetzen der Wörter durch Gesten (Ein kleiner Matrose, Mein Hut, der hat drei Ecken)
- Weglassen des jeweils letzten Buchstabens (Auf der Mauer, auf der Lauer ① 28).

Das letztgenannte Lied ist eine für den Erstleseunterricht (Analyse und Synthese von Wörtern) brauchbare methodische Hilfe.

d) Kanons

Auch sie sind keine Lieder im Sinne von Strophenlied, sondern ein einstimmiges vokales Gebilde, das sich durch sukzessives Einsetzen verschiedener Sängergruppen zu Mehrstimmigkeit entfaltet. Die Bekanntesten:

Meister Jakob
Es tönen die Lieder
Hejo spann den Wagen an (die zersungene Fassung mit der abwärtslaufenden Tonleiter läßt keinen Schluß mehr zu – fade out wie beim Schlager)

4. Kriterien der Liederauswahl

Mit den Kindern singen – das geht nur, wenn der Lehrer unverstellt seine Subjektivität einbringt. Subjektiv wird auch jede Art von Liedauswahl sein. Es wäre unsinnig, dem Lehrer irgendwelche formalen Kriterien an die Hand geben zu wollen – es gibt keine! Letztlich zählen nur seine Kenntnis von Liedern, sein Verhältnis zu ihnen und seine Erfahrungen in der Vermittlung an Kinder.
Was zu schwierig oder zu leicht ist, was in dieser oder jener Situation von den Kindern angenommen wird oder nicht – alles dies läßt sich nicht eindeutig voraussagen. Man kann nur den Rat geben, Lieder auszuprobieren, vielfältige Erfahrungen zu sammeln und dazwischen immer wieder diese Erfahrungen zu reflektieren sowie in der Literatur nach Hilfen und weiteren Anregungen zu suchen.
Ohne Spontaneität läuft nichts. Aber deswegen sind Vorüberlegungen nicht unnütz, und etwas Systematik kann auch nicht schaden. Dazu folgende Anregungen:

1. Überlegen und sammeln: Welche Lieder kenne ich, welche mag ich besonders? Bei welchen traue ich mir zu, sie weiter zu vermitteln?
2. Liederbücher mustern: Welche Sammlung sagt mir zu? (Mit einem Buch allein kann kein Lehrer auskommen, denn dieses würde ihm die Liederauswahl vorschreiben, und genau dies darf nicht sein!)
Einige Bücher sollte sich der Lehrer zulegen (vgl. Liederbuchliste S. 97 ff.).

Und nun erst einmal anfangen. Nicht warten, bis die „Vorarbeiten restlos abgeschlossen sind" – dieses wird nie der Fall sein.

3. Die Kinder beiläufig und unaufdringlich fragen, was sie kennen, mögen, gerne einmal singen möchten.
4. Neue Anregungen suchen bei Kollegen, in Fortbildungsveranstaltungen, bei diversen Singgelegenheiten, durch Bücher und Schallplatten. Erfahrungsgemäß vermittelt ein Lehrer etwas für ihn Neues erst dann, wenn er es selbst einmal mit anderen zusammen gesungen oder zumindest auf Tonträger gehört (und dabei für sich allein mitgesungen) hat.

Bis hierher waren dies nur Vorschläge zur Methode, sich eine Praxis und einen gewissen Vorrat an Liedern und Erfahrungen zu erwerben. Jetzt müssen gewisse Auswahlkriterien ins Spiel kommen.

5. Lieder für bestimmte Gelegenheiten, Situationen und Anlässe sammeln: Frühling, Herbst, Wetter (Regen, Schnee), Geburtstag, Fastnacht, Ausflug, Sommerfest, Schulaufführung, Advent usw. Überlegen und Ausprobieren: Welche Lieder eignen sich, die Klasse zu sammeln und zu beruhigen (nach vorangegangenen Turbulenzen oder Frustationen), welche eignen sich zur Auflockerung, zum geistig-seelischen Ausatmen (nach starker Anspannung und Konzentration)?

Allmählich steht dem Lehrer ein umfassenderes Repertoire zur Verfügung. Nun muß er sehen, daß er Einseitigkeiten vermeidet, daß keine Bereiche ganz vernachlässigt werden. Dazu liefert dieser Beitrag eine Reihe von „Check-Listen":

6. a) Sind alle möglichen Aktionsformen der Kinder beim Singen berücksichtigt? Dazu müssen die passenden Lieder ausgewählt werden (Tanzen, gestisches und szenisches Spiel usw.) (vgl. S. 48f.).
b) Sind die Formtypen der Lieder (vgl. S. 72–74) vielseitig vertreten?
c) Sind Improvisation, Erfinden, Reflektieren und Hören wenigstens ansatzweise einbezogen? Werden Instrumente zur Begleitung und musikalischen Ausgestaltung herangezogen?
d) Ist der Liedervorrat von der musikalischen Qualität der Melodien her gesehen vielseitig genug? Also nicht nur Dur, auch Moll und Pentatonik, verschiedene Taktarten, verschiedene Bewegungstypen: rhythmisch vitale, aber auch ruhig schwingende, „lauschende" Melodien (z. B. „Nebel, Nebel, weißer Hauch" ① 61).
e) Sind die verschiedenen Überlieferungsschichten der Lieder berücksichtigt? Dies ist wichtig für ein Repertoire, das dem Kind auch als späterem Erwachsenen zur Verfügung stehen soll.
f) Als Grobraster mag auch das Schema von S. 44 dienen. Abgesehen von seiner situativen Eignung ist ein Lied dann richtig ausgewählt, wenn es sich in mindestens eine der vier Richtungen entfalten läßt, die auf S. 45f. kurz beschrieben sind.

Unter den bisher genannten Punkten ist „Auswahl" verstanden als das Sammeln von Möglichkeiten. Dabei ist nichts von vornherein ausgeschlossen; jedes Lied ist zunächst geeignet, sofern es einer bestimmten didaktischen Absicht genüge zu leisten verspricht.

Verstehen wir „Auswahl" als Ausscheiden von Liedern, die nicht in Frage kommen, so spricht dabei in erster Linie der persönliche Geschmack des Auswählenden. Objektive Kriterien sind für einen Negativ-Katalog wesentlich schwieriger zu benennen, aber nach dem bisher gesagten (vor allem in Abschnitt III. 2) können Negativ-Kriterien auch bewußter formuliert werden:

7. Vorsicht ist geboten
   a) vor Texten mit allzuviel Diminutiven, z. B:
      Mit dem Köpfchen nick nick nick / mit dem Fingerchen tick tick tick
      Nädelein, stich recht fein / stich mich nicht ins Fingerlein
      Regen, Regentröpfchen, fall mir auf mein Köpfchen
   b) vor solchen Texten, in denen Kinder sich selbst als Kinder besingen müssen, z. B.:
      Steht auf ihr lieben Kinderlein / die Sonne kommt mit hellem Schein / beginnt am Himmel ihren Lauf / und weckt die kleinen Kinder auf
      Alle Kinder sind jetzt brav / machen ihren Mittagsschlaf
      (wenn ein Lehrer oder Erzieher seine Kinder singend so anspricht, ist das seine Sache; aber Kinder so etwas singen zu lassen, halte ich für pervers)
   c) vor Wir-Liedern, z. B.:
      Wir kochen heute Brei. Wir holen schon die Milch usw.
      (allzuoft sagt der Lehrer: „jetzt wollen wir mal dieses oder jenes tun", wobei die Kinder wissen, daß nicht sie es wollen, sondern der Lehrer. Dann sollen sie es auch nicht noch singen müssen)
   d) vor Liedern, die inhaltsleer die Fröhlichkeit oder etwas Schönes (z. B. Musik) besingen, z. B.:
      Unser Tag soll fröhlich sein / ob Regen oder Sonnenschein (das Beschwören von Heiterem schafft noch nicht automatisch eine heitere Stimmung. Gebilde wie diese sind eher trostlos).

Gegenüber solchen auf schlechte Weise kindertümlichen Texten sollte der Lehrer sensibel werden. (Die Beispiele sind der Sammlung ⑫ I, S. 1, 2, 40, 50, 66, 69 und 72 entnommen. Sie ist nach meiner Statistik das von Grundschullehrern in Nordostniedersachsen am meisten benutzte Liederbuch.)

   e) Mißtrauen ist auch geboten gegenüber Liedern, wie „Bolle reiste jüngst zu Pfingsten". Als Moritat mit der nötigen ironischen Verfremdung und den passenden Requisiten vorgetragen, ist das eine bemerkenswerte Sache. Aber zu hören, wie sich Kinder singend (eher grölend) mit dem Sadismus bzw. Masochismus dieses Liedes identifizieren, sollte den Lehrer hellhörig machen. Auf keinen Fall sollte er solche Gesänge anstimmen. Und wenn sie bei Klassenfahrten spontan erklingen, sollte er sie später bei passender Gelegenheit zum Gegenstand einer Reflexion machen, beispielsweise aus Anlaß von Randalen durch Schlägertrupps in Fußballstadien oder ähnlichen Anlässen.

IV. Unterrichtsbeispiele

Die folgenden Unterrichtsbeispiele geben punktuelle Einblicke in Möglichkeiten der Praxis, und zwar konkreter, als dies in Abschnitt II. 3 dargestellt werden konnte. Die Einblicke sind verteilt über die ganze Grundschulzeit, vom Schulanfang bis zum 4./5. Schuljahr. Behandelt werden zwei Kinderlieder neuerer Art, die sich auf die Umwelt der Kinder beziehen:

Schornsteinfeger, schwarzer Mann
Mein Vater, der fährt Auto

sowie eine mit Singstimmen darstellbare Tanzmelodie in Moll (Tumba) und ein aktueller Schalger („Anna" von Trio). Wichtig sind die vielfältigen Aktivitäten der Kinder, von der freien Stimmaktion bis zum instrumentalen Musizieren, die sich um die vom Lehrer vorgestellten Lieder ranken, aber auch um Hörbeispiele.

1. Schornsteinfeger, schwarzer Mann

Vorbemerkung
Der folgende Unterrichtsentwurf von HERMANN GROSSE-JÄGER (aus: Musikpraxis, Heft 10, Boppard 1981, S. 65–67) schöpft aus dem methodischen Repertoire, das die Reformpädagogik seit Beginn dieses Jahrhunderts mit didaktischer Fantasie entwickelt hat. Hier ist es besonders das Anknüpfen an die realen Erfahrungen der Kinder und die Entfaltung des Textes einmal als Spielhandlung, zum anderen als Vorlage für taktrhythmische Übungen. Der Entwurf ist für Kindergärten bestimmt, also gut geeignet für den Schulanfang.
Der Text des Liedes greift ein aus alten Kinderreimen bekanntes metrisches Schema auf:

```
           ———— a
           ———— a
           — — b
  ❋        ———— c
```

(z. B.: „Eins, zwei . . . sieben, wo ist denn der X geblieben? Ist nicht hier, ist nicht da, ist wohl in Amerika"). Die Melodie setzt sich nach alter Kinderliedtradition aus zwei Dreitonformeln zusammen, bildet also eine pentatonische Skala (fünf Stufen ohne Halbtonschritte).

Notenbeispiel 4

Schornsteinfeger, schwarzer Mann

Notenbeispiel 5

1. Schorn-stein-fe-ger, schwar-zer Mann, hast zwei Holz-pan-ti-nen an.
Ach, wie schön, ach, wie gut, steht dir dein Zy-lin-der-hut.

2. Schornsteinfeger, bitte sehr,
unser Ofen zieht nicht mehr,
qualmt tagaus, qualmt tagein,
drum feg' du den Schornstein rein.

3. Schornsteinfeger, dankeschön,
kannst zu unserm Nachbarn gehn.
Morgen will ich an dich denken
und dir ein Stück Seife schenken.

Text: Dorothea Neckel
Melodie: Horst Weber
aus: Miesemausekätzchen, Fidula

Didaktisch-methodische Vorüberlegungen

● **Zum Liedtext**

Die Strophen erzählen in einfacher Weise von der Haupttätigkeit des Schornsteinfegers. Das Lied setzt die Beobachtungen voraus, daß ein Ofen nicht „zieht", weil der Schornstein durch Ruß verstopft ist und daß der Schornsteinfeger ihn „reinfegt". Wenn Kindern diese Beobachtungen nicht geläufig sind, müssen sie durch anschauliche Erzählung – am besten durch Besuch eines Schornsteinfegers – oder durch Bilder vermittelt werden.

Die in der 1. Strophe erwähnten Holzpantinen und der Zylinder gehören in einigen Landstrichen zur Berufskleidung. Wo nicht üblich, müssen auch sie erzählend verdeutlicht werden. Heute tragen viele Schornsteinfeger leichte, biegsame Schuhe, um auf dem Dach Fußkontakt mit den Dachziegeln zu haben. Früher gingen sie oft barfuß hinauf und ließen die Holzpantinen unten an der Leiter stehen. – Die 3. Strophe erzählt, daß man ihm ein Stück Seife schenken will. Das sollte nicht so gedeutet werden, als sei der Schornsteinfeger arm. Vielmehr ist es eine neckische, liebenswürdige Geste.

Mit Bezug auf die Text**form** ist festzustellen, daß der Schornsteinfeger in direkter Rede angesprochen wird. **Wer** spricht ihn an? Es sind verschiedene Personen denkbar: eine Hausfrau, ein Hausbesitzer, ein Kind. In dieser Unbestimmtheit liegt die schöne Möglichkeit, den Liedinhalt durch eigene Ausgestaltung szenisch zu spielen.

● **Zur Melodie**

Der Melodieaufbau ist sehr einfach, und deshalb ist die Melodie leicht nach Gehör zu singen. Bitte summen sie vor sich hin, was im folgenden beschrieben wird. Ein

eintaktiges Motiv a (siehe Notenbild) wird wörtlich wiederholt. Dadurch bildet sich die Melodieperiode A. Jetzt folgt ein **halb**taktiges Motiv b, welches ebenfalls wiederholt wird. Ihnen schließt sich als Entsprechung Motiv c an, wodurch die Melodieperiode B entsteht. Der Liedteil B wird wiederholt. Es ist sinnvoll, zuerst den Teil B zu vermitteln, weil dadurch alle Kinder schon bei der Darbietung des Liedes mitsingen können.

Phasen der Liedvermittlung

1. Tätigkeiten des Schornsteinfegers werden — durch Besuch, durch Beobachtung, durch Bilder, durch Gespräch — veranschaulicht und erläutert. Ortsübliche Kleidung berücksichtigen. Hervorheben: schwarze Kleidung / schmutziges Gesicht / ,,braucht abends ein gutes Schaumbad'' / lange Leiter / Besen an einer langen Leine und Kugel zum Beschweren / Zylinder / Holzschuhe (Holzpantinen), die er auszieht, wenn er auf das Dach klettert.

2. (a) E **spricht** im Rhythmus der Melodie den Liedtext vor. Gespräch über den Liedinhalt, eventuell mit Rückgriff auf 1.

   (b) E spricht den Liedtext im Rhythmus wie unter (a); Teil B wird durch alle Kinder nachgesprochen. Beispiel:

   E: Schornsteinfeger, schwarzer Mann, hast zwei Holzpantinen an.

   Ach, wie schön, ach, wie gut, steht dir dein Zy-lin-der-hut!
   K: Ach, wie schön, ach, wie gut, steht dir dein Zy-lin-der-hut!

   Desgleichen mit den anderen Strophen.
   Es ist hilfreich, wenn dabei ein Kind die im Lied angesprochenen Tätigkeiten des Schornsteinfegers in Szene setzt. ,,Schornsteinfeger'': schwarzer Umhang, Leiter, Zylinder; ein wenig Schwärze im Gesicht durch abgebrannte Holzkohle; Holzpantinen.

   1. Strophe: Schornsteinfeger in der Mitte. Hebt bei Teil B seinen Hut und zeigt ihn im Kreis herum.
   2. Strophe: Ein Kind geht zum Schornsteinfeger und bittet pantomimisch. Dann pantomimische Darstellung durch Schornsteinfeger.
   3. Strophe: Kind zeigt auf Nachbarn; überreicht ein Stück Seife.

   Äußerungen von Erziehern dazu: ,,Das Darstellen bewirkte, daß die Kinder den Text des Liedes sehr schnell aufgriffen und behielten.'' ,,Die Kinder behielten den Text schnell, weil sie durch Spiel und Gestik eine Gedächtnisstütze hatten.'' ,,Viel Spaß bereitete: qualmt tagaus, qualmt tagein.'' ,,Natürlich wollten fast alle Kinder den Schornsteinfeger spielen, so daß häufig wiederholt werden konnte.'' ,,Es waren 18 Kinder in der Gruppe; wir mußten das Spiel achtzehnmal spielen.''
   Beachte: Das Spiel kann auch unter 3. fortgesetzt werden.

3. E **singt** die Melodieteile A und B. Die K wiederholen singend den Liedtext B. Bei der 2. und 3. Strophe wird notfalls der Text von Teil B der Strophen vorher zur Erinnerung gesprochen. Auch hier hilft die szenische Darstellung wie unter 2.

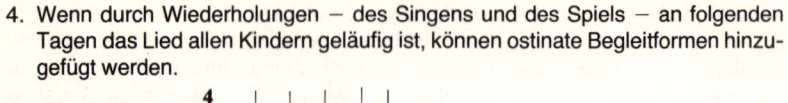

4. Wenn durch Wiederholungen – des Singens und des Spiels – an folgenden Tagen das Lied allen Kindern geläufig ist, können ostinate Begleitformen hinzugefügt werden.

(a) klatschen $\frac{4}{4}$ ♩ ♩ ♩ ♩ | usw.

ebenso patschen (= abwechselnd auf Oberschenkel und in die Hände schlagen).

Der Rhythmus wird auf Stabspiele übertragen:

Dieser einfache Ostinato dient auch als Vorspiel.

(b) Ostinato wie unter (a), dazu sprechen: schwar-zer Mann

Rhythmus „schwarzer Mann" auf Holzblocktrommeln, Klanghölzer übertragen.

(c) Ostinato Klanghölzer $\frac{4}{4}$ ♫ ♩ ♫ ♩ | usw. wird von Kindern, die einige Übung haben, zum gesungenen Lied geschlagen.

2. Stimmaktionen

Eine Unterrichtssequenz für das 1./2. Schuljahr in zwei (zeitlich getrennten) Phasen

Phase A: Die Stimme als „Instrument"

1. Ein Gespräch über „Was die Stimme alles kann" (sprechen – singen – rufen usw.).
2. Jedes Kind probiert aus, was es mit seiner Stimme machen kann: hoch – tief, laut – leise sprechen und singen, juchzen, kreischen, lachen usw. Der Lehrer hat hiervon (unmerklich für die Schüler) eine Aufnahme gemacht. Beim Abhören versuchen die Kinder, die einzelnen Stimmaktionen wiederzuerkennen und zu benennen.
3. Der Lehrer spielt „Sequenza III für Stimme solo" von L. BERIO (wergo, bei Schott, Mainz; Ausschnitt auf der Schallplatte Breckoff et al. 1971) vor. Was macht die Sängerin mit ihrer Stimme? Die Kinder imitieren und benennen die verschiedenen Stimmaktionen.
4. Wer kann einen gesungenen Ton am längsten aushalten? Der Atem wird erfahren, indem gegen die Hand ausgeatmet bzw. mit einem dünnen Strahl geblasen wird. Nun gehen alle durch die Klasse und singen dabei einen beliebigen Ton. Jeder bleibt stehen, wenn sein Atem zuende ist.
5. Tondauern werden als Singlinien aufgezeichnet: Alle singen beim Zeichnen mit. Dieses „Klangband" wird wiederum aufgenommen und abgehört. Dabei lesen und zeigen die Kinder ihre Singlinien mit.
6. Der Lehrer verteilt Blätter (z. B. KÜNTZEL-HANSEN 1972, S. 11), von denen verschiedene Stimmaktionen abgesungen werden (siehe Abb. 5). Dazu werden die Kinder in zwei Gruppen eingeteilt, jede Gruppe in vier

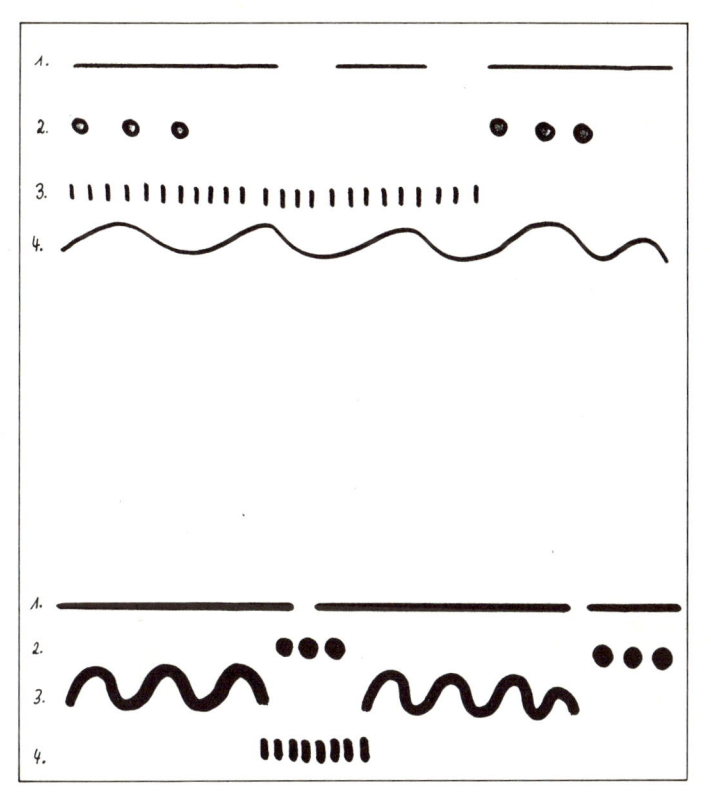

Abbildung 5

verschiedene Stimmen. Ausprobiert wird (nach der Anweisung im Buch) Hoch-Tief-Singen – nacheinander einsetzen – mit Vokalen singen. Die Kinder entdecken, daß einige Klangzeichen auch mit Instrumenten realisiert werden können. Das wird mit vorhandenen Klangerzeugern ausprobiert.

7. Gruppenarbeit: In Gruppen zu vier Kindern werden auf Zeichenbogen Aktionsblätter für Stimmen gezeichnet, ausprobiert und gegenseitig vorgesungen.

Phase B: Stimmveränderungen im Lied

1. Gespräch über Stimmimitationen (Tierstimmen, Instrumentaltöne, Wetter, Geräusche, vor allem Fahrzeuggeräusche).
2. Ein Spiel entsteht: Ein Kind geht nach vorn und imitiert mit Stimme und Bewegung irgend etwas aus der Umwelt. Wer es zuerst geraten hat, denkt sich etwas anderes aus und führt es vor.
3. Der Lehrer liest eine Geschichte vor, die von den Schülern spontan mit den Stimmen verklanglicht werden soll, z. B. „im Verkehr" (KÜNTZEL-HANSEN 1972, S. 43).

4. Der Lehrer singt mit den Kindern das Lied „Mein Vater, der fährt Auto" ein. Eine Gruppe singt, eine andere blendet die Fahrzeuggeräusche (Stimmimitationen) ein. Weitere Verse können hinzugedichtet werden, z. B.:

Mein Onkel fliegt im Flugzeug
Oma fährt Eisenbahn
Meine Tante fährt im Dampfer
und ich im kleinen Kahn.

Abbildung 6

5. Für den Countdown am Schluß des Liedes wird ein Stimmverstärker bzw. -verfremder nach Art eines Mirlitons (bzw. einer Tröte) gebaut aus einer Klopapierrolle, über deren einen Öffnung ein Stück Butterbrotpapier geklebt wird, dann wird in die andere Öffnung hineingerufen.

6. Das Lied wird noch einmal gesungen, aber nun sollen Instrumente die Stimmimitationen verstärken (Klingel, Rassel, Sandpapierreiber u. ä.); das Lied kann nun als Verkehrsszene gespielt werden.

3. Tumba Tumba

Notenbeispiel 6

a) Didaktischer Kommentar

Zur Melodie: Sie steht in Moll und hat drei Zeilen mit deutlich voneinander unterschiedenem musikalischen Charakter: einer „Baß"-Tonfolge aus Grundton und Unterquart, einer im wesentlichen aufsteigende Melodie mit dem rhythmischen Modell ♪♪♩ sowie eine absteigende, sequenzartige Linie mit dem Rhythmus ♩♪♪♩♩.

Streng genommen handelt es sich hier nicht um ein Lied, da es weder Text noch Strophen gibt, dafür (bis auf das charakteristische „Tumba" am Anfang) beliebig austauschbare Klangsilben (in die Quelle sind die zweite und dritte Zeile mit „tra-la-la" unterlegt; hier sind, um der besseren Unterscheidung der Zeilen willen, andere Silben gewählt), das Stück soll aber der Einfachheit halber weiterhin als „Lied" benannt werden.

Die Zeilen lassen sich zur Zwei- oder Drei-Stimmigkeit kombinieren, obwohl es harmonische Reibungen (g + a) im ersten und dritten Takt des dreistimmigen Satzes gibt. Das Ganze läßt sich also auch als Kanon singen und tanzen, obwohl die Melodie sicher nicht als Kanon konzipiert ist.

Zur didaktischen Eignung des Liedes: Die Melodie scheint für ein 2. Schuljahr zu schwierig zu sein: Moll und Umfang einer Undezime (von h–e"). Die Praxis aber erweist, daß diese Annahme ein Vorurteil ist. Der Rhythmus und die prägnante tonal-melodische Gestalt haben etwas Motivierendes, Mitreißendes, so daß es auch bei einem 2. Schuljahr überhaupt keine Schwierigkeiten gibt. Tritt noch die Assoziation verschiedener Tiere und deren Stimmen hinzu, ist

auch der große Stimmumfang kein Problem. Die Melodie eignet sich zur tänzerischen Ausgestaltung sowie zur Einführung in mehrstimmiges Singen. (Ein für ein 3. Schuljahr bestimmter Unterrichtsentwurf zu „Tumba" mit Tanzen als Schwerpunkt steht bei G. und M. KÜNTZEL 1981, Lehrbogen II/3.)
Der folgende Unterrichtsentwurf ist für ein 2. Schuljahr gedacht; er stellt das Singen in den Mittelpunkt.

b) Unterrichtsentwurf

1. Einstieg
Der Lehrer erzählte eine Geschichte mit etwa folgendem Inhalt:

Es war einmal ein Elefant, der war ganz traurig, weil er keinen Spielgefährten hatte. Und da war noch ein anderes Tier, ein Vögelchen, das war auch immer alleine. Als das Vögelchen einmal allein durch die Luft flog, sah es ganz unten den traurigen Elefanten und flog zu ihm runter, um ihn zu fragen, warum er so traurig aussehe. Und als der Elefant ihm erzählte, daß er so gerne einen Spielkameraden hätte, freute sich das Vögelchen, und beide spielten zusammen.
Aber nach kurzer Zeit kam noch ein Pferd und fragte, ob es vielleicht mitspielen dürfe, denn es langweilte sich auch. Da überlegten die Drei, was sie machen könnten, und plötzlich hatte der Elefant eine Idee: „Laßt uns zusammen singen", und er sang gleich los: „Tumba, tumba, tumba . . ." (der Lehrer singt die erste Zeile).
Da lachte das Vögelchen und sagte, so was könne es gar nicht singen, es sei ja kein Elefant. Es könne aber so singen:
„di di di . . ." (Lehrer singt die zweite Zeile), und das Pferd sagte: „So wie ihr kann ich das nicht, aber so kann ich singen:
fa-lala, fa-lala, fa-lala . . .".
Oh, das machte aber Spaß!

2. Einsingen des Liedes
Der Lehrer singt zunächst nur die Tumba-Melodie vor und macht dazu die Tonhöhenbewegungen mit Handzeichen sichtbar. Die Kinder wiederholen diese Zeile mehrmals (Achtung: Sowohl beim Vor- und Nachsingen als auch beim Wiederholen stets im Takt bleiben, keine Pausen einlegen!). Das Gleiche geschieht mit dem „di-di-di"- und dem „fa-lala"-Abschnitt. Jedesmal sollen die Kinder die Vorstellung haben: Wir alle sind jetzt der Elefant (das Vögelchen, das Pferdchen).
3. Festigen der Melodie durch Verbindung mit Körperinstrumenten
Im Sitzen begleiten die Schüler jeden Teil anders: Der „Elefant" stampft zum Tumba, das „Vögelchen" klopft mit dem Schnabel an einen Baum, indem die Schüler auf den Stuhl klopfen, und zum „fa-lala" wird geklatscht. Dieses mehrmals und dann immer schneller werdend.
4. Wenn noch Lust und die nötige Sicherheit da ist: Singen im 3stimmigen Kanon. Als Vorübung nur mit leise rhythmisch gesprochenem Text über einen leise geklopften oder geklatschten Grundschlag (♩).
In weiteren Stunden:
5. Tanzform

a) Die Kinder bewegen sich zum Singen (bzw. zur Musik der LP ㉔) einzeln in freigewählter Form durch den Raum. Dabei werden Tiervorstellungen von allein wirksam werden, z. B. Trotten und Rüsselschwenken des Elefanten, Flattern des Vogels, Traben des Pferdchens.
b) Die Kinder stehen im Kreis und einigen sich, welche Bewegungen sie zu den Zeilen machen wollen, z. B. Elefanten: stampfend um eigene Achse drehend, Vögelchen: mit Flügel flattern und in kleinen Schritten zur Mitte und wieder zurück, Pferdchen: auf der Kreislinie laufend.

6. Instrumentale Begleitung

a) Auf verschiedenen Rhythmusinstrumenten, auch selbstgebauten (Rasseln, Trömmelchen, Gummizupfern) wird ein Begleitrhythmus zur Pferdchen-Melodie gefunden. Entsprechend werden auch für den Elefanten und für das Vögelchen charakteristische Klangerzeuger zur Begleitung gesucht.
b) Auf einen Xylophon oder Metallophon suchen die Kinder die Tonfolge von „Tumba"; der Lehrer lenkt sie auf die Töne e'–h.
Das Glockenspiel bekommt als „Vögelchen"-Musik die Töne e'–g'; vielleicht kommt ein Kind darauf, aus diesen Tönen in Anlehnung an die Melodiezeile eine eigenständige Phrase daraus zu machen, z. B.:

Notenbeispiel 7

(fis-Stab einlegen!)

aus: ... wird ...

Für das „Pferdchen" spielen jede Menge Schlaginstrumente einen passenden Rhythmus. (Wenn das Ganze rein instrumental musiziert werden soll, empfiehlt sich die Tonart g-moll; die Baßstimme kommt dann eine Oktave tiefer zu liegen, das Glockenspiel bekommt den b-Stab. Die Instrumente spielen ihre Phrasen fortlaufend, in ständiger Wiederholung. Dazu kann eine Blockflöte die Melodie spielen.)

Weitere Unterrichtsbeispiele sind zu finden bei:
BÖVERS 1982; BRAESE/LEMMERMANN 1982; EGELHOF 1982; FASSBENDER 1983; FÜLLER 1977, 1978; GROSSE-JÄGER 1979 ff.; JUNKER 1977; KELLER 1978; KÖNEKE 1980; KRUSE 1981; G. u. M. KÜNTZEL 1981; KÜNTZEL HANSEN 1976; NYKRIN 1980/81; SPIES/REINHARDT 1974, 1977.
Alternative Vorschläge: JUNG 1982; UNBEHAUN 1980.

4. „Anna" von Trio

a) Didaktischer Kommentar

Von Zeit zu Zeit tauchen in den Hitlisten Schlager auf, von denen die Schüler bis hinunter zu den Grundschülern wie von einer Epidemie ergriffen und besessen sind. Wenn es sich dabei noch um solche handelt, die eine äußerst primitive Struktur aufweisen – wie bei „Da da da – ich lieb dich nicht, du liebst mich nicht", dem Dauerbrenner der Gruppe „Trio", und dem auf dieser Erfolgswelle mitschwimmenden Titel „Anna – laß mich rein, laß mich raus" –, dann wäre der Lehrer wahrlich mit fachlicher Blindheit geschlagen, wenn er solche Ohrwürmer nicht für kreative Versuche seiner Schüler musikpädagogisch nützen wollte. Ob Schlager, Kinder- oder Volkslieder: Was die Kinder akzeptieren und als „ihre" Musik empfinden, sollte der Lehrer gleichermaßen akzeptieren. Er findet bei solchen Liedern optimale Motivation und auch zumeist gute Chancen, es musikalisch mit Stimmen und Instrumenten zu gestalten.

Wegen seines hohen Bekanntheitsgrades braucht das Lied nicht lange eingeübt zu werden; die Kinder singen es frei und ungehemmt heraus.

Der nachfolgend beschriebene Unterricht ist bei Grundschülern mit großer Resonanz und bemerkenswert gutem musikalischen Ergebnis durchgeführt worden. Das Problem ist nur, daß bei Erscheinen dieses Buches keiner mehr eine Stunde mit *diesem* Lied wird nachunterrichten können – ein Schlager vom Vorjahr ist so nutzlos wie eine Zeitung von vorgestern. Der Lehrer muß also, wenn wieder einmal ein solcher Favorit auftaucht, selbst herausfinden, was sich musikalisch daran in die Aktivität der Kinder umsetzen läßt. Er muß das Stück musikalisch auf den einfachsten Nenner bringen, ohne den Gehalt, die Identität des Liedes anzutasten.

Zur Reduktion der Musik auf den „einfachsten Nenner" gehört, das Harmonieschema (= die Akkordfolge) so zu vereinfachen, daß die Töne der Begleitstimmen möglichst nahe beieinander liegen, damit die Spieler der Stabspiele (Glockenspiele usw.) keine großen Sprünge vollführen müssen.

Die Strophe hat im Original folgendes Harmonieschema:
Em./. Em./. Am D Em./. (in deutscher klassischer Symbolschrift: e./. e./. a D e./.).

Dies ergibt folgende Baßlinie:

Notenbeispiel 8

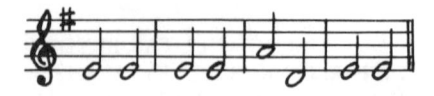

Um nun den Quintsprung zu vermeiden, kann man das a-Moll ohne weiteres durch D-dur ersetzen, so daß folgende Linie dabei herauskommt:

Notenbeispiel 9

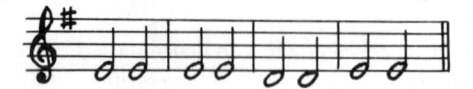

(In der Popmusik sind einfache Dreiklangsrückungen von der einen auf die benachbarte Stufe außerordentlich beliebt!)
Um eine volle Harmonie zu erreichen, spielen die Stabspiele und Flöten folgenden dreistimmigen Satz:

Notenbeispiel 10

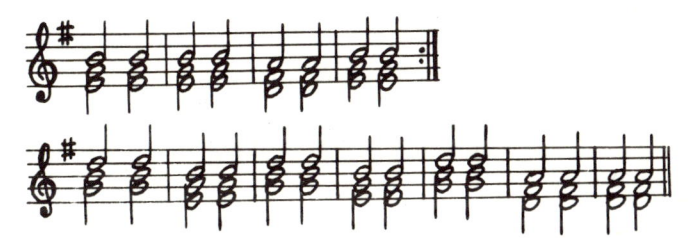

b) Unterrichtsentwurf

Einstieg: Kinder und Lehrer unterhalten sich über Lieder, Singanlässe, die sie beobachten konnten, über Umgang mit Medien und über aktuelle Schlager. Dabei werden einige Titel erwähnt und andeutungsweise angesungen. Einige Kinder äußern den Wunsch, einmal solch einen Hit zu singen und auf Instrumenten zu spielen. Die Klasse einigt sich auf einen Titel, der Lehrer (oder ein Kind) verspricht, die Musik zum nächstenmal mitzubringen. Nehmen wir an, es ist „Anna".

1. Das Stück wird vorgespielt. Um es nachspielen zu können, müssen wir den Aufbau erkennen und auf unsere Möglichkeiten übertragen. Die Schüler kennen von anderen Liedern her den Unterschied zwischen Strophe und Refrain, zwischen Ein- und Zweistimmigkeit, zwischen Melodie und Begleitung. So lautet die Höraufgabe: Welcher Text ist Strophe, welcher Refrain? Wann wird zweistimmig gesungen, wann nicht? Was machen die Rhythmusinstrumente? Das Ergebnis wird an der Tafel festgehalten:

Strophe	Refrain	Zwischenspiel
Anna ...	Laß mich rein (3 ×)	instr. / gesungen
Berta ...	(Zwei Stimmen)	di dum, di dub (3 ×)

2. Für das eigene Musizieren wird eine verkürzte Form vereinbart. Das Stück soll (wie im Original) mit der Strophe beginnen und mit dem Refrain enden, dazwischen nur einmal der Refrain und das Zwischenspiel (mehr wäre von dieser Altersstufe nicht durchzuhalten).
Die Textfolge wird an die Tafel geschrieben (siehe S. 88 oben).
3. Die Kinder singen diese Fassung einmal ohne Tonträger. Dabei muß der Grundschlag („beat") geklatscht oder geklopft werden, damit die Pausen genau eingehalten werden.
4. Für die Instrumentalbegleitung werden drei Gruppen gebildet: eine für die Strophe (und Zwischenspiel), eine für den Refrain – jede bekommt drei

```
Anna, Anna,     oh Anna    Laß mich rein, laß mich raus
Berta, Berta,   oh Berta   Laß mich rein, laß mich raus
Carla, Carla,   oh Carla   Laß mich rein, laß mich raus

Dieter, Dieter, oh Dieter  Di dub, di dub, di dum, di dum, di dum
Peter, Peter,   oh Peter   Di dub, di dub, di dum, di dum, di dum
                           Di dub, di dub, di dum, di dum, di dum

                Laß mich rein, laß mich raus
                Laß mich rein, laß mich raus
                Laß mich rein, laß mich raus
```

Stimmen – und eine für die Schlagzeugbegleitung, bestehend aus dem Wechselschlag zwischen dunkel- und hellklingenden Instrumenten oder Gegenständen/Materialien, z. B.:

Cymbel ♩ ♩ | ♩ ♩
Trommel ♩ ♩ | ♩ ♩

Notenbeispiel 11

Strophe (Anna) und Zwischenspiel

1. Stimme   2. Stimme

3. Stimme

Refrain (Laß mich...)

1. Stimme

D D H H D D H H D D A A A

2. Stimme

H H G G H H G G H H Fis Fis Fis Fis

3. Stimme

G G E E G G E E G G D D D D

Die Stimmen für die Gruppen 1 und 2 können auch in Viertelnoten oder, falls ein Notenlehrgang noch nicht begonnen wurde, mit Tonbuchstaben (entsprechend den Buchstaben auf den Stabspielplatten) oder mit Flötengriffen notiert werden. Jede Gruppe übt für sich; der Lehrer hat die Aufgabe, den Gruppen möglichst plausible Hilfen zum Auswendiglernen ihrer Stimmen zu geben.

5. Zur Aufführung brauchen wir vier Gruppen: Gesang und Schlagzeug durchlaufend, die beiden Harmoniegruppen im Wechsel.
Zur Differenzierung kann dann noch die 2. Vokalstimme hinzutreten: gesungen von einer Einzelstimme oder gespielt von Flöte oder Glockenspiel (im Original ist dies eine leise background-Stimme).

Weitere Literatur zur Pop-Musik mit Kindern:
FASSBENDER 1983; KÜNTZEL 1982; SCHEPPING 1980; THIELE/RITZEL 1981; ZENS 1979.

V. Methoden und Materialien

1. Reflexion auf Methoden der Liedvermittlung

Wiederholt wurde in diesem Beitrag dafür plädiert, daß der Lehrer erst einmal möglichst unbefangen an das „Singen mit Kindern" herangeht, daß er zunächst als Partner mit den Kindern singt, ohne den Lehrer hervorzukehren und allzu lehrhafte Verfahren anzuwenden. Erst wenn er sich Praxis erworben hat und erkennt, in welche Richtung er weiterarbeiten möchte, soll er sich der Methoden der Liedvermittlung, die er bisher mehr intuitiv angewandt hat, bewußt werden und diese, je nach Absicht und erkannter Notwendigkeit, erweitern und ergänzen.

Bei der Liedvermittlung wird es – Methode hin, Methode her – auf das Vor- und Nachsingen hinauslaufen, und es besteht überhaupt kein Grund, dieses Verfahren als „Papageienmethode" verächtlich zu machen – wenn es nur phantasievoll, abwechslungsreich und musikalisch einwandfrei angewendet wird.

Beliebt und besonders bei den Kleinen sinnvoll ist das Verfahren, die Elemente Text und Melodie zunächst zu trennen und den Inhalt des Liedes spielerisch vorzubereiten, ehe es als Ganzes erklingt. Am Beispiel „Schornsteinfeger, schwarzer Mann" wird deutlich, mit welchen Schritten man sich der Endgestalt des Liedes nähern kann:

- Text des ganzen Liedes (3 Strophen) rhythmisch vorsprechen,
- in Abschnitten vor- und nachsprechen,
- dazu den Inhalt spielen lassen,
- erst dann abschnittweise vor- und nachsingen.

In höheren Klassen kann dieses Verfahren leicht zur Unterforderung oder zu einem umständlichen Schematismus führen (vgl. MEYER 1980, 210f.). Das Lied ganz oder in Teilen singend vorzustellen, sollte dann der Regelfall werden, ohne daß das andere ausgeschlossen werden soll. Das Mit- und Nachsingen der Klasse kann sukzessiv erfolgen, z. B. vom Kehrreim ausgehend. Bei unbekannten und schwierigen Liedern ist wichtig, daß die Schüler lernen, *hinzuhören* auf das, was vorgesungen wird, und daß der Lehrer Anreize schafft, immer wieder hinzuhören – dieses wiederum gibt Anlaß, den Abschnitt immer wieder vorzusingen; so prägt sich mit der Melodie der Text ein und umgekehrt. Ein Beispiel, wie ein Lied vom Vorsingen aus eingesungen werden kann:

Notenbeispiel 12

Aus Frankreich

A
Sah da den Fuchs mit dem Wolf und mit dem Wie-sel,

sah da den Fuchs mit dem Wolf sich drehn.

B
Hab sie stampfen, tap-sen sehn, sah den Fuchs, den Wolf, das Wie-sel,

hab sie stampfen, tap-sen sehn, sah den Fuchs mit dem Wolf sich drehn.

Lehrer, zur Einführung: „Ich habe etwas im Traum gesehen – hört mal zu!" Er singt die erste Zeile mit Wiederholung vor. Frage: Welche Tiere kommen in dem Traum vor? Und wenn sich die Melodie wiederholt, welche dann? (Nur noch Fuchs und Wolf). Die Zeile wird so oft gesungen, bis die Antworten richtig ausfallen. Bei der 2. Zeile kann eine Erwartungs- oder Neugierhaltung geschaffen werden, indem der Lehrer beim Vorsingen die entscheidenden Worte „stampfen, tapsen" durch „Hmhmhmhm" ersetzt. Frage: Was haben die Tiere da getan? Die Kinder dürfen raten, und um der Sache näherzukommen, lenkt er die Vorstellung durch Stimmausdruck oder Körperbewegung in die Richtung „stampfen". Wenn die Kinder auf die richtigen Worte gekommen sind, können sie diese Zeile mitsingen.

Zum Üben der schwierigen 1. Zeile kann diese sehr langsam, aber streng im Rhythmus gesungen werden, dann immer schneller werdend, auch im Wechsel laut und leise; z. B. können die Tiernamen laut, alles andere kann leise (vielleicht sogar unhörbar) gesungen werden. Daran kann sich eine Hörübung anschließen: Mit den Händen wird der Melodieverlauf nachgezeichnet. Wo sitzen die Tiere in der Melodie? (Der Fuchs tief, der Wolf in der Mitte und das Wiesel oben!) Jetzt wird zur Abwechslung einmal der Rhythmus der 1. Zeile geklopft

(z. B. auf den Handrücken). Bei „stampfen, tapsen" wird geklatscht oder auf die Tischkante geschlagen, dann aber gleich wieder leise auf den Handrücken.
Dies mag als Ansatz genügen. Üben geschieht durch Wiederholungen, wobei jedesmal eine neue Aufgabe gestellt, eine andere musikalische Seite hervorgekehrt wird. Auf diese spielerische Weise merken die Kinder nicht, daß sie üben, das Lied richtig und musikalisch lebendig zu singen.
Weitere Möglichkeiten, mit Liedern abwechslungsreich umzugehen, sind o. S. 48f. und in den Unterrichtsbeispielen „Tumba" (S. 83f.) und „Anna" (S. 85ff.) aufgezeigt. Der vorsingende Lehrer als Quelle der Liedvermittlung wird nach wie vor der Regelfall bleiben. Die Rollen Lehrer – Schüler können sich aber auch vertauschen, wenn Kinder ihre Schlager anbringen, die sie von den Phono-Medien gelernt haben und die sie der Klasse (plus Lehrer) zum Nachsingen anbieten (vgl. S. 48). In beiden Fällen können Tonträger zur Unterstützung des Lernprozesses eingesetzt werden. Als drittes Medium kommen in dienender Funktion auch Liederbücher in Frage. Die Anlage eigener Liederbücher in Form von Blattsammlungen ist eine beliebte Möglichkeit, den erworbenen Liedschatz zu dokumentieren.

2. Fragen der Stimmbildung

a) Stimmumfang der Kinder

ZÜGHART hat 1968 an 1000 Bremer Schülern der 4. Klasse (9 bis 10 Jahre alt) den Stimmumfang messen lassen und ist zu dem Ergebnis gekommen, daß es weder einen einheitlichen Stimmumfang bei Kindern gibt noch daß der durchschnittliche Umfang hoch, also zwischen dem f' und dem f'" (wie vielfach behauptet) läge.
Vielmehr variiert der Stimmumfang der Kinder von der Quart bis zur Duodezime außerordentlich, und die Stimmen mit engem Umfang liegen auch verschieden hoch im Tonraum. Im allgemeinen singen die Kinder müheloser und exakter in einer eher tiefen als in einer zu hohen Lage.
Von den 1000 Kindern kamen (nach oben) 622 bis zum cis", 418 bis zum d"', während (nach unten) immerhin 852 bis zum cis' und 504 bis zum a kommen. Daraus geht hervor, daß für den durchschnittlichen Umfang von Liedmelodien die Tonart D-Dur besser geeignet ist als F-Dur (vgl. Notenbeispiel 13). Weiter geht daraus hervor: Man soll nicht erzwingen, daß immer alle Kinder mitsingen. Wenn mal höher, mal tiefer angestimmt wird, kommen alle zu ihrem Recht, und

Notenbeispiel 13

die jeweils nicht oder nur andeutungsweise Mitsingenden sollen nicht der Interessenlosigkeit oder der Unmusikalität bezichtigt werden – sie können, physiologisch gesehen, halt nicht anders.

b) Stimmbildung oder Stimmpflege?

Stimmbildung zu betreiben heißt, die Kinder auf ein bestimmtes Ideal von Chorklang hin zu trainieren. Wir kennen es alle von den Hochleistungs-Kinderchören. Ein solches Ziel zu erreichen, setzt einmal eine bestimmte Auslese der Kinder voraus, sodann ein langes und spezielles, zeitintensives Training.

Für einen Schulchor ergeben sich ansatzweise Möglichkeiten dazu. Für den Klassenunterricht jedoch ist Stimmbildung dieser Art, schon aus Zeitgründen, nicht zu empfehlen. An ihre Stelle tritt Stimmpflege, d. h. die Bemühung, vorhandenes Stimmpotential auf unterschiedliche Weise zu aktivieren und dafür zu sorgen, daß die Stimmen nicht geschädigt werden.

Wer einmal beobachtet hat, wie Kinder die Stimmen von Sängern oder die Klänge von Instrumenten, aber auch Geräusche der Umwelt imitieren, weiß, zu welch differenziertem Stimmausdruck sie fähig sind (hier ist auch der Stimmumfang auf einmal wesentlich größer, als wenn nur bestimmte Töne nachgesungen werden sollen). Und wenn Kinderstimmen beim Singen matt und ausdruckslos klingen, dann, weil die Kinder innerlich nicht beteiligt sind. Es gibt direkte Zusammenhänge zwischen emotionalem Engagement und dem Stimmklang.

Hinzu kommt noch das Vorbild des Lehrers. Wenn dessen Stimme gepreßt und starr klingt, überträgt sich das auf die Kinder. Eine lockere, modulationsreiche, ohne Druck schwingende Stimme des Lehrers ist auf die Dauer das beste Instrument für die Pflege der Kinderstimmen.

c) Stimm- und Atemübungen am Lied

Im Zusammenhang mit Stimmaktionen (vgl. S. 55) sind bereits Atemübungen genannt worden. Mit den Elementen der Sprache (Vokalen und klingenden Konsonanten) und Melodieformeln, aus Liedern herausgezogen, lassen sich amüsante und wirksame Stimmübungen spielerisch zusammenstellen.

Beispiele: Das „Simsaladimbambasaladusaldim" aus dem Lied „Auf einem Baum ein Kuckuck saß" oder das „Gruselett" von MORGENSTERN (vgl. S. 56), in welchem die Stimmen geisterhaft durch den Raum schweben („Wer kann einen Ton am längsten halten, ohne Atem zu holen?"). Für solche Übungen gilt die Faustregel: Hoch ansetzen und langsam nach unten steigen ist stimmpflegerisch wirksamer als die Tonbewegung in umgekehrter Richtung.

Folgende Literatur vermittelt zahlreiche Anregungen für Stimm- und Atemübungen am Lied:
DREYER/PRETZELL; FISCHER et al.; NITSCHE 1952/54, 1978; RÜDIGER, Lehrerbände zu ① und ②.
Literatur zur Singleitung und Liedbegleitung: KUHN, NOLL 1970; WATKINSON 1970.

3. Aufschlüsselung zweier Liedersammlungen nach Aktions-Schwerpunkten im Musikunterricht

a) Unser Liederbuch – Schalmei

Die für den Musikunterricht der Grundschule wohl am sorgfältigsten und reichhaltigsten aufgearbeitete Liedersammlung stellt z. Z. zweifellos das Lehrwerk „Unser Liederbuch – Schalmei" dar (vgl. Liederbuchliste①). Es enthält traditionelle, aber noch mehr neue Lieder (solche, die sich bereits eingebürgert haben, und ganz neue). Viele Aktionsmöglichkeiten gehen bereits aus der grafischen Aufarbeitung der Liederbuchseiten hervor. Der Lehrerband bringt zu jedem Lied einen Kommentar und Anregungen für den Unterricht; zu fast allen werden auch einfache Möglichkeiten der Instrumentalbegleitung mitgeteilt. Zusätzlich werden Tonträger angeboten, die einen Großteil der Lieder in einer zum Mitsingen und Nachgestalten anregenden Weise darbieten. Die Reihenfolge der Liedtitel entspricht der Anordnung im Liederbuch. Ein * bedeutet: Zu diesem Lied ist eine Tonaufnahme vorhanden.

Tanzformen zu Liedern
Es führt über den Main *
Wir sind zwei Musikanten
Lott ist tot *
Hei wir tanzen sieben Sprünge
Kolo: Hei wir tanzen alle *
Farandola * (Silben zum Singen selbst erfinden)
Hei die Pfeifen klingen *
Werft 'nen Heller *
Ich weiß einen Mann, der heißt Klabautermann
Erst kamen die Tiere *
Heute tanzen alle *
Der Kuckuck und der Esel
Sah da den Fuchs mit dem Wolf *
Der Sonnenschein und die Beeren fein *
Wir tanzen im Maien *
Drei liedrige Strümpf *

Kanon getanzt
Kommt und laßt uns tanzen
Wir reiten geschwinde durch Feld und Wald
Es tönen die Lieder

Klatschspiele
Leute habt ihr schon einmal probiert *
Volta cap aqui *

Szenische Spielformen
Kennt ihr schon Avignon?
Guten Abend Herr Spielmann *
Fing mir eine Mücke heut
War einst ein kleines Segelschiffchen
Der Herr der schickt den Jockel aus
Wir tragen einen langen Spieß
Im Walde von Toulouse

Es lebte einst ein Zauberer
Die Vögel wollten Hochzeit halten
Wer sitzt auf unserer Mauer?
Nebel, Nebel weißer Hauch (Klangspiele)
In meinem Garten da steht 'ne Rübe
Auf der Schwäbschen Eisenbahn

Für Begleitung auf Rhythmusinstrumenten besonders geeignet
In San Juan
Bitte gib mir doch ein Zuckerstückchen
Lauf mein Pferdchen

Für die Aufteilung Vorsänger – Chor besonders geeignet
War einst ein kleines Segelschiffchen
Der Müller hat ein Mühlenhaus
Schäfer sag, wo tust du weiden?

Zum Weiterdichten geeignet
Der Müller hat ein Mühlenhaus
Wie sind mir meine Stiefel geschwollen
Komm wir fahren in die Stadt

Lieder, um die sich erzählte Geschichten ranken
Wir tragen einen langen Spieß (Die sieben Schwaben)
Der Fuchs und das Pferd
In meinem Garten, da steht 'ne Rübe

Sprachspiele
Tomatensalat
Auf einem Baum ein Kuckuck saß

Texte zum Melodieerfinden
Nach Paris Parin Paran
Warum sind Löwenzahnblüten gelb?

Stimmaktionen nach Grafik (für Hörspielproduktionen geeignet)
Der Jäger längs dem Weiher ging *
Wir sind die wohlbekannten Bremer Stadtmusikanten *

Zur Stimmbildung besonders geeignet
Auf einem Baum ein Kuckuck saß (Simsaladim)
Ich bin der junge Hirtenknab
Kommt Freunde in die Runde

Kanons, in mehreren Sprachen zu singen
Der Hahn ist tot
Guten Morgen

Lieder in deutschen Dialekten
Seite 122–129 (z. T. mit Tonträgern)

Lieder in der Sprache der Gastarbeiterkinder (S. 130–141)
Jugoslawien, Spanien, Italien, Griechenland, Portugal, Türkei. Alle Lieder mit Spielideen und/oder Tanzanweisungen versehen; zu allen Liedern liegen Tonaufnahmen vor. (In dieser Aufstellung sind nicht genannt die textinhaltlich mehr festgelegten Lieder zu Tages- und Jahreszeiten sowie zu Advent und Weihnachten.)

b) *Aufschlüsselung der Liederbücher „Student für Europa" für das Singen mit Grundschulkindern* (Anhang A, Nr. ⑭ – ⑮)

In der gegenwärtigen Studenten- und jungen Lehrergeneration genießen die vier Liederhefte des e. V. „Student für Europa – Student für Berlin" die größte Verbreitung und das meiste Vertrauen. Erfahrungsgemäß greifen junge Lehrer (und Lehramtsanwärter) am liebsten zu Liedern, die ihnen vertraut und (auch im Kontext des Liederbuchs) sympathisch sind, auch wenn sie auf keinerlei Weise didaktisch aufbereitet sind. Sie fühlen sich mit ihnen unbefangener, weniger mit Lehransprüchen belastet, und gewinnen vielleicht auf diese Weise einen besseren Zugang zur Singpraxis mit Kindern. Es werden hier nur solche Lieder genannt, die von den Herausgebern ausdrücklich als Kinderlieder gekennzeichnet sind, was nicht ausschließt, daß auch andere Lieder dieser Hefte sich für Kinder eignen (bei Sachen, die ihnen gefallen, machen Kinder bekanntlich keinen Unterschied zwischen Kinder- und Erwachsenenliedern).
Zusätzlich werden einige bekannte, leicht praktikable Kinder-Volkslieder genannt, die in anderen Sammlungen (vgl. Verzeichnis) stehen.

Spiellieder (mit Pantomimik, Rollen-, Klatschspiele u. ä.)
Aluette
Atte Katte Nuwa ⎫
Ein kleiner Matrose ⎬ ⑭
Ich kenne einen Cowboy ⎭
Mein Hut der hat drei Ecken ⎫
Die Vögel wollten Hochzeit halten ⎬ ⑮
In Mutters Stübele ⎭
Ein Elefant wollt bummeln gehn ⎫
U gonni gonni ßa ⎬ ⑯
Jack saß in der Küche ⎬
Drei Chinesen mit dem Kontrabaß ⎭
Alle Indianer stampfen ⎫
Spiel mal was mit mir ⎬
Sur le pont (Kennt ihr schon Avignon) ⎬ ⑰
Hab 'ne Tante in Marokko ⎬
Rundadinella ⎭
Jetzt zieht Hampelmann ⎫
Dumme Liese (Wenn der Pott aber nur) ⎬ ⑱
Wir wollen den Zaun binden ⎬
Es geht eine Zipfelmütz ⎭
Dornröschen war ein schönes Kind ⎫
Ein Schneider fing 'ne Maus ⎬ ⑩
Sitz-Boogie ⎫
Der Sonnenschein und die Beeren fein ⎬ ①
Ich habe eine Tante ㉓
Brüderchen komm tanz mit mir ㉑

Lieder mit gesungenen Dialogen
Ein Schneider fing 'ne Maus ⑩
Die kluge Maus ⑯
Guten Morgen, Schuster ㉓

Sprachspiele, Lieder mit Sprachwitz
Es lebt der Eisbär in Sibirien ⑭
Auf der Mauer, auf der Lauer ⎫
Drei Chinesen mit dem Kontrabaß ⎬ ⑮

Tomatensalat ⑯
Rundadinella ⑰

Lieder mit Aufzählungen
Laurentia ⎫
Old Mac Donald has a farm ⎬ ⑭
Schön ist ein Zylinderhut ⎭
Was ham wer denn für Metzger ⑮

Lieder, die Geschichten erzählen
a) Endlosgeschichten:
Ein Hund lief in die Küche ⎫
Ein Loch ist im Eimer ⎬ ⑭
b) Lustige Geschichten:
In einen Harung jung und stramm ⎫
Oma singt im Treppenhaus ⎬ ⑭
Es war einmal eine Ziege ⑮
Im Urwald ⑰
c) Tierfabeln mit emanzipatorischer Moral:
Der Hase Augustin ⎫
Der Igel und der Wolf ⎬ ⑭
Es war einmal ein Müller ⎭
d) Sonstige:
Ein Hase saß im tiefen Tal ⎫
Omnibuslied ⎬ ⑮
Der Clown ⎫
Paule Puhmanns Paddelboot ⎬ ⑰

Unsinn-Lieder
Die Affen rasen durch den Wald ⎫
Die Wissenschaft hat festgestellt ⎬ ⑭

Lieder, zu denen weitere Strophen improvisiert werden können
Herrn Pastor sin Kau ⎫
Meine Oma fährt im Hühnerstall ⎬ ⑭
Rundadinella ⑰

Mehrstimmige Lieder (Kanons u. ä.)
Der Hahn ist tot ⎫ ⑯
Das Orchester ⎭
Heut ist ein Fest bei den Fröschen ⑰

Neue Kinderlieder mit emanzipatorischer Tendenz („Grips", „Rübe" u. ä)
Die Rübe
Das was der hat, will ich haben ⎬ ⑭
Grips-Lied
Der Herr im Haus ⎫
Doof geboren ist keiner ⎪
Indianersong ⎬ ⑮
Trau dich ⎪
Abends wird es bös ⎪
Wir werden immer größer ⎭
Streicheln ⎫
Ich bin neugierig ⎪
Damit spielt ein Mädchen nicht ⎬ ⑯
Wir brauchen einen Platz ⎪
Das Lied vom Privateigentum ⎭

Strauß:
Till Eulenspiegels
Streiche

a) Lutz Lansemann
   RCA (1978)

b) Al Grecht
   Platten mit Bilderbuch
   Atlantis (1982)

Anhang A

Liederbücher für die Grundschule (z. T. auch Vorschule)

Nr.	Titel	Herausgeber/Verlag/Jahr	Inhalt (Kapitel)	Kommentare, Ausstattung usw.
①	Unser Liederbuch für die Grundschule: Schalmei	Peter Fuchs, Willi Gundlach Klett-Verlag Stuttgart 1980	Tanzen, Darstellen; Spiel und Spaß; Tiere, Pflanzen, Wetter; Tageszeiten, Jahreszeiten, Weihnachten, Brauchtum; Wandern, Fahrten, Stadt und Land; bei uns daheim und anderswo	Reich mit farbigen Bildern geschmückt, keine Kommentare zu den Liedern, kein didaktischer Anhang (hierzu siehe Lehrerband), zu manchen Liedern Harmoniesymbole Tonträger: 4 LPs bzw. Cassetten
②	Unser Liederbuch für die Grundschule (Ausgaben für verschiedene Bundesländer). Lehrerband: Musik in der Grundschule	Peter Fuchs, Willi Gundlach Klett-Verlag Stuttgart 1966	Themenkreise: Tageszeiten, Glückwunsch; Jahr, Feste; Spiel, Tanz, Erzähllieder, Regionallieder, Instrumentalstücke	Kommentare im Lehrerband, farbige Vignetten, 2 Schallplatten).
③	Die Zugabe 10 × 9 neue Lieder für Kinder Bd. I (Grundschule) (Alle 3 Bände enthalten wenige traditionelle, überwiegend neue Lieder)	Heinz Lemmermann Fidula-Verlag Boppard 1968	Morgens, wenn der Tag beginnt; im Frühling und im Sommer; im Herbst und im Winter; von fleißigen Leuten, bei uns zu Hause; wir drehen uns im Kreise; Tanz durch die ganze Welt, Schnick-schnack-Schabernack, hört die Geschichten; singt dem Herrn	Zu einigen Liedern Begleitsätze und Tonaufnahmen auf 17 cm Schallplatten einige schwarz-weiße Vignetten
④	Die Zugabe Bd. II (5. – 13. Schuljahr)	Heinz Lemmermann Fidula-Verlag Boppard 1969	Schultag, unterwegs, Tag im Heim, Übermut, große Fahrt, bunte Welt, abends, durchs Jahr, Weihnacht, Lob und Bitte	Einige Lieder mit mehrstimmigen Sätzen
⑤	Die Zugabe Bd. III (Altersstufe 5–15)	Heinz Lemmermann Fidula-Verlag Boppard 1973	Song am Morgen; aus unserer Schule, aus unserer Stadt, hinaus in die Ferne, fremde Länder, was kreucht und fleucht, das Spiel beginnt, kunterbunte Kiste, der Tag voll Musik, wir wandern zur Krippe	einige Lieder mit mehrstimmigen Sätzen ohne Vignetten

Nr.	Titel	Herausgeber/Verlag/Jahr	Inhalt (Kapitel)	Kommentare, Ausstattung usw.
⑥	Die Liederkommode Songs, Szenen, Klangaktionen (Vor- und Grundschule)	Margrit Küntzel-Hansen Schroedel-Verlag Hannover seit 1972	Lieder mit Noten, Lieder mit Noten und Klangzeichen, Klangaktionen und Szenen (nur neue, keine traditionellen Lieder)	Anhang: neue Texte zu bekannten Weihnachtsliedern, Unterrichtshilfen zur „Liederkommode"
⑦	Neue Lieder, zum Singen und Spielen in der Grundschule	Elke Gröndahl Metzler-Verlag Stuttgart 1981	Lieder, die etwas erzählen, Lieder von alltäglichen Dingen, nicht ganz ernste Lieder, Lieder, die nachdenklich machen, Lieder, die Mut machen	einige Schwarz-weiß-Zeichnungen, einige Lieder mehrstimmig bzw. mit instrumentaler Begleitung
⑧	Ludi musici Spielliederbuch für Kindergarten und Grundschule, mit Ratschlägen zur Lehrpraxis	Wilhelm Keller Fidula-Verlag Boppard 1970 (fast alle Melodien sind vom Autor)	Keine Einteilung nach Liedgruppen. Aus dem Vorwort: „Der Begriff ‚Spiellied' ... meint die Verbindung von Elementen des Singens mit solchen der Bewegung, vom schlichten Gebärdenspiel über den Tanz zur szenischen Darstellung eines Textinhaltes, ferner die Einbeziehung von Musikinstrumenten (einschließlich der angeborenen) bis zur Umwandlung des Liedes in ein Instrumentalstück, eine rein rhythmische Sprachgestaltung von Texten als Sprechspiel."	Kein Abb. und Liedkommentare; dafür Essay „Ratschläge zur Lehrpraxis" und didaktisches Register 2 Schallplatten 17 cm
⑨	Die Liederkutsche Ein Liederbuch für die Schule, zum Singen, Spielen und Tanzen	Ingeborg Becker Hirschgraben-Verlag Frankfurt 1981	Frühling, Sommer, Herbst und Winter; vom Aufstehen zum Schlafengehen; Tierlieder; zum Spielen, Tanzen und Abzählen; Lach- und Lügenlieder; vom Wandern, Verreisen und Jagen; Märchen; Sagen und Geschichten; Feste feiern macht Spaß; Advent und Weihnachten; Haus, Familie, Garten; Berufe; zu zweit, zu dritt, zu viert ... gesungen; auf hoher See und im Gebirge; aus Deutschland und anderen Ländern; Abschied	Farbige Abbildungen; didaktisches Register: „Kreative Aufgaben und Anregungen"

Nr.	Titel	Herausgeber/Verlag/Jahr	Inhalt (Kapitel)	Kommentare, Ausstattung usw.
⑩	Tanzkarussel 1 101 Kindertänze für daheim, Kindergarten, Spielplatz, Vor- und Grundschule, Turnhalle (Singtänze)	Anneliese Gaß-Tutt Fidula-Verlag Boppard 1972	Tänze für die Allerkleinsten; drinnen und draußen; Kindergarten und Vorschule; in der Schule; Mutter und Kind zuhause, in der Turnhalle; Schuster; Schneider; Schornsteinfeger; Schnecke, Elefant und Schlange; Auf der Straße; Tänze für kleine Feste; Vortanzen zum Zuschauen; Klatschtänze; Nachbarskinder; Tänze nach Schallplatten	Schwarz-weiß-Vignetten Tanzanweisungen Anhang: Überlegungen und Hinweise für die praktische Arbeit didaktisches Register 17 cm Schallplatten
⑪	Singen und Spielen Musizierbuch für die Grundschule	Karl Haus, Franz Möckl Bayerischer Schulbuchverlag München Schott-Verlag Mainz 1977	Tageslauf, Frühling, Sommer, Herbst, Winter; Martinstag, Weihnachtszeit; Gottes Lob; Glückwunsch; Berufe; Scherz und Spiel; Tanz, allerlei Tiere, Erzählen und Raten, auf der Straße	Abbildungen (farbig und schwarzweiß) Kapitel zur allgemeinen Musiklehre im Anhang; didaktisches Register, auf Musiklehre ausgerichtet Grifftabellen für Flöte und Gitarre
⑫	Willkommen lieber Tag Alte und neue Kinderlieder für die Grundschule 2 Bände	Richard Rudolf Klein Diesterweg-Verlag Frankfurt 1965 2. Band: 1974	Morgen, Geburtstag; Frühling, Ostern, Muttertag; Spiele; Frohsinn; Regen, Wind, Sonnenschein; Sommer, Lob der Schöpfung, Wandern; Mittag; Fleißige Leute; Unsere Tiere; Herbst; Abend; Winter; Märchen; Weihnachtszeit; Im 2. Band zusätzlich Neujahr, Fastnacht; In der Stadt	Traditionell-konservativ keine Abbildungen und Kommentare Begleitsätze zu einigen Liedern
⑬	Die Liederwiese	Volker Rosin Don Bosco-Verlag München 21983	Untertitel: 40 Lieder, Spiele und Ideen für Kindergarten und Grundschule Nur neue Lieder vom Autor verfaßt	Farbige Vignetten Harmoniesymbole Spielanweisungen

Liederbücher mit Kinderliedern ohne Bindung an die Schule

Nr.	Titel	Herausgeber/Verlag/Jahr	Inhalt (Kapitel)	Kommentare, Ausstattung usw.
⑭	Student für Europa Student für Berlin e. V. Liederbuch	R. u. E. Hossenfelder Selbstverlag Bad Soden/Taunus seit 1975	buntgemischt, 1. Teil: 7–12jährige, 2. Teil: für Ältere	Manuskriptdruck, keine Bilder, Gitarrenanleitung, Harmoniesymbole
⑮	Liederkiste (Student für Europa ...)	M. Ketels Selbstverlag Bad Soden/Taunus seit 1977	Kinderlieder, deutsche Lieder und Folklore, internationale Lieder und Folklore, politische Lieder, Lieder von Liedermachern	Manuskriptdruck, keine Bilder, Gitarrenanleitung, Harmoniesymbole, fast alle Lieder sind kommentiert
⑯	Der Liederkarren (Student für Europa ...)	M. Ketels Selbstverlag Bad Soden/Taunus seit 1979	Kinderlieder, deutsche Lieder und Folklore, internationale Lieder und Folklore, politische Lieder, Lieder von Liedermachern	Manuskriptdruck, keine Bilder, Gitarrenanleitung, Harmoniesymbole, fast alle Lieder sind kommentiert
⑰	Lieder-Circus (Student für Europa ...)	Bund-Verlag Köln 1982 (dieser Verlag hat die Nummern 14–16 übernommen)	Lieder zum Frieden, Kinderlieder, deutsche Volkslieder, internationale Folk-Songs, Pop-Songs, Lieder zu persönlichen Gefühlen, Lieder, die Mut machen sollen	Manuskriptdruck, keine Bilder, Gitarrenanleitung, Harmoniesymbole, fast alle Lieder sind kommentiert
⑱	Klare, klare Seide Überlieferte Kindertänze aus dem deutschen Sprachraum	Felix Hoerburger und Helmut Segler Bärenreiter-Verlag Kassel 1962	Tänze allein und zu zweien, einfache Tänze im Kreis, in der Reihe, in zwei Reihen; Tänze mit einem oder mehreren Überzähligen, mit Nachahmungen, mit Pantomimen; die lange Kette	Statt Kommentaren Tanzanweisungen und Quellenverweise keine Abbildungen
⑲	Das Musik-Spielmobil Proppevoll mit Zuhör- und Mitmachliedern, Geschichten und vielen Spielideen	Klaus Hoffmann (Autor aller Lieder) Pläne-Verlag Dortmund 1981	Spiele und Spielgeschichten; Quatschlieder; von kleinen und großen Leuten; Lieder für eine bessere Umwelt	Schwarzweißzeichnungen Texte (vgl. Titel)

Musikmachen – der vokale Bereich

Nr.	Titel	Herausgeber/Verlag/Jahr	Inhalt (Kapitel)	Kommentare, Ausstattung usw.
⑳	Das Liedmobil 77 Spiel-, Spaß-, Wach- und Traumlieder	Dorothée Kreusch-Jacob (nur neue, keine traditionellen Lieder) Ellermann-Verlag München 1981	Erfinderspiele, Zungenbrecher, Unsinnlieder, Sprachspiele; Tierlieder zum Lachen, Spielen und Endlos-Singen; Lieder vom Träumen, Wünschen ... Eßlieder zum Lachen und Appetitmachen; Lieder zum Nachdenken, Mutmachen und Sich-Näherkommen; Lieder zum Tanzen, Sich-Bewegen und Fahren; Lieder zum Theaterspielen; Lieder zum Schlafen, Träumen ...	Opulent ausgestattet Grifftabelle für Gitarrenbegleitung Harmoniesymbole bei den meisten Melodien
㉑	48 Kinderlieder aus aller Welt Ausgabe B: Melodien und Texte; Ausgabe A: zusätzlich Begleitsätze für Melodieninstrumente + Schlagwerk; Ausgabe C: Sätze für Klavier	Margarete und Wolfgang Jehn Eres-Edition Lilienthal/Bremen seit 1972	Keine Einteilung in Liedgruppen; alle Lieder sind in deutscher Sprache	Keinerlei Abbildungen oder Kommentare 17 cm Schallplatte zu den Liedern bei Eres
㉒	Kinderlieder unserer Zeit	Barbara Bartos-Höppner/Arpad Bondy Arena-Verlag Würzburg ²1981	Untertitel: Neue und alte Kinderlieder zu Spiel und Spaß, zum Tagesablauf und durch das Jahr	Bibliophile Ausstattung mit farbigen und schwarzweißen Bildern, Harmoniesymbole, z. T. ausgeschriebene Klavier- und Gitarrenbegleitung, z. T. mehrstimmige Chorsätze, keine Kommentare
㉓	Spiellieder Ein Reader	Margrit Küntzel-Hansen Selbstverlag Lüneburg, Am neuen Felde 28	Zusammenstellung aus den Veröffentlichungen der Autorin (die meisten Lieder stammen von ihr selbst)	Schwarzweiß-Zeichnungen bzw. Fotos grafische Notationen Noten
㉔	Hoy-Hoy Alte und neue Kindertänze	Femke van Doorn-Last Kallmeyer-Verlag Wolfenbüttel	Aus dem Holländischen übertragen	Zur LP Heft mit Tanzbeschreibungen und methodischen Anregungen

Liedersammlungen mit politischen bzw. zeitkritischen Tendenzen

Nr.	Titel	Herausgeber/Verlag/Jahr	Inhalt (Kapitel)	Kommentare, Ausstattung usw.
25	Sing, sang, song, 56 Kinderlieder mit Noten	Heike Margolis rororo rotfuchs, Reinbek bei Hamburg 1976 (nur neue, keine traditionellen Lieder)	Keine Liedgruppeneinteilung; aus dem Vorwort: „Verschiedenartige Kinderlieder: sozialkritische, Protestlieder, lyrische, zärtliche, ernste und unernste Lieder für jedes Kind, jedes Alter und jede Gelegenheit!"	Keine Abbildungen und Kommentare Harmoniesymbole über den Melodien Gitarren-Grifftabelle
26	Der Liederspatz Ein Lieder-Lese-Bilderbuch mit Spielanleitungen, Erläuterungen ...	Fredrik Vahle (Autor der meisten Lieder) Verlag „Pläne" Dortmund 1980	Einfache Lieder zum Mitmachen und Mitsingen; Spiellieder, Erzähllieder; Lieder von der Schule und der Arbeit; Lieder von arm und reich; dazu: Spiele, Bastelanleitungen, Dialoge, kleine Texte, Texte von Kindern	Schwarzweiß-Zeichnungen, Gitarrenkurs im Anhang, Harmoniesymbole zu den Melodien; Viele Lieder auf den LPs von Christiane und Fredrik, „Die Rübe", „Der Fuchs", „Der Spatz"
27	Das Grips-Liederbuch 50 Lieder	Volker Ludwig/Birger Heymann (Autoren aller Lieder) Ellermann-Verlag München 1978	Keine Gliederung nach Liedgruppen (das Buch enthält emanzipatorische Kinderlieder wie „Doof geboren ist keiner", „Wer sagt, daß Mädchen dümmer sind" usw.)	Schwarzweiß-Zeichnungen, Harmoniesymbole zu den Melodien; Kommentare zu einigen Liedern; 2 LPs: Die große Grips-Parade, Wagenbach-Verlag Berlin
28	Baggerführer Willibald Kinderlieder	Klaus Kuhnke rororo rotfuchs, Reinbek 1973 (keine traditonellen, nur neue Lieder)	Wie Nr. 25; Aus dem Nachwort: „Lieder, die Konflikten nicht ausweichen und Widersprüche nicht miteinander versöhnen."	Keine Kommentare, Abbildungen und Gitarrengriffe Einige mehrstimmige und Klaviersätze
29	Die Maultrommel Kinderlieder-Arbeitsheft	Christiane Knauf/Fredrik Vahle Weltkreis-Verlags GmbH Dortmund 1974	Von Flöhen, Hunden und Hasen; was bei uns so alles passiert; gemeinsam sind wir stärker; von der Arbeit; für eine andere Geschichtsstunde	Keine Kommentare und Abbildungen; dafür ein ausführlicher Essay: „neue Kinderlieder und ihr Publikum – ein Erfahrungsbericht"; Harmoniesymbole zu den Melodien

Standardsammlungen deutscher und internationaler Lieder

Nr.	Titel	Herausgeber/Verlag/Jahr	Inhalt (Kapitel)	Kommentare, Ausstattung usw.
㉚	Die Mundorgel Ein Liederbuch für Fahrt und Lager	Christlicher Verein junger Männer Kreisverband Köln, seit 1968 Mundorgelverlag Köln (gehört zu den auflagenstärksten Liederbüchern überhaupt)	Jeden Morgen geht die Sonne auf; Abend wird es wieder; Jesus Christus, König und Herr; Wir sind jung, die Welt ist offen; Wiegende Wellen auf wogender See; Der Globus quietscht und eiert; Kumbayah my Lord	Kleines Taschenformat mit flexiblem Einband; keine Abbildungen und Kommentare; Harmoniesymbole zu den Melodien, Gitarrenbegleitung
㉛	Der Wundergarten Deutsche Volkslieder. Melodieausgabe ein- und zweistimmig	Walter Rein, Hans Lang Schott-Verlag Mainz o. J.	Keine Einteilung nach Liedgruppen	Kleines, handliches Format; zuverlässige Quellenangaben
㉜	Deutsche Lieder	Ernst Klusen Insel-Verlag Frankfurt 1980	Keine Einteilung nach Liedgruppen; aus dem Klappentext: „Nahezu 600 Lieder aus dem deutschsprachigen Raum, von den ersten Zeugnissen des frühen Mittelalters bis zum Ende der 70er Jahre unseres Jahrhunderts."	Bibliophile Ausgabe, ohne Abbildungen; Register mit Quellenangabe und z. T. kurze Kommentare
㉝	Deutschland im Volkslied 714 Lieder aus den deutschsprachigen Landschaften und aus Europa	Gustav Kneip, mit Unterstützung des deutschen Volksliedarchivs Peters-Edition Frankfurt 1958	Lieder aus den deutschsprachigen Landschaften; Lieder, die Volkslieder wurden; Lieder deutschen Ursprungs, in europäischen Ländern aufgezeichnet; Lieder fremden Ursprungs, schon früh eingedeutscht; Advents- und Weihnachtslieder	Nur wenige Schwarzweiß-Zeichnungen; Quellenangaben zu den Liedern

Literatur

Wichtige Titel sind mit * versehen.

Abraham, L. U.: Über den Wirkungszusammenhang von Text und Melodie im Schulgesange, in: Sydow, K. (Hrsg.): Sprache und Musik, Wolfenbüttel 1966, 30–36
Abraham, L. U.: Das Volkslied, in: Funkkolleg Musik, Studieneinheit 22, Weinheim u. a. 1978
Adorno, Th. W.: Dissonanzen. Musik in der verwalteten Welt, Göttingen 1956; daraus besonders: Kritik des Musikanten (82–101) und: Zur Musikpädagogik ³1963, 102–119 (besonders 115 f.)
Baader, U.: Kinderspiele und Spiellieder, Bd. I, Untersuchungen in württembergischen Gemeinden, Bd. II. Materialien: Kinderspiellieder und Abzählreime, Tübingen 1979
Bausinger, H.: Formen der „Volkspoesie", Berlin 1968
Blasl, Fr.: Eine Kinderliederwerkstatt stellt vor: Kinderlieder aus der Leopoldstadt, in: Musikerziehung 35 (1981), 4, 160–163
Böhme, Fr. M.: Volksthümliche Lieder der Deutschen im 18. und 19. Jahrhundert, Leipzig 1895
**Böhme, Fr. M.:* Deutsches Kinderlied und Kinderspiel, Leipzig 1897, ²1924, Nachdruck 1967
Börs, P.: Der Friedenskanon. Eine Unterrichtseinheit, durchgeführt mit der Klasse 6 e der OS Bersenbrück, in: Populäre Musik im Unterricht, Heft 4 1982, 24–26
Bövers, E.: Lieder nachgestalten und umgestalten. 8 Stunden Fachunterricht in einem 4. Schuljahr, in: Günther/Ott/Ritzel: Musikunterricht 1–6, Weinheim 1982, 105–120
Bornemann, E.: Unsere Kinder im Spiegel ihrer Lieder, Reime, Verse und Rätsel, Olten/Freiburg 1973
– Die Umwelt des Kindes im Spiegel seiner „verbotenen" Lieder, Reime, Verse und Rätsel, Olten/Freiburg 1974
Braese, G./Lemmermann, H.: Bewegungsspiele und Tanzlieder in der Grundschule, in: Kleinen/Krützfeldt/Lemmermann (Hrsg.): Jahrbuch für Musiklehrer 1982, Lilienthal 1982, 92–107
Breckoff, W., et al.: Musikbuch – Primarstufe A (Schülerheft, Lehrerband, 17-cm-Schallplatte Best.-Nr. 16 161), Hannover 1971
– Musikbuch – Primarstufe B, Schüler- und Lehrerband, Kap. 2.1: Die menschliche Stimme, Hannover 1975 (a)
**Breckoff, W., et. al.* (Hrsg.): Liedermagazin, Kassel 1975, ⁵1980 (b)
**Brednich, R. W., et al.* (Hrsg.): Handbuch des Volksliedes, Band I: Die Gattungen des Volksliedes, Band II: Geschichte, Systematik, Ethnographie, München 1973/1975
Bundeszentrale für politische Bildung (Hrsg.): Das Politische im Lied. Politische Momente in Liedpflege und Musikerziehung (= Schriftenreihe der Bundeszentrale, Heft 76), Bonn 1967
Clauß, D., et al. (Hrsg.): Banjo, Musik 5/6, Lehrerband, Stuttgart 1978, daraus: Kap. „Lieder", 89–120
Dreyer, G./Pretzell, E.: Das Sprechverhalten des Unterrichtenden/Sprech- und Spracherziehung der 6- bis 8jährigen, in: Auerbach, L., et al.: Musikalische Grundausbildung in der Musikschule, Mainz 1978, 90–104
Egelhof, R.: Frau Holle, musikalisches Märchen. Projekt einer Grundschulklasse, in: Musik und Bildung 14 (1982), 253–257
Elsner, H.: Singgelegenheiten Zehn- bis Vierzehnjähriger. Ergebnisse einer Befragung zu musikalischen Aktivitäten Jugendlicher, in: Forschung in der Musikerziehung Heft 7/8 (1982), 31–38
Faßbender, G.: „Sun of Jamaica" – ein Versuch mit Pop-Musik im Musikunterricht der 4. Klasse der Grundschule, in: Musik und Bildung 15 (1983), Heft 2, 40–42
Faßbinder, R. W.: Hanna Schygulla, München 1981
Fischer, W., Methoden im Musikunterricht der Primarstufe, in: Schmidt-Brunner, W.: Methoden des Musikunterrichts, Mainz 1982, 125–144

Fischer, W. et al.: Musikunterricht Grundschule, Lehrerband, Teil 1: Didaktische Grundlegung, Mainz 1977, 3–58; Unsere Stimme als Instrument, 120–137
Fuchs, M., et al.: Deutsches Volkslied. Das allzubekannte Unbekannte. Arbeitsbuch für die Sekundarstufe II, Stuttgart 1983
Fuchs, P.: Maulwerke – Stimmartikulationen, in: Die Grundschule 5 (1973), 410–413
– Maulwerke – Stimmartikulationen. Anregungen für Aktivitäten mit der Stimme im Musikunterricht der Grundschule, in: Günther, U./Gundlach, W.: Musikunterricht auf der Grundstufe. Diskussionsbeiträge und Materialien, Frankfurt 1974, 97–106
–: Karlsruher Versuche für den Musikunterricht der Grundschule, Stuttgart 1974 (Stimmen – Stimmklang – Sprechen – Sprache, 54–67)
– Musikmachen. Singen, spielen, Musik erfinden – was steht in den Richtlinien?, in: Gundlach, W.: Musik in der Grundschule II, Frankfurt 1977, 15–44
Fuchs, P., et al.: Musik und Sprache. Erfahrungen in der Grundschule, in: Musik und Bildung 4 (1972), 585–590
Füller, K.: Kompendium Didaktik Musik, München 1977 (daraus: Zur Methodik des Gesangsunterrichts 79–93, Liedergestaltung: „L'inverno è passato", 117–120)
Füller, K., et al.: Modellorientierter Musikunterricht. Didaktische Konzepte und praktische Beispiele für eine offene Unterrichtsplanung, München 1978 (ein Unterrichtsmodell für die Primarstufe: „Hei die Pfeifen klingen" – Liedeinführung 83–101)
Gauster, Chr.: Kinder gestalten Musik. Ein neuer Weg zur Musikerziehung bei Kleinkindern, Wien 1982
Geck, M.: Lied und Singen im Unterricht – kritische Fragen und neue Vorschläge, in: Günther, U./Gundlach, W.: Musikunterricht auf der Grundstufe. Diskussionsbeiträge und Materialien, Frankfurt 1974, 89–96
**Große-Jäger, H.* (Hrsg.): Musikpraxis. Arbeitshilfen für Musik in Kindergarten und Grundschule. Vierteljahresschrift, Boppard seit 1979 (jedes Heft enthält Beiträge zur Liedvermittlung)
Große-Jäger, H.: Mythisch-magische Weltsicht im Kinderlied, in: Musikpraxis, Arbeitshilfen für Musik in Kindergarten und Grundschule Heft 5, 20–23, Boppard 1980
Günther, U.: Die Schulmusikerziehung von der Kestenberg-Reform bis zum Ende des Dritten Reiches, Neuwied 1967
– Musikerziehung am Schulanfang, in: Lichtenstein-Rother, I. (Hrsg.): Schulanfang. Pädagogik und Didaktik der ersten beiden Schuljahre, Frankfurt u. a. ⁷1969, 338–368 (hier besonders 342–358)
– Situationen und Funktionen von Lied und Singen, in: Günther, U./Gundlach, W.: Musikunterricht auf der Grundstufe. Diskussionsbeiträge und Materialien, Frankfurt 1974, 80–88
Gundlach, W.: Die Schulliederbücher von Ludwig Erk, Köln 1969
– Lied und Singen in der Grundschule – ein altes und neues Problem, in: Günther, U./Gundlach, W.: Musikunterricht auf der Grundstufe. Diskussionsbeiträge und Materialien, Frankfurt 1974, 75–80
– Schulgesang im Spannungsfeld der Regulative. Zur Geschichte des Schulliedes im 19. Jahrhundert, in: Bastian, H. G./Klöckner, D.: Musikpädagogik. Historische, systematische und didaktische Perspektiven, Düsseldorf 1982, 57–66
**Heck, M.:* Lieder als Entwürfe, in: Schleuning, P. (Hrsg.): Kinderlieder selber machen, Reinbek 1978, 138–164
Heise, W./Hopf, H./Segler, H. (Hrsg.): Quellentexte zur Musikpädagogik, Regensburg 1973
Hoffmann von Fallersleben, A. H.: Unsere volkstümlichen Lieder, Leipzig ⁴1900, Nachdruck: Hildesheim 1966
Hopf, H.: Zur Geschichte des Musikunterrichts, in: Valentin/Hopf (Hrsg.): Neues Handbuch der Schulmusik, Regensburg 1975, 9–36
Jöde, Fr.: Das schaffende Kind in der Musik, Wolfenbüttel/Berlin 1928
**Jung, A., et al.:* Noch einmal, Kinderlieder, in: Musik und Bildung 14 (1982), 501–504
Junker, O.: Das Lied im Kunstwerk – Unterrichtssequenz für die 5. und 6. Klasse, in:

Gundlach, W./Schmidt-Brunner, W.: Praxis des Musikunterrichts. 12 Unterrichtseinheiten für die Primar- und Sekundarstufe I, Mainz 1977, 91–109
Karbusicky, V.: Ideologie im Lied – Lied in der Ideologie. Kulturanthropologische Strukturanalysen, Köln 1973
– „Das Singen" – soziologisch, in: Musica 33 (1979), 336–339
Keller, W.: Elementares Musiktheater, in: Auerbach, L., et al.: Musikalische Grundausbildung in der Musikschule, Mainz 1978, 60–68
Klausmeier, Fr.: Motivation des Singens und ihre Bedeutung für die technisch verstärkte Beatle-Stimme, in: Kraus, E.: (Hrsg.): Der Einfluß der Technischen Mittler auf die Musikerziehung unserer Zeit, Mainz 1968, 163–175
– Singen im Entkulturationsprozeß und die didaktischen Folgerungen, in: Antholz/Gundlach: Musikpädagogik heute, Düsseldorf 1975, 92–101
– Die Lust, sich musikalisch auszudrücken. Eine Einführung in sozio-musikalisches Verhalten, 1978
– Mut zum Singen, in: Musik und Bildung 12 (1980), 206–210
*– Rufen und Singen, in: Musik und Bildung 14 (1982), 727–730
Kleinen, G. (Hrsg.): Heutungen. Texte von und über Helmut Segler aus Anlaß seiner Emeritierung, Braunschweig 1982
Klusen, E.: Volkslied. Fund und Erfindung, Köln 1969
– Bevorzugte Liedtypen Zehn- bis Vierzehnjähriger, Köln 1971
– Lied und Liedersingen in der Schule von heute, in: Musik und Bildung 5 (1973), 446–449
– Zur Situation des Singens in der Bundesrepublik Deutschland. Bd. 1: Der Umgang mit dem Lied, Bd. 2: Die Lieder, Köln 1974
– Lied und Unterricht, in: Valentin/Hopf (Hrsg.): Neues Handbuch der Schulmusik, Regensburg 1975, 269–284
*– Singen – ein Prozeß. Notizen aus der Wirklichkeit, in: Musica 33 (1979), 331–335
Köneke, H. W., et al.: Musikalische Grundausbildung in der Musikschule. Lehrerhandbuch Teil 2, Kommentare zum Schülerbuch – Modelle – Anregungen, Mainz 1980
Kolland, D.: Geschichte kann sehr lebendig sein ... Zur Dokumentation „die deutsche Jugendmusikbewegung", in: Kleinen/Krützfeldt/Lemmermann (Hrsg.): Jahrbuch für Musiklehrer 1982, Lilienthal 1982, 13–29
Kruse, B.: Spiel- und Tanzlieder in der Grundschule, in: Kleinen/Krützfeldt/Lemmermann (Hrsg.): Jahrbuch für Musiklehrer 1980/81, Lilienthal 1981, 33–46
**Küntzel, G.:* Unterrichtseinheit Singen, in: Frisius, R., et al. (Hrsg.): Sequenzen Musik Sekundarstufe I, 2. Folge, Arbeitsbuch 5/6, Lehrerband 5/6, Stuttgart 1976
– Die „Neue Deutsche Welle" schwappt aus den Schulklassen zurück – Tendenzen, die aus Umfragen sichtbar werden, in: Populäre Musik im Unterricht, Heft 5, Lüneburg 1982, 3–11
Küntzel, G. u. M.: Lehrbogen für Musik Serie I, Bogen 1–4 „Lieder singen und ausgestalten", Wolfenbüttel 1981
**Küntzel-Hansen, M.:* Musik mit Stimmen, Hannover 1972
– Musik mit Kindern. Versuche mit Geräusch und Klang, Stuttgart 1973, ⁴1981
– Gum-Geschichten zum Vorlesen, Spielen, Basteln, Singen, Stuttgart 1976
– Lernfelder der Musik. Ein Lehrerhandbuch für den Musikunterricht in Grundschulen und Musikschulen, Hannover 1980
– Probleme des Kinderliedes heute, in: Musik und Bildung 13 (1981), 220–225
– Musikspiele, Wolfenbüttel 1982
Kuhn, H.: Improvisierte Liedbegleitung am Klavier, Zürich 1979
**Lemmermann, H.:* Musikunterricht. Hinweise – Bemerkungen – Erfahrungen – Anregungen, Bad Heilbrunn 1978
– „Michel, horch, der Seewind pfeift!" Ein vergessenes Kapitel: Politik und Schulmusik im Kaiserreich (1871–1918), in: Kleinen/Krützfeldt/Lemmermann (Hrsg.): Jahrbuch für Musiklehrer 1982, Lilienthal 1982, 30–71
Lorbe, R.: Die Welt des Kinderliedes, dargestellt an Liedern und Reimen aus Nürnberg, Weinheim 1971

Mayr-Kern, J.: Von der physiologischen Grundlegung zur psychologischen Wertung des Singens in der Schule, in: Musikerziehung 31 (1977), 64–69
*Merkt, I.: Kinderlied. Didaktische Analysen, Entwurf eines Kurses (für Sek. II), in: Bojanowski, A./Günther, U.: Musikunterricht in der Sekundarstufe II, Königsstein 1979, 72–93
– Kinderlieder heute. Für Kleine gedacht – von Großen gemacht, in: Musik und Bildung 13 (1981), 225–229
– Singen oder denken – Spaß oder Ernst? Anmerkungen zu den Liederblättern in „Praxis Grundschule" 2/1982, in: Grundschule 14 (1982), 169 ff.
*Meyer, H.: Ersingen oder Erarbeiten?, in: Musik und Bildung 12 (1980), 210–214
Meyer-Denkmann, G.: Klangexperimente und Gestaltungsversuche im Kindesalter. Neue Wege einer musikalischen Grundausbildung, Wien 1970
Niethammer, A.: Fröbel. Die Bedeutung der Musikerziehung im Vorschul- und Grundschulalter, in: Zeitschrift für Musikpädagogik 7 (1972), Heft 19, 39–50
Nitsche, P.: Die Pflege der Kinderstimme, Mainz 1952
– Teil II: Übung am Lied, Mainz 1954
– Die Stimme des Unterrichtenden/Der Umgang mit der Kinderstimme, in: Auerbach, L., et al.: Musikalische Grundausbildung in der Musikschule, Mainz 1978, 79–89
Noll, G.: Liedbegleitung. Improvisierte Spielformen und Begleitmodelle am Klavier, Mainz 1970
– Zum Problem der Folklore im Musikunterricht, in: Musik und Bildung 5 (1973), 457–465
– Lieder, in: Musikunterricht Sekundarstufe I, Band 1, Lehrerband, Mainz 1980, 58–92
– Musikunterricht und das Lied im Wechselbad didaktischer Meinungen, in: Bastian, H. G./Klöckner, D.: Musikpädagogik. Historische systematische und didaktische Perspektiven, Düsseldorf 1982, 171–188
*Nolte, E.: Lehrpläne und Richtlinien für den schulischen Musikunterricht in Deutschland vom Beginn des 19. Jahrhunderts bis in die Gegenwart. Eine Dokumentation, Mainz 1975
– Reformpädagogische Substanz in der gegenwärtigen musikpädagogischen Theoriebildung, in: Zeitschrift für Musikpädagogik 3 (1978), Heft 5, 37–43
– Die neuen Curricula, Lehrpläne und Richtlinien für den Musikunterricht an den allgemeinbildenden Schulen in der Bundesrepublik Deutschland und West-Berlin. Einführung und Dokumentation, Teil 1: Primarstufe, Mainz 1982
Nykrin, R.: Lieder und Szenen für den Anfang (ein Arbeitsbeispiel für die Grundschule), in: Kleinen/Krützfeldt/Lemmermann (Hrsg.): Jahrbuch für Musiklehrer 1980/81, Lilienthal 1981, 65 ff.
Otto, H.: Volksgesang und Volksschule. Eine Didaktik, 1. Band: Grundbesinnung. Der Volksgesang als Ziel der Musikerziehung, 2. Band: Der Unterricht. Gesänge und Lieder in didaktischer Ordnung, Celle 1957 und 1959
Reidl, Chr., et al.: Was brachte für uns der Musikunterricht der Grundschule?, in: Musik und Bildung 15 (1983), Heft 6, 15–17
Riha, K.: Moritat, Bänkelsong, Protestballade. Zur Geschichte des engagierten Liedes in Deutschland, Frankfurt 1975
Rüdiger, A.: Zur Didaktik und Methodik des Singens, in: Valentin/Hopf (Hrsg.): Neues Handbuch der Schulmusik, Regensburg 1975, 243–253
– Grundzüge in ausgewählten Methoden solistischen und chorischen Singens auch in Verbindung zum Sprechen, in: Schmidt-Brunner, W.: Methoden des Musikunterrichts, Mainz 1982, 208–220
*Rühmkorf, P.: Über das Volksvermögen („Kindermund tut Wahrheit kund"), Exkurse in den literarischen Untergrund, Reinbek 1967
Schepping, W.: Musikalische Volkskunde und Musikpädagogik – Ansätze einer integrativen Forschung, in: Forschung in der Musikerziehung 1976, Mainz 1976, 361–390
*– Zum Medieneinfluß auf das Singrepertoire und das vokale Reproduktionsverhalten von Schülern. Neue Daten und Fakten zur Lieddidaktik, in: Musikpädagogische Forschung Bd. 1, Laaber 1980, 232–256

Schleuning, P. (Hrsg.): Susanne im Musikland. Eine Diskussion in der Universität Bremen über improvisierte Kinderlieder, in: Beck, J./Boehncke, R.: Jahrbuch für Lehrer 1978, Reinbek 1977
– Kinderlieder selber machen. Beispiele, Erfahrungen, Anleitungen aus der Arbeit einer Freiburger Musiklehrergruppe: Kinder machen selber Lieder, Reinbek 1978
*Schleuning, P.: Einst und Jetzt. Zum Stand der pädagogischen Diskussion um Volkslied und Singen in der Bundesrepublik und über die sich daraus ergebenden neuen Möglichkeiten, in: Schleuning, P. (Hrsg.): Kinderlieder selber machen, Reinbek 1978, 119–138
Schleuning, P./Stroh, W. M.: Und wenn das Glöcklein 5 mal schlägt, das macht sogar dem Bagger Spaß" – Heinz Antholz konkretisiert und weitergedacht, in: Musik und Bildung 11 (1979), 308–312
– Tätigkeitstheoretische Aspekte musikalischer Teilkulturen. Ein Beispiel aus der Alternativszene, in: Musikpädagogische Forschung Bd. 4, Laaber 1983, 81–107
*Schmidt, H. Chr.: Versungen und Vertan? Das Lied als problematischer Gegenstand der Musikpädagogik, in: Zeitschrift für Musikpädagogik Heft 13 (1981), 32–40
Schnebel, D.: Sprech- und Gesangsschule, in: Musik und Bildung 4 (1972), 559–566
Segler, H.: Lied und Singen, in: Die Grundschule 5 (1973), 403–409
– Das „Volkslied" im Musikunterricht, in: Brednich/Röhrich/Suppan: Handbuch des Volksliedes, Bd. II, München 1975, 681–709
*– Macht Singen dumm? Ein Beitrag zu den Theorieversuchen des Singens in der Schule, in: Westermanns Pädagogische Beiträge Heft 3 (1976), 139–141
– Musik und Erziehung – ein fataler Irrtum? (Historisch-kritische Anmerkungen zum Selbstverständnis eines Schulfaches), in: Kleinen/Krützfeldt/Lemmermann (Hrsg.): Jahrbuch für Musiklehrer 1980/81, Lilienthal 1981, 129–148
*– Untersuchung und Filmdokumentation überlieferter Kindertänze. Unveröffentlichtes Manuskript, TU Braunschweig, Okt. 1981
Segler, H./Abraham, L. U.: Musik als Schulfach, Braunschweig 1966
Segler, H., et al.: Untersuchung und Filmdokumentation überlieferter Kindertänze, in: Musikpädagogische Forschung Bd. 3, Laaber 1982, 183–209
Spies, G./Reinhardt, F.: Wege zur Musik. Unterrichtswerk für Grundschule, 1. und 2. Schuljahr. Lehrerband, Stuttgart 1974, daraus: Erarbeitung eines Tanzliedes, 17–21
– Wege zur Musik II, Unterrichtswerk für die Grundschule, Lehrerband, Stuttgart 1977, daraus: Umgang mit dem Lied, 1–9
Stockhausen, K. H.: Du bist, was du singst – du wirst, was du hörst –, in: Musik und Bildung 5 (1973), 468 f.
Strobach, H.: Deutsches Volkslied in Geschichte und Gegenwart, Berlin (DDR) 1980
Stumme, W.: Zum Singen in der Grundausbildung, in: Auerbach, L., et al.: Musikalische Grundausbildung in der Musikschule, Mainz 1978, 71–78
Thiele, J./Ritzel, F.: LA-LALALA-LA! Laß dir danken, Pan! Anmerkungen zur ZDF-Hitparade, in: Zeitschrift für Musikpädagogik 6 (1981), Heft 15, 173–180
Thelen, A.: Musicalarbeit in der Schule und im Stadtteil. Einige Anmerkungen zum Projekt „Godspell" in Münster-Kinderhaus, in: Musik und Bildung 15 (1983), Heft 3, 43–45
Tibbe, M./Bonson, M.: Folk – Folklore – Volkslied. Zur Situation in- und ausländischer Volksmusik in der Bundesrepublik Deutschland, Stuttgart 1981
*Tschache, H.: Liedersingen – Liedermachen. Produktive Aspekte im Umgang mit deutschen Volksliedern und: „Der Lager-Boogie", in: ders.: Handlungsorientierte Ansätze und Perspektiven praxisnaher Curriculumentwicklung im Schulfach Musik, Wolfenbüttel 1982, II 1.1–24, II 2.1–2.35
Unbehaun, J.: Musikunterricht. Alternative Modelle, Bensheim 1980
Venus, D.: Unterweisung im Musikhören, Wuppertal 1969
Vogelsänger, S.: Musik als Unterrichtsgegenstand der allgemeinbildenden Schule. Didaktische Analysen – methodische Anleitungen, Mainz 1970
– Zur Neubestimmung des Stellenwertes von Volkslied und Singen im Musikunterricht, in: Musik und Bildung 5 (1973), 450–453

Vogelsänger, S./Weins, E.: Musik und Sprache. Der Dialog als Gegenstand einer Lernsequenz (Primarstufe), in: Gundlach, W./Schmidt-Brunner, W.: Praxis des Musikunterrichts. 12 Unterrichtseinheiten für die Primar- und Sekundarstufe I, Mainz 1977, 31–40

Warner, Th.: Sprache – Musik und die pädagogische Intention, in: Sydow, K. (Hrsg.): Sprache und Musik, Wolfenbüttel 1966, 19–29

Watkinson, G.: Singleitung. Eine Werkstattlehre, Heidelberg 1970

Weissert, G.: Das Mildheimische Liederbuch. Studien zur volkspädagogischen Literatur der Aufklärung, Tübingen 1966

Weyer, R.: Das Volkslied als Gegenstand des Musikunterrichts – Aspekte einer didaktischen Neubestimmung, in: Musik und Bildung 5 (1973), 433–438

Weyer, R.: Möglichkeiten menschlicher Stimmäußerungen – von außereuropäischer Musik zur Vokalkonzeption der Avantgarde, in: Musik und Bildung 5 (1973), 528–534

Zens, E.: Popularmusik in der Primarstufe. Viertkläßler parodieren einen Schlager – ein Bericht mit Anregungen zu einer Unterrichtssequenz, in: Musik und Bildung 11 (1979), 86–95

Ziegler-Reinhardt, U.: Das Lied vom Jockel. Sprechen – Singen – Spielen – Darstellen, in: Grundschule 14 (1982), 198–201

Züghart, M.: Stimmumfang und Schulsingen, Bremen 1970

Musikmachen – der instrumentale Bereich

Eva Rieger/Dankmar Venus

I. Historischer Überblick

Wer nach der Rolle des Instruments im Grundschulunterricht fragt, braucht in der Geschichte der Musikerziehung nicht weit zurückzugehen. Das ist schon daraus abzulesen, daß die Bezeichnung „Gesangunterricht" erst in den zwanziger Jahren unseres Jahrhunderts durch den umfassenderen Begriff des „Musikunterrichts" abgelöst wurde. Wenngleich die Geige in der Hand des Schulmeisters auf Bildern und in Texten der Vergangenheit häufig auftaucht, täuscht das nicht darüber hinweg, daß das Geigenspiel allenfalls eine Gesangsbildungslehre erläutern oder in ein Lied einführen sollte, also dem Singen gegenüber eine untergeordnete Funktion hatte.

Lied und Singen bildeten den Hauptinhalt des Musikunterrichts während der letzten zweihundert Jahre, der im übrigen durch zwei inhaltliche Pole gekennzeichnet war. Diese lassen sich vereinfachend als Elementarisierung sowie als Funktionalisierung der Musik darstellen. Mit der Elementarisierung ist die Zerlegung der Musik in ihre Strukturen sowie ihre methodische Ausarbeitung gemeint, wie sie bei den Philantropen beliebt war. Und im 19. Jahrhundert gewann die Nutzbarmachung der Musik für patriotische und religiöse Zwecke an Bedeutung. In beiden Fällen genügte das Lied als Unterrichtsgegenstand.

Offiziellen Eingang in die Schule bekam das Musikinstrument erst zu Beginn dieses Jahrhunderts. Die Atmosphäre der Weimarer Republik, einer Zeit ökonomisch-politischer Umbrüche, machte das Klima offen für Veränderungen, zumal die Jugend, durch die Jugendmusikbewegung angeregt, einen neuen Zugang zum Musizieren gefunden hatte. Eine Reform der schulischen Musikerziehung schien dringend geboten. Die Ereignisse überschlugen sich: 1921 fand die Erste Reichsschulmusikwoche in Berlin statt. 1922 wurde das Institut für Kirchenmusik zur „Akademie für Kirchen- und Schulmusik" ausgebaut. 1922 kam es zu erheblichen Steigerungen der künstlerischen und pädagogischen Anforderungen bei der Musiklehrer-Ausbildung; angehende Musiklehrer, aber auch -lehrerinnen wurden zur Studienrats-Laufbahn erstmalig zugelassen.

Zwar lassen die „Richtlinien für den Lehrplan der Grundschule" von 1921 noch vieles beim Alten. Immerhin wird schon gefordert, daß die Kinder „nicht nur gut sprechen und singen lernen, sondern auch Gelegenheit zu selbständiger musikalischer Betätigung erhalten" (BRAUN 1957, 95). Es waren schließlich die Richtlinien von 1927, die die bisherigen Bestimmungen über den Gesangunterricht ablösten und klarstellten, daß das Volkslied nicht mehr allein den Unterricht bestimmen sollte. Es reichte nun nicht mehr aus, den Staat zu verherrlichen bzw. fachlich-musikalische Kenntnisse am Lied zu erwerben; der Musikunterricht sollte gesamterzieherisch auf das Kind einwirken. Neben der Einführung „in die Welt des deutschen Liedes" wurde auch die Behandlung „der deutschen Musik" verlangt (SCHÜNEMANN 1931, 380). In der Überzeugung, daß Musik das Gefühlsleben und Empfinden, die Fantasie und Bildung, den Gestaltungstrieb und Charakter der Schüler prägt, wurde die einseitige Benennung „Gesangunterricht" fallengelassen. Von nun an sollte das Musikinstrument ein Faktor werden, den man nicht übergehen konnte. Zusätzlich zu den herkömmlichen Chören sollten nun Spielgemeinschaften und Schulorchester entstehen.

Auch an den Anforderungen des Hauptfaches Instrumentalspiel in der Lehrerbildung läßt sich die Akzentverschiebung verfolgen. Während die alte Prüfungsordnung von 1910 das Instrumentalspiel noch als methodisches Hilfsmittel zum Unterrichten von Lied und Singen ansah, forderte die neue Prüfungsordnung eingehende Kenntnisse eines Instruments einschließlich der klassischen und neueren Instrumentalliteratur (BRAUN 1957, 81).

1. Das Orff-Schulwerk

Wie sollten das Instrument bzw. das Instrumentalspiel in den Unterricht integriert werden? Es haperte an Ideen zur Umsetzung. Einer, der den entstehenden Freiraum nutzte, war CARL ORFF. Dabei geriet er mehr durch Zufall als durch Neigung an die Musikerziehung. Von der Tanzkunst MARY WIGMANS beeinflußt, versuchte ORFF, das in ihren Tänzen enthaltene Elementare auf Musik zu übertragen. Er, der sich von den philosophischen und ästhetischen Strömungen seiner Zeit stets beeinflussen ließ, griff mit seinem Schulwerk intuitiv einige Prinzipien der neuen schulischen Entwicklung der zwanziger Jahre auf, so z. B. die eigenständige musikalische Betätigung. Auch seine Methode, die Musik spielend zu erfahren sowie seine Betonung der Freude am Musizieren waren aktuelle Postulate seiner Zeit. 1924 gründete er mit DOROTHEE GÜNTHER in München eine Schule für Gymnastik, Musik und Tanz – zu einer Zeit, da vor allem die Jugend ein neues Verhältnis zum eigenen Körper, zur sportlichen Betätigung sowie zu Gymnastik und Tanz erfaßte. Als Co-Leiter dieser Schule sah er die Chance, „eine neue rhythmische Erziehung aufzubauen und meine Ideen einer gegenseitigen Durchdringung und Ergänzung der Bewegungs- und Musik-Erziehung zu verwirklichen" (ORFF 1963, 13). ORFF hatte keinen Rückschritt in die Primitivität im Sinn; eher schwebte ihm ein Wiederaufleben der ursprünglichen Einheit von Musik, Gesang und Bewegung vor. In seinen Ausführungen über das Elementare in der Musik kommt er zu folgenden Definitionen:

- Musik ist mit Bewegung, Tanz und Sprache verbunden;
- jeder ist als Mitspieler beteiligt. Es gibt keine Trennung zwischen Zuhörern und Vortragenden;

- die Musik ist vorgeistig, d. h. sie kennt keine große Form und keine Architektonik;
- sie bevorzugt Reihenformen, Ostinati und kleine Rondoformen.

„Elementare Musik ist erdnah, naturhaft, körperlich, für jeden erlernbar und erlebbar, dem Kind gemäß" (ORFF 1963, 16; GERSDORF 1981, 53 f.).

Um seine Ideen, die sich vorrangig mit der rhythmischen Erziehung befaßten, umzusetzen, ließ er bestimmte Instrumente nach seinen Vorstellungen herstellen. Man kann das ORFF-Instrumentarium heute – wenn auch unvollständig – in fast jeder Grundschule antreffen. Zusammen mit neuen Formen der Xylophone und Metallophone, die ein Münchner Klavierbauer speziell für ORFF entwickelte, sowie den Glockenspielen, wurden Pauken, Celli, Fideln, Gamben, Gitarren und Lauten einbezogen. Für dieses Instrumentarium schrieben ORFF und seine Mitarbeiterin GUNHILD KEETMAN in Anlehnung an in- und ausländische Folklore Musik. 1930 erschienen die ersten Schulwerkhefte, die vorerst als Unterrichtsmaterial für die Günther-Schule gedacht waren, dann aber auf den elementaren schulischen Musikunterricht ausgeweitet wurden. 1932 veröffentlichte ORFF das „ORFF-Schulwerk – Musik für Kinder, Musik von Kindern – Volkslieder", das er später zurückzog. Etwa 15 Jahre später wurde von ihm und GUNHILD KEETMAN eine neue Fassung erarbeitet, die in dem heute verbreiteten fünfbändigen Werk „ORFF-Schulwerk, Musik für Kinder" niedergelegt ist. Diese Fassung gliedert sich wie folgt:

Band 1 *Im Fünftonraum:* Beginnend mit Zweitonmelodien und Klatschrhythmen werden Reime und Spiellieder vorgestellt. Trotz des begrenzten Tonraums ist die Instrumentation teilweise recht kompliziert und nur mit längerer Übung in der Grundschule umsetzbar (was z. T. am umfangreichen Instrumentarium und z. T. an den rhythmischen Schwierigkeiten liegt).
Band 2 *Dur: Bordun und Stufen:* Der Durtonraum wird im Bordun mit sechs und sieben Tönen, dann mit Stufen vorgestellt. Das Kind soll die Verbindung der 1. mit der 2. Stufe sowie der 1. mit der 6. Stufe singend und spielend erfahren.
Band 3 *Dur: Dominanten:* ORFF setzt hier das Spiel mit den Dominanten in bewußten Gegensatz zum Spiel mit dem Bordun. Die 4. Stufe wird behandelt; Septen und Nonen erweitern den Klangraum.
Band 4 *Moll: Bordun-Stufen:* In diesem Band, der erstmalig mit Moll arbeitet, werden die Kinderlieder durch Volkslieder ersetzt. Die Moll-Übung beginnt, ähnlich wie im vorhergehenden Band, mit Bordun und Stufen. Die drei Moll-Modi äolisch, dorisch und phrygisch werden ausführlich behandelt.
Band 5 *Moll: Dominanten:* Im letzten Band werden die Dominanten in Moll behandelt. Die Stücke sind umfangreich (z. B. umfaßt ein Tanz neun Seiten), und das Instrumentarium besitzt besonders im rhythmischen Bereich einen hohen Schwierigkeitsgrad.

Mit diesem letzten Band sind die elementar-harmonischen Grundlagen des Siebentonraumes erarbeitet.

Der Musikreferent des Preußischen Kulturministeriums, LEO KESTENBERG, der viele Neuerungen initiiert und durchgesetzt hatte, interessierte sich für ORFFs Konzept. Kurz nach einem Treffen der beiden in Berlin 1932 wurde jedoch der Jude KESTENBERG abgesetzt und die Zusammenarbeit zerschlagen. Obwohl ORFF (z. T. zusammen mit BERGESE, TWITTENHOFF und KEETMAN) sein Schulwerk bis 1935 veröffentlichen konnte, fand er nach 1936 bei den staatlichen Behörden keine Anerkennung mehr. Es mag hauptsächlich zwei Gründe hierfür geben: Zum einen wurde ORFFs Musik in der Nazi-Ära widersprüchlich rezipiert. Das Schulwerk wurde kritisiert, während man seine Opern hofierte. Man unterstellte ORFF, er sei ein „gemeiner Tempelschänder" (zit. bei KLEMENT 1970); sein Schulwerk wurde als „exotischer Primitivismus", „nivellierende Primitivität" oder gar als „bolschewistische Nivellierung" verschrien (zit. bei GÜNTHER 1967, 419). Dies verwundert zunächst, da er sich mit seiner Breitenbildung auf Laien- und volksmusikalischer Basis gegen die auch von den Nazis bekämpfte Auffassung des geschulten Spezialisten der Moderne wandte (vgl. GÜNTHER 1967, 193). Hier ist zu vermuten, daß das Schulwerk falsch interpretiert wurde, sei es, daß die Nazis an Buschtrommeln „primitiver" Völker erinnert wurden, sei es, daß die Delegierung der Eigentätigkeit an den einzelnen ihrer autoritären Gedankenwelt zuwiderlief.

Das Schulwerk vermochte sich aber vor allem auch deshalb nicht durchzusetzen, weil das Instrument in den Lehrplänen und Richtlinien der NS-Zeit weiterhin keine eigenständige Funktion zugewiesen bekam, den zwanziger Jahren zum Trotz. Der Unterricht orientierte sich wiederum vornehmlich am Lied. Während den Gymnasien wenigstens die Bildung von Schulorchestern empfohlen wurde, ist im Lehrplan für die Volksschule nur die Rede davon, daß die Instrumente „das Singen bereichern" und „die musikerzieherische Arbeit beleben und vertiefen" sollten (GÜNTHER 1967, 164). Anfang der dreißiger Jahre wurde die Blockflöte eingesetzt, die neben der Gitarre zum bevorzugten Instrument avancierte. Auch die Ziehharmonika kam vor, während die Mundharmonika umstritten blieb. Die Diskussion um den Einsatz von Instrumenten belebte sich jedoch höchstens, wenn es um Ausnahmefälle ging, etwa die Gestaltung von Feiern. Themen wie Instrumentenbau im Unterricht waren so gut wie nie Gegenstand der musikdidaktischen Diskussion (GÜNTHER 1967, 165 f.). Die Gründe sind offensichtlich: Zu einer Zeit, da alle Fächer sich den staatlich-manipulierten Zielen beugen mußten, eigneten sich das Lied bzw. das chorische Singen am besten zur Erlangung nazistischer Ideale. Die Eigentätigkeit hatte sich im Singen zu erschöpfen, der Einsatz von Instrumenten beugte sich den übergeordneten Vorgaben.

2. Die Nachkriegszeit – fünfziger und sechziger Jahre

In der Nachkriegszeit wurde an bewahrte Prinzipien der Vergangenheit angeknüpft. Wie sehr die fünfziger Jahre mit den Ideen des musischen Tuns der Vorkriegszeit verknüpft waren, zeigt ein Ausspruch eines Vorreiters der musischen Bewegung, GEORG GÖTSCH, aus dem Jahre 1954:

„Deshalb ist beim Musizieren der Spielvorgang als solcher ebenso wichtig wie sein hörbares Resultat. Er ist je unmittelbarer, je bildender, gerade in unserer mit Mitteln überfüllten Welt. Was die tanzende Hand aus einem gespannten Fell hervorlockt, der zupfende Finger aus einer schwingenden Saite, der blasende Mund aus Rindenhorn, Flötenrohr und Trompetenkessel, oder aus den Rohrblättern der Schalmei und Klarinette, das ist lebendig gezeugter Ton, Kind einer liebenden Begegnung zwischen Mensch und Natur. Hier antworten die ‚toten' Dinge dem fragenden Spieler und anvertrauen ihm das Lied, das in ihnen schläft. Darum ja war das Musizieren vor Zeiten ein magischer Akt (wie noch immer bei Kindern), und die Instrumente waren tabu. Zwar haben wir Stoffesgläubigen das Magische wegbewiesen und durchs Machbare ersetzt, aber der Urschauer nackter Seinsberührung packt auch heute noch jeden lauschenden Spieler, wenn er mit ganzer Hingabe seiner Körperseele die tönende Gestalt der Elemente weckt" (GÖTSCH 1956, 70).

Obwohl gut gemeint, offenbaren die Worte GÖTSCHens eine fatale Haltung, die in ein nicht-existierendes Zurück führen sollte. Durch die Verlagerung des Musizierens in magische Bereiche wurde der Warencharakter der Musik, wie er sich gerade in diesen Jahren deutlich zeigte (und von ADORNO eindringlich hervorgehoben wurde) negiert. GÖTSCH versuchte den Widersprüchen der gesellschaftlichen Wirklichkeit mit ästhetischen Argumenten zu begegnen. Die Vermengung des musikalisch-künstlerischen Erlebens mit religiösen Gefühlen sollte wie ein Damm gegen die technisierte Welt wirken. Mit einer solchen asketischen und halbreligiösen Einstellung wurde der Schule zu viel zugemutet. Die verschwommenen Aussagen erschwerten zudem eine nüchterne Diskussion.

Das liegt nicht zuletzt am verklemmten Ton, der hier mit erotischen Assoziationen spielt („Akt, zeugen, Kind einer Liebesbegegnung, nackt, Hingabe"), obwohl ein asketischer Anstrich intendiert ist.

Die fünfziger Jahre sind von dieser realitätsfernen und pädagogisierenden Atmosphäre geprägt. Das Singen beherrschte weiterhin das Unterrichtsgeschehen der Primarstufe. Da die Entwicklung der Musik als etwas Lineares begriffen wurde, das sich stufenweise verkomplizierte, wurde im Instrumentalbereich höchstens mit einfachen Stücken aus Barock und Klassik oder mit leichter Gebrauchsmusik kleiner Meister gearbeitet. Es erschienen zwar vereinzelt Praxisberichte über den Einsatz von Blockflöten (vgl. GRUSSENDORF 1958; REBSCHER 1963), doch hatten diese im Ganzen gesehen wenig Bedeutung. Die Neue Musik wurde ausgespart. Orchestermusik wurde allenfalls auf dem Klavier geboten, zumal die meisten Grundschulen kaum über technische Mittler verfügten.

Erst in den sechziger Jahren bewegte sich die didaktische Diskussion. So hieß es 1963:

„Die Volksschule ist nicht mehr einseitig als Pflegestätte volkstümlicher musikalischer Bildung zu sehen. Neue Wege zum Instrument (nicht nur zu kindertümlichem Instrumentarium) und zum musikalischen Kunstwerk sind zu erschließen. Ziel des Musikunterrichts muß der aufgeschlossene Musiklaie sein, der durch Begegnung mit der musikalischen Wirklichkeit zu einem sinnvollen Kulturverhalten angeleitet wurde" (zit. bei LEMMERMANN 1977, 56).

Ähnlich wurde in einer Studie zur Bedeutung des Instruments im schulischen Unterricht aus dem Jahre 1964 argumentiert. ULRICH GÜNTHER kritisierte darin die Gleichsetzung von Volkslied und Singen mit dem heilen, ganzen, natürlichen Menschentum und seiner Gesinnung und Gemeinschaft. Er leitete daraus die These ab, daß die bisherige Zentralstellung von Lied und Singen weniger musikalisch denn ideologisch begründet war und plädierte dafür, das Instrument, die Instrumentalmusik und das instrumentale Musizieren unabhängig vom vokalen Bereich zu sehen und zu behandeln (GÜNTHER 1964). Die Musikpädagogik wurde in den folgenden Jahren allgemein von diesem Umdenkungsprozeß erfaßt, nicht zuletzt wegen der Wandlung der akustischen Umwelt, aber auch beeinflußt von der allgemeinen Pädagogik. Die vielzitierte Forderung HARTMUT V. HENTIGS, den Schüler so auszustatten, daß er seine Umwelt ästhetisch adäquat wahrnehmen könne, führte zu einer Neubewertung der bislang als wertlos abgetanen Musik der Werbemusik, Pop, Schlager und Rock. Die bisherige auf der allgemeinen Pädagogik fußende Überzeugung, daß man in der Grundstufe mit der Erarbeitung musikalischer Elemente beginnen mußte, um – darauf aufbauend – in der Oberstufe das Kunstwerk sowie den Persönlichkeits- und Zeitstil zu behandeln, wurde in Frage gestellt. Die Aufteilung der Musik in einzelne Parameter wurde nicht mehr als ausschließliche Methode angesehen: das assoziative Hören sollte genauso wie das analytische einbezogen werden. Man behandelte nun auch größere und komplizierte Werke im Grundschul-Musikunterricht: Es hing vom methodischen Zugriff ab, wie ein solches Werk dem Kind nahegebracht werden konnte. Da Musik nicht mehr als ein System absoluter Normen und Werte galt, kam es zu einer Ausweitung des Musikbegriffs. Schall – auch Umweltschall – wurde einbezogen, und auch schallproduzierende Klangkörper galten als Instrumente. Das Instrument konnte ein selbstgebasteltes Gerät oder ein Synthesizer sein – entscheidend war der Lernprozeß, der im Umgang (Herstellung, Tonerzeugung usw.) mit dem jeweiligen Spielgerät entstand.

3. ORFF-Schulwerk: endgültig „passé"?

Es entstand in den sechziger und siebziger Jahren eine Phase der Verunsicherung, die nicht zuletzt durch die sich vergrößernde Kluft zwischen Theorie und Praxis verursacht wurde. Bedingt durch den Umdenkungsprozeß vieler Didaktiker wurden in den theoretischen Entwürfen Ideen entwickelt, die weit voraus preschten. In den Schulen dagegen neigten Praktiker schon wegen der begrenzten institutionellen Rahmenbedingungen dazu, dem Bewährten anzuhängen. Anhand der Diskussion um ORFF-Schulwerk und -Instrumentarium soll im folgenden ein Teil der Auseinandersetzung skizziert werden, denn die Argumente und Gegenargumente, die laut wurden, werfen insgesamt ein bezeichnendes Licht auf das veränderte didaktische Gefüge dieser Jahre.
Die harte Kritik, der sich die ORFFsche Konzeption in diesen Jahren ausgesetzt sah, veranlaßte 1969 den Salzburger Mitarbeiter am ORFF-Institut, WILHELM KELLER, das Schulwerk engagiert zu verteidigen. Er wandte sich gegen Mißverständnisse und ideologische Fehldeutungen und forderte, das Schulwerk als „unentbehrliches Element für den Aufbau einer Progressiven Musikerziehung" in den Musikunterricht zu integrieren (KELLER 1969, 489). Dies führt zur Frage, ob man der ORFFschen Konzeption Unrecht antat, als man sie für veraltet erklärte. Diese Frage ist heute noch aktuell, bedenkt man,

wie sehr das Instrumentarium in unseren Grundschulen verbreitet ist und verwendet wird, und bedenkt man die weltweite Verbreitung der ORFFschen Ideen.
Der gängigste Umgang in der Grundschule ist wohl noch immer die Erarbeitung von Musikstücken durch rhythmische und melodische Begleitformen, wie es mit folgendem, dem Schulwerk entnommenen pentatonischen Kanon geschieht (LIPSKOCH 1969, 77 f.):

Notenbeispiel 1

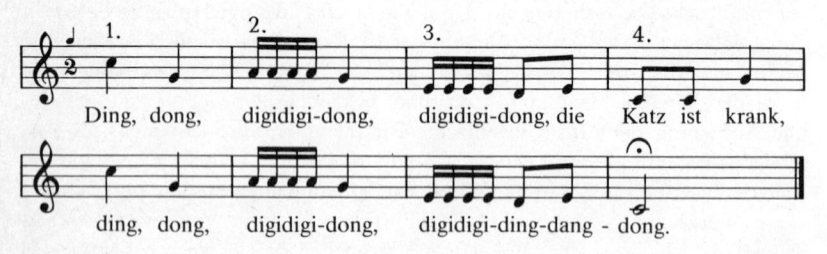

Ding, dong, digidigi-dong, digidigi-dong, die Katz ist krank,
ding, dong, digidigi-dong, digidigi-ding-dang - dong.

Nachdem die Melodie taktweise durch Vor- und Nachsingen erlernt wurde, werden von den Kindern des 3. Schuljahres rhythmische sowie melodische Begleitformen erfunden und hinzugefügt. Diese Begleitformen lehnen sich in ORFFscher Manier an das vorgegebene Klangmaterial an. Der Unterrichtsverlauf gestaltet sich folgendermaßen:

1. Erarbeitung der ersten Hälfte des Kanons im Notenbild;
2. Rhythmische Begleitformen;
3. Melodische Begleitformen;
4. Zweistimmiges Singen des Kanons;
5. Kleine Kanon-Kantate;
6. Vorspiel des Instrumental-Kanons in der Schallplatten-Fassung (vgl. ORFF-Schulwerk, Band 1, 154).

Die oben skizzierte Unterrichtsstunde, die zwar nicht als exemplarisch anzusehen ist, dennoch keinen Einzelfall darstellt, zeigt trotz unbestreitbarer Vorzüge zugleich die Gefahren.
Die kritischen Stimmen dem ORFFschen Schulwerk gegenüber zentrierten sich denn auch weniger auf die ursprüngliche Konzeption, sondern gegen einen bestimmten Umgang mit dem Instrumentarium. Nicht selten degenerierte das Spielen zu einem mechanischen, vom Lehrer abrufbaren Schlagen. Der von ORFF intendierte Freiraum für die Kinder wurde zum einen durch die Zwänge des Klassenverbundes, zum anderen durch das „standardisierte Elementar-Instrumentarium mit primär diatonischen Stabspielen" (ANTHOLZ 1970) eingeengt. Außerdem ließ sich der Aufbau des Schulwerks vom Kuckucksruf zur Pentatonik, von den Namensrufen, Abzählreimen und einfachen Kinderliedern zu differenzierten Stücken und Liedern mit den neueren pädagogischen Maximen selten vereinbaren.

Notenbeispiel 2

Rhythmische Begleitformen

(Notation: Triangel, Klangstäbe, Handtrommel, Kastagnetten)

Melodische Begleitformen

(Notation: Metallophon (4/4), Xylophon (4/4), Glockenspiel, Glockenspiel)

„ORFF-Instrumente und ORFF-Musik in den Schulen sind oft tragisches Paradigma dafür, daß Einfaches und Elementares zum Simplen gerät (ANTHOLZ 1970, 77).

Dies kann damit zusammenhängen, daß die festgelegten Stücke in den Notenausgaben und auf den Schallplatten eine direkte Nachahmung förderten und somit die phantasievolle Eigengestaltung vernachlässigten. Die Reduzierung auf „kindgemäße Inhalte", auf einen „kindertümlichen Klang- und Tonraum" (KELLER 1954, 6) sowie die Fixierung auf stereotype Floskeln ließ die Aufnahmefähigkeit verkümmern.

„Am fertigen Lied, am eingeübten Spielstück oder beim Zusammenbasteln von Motiven, denen Ostinati und Schlagrhythmen zugeordnet werden, vermag ein Kind weder Phantasie noch Initiative einzusetzen" (MEYER-DENKMANN 1970, 11).

Soweit sich überblicken läßt, sind viele Ziele, die ORFF mit dem Schulwerk erreichen wollte, mit denen neuerer didaktischer Modelle zum Umgang mit Instrumenten identisch. Beide Konzeptionen streben Musikerfahrungen mit Instrumenten an, die zur musikalischen Produktivität beitragen sollen. Beide wollen in das Wesen der Musik einführen. Trotzdem ergeben sich Unterschiede, die in der folgenden Aufstellung einander gegenübergestellt werden sollen. Der Vergleich dient außerdem dazu, die veränderte Rolle des Instruments im Unterricht der Grundschule im Gegensatz zu den früheren, musisch geprägten Jahrzehnten zu veranschaulichen (Tab. 1).

ORFF-SCHULWERK	NEUERE MODELLE ZUM UMGANG MIT INSTRUMENTEN
Begrenzung des musikalischen Materials (Fünftonraum, Dur/Moll, Kirchentonarten usw.)	Ausweitung des musikalischen Materials auf Geräusch, Schall u. a.
Unterordnung unter die traditionelle Harmonielehre	Ausweitung der traditionellen Harmonielehre
Traditionelle Notation	Ausweitung des traditionellen Notationssystems: grafische Notation, Erfinden eigener Symbole
Spezielles Instrumentarium (zwar ausgeweitet auf Einflüsse außereuropäischer Länder, aber dennoch ein in sich geschlossenes System)	Ausweitung des Instrumentariums (Einbezug elektro-akustischer Übertragungs-, Verstärkungs- und Manipulationsmöglichkeiten; Ausweitung auf alle Schallträger
Begrenzter Umgang mit dem Instrumentarium; Anstreben eines „laienmusikalischen Stils", „elementares" Musizieren und Improvisation	Ausweitung der Art und Weise, wie mit den Instrumenten umgegangen wird. Experimentell-offener Umgang: erkunden, erproben, erspielen. Das Instrument als Kommunikationsmittel
Anstreben eines „Urerlebnisses", das durch das rhythmische Element unterhalb des Bewußtseins angestrebt wird (die sprachliche Vermittlung tritt dabei zurück).	Ergänzung des Umgangs mit Instrumenten durch Reflexionsphasen: Arbeitsbogen, Verbalisieren des Gespielten und Gehörten, Ratespiele, Analyse von Hörbeispielen (z. B. Stockhausens Zyklus für einen Schlagzeuger, vgl. GUNDLACH 1980, 50)

Tabelle 1

Wie ersichtlich, handelt es sich trotz vielfältiger Umgangsmöglichkeiten beim Schulwerk um ein umgrenztes Gebiet. Obwohl sich vor allem bayerische Musikschulbücher noch an das Schulwerk anlehnen, sei die Prognose gewagt, daß die rhythmischen Übungen sowie die kindertümlichen Melodien in Zukunft allenfalls als Bausteine einer Melodie- und Rhythmuslehre dienen werden, nicht aber zum Schaffen von musikalischen „Urerlebnissen", wie ursprünglich von ORFF beabsichtigt. Hier werden zeitgemäßere Formen und Inhalte das Schulwerk ablösen. Das Instrumentarium hingegen, das sich vielseitig verwenden läßt, wird zweifellos seinen festen Platz in der Grundschule beibehalten (vgl. auch GÜNTHER/OTT/RITZEL 1982, 27f.).

4. Was fordern die Lehrpläne?

Wir halten es an dieser Stelle für sinnvoll, die bestehenden Lehrpläne aller Bundesländer für die Unterstufe daraufhin zu untersuchen, inwiefern sich die neueren pädagogischen Ideen auf offizieller Seite niedergeschlagen haben bzw. welche traditionellen Inhalte „überlebt" haben. Dabei konzentrieren wir uns nur auf diejenigen Teile, die mit dem Instrument zusammenhängen.

In allen Lehrplänen sind die im „Allgemein-Menschlichen" beruhenden Forderungen zurückgegangen, so z. B. die Forderung des Hessischen Lehrplans von 1976 nach „Einsicht in die Sinnhaftigkeit produktiven Musizierens als Form persönlicher Zeitgestaltung" (vgl. NOLTE 1975, 212). Dafür sind die präzisen Handlungsweisungen gestiegen. In allen Lehrplänen ist der Umgang mit Instrumenten fest verankert. Meist wird dem Instrument ein eigenes Lernfeld zugeordnet, zum Teil ist das Instrumentalspiel mit dem Singen verkoppelt.
Im folgenden werden die verschiedenen Lernfelder aufgeführt, die mit dem Instrument zu tun haben. Sie enthalten die in den Lehrplänen gängigsten Forderungen.

Instrumentalbegleitung (zu Liedern, Texten, Bewegungsabläufen), Anwendung von elementaren Klangerzeugern (ORFF-Instrumentarium), Anwendung von Körperinstrumenten (Klatschen, Stampfen u. a.), Begleitformen selbst erfinden: „liegende" Stimmen, Orgelpunkt, Bordun, Ostinato. Bei Moll-Liedern einen einfachen Harmoniesatz mit Primen, Quinten, Terzen und Sexten.
Begleitformen improvisatorisch auf Rhythmus- und/oder Stabspielinstrumenten erfinden.
Spielszenen illustrieren können (vorwiegend rhythmisch), einfache Rhythmuspartituren im Klassenverband musikalisch umsetzen können.
Formen des Instrumentalspiels: einfache Instrumentalstücke (Rondo, Variation, Liedform).

Schallproduktion (auf traditionellen und experimentellen Instrumenten)
Aufarbeitung akustischer Erfahrungen: Töne, Klänge und Geräusche der natürlichen und künstlichen Umwelt sammeln, Eindrücke von Gegenständen und Vorgängen zuordnen und beschreiben (z. B. Rasenmäher = knattern, surren, brummen; Donner = rollen).
Klangfarben herstellen und unterscheiden können (Holz, Metall, Fell u. a.).
Klangerzeugungs-Arten herstellen und unterscheiden können (zupfen, schlagen, reiben, streichen bzw. Streich-, Zupfinstrument u. a.). Die Resonanzverhältnisse erfahren und benennen können (Schallverstärkung).
Technische Fertigkeiten beherrschen können wie: unterschiedliche Klänge durch wechselndes Schlegelmaterial erzeugen, Glissandi spielen, Tremolo in unterschiedlichen Lautstärken spielen können, ein gemeinsames Crescendo oder Decrescendo spielen können.
Lautstärke-Unterschiede produzieren können.
Klangerprobung auf selbstgebauten Instrumenten.
Traditionelle Instrumente auf außergewöhnliche Arten der Klangerzeugung hin untersuchen.

Instrumentenkunde
Selbstgebaute und traditionelle Instrumente nach bestimmten Gesichtspunkten ordnen können (z. B. Material, Größe, Form, Art der Klangerzeugung, Klangfarbe; Fähigkeit, Grundprinzipien der Klangerzeugung beschreiben und begründen können). Instrumentarien bestimmter Volksmusiken benennen und diese großen geographischen Räumen zuordnen können (z. B. Blasmusik = Bayern, Zither = Alpen, Gitarre = Spanien, Dudelsack = Schottland).

Instrumentenbau
Instrumente bauen und erproben.

Man sollte einmal davon absehen, daß teilweise unerfüllbare Forderungen aufgestellt werden (z. B. die des niedersächsischen Lehrplans von 1975, demnach Kinder im 4. Schuljahr fähig sein sollen, „zu gegebenen Anlässen Texte erfinden, rhythmisieren und melodieren" sowie diese „für Soli, Chor und Instrumente verklanglichen" zu können: eine Forderung, die vermutlich noch nicht einmal in der gymnasialen Oberstufe einzulösen wäre), und man sollte auch davon absehen, daß der Grundschul-Musikunterricht selten kontinuierlich bzw. unter ausreichenden Unterrichtsbedingungen stattfindet. Obwohl also die obige Aufstellung (die zudem durch die Addierung massiert wirkt) kaum Chancen zur Verwirklichung hat, zeigen die Lehrpläne doch bestimmte Richtungen und Akzente an, die sich im Einklang mit der allgemeinen Entwicklung des Musikunterrichts der letzten Jahrzehnte befinden und sich wie folgt definieren lassen:

- die Ausweitung des Begriffs „Instrument" bis hin zu selbstgebauten Schallerzeugern;
- die Ausweitung des musikalischen Materials;
- die verstärkte Betonung des Prinzips des Selbsttuns und der eigenen Erfahrung;
- der Einbezug der grafischen Notation und eigener Notation anstelle des traditionellen Notensystems.

Zusammenfassend ist für die achtziger Jahre festzustellen, daß nach den einseitigen Begrenzungen der Nachkriegsjahre und den teilweise ins Gegenteil schlagenden Forderungen der darauffolgenden Jahrzehnte sich heute eine Konsolidierung anbahnt, die viele Arten des Umgangs mit Instrumenten zu verbinden sucht. E. R.

II. Aufgabenstellungen – Versuch einer Systematisierung

Der historische Abriß und die Sichtung der Richtlinien haben gezeigt, daß die Einbeziehung von Instrumenten in den Musikunterricht der Grundschule ständig zugenommen hat. Diese Entwicklung wurde vor allem in den siebziger Jahren vorangetrieben. Die umfassendere und zugleich elementarere Definition des Begriffes „Instrument" und das erweiterte Verständnis von „Musik" bereicherten die Palette der Einsatzmöglichkeiten und ergänzten die bis dahin relativ geringen Aufgabenstellungen traditioneller Art. Richtlinien und Lehrbücher bieten heute eine inhaltlich breit gestreute Fülle von Anregungen. Wie bereits im Teil I angedeutet, scheint für die gegenwärtige Situation charakteristisch, daß an die Stelle einer Polarisierung – entweder herkömmlicher oder progressiver Umgang mit Instrumenten – ein Sowohl-als-auch-Denken getreten ist. Neuartigkeit oder Traditionsgebundenheit einer Aufgabenstellung gelten nicht mehr als hinreichende Kriterien für eine Berücksichtigung im Unterricht. Die Möglichkeiten und Grenzen *beider* Arten des Umgangs mit Instrumenten werden realistischer und vorurteilsfreier betrachtet. Es besteht die Bereitschaft zu einer Balance. Damit scheint es auch in diesem Teilbereich des Musikunterrichts möglich, durch die Beachtung *zweier unterschiedlicher Zielsetzungen* eine größtmögliche Förderung anzustreben. Zum einen geht es darum, Schülern erprobte Arten der Klangerzeugung zu vermitteln, Spieltechniken zu üben, Informationen über Instrumente zu geben, Notenwerte zeichenentsprechend zu realisieren, „richtig" und „falsch" zu benennen, zum anderen ist es wichtig, Schüler nicht ständig durch Kritik, die sich am Maßstab der Tradition orientiert, zu entmutigen, sie eigenständig und ohne Druck einer Bewertung ihre Erfahrungen machen zu lassen, ungewohnte Klänge zu tolerieren, auf Perfektion zu verzichten, den Prozeß und nicht nur das Resultat für gewichtig anzusehen. Es ist in die Entscheidung des Lehrers gestellt, ob er seinen Unterricht im Spannungsfeld dieser beiden Zielsetzungen planen will. Versucht er es, wird er bemerken, daß dies nicht nur eine Frage der Inhalte ist, sondern zugleich, ja vor allem, eine Frage des Rollenverständnisses, des Unterrichtsstiles, des Lehrerverhaltens.

Bei der nun folgenden Skizzierung einzelner Aufgabenstellungen zum Thema „Instrumente im Musikunterricht der Grundschule" sollen die beiden beschriebenen Zielsetzungen dadurch berücksichtigt werden, daß nach der Darstellung einer traditionellen Arbeitsweise jeweils sogleich ergänzend die Charakterisierung der entsprechenden neuartigen Aufgabenstellung hinzugefügt wird. Auf diese Weise können die Unterschiede, die Vorteile und die zu beachtenden Schwierigkeiten leichter erfaßt werden. Folgende vier Teilbereiche werden in die vergleichende Beschreibung aufgenommen:

A 1) Einführung in die Spielweise von Instrumenten
A 2) Experimentell-entdeckender Umgang mit Instrumenten
B 1) Instrumentalspiel nach traditioneller Notation
B 2) Realisation grafischer Notation
C 1) Traditionell-gebundene Improvisation
C 2) Freie Improvisation
D 1) Beschreibende Instrumentenkunde
D 2) Grundlegende Erfahrungen durch Selbstbau von Instrumenten

Einige ergänzende Hinweise bilden den Schluß dieses Kapitels über den Umgang mit Instrumenten.

A 1) *Einführung in die Spielweise von Instrumenten*

Der Satz „Wer auf einem Instrument musizieren will, muß das Spiel auf diesem Instrument erlernen!" erscheint so selbstverständlich, daß er keiner Diskussion bedarf. Unterschiedliche Auffassungen ergeben sich erst dann, wenn die Frage nach dem „Wie", nach der Art, wie dieses Lernen erfolgen soll, aufgeworfen wird. Seit vielen Jahrhunderten bemühen sich Musiker und Musikpädagogen um geeignete Methoden. Beispiele für berühmte Instrumentalschulen zwischen 1750 und 1760 sind der „Versuch einer Anweisung, die Flöte traversière zu spielen" von JOH. JOACH. QUANTZ, C. PHIL. EM. BACHs „Versuch über die wahre Art, das Klavier zu spielen" und LEOPOLD MOZARTs „Versuch einer gründlichen Violinschule".

Seither ist eine nicht mehr zu überschauende Fülle von Lehrwerken für Instrumente jeder Art erschienen. Da diese sich aber zumeist auf den Einzelunterricht beziehen und somit allenfalls für einzelne Grundschulen bedeutsam sind, in denen ausnahmsweise individueller Instrumentalunterricht mit Schülern erprobt wird, können sie in diesem Zusammenhang unberücksichtigt bleiben. Als Voraussetzung für ein traditionelles Musizieren kann es jedoch für notwendig erachtet werden, auch Schüler innerhalb eines Klassenverbandes mit der Spielweise von Instrumenten wie Blockflöte, Gitarre und ORFF-Stabspielen vertraut zu machen. Ein kontinuierlich betriebener Instrumentalkurs erfordert Geduld. Gehör und Nerven der oder des Lehrenden werden strapaziert, wenn beispielsweise eine ganze Klasse im Blockflötenspiel unterwiesen werden soll. Besondere Schwierigkeiten entstehen dadurch, daß die Schüler infolge unterschiedlicher Vorerfahrungen und Dispositionen sowie einer unterschiedlich großen Bereitwilligkeit zum Üben nicht gleichmäßig voranschreiten. Es kommt somit leicht zu Über- bzw. Unterforderungen, die nur verhindert werden können, wenn der Lehrer die zusätzliche Mühe einer inneren Differenzierung auf sich nimmt. Der Lohn für einen solchen arbeitsaufwendigen Weg liegt darin, daß mit zunehmender Spieltechnik die Freude am Realisieren anspruchsvoller Werke wächst und somit den Schülern durch eigenes Tun ein Musiziergut erschlossen wird, das in der Regel nicht im unmittelbaren Erfahrungsbereich der akustischen Alltagsumwelt liegt.

Die Rolle des Lehrers bei dieser Arbeitsweise ist eindeutig festgelegt. Er verfügt immer über einen Informations- und Fertigkeitsvorsprung. Er beherrscht die Spieltechnik selbst, ehe er sie vermittelt. Die im Handel angebotenen Instrumentalschulen, die in der Regel für solchen Klasseninstrumentalunterricht benutzt werden, sind zumeist als fortschreitend gestufter Lehrgang angelegt. Sie beginnen mit einfachen Griffen und behandeln spezielle Spielprobleme – z. B. Daumenlochabdeckung und -öffnung, Überblasen etc. – isoliert in einzelnen Kapiteln. Sie zielen darauf ab, die traditionell vorherrschende Spielweise einzuüben. Indem sie dies vertiefend tun, besteht die Gefahr, daß andere Spielweisen als nicht „richtig" angesehen werden. Wer einen solchen Kurs durchführt, prägt somit zugleich das ästhetische Empfinden seiner Schüler. Die Ergänzung dieses Vorgehens durch andere Arbeitsweisen scheint deshalb dringend geraten.

Während im Handel eine Vielzahl von Instrumentalschulen für Flöte und auch für Gitarre angeboten werden, sind ausführliche Handreichungen für Spielanweisungen der ORFFschen Instrumente weniger leicht erhältlich, obgleich diese Instrumente am meisten benutzt werden. Die scheinbar einfache Art der Klangerzeugung verführt dazu, hier auf die Einführung exakter Spielweisen zu verzichten. Es soll deshalb darauf hingewiesen werden, daß es auch für die Stabspiele und das Schlagwerk konkrete Spielanweisungen gibt.

Informationen hierüber bieten u. a. DREES 1980, 60 und 64 ff.; KELLER 1954; WERDIN 1969.

A 2) *Experimentell-entdeckender Umgang mit Instrumenten*

Von dieser beschriebenen Form der Einführung in die Spielweise eines Instrumentes unterscheidet sich der seit den siebziger Jahren praktizierte experimentell-entdeckende Umgang mit Instrumenten. Der Lehrer läßt hierbei sein Vorwissen zurücktreten, gibt keine Anweisungen, die auf Imitation ausgerichtet sind. Ziel dieses Unterrichts ist somit nicht das möglichst gleichmäßige

Voranschreiten in der Beherrschung einer bestimmten Spieltechnik, sondern die Ausfächerung der in einem Instrument vorhandenen Möglichkeiten der Klang- und Geräuscherzeugung. Neben der Entfaltung der Phantasie wird hierbei vor allem auch einer frühzeitigen Bildung von Vorurteilen entgegengewirkt und Verständnis für zeitgemäße Musik angebahnt. Wer selbst einmal mit dem Kopfstück einer Blockflöte experimentiert hat und beispielsweise die zarten Naturtöne wahrgenommen hat, die entstehen, wenn man ein Stück Schlauch in den Flötenkopf schiebt oder sich an den „schrägen" Trillern freier Gabelgriffkombinationen erfreut hat, wird moderner Literatur für dieses Instrument ganz anders gegenübertreten als jemand, dem nur die „richtige" Art zu spielen vermittelt wurde. Das ORFF-Instrumentarium, in dieser Weise neu entdeckt, erhält so eine Funktion, die weit über die ursprüngliche Einsatzmöglichkeit hinausgreift.

Wichtig erscheint es jedoch auch, sich der Grenzen und Schwierigkeiten dieses Vorgehens bewußt zu werden. Sie sind denen des herkömmlichen Erlernens eines Instruments nahezu entgegengesetzt. Der entdeckende Umgang bietet zu Beginn einer Unterrichtseinheit kaum Motivationsschwierigkeiten, während etwa beim Erlernen der Blockflöte gerade das erste Auflegen der Finger und das völlige Abdecken der Löcher ermüdendes Üben erfordern. Die Entdeckerfreude erlahmt jedoch ziemlich rasch, wenn sie Selbstzweck bleibt und nicht weiterführend einer musikalisch befriedigenden Gestaltung zugute kommt. Es ist deshalb ratsam, sich bei derartigen Bemühungen an einen Weg zu halten, den GERTRUD MEYER-DENKMANN, die sich frühzeitig für einen neuen Zugang zu Instrumenten einsetzte, in ihrem Buch „Struktur und Praxis neuer Musik im Unterricht" beschreibt:

„Das, was während des Experimentierens einfällt, was gesammelt und definierend unterschieden wird, bedarf der Auswahl und weiter des formenden und kreativen Gestaltens. Hierdurch entsteht eine Wechselwirkung zwischen Finden und Wählen, zwischen Zufall und Bindung, zwischen Selbstverwirklichung und einfühlendem, verwandelndem und produktivem Gestalten" (vgl. MEYER-DENKMANN 1972, 73).

In diesen Sätzen wird ein Anspruch deutlich, der das Experimentieren mit Instrumenten im weitesten Sinne aus einer unverbindlichen Geschäftigkeit heraushebt. Diesem Anspruch kann auf jeder Altersstufe in entsprechender Weise nachgekommen werden. Damit wird deutlich, daß dieser Weg ebenso schwierig ist wie der zuvor beschriebene. Ein Auf-der-Stelle-Treten ist für *beide* Verfahren lähmend.

Zur weiteren Information über die zwei Arten der Einführung in die Spielweise von Instrumenten sei auf die folgenden, in der Literaturliste aufgeführten Publikationen verwiesen: CLASEN 1972; CLASEN 1973; CLAUSSEN 1977; DREES 1980; FRIEDEMANN 1971; FUCHS 1974; GRUNDSCHULKINDER 1978; GRUSSENDORF 1958; GUNDLACH 1973; KOHLMANN 1980; KOHLMANN 1974; KRAEMER 1977; KRÜTZFELDT-JUNKER, MEYER-DENKMANN 1972.

B 1) *Instrumentalspiel nach traditioneller Notation*

Ein bedeutsamer Bereich des traditionellen Einsatzes von Instrumenten im Musikunterricht ist das Spielen nach herkömmlicher Notation. Viele Verlage

bieten technisch einfach gehaltene Literatur hierfür an. Neben reinen Instrumentalstücken, zumeist für Blockflöten, Stabspielen und Schlagwerk gesetzt, gibt es Begleitsätze zu Liedern und sogenannte Spiel-mit-Stücke.
Voraussetzung für dieses Tun ist der Erwerb der Notenschrift. Viele Instrumentalschulen verbinden deshalb die oben skizzierte Einführung in ein Instrument mit der Vermittlung der Noten und bieten zugleich erste Spielstücke an, die die erlernten Spieltechniken und die erarbeiteten Töne berücksichtigen.
Bei der Einübung solcher Spielstücke sollte nicht übersehen werden, daß das Musizieren nach Noten vor allem bei den Stabspielen des ORFF-Instrumentariums Schwierigkeiten bereitet. Der ständige Blickwechsel von den Noten auf die Klangstäbe führt oft zu Verzögerungen.
Groß ist die Versuchung, in der Klasse nur mit den fortgeschrittenen Instrumentalisten zu arbeiten. Da die Förderung auf einem Instrument aber weitgehend von der Situation im Elternhaus abhängig ist, verhärtet ein solches Vorgehen bestehende Ungleichheiten und wirft die nicht geförderten Schüler noch weiter zurück. Es erscheint deshalb ratsam, Partituren auszuwählen, deren Stimmen unterschiedliche Schwierigkeitsgrade aufweisen. Darüber hinaus sollte der Lehrer, falls erforderlich, durch weitere Vereinfachung der Spielstücke zusätzliche Stimmen vorrangig auch für Rhythmusinstrumente selbst entwerfen. Indem er hierbei die individuellen Möglichkeiten der Schüler berücksichtigt, können alle Kinder eine Klasse an dem Spiel beteiligt werden.
Neben den reinen Instrumentalstücken finden vor allem Begleitsätze zu Liedern im Unterricht Verwendung. Sie sind in der Regel so einfach gestaltet, daß die Schüler ihre Stimmen nach kurzer Zeit auswendig spielen können. Die Anlage der Sätze basiert, dem zu begleitenden Lied entsprechend, entweder auf einfachen Harmonieabläufen (Kadenz) oder folgt den im ORFF-Schulwerk dargelegten Modellen unter Verwendung von Liegetönen, Bordunen und ostinaten Spielfiguren. Auch hier sollte der Lehrer wieder die gedruckten Noten als Anregung auffassen, um die Sätze für seine Klassensituation umzuschreiben und zu erweitern. Ergänzend sei noch darauf hingewiesen, daß die Begleitsätze häufig auch zur Vermittlung musiktheoretischer Kenntnisse dienen. Mit Hilfe von Instrumenten lassen sich Intervalle, Tonleitern, Dreiklänge etc. leichter als mit der Stimme veranschaulichen und realisieren.
Eine dritte Form des Einsatzes von Instrumenten im Spiel nach Noten sind die sogenannten Spiel-mit-Stücke. Bei dieser Arbeitsweise wird zu einem von Band oder Platte erklingenden – oft anspruchsvollem – Musikwerk ein relativ einfacher, von Schülern zu realisierender Instrumentalpart hinzugespielt. Auf diese Weise entsteht ein imponierender Gesamtklang, an dem die Schüler beteiligt sind, obwohl ihre begrenzten technischen Fertigkeiten nicht ausreichen würden, um das Original zu musizieren. Als Rechtfertigung für dieses sicher nicht unproblematische Vorgehen kann angeführt werden, daß es auf diesem Wege möglich ist, Schüler mit ihnen sonst nicht begegnenden Musikarten vertraut zu machen. Die emotionale Beteiligung ist in der Regel groß. Es entsteht die Bereitschaft, das Spielen häufig zu wiederholen. Auf diese Weise erhalten die Werke nicht nur zunehmende Bekanntheitsqualität und größere Beliebtheit,

sondern sie werden auch in ihrem formalen Aufbau erfaßt. Dieses Ziel kann unterstützt werden, wenn der von den Schülern zu spielende Part so angelegt ist, daß er die Formstruktur des Originalwerkes widerspiegelt.
Neben Partituren, die im Musikalienhandel angeboten werden (z. B. NEUHÄUSER et al. 1982), kann der Lehrer selbst relativ einfach aus dem Originaltext Instrumentalstimmen vereinfachen und unter Berücksichtigung der individuellen Fähigkeiten für seine Schüler einrichten. Besonders eignen sich hierfür Paukenstimmen, die zumeist nur mit zwei Tönen auskommen.

Eine Anleitung zum Anfertigen solcher Spiel-mit-Partituren findet sich bei VENUS 1969, 158 ff.

B 2) *Instrumentalspiel nach grafischer Notation*

Die neuen Formen des instrumentalen Zusammenspiels nach grafischer Notation sind nicht denkbar ohne die Entwicklung der neuen Musik. Das über Jahrhunderte hin konstante Verhältnis von Komponist – Interpret – Hörer verfeinerte die herkömmliche Notation in der Weise, daß die Intentionen des Komponisten, das Werk, möglichst genau fixiert und reproduziert werden konnten. Besonders die Parameter der Tonhöhe und der Tondauer erfaßte die traditionelle Notenschrift exakt. Erst als in der Mitte unseres Jahrhunderts der Werkbegriff neu diskutiert wurde und neben die geschlossene die offene Form trat, gewann der *Prozeß* größere Beachtung, verlagerte sich die Kreativität von der Seite des Komponisten in stärkerem Maße auf die des Interpreten. Die sogenannte grafische Notation erwies sich dabei als ein geeignetes Mittel, um den Interpretationsfreiraum zu erweitern. Die Deutungsbreite solcher Zeichen brachte es mit sich, daß sich die Realisationen so notierter Kompositionen weitgehend voneinander unterschieden. Man kann hierin eine Fortsetzung des seit der Klassik bestehenden Reprisen-Problems sehen.
In den siebziger Jahren wurde diese Art der Notation – als Spiel- und Hörpartituren – in die didaktische Diskussion aufgenommen. Seither fehlt sie in keinem Schulbuch. Das pädagogisch Sinnvolle ist, daß bei solchen Aufgabenstellungen jeder Schüler seine spieltechnischen Fähigkeiten von sich aus einschätzen und einsetzen kann. Da es mehrere Möglichkeiten gibt, ein grafisches Notationszeichen zu realisieren, entsteht kein Leistungsdruck äußerer Art, keine frühzeitige Beurteilung von falsch oder richtig. Dies bedeutet eine gute Motivationsbasis. Dennoch ist es auch wieder wichtig, die Probleme dieser Arbeitsweise zu sehen. Da es keinen Maßstab der Angemessenheit einer Realisation gibt, der außerhalb des Ausführenden liegt, können grafische Notationen oft mechanisch in Klang umgesetzt werden, ohne daß eine emotionale Beteiligung oder ein Ausdrucksbedürfnis vorhanden ist. Die scheinbare Beliebigkeit der Umsetzung kann bald zu Langeweile führen, wenn der Lehrer nicht das Fortschreiten des Prozesses anregt, ohne dabei allerdings in den Fehler zu verfallen, die Interpretation der Zeichen nun von sich aus festzulegen. Sensibilisierung des musikalischen Gefühls und eigene Umsetzungsversuche mit grafischer Notation von seiten des Lehrers sind Voraussetzung dafür, daß die Arbeit in der Klasse zu klanglich

befriedigenden Resultaten führt und nicht zu belangloser Spielerei degradiert wird.

Weitere Informationen über den Teilbereich „Spielen nach traditioneller und grafischer Notation" sind folgenden Veröffentlichungen zu entnehmen: GRUSSENDORF 1958; GÜNTHER/OTT/RITZEL 1982; KELLER 1954; KELLER 1974; KRAEMER 1977; MEYER-DENKMANN 1970 und 1972; NEUHÄUSER/MEINOLF 1982; ORFF 1950; PAYNTON 1972; REBSCHER 1963; SAHR 1982; SCHOCH 1958; SCHWARTING 1976; SELF 1967; VENUS 1983; WERDIN 1959 und 1962; ZIRNBAUER 1958.

C 1) *Traditionell gebundene Improvisation*

Improvisation läßt sich vereinfacht als das spontane Erfinden von Musik unter zumeist vorgegebenen Bedingungen definieren. Sofern dieses Bedingungsgefüge sich auf die seit etwa 1600 entwickelten harmonischen Gesetzmäßigkeiten beziehen, also in traditionellen Harmonien improvisiert werden soll, ist die Beherrschung zumindest einfacher Regeln der Funktionsharmonik Voraussetzung für ein befriedigendes Resultat. Die im Dur-Moll-System ausgeprägten Leittonbeziehungen verlangen eine folgerichtige Auflösung. Gelingt diese nicht, entsteht aufgrund von Hörgewohnheiten der Eindruck des Falschspielens, der die Lust am Improvisieren mindert und Mißerfolgserlebnisse auslöst. Um diesem Dilemma zu entgehen, greift die Musikpädagogik beim traditionellen Improvisieren oft auf die Pentatonik zurück.

Entfernt man von einem Stabspiel die Klangstäbe für „f" und „h", erhält man eine halbtonschrittfreie Skala, deren Töne alle zusammen erklingen können, ohne daß das Ohr dieses als störend empfindet. Erkauft wird dieser Vorteil allerdings häufig mit einem Verlust an Spannung. Pentatonische Improvisationen wirken oft gleichbleibend, schwebend, sie entbehren einer zielgerichteten Dynamik. Dieser Eindruck wird noch verstärkt, wenn die Improvisation mit den schon oben erwähnten Modellen des ORFF-Schulwerkes, wie BORDUN und OSTINATO, verbunden wird. In der fachdidaktischen Literatur der fünfziger Jahre wurde allerdings mehrfach betont, daß diese Eigenart der Pentatonik gerade der kindlichen Entwicklung im frühen Grundschulalter dienlich sei. Es ist bis heute eine Frage der Weltanschauung, ob diese Art der Improvisation für geeignet angesehen wird. Wer den beschriebenen Mangel als solchen empfindet und dennoch nicht auf die Vorteile beim Zusammenklang in der pentatonischen Improvisation verzichten will, kann die geringere harmonische Dynamik durch entsprechend rhythmisch differenzierte Abläufe kompensieren.

C 2) *Freie Improvisation*

Während das traditionelle Improvisieren sich oft an der musikalischen Formenlehre orientiert und beispielsweise mit rondoartigen Reihungen arbeitet, kennzeichnen die neueren Improvisationsmodelle in Anlehnung an Praktiken der neuen Musik offene Formprozesse. Erleichtert wird diese Lösung aus der herkömmlichen Gestaltung durch die Einbeziehung von Geräuschen und nicht

exakt skalierten Tönen. Es entfallen somit auch die Kriterien, nach denen sich traditionelle Improvisationen beurteilen lassen. Der Ausdruck „freie Improvisation" weist aber nicht in die Beliebigkeit, sondern macht deutlich, daß die Gesetzmäßigkeiten selbst von den Ausführenden bestimmt werden müssen. Jede Gruppe soll angeregt werden, *ihre* Aussage zu finden. Dies bedeutet, daß der Lehrer sich zurückhält, keine Leitlinien von sich aus gibt, seine Autorität nicht suggerierend ins Spiel bringt. Es wäre ein verhängnisvoller Irrtum, wollte man diese Zurückhaltung mit einem Lassez-faire-Stil gleichsetzen. Das Einhalten einer Balance zwischen Anregung und Gewähren erfordert ein intensives Gegenwärtigsein, echtes Interesse. Wie immer, schleichen sich auch bei solchen freien Improvisationen rasch stereotype Wendungen ein. Das neue Material ermöglicht, garantiert aber keinesfalls schon einen kreativen Prozeß.
Wichtige Voraussetzung ist, daß eine Atmosphäre der Unbekümmertheit und des Vertrauens entsteht. Wenn Schüler besorgt sind, daß sie bei ihren Versuchen ausgelacht werden, werden sie nichts wagen. Neben dem musikalischen Prozeß läuft bei dieser Form von Improvisationen immer zugleich ein besonders intensiver gruppendynamischer Prozeß ab. Freie Improvisation ermöglicht Selbsterfahrung und kann somit eine im weitesten Sinne therapeutische Funktion haben.
Eine gute Möglichkeit, diese neuartige Improvisation anzuwenden, ist die Verklanglichung oder akustische Untermalung von Handlungs- und Bewegungsabläufen von Bildern, Diaserien und Filmen. Themen hierfür findet man in systematischer Zusammenstellung, z. B. bei WITTICH (1973).

Zur Orientierung über Improvisation können die folgenden Veröffentlichungen dienen: BRESGEN 1960; FRIEDEMANN 1964, 1967 und 1974; FRIEDRICH 1958; GRUHN 1973; KRÜTZFELDT-JUNKER, Heft 129/30; MEYER-DENKMANN 1970; NOLL/ SUDER 1974; SCHAARSCHMIDT 1983; VENUS 1983.

Beide Arten der Improvisation können durch Notieren (traditionell oder grafisch) zu Kompositionen werden. Darüber hinaus empfiehlt sich stets die Resultatkontrolle mit Hilfe einer Bandaufnahme. Das mehrfache Hören regt zu Verbesserungsvorschlägen an, die dann bei einem erneuten Versuch berücksichtigt werden können.

D 1) *Beschreibende Instrumentenkunde*

Ein seit längerer Zeit im Musikunterricht verankerter Teilbereich ist die Instrumentenkunde. Themen wie „Wir lernen Instrumente unterscheiden" oder „Die Instrumente des Orchesters", die in vielen Lehrbüchern zu finden sind, beinhalten nicht nur das hörende Erkennen, sondern zugleich Informationen über Aufbau, Spielweise und Einsatzmöglichkeiten dieser Instrumente. Neben den ORFF-Instrumenten werden in der Regel zumindest je ein Instrument aus den Gruppen der Holz-, Blechbläser, den Streich- und Schlaginstrumenten behandelt. In den letzten Jahren hat vor allem auch die Gitarre aufgrund ihrer Beliebtheit einen festen Platz in der Instrumentenkunde erhalten.
Da es viel Aufwand bedeutet, die zu behandelnden Instrumente direkt einzu-

bringen, erfolgen die Informationen oft auf dem Weg über Abbildungen und Arbeitsbogen. Ohne Zweifel gelingt es auf diese Weise relativ rasch, abfragbares Wissen zu vermitteln. Diese Fakten haben allerdings nur selten weiterführende Wirkung, da grundlegende eigene Erfahrungen auf diesem Wege zumeist übersprungen werden.

D 2) *Grundlegende Erfahrungen durch Selbstbau von Instrumenten*

Genau an dieser Stelle wirkt die neuere Instrumentenkunde ergänzend und bereichernd. Die Erweiterung des Instrumentenbegriffs, wie sie in den siebziger Jahren erfolgte, hob die durch Perfektion und Undurchschaubarkeit vorhandene Entfernung zwischen Kind und Orchesterinstrument auf und lenkte im Zuge einer Elementarisierung den Blick auf Klangerzeuger, die sich aus Materialien des alltäglichen Lebens herstellen ließen. Angeregt besonders durch die Versuche des Komponisten MAURICIO KAGEL haben Lehrer wie CLAASEN (1973) schon frühzeitig auf die erfahrungserschließenden Möglichkeiten beim Selbstbau von Instrumenten hingewiesen.

Derzeitig ist eine solche Vielzahl an Vorschlägen für den Selbstbau von Instrumenten erschienen, daß fast wiederum die Gefahr besteht, in diesem Tun einen Selbstzweck zu sehen und die erfreuliche Aktivität von Schülern als alleinige Legitimation zu betrachten, ohne die Chancen voll auszunutzen, die in solchem Vorgehen liegen. Auch in den fünfziger Jahren hat es bereits Hinweise zum Bau von Instrumenten gegeben. Eines der bekanntesten Bücher ist HEINRICH SAMBETHs „Kinder bauen Instrumente" (Mainz 1951). Hierbei ging es jedoch darum, die gegebenen Bauanleitungen möglichst exakt auszuführen, also imitierend zu lernen. Das ist ein legitimes Ziel. Es ist nur zu unterscheiden von einem Selbstbau, bei dem Gesetze der Akustik, Klangerzeugungsarten, Resonanzphänomene u. ä. im Tun – bei Versuch und Irrtum – selbst entdeckt werden sollen. Desgleichen ist zu bedenken, daß die Wahl der Materialien dieses Ziel nicht schon garantiert. Wenn die Baupläne so mitgeteilt werden, daß kein Entdeckungsspielraum bleibt, ist es gleichgültig, ob ein diatonisch gestimmtes Xylophon oder ein Besenbaß gebaut werden.

Gerade an diesem Beispiel des Instrumentenbaus wird noch einmal deutlich, wodurch sich alle Formen neuerer Zielsetzungen von den traditionellen unterscheiden: es geht um zwei unterschiedliche Verhaltensweisen als Lehrer. In der einen – von der Tradition her vertrauten – versucht der Lehrer sein Vorwissen in methodisch aufbereiteter Weise Schülern zu vermitteln; in der zweiten stellt er Materialien bereit, schafft er Situationen, an und in denen sich Lernen durch die Schüler vollziehen kann. Dieses Verlagern der Aktivität auf die Seite des Kindes verlangt Zurückhaltung vom Lehrer, ohne „abwesend" zu sein. Ein solches Verhalten ist wenig vertraut und muß – oft unter Mühe – erst gelernt werden. Ob die neuen Arbeitsweisen zu einem positiven Resultat führen, hängt entscheidend davon ab, ob der Lehrer das diesen Verfahren korrespondierende Verhalten nicht nur verbal bejaht, sondern durch seine Handlungsweise repräsentiert.

Weiterführende Informationen zu diesem Teilbereich sind in folgenden Veröffentlichungen zu finden: BUZASI o. J., DREES 1980; GAMERDINGER 1977; GROßE-JÄGER 1979; GUNDLACH 1974 und 1973; KÜNTZEL-HANSEN 1972; MARTINI 1980; Materialien für den Musikunterricht in der Grundschule in Schleswig-Holstein o. J.; Musik und Bildung 1982; SAMBETH 1951; SCHMITT 1979; VALENTIN 1954; VENUS 1977; WARSKULAT 1979.

In der fachdidaktischen Literatur werden die technischen Geräte, vor allem Kassettenrecorder, oft unter dem erweiterten Instrumentenbegriff subsumiert. Dennoch wird in diesem Kapitel auf eine ausführliche Darstellung verzichtet. Sofern diese Geräte zur Wiedergabe benutzt werden, sind sie Hilfsmittel im Bereich des Musikhörens. Das trifft auch dann zu, wenn zuvor eigene Aktionen der Schüler aufgenommen und zur Kontrolle abgehört werden. Ein kreativer Umgang mit diesen Geräten, also ihr Einsatz für kompositorische Zwecke, zum Erstellen von Collagen findet in der Grundschule nur äußerst selten statt. Wer sich für diesen wichtigen Bereich interessiert, sei auf folgende Literatur verwiesen: KLEINEN 1974, KRAUS 1968, KRÜTZFELD-JUNKER Heft 124/125, PFAU 1973.

Abschließend bleibt festzustellen, daß die isolierte Beschreibung der einzelnen Aufgabentypen nur aus Gründen besserer Überschaubarkeit erfolgte. In der schulischen Realität vermischen sich nicht nur die Teilbereiche des Lernfeldes „Instrumente im Unterricht", sondern alle Bereiche des Musikunterrichts ständig. Es soll ja gerade als Ziel angesehen werden, möglichst viele verschiedene Aktivitätsformen zu verbinden. So sind eine fächerübergreifende Arbeitsweise oder projektorientierte Ansätze, bei denen Instrumente in größere Zusammenhänge gestellt und vielseitig einbezogen werden, jeder isolierten Einzelbehandlung vorzuziehen.

Anregungen für ein solches Vorgehen geben u. a. GÜNTHER u. a. 1982, 77 ff., 85 ff., 145 ff., 151 ff.; KRÜTZFELD-JUNKER, Hefte 90/91, 108/109; VENUS 1977.

D. V.

Literatur

Abel-Struth, S.: Kriterien einer neuen Musikdidaktik der Grundstufe, in: Egon Kraus (Hrsg.): Bildungsziele und Bildungsinhalte des Faches Musik. Vorträge der 8. Bundesschulmusikwoche, Mainz 1970

Antholz, H.: Unterricht in Musik, Düsseldorf 1970

Auerbach, L., u. a.: Musikalische Grundausbildung in der Musikschule, Lehrerhandbuch, Teil 1: Didaktik und Methodik, Mainz 1978

Böhle, I.: Musikinstrumente im Zeichen der reformpädagogischen Bewegungen, Diss. Dortmund 1982

Braun, G.: Die Schulmusikerziehung in Preußen von den Falkschen Bestimmungen bis zur Kestenbergreform, Kassel 1957

Bresgen, C.: Die Improvisation, Heidelberg 1960

Buzasi, N.: Musikinstrumente aus Krimskrams, Stuttgart o. J.

Clasen, S.: Grundriß einer Didaktik des Instrumentalspiels, in: Musik und Bildung 7/8 (1972)

Clasen, S.: Unterrichtsbeispiel zum Thema: Auditive Wahrnehmungserziehung, in: Musik und Bildung 1 (1973), 9

Claussen, C.: Töne und Geräusche, Erfahrungen mit einfachen Musikinstrumenten, in: Die Grundschule 11 (1977)
Drees, H., u. E. Fr.: Schöpferische Musikerziehung, München 1980; einfache Anleitungen zum Instrumentalspiel, Kapitel Blockflöte, Stabspiele, Gitarre, 60 bzw. 64 ff.
Fischer, W., et al.: Musikunterricht Grundstufe, Mainz 1976
Friedemann, L.: Gemeinsame Improvisation auf Instrumenten. Mit ausführlichen Spielregeln, Kassel 1964
Friedemann, L.: Kinder spielen mit Klängen und Tönen. Ein musikalischer Entwicklungsgang aus Lernspielen, Wolfenbüttel und Zürich 1971
Friedemann, L.: Einstiege in neue Klangbereiche durch Gruppenimprovisation, Rote Reihe Heft 50, Wien 1974
Friedemann, L.: Instrumentale Kollektivimprovisation als Studium und Gestaltung neuer Musik, Wien 1967
Friedrich, W.: Improvisation in der Grundschule, in: Musikerziehung in der Grundschule. Hrsg.: Hans Fischer, Berlin 1958, 311 ff.
Fuchs, P. (Hrsg.): Karlsruher Versuche für den Instrumentenunterricht der Grundschule, Stuttgart 1974
Gamerdinger, M./Ronellenfitsch, S.: Kontakte mit Instrumenten. Ein Unterrichtsversuch im 1./2. Schuljahr, in: Praxis des Musikunterrichts, hrsg. von Gundlach/Schmidt-Brunner, Mainz 1977
Gersdorf, L.: Carl Orff, Reinbek 1981
Götsch, G.: Musikinstrumente für Jugend und Volk, in: Musische Bildung, Bd. 3, Wolfenbüttel 1956
Große-Jäger, H.: Musikpraxis. Arbeitshilfen für Musik in Kindergarten und Grundschule, Fidula: Boppard und Salzburg 1979 ff.; darin Rubrik: Instrumente – selbst gebaut
Gruhn, W.: Zum Begriff und zur Praxis der Improvisation, in: Musik und Bildung 5 (1973), 229
Grundschulkinder untersuchen den Schall, in: Die Grundschule 6 (1978) und in: Praxis Grundschule 2 (1978)
Grußendorf, E.: Die Verwendung der Sopran-Blockflöte als „Unterrichts-Mittel" auf der Unterstufe. Ein Erfahrungsbericht, in: Musik im Unterricht 11 (1958)
Günther, U./Ott, T.: Musikmachen im Klassenunterricht, Paderborn 1982
Günther, U.: Zur Bedeutung des Instruments in Musikerziehung und Musikunterricht, Essen 1964
Günther, U.: Die Schulmusikerziehung von der Kestenberg-Reform bis zum Ende des Dritten Reiches, Neuwied 1967
Günther, U./Ott, T./Ritzel, F.: Musikunterricht 1–6, Weinheim/Basel 1982
Gundlach, W.: Aspekte einer Instrumentenkunde in der Grundschule, in: Günther/Gundlach: Musikunterricht auf der Grundstufe, Frankfurt 1974
Gundlach, W./Fuchs, P.: Klangexperimente oder Instrumentenkunde?, in: Die Grundschule 6 (1973)
Gundlach, W.: Musikerfahrung mit Instrumenten, Paderborn 1980
Junker, R.: Unterrichtshilfen. Band I. Nr. 1–30. Arbeitskreis für Schulmusik und allgemeine Musikpädagogik e.V., Regensburg 1966
Keller, W.: Einführung in „Musik für Kinder", Mainz 1954
Keller, W.: Gruppenmusizieren in der Elementarstufe, in: Musik und Individuum, Vorträge der 10. BSM 1974, hrsg. von E. Kraus, Mainz 1974, 128 ff.
Kleinen, G./Lägel, H.: Tontechnik, Montagen, Collagen, Mainz 1974
Klement, U.: Carl Orff und seine Grenzen, in: Musik und Gesellschaft. 20. Jg. (1970)
Kohlmann, W., et al.: Musikerfahrung mit Instrumenten – Der Unterricht, in: Willi Gundlach u. a.: Musikerfahrung mit Instrumenten, Paderborn 1980, 21–103
Kohlmann, W.: Experimente und Lernspiele mit Klangerzeugern, in: Günther/Gundlach: Musikunterricht auf der Grundstufe, Frankfurt 1974
Kraemer, R. D.: Graphische Notationen als Anreger für Klangspiele mit Instrumenten,

in: Praxis des Musikunterrichts, hrsg. von Gundlach/Schmidt-Brunner. 12 Unterrichtseinheiten für die Primar- und Sekundarstufe I, Mainz 1977
Kraus, E. (Hrsg.): Der Einfluß der Technischen Mittler auf die Musikerziehung unserer Zeit, Vorträge der 7. BSW., Mainz 1968
Krützfeld-Junker, H., et al.: Unterrichtshilfen 61–142, Arbeitskreis für Schulmusik (Gründgensstr. 16, 2000 Hamburg 16)
Küntzel-Hansen, M.: Instrumentenbuch für Kinder, Velber 1972
Küntzel-Hansen, M.: Musik mit Kindern. Versuche mit Geräusch und Klang, Stuttgart 1976
Lipskoch, B.: Rhythmisch-melodische Arbeit an einem pentatonischen Kanon, in: Musik und Bildung 2 (1969)
Martini, U.: Musikinstrumente – erfinden, bauen, spielen, Stuttgart 1980
Materialien für den Musikunterricht in der Grundschule in Schleswig-Holstein (Projektgruppe Grundschule, Fachbereich Musik), Kiel o. J.
Meyer-Denkmann, G.: Klangexperimente und Gestaltungsversuche im Kindesalter, Wien 1970
Meyer-Denkmann, G.: Struktur und Praxis neuer Musik im Unterricht, Wien 1972
Musik und Bildung (Schott: Mainz) – Aufsätze und Instrumentenbau im und für den Musikunterricht, siehe Heft 10 (1981) sowie Heft 4–8 (1982)
Neuhäuser, M., u. a.: Musik zum Mitmachen (Schallplatte) und Spiel-mit-Sätze, Frankfurt 1982
Noll, G./Suder, A. L.: Musik im Vorschulalter. Musikalische Früherziehung, Regensburg 1974
Noll, G.: Zur didaktischen Position der musikalischen Improvisation – heute, in: Forschung in der Musikerziehung, Heft 5/6, Mainz 1971
Nolte, E.: Die neuen Curricula. Lehrpläne und Richtlinien für den Musikunterricht an den allgemeinbildenden Schulen in der Bundesrepublik Deutschland und West-Berlin. Teil I: Primarstufe, Mainz 1982
Nolte, E.: Lehrpläne und Richtlinien für den schulischen Musikunterricht in Deutschland vom Beginn des 19. Jahrhunderts bis in die Gegenwart, Mainz 1975
Orff, C./Keetman, G.: Orff-Schulwerk, Musik für Kinder. 5 Bände, Mainz 1950
Orff-Institut: Jahrbuch 1963, Mainz 1964
Orff, C.: Elementare Musikübung, Improvisation und Laienschulung, in: Die Musikpflege, Jg. 3 (1932/33)
Paynter, J./Aston, P.: Klang und Ausdruck, Wien 1972
Pfau, E.: Tonbandtechnik, Grundlagen, Technik, Praxis, Frankfurt 1973
Rebscher, G.: Das Blockflötenspiel im Klassenunterricht, in: Musik im Unterricht 6 (1963)
Rote Reihe, hrsg. von F. Blasl et al., Wien 1967 ff.
Sahr, H.: Elementares Rhythmusspiel auf Percussionsinstrumenten in der Grundschule, in: Jahrbuch für Musiklehrer, hrsg. von G. Kleinen u. a., Lilienthal 1982, 72 ff.
Sambeth, H. M.: Kinder bauen Musikinstrumente, London/Mainz 1951
Schaarschmidt, H.: Die instrumentale Gruppenimprovisation. Modelle für Unterricht und Freizeit, Regensburg 1983
Schmitt, I.: Gruppenzentrierter Instrumentalunterricht, in: Zeitschrift für Musikpädagogik 7 (1979)
Schoch, R.: Der Einbau der Blockflöte in den Musikunterricht der Grundschule, in: Musikerziehung in der Grundschule, hrsg. von Hans Fischer, Berlin 1958, 351
Schünemann, G.: Geschichte der deutschen Schulmusik (1931), Reprint Köln 1968
Schwarting, J.: da capo Klingende Geschichten, Boppard 1976
Self, G.: Neue Klangwelten für die Jugend, Wien 1967 (Rote Reihe)
Stumme, W.: Bausteine für Musikerziehung und Musikpflege. Schriftenreihe B 21. Über Improvisation, Mainz 1973
Valentin, E.: Handbuch der Instrumentenkunde, Regensburg 1954
Venus, D.: Flöteninstrumente und Flötenmusik – Bericht über eine Unterrichtseinheit für die Primarstufe, in: Praxis des Musikunterrichts. Hrsg. von Gundlach/Schmidt-Brunner, Mainz 1977

Venus, D.: Frederick – ein Schattenspiel mit Musik, in: Musikpraxis, Arbeitshilfen für Musik in Kindergarten und Grundschule, Heft 19, Boppard 1983
Venus, D.: Unterweisung im Musikhören, Wuppertal 1969, 158 ff.
Warskulat, W.: Instrumentenbau aus Umweltmaterialien, Lilienthal 1979
Werdin, E.: Rhythmisch musikalische Erziehung, Wolfenbüttel 1959
Werdin, E.: Lied, Kanon – Tanzweisen, Düsseldorf 1962
Wittich, W.: Zur Didaktik der freien Improvisation, in: Musik und Bildung 5 (1973), 242 ff.
Zirnbauer, H.: Einführung in die Arbeit mit dem Schulwerk von Carl Orff, in: Handbuch der Musikerziehung, Bd. II, hrsg. von Hans Fischer, Berlin 1958
Als Ergänzung dieser Literaturliste sei auf die Bibliographien in „Musik und Bildung" und auf Wüthrich-Mathez, Hans: „Bibliographie zur allgemeinen Musikerziehung", Bern/Stuttgart 1980, verwiesen.

Zur Didaktik des Instrumenten-Selbstbaus

Martin Geck

I. Ein neues Lernfeld im Musikunterricht der Grundschule

Seit etwa zehn Jahren gibt es in einigen Unterichtswerken für die Grundschule, gelegentlich auch in Richtlinien und Lehrplänen, einen Lernbereich „Instrumentenbau". In der didaktischen Diskussion verknüpft er sich mit Begriffen wie

- handlungsorientierter Unterricht,
- forschendes Lernen,
- Projektunterricht.

Ganz neu ist dieser Lernbereich freilich nicht. Zumindest von fern klingen Reformpädagogik und KESTENBERG-Reform an.
Trotz dieser Geschichte ist das Lernfeld „Instrumentenbau" noch wenig etabliert. Das Herstellen einfacher Klangerzeuger wird im „Vorfeld" des Phänomens „Musik" angesiedelt und verbindet sich mit Vorstellungen wie „Aktionismus", „Eintagsfliege" und „Kinderkram". In diesem Zusammenhang wird bemängelt, daß einfache Klangerzeuger melodisch und harmonisch „sauberes" Musizieren nicht zuließen, d. h. einem wünschenswerten Standard schulischer Musikpraxis nicht entsprächen.
Nun ist es in der Tat nicht zu leugnen, daß selbstgebaute Instrumente nicht so sauber klingen wie Blockflöte, Xylophon oder Glockenspiel und daß sich mit ihnen tonale Musik im Sinne unserer Musikkultur kaum realisieren läßt. Wer Musikunterricht in erster Linie als Einführung in unser Tonsystem und in das auf dieses Tonsystem geeichte Instrumentarium ansieht, kann deshalb wenig Freude an elementaren Klangerzeugern haben.
Wenn man jedoch beobachtet, wie vital Kinder aus Naturvolk-Kulturen mit Hilfe einfachster Klangerzeuger musizieren und wie mechanisch demgegenüber europäische Kinder häufig auf dem genormten Orff-Instrumentarium spielen, so mag man bezweifeln, daß zunehmende Perfektionierung des Instrumentariums auch zwangsläufig größere Ausdrucksfähigkeit im musikalischen Bereich deutet.
Unsere Musikkultur kennt bestimmte Wert-Hierarchien, die u. a. besagen:

- Das rhythmische Teilmoment der Musik hat sich dem melodischen und harmonischen unterzuordnen.
- Der Wohlklang und die saubere Intonation eines Instruments werden höher bewertet als seine Ausdruckskraft und Farbigkeit.

- Das mimetische („nachahmende") Wesen der Musik hat gegenüber ihrem Ordnungs-Charakter zurückzutreten.
- Das Ausführen einer Werk-Idee steht über der spontanen Lust am Musizieren.
- Der Komponist zählt mehr als der ausübende Musiker.

Solche Wert-Hierarchien haben Auswirkungen auf das Ansehen von Musikinstrumenten und auf den Umgang mit ihnen: Instrumente, mit denen man „nur" eigene Ideen verwirklichen, nicht aber fremde Werke nachspielen kann, gelten als minderwertig.

Nun lassen sich entsprechende Einstellungen, da sie Spiegel gegenwärtiger Musikkultur sind, nicht ohne weiteres verändern, sofern dies nicht innerhalb dieser Musikkultur selbst geschieht (Jazz, Rock, Avantgardemusik). Innerhalb der Musikdidaktik sollten sie aber jedenfalls relativiert, das heißt in ihrer geschichtlichen Bedingtheit erkannt werden. Dazu eignet sich ein Blick auf die Musik der Naturvölker und außereuropäischen Kulturen.

II. Instrumenten-Selbstbau im Zeichen eines kulturell übergreifenden Musikbegriffs

In außereuropäischen Kulturen ist das Musikinstrument nicht bloßes Gerät, um Klänge zu erzielen. Es ist vielmehr eine Verkörperung der Musik selbst. Oftmals werden Instrumente oder Instrumententeile wie Menschen oder Tierleiber und -köpfe geformt, immer wohnt ihnen eine „Seele" inne. Wer ein Musikinstrument anfertigt, macht kein beliebiges, auswechselbares Hilfsmittel zur Erzeugung von Tönen, er schafft vielmehr ein Organ, durch das sich die tönende Natur artikuliert. Instrumentenbau ist von Ernst und Bedeutsamkeit geprägt. Er wird verstanden als ein Eingriff in die Natur und kann als solcher rituelle Züge annehmen.

Das hat Konsequenzen für Musikanschauung und -praxis:

- In Naturvolk- und außereuropäischen Kulturen zerfällt Musik nicht in eine Außenseite (Klang) und eine Innenseite (Werk). Im Instrument stellt sich vielmehr die Einheit der Musik als „Erscheinung" und „Bedeutung" dar.
- Die Trennung von „Komponist" und „Interpret" ist unbekannt. Es gibt nur *den* Spieler, der seine Ideen selbst verwirklicht.
- Gebrauchswert und Kunstwert von Musik werden nicht unterschieden. Ein Orchester von Holztrompeten kann die Aufgabe haben, den Kriegern Mut zuzusprechen und die Geister der Feinde zu erschrecken, und zugleich einen Ohrenschmaus darstellen.
- Vom Einzelton geht eine ungeheure Faszination aus. Er ist Möglichkeit und Ausdruck eines sinnlichen Erlebnisses von Musik, das nicht eingeengt und sublimiert wird durch Regeln der Melodie-, Harmonie- und Instrumentationslehre, vielmehr in seiner ganzen Freiheit wahrgenommen wird.
  Das nuancenreiche Trommeln afrikanischer Naturvölker, das hochdifferenzierte Saitenspiel orientalischer Kulturen ist nur denkbar und sinnvoll vor dem Hintergrund eines Verständnisses von Musik, demzufolge dem einzelnen Instrumentenklang hohe Bedeutung zukommt.
- Die Bedeutung des Einzeltons schließt zwar das Zusammenspiel mehrerer Instrumente nicht aus, gibt ihm aber einen speziellen Sinn. Das Zusammenspiel ist weder

regellos, noch einer strengen Werk-Idee unterworfen. Ziel ist nicht ein homogener Klang, sondern die Mischung bunter, charakteristischer Einzelklänge.

Fragen wir für einen Augenblick nach den Anfängen der Musik! Ein wichtiges Moment für die Entdeckung dessen, was wir heute „Musik" nennen, dürfte die Erfahrung gewesen sein, daß zur Nahrung bestimmte Naturprodukte oder Werkzeuge des täglichen Lebens nicht nur unwillkürlich Töne hergeben, daß man diese Töne vielmehr willkürlich herstellen und damit die unsichtbare Klang-Natur beherrschen kann. Knochenflöten, Muschelhörner, Musikbogen, Gefäßtrommeln, Kürbisrasseln mögen in diesem Sinne als Musikinstrumente „entdeckt" worden sein.

Der menschheitsgeschichtliche Prozeß ist nicht etwa so verlaufen, daß man erst einen theoretischen Musikbegriff entwickelt und danach die dazu passenden Instrumente erfunden hätte. Im Gegenteil: Aus dem Umgang mit elementaren Klangerzeugern, aus dem Experimentieren mit Instrumenten erwuchs das, was man später „Musik" nannte.

Was phylogenetisch, d. h. menschheitsgeschichtlich gilt, hat auch seinen ontogenetischen, d. h. entwicklungspsychologischen Sinn. Auch das Kind lernt „Musik" im Sinne von Klangereignissen kennen, die es bestimmten Instrumenten und Spielern zuordnet. Wenn man sieht, mit welcher Lust Kinder alle möglichen Gegenstände auf ihre Eignung als Musikinstrument hin prüfen, kann man ermessen, wie grundlegend ein solcher Experimentierdrang ist: jener Drang, Natur und Umwelt auf ihre Signale hin akustisch zu antworten.

Es gibt in der gegenwärtigen Musikszene durchaus Tendenzen, zumindest partiell zu jenem Musikverständnis zurückzufinden, innerhalb dessen die Aktion auf dem Instrument und die „Botschaft" des einzelnen Instrumentenklangs den Vorrang haben vor dem komponierten Werk:

- Die Avantgarde-Musik hat viel zur Emanzipation des einzelnen Klanges beigetragen. Beispielhaft ist MAURICIO KAGELS Stück „Zweimann-Orchester", das an die Tradition der Gaukler mit ihren vielen, zum Teil selbstgebauten Instrumenten anknüpft.
- Eine Verbindung afrikanischer Traditionen und avantgardistischer Impulse zeigt sich im free Jazz.
- Die gesamte Jazz- und Rockmusik ist zumindest in Teilbereichen von Tendenzen zur Emanzipation des Klanges mitgeprägt. Hier reicht die Skala der Möglichkeiten vom äußeren Show-Charakter des Instrumentenspiels bis zum entfesselten Gitarrenspiel bei Jimi Hendrix.

III. Lernziele

Diese Überlegungen haben Konsequenzen für eine Didaktik des Instrumenten-Selbstbaus in der Grundschule; sie sind bereits Bestandteil einer solchen Didaktik. Deren Lernziele können lauten:

- Durch den Bau einfacher Instrumente lernen die Schüler Prinzipien der Klangerzeugung und Funktionsweise von Musikinstrumenten kennen.
- Im Spiel auf selbstgebauten Instrumenten erkunden sie Klänge aller Art.
- Das selbstgebaute Instrument ermutigt die Schüler, auch die Musik selbst als eine

Sache anzusehen, die man „in die Hand nehmen", d. h. nach eigenen Vorstellungen gestalten kann.
- Indem Schüler Instrumente selbst bauen und für diese Instrumente Musik erfinden und realisieren, heben sie bis zu einem gewissen Grad die Arbeitsteilung zwischen Instrumentenbauer, ausübenden Musiker und Komponist auf, die unsere gegenwärtige Musikkultur prägt. Sie erleben modellhaft, was es heißen könnte, handelndes Subjekt einer Musikkultur zu sein, nicht nur betroffenes Objekt.
- Im Umgang mit einfachen Klangerzeugern relativieren die Schüler das gesellschaftlich durch die Massenmedien vorgeprägte Bild einer stromlinienförmigen, akustisch gleichsam auf Hochglanz polierten Unterhaltungsmusik. Sie entdecken den „Sinn" des einzelnen Tons und die Sinnlichkeit des einzelnen Instrumentenklangs gegenüber den Tendenzen zur Klangverschmelzung bei Pop- (z. B. Disco-)Musik und zur Abstraktion vom Klang bei sog. „klassischer" Musik.

IV. Lerninhalte

Damit Schüler solche Erfahrungen machen können, müssen freilich einige Grundsätze beachtet werden:

- Es hat wenig Sinn, auf selbstgebauten Klangerzeugern traditonelle Musik „nachzuspielen" – es sei denn zu parodistischen Zwecken. Eine „Bearbeitung" würde immer am „Original" gemessen und als unbefriedigend empfunden werden.
- Selbstgebaute Instrumente müssen vielmehr dort eingesetzt werden, wo sie ihre spezifischen Qualitäten entfalten können.
- Da diese Qualitäten von Instrument zu Instrument wechseln, müssen Schüler die jeweils geeignete Musik selbst erfinden.
- Solche Erfindungen werden in der Grundschule vor allem im Bereich nachahmender Musik liegen: Schüler ahmen Tierstimmen und Gesprächssituationen nach; sie entwerfen Klangszenen, kleine Filmmusiken usw. Besonders sinnvoll ist der Einsatz einfacher Klangerzeuger im Zusammenhang mit Tanz, Theater und Pantomime: Hier können ungewöhnliche Klänge die Phantasie der Kinder freisetzen und umgekehrt.
- Einfache Klangerzeuger sollten nicht nur oberflächlich, sondern in aller Ernsthaftigkeit und Intensität auf ihre Klangmöglichkeiten hin ausprobiert werden. Nur im Wahrnehmen von Nuancen kommt heraus, was solche Instrumente leisten und genormten Musikinstrumenten möglicherweise voraus haben können. Wer erlebt hat, wie sich Kinder in das Spiel auf einer (einem großen Gong vergleichbaren) einfachen Zinkwanne vertiefen können, zweifelt nicht an entsprechenden Gelegenheiten.

Am Ende stellt sich die Frage, ob die vorgeschlagenen Aktionen letztendlich eine Spielart unreflektierten „musischen Tuns" oder die Flucht in eine nur vermeintlich „heile", in Wahrheit aber versunkene und nicht wieder zum Leben zu erweckende Musikwelt darstellten. Die Antwort könnte lauten: Wo entsprechende Tätigkeiten den Blick für die Realitäten unseres Musiklebens verstellen, ist gewiß Skepsis am Platz; wo sie aber in eine produktive und gegebenenfalls kritische Beschäftigung mit der äußeren und inneren Welt der Schüler einmünden, helfen sie, diese Welt besser zu verstehen und zu bewältigen.

Literatur

Fast alle neueren Unterrichtswerke für die Grundschule enthalten Anregungen zum Instrumenten-Selbstbau. Im folgenden wird Literatur genannt, die weitergehende Hinweise oder konkrete Bau-Anleitungen enthält.

Buzasi, N.: Musikinstrumente aus Krimskrams, Stuttgart 1979
Gundlach, W. u. a.: Musikerfahrung mit Instrumenten, Paderborn/München/Wien/Zürich 1980 (hier weitere Literaturhinweise)
Kreusch-Jacob, D.: Instrumentenbuch für Kinder, Ravensburg 1981
Küntzel-Hansen, M.: Instrumentenbuch für Kinder, Hannover 1976
Martini, U.: Musikinstrumente – erfinden, bauen, spielen, Stuttgart 1980
Quoos, H.-J./Ausländer, P.: Bau einfacher Instrumente und erstes Zusammenspiel, Wien 1981
Schaffer, E.: Bau einfacher Musikinstrumente, Lichtenau 1983 (=Oberkircher Lehrmittel Nr. 126)
Walther, D.: Musikinstrumente selbst gebastelt, Bern 1970
Warskulat, W.: Instrumentenbau aus Umweltmaterialien, Lilienthal/Bremen 1978

Bewegung und Musik als Anlaß zum Spielen

Eva Bannmüller/Peter Fuchs

I. Grundlagen zum Thema

Schon immer wurden Lieder gespielt, getanzt und in Szene gesetzt. Im Handbuch zur „Musikerziehung in der Grundschule" aus dem Jahre 1958 heißt der einschlägige Artikel: „Bewegungsspiele und getanzte Lieder" (TAUSCHER 1958). Durch die Entwicklung der technischen Medien ist heute auch das Musikhören mit Grundschulkindern selbstverständlich geworden. Daher ist Bewegungsspiel und Tanz zu gehörter Musik eine wichtige Aufgabe. Das Erleben von Musik wird durch Mitbewegung wesentlich vertieft und zugleich geordnet, denn Bewegung ist besonders für Grundschulkinder eine Art Sprache, wobei der Leib das Instrument der Darstellung ist. Mitbewegung zu Musik ist für Kinder eine Form der Analyse von Musik, einfacher und selbstverständlicher als Notation und Sprache. Wer sich zu Musik bewegt, ordnet sich ein, paßt sich an, interpretiert, ergänzt.

Die Literatur ist reichhaltig (siehe Literaturverzeichnis). Was fehlt, sind oft die äußeren Voraussetzungen und da und dort auch der Mut der Pädagogen zum Mitmachen und Mitbewegen.

Sowohl das Musizieren als auch das Hören müssen aus der Enge der Bänke und Tische befreit werden. Aus dem Sitzen sollte ein Stehen und Sich-Bewegen werden. Auch der Lehrer, dessen Unterricht in einem engen Raum stattfinden muß, verzichte nicht auf Bewegung. Ketten können sich durch die Gänge zwischen den Bänken ziehen, ein Kreis kann sich außen an der Wand bilden. Bewegungen am Ort, Handrhythmen, Armbewegungen und Gestik benötigen nicht viel Raum. Besser ist es aber schon, man räumt das Gestühl zur Seite. Außerhalb des Klassenzimmers bieten Schulhof und Wiese, Treppenhaus und Pausenhalle genügend Möglichkeiten, die es zu nutzen gilt. Jeder Lehrer sollte die Bewegungslust der Grundschulkinder in den Dienst einer vielsinnigen Wahrnehmungs- und Hörerziehung stellen.

MUSIK LÖST BEWEGUNG AUS – BEWEGUNG LÖST MUSIK AUS

Der erste, wohl selbstverständliche Ansatz ist Tanzen zu Musik, d. h. Musik löst Bewegung aus. Die Aufgabe ist ganz einfach: Bewege dich wie die Musik! In der Regel bestimmt das Grundzeitmaß des Liedes oder der Musik das Schrittmaß, die Schrittart und Schrittfolge. Doch auch der Ausdruckscharakter der Musik löst Bewegungsvorstellungen aus und gibt damit einen Anreiz zu eigenem Bewegungsausdruck. Kurzatmige, nervöse, aggressive, ruhige, getragene, majestätische Musik löst entsprechende Bewegungen aus. Man hört die Musik mehrmals, schwingt sich allmählich ein, dirigiert mit und bewegt sich dann mit dem ganzen Körper – evtl. unter Zuhilfenahme von Medien wie Tücher, Reifen, Stöcke, Seile, Bänder. Im Gleichklang des Ablaufs der leiblichen Äußerung wird Musik für das Kind sichtbar. Das Gehörte wird in der Bewegung geordnet, es wird artikuliert. Bewegungsgestaltung wird als Choreographie ordnendes und aneignendes Durchdringen von Musik. So wirkt Bewegung zu Musik vertiefend auf das Verstehen und Erleben der Musik zurück.

Je differenzierter das Kind lernt, musikalische Eindrücke aufzunehmen und in Bewegung umzusetzen, desto reicher wird sein Ausdrucksrepertoire und sein Bewegungsregister, desto enger und intensiver wird das Verhältnis zwischen Wahrnehmen und Bewegen, desto sensibler, wacher, offener bewegt sich das Kind. Der Leib wird zum Kristallisationspunkt von Eindruck und Ausdruck, von Wahrnehmen und Darstellen. Die Bewegung bleibt dabei nicht reduziert auf einfache Muster wie Schrittfolgen und Gesten, vielmehr wird die Fülle und Vielfalt alltäglicher Bewegungserfahrungen in die Spielsituation einbezogen. Im Bewegungsspiel werden die Geschichten, die die Musik erzählt, sichtbar: etwa die Geschichte von Till Eulenspiegel, das Schleichen der Katze in „Peter und der Wolf", das Vorbeifahren des Ochsenkarrens aus „Bilder einer Ausstellung", der Zaubergarten im „Feuervogel", das Stapfen durch den Schnee aus den „Jahreszeiten", der Brunnen, die Hochzeit, der Nachtwächter, der Tanz über die Brücke im Lied etc.

Der zweite Ansatz ist etwas ungewohnt: Musik zur Bewegung, d. h. Bewegung löst Musik aus. Die Aufgabe lautet wieder ganz einfach, ist aber nicht so selbstverständlich: Spiele, wie es zur Bewegung paßt! Wenn alle Kinder mit unterschiedlichen Instrumenten im Raum verteilt sind, kann ein Bewegungsdirigent harte, weiche, runde, eckige, schnelle oder langsame Klänge hervorrufen. Es können aber auch alle Spieler irgendwelche sichtbaren Bewegungsvorgänge begleiten: einen hüpfenden Ball, unterschiedlich gehende Mitschüler, eine Filmsequenz wie z. B. Sonnenaufgang, Wasserfall, Wind, eine aufblühende Blume. Auch Bewegungsgestaltungen einer Gruppe können akustisch begleitet werden: ein Rad, eine Maschine, Glocken, ein Pferdchenspiel, Herbst

Bei der Beobachtung von Bewegungsgestaltungen werden im Betrachter oft Gedanken ausgelöst wie z. B.: das ist hektisch – das ist regelmäßig – das ist unbeholfen – das ist lustig – leichtfüßig – schwerfällig. Solche Assoziationen regen sowohl die Klangphantasie als auch die Bewegungsimprovisation an.

Bei allen Bewegungs- und Klangspielen in der Grundschule geht es nicht vornehmlich um das Schauspiel, also die Vorführung, wenn diese auch nicht ausgeschlossen ist, sondern um die Lust am Sich-Bewegen und die damit verbundenen Erfahrungen mit dem Raum, der Zeit, der Kraft und Form (FEUDEL 1965). Es sind Erfahrungen des Sich-Einordnens: miteinander etwas vollbringen und heraustreten aus der Gruppe.

Aus diesen Überlegungen soll deutlich werden, daß hier keine einseitige fachdidaktische Diskussion geführt wird. Es geht um keine Wettbewerbssituationen und nicht um Konkurrenz im Leben der Kinder, sondern um die Entwicklung der Erlebnisfähigkeit, um die Förderung der Wahrnehmungs- und Gestaltungsfähigkeit.

Wer sich auf diese Aufgabe einläßt, muß über den Zaun eines Faches hinüberschauen und die in den einzelnen Disziplinen isoliert gefaßten Erfahrungen einbinden in ein viel weiteres Erfahrungsfeld, das durch Unterricht vielsinnig erschlossen werden muß. Die Verbindung von Musik, Bewegung, Sprache und Szene führt aus dem Fachdenken heraus in eine Spielpädagogik, wie sie ansatzweise in den folgenden Beispielen angedeutet wird.

Das erste Beispiel stellt mögliche Abwandlungen einer Grundform der Bewegung dar, des Gehens. Die Bewegungslust der Kinder zeigt sich im täglichen Leben an vielen Orten: Auf Randsteinen balancieren, auf Spielfeldern hüpfen, über Pfützen springen, um Hindernisse herumtanzen, auf den Zehenspitzen gehen, Markierungen und Striche auf dem Gehweg nicht berühren, rhythmische Schrittspiele in der Gruppe erfinden, im Zickzack gehen, andere imitieren: den Fußkranken, den Eiligen, den Schlendrian, den Alten, den Kleinen, den Großen. Oft begleiten Kinder ihr Gehen, Springen, Hüpfen und Trippeln mit Singsang, Liedern oder Texten. Die Etüdenreihe zeigt einen möglichen Einstieg und Weiterführungen.

Das zweite Beispiel zeigt das Zusammenwirken von Musik, Sprache und Bewegung beim Spiel an der Treppe. Stationen dieser Etüdenreihe sind das Entdecken rhythmischer Bewegungsabläufe und Phrasierungen, die Übertragung von Bewegungsmotiven in Klangmotive und Sprechverse und die Unterordnung der Bewegung unter vorgegebene Musik.

Das dritte Beispiel zeigt einerseits den Zusammenhang von instrumentaler Aktion und Bewegung, andererseits den Übergang von der Klangerprobung zur Klanggestaltung und zum darstellenden Spiel. Die Zeitung als Material der Alltagswelt ist Ausgangspunkt für Geräusch- und Klangspiele und szenische Verwandlungen.

Das vierte Beispiel ist eine Anregung zur Inszenierung eines Raumspiels. An drei Szenen aus Collodis Buch „Pinocchio" wird das Wechselverhältnis von Musik und Bewegung entfaltet. Die Darstellung der szenischen Partitur soll den unterrichtlichen Nachvollzug anregen.

Beim fünften Beispiel wird gezeigt, wie Szenen eines Bilderbuches Anregung für Bewegungs- und Klangspiele sein können. In verschiedenen Gestaltungsideen werden exemplarische Anregungen gegeben:

- Ein Bewegungsbild führt zu Bewegungsvorstellungen und zu Bewegungsimprovisationen, die mit Instrumenten von den Spielern selbst begleitet werden (Der Schwarm Fische).
- Ein Bewegungsvorgang wird mit akustischen Mitteln so gestaltet, daß hörbar wird, was szenisch dargestellt wird. (Ein Thunfisch frißt die kleinen Fische – Ein unendlich langer Aal – Alle kleinen Fische bilden einen großen Fisch.)

Solche Aufgaben erfordern die Planung von musikalischen Abläufen und Konstellationen, es sind Kompositionsaufgaben.

- Ein Bewegungsspiel wird mit „Konservenmusik" begleitet, d. h. man sucht sich eine Musik aus, die zu einem Bewegungsvorgang (Meer) paßt. Die zur Bewegung gespielte Musik wird dann durch eigene Klanggestaltung abgelöst.
- In das Bewegungsspiel werden sowohl einfache Klanggegenstände wie Glas, Flaschen, Steine, Hölzer, Metall etc. als auch Stimmen und Instrumente erprobend und gestaltend einbezogen (Algenwald).
- Eine Klanggestaltung ist Ausgangspunkt für eine Bewegungsgestaltung. Choreographie und Komposition bzw. Improvisation ergänzen sich (Qualle und Hummer).

II. Beispiele

1. Die Vielfalt der Bewegung „Gehen" im Verhältnis zum Raum, zur Zeit, zur Dynamik, zur Form und zum darstellenden Spiel

a) Einführende Aufgabe

Erfahren von Tempo und Dynamik der Bewegung. Jeder Schüler bewegt sich im selbstgewählten Tempo frei im Raum. Die freie Bewegung wird mit körpereigenen Geräuschmöglichkeiten begleitet: klatschen, patschen, knipsen, schnalzen usw. Jeder orientiert sich so, daß er keinen anderen in seiner Bewegung behindert. Wichtig bei dieser Aufgabe ist es, daß jeder sein eigenes Tempo herausfindet und frei im Raum ausprobieren kann.

Abb. 1 und 2: Gehen

b) Abwandlung der Aufgabe: frei – gebunden

Auf ein Klangzeichen, z. B. Beckenklang, soll sich die bewegende Gruppe auf ein gemeinsames Gehtempo einspielen. Im Beobachten und Aufeinanderhören findet sie das gemeinsame Tempo. Schritte sind ja hörbar. Dieses gefundene Tempo wird in die körpereigenen Begleitrhythmen übertragen. Wichtig dabei ist die Erfahrung, daß das Tempo gehalten wird (Gefahr, schneller zu werden!). Die Erfahrung läßt sich vertiefen im Wechsel von bewegen und begleiten und stehen bleiben und nur innerlich weiterspielen. Auf ein Zeichen sollen alle gemeinsam wieder gehend und begleitend in das Tempo zurückfinden. Auf ein akustisches Zeichen wird das gemeinsame Gruppentempo wieder aufgelöst und das Spiel beginnt von vorne.

Für Anfänger ist es leichter, wenn das gemeinsam gefundene Tempo in eine gemeinsame Bewegungsrichtung mündet: Stromlinie oder Kreisbahn. Beim individuellen Tempo sucht sich jeder wieder seinen eigenen Raumweg.

c) Weiterentwicklung der Aufgabe: schnell – langsam

Jeder bewegt sich zuerst im eigenen selbstgewählten Tempo. Auf Zuruf „schnell" bzw. „langsam" verwandelt jeder seine Bewegung in eine schnelle bzw. langsame Bewegung. Die unterschiedlichen Ergebnisse werden miteinander verglichen. Eine mögliche Spielfolge ist ein Ablösespiel. Alle stehen verteilt im Raum. Ein Schüler erhält die Aufgabe, schnelle und langsame Bewegungen aus dem Gehen heraus zu kombinieren. Die beobachtende Gruppe begleitet, was sie sieht, mit körpereigenen Rhythmen oder mit Instrumenten (Holz, Metall, Fell, Schüttelinstrumente usw.). Der Bewegende bleibt bei einem begleitenden Mitspieler stehen und löst diesen ab. Dieser bewegt sich jetzt und der andere begleitet mit der Gruppe. Dieses Spiel kann so lange dauern, bis möglichst alle Schüler die Bewegungserfahrung „schnell – langsam" gemacht haben.

d) Bewegungstypen

Der spielerische, offene Kontrast, „schnell – langsam" kann zu Bewegungsabfolgen weiterentwickelt werden, die zu charakteristischen Bewegungstypen hinführen: Gehen wie eine Dame mit hohen Stöckelschuhen, gehen wie ein Träumer (bequem, ohne körperliche Kontrolle), gehen wie eine „hohe" Persönlichkeit (z. B. ein König), eine Parade abschreiten, gehen wie ein Wachposten. Die Begleitung übernehmen jeweils passende Instrumente: Trommeln, Hölzchen, Triangel, Glas, Xylophone.

Sehr hilfreich sind dabei Requisiten wie Hüte, Taschen, Stöcke, Schirme und Schuhe.

Diese sehr offene Spielaufgabe kann über das Schattenspiel oder Maskenspiel noch ausgestaltet werden. Über ein Rätselspiel kann die Beobachtungsschärfe der Kinder differenziert werden. Es können durchaus auch Personen aus der eigenen Lebenswelt imitiert werden.

e) Musikbeispiele zum Gehen

Zu Liedern, Tänzen oder beliebig ausgewählter Musik gehen alle zuerst frei im Raum. Jeder findet seinen Weg, wählt sein Tempo und seine Schrittart. Nach mehreren Durchgängen mit derselben Musik einigen sich alle auf eine gemeinsame Raum- und Bewegungsform.

Abb. 3 und 4: Kinder auf der Treppe

2. Die Treppe als Anlaß für rhythmische Abläufe

Immer wieder läßt sich beobachten, daß Treppen für Kinder einen besonderen Reiz haben. Das Hinauf- und Hinunterspringen und -hüpfen an der Treppe ist vielseitiger Anlaß für Bewegungsabläufe. Die einfachen rhythmischen Bewegungsabläufe des Hinauf- und Hinterspringens an der Treppe entsprechen musikalischen Abläufen. Bei diesen Aufgaben wird die Wechselwirkung zwischen Musik und Bewegung besonders offenbar.

a) Auf und ab an der Treppe

Die Kinder versuchen, an der Treppe spielerisch in unterschiedlichen rhythmischen Abläufen hinauf- und hinunterzugehen (zu hüpfen, zu springen, zu laufen usw.).
Verschiedene Beispiele werden entwickelt und in Ablösespielformen in der Gruppe weitervermittelt.
Unterschiedliche *Raumwege* werden ausprobiert: die Treppe gerade hinauf und schräg hinunter, im Zick-Zack hinauf und hinunter – auf allen Vieren die Treppe bewältigen.

b) Erproben unterschiedlicher Rhythmen

Jeder Fuß berührt jede zweite Treppe (normales Treppengehen), jeder Fuß berührt jede Treppe, zwei Treppen auf einmal nehmen, lange und kurze Schritte im Wechsel kombinieren.

Ein gefundenes Bewegungsmotiv merken und wiederholen können – dabei werden die einzelnen Bewegungsmotive vorgeführt und von Beobachtern übernommen. Sie werden in die Bewegung oder in die Musik übertragen (Einsatz unterschiedlicher Klanginstrumente). Oder: Ein gefundenes Bewegungsmotiv spielen, andere Kinder übertragen es auf die Treppe.

c) Verschiedene Materialien die Treppe hinunterspringen lassen

Bälle eignen sich für diese Aufgabe besonders. Unterschiedliche Bälle, z. B. Tischtennisbälle, Medizinball, Gymnastikball, Luftballon usw. die Treppe hinunterspringen lassen. Die von den Bällen unterschiedlich erzeugten Rhythmen aufnehmen und mit Instrumenten begleiten oder in die eigene Bewegung übertragen.

Verschiedenen Treppenstufen verschiedene Tonhöhen zuordnen. Ein Kind wirft den Ball auf eine bestimmte Treppenstufe, ein anderes Kind spielt die entsprechenden Töne dazu (Xylophon). Bewegen von Abzählreimen, Spielliedern usw. an der Treppe.

d) Die Treppe als Bühne, auf der sich verschiedene Gestalten (Typen, Figuren) bewegen

Unterstützt durch Hüte, Schuhe, Schirme werden die einzelnen Figuren herausgestellt. Entsprechende Bewegungen und rhythmische Abläufe sollen die Typen charakterisieren (z. B. schwerfällig, leicht und anmutig, beschwingt usw.). Entwickeln einfacher Spielsituationen an der Treppe: Zwei unterschiedliche Figuren, z. B. Kind und Dame, begegnen sich, Modenschau auf der Treppe mit Hüten, Schirmen usw. Treppe als Tribüne, dabei verschiedene Zuschauersituationen darstellen: beim Fußballspiel, beim Autorennen, Tischtennis usw.; dabei kann eine entsprechende Geräuschkulisse entwickelt werden.

3. Zeitung – Eine Etüdenreihe zur Differenzierung der Wahrnehmung

a) Entwickeln unterschiedlicher Geräuschqualitäten mit der Zeitung

Jeder Schüler erhält einen Doppelbogen von einer Zeitung und setzt sich auf einen freien Platz im Raum. „Versuche, Dich mit der Zeitung in Bewegung zu bringen!" Die Schüler sollen möglichst unterschiedliche Bewegungsmöglichkeiten erkunden und auf die Geräuscherzeugung achten, z. B. flattern, rascheln, schütteln, schlagen, streichen, reiben, knüllen, reißen, knistern usw.

Ablösespiel: Die Schüler stellen ihre gefundenen Beispiele vor, die anderen Schüler übernehmen die Vorschläge. Auf Zuruf kommt der nächste Schüler mit seinem Beispiel dran.

b) Weiterführung der Aufgabe

Die gefundenen Geräusche werden geordnet: laute und leise Geräusche, schlagende und langgezogene Geräusche, rhythmisierte und fließende Geräusche.

c) Spielform zur Differenzierung der Wahrnehmung

Die Schüler schließen die Augen, ein Schüler erzeugt mit seiner Zeitung ein Geräusch, die anderen versuchen, die Spielweise des gehörten Geräusches zu erraten und nachzuspielen. Ablauf: Solo – Tutti – Solo – Tutti usw.

d) Gruppenaufgabe

Sobald die Schüler die Fülle der Geräuschmöglichkeiten erprobt und entwickelt haben, können die erworbenen Erfahrungen in eine gemeinsame Spielaktion übertragen werden; z. B. Umgang mit der Dynamik, ausgehend von der Bewegung. Ein Bewegungsdirigent zeigt unterschiedliche Bewegungsgesten, z. B. lange, fließende und kurze, eckige Bewegungen. Er entwickelt seine Bewegung von leisen zu ganz lauten, intensiven Bewegungen. Die Bewegung wird mit der Zeitung als Begleitinstrument übernommen.
Der musikalische Formverlauf ist ein crescendo – decrescendo.

e) Wechsel zwischen gebundenen und freirhythmischen Abläufen. ABA-Form

Die Gruppe einigt sich auf einen einfachen, wiederholbaren rhythmischen Ablauf (A-Teil). Im B-Teil wird von einem Solisten frei mit den Geräuschmöglichkeiten der Zeitung improvisiert. Auf Zeichen wird wieder in den A-Teil übergeführt.

f) Zeitung als „Requisit"

In der folgenden Etüdenreihe wird die materiale Seite der Zeitung aufgegriffen. Einführende Ablösespielform: Die Gruppe sitzt im Halbkreis. In diesem liegen gestapelte Zeitungen. Es wird die Aufgabe gestellt: „Verwandelt Euch durch die Zeitung!" Die Schüler sollen sich also ausdenken, zu welchen Zwecken die Zeitung im alltäglichen Leben benutzt werden kann. Die einzelnen Möglichkeiten werden vorgeführt und von der beobachtenden Gruppe erraten. Folgende Lösungen können gefunden werden: Die Zeitung wird zum Wischen benutzt, zum Ausstopfen der Schuhe oder zum Feuermachen, als Fliegenpatsche, als Regenschutz, zum Abdecken, zum Lesen usw.
Spielabfolge: Die einzelnen Beispiele werden pantomimisch mit der Zeitung vorgeführt und von der beobachtenden Gruppe erraten, eventuell auch mit kommentierender Sprache von außen begleitet (z. B. Geräusche zur beobachteten Bewegung erfinden oder Texte zu den Pantomimen entwickeln).

g) Verwandlungsaufgabe mit Zeitungshüten

Spielmotiv: „Der Hut verwandelt mich und meine Bewegung." Die Schüler falten sich unterschiedliche Hüte aus Zeitungen (Büroklammern und Tesafilm zur Verstärkung und Verbindung bereitlegen). Die einzelnen Hüte werden aufgesetzt und vorgeführt. Die Darsteller versuchen, ihre Hüte über die Bewegung zu charakterisieren. Sie spielen den Typ, den ihr Hut repräsentiert, indem sie sich bewegen. Beispiel für eine einfache Verwandlungsmöglichkeit mit Hilfe des Zeitungshelms:

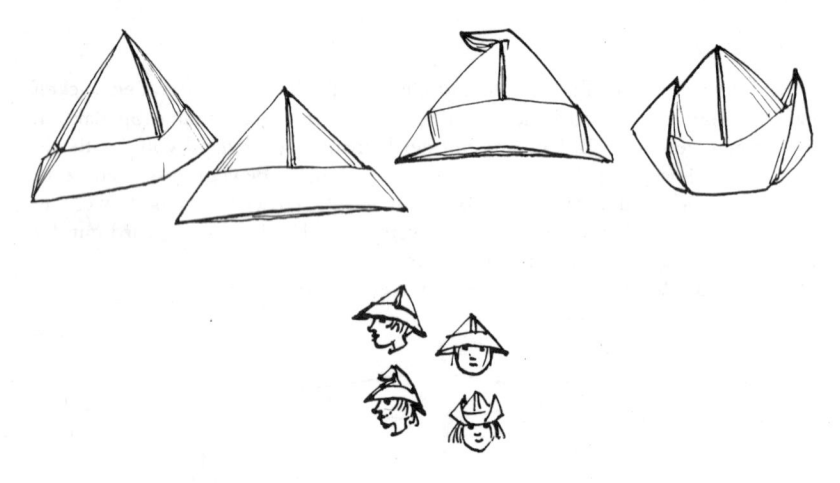

Spielvorschläge: Die durch die Hüte repräsentierten Bewegungstypen führen ihre Bewegungseinfälle auf dem Laufsteg vor. Motto: Modenschau. Andere Möglichkeit: Die unterschiedlichen Typen begegnen sich und begrüßen sich jeweils in der für sie charakteristischen Weise, oder man nimmt entsprechend seinem Charakter Platz.
Mit Zeitungen lassen sich auch leicht Kostüme anfertigen (Gruppenarbeit).
Spielaktion: Die verkleideten Teilnehmer inszenieren ein Tanzfest. Die Auswahl der Musiker erfolgt nach den entworfenen Personen (Typen).

4. Szenisches Spiel: Pinocchios Abenteuer

Die folgende Beschreibung des szenischen Spiels ist ein Ausschnitt aus dem bekannten Buch „Pinocchios Abenteuer" von Carlo Collodi (dtv Weltliteratur 2109, 1982, mit 37 Holzstichen von Werner Klemke). Kurze Inhaltsangabe zum Buch: Pinocchio, das Holzscheit, das in den Besitz eines Holzschnitzers kommt, wird unter dessen Händen zur Holzpuppe mit langer Nase und gewinnt sehr schnell ein Eigenleben. Die Gestalt mit der langen Nase führt die Leser in eine Fülle abwechslungsreicher Abenteuer. Der Charakter des Pinocchio ist schillernd: übermütig und feige, trotzig und unterwürfig. Der Leser versteht schnell die Vielfalt der Erlebnisse, weil ihn diese an das Verhalten seiner Mitmenschen erinnern. Die einzelnen Geschichten sind in sich abgeschlossen und eignen sich dadurch besonders gut zum szenischen Spiel. Der vorgegebene Handlungsrahmen läßt noch viel Freiheit für die Phantasie der Spieler. Die folgende Gestaltung bezieht sich hauptsächlich auf den Anfang der Geschichte:

1. Bild: Pinocchio wird geschnitzt
2. Bild: Pinocchio lernt gehen
3. Bild: Pinocchio träumt seine Freunde

Grundlagen zur Inszenierung der drei Bilder: Die Gestaltung der ersten Szene ist geprägt vom Wechselverhältnis zwischen Musik und Bewegung. Die pantomimische Darstellung der beiden Hauptgestalten Geppetto und Pinocchio (Schnitzerszene) wird begleitet von einer Instrumentengruppe. In dieser Szene führt die Bewegung. Die beiden Hauptfiguren werden von den Instrumentalisten beobachtet, und jede Bewegung wird begleitet. Die Rhythmen und Klänge charakterisieren die Bewegung. Der Ausdruck der Bewegung wird durch die Musik unterstrichen.

Die zweite Szene folgt dem gleichen Prinzip. Für die Bewegenden wird jetzt besonders der Raum in die Gestaltung mit einbezogen. Es geht hier um das Erlernen der Bewegung des Gehens durch Vor- und Nachmachen. Bei den Musikern geht es um das Finden eines gemeinsamen Begleitrhythmus, der aus der Bewegung entwickelt werden muß, und um das Zusammenspiel der Instrumente mit Geppetto und Pinocchio.

In der dritten Szene liegt der Schwerpunkt auf dem Spiel in der Gruppe. Entwickelt wird die Szene aus einer Sprechcollage, die in eine Bewegungscollage überführt wird. Die Spieler wählen unterschiedliche Figuren aus der Commedia dell'Arte, z. B. Tänzerin, Harlekino, Jongleur, und charakterisieren diese durch Bewegung. Die dazu ausgewählte Musik sollte zur Gestaltung der Bewegung passen.

RAUM	BEWEGUNG	MUSIK	REQUISITEN
Kleiner abgegrenzter Raum vor der Wand	Pinocchio wird von Geppetto in den kleinen Raum gezogen und auf den Sockel gestellt	Schleifende Tongestaltung mit einer Lotosflöte Trommelschlag fürs Aufsetzen der Figur	Geppetto trägt alten Kittel Perücke Pinocchio trägt bunten Kittel, schwarze Hose
	G. schnitzt. P.s Gesicht: Augen, Nase, Mund, Arme, Beine G. zeigt mit entsprechenden Gesten, was er schnitzt P. reagiert und bringt G. ins Staunen	Die differenzierten Bewegungen von G. werden in Klanginstrumente übertragen Auch die Dynamik der Bewegung wird in das Klangspiel übernommen	P. erhält lange Nase P. erhält einen spitzen Hut
	Kopf und Körper	Mit Klangstäben begleiten	
	Augen aufschlagen und schauen Die Nase wächst	Cinellen anschlagen und reiben Tremolo auf der Trommel, auf dem Trommelfell reiben, mit einer Rätsche schnarren	
	Mund lachen Zunge herausstrecken	mit kleinem Becken mit Rätsche, Trommel oder Stimmlauten	
	Bewegungen der Finger P. greift nach der Perücke von G.	einzelne Töne auf Xylophonstäben Fingerspiel auf dem Trommelfell und Schlag auf die Trommel	

a) *Szenische Partitur zum ersten Bild: Pinocchio wird geschnitzt*

Bewegung und Musik als Anlaß zum Spielen 149

RAUM	BEWEGUNG	MUSIK	REQUISITEN
	G. zeigt P., wie man geht. Er macht die Bewegungen vor, P. ahmt ziemlich hilflos nach: Er hebt ungeschickt die Beine, kommt ständig aus dem Gleichgewicht	Die Bewegungen der beiden Spieler werden mit unterschiedlichen Instrumenten begleitet, z. B. Trommel und Xylophon Beide Instrumente müssen in ein Zusammenspiel kommen	Figuren wie oben
	P. bewegt sich immer sicherer und bewußter Er wird schneller, seine Bewegung wird gestaltet, sie wird ein Tanz	Sobald sich die beiden Instrumentalisten geeinigt haben, setzen weitere Instrumente ein, die vorher schon benutzt wurden und unterstützen den Tanz des P. Die Musik wird immer lauter und immer schneller und wird durch ein Tremolo auf allen Instrumenten beendet	
	Der Tanz wird immer ausgelassener P. wirbelt solange herum, bis er müde auf den Boden taumelt G. tritt zur Seite und geht in seinen Raum zurück P. schläft ein	Ein Schlaflied wird gesummt oder gesungen und mit Instrumenten begleitet Die Instrumente spielen „Nacht" und „Ruhe" als Übergang zum 3. Bild	

b) *Szenische Partitur zum zweiten Bild: Pinocchio lernt gehen* c.) Szenische Partitur zum dritten Bild: Pinocchio träumt seine Freunde

RAUM	BEWEGUNG	MUSIK	REQUISITEN
(Bild: Bunte Wand – Zirkusdekoration; P. träumt; Zuschauer)	P. liegt am Boden und schläft vor dem Trennvorhang Hinter der Trennwand bewegen sich seine Freunde: Sie rufen und zeigen Hände, Köpfe, Haare usw.	Entwickeln einer Sprechcollage über das Wort „Pinocchio"; freies Spiel mit Silben und Lauten des Wortes Allmählich finden sich alle zusammen zum Ruf: „Pinocchio!" Er kann mehrfach wiederholt werden	Die ausgewählten Figuren werden mit einfachen Requisiten ausgestattet: Tänzerin (Columbine): spitze Schuhe, Tüllrock Jongleur: Bälle, Plüderhose, Hut Clown: rote Nase, bunte Hosen und Kittel Pierrot: schwarze Plüderhose, weißes Gesicht, rote Rose Drehorgelmann: alter Spitzenvorhang und weiter Umhang Till Eulenspiegel: Seil und Zwerzipfelkappe usw.
(Bild: Unterschiedliche Raumwege der Figuren; Tänzerin; Clown; Zuschauer)	P. wacht auf und horcht auf die Geräusche und die immer lauter werdenden Rufe Er sieht die Köpfe seiner Freunde Die Figuren treten einzeln auf, treten vor den Vorhang und zeigen ihre Kunststücke P. beobachtet staunend und versucht die Kunststücke nachzuahmen Die ersten Versuche mißlingen P. nimmt Kontakt auf mit seinen Freunden		
(Bild: Schlußtanz mit Pinocchio; Tänzerin; Zuschauer)	Er wird von der Tänzerin zum Tanz aufgefordert: Sie nimmt ihn bei der Hand und tanzt mit ihm Im Schlußtanz tanzen alle mit P. wird immer müder und taumelt zu Boden und schläft ein Die Figuren verschwinden hinter dem Vorhang Die Tänzerin verabschiedet sich zuletzt	Das Spiel der Figuren wird mit Musik begleitet: Drehorgelmusik Die Figuren bewegen sich nach der Musik Geeignete Platte z. B. „Verwehte Klänge" Die Musik wird ausgeblendet	
(Bild: Die Figuren bewegen sich weiter; Pierrot; Jongleur; Eulenspiegel; Zuschauer)			

5. Szenen eines Bilderbuches als Anregung für Bewegungs- und Klangspiele

Im Zentrum der Geschichte „Swimmy" von Leo Lionni (Köln 1964, broschierte Sonderausgabe 1975) steht ein Schwarm kleiner Fische, die dieselbe Farbe haben – nur einer unterscheidet sich in der Farbe. Er schwimmt auch schneller. Das ist Swimmy. Der Schwarm kleiner Fische wird von einem schnellen, grimmigen, überaus hungrigen Thunfisch verschlungen. Nur ein einziger Fisch entkommt, das ist Swimmy. Er schwimmt aus der Ecke des Meeres hinaus ins weite weite Meer und entdeckt dort Wunder über Wunder.

Am Ende der Geschichte begegnet Swimmy wieder einem Schwarm kleiner Fische, die sich nicht ins weite Meer hinaustrauen, weil sie Angst haben. Swimmy überlegt und hat eine Idee: Er formiert alle kleinen Fische zu einem großen Fisch. Und nun schwimmen sie – in dieser Formation – hinaus ins große weite Meer.

Gestaltungsideen

a) Der Schwarm kleiner Fische im Meer
Alle Kinder bewegen sich als Fische frei im Raum. Jedes hat einen Klangstab eines Xylophons in der Hand und spielt dazu, wie es ihm einfällt. Swimmy hat dagegen einen Glockenspielstab. Er hat eine andere „Farbe" (Klangfarbe) und ein schnelleres Tempo.

b) Die kleinen Fische bilden einen großen Fisch unter Anleitung von Swimmy
Allmählich gleichen sich die Spielweisen aller kleinen Fische dem Spiel von Swimmy an, bis alle gleichmäßig spielen. Das gleichmäßige Spielen führt auch zu gleichmäßiger Bewegung. Als Variante kann jeder Spieler auch zwei Klangstäbe haben, dann wird das Angleichen im Rhythmus und in der Tonhöhe notwendig.

c) Der große Thunfisch frißt die kleinen Fische auf
Kinder mit Handtrommeln treiben den Schwarm kleiner Fische zusammen. Das Spiel der Trommeln wird immer lauter und endet mit einem gemeinsamen lauten Schlag auf die Trommeln. Dann hört man nichts mehr. Die Trommler haben bei diesem Spiel die kleinen Fische umzingelt. Jetzt geht die gesamte Gruppe unter gleichmäßigem Trommeln durch den Raum.

d) Swimmy begegnet dem Hummer, einer Art lebendem Schaufelbagger
Jedes Kind besorgt sich ein Instrument aus Holz: Bambusstangen, Vesperbrettchen mit Kochlöffel, kleine Holzkisten, Bretter und Holzstöcke, Klanghölzer, Holzblocktrommeln usw. Alle zusammen bilden einen langen Zug durch den Raum, auf den Flur und wieder zurück. Dabei begleitet sich jeder selbst und bindet sich doch in das gemeinsame Spiel ein, es entsteht ein „Klanghummer".
Variante: Anstatt Holz hat jedes Kind zwei Kieselsteine.

e) Swimmy sieht eine Qualle. Sie sieht aus, als wäre sie aus Glas und schillert in allen Farben des Regenbogens

Vielerlei Glasinstrumente stehen bereit. Gruppen von 3 bis 4 Kindern stellen sich jeweils mit denselben Glasinstrumenten zusammen. Eine Gruppe bläst auf Flaschen, eine Gruppe hat Flaschen, die mit Schlägeln angeschlagen werden, eine Gruppe hat Gläser, die wie Glocken angeschlagen werden, eine Gruppe reibt mit feuchten Fingern über den Rand von Gläsern, eine Gruppe läßt Murmeln in Trinkgläsern rollen usw. Swimmy geht mit seinem Glockenspiel von Gruppe zu Gruppe, stößt sie an. Die Klanggegenstände klingen, die Gruppe bewegt sich als Qualle langsam durch den Raum und kommt wieder zur Ruhe.

f) Swimmy durchschwimmt den Wald aus Meeresalgen, die auf bonbonbunten Felsen wachsen

Jedes Kind hat bunte Kreppapierbänder oder leichte farbige Tücher in der Hand und fühlt sich als Alge, bewegt sich leicht in der Strömung und singt vor sich hin, was ihm gerade einfällt. Es kann ein ausgehaltener Ton sein oder ein Singsang mit einem Fabuliertext.

g) Swimmy begegnet dem Aal, der unendlich lang ist

Alle Kinder schlängeln sich wie ein endlos langer Aal durch den Raum und singen lang ausgehaltene Töne oder pfeifen lang dauernde Töne. Oder jedes Kind besorgt sich ein Blasinstrument: einen Flötenkopf, einen Schlauch, eine Tröte, eine Lotosflöte, eine Trinkhalmoboe. Da jeder zu einem anderen Zeitpunkt atmet und einen neuen langen Ton spielt, hört sich das Klangbild wie ein endlos langer Aal an.

h) Das Meer

Eine große Kunststoffolie ist im Raum ausgebreitet. Auf allen vier Seiten stehen Kinder und bewegen die Folie, so daß der Eindruck von Meeresoberfläche entsteht. Dazu wird Musik abgespielt. Als Beispiel: das Vorspiel zu „Rheingold" von Richard Wagner oder Ausschnitte aus der symphonischen Skizze „La mer" von CLAUDE DEBUSSY.

Man kann auch selbst ein Klangbild „Meer" erfinden mit Papier, geblasenen Flaschen, geschüttelten und leise geschlagenen Blechen oder Becken, dies aufnehmen und dann zum Bewegungsspiel ablaufen lassen.

Die Arbeit an einem solchen Projekt kann sich über mehrere Wochen hinziehen. Man muß sich dazu viel Zeit nehmen. Die einzeln entwickelten Szenen können zu einer Gesamtgestaltung zusammengebunden werden. Während ein Kind die Geschichte erzählt oder vorliest, werden die Klang- und Bewegungsgestaltungen inszeniert. Ein solches Spiel kann man einer anderen Klasse oder den Eltern zeigen.

Literatur

Schwerpunkt: Rhythmik
Bünner, Gertrud/Röthig, Peter: Grundlagen und Methoden rhythmischer Erziehung, Stuttgart ³1979
Elementare Musik- und Bewegungserziehung und Rhythmische Erziehung im Elementarbereich, in: Der Übergang vom Kindergarten zur Grundschule. Frühpädagogische Förderung in altersgemischten Gruppen, Donauwörth ¹³1981, 205–230
Freudel, Elfriede: Durchbruch zum Rhythmischen in der Erziehung, Stuttgart ²1965
Glathe, B./Krause-Wichert, H.: Rhythmik. Grundlagen und Praxis, Wolfenbüttel 1978 ff.
Krimm von Fischer, Catherine: Musikalisch-rhythmische Erziehung, Freiburg 1978

Schwerpunkt: Tänzerische, musikalische, improvisatorische Aufgaben
Bannmüller, Eva: Neuorientierung der Bewegungserziehung in der Grundschule, Stuttgart 1979
Bergese, Hans/Schmolke, Anneliese: Schulwerk für Spiel – Musik – Tanz, Band 1: Singen und Spielen, Band 2: Tanzen und Musizieren, Wolfenbüttel 1951/52
Berzheim, Nora/Meier, Ursula: Aus der Praxis der elementaren Musik- und Bewegungserziehung. Singen – Tanzen – Musizieren, Donauwörth ⁴1982
Gaß-Tutt, Anneliese: Tanzkarussell 1, Boppard 1971
Haselbach, Barbara: Tanzerziehung, Stuttgart ³1978
Haselbach, Barbara: Improvisation, Tanz, Bewegung, Stuttgart 1976
Holzheuer, Rosemarie: Praxishilfen zur Musik- und Bewegungserziehung für Kindergarten und Grundschule, 1 Sensibilisierung, Arbeitsheft 7, Donauwörth 1980, 2 Gestaltung, Arbeitsheft 8, Donauwörth 1980
Modellversuch Rhythmik und Tanz in der Schule Remscheid im Bundesmodellversuch „Künstler und Schüler" – Primarstufe – 1978–1981. Eine Dokumentation, Redaktionsgruppe Grundschule (Hrsg.) 1981
Schmolke, Anneliese/Tied, Wolfgang: Rhythmik/Tanz in der Primarstufe, Wolfenbüttel 1978
Tauscher, Hildegard: Bewegungsspiele und getanzte Lieder, in: Musikerziehung in der Grundschule, Handbuch der Musikerziehung II, Berlin 1958

Schwerpunkt: Musikalische und bewegungsmäßige Gestaltung mit Texten/Gedichten
Holzapfel, B.: Rhythmische Bewegungsspiele entwickelt aus Kinderreimen, Wolfenbüttel 1978
Stöcklin-Meier, Susanne: Sprechen und Spielen. Alte und neue Wortspiele mit Fingern, Händen, Füßen, Schatten und Requisiten, Ravensburg 1980

Schwerpunkt: Szenisches Spiel, Schattenspiel, fächerübergreifende Spielideen
Amstutz, Siegfried: Schultheater 1, Schultheater 2, Schultheater 3, Bern 1976/1978/1980
Darstellendes Spiel in der Grundschule: Unterrichtspraktische Hilfen zum personalen Spiel, Ulm 1982, Unterrichtspraktische Hilfen zum medialen Spiel, Ulm 1981
Deutscher Bildungsrat: Die Eingangstufe des Primarbereichs, Band 2/1, Spielen und Gestalten; Gutachten und Studien der Bildungskommission Band 48/1, Stuttgart 1975. Darin: *Daublebsky, Benita:* Spielsituationen 117–150; *Calliess, Elke:* Spielendes Lernen 15–45; *Gabler, Hartmut,* und *Grupe, Ommo:* Bewegung, Bewegungsspiel und Sport 197–211
Jehn, Margarete und Wolfgang: Musikalische Spielzeugkiste, Lilienthal/Bremen 1979
Schmolke, Anneliese: Bewegungstheater, Wolfenbüttel 1976
Seidel/Meier, W.: Spielmacher – Spielen und Darstellen, Bd. I/1975; Szene – Spielen und Darstellen Bd. I/1975; dazu Lehrerband: Verlag Erziehung und Wissenschaft, Hamburg 1975
Spangenberg/Poppel: So einfach ist Theater, München 1979

Die Tänze der Kinder im Grundschulalter
Konsequenzen für den Musikunterricht

Helmut Segler

Einige Voraussetzungen sind vorab zu klären, die im Laufe der Abhandlung ausführlicher dargestellt und begründet werden.
  I. Die „Tänze der Kinder" sind nach ihrer Typologie zusammengestellt in der Sammlung „Klare, klare Seide. Überlieferte Kindertänze aus dem deutschen Sprachraum", hrsg. von F. HOERBURGER/H. SEGLER, Kassel 1962. Diese Typologie wurde durch neue Aufzeichnungen bestätigt (1979–1982) und ist in den Beispielen ergänzt worden (6. Auflage 1983). Auf diese Sammlung und die dort verwendete Typologie beziehe ich mich im folgenden.
 II. „Im Grundschulalter" meint Kinder, die in nicht altersgleichen Gruppen neben den Schulstunden auf Pausenhöfen und außerhalb der Schule auf Spielstraßen und Spielplätzen ihre Bewegungsaktionen mit Texten und Melodien in Gang setzen, ohne daß diese pädagogisch initiiert oder kontrolliert werden.
III. „Musikunterricht in der Grundschule" bedeutet unter anderem, daß der 45-Minutentakt für Lernprozesse jeglicher Art entweder zu kurz oder zu lang sein kann und daß neue Zeitgliederungen zumindest bedacht werden sollten, auch wenn sie nicht überall und sofort realisierbar sind.

I. Die Tänze der Kinder

Die Tänze der Kinder sind mit sehr genau tradierten, veränderten oder auch neu erfundenen sprachlichen und melodischen Mustern gekoppelt. Alle Bewegungshandlungen sind Partner- und Gruppenbeziehungen und ermöglichen soziale Identifikation und Ichstärkung, zumal unterschiedliche Geschicklichkeitsanforderungen gestellt werden. Erst aus dem Kontext der Aktionen werden auch die affektiv gesteuerten stimmlichen Aktionen in ihren Schwankungen verständlich. Eine „saubere" Intonation im Verständnis unseres rational gegliederten Tonsystems ist nicht notwendig, da Stimmgebung und Stimmführung die Resultate der Aktion sind und keine musikalisch isolierten Produkte darstellen. Außerdem stört eine durch Musikerziehung erreichte „ästhetische Bewußtheit" weder die soziale Handlung noch die auf diese Weise organisch richtig gestützte Atmung und Zwerchfellspannung. Die Stimme kann daher weiter ausgreifen, als sie bei der Einübung von vereinfachten Kinderliedern genutzt wird.
Da die Sinnlichkeit der unmittelbaren Erfahrung den Sinn der Handlung begründet und bestimmt, ergeben sich sehr viele Varianten, denn eine intensive Kommunikation ist beabsichtigt und auch möglich. Während aber die sprachlichen und melodischen Muster ständig neue Gestalt annehmen können – eine beste Form gibt es

nicht –, bleiben die Bewegungsabläufe relativ konstant und lassen sich auf wenige Typen zurückführen.

Einige Abweichungen:
- Solotänze sind nicht mehr beobachtet worden. Ein Mädchen dreht sich mit ausgestreckten Armen und Händen im Kreis und singt dabei: „Wer an meine Mühle kommt, der kriegt'n Katzenkopp" (Klare, klare Seide, Nr. 5, in einer Sammlung von 1941).
- Eine Bewegungsgeschicklichkeit mit ausgleichenden Hüftbewegungen ist bei den vielen Klatschspielen mit verschiedenen Klatschmustern zu beobachten (Typ. II, Nr. 11).

Ansonsten bleibt die Körperbewegung auf die räumliche Dimension beschränkt. Die Gruppe bewegt sich mit Handfassung im Kreis, begnügt sich aber nicht mit den üblichen „Kreisspielen" oder „Reigen" (Typ. III, Nr. 21 ff.), sondern agiert hier nach Zufalls-Spielregeln. Diese Tanzformen führen offensichtlich zu einem lustvollen dynamischen Raum-Zeit-Erleben. Es gibt drei beobachtete Formen, die eine womöglich uralte psychische Grundbefindlichkeit des Menschen beleuchten, nämlich den Spannungszustand zwischen der gesuchten Sicherheit – dargestellt in der Kreisbildung – und dem Einbruch des Zufalls als Glück oder Unglück in diese durch Handfassung bestätigte Gemeinschaft. Gleichzeitig liegt die „Ahmung" (FR. G. JÜNGER) einer sozialen Konfliktsituation vor:

- Wer ist der zufällig Auserwählte (Typ. III, Anhang Nr. 12 f.) – auch der erste wird durch Abzählvers bestimmt (Typ. I, Anhang Nr. 1–7).
- Wer ist der zufällig Übriggebliebene, der nach der als erster wieder beginnt (Typ. IV, Nr. 52).
- Wer ist der nicht schnell genug Reagierende und als ungeschickter „Ziegenbock" oder als „Pappschachtel" u. ä. zwar Gescholtene, aber sofort wieder in die Gruppe Aufgenommene (Typ. VII, Nr. 112). Diese Form verweist auf alte Hexentänze mit dem Teufel in der Kreismitte (vgl. Musik aktuell, Begleitheft 6 „Musik und Tanz", Kassel/Basel/London i. Vorb.).
- Manchmal noch tanzen die Kinder um ein einzelnes Kind in der Mitte herum, das je nach Text bestimmte Bewegungen ausführt oder auch erfindet, die von allen nachgeahmt werden (Typ. VIII, Nr. 126). Diese Form ist in Nord- und Süddeutschland nach den Beobachtungen nicht mehr sehr verbreitet.

Neben den Kreisformen gibt es die Tänze in der Reihe, in der Tanzgeschichte als „getretene Tänze" bezeichnet, und zu diesen gegensätzlich die Springtänze am Platz, die als Geschicklichkeitsbewegungen im Seilspringen und in den Gummispielen weiterleben (Anhang Nr. 20). Überhaupt: „Spiele sind zugleich uralt und ganz neu" (JÜNGER 1953, 15). Nach der Etymologie ist die Grundbedeutung von Spiel gleich Tanz, mit Vorwärts-, Rückwärts- und Seitwärtsschreiten verbunden, das auch zur Umkreisung werden kann. Bei NEIDHART V. REUENTAL bedeutet Spielstube noch Tanzraum. Zu den Reihentänzen gehören folgende bis heute beobachtete Formen:

- Ein Kind steht vor einer Reihe; beide bewegen sich abwechselnd vor und zurück und singen im Dialog eine Handlung, zu der je nach Tanzdauer weitere – zumeist lokal gefärbte – Strophen hinzugefügt werden. Die Reihe wird durch Namensnennung aufgelöst, bis ein Kind übrigbleibt und von vorne beginnt (Typ. V, Anhang Nr. 16 f.).
- Zwei Reihen stehen sich gegenüber und bewegen sich mit je einer gesungenen Strophe aufeinander zu und zurück (Typ. VI, Nr. 77 f.). Manchmal wird abschließend im Kreis getanzt.

- In der Reihe oder auch im Kreis sind außer einfachen Nachahmungen (Typ. VIII, Nr. 124) auch oft kunstvolle Pantomimen zu beobachten (Typ. IX, Anhang Nr. 18ff.).
- Schließlich bewegen sich die Kinder in einer langen Kette, wobei sich um ein einzelnes Kind eine Schnecke windet und wieder auflöst (Typ. X, Nr. 160).

Der 1962 zusammengestellten Typologie sind Seilspringen und Gummispiele hinzuzufügen. Während die Handbewegungen in den Klatschmustern sehr differenziert sind, bleiben die Beinbewegungen beschränkt auf Gehen, Hüpfen, Springen und Seitgalopp. Manchmal sind Discobewegungen zu sehen oder Bewegungen am Platz: vorwärts-seitwärts-rückwärts-ran – hoch-runter-zick-zack, auch Hacke-Spitze-hoch-runter und andere Kombinationen. In dem 16 mm-Film „Tänze der Kinder aus dem südlichen Niedersachsen" ist der Gefühlsausdruck der Kinder im Alter von 8 bis 12 Jahren zu erkennen; zugleich ist zu sehen und zu hören, wie der Bewegungsstil und die akustischen Äußerungen mit der Stimme, mit Händen und Füßen einander zugeordnet sind. Im Begleitheft sind Kommentar, die Texte der nach der Typologie angeordneten Beispiele und auch ältere Quellennachweise abgedruckt. Der Film ist leihweise oder käuflich in Göttingen zu beziehen.

Aus der folgenden Tabelle ist die Häufigkeit der beobachteten Tanzformen in verschiedenen deutschsprachigen Regionen und zu verschiedenen Zeiten – fast über 100 Jahre – abzulesen, obwohl die Sammlung „Klare, klare Seide" nicht die gesamte Quellenlage abdeckt. Die Akzente werden aber aufgrund der typologischen Auswahl deutlich. Die Untersuchungen in Süddeutschland beziehen sich auch auf Regionen in der Schweiz und in Österreich.

Beobachtete Tanzformen	1960ff. Bezirk Braunschweig Anzahl – Var.		1980f. Norddeutschland Anzahl – Var.		1982 Süddeutschland Anzahl – Var.		1897–1939 Klare Seide Anzahl
Tänze zu 2	2	–	1	1	3	2	11
Klatschspiele Typ. II	3	3	37	76	29	(124)	–
Kreisformen Typ. III/IV/VII	21	14	15	21	11	16	(63)
Reihenformen Typ. V/VI	10	16	20	(46)	13	11	18
Nachahmungen/ Pantomimen Typ. VIII/IX	2	2	5	2	1	–	(34)
Lange Kette Typ. X	1	2	1	–	1	1	5

- Obwohl seit 1960 nur in einer begrenzten Region mit den Beobachtungen begonnen wurde, ist die Zunahme vor allem der Klatschspiele auffällig. Es ist erwiesen, daß mit der Ausweitung des Beobachtungsraumes nur die Anzahl der Varianten wächst, nicht die der Tanzformen. Diese Tatsache belegt für alle Formen die Lebendigkeit der Aktionen, vor allem die der Klatschspiele in Süddeutschland. Daß bei diesen die Begegnung mit Gastarbeiterkindern aus Spanien und Italien eine Rolle spielt, ist an sprachlichen Floskeln durchaus zu erkennen, aber insgesamt wird der Informationszuwachs durch Rundfunk, Fernsehen und Ferienaufenthalte ebenso einflußreich sein. Erst weitere Aufzeichnungen in europäischen Regionen werden genauere Hinweise bringen (1984f.). Bisher kann nur

gesagt werden, daß bei ersten Beobachtungen in Skandinavien, Holland, Belgien und England (1983) ebenfalls die Häufigkeit der Klatschspiele mit ihren aktuellen oder Nonsensreimen und rhythmischen Melodiebildungen auffällt (vgl. II).
- Tänze im Kreis werden nicht mehr so häufig praktiziert, während sie noch in der Zeit vor dem Zweiten Weltkrieg den größten Anteil hatten. Desgleichen sind Tänze mit Nachahmungen und Pantomimen offensichtlich nicht mehr so beliebt.
- Reihenformen hingegen werden besonders gerne in Norddeutschland getanzt und verweisen auf die Tanzgeschichte im nordeuropäischen Raum. Leider sind bisher Beobachtungen in Osteuropa nicht möglich gewesen. Einige ältere Sammlungen beziehen sich auf Sachsen, Schlesien und Pommern (s. Klare, klare Seide, 192).

II. Der Altersbereich der Grundschule

„Angeblich ist das, was Kinder treiben, nichts anderes als Spiel und unterscheidet sich grundsätzlich von dem, was die Erwachsenen tun. Die einzelnen Kategorien des Kinderspiels sind aber in Wahrheit mit ähnlichen Erscheinungen im Tun der Erwachsenen eng verknüpft und müssen mit diesen im Zusammenhang betrachtet werden."

So schrieben bereits 1962 die Herausgeber der Sammlung „Klare, klare Seide", (3). Und weiter im Nachwort:

„Allzuleicht ist man geneigt, bei den Kindertänzen von ‚gesunkenem Kulturgut' zu sprechen, indem die Kinder übernommen hätten, was die Erwachsenen abgelegt haben. In Wirklichkeit handelt es sich offenbar nicht um eine zeitliche Aufeinanderfolge, sondern um eine ursprüngliche Gleichzeitigkeit. Die Erwachsenen haben vergessen, was die Kinder als die besseren Konservatoren weiterpflegen und weitergeben" (171).

Inzwischen wissen wir noch mehr durch die Aufarbeitung der „Geschichte der Kindheit", die seit 1975 in mehreren deutschsprachigen Publikationen vorliegt (s. Literatur). Auch die neuere Entwicklungspsychologie widerspricht genauso wie die vorliegenden Beobachtungen der tanzenden Kinder den Theorien von den Entwicklungsphasen und eingegrenzten Altersstufen, die früher „allzusehr die Ähnlichkeit zwischen Individuen einer Altersstufe und zuwenig die Unterschiede gesehen haben" (OERTER 1982, 81). Auch WIECZERKOWSKI spricht von „entwicklungspsychologischen Etikettierungen, die in einem gewissen Ausmaß verhaltensbildende Kriterien sind" (1982, 32).

In unseren Schulen hingegen sitzen immer noch die Gleichaltrigen in isolierenden Klassenräumen zusammen, und Pädagogen wundern sich, daß es zumeist – ohne Rücksicht auf vielleicht gerade interessante Lernvorgänge – mit dem Klingelzeichen nur noch heißt: „Raus!" Auf jeden Fall ist festzustellen, daß Kinder mindestens bis zum Alter von 12 Jahren nicht immer unter Gleichaltrigen sein wollen. Die jüngeren lernen von den älteren und umgekehrt. Die Bewegungsaktionen werden bereits behindert, wenn der Tradierungsprozeß durch die Absonderungen in Grundschule und Orientierungsstufe unterbrochen wird. Da die Aktivitäten der Mädchen altersmäßig auf diesem Gebiet länger anhalten, sind sie die besseren Überlieferer eines geschlechtsspezifischen Rollenverhaltens, das die Jungen ebenfalls praktizieren, indem sie die gemeinsamen Tänze nach der Grundschulzeit als „Weiberkram" bezeichnen.

Genauer ist durch Fragenbogenerhebungen und Intensivinterviews der Kontext der sozialen Interaktionen dargestellt (BATEL 1984), und zwar in bezug auf die „Orte des Kennenlernens", auf „Vermittlungspersonen", „bevorzugte Spielorte, Spielgruppengröße und -zusammensetzung" und in bezug auf „Geschlecht der Altersgruppen" (Teil II der Untersuchung). Teil I beschreibt die angeführten Tanzformen einschließlich der Sprachmuster und Melodietypen (SEGLER u. a. 1982).
An dieser Stelle können daher Beispiele aus Teil II zusammengestellt werden. Selbstverständlich sind die Texte der „Pausenhof- und Straßenpoeten" nicht pädagogisch überarbeitet oder gar „gereinigt". Auch die Melodien sind im Originalton notiert. In der Eigenkultur der „Grundschulkinder" sind schon Fertigkeiten und Fähigkeiten belegbar zu erkennen, die eine ganz andere Basis für Musikunterricht abgeben, als sie von einer überholten Entwicklungspsychologie und „kindgemäßen" musikpädagogischen Ideologie bestimmt wird (vgl. III).
Die ernste Sorge, mit der seitens der „Erzieher" der Wandel betrachtet wird, dem das Spiel der Kinder angeblich im Zuge von Technisierung und Industrialisierung ausgesetzt ist, gehört zum allgemeinen pädagogischen Jammerton. Man stelle sich vor, es gäbe keinen Wandel mehr. Die Frage ist nur, ob nicht endlich in einer anbrechenden postindustriellen Zeit auch unser Schulsystem reif für einen Wandel ist. Die Beispiele sprechen jedenfalls dafür, aber es ist nicht einfach, das komplexe Sachgebiet zu systematisieren und mit rationalem Denkgewicht zu belasten.
Die „aktuellen" Abzählverse zur Eröffnung vieler Spiele und mancher Tänze werden hier nicht angeführt. Jeder möge sich selber informieren und hinhören – wenn er darf. 77 Verse sind in Teil II der Untersuchung aufgezeichnet worden, in Norddeutschland waren es 71. Lesebuchverse sind kaum dabei, denn das wirkliche Leben unterscheidet sich erheblich von dem in der Schule. Deshalb werden Schule und Lehrer/innen gerne parodiert und Erwachsene überhaupt bis in die intimen Betätigungen aus autoritätsloser Perspektive beobachtet und in eigene Sprache „zurechtgebogen" (BORNEMANN).
Nun zu den Beispielen: Es gibt zweitaktige Melodieformeln, zu denen in ihrer Aneinanderreihung sehr viele verschiedene Texte gesungen und zu Klatschspielen verwendet werden. Diese Partnertänze sind erst seit etwa 30 Jahren besonders beliebt, und es ist verständlich, wenn Melodieformeln aufgegriffen werden, die seit langer Zeit sozusagen in der Luft liegen – wie wir sehen werden. In speziellen Textsammlungen sind Kinderreime untersucht und interpretiert worden, um die Sprachfantasie der Kinder nachzuweisen und gesellschaftliche Hintergründe aufzudecken. Melodien blieben bisher meist unbeachtet.
Beispiel A – Melodieanlauf und Aufschwung zur Quarte oder großen Sexte: (Klatschspiele – Typ. II – Nur Mädchen.)

Texte zu Beispiel A

1 Bei Müllers hats gebrannt brannt brannt – 32 Varianten Nord u. Süd. Dabei auch Nonsensverse wie: Wo lore hiko si si si, oder: Mirako wento si si si
2 Als Susi noch ein Baby war – 28 Varianten
3 Mein Mann der fuhr zur See – 10 Varianten

Die Tänze der Kinder   159

4 Wir sagen no no no – 5 Varianten
5 Du dumme Fliege – 5 Varianten
6 Say say say Senorita olé – 11 Varianten, Typ III, im Kreis

Leicht ist zu erkennen, daß es sich um eine Melodieformel, um ein Grundmodell handelt, nach dem sowohl Gassenhauer, sogenannte Volkslieder, politische Lieder und sogar Fugenthemen „erfunden" werden.
Einige Beispiele zum Vergleich:

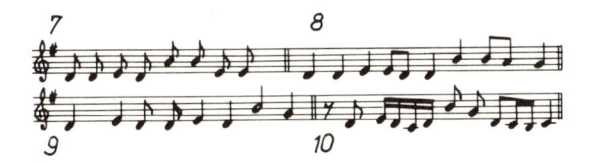

7 Umgesungenes Couplet (Potsdam 1880, in: Richter o. J, 397)
8 Stehn zwei Stern am hohen Himmel (aus dem Odenwald 1884, in: Bruder Singer, 153)
9 Es zittern die morschen Knochen (NS-Kampflied, in: Junge Gefolgschaft, I/12, 1938)
10 J. S. Bach, Fugenthema aus dem „Wohltemperierten Klavier", Cis-Dur.

Beispiel B – Nach einer „neuen" Melodie – „Rock around the Clock" von BILL HALEY –, die aus der Fernsehwerbung bekannt ist, wird der „Dracula-Song" mit parodistisch-makabren Versen zu einem Klatschspiel gesungen, das auch zu Dritt praktiziert wird und gewisse Geschicklichkeit voraussetzt (s. auch „Musikpädagogische Forschung", Band 3, 195 f.):

Zu den unterschiedlichen Klatschfiguren sind bei lockerer Schulterbewegung auch ausbalancierende Hüftbewegungen zu beobachten. Die große oder kleine Terz in der Melodie wird nicht immer deutlich artikuliert, kann aber bereits von 6jährigen „sauber" unterschieden werden. Der Text zur Melodie oben lautet:

- 1 2 3 4 Dracula
  5 6 7 8 Dracula
  9 10 11 12 Dracula
  Die Uhr schlägt 12 es ist Mitternacht
  Die Leichen sind vom Schlaf erwacht
  Ja da klappert das Gebiß
  Ja da klappert das Gebein
  Die Leichen tanzen im Mondenschein
  Und Dracula auf einem Bein
  Im Mondenschein (Freiburg, 1982).

Andere Versionen von insgesamt 32 Textvarianten:

- Es klappert sein Gebiß
  Die Toten spielen Gummitwist.
- Das ist der Pfarrer mit dem Mickyhemd
  Und alle Geister tanzen Dixieland."
- Frankenstein und Dracula
  Treffen sich bei C & A.

Beispiel C – Tanz in der Reihe – Typ. V –, Mädchen und Jungen.
Dieser Tanz wird in 3 Teilen besprochen.

Teil I, Melodien

Teil I, Texte

1 Vierzehn Tage sind vergangen, und der NN muß zum Militär.
   Er muß sich vor den Hauptmann stellen und seine liebe NN weinet sehr (Vechta, 1981).
2 Die vierzehn Tage sind vergangen, und NN muß zum Militär.
   Er muß sich vor den Hauptmann stellen und seine NN die weint so sehr (Essen, 1962).
3 Vierzehn Tage sind vergangen, NN muß zum Militär.
   Muß sich vor den Hauptmann stellen, seine Freundin weint so sehr (Ludwigsburg, 1982).
4 Zu Beginn andere Strophe und Melodie (Basel, 1982).

Kommentar zu Teil I

1 Auffällig sind die Dehnungen im formelhaften Melodieverlauf. Taktstriche zu notieren, ist nicht möglich, da die Akzente wechseln und jeder Schritt gleich gewichtig ist.

Die Tänze der Kinder 161

2 Die Melodieformel ist erhalten bis auf den aufschwingenden Schluß. Die Synkope ergibt sich aus dem spontan genannten Namen eines Mädchens aus der Gruppe. Im Gegensatz zu 1 sind hier Straffungen in der Zeitgliederung und betonte leichte Zeiten auffällig.
3 Die melodischen Formeln werden brav aneinandergereiht, aber trotzdem ist kein regelmäßiger Taktakzent festzustellen.

Teil II, Melodien

Teil II, Texte:

1 Und da kam er in die Stadt wo er seine Liebste hat
und er küßt sie auf den rosaroten Mund und sprach:
2 Und dann kam er in die Stadt wo er seine Liebste hat
und er küßt sie auf den rosaroten Munde:
3 wie 1, ohne „und sprach".
4 Und sie kamen in die Stadt wo er seine Liebste hat
und sie küßten sich auf rosaroten Mund:

Kommentar zu Teil II

1–4 Überall werden diese Mittelteile streng im Takt gesungen und auch in der Bewegung fast marschmäßig ausgeführt.
2 Die Melodische Formel ist ausschwingend verändert bis zu dem Aufschwung am Schluß (s. auch I,2).
3 Der Marsch ist hier noch straffer formuliert.
4 Die Melodieformel wird weich und im Takt aneinandergereiht. Sonst wie 1, aber ohne Punktierung.

Teil III, Melodien

Teil III, Texte

1 Ach Liebste weine nicht, dein Schatz vergißt dich nicht.

Er muß zum Milimilitär und das fällt schwer, komm her!
2 Ach Liebste weine nicht, dein Schatz vergißt dich nicht.
Er muß zum Milimilitär und kommt nicht mehr.
3 Ach Liebste weine nicht, dein Schatz vergißt dich nicht.
Er muß zum Milimilitär und das ist schwer.
4 Oh NN weine nicht, dein Schatz vergißt dich nicht.
Er muß zum Milimilitär und das ist schwer.

Kommentar zu Teil III

Jetzt wird es in Sprache und Melodie ausgesprochen wehmütig, und auch die Bewegungen wechseln in eine weichere Gangart. Ironie ist in den Gesichtern zu lesen und in der Stimmgebung entsprechend ausdrucksstark. Der Ausgriff in die Subdominante (1) und Mutation (2) sind neue Elemente im melodischen Verlauf. Die Herkunft der Melodie ist unverkennbar ein beliebter Saufreim: „ Wenn das so weitergeht ein ganzes Jahr...", Berlin 1931 (RICHTER o. J., 320).

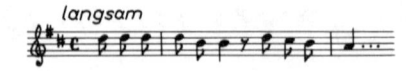

„Ein inzwischen weit verbreitetes Handlungsmuster mit vielen Varianten ist der dialogische Gesang in Verbindung mit Körperbewegungen am Platz. Ein Vorsänger und gleichzeitig Vortänzer ist der ‚Angeber'... Die Stimmgebung geht bis an die Grenzen in Tonhöhe und Lautstärke, verschwindet aber auch zum nicht mehr Hörbaren" („Musikpädagogische Forschung", Band 3, 197; s. auch „Neues Handbuch der Musikwissenschaft", Band 10, 322f.). Dieser Song „Ein Fahrradlenker" u. ä. wird im höheren Alter (12) fast nur von Jungen praktiziert.

Zusammenfassung

In den Tänzen der Kinder neben und außerhalb der Schule sind „Musik – Bewegung – Sprache" eng miteinander verflochten, wobei das eine Phänomen jeweils die Steuerung der anderen übernehmen kann. Eine große Rolle spielen dabei die psychische Gestimmtheit der einzelnen Tanzpartner und die Kommunikationslust einer Gruppe. Hinzu kommt ein während der Schulstunde oder während des ganzen Vormittags gedrosselter Energieüberschuß, der sich in Bewegungen aller Art – auch akustisch – entladen will.
In den Beispielen A 1–6 sind Bewegungsimpulse und Berührungsbedürfnisse vorrangig. Musik und Sprache hingegen bleiben formelhaft und kurzatmig.
Im Beispiel B scheinen alle drei Phänomene gleich gewichtig zu sein: die rhythmische Musik steuert den Bewegungsablauf mit unterschiedlicher Intensität – Einleitung, Klatschbeginn –, aber auch die Sprache, die sich zwar der gegebenen Musik unterordnet, ist bedeutsam vor allem wegen der Offenheit für fantastische Kombinationen von Reimen auf die gegebene Dracula-Formel mit klapperndem Gebiß und Gebein.
Das Beispiel C lebt hauptsächlich von der Kommunikationslust der jeweiligen Gruppe und bietet daher besonders die Möglichkeit zur Kontaminationsbildung, d. h. die musikalische und textliche Gestaltung greift – falls Zeit vorhanden – allerlei „Anbinder" auf. Auch Umstellungen oder Auslassungen von Strophen

Die Tänze der Kinder 163

kommen vor. Wichtig ist aber, daß der einzelne in der Zeit *existiert* und nicht nur Zeit nutzt und verbraucht oder gar sich langweilt. Die Teile des hier angeführten Beispiels mit Varianten sind nicht einheitlich in der Formung, sondern verweisen sowohl auf das Vergnügen, das in der Abwechselung liegt, als auch auf den unterschiedlichen Umgang mit melodischen und sprachlichen Formeln. Für I/2 ist der betonte Auftakt auffällig als Schwungholer, um die weiteren Tanzschritte nicht nur mit dem Körpergewicht zu belasten, sondern diesem entgegenzuwirken – ganz allgemein ein Kennzeichen guter Tanzmusik.

Die Kenntnisnahme der neuartigen Gegenstände, die bisher weitgehend nutzlose und unernste Tätigkeiten bedeuteten, sollte aber nicht dazu führen, sie zum pädagogischen Material zu vernutzen oder sie zu Tänzen „für Kinder" zu choreographieren und an Elternabenden auf eine Bühne zu stellen. Nicht die Mittel machen den Tanz – der Wille zum Tanzen ist entscheidend. Musikunterricht – um zum letzten Abschnitt überzuleiten – kann also nicht allein von der Musik ausgehen, auch das Lebensgefühl und eine vitale Lebensform spielen eine ausschlaggebende Rolle für das Heranwachsen und sind gewiß wichtiger als das brave Sitzen auf den Schulstühlen oder ein Sichbewegen auf Pädagogenbefehl oder auf Befehl einer Musik. Musiklernen ist mehr als nur „Musik" lernen.

III. Konsequenzen für den Musikunterricht

Die Konsequenzen für Musikunterricht in der Grundschule – falls er überhaupt oder als spezieller Fachunterricht stattfindet – ergeben sich aus dem Wissen um die gegenwärtige historische Bedingtheit von Schule und Musik und aus dem Wissen um die Realität, in der Grundschulkinder neben der Schule leben, singen, tanzen und spielen und – weinen (DE MAUSE). Außerdem sollte die Frage, warum Musik in der Schule unterrichtet wird, stets neu gestellt werden, vor allem dann, wenn Musik zum undiskutierten oder undiskutierbaren Vehikel einer mit Transzendenz begründeten Macht deklariert ist, wenn also der Bereich der Erfahrung überschritten wird in den eines Glaubens oder wenn pädagogisches Gerede von Persönlichkeitsbildung und Humanitätsentfaltung durch Musik einfach als Stereotyp hingenommen wird.

Die Begründungen für Musikunterricht sind nüchterner und realistischer zu formulieren. Ein funktional-kritischer didaktischer Ansatz geht z. B. im Gegensatz zu einer Bewahrdidaktik – von einem erweiterten Musikbegriff aus, ohne eine ausschließende Vorauswahl und Vorentscheidung über den Gegenstand Musik zu treffen; denn:

● Die Beispiele aus der Eigenkultur der Kinder zeigen, daß diese viele Möglichkeiten haben, ihre Körperinstrumente – Stimme, Hände, Füße – zu nutzen. Das Kennenlernen und Ausprobieren von Klanggeräten ist dann als Organverstärkung erfahrbar und macht instrumentales Musizieren anschaulich. In bezug auf die klassischen Elemente unserer Musik – Melodie, Harmonie, Rhythmus – sind Grundschulkinder weder biologisch festgelegt, noch entsprechen sie biogenetischen Gesetzen.

- Der relativ offene Zugang zu den durch Medien und Ferienreisen bekannten „Musiken" (BLAUKOPF 1982) einschließlich der Erfahrungen mit der eigenen „Tanzmusik" ist zu erhalten und nicht zu vermauern durch eine pädagogisierte Kindermusik mit ihren versimpelten Formen „für Kinder".
- Kinder im Grundschulalter sind auch offen für „moderne Musik" oder Avantgarde, solange sie nicht unter Meßwerten wie Zensuren und Versetzungsqualifikationen die traditionelle Melodik und Harmonik einseitig lernen müssen. „Kinder sind sich der Probleme, die Erwachsene in die zeitgenössische Musik hineinprojizieren, nicht bewußt" (HENZE 1981). Jeder Lernbefehl engt ein und bedeutet gleichzeitig Lernverbote.
- Musikmachen oder sogenanntes „Musizieren" – wie die heiligen Engelein – ist dann falsch angesetzt, wenn es als Ersatz für andere Erfahrungen oder gar in Konkurrenz zu diesen z. B. pädagogisch verordnet wird, weil eine besondere Begabung vorzuliegen scheint. Es gibt das „Drama des begabten Kindes" (MILLER, 19), das unter dem Druck schuldhaften Lernens steht. Auch auflockernde pädagogische Spielereien machen Kinder oft zu Spielzeugen und schließlich doch zu Lernerfolge produzierenden Objekten.
- Ein Interessenschwerpunkt in Musik – Bewegung – Sprache sollte freiwillig gewählt oder sich in selbst organisierten Formen vollziehen. Improvisation z. B. ist nur in „angstfreier Atmosphäre" möglich. „Sie verlangt Sicherheit und Freiheit von Furcht" (KELLER 1980, 64). In unseren öffentlichen staatlichen Schulen mit 45-Minutentakt der Unterrichtsstunden und der systembedingt herrschenden strukturellen Gewalt sind andere Organisationsformen nicht leicht durchzuführen. Lehrer können sich aber zusammentun und bei einem aufgeschlossenen Schulleiter durchaus Veränderungen im Stundenplan und der zeitlichen und räumlichen Organisation bewirken. Zu bedenken ist auch die Organisation klassenübergreifender Lerngruppen, damit nicht immer Gleichaltrige und einige Sitzenbleiber beisammen sind. Da es die größten Unterschiede in bezug auf soziales Verhalten, Lerngeschwindigkeit und Lernkapazität unter Gleichaltrigen gibt, ist die Gliederung nach Jahrgängen und in Klassen historisch längst überfällig. Wenn dann noch über 20 Kinder in einer Klasse beisammen sind – bisher waren es 30 und mehr bei einer idealen Lerngruppe von 12 –, sind die Lehrkräfte auf Domestikationsmethoden angewiesen, um „Ordnung" zu halten und eine Klasse mit „ihren" Kindern zu formieren. Oft geschieht das immer noch durch gemeinsames Singen bangloser, fröhlicher Lieder. Differenzierung – auch im Musikunterricht – ist wichtiger als eine pädagogische Gemeinschaftsideologie. Außerhalb der Schule gibt es genug Identifikationsmöglichkeiten und Ichbestätigungen, wie an den Bewegungsaktionen zu erkennen ist.
- Ein Beispiel für Stimmaktionen, das den Musikbegriff bereits erweitert, sei hier angeführt. Andere Ergebnisse in „Musikpädagogische Forschung", Band 5.

In einer 4. Klasse, aufgeteilt in zwei Interessengruppen, wurde der Schwerpunkt „Produktionen mit der Stimme" gewählt. Als Vorübung dienten zwei Beispiele aus „Musikbuch Primarstufe B" (SCHROEDEL), S. 3 u. 19, außerdem Tonaufnahmen mit Gesängen auf dem Pausenhof, so daß der relativ freie Einsatz der Tonhöhen „hoch – mittel – tief" durchaus

Die Tänze der Kinder 165

geläufig war, denn hier sangen alle mit. Aber nun war offizielle Musikstunde, in der doch „sauber" gesungen werden mußte. „Wer den Ton nicht halten kann, ist doch unmusikalisch und darf nicht mitsingen", war die Reaktion in der Gruppe. Aber „wer ist musikalisch?" (s. S. 3, Musikbuch). Wir konnten darüber sprechen und machten „Unterricht über Unterricht" mit dem Ergebnis, daß alle ihre Stimme nicht nur ausprobieren, sondern als Hausaufgabe auch eigene Texte und Notationen erfinden wollten, so wie sie sie als Grafik kennengelernt hatten. Ein eigenes Liederbuch sollte angelegt werden. Die Einstudierungen wurden von den jeweiligen Erfindern – in der Mehrzahl Mädchen – vorgenommen. Gemeinsam wurde die Deutlichkeit der Verlaufszeichen auf dem Papier und mit den Händen in der Luft und das Raum-Zeit-Problem anhand einer Zeitleiste erarbeitet. Beispiel von einem türkischen Mädchen:

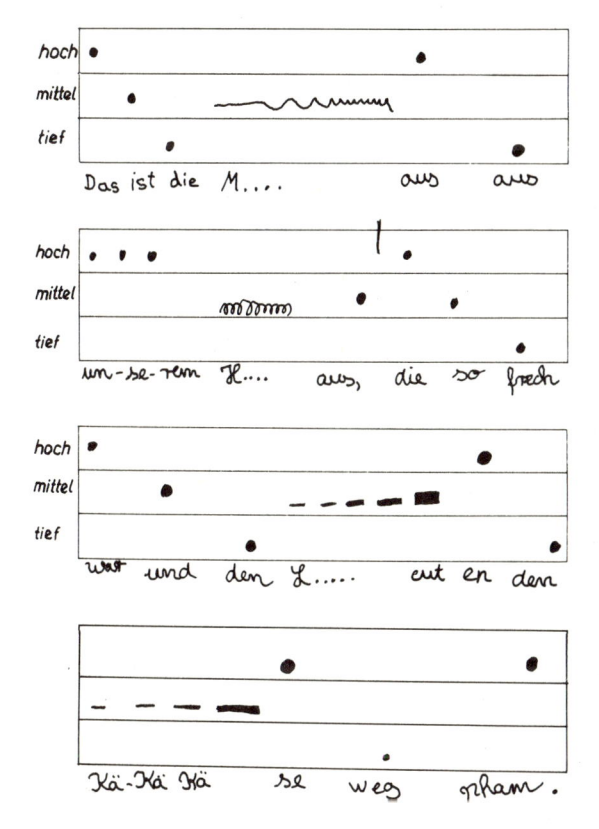

Für den bisherigen Musikunterricht in der Grundschule lassen sich – grob gesehen – etwa vier Positionen mit mehr oder weniger Überschneidungen feststellen: „Musikalische Grundausbildung" in Verbindung mit speziellen Musikschulen, „Musisch-kulturelle Erziehung" in einem allgemein orientierten Gesamtunterricht, „Musikalisches Kreativitätstraining" als musikalische Persönlichkeitsentfaltung und eine „Grundbildung durch Volksgesang" mit dem ideologischen Hintergrund eines gesunden Volkslebens.
Diese Konzeptionen bedeuten entweder eine frühzeitige Festlegung auf traditio-

nelle musikalische Inhalte mit Blick auf fröhliche Musikmacher und Musizierer, um gleichzeitig potentielle Repräsentanten eines angeblichen „Landes der Musik" zu entdecken und zu produzieren, oder sie bedeuten eine Unterforderung zugunsten einer nebulosen Volksbildung mit dem bekannten „Schatz gern gesungener Lieder" im Kopf und im Herzen. Gibt es alternative Lösungen?

- Nicht neue Inhalte, neue Methoden und Lernsequenzen oder strenge Lernzielangaben mit Lehrplanvorschriften – also ständige Lernbefehle – stehen im Vordergrund der Überlegungen sondern:
- Wichtig sind vor allem neue Einstellungen der Musiklehrer – nicht alter Musik-„Erzieher" – gegenüber dem Grundschulkind, das in seiner gegenwärtigen und zukünftigen Existenz wichtiger ist als die Musik und viel differenzierter mit „Musik" umgehen kann, als bisher angenommen wird. Es ist auch nicht darauf angewiesen, daß ihm Musik oder Musiktheorie schmackhaft gemacht wird. Wer lernen will, lernt auch das, was er lernen will.
- Um das vorhandene Lernpotential zu nutzen und Lernwillige zu provozieren, muß endlich unser Schulsystem so verändert werden, daß alle staatlichen und privaten Schulen zu Angebotsschulen werden, in denen die Lernorganisation befreit ist von bisherigen Reglementierungen. Mit einer solchen Veränderung verbunden ist die Neukonzeption der Lehrerbildung, die hier nicht behandelt werden kann.

Für Musiklehrer sollten Musiken immer Reflexionsgegenstand sein im Sinne gesellschaftlich vermittelter Materialbehandlung, Produktionsbedingungen, Absichten und Wirkungen. Welche Einsichten in einem solchen Zusammenhang für Kinder der Grundschule möglich sind, kann nur im speziellen Unterrichtsschritt entschieden werden.

Unberücksichtigt bleiben mit Absicht und in Konsequenz der beobachteten außerschulischen Bewegungsaktionen die unzähligen Unterrichtswerke und Lehrerhilfen, wie „Bewegungserziehung", „Rhythmische Erziehung", „Rhythmik in der Erziehung", „Rhythmisch-musikalische Erziehung", „Tänzerisch-musikalische Erziehung", „Tanzerziehung" – hoffentlich ist keine Gruppe mit ihren erzieherischen Ambitionen vergessen. Geredet wird ständig von der „Bildungskraft", von „pädagogischen Anliegen", vom Rhythmischen als „Erziehungsprinzip" und selbstverständlich auch von „Tanztherapie".

Therapisten gibt es inzwischen für jedes Wehwehchen und Strategen mit „Mut zur Erziehung" für jedes vorstellbare und eingebildete Defizit in der geistig-seelischen Entwicklung von Heranwachsenden. Viele Lehrer und Lehrerinnen – *selbst* pädagogische Produkte – finden in der totalen Erfassung der Kinder ihre Befriedigung und Selbstbestätigung. Das ist für die Grundschule besonders fatal, aber zum Glück zeigen die Kinder, daß sie neben und außerhalb der Schule trotz permanenter Erziehungsabsichten zu leben wissen.

„Mißverstandene Pädagogik beeinträchtigt die Freiheit auf mehreren Ebenen. Ihr Angriff wendet sich ... gegen die Möglichkeit der Primärerfahrung, indem er dem Menschen nur noch ein sekundäres System als Lebensraum zuweist; ... gegen das Reifwerden in der ‚Zeit', indem er darauf abzielt, den Menschen chronisch durch Erziehung zu beschlagnahmen" (KUPFFER 1980, 20).

Da kein eindeutiges „Anwendungswissen" des Musikpädagogen im Umgang mit Kindern möglich ist – das lehren die beschriebenen Beobachtungen und ersten

Erfahrungen –, können abschließend nur noch einige Fragen aufgeworfen werden, die nicht zu einer neuen Theorie führen sollen, sondern den Praktiker zur „Freiheit des Nachdenkens" anregen mögen. „Eine Einschränkung des pädagogischen Wissens auf instrumentelles Wissen kommt einem Angriff auf die Freiheit gleich" (KUPFFER 1980, 28).

- Muß Musik als soziale Tatsache und als soziale Aktion der Kinder zwangsläufig zu einer nur noch individuellen Tatsache der Erwachsenen werden, d. h. zu einer Musik, die auf Anhören im Konzert mit innerer Bewegtheit des einzelnen oder auf gelernte und gesteuerte kollektive Empfindungen reduziert ist?
- Zerstört notwendig werdende Differenzierung als übliches Kennzeichen des Erwachsenwerdens die sich vollkommen fühlende Existenz in der Zeit und zerstückelt diese, so daß sie durch Addition wieder zusammengefügt werden muß?
- Nach STRAWINSKY ist Musik das beste Medium, um Zeit zu verdauen und sie nicht – verstehe ich den Satz richtig – zu formieren, zu absolvieren und – Zeit ist Geld – zu numerieren, um sie ständig zu verlieren? Ist „Zeit haben" Luxus und „keine Zeit haben" gegenwärtige Lebenswirklichkeit?
- Ist das Musikmachen oder „Musizieren", verbunden mit einem Versinken in der Zeit, vielleicht ein Ausweg oder nur Kompensation? Ist deshalb der Begriff Musizieren so inflationär verbreitet, ob als „schulisches Musizieren", als „Laienmusizieren", als „Jugend musiziert" oder als öffentliche Anregung zum Musizieren in der „Musikdose" des ZDF?
- Existiert nicht Rockmusik (als eine spezifische Ausdrucksweise von Jugendkultur) als soziale Aktion außerhalb der Schule und ist sie nicht gefährdet durch eine Rockmusikdidaktik? Kann in unseren Schulen mit der altersgleichen Klassenorganisation der junge Mensch überhaupt eine soziale Bestätigung erhalten? Und wird nicht Rockmusik zumeist versimpelt und verfälscht, weil kaum ein Können vorausgesetzt wird, das doch zu jedem Spiel gehört? Warum wird die Fluchtbewegung in andere Formen sozialer Identifikation – gesteuert von allerlei „Seelenfängern" – immer stärker?
- Ist nicht anzunehmen, daß durch eine Veränderung unseres Schulsystems zwar nicht die Gesellschaft verändert werden kann, daß aber vielleicht durch damit verbundene Folgerungen für den Musikunterricht von der Grundschule an und noch früher neue Perspektiven entstehen könnten?

Musikunterricht in der Grundschule ist nicht isoliert von anderen Schulstufen und Schulformen zu sehen. Ohne die soeben aufgeworfenen Fragen restlos beantworten zu wollen, lassen sich doch bestimmte Denkvoraussetzungen für Musikunterricht formulieren:

- Die Entwicklung historischen Bewußtseins steht vor einem blinden Tun, das sich im Musizieren mit erzieherischer Mächtigkeit nur selbst bestätigt.
- Wichtig ist für den Schüler, musikalisch von der Hilfe des Lehrers allmählich unabhängig zu werden und für eigene Ziele und Interessen zu operieren, statt moralisierender Wertung ausgesetzt zu sein und sich verordneter Kultur zu unterwerfen.
- Musik ist nicht schulgemäß zu definieren, nicht als Grundschulmusik, Hauptschulmusik o. ä.
- Musikunterricht bedeutet auch reflexive Begleitung des Musiklebens und dient nicht in erster Linie sogenannter „großer Musik". Es bleibt ein kurzfristiger Schwindel, durch Musik die Wirklichkeit verändern zu wollen.
- Die musikalische Publizistik – besonders Lehrbücher, Didaktiken, Zeitschriften – sind nicht nur Mittel, sondern auch Gegenstände musikalischer Urteilsbildung.
- Wer Musik machen will – welcher Art auch immer –, darf daran nicht gehindert werden, aber abartig ist es schon, Grundschulkinder in einer „befreienden Atmosphäre" durch Musikunterricht domestizieren zu wollen, zu deutsch: „Die ungeordnete Zerstörung

musikalischen und musischen Erlebens (durch Rockmusik, Diskotheken und Walkman) ... in ihre Schranken zu weisen" (Zeitschrift für Musikpädagogik, Heft 17, März 1982, 17).

An jeder Musik und an den „Tänzen der Kinder" ist viel zu lernen.

Literatur

Baader, U.: Kinderspiele und Spiellieder, Band I: Untersuchungen in württembergischen Gemeinden, Band II: Kinderspiellieder und Abzählreime, Tübinger Vereinigung für Volkskunde e. V. Schloß, 1979
Batel, G.: Musik und Aktion. Auswertung einer Fragebogen- und Interviewerhebung über die Verbreitung von Kindertänzen in Süddeutschland, Österreich und der Schweiz, in: *Kleinen, G.* (Hrsg.): Musikpädagogische Forschung, Bd. 5: Kind und Musik, Laaber 1984
Behne, Klaus-E. (Hrsg.): Musikpädagogische Forschung, Band 3: Gefühl als Erlebnis – Ausdruck als Sinn, Laaber 1982
Blaukopf, K.: Musik im Wandel der Gesellschaft. Grundzüge der Musiksoziologie, München/ Zürich 1982
Bornemann, E.: Unsere Kinder im Spiegel ihrer Lieder, Reime, Verse und Rätsel. Studien zur Befreiung des Kindes, 2 Bände, Olten/Freiburg i. Br. 1974
Breckhoff, W. u. a.: Musikbuch Primarstufe B, mit Lehrerheft und Tonband, Hannover 1975
Dahlhaus, C./de la Motte-Haber, (Hrsg.): Handbuch der Musikwissenschaft, Band 10: Systematische Musikwissenschaft, Laaber 1982
deMause, Ll. (Hrsg.): Hört ihr nicht die Kinder weinen. Eine psychogenetische Geschichte der Kindheit, Frankfurt 1977; Originalausgabe: The History of Childhood, New York 1974
Elschenbroich, D.: Kinder werden nicht geboren. Studien zur Entstehung der Kindheit, Frankfurt 1977.
Enzensberger, H. M.: Allerleirauh. Viele schöne Kinderreime, Frankfurt 1961
Franz, K.: Kinderlyrik. Struktur, Rezeption, Didaktik. München 1979
Gstettner, P.: Die Eroberung des Kindes durch die Wissenschaft. Aus der Geschichte der Disziplinierung, Reinbek b. Hamburg 1981
Hengst, H. u. a.: Kindheit als Fiktion, Frankfurt 1981
Henze, H. W.: Pollicino, Schott Musiknachrichten 2/1981
Jünger, Fr. G.: Die Spiele. Ein Schlüssel zu ihrer Bedeutung Frankfurt 1953
Keller, W.: Musikalische Improvisation und Schallspiele mit Kindern, in: Holtheuer, R.: Musik- und Bewegungserziehung in Kindergarten und Grundschule, Bad Heilbrunn 1980
Kupffer, H.: Erziehung – Angriff auf die Freiheit, Weinheim/Basel 1980
Lorbe, R.: Die Welt des Kinderliedes. Dargestellt an Liedern und Reimen aus Nürnberg, Weinheim 1971
Miller, A.: Das Drama des begabten Kindes, Frankfurt 1980 (ST 950, 1983)
Oerter, R.: Moderne Entwicklungspsychologie, Donauwörth 1982
Richter, L.: Der Berliner Gassenhauer. Darstellung, Dokumente, Sammlung, Leipzig o. J.
Rühmkorf, P.: Über das Volksvermögen. Exkurse in den literarischen Untergrund, Reinbek b. Hamburg 1967
Rühmkorf, P.: agar agar – zarzaurim. Zur Naturgeschichte des Reims und der menschlichen Anklangsnerven, Reinbek b. Hamburg 1981
Segler, H./Kleindienst, D.: Tänze der Kinder im südlichen Niedersachsen. 16-mm Tonfilm, Institut für den Wiss. Film, Sektion Ethnologie, Film Nr. C1468, 34 Göttingen, Nonnenstieg 72
Segler, H./de la Motte-Haber, H./Feige, A.: Untersuchung und Filmdokumentation überlieferter Kindertänze, in: Behne, K.-E. (Hrsg.): Musikpädagogische Forschung, Bd. 3, Laaber 1982
Segler, H.: Einige Anmerkungen zur Geschichte der Kindheit und zur „Musik der Kin-

der/Musik für Kinder", in: Kleinen, G. (Hrsg.): Musikpädagogische Forschung, Laaber 1984

Segler, H.: Musik und Erziehung – ein fataler Irrtum? Historisch-kritische Anmerkungen zum Selbstverständnis eines Schulfaches, in: Kleinen, G./Krützfeldt, W./Lemmermann, H. (Hrsg.): Lehrerhandbuch 1980/81, Lilienthal b. Bremen 1981

Wieczerkowski, W.: Lehrbuch der Entwicklungspsychologie, 2 Bände, Düsseldorf 1982

Musikhören

Heinz Lemmermann/Rudolf Weber

I. Einführung

Im Gespräch mit Grundschullehrerinnen und Grundschullehrern haben wir häufig Zögern und Vorbehalte gegenüber dem Thema Musikhören in ihrem Unterricht bemerkt. In den Gesprächen wurde Unsicherheit deutlich, die gegenüber dem Begriff „Musikhören" besteht und aus der heraus sich unklare Vorstellungen von einem „richtigen Musikhören" ableiten. Man ahnt dunkel und befürchtet einen Anspruch hinter dem Begriff, einen Anspruch, dem man nicht mit dem gemeinsamen Nur-Anhören von Musik in der Klasse genügt. Deshalb ist zu Beginn unseres Kapitels das „Musikhören" allgemein zu bedenken und zu begründen, um Mißverständnissen, Einseitigkeiten und unnötigen Befürchtungen vorzubeugen. Die Überlegungen erfolgen unter 5 Gesichtspunkten:

1. Der Mensch als ganzheitliches Wesen;
2. Der prägende Zusammenhang zwischen Hören-Sehen-Denken;
3. Der Mensch als Individuum und Teil der Gesellschaft;
4. Musikhören als ein subjektives Ereignis;
5. Konsequenzen für einen elementaren Musikunterricht.

1. Der Mensch als ganzheitliches Wesen

In wissenschaftlichen Untersuchungen und sonstigen Darstellungen wird das Musikhören manchmal so beschrieben, als leiteten unsere Ohren Klänge und Geräusche zielstrebig zugehörigen Bereichen des Gehirns zu, damit sie dort, je nach Ausrüstung des Gehirns, mehr oder weniger sachgemäß verarbeitet werden. Daneben und ebenfalls kanalisiert werden andere Wahrnehmungen der Sinne, das Sehen und Tasten und Riechen usw. aufgenommen, weitergeleitet und wirksam.

Man zergliedert den Menschen gleichsam in einzelne, voneinander getrennte Funktionen, läßt aber dabei leicht vergessen, daß es sich hierbei nur um Hilfsvorstellungen handeln kann. Hilfen, die der Mensch gebraucht, um sich einzelne Funktionen seiner Wahrnehmungen erklären und vorstellen zu können.

Doch der Mensch ist ein einheitliches Wesen, eine Ganzheit, die *mehr* ist als die Summe ihrer Teile. Was auch auf ihn zukommt, ihn berührt, betrifft, beeinflußt, immer ist der ganze Mensch angerührt und betroffen.

Das „Mehr-Sein" als die Summe der Teile läßt sich z. B. beim Hören ahnen, wenn man erfahren hat, daß Klänge und Geräusche, die einen betreffen, die als Schallwellen auf den Körper (selten isoliert auf die Ohren) auftreffen, unsere Haut insgesamt berühren: Ein Schauer geht über den Rücken, Lautstärke kann schmerzen. Oder man hat erkannt, daß sich beim Hören von Musik sichtbare Vorstellungen einstellen, die sich in jedem Sprechen über das Gehörte unabweisbar niederschlagen.

Wir können an uns erkennen, daß wir durch Musik gleichzeitig physisch und psychisch beeinflußt werden. Sich dieser Zusammenhänge bewußt zu sein, ist für das Musikhören in der Schule ebenso wesentlich, wie die damit verbundene Erkenntnis, daß Musik ohne den Menschen, der sie hörend wahrnimmt, nicht existiert.

Eine Musik kommt erst im menschlichen Bewußtseins zustande, immer dann, wenn er sich mit Klängen und Geräuschen, die für ihn Musik sind, beschäftigt. Und die Musik kommt immer als Hörerscheinung zustande – sonst ist sie keine Musik –, gleichgültig, ob sich der Mensch Musik ausdenkt, erfindet, ob er ausgedachte Musik musiziert oder sich musizierte Musik anhört.

2. Der prägende Zusammenhang zwischen Hören-Sehen-Denken

Für das Musikhören ist der Zusammenhang von Sehen und Hören besonders bedeutsam, und zwar vornehmlich, weil das Denken entscheidend durch visuelle Eindrücke geprägt ist.

Das Vermögen, diese visuellen Eindrücke sichtbar festzuhalten, nämlich aufzuschreiben, hat unsere auf das Sehen gerichtete Sprache entstehen lassen. Sie war zunächst eine hörbare Möglichkeit, sich zu äußern und zu verständigen, die aber mit ihrer Niederschrift die sichtbaren Hinweise in ihr vorrangig verstärkte. Mit dem Schriftsystem, der Buchstabenschrift, das im Laufe der Zeit in unserem Kulturkreis entwickelt wurde, gelangte sie zunehmend zu einer Beweglichkeit, komplizierteste und sehr abstrakte Gedanken auszudrücken. Das ist als wechselseitiger Prozeß vorstellbar. Man konnte abstrakte Gedanken denken und ausdrücken, also entwickelte sich, entwickelte man sich ein Schriftsystem, das dem Denken und Ausdruckswillen entsprach.

Die Buchstabenschrift gliedert Sinnzusammenhänge, beispielsweise einen Satz, in einzelne Wörter. Wörter sind oftmals Begriffe, die Bedeutungsvielfalt beinhalten können, die in dem Satz nicht angesprochen ist, jedoch unausgesprochen mitschwingt.

Der Satz „Musikhören ist schön" klingt für den Musiklehrer anders als für den Geographielehrer, nicht nur wegen unterschiedlicher Situationen, die den Satz wie Hohn klingen lassen oder ihn zum Bekenntnis werden lassen können, sondern auch wegen der Bedeutungsbreite des Begriffs Musikhören, die mehr oder weniger zugänglich sein kann.

Doch Worte sind in der Schrift weiter differenziert, in Silben geteilt, die es in der Umgangssprache nicht gibt. Diese bilden sich aus Buchstaben, die völlig abgehoben vom anfänglichen Sinnzusammenhang der ausgesprochenen Sprache

sind. Buchstaben bringen die Vielfalt an Einzellauten der gesprochenen Sprache auf einen Nenner und somit zur Niederschrift. Mit diesem abstrahierenden System des Aufschreibens verbindet sich eine nahezu unerschöpfliche Weite des Denkens. Man erahnt sie mit der Formelsprache der Mathematik, Physik, Chemie und den Sprachsystemen von Computern.
In diese Abstraktionsverfahren und Denkmöglichkeiten ist auch Musik eingebunden.
Mit der Notenschrift, die man aufgrund der Erfahrungen mit Buchstabenschrift nach und nach in ihren heutigen vielfältigen Ausprägungen entwickelte (siehe LERNFELD Musiktheorie), abstrahieren wir ebenfalls musikalischen, nämlich hörbaren Sinn und setzen an seine Stelle sichtbare Notenzeichen. Das einzelne Zeichen der Notation kann in unvorstellbar vielen unterschiedlichen Sinnzusammenhängen erscheinen.
Diese Möglichkeit, Musik aufzuschreiben, hat im Laufe der Geschichte wiederholt den Trugschluß nahegelegt, Musik und Sprache einander gleichzusetzen. Doch der Musik fehlen die Begriffe mit ihrer am Sichtbaren orientierten, verhältnismäßigen Eindeutigkeit, sie läßt anderes aufklingen als Sprache.
Die Notation von Musik bildet stets nur annäherungsweise den gemeinten Klang ab. Dennoch hat das Notieren-Können von Musik weitgehende Konsequenzen für alle, die sich mit Musik befassen, die sich Musik ausdenken, erfundene Musik musizieren und auch für den Musikhörer. Vereinfacht beschrieben: Man kann nun lange dauernde, in sich komplexe, variantenreiche Musik erfinden, dadurch, daß man die zahlreichen Einzelheiten zusammenschreibt, zusammensetzt, also komponiert. Man kann diese Musik auch musizieren, weil man dem beschränkten Musikgedächtnis mit der Niederschrift eine Gedächtnisstütze anbietet und die Vielfalt der Musik aufschließt und entdeckt.
Letztlich dient die Notation auch dem Musikhörer. Wenn er den flüchtigen Klang in seiner Komplexität nicht restlos erfassen kann, wenn er Überhörtes vermutet, kann er Musik nachlesen, sich mit Hilfe der Notation an Musik erinnern, musizierte Musik überprüfen und die Konstruktion von Musik für sich erschließen, nämlich analysieren.
Bei allen Möglichkeiten, die hier angedeutet sind, hat aber das Notieren nur dann einen musikalischen Sinn, wird erst dann Musik, wenn der betroffene Mensch in der Lage ist, die schriftliche Aufzeichnung in ein inneres oder äußeres Klingen zu übertragen.
Wie die Notenschrift so ist auch unsere Umgangssprache – wie schon gesagt – weitgehend an unserer visuellen Wahrnehmung orientiert. Aber wir brauchen Sprache, um uns über Musik zu verständigen. Sprache hat nur wenige Wörter wie „laut-leise", mit denen ein akustisches Phänomen angemessen benannt werden kann. Fast immer benutzen wir Wörter wie „hoch-tief", die sich aus unserer sichtbaren Wahrnehmung ergeben haben. Sie werden im übertragenen Sinne bildhaft, metaphorisch verwandt. Sprachlich genau müßte es heißen: Es hört sich etwas wie hoch, wie tief an. Aber der verkürzte Sprachgebrauch ist so selbstverständlich geworden, daß erst das vermeintliche Unverständnis von

Kindern, die diese Klänge vielleicht eher als „hell-dunkel" oder „spitz-stumpf" benennen, uns das Indirekte des Sprechens über Musik bewußt werden läßt.

3. Der Mensch ist als Individuum Teil der Gesellschaft

Der Begriff Individuum weist mit seinem lateinischen Ursprung (individuum = unteilbar) darauf hin, daß der Mensch das jeweils unteilbar letzte Glied der Gesellschaft ist, daß aber auch Gesellschaft sich aus diesen Einzelwesen, den Menschen, bildet. Der Mensch wächst in der Gesellschaft zusammen mit anderen Menschen auf, er wächst in die Gesellschaft hinein, übernimmt geltende Normen und Verhaltensweisen. Das gilt auch für ihn als Hörer von Musik, für sein Hörverhalten und seinen musikalischen Geschmack.

Da es jedoch Gruppierungen innerhalb der Gesellschaft gibt, die sich erheblich voneinander unterscheiden, haben die Individuen einer Gesellschaft auch dementsprechend verschiedene Hörerwartungen und Hörerfahrungen. Sie sind geprägt in ihrem Hörverhalten, aber keinesfalls für alle Zeit festgelegt. Solange und sobald sie bereit sind, neue Erfahrungen zu machen – und das gilt besonders für Kinder und auch für Jugendliche –, können sie nicht nur erkennen, daß es verschiedene Vorlieben für Musik und verschiedene Arten Musik zu hören gibt, sondern sie sind in der Lage, ihnen unbekannte Musik kennen und anerkennen zu lernen, und sie öffnen sich der Möglichkeit, Musik neu und unter wechselnden „Gesichtspunkten" anzuhören.

Die Bereitschaft, die Individualität des anderen anzuerkennen, gilt für Lehrer und Schüler und für die Schüler untereinander gleichermaßen. Sie sollte dazu helfen, sich als Individuum und als Teil der Gesellschaft zu begreifen, einer Gesellschaft, die in ihren Gruppen durch ihre jeweilige Geschichte sich so oder so entwickelte.

Wenn der Lehrende sich in dieser Weise als Individuum entdeckt, neigt er nicht mehr leichtfertig dazu, sein musikalisches Vermögen, sein Hörverhalten und seinen Musikgeschmack den Schülern aufzudrängen. Er kann nun von den Schülern erfahren, wie vielfältig innerhalb einer Schulklasse Musik gehört und beurteilt wird. Vielseitiges Hören von Musik distanziert von der Annahme einer Hör Norm, von der behauptet wird, sie sei das *richtige* Musikhören.

Es gibt zahlreiche Untersuchungen, mit denen Hörverhalten und Musikvorlieben von Gesellschaftsgruppen ermittelt wurden. Man verfährt dabei meist so, daß durch Versuche und/oder Befragen festgestellt wird, wie eine Personengruppe sich für oder gegen bestimmte Musikstücke, die dann jeweils Musikarten repräsentieren können, entscheidet bzw. wie Musikstücke auf verschiedene Personengruppen wirken. Die Untersuchungen ergeben oft Übersichten, in denen die Häufigkeiten beschrieben sind und nach denen man erwarten darf, daß in der Regel sich die betreffenden Personen in bestimmter Weise beim Umgehen mit Musik, also auch beim Musikhören verhalten.

Lehrer können allerdings erfreut bemerken, daß in ihrer Klasse keine „Regelfälle" sitzen, sondern Individuen, deren vielfältige Musikinteressen einen ebenso vielseitigen Musikunterricht hervorrufen können, wenn man einander toleriert.

4. Musikhören ist ein subjektives Ereignis

Schallwellen erreichen mich, erregen meine Aufmerksamkeit, ich nehme sie als Musik wahr. Man hat mir in meiner Erziehung bedeutet, und ich habe in meiner Entwicklung erfahren, daß diese Schallwellen Musik sind.
Andere neben mir erreichen diese Schallwellen ebenfalls, und sie bestätigten mir, daß sie auch Musik hören bzw. gehört haben, aber wenn wir uns über die gehörte Musik unterhalten – soweit es unsere begrenzte Sprache zuläßt –, müssen wir bald feststellen, wie unterschiedlich unser Erkennen und Empfinden beim Musikhören ist. Die „objektiven" Schallwellen werden in uns zu subjektiver Musik. Dabei spielt unsere persönliche Situation im Augenblick des Musikhörens eine bestimmte Rolle. Vorausgegangene Ereignisse und Erfahrungen, die wir mit Musik machten, was wir beim Hören denken, fühlen und erwarten, wie wir zuhören usw., alles zusammen prägt unser persönliches Musikhören, läßt Musikhören zu einem subjektiven Ereignis werden.
Eine Musik an sich, ohne den Menschen, gibt es nicht. Sie wird immer erst im Subjekt Mensch zur Musik und ist somit Teil der Subjektivität des Menschen. Musik findet in der Zeit statt und bewirkt in uns einen Ablauf von Klangeindrücken, Empfindungen und Assoziationen. Das entspricht dem Fortlauf und Wechsel unseres Denkens und Empfindens.
Unser Gedächtnis ermöglicht es uns, zu erinnern und zu erleben, wie sich Klangerscheinungen wiederholen, verändern, einander ablösen. Dieser Prozeß des Musikhörens steht der Annahme gegenüber, eine Musik klinge uns insgesamt fröhlich oder traurig. Zwar verallgemeinern wir oftmals in dieser Weise, aber der Vielfalt musikalischer Abläufe werden wir damit keinesfalls gerecht.
Erst wenn ich in mir die Spannung aufbringe, den Ablauf von Klangeindrücken mitzuvollziehen, sie insofern in mein Bewußtsein zu rücken, beginne ich, der Musik zuzuhören.
Ich muß bereitwillig und offen sein, um Schallwellen in mir als Musik wahrzunehmen, die Musik in ihrem Ablauf, in ihrem Gliederungszusammenhang, in der Vielfalt ihrer Klänge und deren Bedeutsamkeit für mich auf- und nachklingen zu lassen.
Diese Spannung, Erregung, Faszination, die Musik in mir auszulösen vermag, bewegt mich am unmittelbarsten, wenn ich selber musiziere oder mir Musik ausdenke. Aufgrund zahlreicher Musikerfahrungen und dem damit verbundenen – erregenden, faszinierenden, spannungsreichen – Hören von in mir zustandekommender Musik gelingt es mir besser, entsprechende Spannungen auch beim Musikhören zu aktivieren.
Es nützt nichts, daß mir jemand von Spannung, von Gliederungszusammenhängen, von Klängen der Musik und deren Bedeutsamkeit usw. erzählt, wenn nicht die eigene Musikerfahrung mir das Erzählte verständlich macht. Das Wissen über Musik unterscheidet sich grundsätzlich von musikalischer Erkenntnis.

Musikalische Erkenntnis läßt sich nur im eigenen Vollzug musikalischer Erfahrung gewinnen und beruht letztlich immer auf dem subjektiven Ereignis Musikhören.

5. Konsequenzen für einen elementaren Musikunterricht

● Man kann sich in unterschiedlicher Art über und zu Musik äußern, da Musik nicht kanalisiert wird, sondern den ganzen Menschen betrifft.
Schüler können sich durch Bewegung, malerisch-zeichnerische und sprachliche Mittel untereinander und mit dem Lehrer über Musik verständigen, d. h. ein gegenseitiges Verständnis entwickeln. Die Fähigkeiten, sich in dieser Weise eigenständig auszudrücken, sind sehr unterschiedlich entwickelt. Das Schulsystem fördert vornehmlich die sprachliche und dabei wiederum die distanzierende „fach"-sprachliche Ausdrucksweise von Schülern, wobei andere Möglichkeiten, die etwa im Reimen, in Tanz, Pantomime, Theaterspiel, im Malen und plastischen Gestalten liegen, als außergewöhnlich gelten. Hinsichtlich des Umgangs mit Musik und besonders für das Musikhören muß unbedingt eine Vielfalt des Ausdrucksvermögens geübt und angewendet werden. Musik ausschließlich mit begrifflich-sprachlichen Mitteln darzustellen, setzt wissenschaftliche Spezialisierung voraus.
● Man kann Musik aufschreiben und benennen, das hat unsere Musikkultur wesentlich geprägt.
Geschriebenes und Benanntes läßt sich beim Wiederholen von Musik wiedererkennen und wiedermusizieren.
Der Wechsel zu anderen Ausdrucksweisen ist fließend. Je weiter man in einer Klasse zu sprachlicher Verabredung vordringt, um so genauer kann man sich auch begrifflich-sprachlich über Musik verständigen. Eine solche Genauigkeit läßt sich im Laufe vieler Musikerfahrungen gewinnen, doch sollte sie niemals zur bloßen Wissensvermittlung verkommen, die mit musikalischer Erkenntnis nichts gemeinsam hat. Begriffe zur Musik oder ihre Notation zu lernen ist sinnlos, wenn entsprechende musikalische Erfahrung und damit ihr musikalischer Sinn fehlen.
● Man kann unterschiedliche Vorlieben für Musik und dabei unterschiedliche Arten von Musik kennenlernen.
Der Lehrer lernt von den Schülern, die Schüler vom Lehrer und untereinander Unterschiede ihrer Musikvorlieben kennen bzw. die Musik, die sie nicht mögen. Sie stellen diese Musikstücke gegenseitig vor und versuchen sich zu verdeutlichen, woher das Verhalten kommt. Miteinander dehnen sie ihre Musikkenntnisse aus und beziehen die eigene Familie und Musik in ihrer Stadt oder Gemeinde mit ein. Wenn sie die Musik im Medienangebot ebenfalls beachten, können sie bald neben Geschmacksrichtungen auch feststellen, daß Musik Funktionen hat, daß manche Musik zu bestimmten Zwecken gespielt wird und daß es hierfür Gründe gibt, die für die entsprechende Musik wichtig sind, sie charakterisieren.

Bei sich selbst und anderen Personen läßt sich beobachten, daß der Geschmack je nach momentaner Stimmung wechseln kann. Neben den persönlichen evergreens, der Musik, die man verhältnismäßig gleichbleibend gerne hört, gibt es Musik, die man zu bestimmten Zeiten unterschiedlich bevorzugt oder ablehnt. Das kann sowohl an momentaner Stimmung als auch an der Bedeutung liegen, die die Musik für den Hörer hat. Daß sich Vorlieben auch ändern, läßt sich am eigenen Hörverhalten und anhand der Geschichte der Musik feststellen.

Befaßt man sich beispielsweise längere Zeit mit einer Musik, dann lernt man sie kennen und erweitert eventuell seine Neigung zur Musik.

Es gilt Toleranzen zu wecken. Man sollte Voreingenommenheit aufdecken und für neue Höreindrücke öffnen. Der Lehrer muß hierbei mit gutem Beispiel vorangehen und nicht – wenn auch nur indirekt – behaupten, seine Musik sei die allein gültige.

II. Zum Lernfeld Musikhören

DANKMAR VENUS stellt 1969 in seiner „Unterweisung im Musikhören" fest, daß die damals gültigen Richtlinien in einer Tradition didaktischen Denkens verharren, die der musikalischen Alltagssituation nicht mehr entsprechen. Für die Grund- und Hauptschule galt immer noch, „daß die vokale Reproduktion die für das Vorschulkind angemessene Form musikalischen Verhaltens sein (VENUS 1969, 9). Die Einseitigkeit dieser Bestimmung des Musikunterrichts ist besonders deutlich, wenn VENUS mit „fünf vorrangigen Verhaltensweisen gegenüber der Musik" den nötigen Anspruch des Unterrichts beschreibt. Das Hören von Musik nimmt dabei einen herausragenden Platz ein. Er unterscheidet die „Rezeption von Musik" als eigenständigen Unterrichtsinhalt vom allgemeinen Hören als *dem* Grundverhalten zur Musik, das „als die Voraussetzung erscheint, die für jede musikalische Betätigung, für Komposition, Gesang oder Instrumentalspiel unabdingbar ist" (VENUS 1969, 24).

ECKHARD NOLTE bezeichnet in seiner Dokumentation der „... neuen Curricula, Lehrpläne und Richtlinien für den Musikunterricht ... (Primarstufe)" den Entwurf von VENUS als ersten „Ansatz, in dem die Tendenz zur Umorientierung von Stoff- zu verhaltensorientierten didaktischen Konzeptionen am deutlichsten zum Ausdruck kommt" (NOLTE 1982, 30) und aus welchem letztlich die zur Zeit in den Richtlinien und Lehrplänen geltende Disposition von *Lernfeldern* resultiert.

Dieser verhaltensorientierte Ansatz, der Lernfelder beschreibt, ist inhaltsneutral und bewirkt, daß der Lehrer die Aufgabe hat, die Lernfelder und mit ihnen die Verhaltensweisen sinnvoll zu verknüpfen und inhaltlich zu füllen. Als Entscheidungshilfen sind ihm Lernziele und Lerninhalte an die Hand gegeben, die der jeweiligen Unterrichtssituation entsprechend angewendet und eingesetzt werden sollen. Die angedeutete Situation, in der diese Richtlinien und Lehrpläne entstanden, bewirkte auch, daß zu ihrer Legitimation – etwa seit 1970 – „neben der fachspezifischen Information vor allem der Hörerziehung zentrale

Bedeutung im Musikunterricht" zugewiesen wurde und wird. Das prägt auch wesentlich die Lernziele und Inhalte.

NOLTE stellt einen Katalog von *Lernzielen* zusammen, die in den Richtlinien/ Lehrplänen der Bundesländer zu finden sind. Von ihnen weisen die nachfolgenden deutlich einen Bezug zum Lernfeld Musikhören aus (NOLTE 1982, 21 ff.):

- Auditive Lernziele – beispielsweise Konzentrationsfähigkeit, Unterscheidungsfähigkeit, musikalisches Gedächtnis, Klangvorstellung, offene Höreinstellung;
- Kognitive Lernziele – Kenntnisse zur rationalen Auseinandersetzung mit Musik, zum Musikverständnis;
- Affektive und motivationale Lernziele – Zuwendungs- und Aufnahmebereitschaft, kritische Toleranz, Erlebnis- und Genußfähigkeit;
- Psychomotorische Lernziele – Steuerung der Motorik bei musikalischen Aktionen, Handhabung elektroakustischer Geräte;
- Transformative Lernziele – übertragen von Musik und akustischen Abläufen in Bewegung und Zeichen, Verbalisierung, Nachahmung, Gefühlseindrücke verbalisieren;
- Explorative Lernziele – Verwendung von Instrumenten und Klangerzeugern, Entdecken musikalischer Gestaltung;
- Soziale Lernziele – Partnerbeziehung, Selbstbehauptung...

Bei der Zusammenfassung der *Lerninhalte* ist das prinzipielle Öffnen gegenüber jeder Musik und allen wahrnehmbaren Klängen und Geräuschen deutlich (NOLTE 1982, 25 ff.). Sogenannte „komplexe" Musik, die als Kindern nicht zugängliche Musik angesehen wurde, tritt neben die „Vielfalt der musikalischen Umwelt", „d. h. auch Pop-Musik, Unterhaltungsmusik, Musik aus der Werbung, Folklore usw."

„Umweltschall und die verschiedensten Arten akustischer Ereignisse dienen als Gegenstände des Hörens." „Diese Ausweitung der Hörmaterialien trägt dem Umstand Rechnung, daß in der Neuen Musik neben dem Ton auch das Geräusch als kompositorisches Material verwendet wird."

Hörkategorien, die gleichermaßen auf viele Arten von Musik anwendbar sind, bestimmen inhaltlich den Unterricht. Programmusik und Neue Musik bilden Schwerpunkte in der Musikauswahl.

Als Resultat seines Überblicks stellte NOLTE mit Recht fest, daß in diesen Richtlinienkonzeptionen die Inhalte des Musikunterrichts kaum konkret benannt sind. Ihre Auswahl bleibt dem Lehrer überlassen, da sie lediglich als Mittel verstanden sind, die Lernziele, die das Lernfeld beschreiben, zu erreichen. NOLTE kritisiert das einseitige Gewichten der Lernziele und fordert:

daß „Unterrichtsinhalte keineswegs als Arsenal gleichsam neutraler ‚Mittel' verstanden werden dürfen, deren didaktische Bedeutung allein durch ihre Verwendung unter bestimmten Zielsetzungen bestimmbar wäre, sondern daß Inhalte vielmehr bereits vorweg wertbesetzt sind."

„Zusammenfassend ergeben sich bezüglich der verhaltensorientierten Ansätze also vor allem zwei grundsätzliche Probleme, nämlich zum einen die Konkretisierung der den Lernfeldern zuzuordnenden Lerninhalte, zum anderen die Integration der Lernfelder und ihre Umsetzung in Lehrgänge" (NOLTE 1982, 25).

In der musikdidaktischen Diskussion der letzten Jahre läßt sich das Bemühen erkennen, diese ‚neuen' Einseitigkeiten zu überwinden. So ist zum Beispiel für das Land Rheinland-Pfalz ein Lehrplanentwurf Musik Grundschule (1980) vorgelegt worden, der das Lernfeld „Musik hören" mit folgenden allgemeinen Lernzielen beschreibt:

„Die beim Kind vorhandene Zuwendung zur Musik soll vertieft und ausgeweitet werden. Die Hörfähigkeit des Kindes soll differenziert werden. Das Kind soll zum Verständnis des musikalischen Kunstwerks hingeführt werden. Das Kind soll in die musikalische Kultur hineingeführt werden" (NOLTE 1982, 303).

Den allgemeinen Lernzielen sind weitere nachgeordnet, die mit Lerninhalten zusammenhängen und eine Kontinuität des Unterrichts in den vier Grundschuljahren suggerieren.

Zum Beispiel ist im 1. Schuljahr das Lernziel „Erkennen, daß Musik Geräusche der Umwelt nachahmen kann" durch die Hinweise „Gewitter, Wind und Wasser, Alltagsgeräusche, Tierstimmen" erläutert, die wiederum thematisch ergänzt sind durch den Verweis auf eine Auswahl gängiger Schulbücher und das Lehrprogramm SIL-Projekt „Musik in der Grundschule" (1978). In Auswahl: „Regen und Gewitter (Musikunterricht Grundschule, S. 12), Gewittergeschichte (Musik macht Spaß, S. 10 f.), Vom Wetter (Resonanzen, Primarstufe, Fibel, S. 35), Wind und Wetter (bsv, Bayerischer Schulbuchverlag 1/2, S. 11), Hummelflug (SIL-Projekt „Musik in der Grundschule", Paket „Musikhören"). Im 2. Schuljahr gelten für das gleiche Lernziel die Hinweise „Naturgeräusche, Tierstimmen, Alltagsgeräusche" mit den Themen „Gewittermusik, Gewittergeschichte, Hummelflug, Tiere in der Musik, Von allerlei Tieren, Eisenbahn, Auf dem Bahnhof, Geräusche zu Hause und unterwegs", im 3. Schuljahr die Hinweise „Moldau, Die Jahreszeiten, Gärten im Regen" und 4. Schuljahr „Der Kreislauf des Wassers, Kraftwerk-Mitternacht-Sonnenaufgang (FERRARI), Meeresstimmung (DEBUSSY), Komponistenwerkstatt".

Die Absicht, an die Stelle formaler Richtlinien den konkreteren Lehrplan zu setzen, ist auch im Lehrplan Grundschule und Vorklasse Musik (1978) für das Land Schleswig Holstein zu finden.

Er gliedert sich in Teilbereiche des Musikunterrichts, denen jeweils didaktische Hinweise, Lerninhalte und verbindliche Lernziele zugeordnet sind. Die Teilbereiche lauten:

1. Musik kann etwas erzählen (Musik und Programm), 2. Unsere Stimme als Instrument, 3. Wie man Musik macht (Klangerzeugung und Klangformen), 4. Klänge haben verschiedene Eigenschaften (Parameter), 5. Wie Musik gemacht ist (Formprinzipien und Formverläufe), 6. Wie man Musik notiert (grafische und traditionelle Notation), 7. Musik in unserer Umwelt (NOLTE 1982, 355).

Das Hören von Musik ist in allen Teilbereichen möglich, doch ist diese Möglichkeit jeweils eingebettet in einen umfassenden Handlungsvollzug. Wenn beispielsweise unter dem Teilbereich „Musik kann etwas erzählen (Musik und Programm)" für die Vorstufe und das erste Schuljahr „Klänge der Umwelt" thematisiert sind, dann verbinden sich mit der Absicht einer Erziehung zur Wahrnehmungsfähigkeit als Lerninhalte „Geräusche aus Natur und Umwelt", die gehört, geschrieben, nachgeahmt, in grafische Zeichen und Bewegungsformen umgesetzt werden sollen und zu denen Musikbeispiele gehört werden, in denen ebenfalls Klangsituationen des Alltags tonmalerisch nachgestaltet sind. Das musikdidaktische Umdenken verabschiedet sich von dem Glauben an die totale Überprüfbarkeit von Lernzielen im Musikunterricht, der sich aufgrund einer behavioristisch orientierten Verhaltenstheorie in Richtlinien und Lehrplänen ausbreitete.

Im Rückgriff auf ein „ursprüngliches", im „frühkindlichen Erlebens- und Handlungsmuster" vermutetes „Prinzip der Selbsterfahrung, d. h. der handelnden Auseinandersetzung mit der Umwelt..." sieht man – und besonders für den Musikunterricht – die Aufgabe, die oftmals gestörte „Einheit von affektivem, kognitivem und psychomotorischem Bereich in seinem dynamischen Zusammenwirken ... wiederherzustellen" (RIBKE, 1978, 109 f.).

„Als übergreifende Zielperspektive einer handlungsorientierten Didaktik der Musik kann die Vermittlung von Handlungsfähigkeit kommunikativer wie instrumentaler Art definiert werden." Dabei muß handlungsorientierter Unterricht stets die Erfahrungswelten der am Erziehungsprozeß Beteiligten in Beziehung zu den Problemstellungen konkreter gegenwärtiger Lebenssituationen setzen..." (RIBKE 1978, 110).

Die Absicht, die individuellen Erfahrungen des Schülers in Planung und Verfahren des Unterrichts einzubeziehen, ist auch als „Schülerorientieruung" formuliert:

„Schülerorientierte Didaktik betont das Recht des Schülers auf interessegeleitetes, selbstverantwortetes Lernen gegenüber unnötiger Fremdbestimmung durch Lehrer, operationalisierte Lernziele oder zu eng definierte Sachlogik" (GÜNTHER u. a. 1982, 50).
„Weder der Schüler noch die Musik sind platonische, geschichtsfreie Größen, sondern jeweils für sich und in ihrem wechselseitigen Bezug gesellschaftlichen Einflüssen unterworfen und situativ geprägt, bevor es überhaupt zum Unterricht kommt. Gegenüber kaum einem anderen Gegenstandsbereich in der Schule bringen die Schüler schon so vielfältige – und unterschiedliche – Erfahrungen und Motivationen mit, die aufgegriffen, vertieft und weitergeführt werden können – in kaum einem anderen Fach auch haben Lehrer und Schüler so viel Freiraum für situationsbezogene Entscheidungen" (GÜNTHER u. a. 1982, 51).

In dem Projekt „Mehr Schülerorientierung" ist in einem Unterrichtsprotokoll anschaulich beschrieben, wie die Schüler eines 3. und 4. Schuljahres zu dem Film „Warum weint die Giraffe" Musik erfinden, sie musizieren und aufnehmen. Im Anschluß daran bot es sich an, die selbsterfundene Musik mit der vorhandenen Filmmusik zu vergleichen. Es kann nicht verwundern, daß die Schüler „ihre" Musik, die sie bis in alle Einzelheiten kennen und nachvollziehen können, höher einschätzen als die vorfindliche Filmmusik.

„Am meisten ist man enttäuscht von der Originalmusik zu den Szenen, wo die Giraffe weint; hierzu sei die eigene viel besser gewesen. Überhaupt schneidet die eigene Fassung erheblich besser ab, nachdem man zum Vergleich noch einmal die Videoaufzeichnung des eigenen Produkts gesehen und gehört hat."

Eine Anmerkung des Protokollanten gibt jedoch zu bedenken:

„Ein wichtiger Unterschied bleibt allerdings unberücksichtigt, daß nämlich die Originalmusik nicht das Geschehen, den Ablauf im einzelnen, wiedergeben will, wie die Schüler mit ihrer Vertonung, sondern daß sie das Ganze stimmungsmäßig untermalt. Um diesen Unterschied herauszufinden, hätte es allerdings eines ausführlichen Vergleichs bedurft, wobei offen bleiben muß, ob Neunjährige schon dazu in der Lage wären" (GÜNTHER u. a. 1982, 101).

Obgleich dieser Einwand berechtigt ist und es auch nicht in der Absicht des Unterrichts lag, einen ausführlichen Vergleich der beiden Musiken durchzuführen, drängt sich die Frage auf, ob das erkenntnisleitende Interesse von Schülern ausreicht, über die Grenzen hinauszutreten, welche eigene Erfahrungen mit aufrichten.

Die Konstruktion eines Lernfeldes Musikhören, wie sie durch VENUS mit dem Entwurf von Verhaltensweisen gegenüber der Musik angeregt wurde, scheint unter den Gesichtspunkten handlungsorientierter und schülerorientierter Unterrichtsplanung nicht mehr nötig. Wie in der heutigen Lebenssituation der Schüler das Hören von Musik zur alltäglichen Erfahrung gehört, so ist es in allen Richtlinien und Lehrplänen unbezweifelter Bestandteil von Musikunterricht. Für den Musikunterricht bleibt also vielmehr zu überlegen, mit welchem Anspruch und Ziel die oben zitierte „Vermittlung von Handlungsfähigkeit" oder das ‚Aufgreifen, Vertiefen und Weiterführen' von Hörerfahrungen von Grundschülern erfolgen soll. Die mehr oder weniger ausgeprägte Fähigkeit des Lehrers, Musik zu verstehen, und sein pädagogisches Vermögen, aufgrund seiner Erkenntnisse auch Erkenntnisse bei seinen Schülern wachzurufen, werden hierbei mehr bewirken als noch so genaue Formulierungen von Ziel und Anspruch.

III. Beispiele aus der Unterrichtspraxis

1. Erschließen eines Musikwerkes

Es handelt sich um eine Möglichkeit, langfristig ein Musikwerk zu erschließen. Das Erproben des hier gewählten Beispiels, das Andante (Thema mit sieben Variationen) aus dem Oktett op. 166 von FRANZ SCHUBERT, erstreckte sich über ein Schuljahr und wurde durch Erfordernisse des Schulalltags (Liedersingen, Tanzen, Vorbereiten von Beiträgen zum Schulleben usw.) mehrfach unterbrochen. Die fachlichen Voraussetzungen (4. Schuljahr) der Schüler waren wegen des bisher selten durchgeführten Musikunterrichts gering.

Der *Unterricht* ist durch zwei Zielvorstellungen bestimmt: das Thema (Andante) in seiner komplexen Struktur zu erfassen und das Prinzip des Variierens zu erkennen. Diese Gesichtspunkte sind mit der Wahl des Werkes vorgegeben.

Das *Unterrichtsverfahren* beruht im wesentlichen darauf, durch Musizieren Bestandteile des Themas und das Thema insgesamt in einer vereinfachten Fassung zu erfahren, um jeweils im Vergleich zum Original, im Hören der Musik also zu musikalischen Erkenntnissen vorzudringen. Dieses Verfahren gilt auch, um das Prinzip des Variierens kennenzulernen, ist aber durch weitere Umgangsweisen mit Musik ergänzt.

Der *Ablauf des Unterrichts* läßt sich in 6 Abschnitten skizzieren, die jeweils untergliedert sind. Die Untergliederungen bedürfen mehrerer Unterrichtsstunden.

Musikhören

Notenbeispiel 1–4

Bsp. 1/3 Wer, wer wagt es zu betreten meine Burg!

Bsp. 2 Vernichte mich nicht, ich fürchte mich so sehr.

Bsp. 4 Wir sehen dich jetzt, wir treten dir entgegen!

a) Rhythmische Bestandteile der Melodie (Thema)
b) Melodieteile – Melodie
c) Thema in vereinfachter Fassung
d) Vereinfachte Fassung und Original
e) Thema und Variationen
f) Musik und Komponist

a) Rhythmische Bestandteile der Melodie (Thema)

„Auf dem Berg, im alten Schloß, vor den Toren der Stadt lebte einst ein Zauberer. Er war gefürchtet von den Leuten, die ihn aber nie gesehen hatten. Doch die Kinder der Stadt waren neugierig. Sie gingen zum Schloß des Zauberers und klopften an das Tor, um eingelassen zu werden. Da öffnete sich das Tor und aus der Dunkelheit des Schlosses dröhnte eine unheimliche Stimme: (Notenbeispiel 1). Und die Kinder antworteten ängstlich (Notenbeispiel 2). Die Kinder kehrten in die Stadt zurück. Doch sie wollten nicht aufgeben und fragten eine weise Frau, die in der Stadt lebte, um Rat. Die Frau machte ihnen Mut: ‚Wenn Ihr zusammenhaltet und gemeinsam dem Zauberer entgegentretet, könnt Ihr Eure Angst überwinden.'
Und so geschah es. Wieder klopften die Kinder an das Schloßtor und hörten die Stimme des Zauberers: (Notenbeispiel 3). Doch diesmal antworteten sie nicht ängstlich: (Notenbeispiel 4). Da sahen sie den Zauberer im Schloß und seine Riesengestalt schrumpfte zusammen wie ein Luftballon, aus dem die Luft entweicht. Die Kinder hatten keine Angst mehr und der Zauberer war ihnen nicht mehr gefährlich. Sie gewöhnten sich aneinander und die Kinder waren von nun an oft im Schloß des Zauberers und spielten dort."

- Während des Erzählens und in Wiederholungen als szenischem Spiel werden die Dialogtexte gesprochen, gestaltet (unheimlich, ängstlich, mutig), sie prägen sich ein.

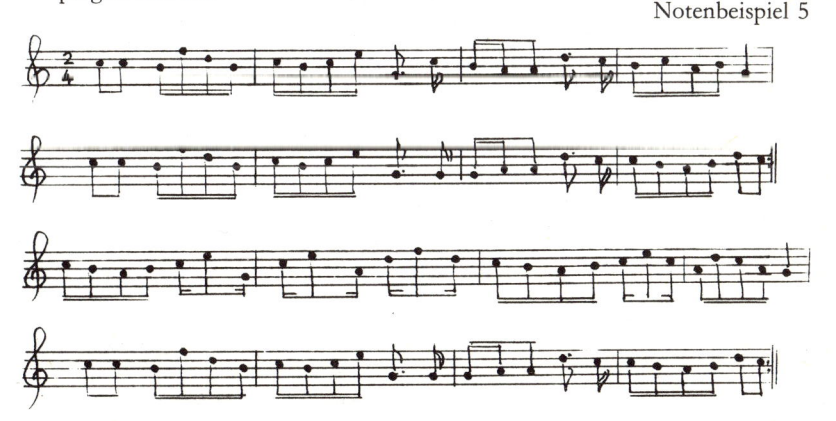

Notenbeispiel 5

- Der Lehrer konfrontiert die Schüler mit der Notation (s. Notenbeispiele 1–4), die beim rhythmischen Sprechen, Klatschen, Schnipsen usw. mitgelesen und mitgezeigt wird. Die einzelnen Rhythmen werden untereinander verglichen. Hörübung: Welcher Teil ist das? Dieses Identifizieren des Gehörten mit dem Notenbild wird zum oft wiederkehrenden Training, es ist hierbei keine „Notenlehre", etwa das Benennen der Notenwerte, beabsichtigt.
- Die Rhythmen werden ohne Erzählung, aber aufgrund der Vorstellung von ihr musiziert, d. h. auf Instrumenten ohne Text gespielt und entsprechend gestaltet, wobei die Wahl der Instrumente und ihre Spielart, Spannungsverläufe, das Ausformen und Variieren der Klangflächen wesentlich ist. Zur Erweiterung eines so entstandenen Musikstückes können illustrierende Klänge aus der Erzählung (das Anklopfen ...) zugefügt werden.

b) Melodieteile – Melodie

- Die Hörübung „Identifizieren des Gehörten mit dem Notenbild" wird sukzessiv ergänzt: Spielen der Rhythmen auf verschiedenen Instrumenten (Klangfarben), in unterschiedlichen Tonhöhen, auch wechselnden Tonhöhen innerhalb einer rhythmischen Gestalt, mit unterschiedlichen Lautstärken, mit Tempoänderungen usw., bei zunehmender Kombination dieser Möglichkeiten und dem Wiedererkennen so gestalteter/veränderter Rhythmen (Gruppenspiele: Beantworten der Veränderung).
- „Die Rhythmen sind in Melodieteilen versteckt." Sie werden herausgehört und im Notenbild (Notenbeispiel 5) entdeckt, die Melodieteile werden dem Sinn der Erzählung entsprechend geordnet. „Fehlerspiel": Am Notenbild hörend mitverfolgen, welcher Teil falsch eingeordnet oder falsch wiederholt wird. Auch Schüler machen für andere diese „Fehler".
- Einüben und gestaltendes Musizieren [vgl. a)] der Melodie, wobei Gestaltungsvarianten wichtig sind.
  Erschweren des „Fehlerspiels", indem nun einzelne Töne falsch gespielt und herausgehört werden.
- Spiel mit den Veränderungen. Auf Spielkarten wird angeregt, die Melodie zu verändern: Sie klingt „leise", „langsam", „laut", – „wie ein Tanz", „bleibt plötzlich stehen und geht nur zögernd weiter", „verschwindet im Nebel", „wird von Zauberklängen unterbrochen", „wird von einer Trommel weggelockt", „läuft einer Glocke entgegen", „unterhält sich mit einer anderen Melodie" usw. Die Hinweise werden von einzelnen Schülern oder Schülergruppen gelöst. Die Spielanweisungen können nach Schwierigkeiten geordnet sein. Eine Gruppe kann eine Lösung vortragen, die anderen finden heraus, welche – vielleicht von dreien – Spielanweisung gemeint ist.

c) Thema in vereinfachter Fassung (Notenbeispiel 6)

- Die Musik – vom Lehrer gespielt oder als Tonbandaufnahme – wird gehört, im Notenbild mitgelesen – bzw. erst gelesen, dann gehört – und entdeckt:

Notenbeispiel 6

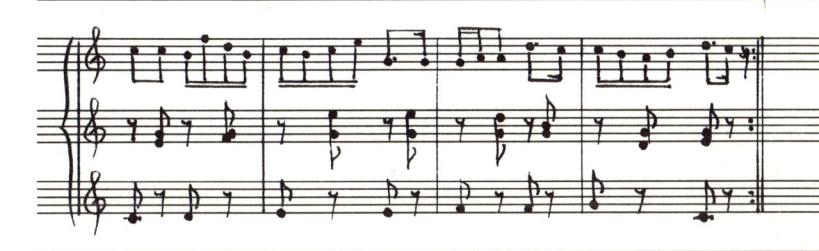

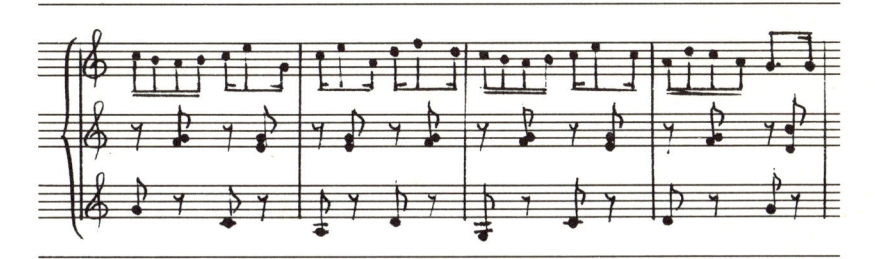

- Die Begleitung zur Melodie, ein neuer Mittelteil, zusätzliche Wiederholungen, Unterschiede von Melodie und Begleitung, in den zusätzlichen Wiederholungen die Rhythmen aus dem Dialog der Erzählung.
- Die Melodie wird zur Begleitung (Tonbandaufnahme) musiziert, wobei der Mittelteil zunächst vom Lehrer, später auch von Schülern gespielt wird.
- Tanz der Tücher: Zur Musik lassen wir (leichte) Tücher tanzen, um Spannungsverläufe zu erfahren und darzustellen (Gliederungszusammenhang, musikalische Charakteristik der Teile). Die Tücher treten nach einer von Schülern entwickelten Choreographie auf, wobei die Spannungsverläufe der Teile, aber auch der Spannungsbogen des ganzen Stückes beachtet und sehr genau durchgehalten werden.
- Das Musizieren der Begleitung zur Melodie (Aufnahme eines Schülerspielens) führt zum Musizieren des Themas in der vereinfachten Fassung. Wichtig ist die musikalische Gestaltung. Dazu werden Möglichkeiten der Besetzung (ORFF-Instrumente u. a.) und der Dynamik probiert und in einer Version im Notenbild (Notenbeispiel 6) aufgeschrieben. Es wird eine Tonbandaufnahme gemacht.
- Das „Fehlerspiel" (vgl. b)) wird mit der Thema-Fassung als Hörübung gespielt.

d) *Vereinfachte Fassung und Original*

- Das Original wird abgehört und aufgrund der eigenen bisher gewonnenen Klangvorstellungen in seinen Besonderheiten festgestellt. Das Ergebnis des Gehörten wird in Stichpunkten notiert: Z. B. instrumentale Besetzung, Melodieführung (Phrasierung, Verzierungen), Begleitung, Dynamik.
- Die Hörergebnisse, also auch die widersprüchlichen Vermutungen, werden mit dem Notenbild (Partitur) verglichen. Fragen werden geklärt. Das Klären der Zeichen in der Partitur wird nötig, ohne daß eine „Notenlehre" angestrebt ist. Das Notenbild wird beim Musikhören mitgelesen und -gezeigt. Zur Übung des Identifizierens von Notenbild und Gehörtem werden Teile der Musik gehört und in der Partitur aufgefunden (vgl. a)) und es wird begründet, warum es nur dieser Teil sein kann.
- Der „Tanz der Tücher" wird wieder aufgegriffen und zur Originalmusik aufgeführt. Dabei wird nochmals verdeutlicht, was gegenüber der vereinfachten Fassung verändert ist.

e) *Thema und Variationen*

- Das Spiel mit den Veränderungen (vgl. b)) kann wiederholt werden.
- Es wird an die Erzählung angeknüpft:

„Im Schloß des Zauberers findet ein Fest statt. Es erklingt in allen Räumen unsere Musik. Weil jeder Raum anders eingerichtet ist und anders aussieht, erklingt die Musik jeweils verändert. Wie stellt ihr euch die Räume vor?"

Um die Konzentrationsfähigkeit nicht zu überlasten und um beim Beschreiben der Räume, Stimmungen, Empfindungen, die sich aus der Musik

begründen, nicht ungenau zu werden, ist die Auswahl zunächst auf drei Variationen beschränkt. Gegensätze (beispielsweise Var. 1, 5, 6) helfen beim Vergleichen und Beschreiben. Nach und nach werden alle Variationen in dieser Art charakterisiert. Die unterschiedlichen Vorstellungen der Schüler, die auch gemalt werden können, sollen nicht vereinheitlicht werden. Die Variationen werden zur Verständigung lediglich durch Buchstaben gekennzeichnet.
- Ordnen der „Raum-Musiken". Es werden verschiedene Folgen ausprobiert und es werden Gesichtspunkte besprochen, nach denen ein Komponist die Reihenfolge bestimmen könnte.
- Es wird die Folge gehört, in welcher der Komponist, FRANZ SCHUBERT, die Musik erfunden hat. Welche Gründe – Gestaltungsprinzipien – mag er gehabt haben?
- „Tonbandsalat". Die Reihenfolge der Komposition ist durcheinander geraten. Wo liegen die Fehler?

f) Musik und Komponist

Der Lehrer erzählt von FRANZ SCHUBERT und liest mit den Schülern einen Brief und einen Zeitungsartikel, die von der Aufführung der Komposition und ihrer Entstehung berichten.
Anknüpfend an diese Belege und durch Bilder von SCHUBERT und Szenen damaligen Lebens sollte der Lehrer einerseits verdeutlichen, daß die Musik unter bestimmten Umständen in einer bestimmten Zeit erdacht wurde, andererseits darauf hinweisen, wie schwierig – fast unmöglich – es für uns ist, sich eine Vorstellung von der vergangenen Zeit zu machen (Quellen nach O. E. DEUTSCH, SCHUBERT, Dokumente seines Lebens, 234, 423).

2. Hans Poser (1917–1970): „Ich kann Klavier spielen".
Kleine Klavierstücke als Stimmungsbilder. Zuordnungsübungen
(3. Schuljahr/4. Schuljahr)

Kaum überschaubar ist die Fülle von Klavierstücken aus alter und neuer Zeit, die sich für den Unterricht in der Grundschule anbieten. HANS POSERs „sehr leichte Melodiestücke mit einfachen Begleitformen für Kinder" (Heft 2, Möseler-Verlag, Wolfenbüttel) z. B. eignen sich ebenso wegen ihrer leichten Ausführbarkeit wie wegen der Prägnanz ihrer Aussage. Musik hat hier zum Teil abbildhaften, zum Teil stimmungsbildlichen Charakter. Das Abbildhafte wird bei Titeln wie „Die Wackelente", „Die alte Lokomotive" oder „Lied des Spechtes" deutlich, das Stimmungsbildliche etwa bei „Der Mond geht auf", „Fischertanz" oder „Grauer Himmel".
Gewählt wurden drei Titel mit gegensätzlichem Charakter: „Grauer Himmel" – „Lied des Spechtes" – „Die alte Lokomotive" (Notenbeispiel 7–9). Ziele der Stunde waren:

Grauer Himmel   Notenbeispiel 7

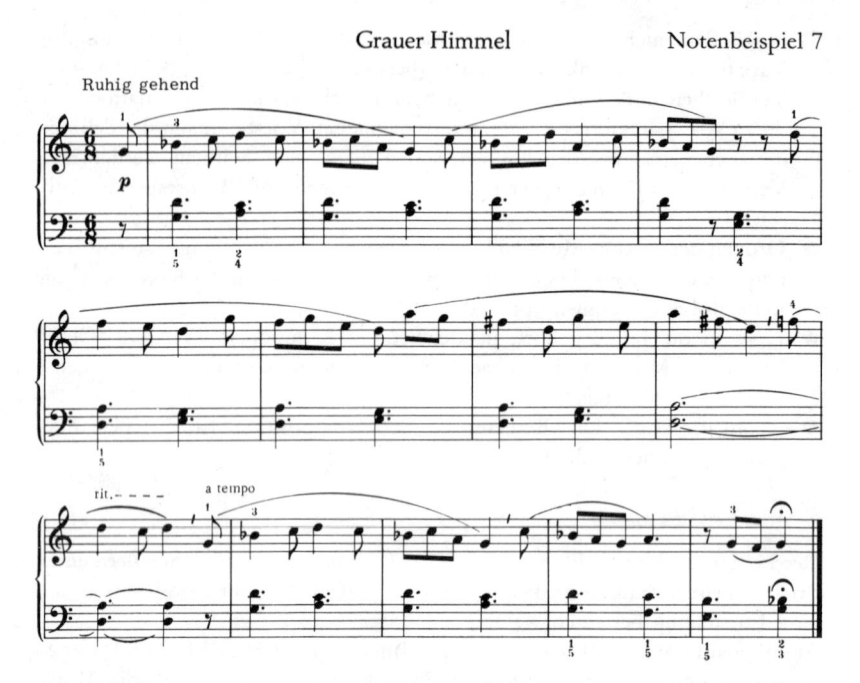

a) Die Kinder sollten die einzelnen Stücke ihren Überschriften entsprechend zuordnen. Angestrebt wurde ein assoziatives Hören im Bereich Stimmungsbild bzw. Abbild.
b) Die Kinder sollten Begründungen für ihre jeweilige Zuordnung geben (Gewinnung verbaler Kompetenz; durch Vergleiche Kenntnisse erlangen).
c) Durch Partituren-Puzzle (siehe Abschnitt 4,7) sollte ein orientierender Zugang zur Notation ermöglicht werden.
d) Die POSER-Stücke sollten zum Ausgangspunkt für eigene Kompositionsversuche der Schüler werden.

Zu Beginn der Stunde standen die Titel in der Reihenfolge „Die alte Lokomotive" – „Lied des Spechtes" – „Grauer Himmel" an der Tafel. Nach dem ersten Vorspiel in der Reihenfolge 3 – 2 – 1 wurde ohne Schwierigkeiten die richtige Zuordnung vorgenommen. Schüleräußerungen:

„Das hört man ja, daß der Specht die ganze Zeit immer in den Baum hackt" – „Wie in der Abenddämmerung – der ganze Himmel ist düster und es beginnt langsam zu regnen" – „Die alte Lokomotive ist ja schon ganz lahm und schnauft bloß noch vor sich hin" usw.

Beim wiederholten Hören kam es nun darauf an, noch differenziertere Aussagen zu erhalten. Zum „Grauen Himmel" wurde eine in 4 Teile zerschnittene Partitur (für jeden Schüler, auf Pappe geklebt) gegeben: 1. Tl.Takt 1–9 Melodie, 2. Tl.Takt 1–9 Begleitung, 3. Tl.Takt 10–13 Melodie, 4. Tl.Takt 10–13 Begleitung. Es ging nicht darum, spezielle Notenkenntnis zu vermitteln, sondern es sollte spielerisch ein Zugang zum Tongefüge Musik erschlossen werden. Die Schüler fügten während des Anhörens das Puzzle zusammen und kamen im Zusammenwirken von Hören, Legen und Darüber-Sprechen zu Erfahrungen und Erkenntnissen:

Die Melodie liegt oben, unten die Begleitung; in der Mitte (Takt 7/8) hellt sich der Himmel für kurze Zeit auf, da „kann man durch die Wolkenlücke für einen Augenblick den blauen Himmel sehn" (Dur-Aufhellung!); zum Schluß wird die Melodie wiederholt, bricht dann aber „ganz traurig ab". „In der Begleitung kommt immer dasselbe wieder" – „Dadurch wird das Ganze so trübsinnig" – „So geheimnisvoll" – „Man ist ja ganz bedrückt". Es wurde die Frage besprochen, ob der Komponist dieses Stück wohl bei einem Blick aus dem Fenster an einem trüben Novembertag geschrieben haben könnte.

Durch mehrfaches Hören wurde nun das Abbildhafte der beiden anderen Stücke herausgearbeitet. Äußerungen z. B.:

„Das Hämmern des Spechtes: immer der gleiche Ton und dann nur so ganz kurz" – „Dann macht er das so ganz unregelmäßig, manchmal auch so'n Doppelschlag" – (Wir sangen die Specht-Melodie Takt 1–8 auf „dack dack dack") – „Die alte Lok kommt nur noch schwer von der Stelle" – „Zum Schluß bleibt ihr die Puste weg" (ritardando – verzögern) – „Die immer gleichen Töne in der Begleitung sollen das Stampfen wiedergeben" – „Es ist so, als wollte die Lok durch die Melodie da unten so eine Geschichte aus alter Zeit erzählen."

Diese letzte Aussage wurde zum Anlaß genommen, zum nächsten Mal doch eine Geschichte auszudenken, die die Lokomotive erlebt haben könnte. Jeder, der in der nächsten Stunde eine Geschichte hatte, durfte sie vorlesen. Eine dieser Geschichten (Der Güterzug, der wegen Überladung nicht über einen Berg kam) wurde in den nachfolgenden Stunden verklanglicht.

Lied des Spechtes

Notenbeispiel 8

3. Spiele

Spiele, die das Musikhören eröffnen, dabei weder vom Lehrer noch von den Schülern spezielle Fachkenntnisse in Musik voraussetzen und dennoch zu sachlichen Gesprächen über Musik führen können.

Die Spielideen gehen davon aus, daß Lehrer und Schüler, ohne im speziellen Sinne fachkundig zu sein, in zahlreichen Situationen des Alltags mit Musik konfrontiert sind. Diese im Alltag gewonnenen Erfahrungen mit Musik, in denen sich emotionale und rationale Erkenntnisse niederschlagen, sind zunächst Erfahrungen des einzelnen und in dieser Individualität gleichberechtigt. Im Spielverlauf werden die individuellen Erfahrungen ausgetauscht, diskutiert, mit Erfahrungen des anderen verglichen, wobei neue Erfahrungen gemacht und neue Erkenntnisse gewonnen werden können.

Die Spiele lassen sich auch im Fachunterricht einsetzen. Hier eröffnen sie die Möglichkeit, sich von der Eingrenzung des isolierten Fachunterrichts zu befreien und Musik – allerdings im Spiel – als ästhetische Situation des „wirklichen" Lebens zu betrachten und zu bedenken.

BEISPIELE:

a) „Stadtbummel"

In der Stadt (im Dorf) erklingt an verschiedenen Orten verschiedene Musik. Es gilt, aus einer Folge kurzer Musikausschnitte herauszuhören und auf einem Stadtplan zu zeigen, wo unser Spaziergänger entlanggegangen ist. Er hört bei seinem Stadtbummel diese Musikausschnitte.
Der Lehrer (später auch Schüler) stellt die Musikausschnitte zusammen, die jeweils lang genug dauern müssen, damit die Musik in ihrer Charakteristik zu erkennen ist, und so kurz bemessen sind (höchstens zwei Minuten), daß Schüler nicht ermüden (Anregung zu einem Stadtplan in: Musikunterricht Grundschule, 128/129).
Spielvarianten bieten sich an, wenn der Spaziergänger einen Umweg macht, wenn er Straßen auf- und abgeht (Wiederholung einer Musik), wenn in der Schule ein Fest mit Disco-Musik stattfindet oder im Kino ein Film mit sogenannter E-Musik gezeigt wird, so daß die Mitspieler irregeführt werden und das Besondere feststellen müssen.
Ziel: Musik zuordnen, wobei gebräuchliche Funktionen von Musik vorherrschen, nämlich Musik in der Kirche, in der Schule, in der Discothek, im Kino . . .; Gespräche über Musik; woran läßt sich ihre funktionale Charakteristik erkennen; wo könnte diese oder ähnliche Musik auch noch erklingen?
Ähnliche Spielideen lassen sich entwickeln: „In einem Haus erklingen verschiedene Musiken", wobei zu dem funktionalen Gebrauch von Musik – jemand übt ein Instrument, der Zahnarzt gebraucht beruhigende Wartezimmermusik – auch die Vorlieben für bestimmte Musikarten einbezogen werden können, beispielsweise die der jungen und älteren Hausbewohner. Der Gesichtspunkt der Musik-Vorlieben läßt sich stärker akzentuieren, wenn unter Themen wie „Musik bei uns in der Wohnung", „Ich kaufe als Geschenk für . . . eine Schallplatte", „Wir stellen für unsere Nachbarklasse eine Sendung zusammen", die Musikwünsche anderer berücksichtigt werden.

b) „Musik-Bild-Galerie"

Bildern sind Klangbilder, Ausschnitte aus Musikstücken, zugeordnet. Es gilt herauszuhören, wo ein Gang durch die Ausstellung beginnt, welche Musik zu welchem Bild gehören soll. Der Spielverlauf läßt sich ähnlich gestalten wie der „Stadtbummel".
Ziel: Das jeweils persönliche Empfinden von Musik, die Assoziationen, die Musik beim einzelnen, Lehrer und Schüler, hervorruft, stehen im Mittelpunkt des Spiels und anschließender Gespräche. Was als „Geschmackssache" häufig abgewertet wird, soll als Individualität des Musikhörens bewußt werden. Die Vielfalt der assoziierenden Fantasie und die Verwandtschaften in diesem Denken und Empfinden könnte erfahren werden.
Ähnliche Spiele, in denen bildhaftes Assoziieren von Musik zu Bildern bzw. das Zuordnen oder das Entdecken einer Zuordnung thematisiert sind, lassen sich

entwickeln. Dabei bieten sich zwei Richtungen des Differenzierens an: Die Bilder können von Darstellungen (Personen, Gegenstände, Landschaften) überwechseln zum „abstrakten" Spannungsgefüge von Farbe, Fläche und Linie; dem musikalischen Geschehen kann eine Folge von Bildern – Bildgeschichte – zugeordnet werden (DIA-Reihe). Ein Witz der Spiele kann der Überraschungseffekt sein, das unerwartete Bild, die unerwartete Musik, das, was nicht „richtig" ist.

c) „Konzertgespräch"

Einer Musik werden Wörter zugeordnet. Zwei Konzertbesucher unterhalten sich über soeben gehörte Musik. Es soll herausgefunden werden, von welchem der beiden vergleichbaren Musikstücke – beispielsweise zwei Ausschnitte von Klaviermusik – die Rede ist. Um das Spiel zu erleichtern, kann ein Wortfeld einschlägiger Wörter und Redensarten (sie lassen sich jedem Konzertführer entnehmen) vorgegeben werden.
Ziel: Man kann sich über Musik unterhalten. Man kann versuchen, eine Musik möglichst genau zu hören und zu beschreiben, doch ist immer wieder festzustellen, daß sich Musik sprachlich nicht eindeutig erfassen läßt, abgesehen davon, daß Musik von jedem unterschiedlich gehört und empfunden wird.
Spielvarianten lassen sich unter zwei Gesichtspunkten entwickeln: Entweder rücken Begriffe in den Vordergrund – „Meine Musik klingt..." (wie bei Ratespiel ‚Teekessel') –, d. h. es werden Instrumente benannt, Melodieverläufe, Rhythmen u. a. beschrieben, wobei eine Fachkunde der Mitspieler entsprechend vorausgesetzt ist, oder die Sprache richtet sich auf adjektivische Möglichkeiten – „Ich wünsche mir eine Musik, die soll... sein"; „Eine Geschichte zur Musik erfinden" (Wunschkonzert, Musik-Einkaufen) – und beruht dann überwiegend auf persönlichem Empfinden.

IV. Zum Methodenrepertoire

„Die erziehungswissenschaftliche Forschung hat, soweit sie das schulische Lehren und Lernen zum Gegenstand hat, sich in jüngster Zeit verstärkt dem Problem der Unterrichtsmethode zugewendet. Damit kündigt sich das Ende einer gewissen Geringschätzung bzw. Zurückhaltung gegenüber unterrichtsmethodischen Fragestellungen an" (GRUHN/WITTENBRUCH 1983, 15).

WILFRIED FISCHER erstellt elementare Kategorien des Musikhörens und konstatiert:

„Jedes noch so komplexe Hörwerk läßt sich in den Frage- und Verständnishorizont des Schülers rücken, wenn man sich an folgenden Merkmalen orientiert, die sich insgesamt als elementare Kategorien des Musikhörens beschreiben lassen:
1. Klangeigenschaften (die verschiedenen Eigenschaften eines Klanges oder einer Klangfolge wie: Lautstärke, Tondauer, Klangfarbe, Tonhöhe, Dichte)
2. Klangformen (die charakteristisch verschiedenen Typen eines Klanges wie z. B. Klangpunkt, Klinger bzw. Schwebeklang, Bewegungsklang, Gleitklang, Cluster)

3. Formprinzipien (allgemeine Gestaltungsprinzipien wie Gliederung, Wiederholung, Veränderung, Kontrast, Steigerung, Rückentwicklung)
4. Formverläufe (konkrete Formschemata wie einfache Liedformen, z. B. A-B-A-Form, Rondoform, oder etwa in Neuer Musik, der individuelle Niederschlag der unter 3. angedeuteten Formprinzipien)" (FISCHER 1981, 5).

Die Zielvorstellung des Musikhörens in der Grundschule kann auf Kurzformeln gebracht werden: Es gilt, kontinuierlich Kontakte zu schaffen zu verschiedenartiger Musik:

- zu Musik verschiedener Gattungen,
- zu Musik verschiedener Zeiten,
- zu Musik verschiedener Kulturkreise.

Es gilt, die Bereitschaft zu üben, der Musik zuzuhören, sich ihr mit langsam gesteigertem Anspruch affektiv und cognitiv zuzuwenden.

Es gilt, über Hörkontakte hinaus handelnd mit Musik umzugehen und elementare verbale Kompetenz in Beschreibung und Beurteilung zu gewinnen.

Es gilt, durch Differenzierung der hörenden Wahrnehmung immer stärker zu erfahren und zu erkennen, wie Musik beschaffen ist, welche Intentionen und Funktionen jeweils mit ihr verbunden sind und was sie für uns bedeuten kann.

Der Lehrer wird methodische Überlegungen anstellen, um unter Berücksichtigung von Schülerinteresse verschiedene Zugänge zur Musik zu ermöglichen. Einige allgemeine Unterrichtsgrundsätze, die erfahrungsgemäß zu den Bedingungen eines fruchtbaren Unterrichtsprozesses gehören, werden von GRUHN/WITTENBRUCH (1983) zur Diskussion gestellt:

1. „Unterricht soll den Schülern Identifikationsmöglichkeiten bieten, damit Schullernen nicht isoliert von der Lebenspraxis verläuft.
= Prinzip der Integration von Lebenserfahrung in Schullernen."
2. „Unterricht soll exemplarisch ‚fundamentale Erfahrungen' vermitteln.
= Prinzip des Exemplarischen."
3. „Lernen erfordert Anschaulichkeit der Lehre.
= Prinzip der Anschaulichkeit."
4. „Für das Unterrichten ist die Planung eines organischen Handlungsablaufs (‚Dramaturgie' des Unterrichtsablaufs) notwendig.
= Prinzip des organischen Lernrhythmus."
5. „Im Unterricht sollen verschiedene Verhaltensweisen und Lernakte durch Methodenwechsel aktiviert werden.
= Prinzip des Methodenwechsels."
6. „Lernergebnisse müssen durch Übung gefestigt werden.
= Prinzip der Ergebnissicherung" (GRUHN/WITTENBRUCH 1983, 205).

Ähnliches intendieren auch die 8 Unterrichtsgrundsätze von LEMMERMANN (1977, 162ff.). Für das 3. Prinzip, „Anschaulichkeit", bieten GRUHN/WITTENBRUCH ein Beispiel, an dem sich die für den Lernzuwachs nötige Vielseitigkeit sinnlicher Erfahrung festmachen läßt (der Begriff „Anschaulichkeit" müßte durch „Anhörlichkeit" ergänzt werden, s. LEMMERMANN 1977, 165):

„Das Phänomen ‚Klang' ließe sich unter Berücksichtigung der sinnlichen Erfahrungsmöglichkeiten so veranschaulichen:
(1) Man *fühlt* die Vibration der Stimmgabel, wenn man sie vorsichtig mit den Fingerspitzen berührt.

(2) Man *sieht* die Schwingungen einer Saite/eines gespannten Gummibandes/einer elastischen Zunge (z. B. Lineal).
(3) Man *hört* das Pulsieren im tiefen Orgelregister; man hört Vibration als Schwebung, wenn man zwei Klangerzeuger mit geringer Tonhöhendifferenz (zwei minimal differierende Saiten, zwei verschiedene Stimmgabeln mit 430/440 Hz) gleichzeitig in Schwingung versetzt.
(4) Man kann sich Wellen und ihre Ausbreitung im Wasser *vorstellen* (Analogie).
(5) Man kann Schwingungen graphisch/bildlich als Wellenlinien *abbilden;* diese Kurve kann eine Nadel, die an einer Stimmgabel befestigt ist, auf eine rußgeschwärzte Platte schreiben. Einfacher ist es noch, die Wellen, die eine schwingende Stimmgabel im Wasserglas erzeugt, über einen Overhead-Projektor, auf den man das Glas stellt, zu vergrößern.
(6) Man kann die Abhängigkeit der Lautstärke eines Klanges von der Stärke seiner Schwingungen *sehen und hören,* wenn man Reiskörner oder Erbsen in den Trichter eines Lautsprechers legt und nun die Lautstärke der Musik verändert.
(7) Man kann die Abhängigkeit der Tonhöhe von der Länge des schwingenden Gegenstandes bzw. seiner Schnelligkeit *sehen, hören und begrifflich benennen"* (GRUHN/WITTENBRUCH 1983, 211).

Die im folgenden benannten Einzelmethoden stellen lediglich ein Auswahl-Repertoire von Handlungsmöglichkeiten dar. Sie können vielfältig variiert und kombiniert werden. Statt starrer Anwendung „erfolgreicher" Methoden empfiehlt sich flexible, individuell ausgeformte Handhabung, die Freiraum läßt für die unvorhergesehene Möglichkeit. Der methodischen Phantasie sind auch im Bereich Musikhören keine Grenzen gesetzt.

1. Auffälligkeits-Sammlung

Die Schüler werden beim Anhören einer Musik nicht mit konkreten Höraufgaben betraut. Sie sollen frei und ungebunden sagen können, was ihnen zu dieser Musik einfällt, was ihnen bei dieser Musik auffällt. Es kann sein, daß die Schüler einen Gesamteindruck wiedergeben („eine traurige Musik") oder ihre Assoziationen mitteilen („wie wiehernde Pferde auf der Weide"). Ebenso ist es möglich, daß Instrumente oder z. B. Lautstärken benannt werden. Die Auffälligkeits-Merkmale werden gesammelt, an der Tafel festgehalten, geordnet, ergänzt, abgeändert und besprochen. Verbale Kompetenz wird am besten eingeleitet, wenn Kinder in ihrer eigenen Sprache über Musik reden. Die Auffälligkeits-Sammlung ermutigt auch Kinder, die ängstlich zurückhaltend sind, sich zu äußern.

2. Zuordnungsverfahren

Es werden unterschiedliche Musikstücke (in Ausschnitten z. B.) gehört. Beispielsweise drei Sätze aus MUSSORGSKIs Bildern einer Ausstellung: Ochsenkarren – Gnom – Ballett der Küchlein in ihren Eierschalen. Die Schüler ordnen zu aufgrund ihres Assoziationsvermögens. „Welcher Titel paßt zu welchem Stück?" Die Schüler erhalten den Auftrag, ihre Wahl zu begründen. Es wird die Wirkung von Musik beschrieben; es können Einzelheiten des Klanggefüges erörtert werden.

Bei Zuordnungsverfahren werden die Funktionen von Musik deutlich. Was unterscheidet den Vorspann eines Kriminalfilms von dem eines Donald-Duck-Films?

3. Teilrealisation

„Ein handlungsorientierter Unterricht wird möglichst viele Eigenrealisationen enthalten. Viele Werke bieten die Möglichkeit, daß kleine Teile davon im Klassenunterricht realisiert werden können" (LEMMERMANN 1977, 282).

Beispielsweise kann das Thema des 2. Satzes aus HAYDNs Sinfonie mit dem Paukenschlag von Xylophon oder Flöte musiziert werden, während die Baß-Stütztöne vom Metallophon übernommen werden.

4. Para-Komposition

Hierunter wird verstanden, daß vor, während bzw. nach der Erschließung eines Hörstücks eine „ähnliche" Komposition mit den instrumentalen bzw. vokalen Mitteln der Schüler angefertigt wird. Besonders eignen sich programmatische Titel.

Z. B. kann SCHUMANNs „Wilder Reiter" (Album für die Jugend) Ausgangspunkt sein für eigene Versuche, einen „wilden Reiter" musikalisch darzustellen. Welche Instrumente passen? Welche Rhythmen (Trab, Galopp?) sind geeignet? Motive werden ausprobiert. Es wird ergänzt, geändert, gegliedert. Möglichkeit: eine Geschichte dazu erfinden.

Aus MUSSORGSKIs Bildern einer Ausstellung eignet sich z. B. die musikalische Unterhaltung des reichen mit dem armen Juden (SAMUEL GOLDENBERG und SCHMUYLE). Auf verschiedenen Instrumenten führen die Schüler Wechselgespräche (z. B. prahlen – klagen; wütend – beruhigend reden).

Der Para-Komposition kommt eine besondere Bedeutung für die kreative Entfaltung des Musikhörens zu (siehe auch „Spielregeln für das Spiel zu zweit", SCHALMEI, 76). WILFRIED FISCHER (1981, Arrangement 16 a, 3./4. Schuljahr):

„1. Der Lehrer kündigt ein Musikstück von BÉLA BARTÓK mit dem Titel: ‚Abend auf dem Lande' an: Ein Hirtenjunge bläst auf einer Schalmei eine ruhige Melodie. Von ferne hört man gelegentlich das lustige Treiben eines Dorftanzes.
2. Die Schüler überlegen und probieren auf den vorhandenen Instrumenten aus, wie man die beiden Situationen (Stimmungen): Abend auf der Alm – Dorftanz auf Instrumenten darstellen kann. (Dazu liegen auf einem Tisch gezielt ausgewählte Instrumente bereit wie: Blockflöte, Metallophon, Becken, Rasseln usw.)
3. Die beiden Klangfolgen werden von den Schülern, die nicht im ‚Orchester' spielen, als Tanzspiel aufgeführt. Spielmöglichkeit: der Hirte wird jeweils pantomimisch imitiert, der Dorftanz als Kreistanz dargestellt (z. B. als Hüpftanz, bei dem jeweils ein Bein nach vorn hochgeworfen wird).
4. BARTÓKs Komposition wird vorgespielt. Nach freien Schüleräußerungen wird der Spieltanz nach BARTÓKs Musik wiederholt, wobei jetzt alle Schüler mittanzen können. (Zunächst geht es nur darum, langsame und schnelle Teile zu unterscheiden und wiederzuerkennen. Schallplatte Musikunterricht Grundschule, Hörbeispiel 49)" (siehe auch Arrangement 16 b).

5. Liedbrücke

Ein zuvor gesungenes Lied dient als Brücke zu einem Musikstück, in das dieses Lied mehr oder weniger variiert eingebunden ist. Als bekanntes Beispiel dient der Kanon „Meister Jakob", der im 3. Satz von GUSTAV MAHLERs 1. Sinfonie erscheint. In der neuen „Umgebung" gewinnt der Kanon eine neue Funktion.

6. Graphische Notation

Diese ist vor allem geeignet, Gliederung und Dichte von Musikverläufen festzuhalten. Melodien können durch Linien, Akkorde durch Klangblöcke bezeichnet werden. Wiederholungen kann man durch gleiche Farbgebung kenntlich machen, verschiedene Klangdichte durch verschiedene Schraffierung. MANFRED ZÜGHART legt in seinem „Schallbaukasten" von 1976 Zeichensysteme fest, die bereits in der Grundschule verwendbar sind.
Graphische Notation kann gleichzeitig Hörhilfe sein wie Anreiz bieten zur Para-Komposition.

7. Noten-Puzzle

„Ein kleines Stück (Klavierstück z. B.) oder ein Partitur-Ausschnitt wird vervielfältigt, auf Pappe geklebt und in Teile geschnitten (sinnvolle musikalische Zusammenhänge wahren; Gliederungen bedenken; Melodie von Begleitung trennen z. B.). Beim Hören bzw. unmittelbar danach werden die Teile wie bei einem Puzzle-Spiel von Schülern zusammengesetzt. So zunehmender Kontakt zum Notenbild; Schulung der Unterscheidungsfähigkeit (einstimmig – mehrstimmig; laut – leise; Melodie – Begleitung; Stimmeneinsätze usw.). Es empfiehlt sich, zunächst nur in wenige Teile zu zerlegen" (LEMMERMANN 1977, 284).

Durch das Noten-Puzzle gewöhnen sich Kinder spielerisch an den Umgang mit traditioneller Notation. Notation auch komplexer Musik verliert ihren „Schrecken", wenn sie schließlich mit großer Selbstverständlichkeit als orientierende Hörhilfe dient. Strukturen der Musik werden nach und nach deutlich. Z. B. wird die Partitur von SCHUMANNs „Wildem Reiter" so zerschnitten, daß Melodie und Begleitung zugeordnet werden müssen. „Übereinandergestapelte" Noten ergeben Zwei- und Dreiklänge, aneinandergereihte Melodien.

8. Klangerwartung

Diese Methode wird 1969 von DANKMAR VENUS beschrieben. Den Schülern werden Noten gegeben, und sie stellen nun Vermutungen an, wie das Notierte wohl klingen mag. Mit etwas Übung bereits kann man aus dem Notenbild eine Klangerwartung ableiten. Umgang mit dieser Methode fördert ohne Zweifel die Fähigkeit, die Klangeigenart in grobem Umriß „vorauszuhören". FISCHER leitet eine Unterrichtsstunde über den 3. Satz aus HAYDNs Trompetenkonzert Es-Dur wie folgt ein (1981, Arrangement 15a):

„1. Das 1. Thema aus HAYDNs Trompetenkonzert, 3. Satz wird an die (Lein-)Wand projiziert. Der Lehrer spielt den Anfang des Konzertsatzes vor und fordert die Schüler auf, die Musik durch Klatschen, Trommeln oder Schlaginstrumentenspiel leise zu begleiten. Bei einem 2. Anhören kann bei der Begleitung schon zwischen leiseren und lauteren Stellen unterschieden werden.
2. Klangerwartungen zum Notenbild: der Lehrer weist auf das Notenbeispiel. Impuls: ‚Auch wenn man keine Noten benutzt, kann man eine Menge entdecken.' Die Schüler beschreiben die melodische Linie des 1. Themas. Danach singt oder spielt der Lehrer 2 verschiedene Melodien vor: den Anfang eines Volksliedes („Der Mai ist gekommen" o. ä.) und das HAYDN-Thema. Die Schüler bestimmen, welche Melodie zum Notenbeispiel gehört."

9. Transformation (Transposition)

Hier handelt es sich um eine spezifische Form von Zuordnungsübung. Der Begriff Transformation (oder nach VENUS Transposition) allgemein bedeutet Umsetzen eines Höreindrucks in ein anderes Ausdrucksmedium: Bewegung, Schüler malen nach Musik (siehe Beitrag HEISE, S. 253 ff.). Oder: Schüler ordnen verschiedene Musikstücke verschiedenen Bildern zu (Gewitter – Herbsttag – Abendstimmung z. B.)! Klärung der Frage: „Warum paßt diese Musik zu diesem Bild?"

10. Werkvergleich

Dem Vergleichen kommt beim Musikhören eine besondere Bedeutung zu. Durch Vergleiche wird die Eigenart verschieden strukturierter Musik deutlich. In der Grundschule spielt insbesondere der „partielle Vergleich" eine Rolle, d. h. der Vergleich von Kompositionsausschnitten. Z. B.: Andante aus HAYDNs Sinfonie mit dem Paukenschlag, Vergleich von Takt 1–4 und Takt 49–52. Was ist gleich? Was hat sich verändert? (Länge der Abschnitte, Zweiteiligkeit der Abschnitte, Richtungen in der „Melodiewelle" – fortissimo zu piano, Holzbläser und Streicher zu Streichern allein, „Alle spielen das Gleiche" [Unisono] zu „Melodie und Stütztöne".) Das strukturelle Hören wird immer wieder ergänzt durch Feststellungen über die Wirkung von Musik (siehe 11. Wirkungsanalyse). Schülerfeststellung: „Der erste Abschnitt klingt viel weicher als der zweite, der auch stärker vorantreibt."
Besonders gesprächsweckend sind Werke und Werkausschnitte, die von starker Gegensätzlichkeit geprägt sind. Empfohlen wird die Aufteilung gezielter Höraufgaben auf Schülergruppen. Während eine Gruppe z. B. den dynamischen Klangverlauf feststellt (und z. B. graphisch festhält), befaßt sich eine andere mit der Instrumentation.
Je häufiger ein vergleichendes Hören erfolgt, desto differenzierender kann die Höraufgabe gestellt werden.
Zwei Maßgaben sollten das Unterrichtsfeld (Lernfeld) Musikhören besonders bestimmen:

a) Es wird der Anspruch aufgegeben werden müssen, Musikhören bedeute, ein einfacheres oder komplexeres Werk strukturell und wirkungsmäßig, d. h. kognitiv und affektiv voll ausloten, „ausschöpfen" zu können.
b) Musikhören und speziell der Werkvergleich sollte nicht starr auf einer mehr oder weniger intensiven Rezeptionsebene erfolgen. Nur die Vielfalt von Methodenverknüpfung ermöglicht längerfristige Motivation und damit Lernzuwachs.

Für beide Maßgaben gibt ein Bericht über eine Unterrichtseinheit für die Primarstufe reichen Aufschluß: DANKMAR VENUS, Flöteninstrumente und Flötenmusik (GUNDLACH/SCHMIDT-BRUNNER [Hrsg.]: Praxis des Musikunterrichts. 12 Unterrichtseinheiten für die Primar- und Sekundarstufe 1, Mainz 1977, 41–51).

„Die in fast allen Altersstufen und Schuljahren erprobte Unterrichtseinheit will u. a. ‚Vorgänge durch Elementarisieren durchsichtig machen' und ‚ein erstes Verständnis für historische Abhängigkeit anbahnen'.
Durch Tonerzeugung auf unterschiedlichen Flaschen und selbstgebastelten Panflöten, durch Orgelbesichtigungen und Bauen von Blasebalg und von Orgelpfeifenmodellen wird ein affektiver Bezug geschaffen, durch Anfertigen einer Papageno-Figur (einschließlich aufgeklebter Federn) und durch szenische Gestaltung von Papagenoauftritten wird die Bereitschaft zum Anhören der dazugehörigen Musik gefördert.
Die übrigen Flötenmusik-Beispiele sollen Dias mit Flötenspielern zugeordnet werden (z. B. MENZELs ‚Flötenkonzert' oder MANETs ‚Der Pfeifer'): TSCHAIKOWSKYs Nußknackersuite (Tanz der Rohrflöten).
HINDEMITHs Nobilissima Visione (Marsch); BACHs Brandenburgisches Konzert Nr. 5 (2. Satz).
Die Erfahrungen der Unterrichtseinheit zeigen, daß die bei diesem größeren Zeitaufwand gewonnenen grundlegenden Erkenntnisse ‚eine weitaus kürzere Behandlung anderer Instrumentengruppen' gestatteten" (SCHMIDT-BRUNNER 1979, 31).

11. Wirkungsanalyse (Wirkungsbeschreibung)

„Im Zuge der ‚Verwissenschaftlichung der Musikdidaktik' droht in manchen Lehrwerken die Realität des affektiven Bereichs weitgehend ignoriert zu werden. Ganze Wirkungsschichten der Musik geraten gar nicht in den Fragehorizont, wenn es nur um technische Dinge, um Formverläufe und Parameter-Analyse geht. Didaktisches Ziel" müßte es aber auch sein, „die Erlebnisbreite affektiver, assoziativer, energetischer und transformativer Art zu vergrößern, zu differenzieren, zu sublimieren" (LEMMERMANN 1977, 287).

Wirkungen, die Musik bei Schülern auslöst, beschreiben zu lassen, ist ein Verfahren, das integrativer Bestandteil vieler schon erörterter Methoden sein kann.

Non-verbale Reaktionen werden von verbalen unterschieden. Zu den non-verbalen zählen:

1. phonatorische Äußerungen wie Lachen, Jauchzen, Stöhnen;
2. in die gehörte Musik einscherende Äußerungen wie Mitpfeifen, Mitsummen;
3. mimisch-gestische Äußerungen wie Gesicht-verziehen (bei Ablehnung) oder Abwinken;
4. transformatorische Äußerungen wie Taktschlagen, Sich-Bewegen.

Verbale Reaktionen:

1. freie Äußerungen; die Kinder reden von sich aus über Musik, die sie gehört haben;
2. gebundene Äußerungen; die Kinder reagieren auf Lehrer-Impulse wie Fragen, gezielte Höraufgaben usw.

Der Wirkungsspielraum von Musik ist von unüberschaubarer Breite. Stark ausgeprägt sind in der Regel die Kategorien Affektivität, Assoziation und Energetik. Im Bereich der Affektivität erregt Musik Grundgefühle wie Trauer, Freude, Angst, Sehnsucht, Gefallen, Abneigung. Assoziationen stellen sich ein: „Diese Musik ist mir unheimlich, so als ginge ich allein durch einen finsteren Wald"; Energetik beweist sich in Aussagen über Spannungen, über „fetzige" Musik, Erregung oder Beruhigung.

Die Schüler sollten sich frei äußern dürfen und nicht das Gefühl haben, in Gefahr zu geraten, „Falsches" zu sagen. Der Mehrdeutigkeit von Musik und der Subjektivität der Reaktion muß Raum gelassen werden. Durch häufiges, aber in der Einzelstunde nicht zu sehr ausgedehntes Sprechen über die Wirkungen von Musik, besonders aber aufgrund des geübten Eingehens der Schüler auf Äußerungen anderer wird nicht nur die Kommunikationsfähigkeit, sondern auch das differenziertere Hinhören gefördert. Höreindrücke können auch schriftlich festgehalten werden, z. B. anhand von vorgegebenen beschreibenden Begriffen wie heiter – ernst, aufregend – beruhigend, schwerfällig – leichtfüßig, schreitend – springend usw.

Allerdings sollte nicht permanenter „Hörzwang" herrschen.

„Ein wirklicher Spielraum zwischen zielstrebiger Arbeit und einfachem, lustbetontem Anhören, bei dem vielleicht nur nebenbei auf Auffälligkeitsmerkmale hingewiesen wird, erweist sich nach meiner Beobachtung als fruchtbar" (LEMMERMANN 1977, 290).

WOLFGANG SCHMIDT-BRUNNER hat in seiner kommentierten Bibliographie (Werkinterpretation im Musikunterricht, Mainz 1979) u. a. auf 28 veröffentlichte Unterrichtsmodelle für die Grundschule hingewiesen.

Für den Einstieg in den Bereich Musikhören eignen sich ferner ausführlich dokumentierte Modelle, wie sie z. B. in den folgenden Schriften vorliegen:

W. GUNDLACH/W. SCHMIDT-BRUNNER (Hrsg.): Praxis des Musikunterrichts. 12 Unterrichtseinheiten für die Primar- und Sekundarstufe 1, Mainz 1977
U. GÜNTHER/TH. OTT/F. RITZEL: Musikunterricht 1–6, Weinheim/Basel 1982
Die von HERMANN GROSSE-JÄGER herausgegebene Vierteljahresschrift „Musikpraxis" (Fidula-Verlag, Boppard) bringt regelmäßig auch Beiträge zum Musikhören in der Grundschule.
WULF DIETER LUGERT und VOLKER SCHÜTZ bieten in ihrer Zeitschrift „Populäre Musik im Unterricht" (Institut für Didaktik populärer Musik, Oldershausener Hauptstr. 34, 2095 Marschacht) auch Beispiele aus dem Bereich populärer Musik.

In der neueren unterrichtspraktischen Literatur finden sich viele didaktisch aufbereitete Hörbeispiele. Hingewiesen sei vor allem auf zwei Schallplattenausgaben:

Unser Musikbuch, Dudelsack, Hörbeispiele für die Grundschule (2 Schallplatten), Klett-Verlag, Stuttgart. Dazu: Schülerbuch und Lehrerband

Musikunterricht Grundschule, Schallplattenkassette, Schott-Verlag, Mainz. Dazu: Schülerband und Lehrerband.

Zu weiteren z. Z. empfehlenswerten Ausgaben zählen:

Tonband P I, Resonanzen, Primarstufe Bd. 1, Diesterweg-Verlag, Frankfurt
2 Schallplatten-Hörbeispiele zu bsv Musik 1 und 2, Bayerischer Schulbuch-Verlag, München
Kassette zu Musik macht Spaß, Hirschgraben-Verlag, Frankfurt
8 Schallplatten zu Rondo, Musiklehrgang für die Grundschule, Mildenberger-Verlag, Offenburg

Zu allen Tonträgern gehören Schüler- und Lehrerbände.

Literatur

Abel-Struth, S./Groeben, U.: Musikalische Hörfähigkeiten des Kindes, Mainz 1979
Auerbach, L.: Hören lernen – Musik erleben, Wolfenbüttel 1972
Breckoff, W.: Musikhören in der Grundschule, in: Musik und Bildung 5 (1970)
Ewert, O.: Gefühle und Stimmungen, in: *Thomae, H.* (Hrsg.): Handbuch der Psychologie, 2. Bd., Göttingen 1965
Fischer, W.: Musik hören, in: Jäger, P. (Projektleiter): SIL-Projekt, Musik in der Grundschule, Staatl. Institut für Lehrerfort- und -weiterbildung des Landes Rheinland-Pfalz, Speyer 1980
Fischer, W.: Methoden im Musikunterricht der Primarstufe, in: Schmidt-Brunner, W. (Hrsg.): Methoden des Musikunterrichts, Main 1982
Gieseler, W. (Hrsg.): Kritische Stichwörter zum Musikunterricht, München 1978
Große-Jäger, H. (Hrsg.): Musikpraxis. Arbeitshilfen für Musik in Kindergarten und Grundschule (Quartalshefte), Fidula-Verlag, Boppard
Gruhn, W./Wittenbruch, W.: Wege des Lehrens im Fach Musik. Ein Arbeitsbuch zum Erwerb eines Methodenrepertoires, Düsseldorf 1983
Günther, U./Ott, Th./Ritzel, F.: Musikunterricht 1–6, Weinheim/Basel 1982
Gundlach, W.: Musikunterricht in der Grundschule II. Analyse der Richtlinien, Frankfurt 1977
Gundlach, W./Schmidt-Brunner, W. (Hrsg.): Praxis des Musikunterrichts. 12 Unterrichtseinheiten für die Primar- und Sekundarstufe I, Main 1977
Krützfeldt-Junker, H.: Werkhören, in: Daube, O. (Hrsg.): Musik, Weinheim 1973
Kraemer, R.-D./Schmidt-Brunner, W. (Hrsg.): Musikpsychologische Forschung und Musikunterricht. Eine kommentierte Bibliographie, Mainz 1983
Lemmermann, H.: Musikunterricht, Bad Heilbrunn [3]1984
Loos, H.: Gesungene Musik im Unterricht – einige gute Gründe für Hörerziehung durch Vokalmusik, in: Zeitschrift für Musikpädagogik 20 (1982)
Mersmann, H.: Musikhören, Frankfurt 1952
Motte, D., de la: Musikalische Analyse, Kassel 1968
Nolte, E.: Die neuen Curricula, Lehrpläne und Richtlinien für den Musikunterricht an den allgemeinbildenden Schulen in der Bundesrepublik Deutschland und West-Berlin. Teil 1: Primarstufe, Mainz 1982
Rauhe, H./Reinecke, H.-P./Ribke, W.: Hören und Verstehen. Theorie und Praxis handlungsorientierten Musikunterrichts, München 1975
Rectanus, H.: Das Aufschreiben von Musik als Form der musikalischen Analyse: Erfahrung mit Vor- und Grundschulkindern beim Musikhören und Notieren, in: Kontakt, Bd. 4, Stuttgart 1975
Ribke, W.: Handlungsorientierter Musikunterricht, in: Gieseler, W. (Hrsg.): Kritische Stichwörter zum Musikunterricht, München 1978

Schmidt-Brunner, W. (Hrsg.): Werkinterpretation im Musikunterricht, Mainz 1979
Schmidt-Brunner, W. (Hrsg.): Methoden des Musikunterrichts, Mainz 1982
Schütz, V.: Rockmusik – eine Herausforderung für Schüler und Lehrer, Oldenburg 1982
Venus, D.: Unterweisung im Musikhören, Ratingen 1969
Wildgrube, W.: Gefühle beim Musikhören, in: Forschung in der Musikerziehung 1974, Mainz 1974
Züghart, M.: Schallbaukasten, in: Lemmermann, H. (Hrsg.): Reihe Thema Musik. Arbeitshilfen für die Schulpraxis, Bd. 2, Boppard 1976

Musiktheorie in der Grundschule

Siegfried Vogelsänger

Der gute Zuhörer „versteht Musik etwa so, wie man die eigene Sprache versteht, auch wenn man von ihrer Grammatik und Syntax nichts oder wenig weiß, unbewußt der immanenten musikalischen Logik mächtig" (ADORNO).

I. Vorüberlegungen

Die musikdidaktische Diskussion der letzten Jahre hat auch der Musiktheorie im Musikunterricht der Grundschule neue Impulse gegeben. Nach mehrjährigen Richtungskämpfen um eine Neubestimmung der Ziele und Inhalte des Musikunterrichts in der Allgemeinbildenden Schule zeichnet sich nämlich offensichtlich ein Konsens dahingehend ab, daß eine einseitige Ausrichtung dieses Unterrichts auf den rezeptiven Umgang mit Musik ebenso in eine Sackgasse führt wie die frühere Orientierung an pädagogischen Prinzipien wie Selbsttätigkeit u. ä.

Man kann also davon ausgehen, daß das Musikmachen-Lernen (produktiver Umgang mit Musik) heute ebenso wichtig genommen wird wie das Musikhören-Lernen (rezeptiver Umgang mit Musik); beide aber sind einander nicht nachgeordnet, sondern zugeordnet.

Bezogen auf den Aspekt Musiktheorie heißt das genauer: Beim Musikmachen-Lernen besteht neben der Reproduktion von Liedern, liedhaften Instrumentalstücken u. ä. wie bisher eine wesentliche, neue Aufgabe nun gerade darin, den Schüler in Klangexperimenten eigene musikalische Ausdrucksmöglichkeiten entdecken und diese mit Hilfe musiktheoretischer Einsichten entwickeln zu lassen.

Ähnlich ist es hinsichtlich der Vorstellungen, wie Musikhören und -verstehen angebahnt werden sollen: Einerseits soll Musiktheorie wie bisher Verständnishilfen bieten für eine solche Musik, die man nicht selbst macht oder machen kann. Neben diese Art des Hörens, Aufnehmens und „Denkens an Musik" aber sollen musikalische Gestaltungsversuche der Schüler treten, bei denen sich Musikhören und Musikmachen derart ergänzen, daß z. B. ähnliche Aufgaben, wie sie ein Komponist in einem Musikstück zu lösen versucht hat, nun auch von den Schülern gelöst werden. Hier soll Musiktheorie mit ihrem Zeichen- und Begriffssystem Verständnishilfen bieten bei der Ausführung und Reflexion solcher Produkte.

Bei diesen Aufgabenstellungen geht es selbstverständlich nicht um „Besserwissen" und „Bessermachen" als die „Fachleute", sondern um den Versuch einer „originalen Begegnung" und um „forschendes Lernen". D. h. die Schüler sollen einerseits eigene Möglichkeiten bei der Lösung einer bestimmten musikalischen Aufgabe entdecken und andererseits die darüber hinausführenden Möglichkeiten kennenlernen, die dafür z. B. ein Komponist gefunden hat.

Hinter dieser Arbeitsweise mit Klangexperimenten und Gestaltungsversuchen aber steht die Überzeugung, daß es sich bei musikalischer Erlebnis- und Ausdrucksfähigkeit um grundsätzlich jedem Menschen verfügbare Kompetenzen handelt, für die er auch eigene Ausdrucksmöglichkeiten finden kann, so daß er nicht darauf angewiesen ist, allein „vorgefertigte" Musik anderer in Form von Reproduktion und Rezeption zur Kenntnis nehmen zu müssen. Für diese musikalische Kompetenz gibt es zwar qualitative Unterschiede – wie in allen Bereichen menschlicher Fähigkeiten –; diese beruhen jedoch nicht nur auf unterschiedlich ausgeprägten Anlagen, sondern ganz wesentlich auch auf Erfahrung und Schulung!

Am Beginn aller „Theorie der Musik" soll im Musikunterricht also das Gestalten und Erleben von Musik stehen, das dann mit Hilfe von Bewegung, Notation, Sprache u. a. Hilfsmitteln bewußt gemacht wird.

Musiktheorie ist darum kein eigenständiger Teilbereich im Musikunterricht der Schule, sondern hat Hilfsfunktion bei jeglichem Umgang mit Musik. Sie darf nicht von Musikpraxis – Musizieren wie Rezipieren – gelöst werden, sondern steht in unmittelbarem Zusammenhang mit ihr und ist von ihr abhängig. Die Aufgabe in „Musiktheorie" besteht also darin, den Schüler Musik sowohl bewußter gestalten als auch bewußter erleben zu lassen; d. h. der Schüler soll das Material und die Elemente der Musik und ihren Einsatz als Gestaltungsmittel entdecken, anwenden und seine Verwendung – auch durch andere – verstehen lernen.

Dieser Prozeß beginnt immer bei der Musik selbst – sei sie nun von Lehrer und/ oder Schülern produziert, von anderen produziert oder nur innerlich vorgestellt –; er führt: *Vom Erlebnis zur Erkenntnis, vom Begreifen zum Begriff.*

Jedoch sind Erkenntnisse und Begriffe und die damit gewonnenen Kenntnisse über Musik nicht ein eigenständiges Ziel solcher Prozesse, sondern die Kenntnisse sollen wiederum einem bewußteren Erleben und Gestalten dienen. M. a. W. Kenntnisse über Musik sollen das Gestalten und Erleben zwar differenzieren und vertiefen; sie sollen aber nicht an deren Stelle treten als eine Sammlung von Fakten, die man „getrost nach Hause tragen kann".

„Lernen von Musiktheorie" läßt sich also beschreiben als: *„Lernen, mit Musik bewußter umzugehen."*

II. Aufgaben der Musiktheorie in der Grundschule

Diese Zielangabe muß nun weiter aufgeschlüsselt und konkretisiert werden. Sie bedeutet zunächst einmal und grundlegend, daß Unterricht in Musiktheorie verstanden werden muß als ein Akt der Bewußtmachung musikalischer Vorgänge und ihrer Wirkungen. Dieser Akt ist – vor allem im Musikunterricht der Schule – in der Regel der musikalischen Aktion bzw. Rezeption nachgeordnet; d. h. Musikalisches wird zunächst entweder produktiv gestaltet oder rezeptiv nachvollzogen und erst dann schrittweise bewußt gemacht.

Dieser Bewußtmachungsprozeß vollzieht sich mit Hilfe der weiter unten beschriebenen „Hilfsmittel der Musiktheorie", also durch Umsetzen musikalischer Vorgänge in Bewegung, szenische Darstellung, Malen, Grafik, Notation und Sprache.

Die folgenden Überlegungen dazu setzen an zwei Stellen an: einerseits bei den Gestaltungs-Mitteln und -Merkmalen der Musik, die am auffälligsten – besser „ohrenfälligsten" – sind (das ist die Objektseite), und andererseits bei den Fähigkeiten der Schüler, die auch schon im Grundschulalter eine differenzierte Reproduktion wie Rezeption zulassen (das ist die Subjektseite).

Man braucht in diesem Zusammenhang etwa nur daran zu erinnern, daß Kinder schon im Vorschulalter sehr komplizierte Schlager- und Popmelodien nachsingen oder Autotypen am Klang erkennen, die Türglocke von der Telefonklingel unterscheiden können u. v. a. m. D. h. Kinder können mit Schuleintritt bereits so zahlreiche akustische Signale differenziert wahrnehmen und verstehen, daß demgegenüber manche Unterschiede in der Musik als geradezu grob bezeichnet werden müssen. Dagegen ist die allgemeine musikalische Ausdrucksfähigkeit – oft unter negativen Umwelteinflüssen – zumeist weniger entwickelt.

1. Elementarer musiktheoretischer Ansatz

Knüpft man an diese Erfahrungen an und begegnet der Musik zunächst ganz „naiv", dann läßt sich folgendes feststellen:

1. Musik ist an Klänge und Klangfolgen gebunden;
2. Klänge und Klangfolgen werden durch Klangwerkzeuge hervorgebracht;
3. Klangwerkzeuge haben unterschiedliche Klangfarben;
4. Klangwerkzeuge können verschieden betätigt werden und klingen dann auch verschieden;
5. Klangwerkzeuge können allein oder zusammen mit anderen erklingen;
6. Klänge und Klangfolgen können unterschiedlich laut und unterschiedlich schnell sein;
7. Klänge können so zu Klangfolgen geordnet sein, daß man sie immer wiedererkennt;
8. unterschiedliche Klangfolgen haben unterschiedliche Wirkungen;
9. Klänge und Klangfolgen kann man so aufzeichnen, daß sie auch jemand anderes nachsingen/-spielen kann.

Das bedeutet hinsichtlich der Aufgaben der Grundschule genauer:

Zu 1: Dies ist eine Tatsache, die nicht verbalisiert werden muß; sie gehört zu den Grunderfahrungen, die jeder im Umgang mit Musik macht. Sie würde – auf den Begriff gebracht – in der Grundschule eher zu einer Banalität werden; denn die Konsequenzen, die daraus zu ziehen sind – daß Musik nämlich nur klingend erlebt und verstanden werden kann –, gehen weit in musikpsychologische und

-ästhetische Bereiche hinein und damit über das Fassungsvermögen von Grundschulkindern hinaus.

Zur 2-6: Diese Tatsachen können sowohl im produktiven als auch im rezeptiven Umgang mit Musik vielfältig erfahren und im aktiven Umgang zu „Spielregeln" gemacht werden; dazu hier nur ein paar Hinweise, welche das Gemeinte musikalisch anschaulicher machen sollen (in den abschließenden Unterrichts-Skizzen wird einiges davon detaillierter dargestellt):

- nach der Erprobung verschiedener Materialien als Klangwerkzeuge (Punkt 2/3): „erst helle, dann dunkle Klangfarben"; „zuerst Holz, dann Metall, dann alle"; ...
- bei der Verwendung unterschiedlicher Sing- und Spielarten (Punkt 4): „weiche und harte Klänge lösen sich ab"; „gezupfte Klänge gehen in geblasene Klänge über"; ...
- durch Beachtung von Aufgaben im Zusammenspiel (Punkt 5): „mal alle, dann einzelne"; „mal alle, dann einer allein"; „nie mehr als drei"; ...
- durch Berücksichtigung unterschiedlicher Lautstärken und Tempi (Punkt 6): „erst laut, dann leise"; „leise beginnen, immer lauter werden" (auch umgekehrt); „langsam beginnen, immer schneller werden"; „zuerst ein schneller Teil, dann ein langsamer, dann wieder der (ein) schnelle(r) Teil" (auch von verschiedenen Gruppen gesungen/gespielt); ...

Zu 7: Zur Bewußtmachung dieser Tatsache können die Aufgaben etwa heißen:

„Liederraten durch Klopfen"; „ein Lied kann man auch ohne Text wiedererkennen"; „wir erfinden eine ‚Erkennungsmusik' für unsere Klasse/Gruppe"; „die ‚Erkennungsmelodien' in ‚Peter und der Wolf'"; „wir nehmen ‚Erkennungsmusiken' aus Funk und Fernsehen auf"; ...

Zu 8: Musik hat Wirkungen:

„sie kann uns fröhlich, traurig ... stimmen"; Musik kann feierlich klingen (wie in der Kirche)"; „Musik kann ‚in die Beine fahren' (wie in der Disco)"; „wir erfinden Musiken mit unterschiedlichen Wirkungen" (z. B. in der Darstellung der Stimmen und Gangarten von Tieren; als Werbemusiken für verschiedene Artikel); ...

Zu 9: Aufzeichnungen von Musik sind unterschiedlich genau:

So steht im Liederbuch z. B. nicht:
ob eine Melodie gesungen oder gespielt werden soll (auch wenn ein Text darunter steht, kann man eine Melodie ja spielen);
von welcher Stimme sie gesungen werden soll (Kinder, Männer, Frauen);
ob der Gesang leise oder laut, schnell oder langsam, hart oder weich sein soll; ...
auch eine Aufzeichnung z. B. unserer „Erkennungsmusik" mit Hilfe einer Notation können nur wir genau verstehen, weil wir die Musik dazu „im Ohr" haben; jemand anderem müssen wir sie zusätzlich erklären (vielleicht sogar durch Vorsingen/-spielen).

Zu 1-9 kann (und sollte) immer auch ein Wechsel zwischen produktivem und rezeptivem Umgang stattfinden, so daß zu den selbst gefundenen und gestalteten Beispielen auch solche hinzutreten, die von anderen gemacht worden sind („wie ein Komponist das gemacht hat"; „wie eine Gruppe/ein bekannter Solist das gesungen/gespielt hat" ...).
Insgesamt aber kann man zu diesem „naiven" Ansatz sagen, daß er bereits alle Details einer „Theorie der Musik" im Keim enthält, hier nur herausgelöst aus

einem starren System, das sich in seiner Abstraktheit längst verselbständigt hat. Damit soll gerade dem Musiklehrer Mut gemacht werden, für den Musiktheorie vielleicht „ein Buch mit sieben Siegeln" ist, das er in seinem Unterricht lieber ungeöffnet lassen möchte. Aber auf der Basis der o. g. einfachen musikalischen Grundtatsachen, die jeder (!) hören, erleben und verstehen kann, wenn er nur zur Aufmerksamkeit bereit ist, läßt sich unter Berücksichtigung der weiter unten beschriebenen Hilfsmittel sowohl in produktiver als auch in rezeptiver Form bereits ein interessanter Unterricht mit modellhaften Grundübungen gestalten, durch den der Schüler musikalische Grundprinzipien vielfältig kennen- und anzuwenden lernt.

Hier hängt viel vom Einfallsreichtum und methodischen Geschick des Lehrers ab, aber auch von seiner Beobachtungsgabe und Reaktionsfähigkeit, Einfälle und Anregungen der Schüler aufzugreifen; dies sind jedoch keine spezifisch musikalischen Qualifikationen, die hier von ihm erwartet werden, sondern allgemein-pädagogische, die ihn als „Fachmann für Unterricht" auszeichnen sollten (bleibt zu fragen, welche Hochschule heutigen Stils bereit und in der Lage ist, ihn dazu auszubilden).

Diese o. g. Unterrichtsprozesse beginnen im produktiven Bereich mit diffus anmutenden Experimentierphasen und im rezeptiven Bereich mit diffusen, ganzheitlichen Erlebnissen; hier muß dann unter Berücksichtigung der Punkte 1–9 ein Ausgliederungsprozeß einsetzen, dessen vornehmste Tätigkeiten das Differenzieren und Strukturieren sind. Dies geschieht jedoch nicht allein mit Hilfe der Sprache, sondern auch unter Berücksichtigung der weiter unten genannten anderen Stufen der Bewußtmachung.

Dieser Ausgliederungsprozeß läuft allerdings nicht nach einem einfachen Reiz-Reaktions-Schema ab, in welchem die Musik den Reiz darstellt und eine oder mehrere der Reflexionsstufen die Reaktion als Abschluß dieses Prozesses, sondern die Reflexionen über Gestaltetes, Gehörtes und Erlebtes sind wiederum Grundlage weiterer – nun differenzierterer und strukturierterer – musikalischer Produktion und Rezeption.

Diesen Unterrichtsablauf kann man vergleichen mit den gegensätzlichen musikalischen Formen in Oper und Oratorium: In Rezitativen und Chören wird die Handlung erzählt und vorangetrieben – dies entspräche der Produktion bzw. Rezeption –; in den Arien steht die Handlung still, und es werden Betrachtungen darüber angestellt, Empfindungen zum Ausdruck gebracht u. ä. –, dies entspräche den verschiedenen Reflexionsstufen.

2. Bezugsfelder der Musiktheorie

Aus dem o. g. elementaren Ansatz heraus läßt sich nun eine „Theorie der Musik" in vier musikspezifischen Bezugsfeldern aufbauen; diese beziehen sich auf:

„Material und Elemente",
„Stimmen und Instrumente",

Musiktheorie 205

„Satz und Form",
„Aufführung und Notation".

Eine solche Systematik muß vor allem als didaktische Hilfe verstanden werden, weil man nicht gleichzeitig über alle Teilaspekte der Musik sprechen kann; in der musikalischen Praxis jedoch durchdringen und bedingen sie einander auf die vielfältigste und verschiedenste Weise. Darum stellen sie auch keine hierarchische Abfolge dar, sondern hier kann an den verschiedensten Stellen ein- und ausgestiegen werden; so erweist sich z. B. der Einstieg bei b) oder d) als sehr günstig, während a) mehr das Ergebnis eines längeren Ausgliederungsprozesses ist.

a) Material und Elemente

Baumaterial und Elemente der Musik sollen im Musikunterricht nicht isoliert, sondern als Gestaltelemente ganzheitlicher Abläufe verstehbar gemacht werden. Solche Bauelemente sind Ton, Klang und Geräusch; die formieren sich in Rhythmik, Melodik, Harmonik, Klangfarbe ... zu einer bestimmten musikalischen Erscheinung.
Material und Gestaltelemente der Musik besitzen Dauer, Höhe, Farbe, Stärke, Tempo, Dynamik, Dichte ... Wie sie im einzelnen beschaffen sind, das muß an typischen Beispielen verdeutlicht werden, bei denen jeweils einzelne Erscheinungen im Vordergrund stehen.
Dabei geht es etwa um folgende Grundbegriffe und -einsichten:

hell – dunkel; hoch – tief – mittel; gleich hoch – verschieden hoch; sehr hoch – sehr tief; gleichbleibend – ansteigend – absteigend; wellenförmig – treppenförmig; schrittweise – sprungweise; kleiner Schritt – großer Schritt; kleiner Sprung – großer Sprung; lang – kurz; gleich lang – verschieden lang; langsam – schnell – mittelmäßig; langsamer werdend – schneller werdend; gehend – springend – hüpfend – laufend – schreitend; 2er- –3er-Bewegung; geradeaus – kreisförmig; laut – leise – mittelmäßig; terrassenförmig – gleichbleibend; anschwellend – abschwellend; dicht – locker; punktartig – bandartig – blockartig; ...

Doch möge sich kein Lehrer durch diese oder ähnliche Aufzählungen von Begriffen irritieren lassen, als sollte dies „abfragbares Wissen" des Musikunterrichts werden. Gemeint ist damit vielmehr ein Hinweis darauf, wie vielfältig man Musik beschreiben und so ihrem Verständnis näherkommen kann, statt sie auf ein paar armselige Begriffe zu bringen in der Meinung, man könne ihren Reichtum darin einfangen.

b) Stimmen und Instrumente

Musik artikuliert sich durch Stimmen und Instrumente. Dabei geht es im Musikunterricht jedoch weniger um physikalische oder historische Fakten als um die ausdrucksmäßigen Möglichkeiten dieser „Mittler". Hier sind also vor allem solche Kenntnisse zu erwerben, die sich auf das musikalische Phänomen „Klangwerkzeug" beziehen; d. h. das Schwergewicht der Experimente und Beobachtungen muß darauf liegen, wo und auf welche Weise Stimmen und

Instrumente eingesetzt werden können, welche Funktionen sie dabei übernehmen, welche typischen Ausdrucksweisen dabei zutage treten, welche charakteristischen Besetzungen eine Rolle spielen usw.
Wie die Erfahrung lehrt, läßt sich über diesen Bereich der Musik besonders gut in detailliertere Gestaltungsversuche und Beobachtungen einsteigen, vielleicht nicht zuletzt darum, weil es dabei um „handfeste" Fakten geht.
Die ersten Erfahrungen können die Schüler hier im Umgang mit dem „natürlichen" Instrumentarium (Stimme, Hände, Füße), aber auch mit selbstgebauten Klangwerkzeugen, ORFF-Instrumenten... machen. Aus den darauf fußenden Beobachtungen und Beschreibungen, auch unter Berücksichtigung solcher Stimmen und Instrumente, welche den Schülern nicht direkt zugänglich sind, ergeben sich die Grundbegriffe:

singen, blasen, streichen, zupfen, schlagen, gebunden, gestoßen, gezogen, geschleift, gehuscht, gehaucht... in verschiedenen Farben, Stärken, Dauern, Höhen... Metall, Holz, Fell... hohe, tiefe, mittlere Stimmen...

Sie stehen in engem Zusammenhang mit den folgenden Aufgaben.

c) Satz und Form

Musik konstituiert sich in „Sätzen" und „Formen"; damit können sowohl festumrissene Erscheinungen wie die dreiteilige Form eines Liedes („Alle Vögel sind schon da") als auch „offene Formen" („Pink Floyd") und „freie Sätze" („Free Jazz") gemeint sein.
Hier soll der Schüler die vielfältigen Gestaltungsmöglichkeiten mit Hilfe der Musik kennenlernen, z. B. eine Geschichte, ein Gedicht, Naturereignisse, Tierstimmen und -bewegungen, die Gefühle und Stimmungen bestimmter Personen in bestimmten Situationen u. v. a. m. illustrieren, Impulse zum Gehen, Laufen, Hüpfen, Tanzen geben zu können oder die Gestaltung eines musikalischen Ablaufs zu ermöglichen durch Wechsel, Wiederholung, Kontrast usw.
Gerade in diesem Zusammenhang muß jedoch vor starrem „Formalismus" gewarnt werden, nach dem jede Art von Musik nach den gleichen Kategorien einer angeblich „klassischen" Formenlehre betrachtet und dann kurzschlüssig auf ein paar Begriffe gebracht wird in der Meinung, damit habe man Wesentliches einer bestimmten musikalischen Erscheinung „begriffen".
Am Beispiel gesagt: Hat der Schüler etwa Mozarts „Sehnsucht nach dem Frühling" kennengelernt, indem er sich die Melodie zunächst singend erarbeitet und dann am begleiteten Beispiel mit Hilfe des Lehrers erfahren hat, wie sich der Titel musikalisch durch die Melodie und ihre Begleitung bis in das Nachspiel hinein auswirkt, hat er außerdem anschließend eine authentische Interpretation aus berufenem Munde gehört, so daß das ganze Werk wie eine Miniatur vor seinem inneren Ohr steht, dann sind Begriffe wie D-Dur, 6/8-Takt, Auftakt, Modulation, Wiederholung usw. demgegenüber sekundär; denn sie können die Erfahrung mit diesem Stück MOZARTscher Musik weder wettmachen noch wesentlich steigern.

Will man hier mehr ins Detail gehen, dann sollte man sich orientieren an dem, was jedermann an Musik unmittelbar wahrnehmen kann, vorausgesetzt, er hört zu (und gerade das ist ja ein Ziel des musiktheoretischen Ansatzes im Musikunterricht):

einer – mehrere – viele; einstimmig – mehrstimmig; Ober-, Mittel-, Unterstimme; mehrere Teile; gleiche Teile – ungleiche Teile; Teile wiederholen sich; einer singt allein (Solo) – dann singen alle (Refrain); einer singt allein – mehrere begleiten ihn (Begleitung); eine Stimme beginnt – andere singen/spielen das gleiche, folgen aber erst später (Kanon); zuerst spielen alle – dann einer allein – dann wieder alle – dann wieder einer allein (Rondo); ein Lied/Thema wird verändert (Variation); Instrumente machen ein Vorspiel – dann kommt ein Solist, dabei begleiten einige Instrumente – dann spielen alle ein Zwischenspiel – dann wieder der Solist mit Begleitung (Konzert); ...

d) Aufführung und Notation

Alle Fragen der vorgenannten Teilbereiche lassen sich nicht hinreichend beantworten, wenn dabei nicht die gesellschaftlichen Funktionen der Musik mit bedacht werden, d. h. wenn nicht berücksichtigt wird, daß nur ein geringer Teil der Musik nach „absolutem Wert" und „ablsoluter Schönheit" beurteilt werden kann und so als still zu genießende Kunst fungiert.
Ihr größter Teil ist vielmehr in verschiedener Weise in soziale Zusammenhänge eingefügt, damit auf „Gebrauch" und „Verbrauch" eingerichtet und wird demzufolge nach dem Grad der Zweckmäßigkeit beurteilt, d. h. danach, ob eine jeweilige Musik Stimmungen auszudrücken und auszulösen, Bewegung und „Unterhaltung" zu ermöglichen, Arbeit zu erleichtern, den Alltag erträglicher zu machen vermag usw. usw. – man mag das nun als „Zweckentfremdung", „Berieselung" oder wie auch immer empfinden und bedauern oder nicht.
Darum kann hier das Ziel des Musikunterrichts auch nicht heißen, „Konsum von Musik" überhaupt abschaffen zu wollen – angesichts der Übermacht der technischen Mittler und der Allgegenwart der Musik in unserer Gesellschaft ohnehin ein unmögliches Unterfangen –, sondern ihn zu differenzieren.
Darum soll der Schüler die Musik zunächst einmal in möglichst vielfältigen Formen auf möglichst vielfältige Weise kennenlernen, damit er später eine wohlbegründete Position innerhalb dieser Vielfalt einnehmen kann. Dazu gehört auch das Wissen darum und das Verständnis dafür, daß man Musik zu verschiedenen Zeiten und Gelegenheiten auf eine je spezifische Weise zu „verbrauchen" pflegt.
Neben den Erfahrungen, welche die Schüler dabei wiederum durch Experimente, Gestaltungsversuche und Reproduktion machen können, geht es hier auch um Aufgaben des Sammelns und Ordnens der musikalischen Eindrücke, welche die Schüler der Grundschule mitbringen. Dazu gehören auch die Texte in Funk- und Fernseh-Zeitschriften, auf Plakaten, bei Ankündigungen im Funk- und Fernsehen usw. Was hier im Musikunterricht nicht aufgearbeitet wird, das bleibt oft ein Leben lang totes Wissen oder eine fremde Welt; wie fruchtbar aber kann ein Unterricht sein, wenn man auf diese Weise einmal über den Zaun des Klassenzimmers hinaussieht!

Hier läßt sich unmittelbar an die Erfahrungen der Kinder anknüpfen, denn sie sind ja bei Schuleintritt musikalisch kein „unbeschriebenes Blatt" mehr:

was man alles hören kann; was man alles auf dem Schulweg hören kann; was es bedeuten kann; wie man darauf reagieren kann ...

Dies auf Musik bezogen, ergibt etwa folgenden Katalog:

- Orte, an denen man Musik begegnen kann (Wo)
  (zuhause, Straße, Marktplatz, Kaufhaus, Kirche ...)
- Musik kann auch aus fremden Ländern sein (Woher)
  (Spanien, Amerika, Afrika ...)
- Personen, die diese Musik machen (Wer)
  (Mutter, Vater, Geschwister; ein Straßenmusikant, eine Blaskapelle; ein Chor, der Organist, die Kirmesorgel; ein Flamencosänger, eine Jazzband, ein Medizinmann ...)
- Ursachen zum Musikmachen/Absichten, die mit Musik verbunden sind (Wozu/Warum/Für wen)
  (Zur Freude, zur Unterhaltung; zum Tanzen, Träumen, Einschlafen; zur Andacht, zum Trost, zum Lob Gottes; um Geister zu beschwören; zum Kaufen „überreden" ...)
- Musik kann auch „aufgezeichnet" sein und „gesendet" oder „abgespielt" werden (Womit)
  (Radio, Fernsehen, Schallplatte, Kassettenrekorder ...)

Mit den Fragen der Aufführungspraxis kommt man zwangsläufig auch zu Fragen der Aufzeichnung von Musik mit Hilfe der Notenschrift. Auf die zahlreichen Probleme, die damit aufgeworfen sind, wird weiter unten näher eingegangen. Allgemein heißt die Aufgabe für den Musikunterricht hier, dem Schüler die Fähigkeit zu vermitteln, sich mit Hilfe von Zeichensystemen auch im musikalischen Bereich verständigen und so ein vertieftes Verständnis der Musik selbst gewinnen zu können.

Hier kann man ansetzen bei dem, was am einfachsten wahrzunehmen ist, nämlich bei Stärkegraden; Tempo- und Ausdrucksbezeichnungen; Besetzungsabläufen, d. h. dem Wechsel von Vokal- und Instrumentalsolisten oder -gruppen; bei rhythmischen, melodischen und dynamischen Grundvorgängen wie kurz/lang, auf/ab, anschwellen/abschwellen usw.

3. Zusammenfassung

Zusammenfassend kann man also sagen: Der Schüler soll mit Hilfe der Musiktheorie lernen, bewußter mit Musik umzugehen. Dazu dienen:

- Fertigkeiten im Umgang mit Klangwerkzeugen einschließlich der eigenen Stimme, in Bewegungen und im bewußten Einsatz dieser Ausdrucksmittel
  (Klangexperimente, Gestaltungsversuche, Reproduktion);
- Fähigkeiten im Aufnehmen und Beurteilen von Musik
  (Rezeption, Reflexion);
- Kenntnisse in der Beschreibung und Aufzeichnung von Musik
  (Deskription, Notation);
- angemessene Verhaltensweisen im Umgang mit Musik
  (Aufgeschlossenheit gegenüber vielerlei Formen von Musik, Kritikfähigkeit beim Konsum von Musik);

- Kenntnisse über Möglichkeiten für musikalische Aktivitäten außerhalb und nach der Schulzeit.

Für den produktiven Umgang mit Musik ergeben sich daraus folgende Teilziele und -aufgaben:

- Der Schüler soll sowohl eigene als auch fremde Vorstellungen und Empfindungen mit Hilfe musikalischer Mittel ausdrücken können.
- Diese Ausdrucksmöglichkeiten lassen sich erfahren und bewußt machen mit Hilfe verschiedener Klangwerkzeuge einschließlich der eigenen Stimme und mit Sprache und Zeichen.

Für den rezeptiven Umgang mit Musik ergeben sich daraus folgende Teilziele und -aufgaben:

- Der Schüler soll Musik differenziert wahrnehmen und beschreiben und auf diese Weise seine eigene musikalische Aufnahme- und Erlebnisfähigkeit und die musikalischen Ausdrucksmittel und -möglichkeiten anderer Menschen besser verstehen können.
- Das Anschauungsmaterial dazu bietet die gesamte klingende Umwelt aus der unmittelbaren und mittelbaren Erfahrung.

III. Hilfsmittel der Musiktheorie

1. Möglichkeiten der Bewußtmachung

Jeder Unterricht ist angewiesen auf bestimmte Hilfsmittel, die der Verständigung, der Veranschaulichung, der Bewußtmachung, der Vertiefung usw. dienen. Im Musikunterricht sind das zumeist einseitig Sprache und Notenschrift; sie werden vor allem im musiktheoretischen Unterricht bevorzugt verwendet.
Jedoch darf dabei nicht übersehen werden, daß beide – Notation wie Sprache – weitgehend abstrakt sind und daß durch ihre einseitige Verwendung bei der Verständigung über musikalische Sachverhalte der Weg oft allzu kurz wird; denn Musik ist ja bereits selbst abstrakt insofern, als sie unmitelbar nach ihrem Erscheinen wieder verklingt und darum nur durch das erklingende oder mit dem „inneren Ohr" vorgestellte Beispiel „anschaulich" gemacht werden kann. Wird diese in der Musik einzig mögliche Form der Veranschaulichung jedoch unterschlagen oder Erklingendes auf kürzestem Wege „auf den Begriff" gebracht, dann bezahlt die Musik das mit dem Leben.
Ein wichtiger – im Musikunterricht oft übersehener – Aspekt der Vermittlung musiktheoretischer Grundkenntnisse sind darum Möglichkeiten der Übersetzung von Musik in solche Bezugssysteme, die als gleichfalls nonverbale der Musik näherstehen als Sprache und Notation. Sie sind vor allem dem Schüler der Grundschule eher zugänglich als deren Begriffsapparat, denn hier haben „Begreifen", „Behandeln", „Erfahrung-Machen", „Erfassen" usw. noch ihren ursprünglichen Sinn.
Gemeint sind „Bewegung nach/zur Musik", „Szenische Darstellung", „Malen nach/zur Musik" u. ä. Verfahrensweisen. Da diese in eigenen Beiträgen dieses

Handbuches detaillierter behandelt werden, wird an dieser Stelle nicht näher darauf eingegangen.

Hier soll lediglich der Grundsatz herausgestellt werden, daß es für das Gestalten- und Verstehenlernen von Musik nicht nur den Weg über Notation und Sprache gibt, sondern daß beides auf vielerlei Weise angebahnt werden kann und muß. Wie die Erfahrung zeigt, kommen auf diese Weise Eindrücke von und Einblicke in Musik oft weitaus vielfältiger und nachhaltiger zustande als über ein rein begriffliches Denken; das aber hat dann auch Konsequenzen für die differenzierte Vorstellung von dem, was Wissen und Kenntnisse über Musik ausmachen.

Diese verschiedenen Lern- und Reflexionsstufen sind in sich selbständig und führen damit auch zu eigenständigen Erfahrungen, Einsichten, Erkenntnissen usw.; sie können sich jedoch gegenseitig vielfältig ergänzen. Dabei ist die Sprache aber nicht etwa die letztlich immer anzustrebende „höchste" Reflexionsstufe und Instanz; denn die auf den anderen Stufen gemachten Erfahrungen und gewonnenen Einsichten werden dort ja in einer Weise gemacht, wie sie durch Sprache allein entweder gar nicht oder nur sehr unvollkommen gemacht werden können. „Reflektieren" wird hier also als ein Akt verstanden, der nicht allein an Sprache gebunden und darum auch nicht allein mit ihrer Hilfe möglich ist.

Gerade im Musikunterricht bietet sich damit eine große Chance, durch bewußte Einbeziehung affektiver, psychomotorischer und sozialer Aspekte des Lernens von der einseitigen Orientierung der heutigen Schule am kognitiven Lernen loszukommen, durch welche auch schon Schüler der Grundschule dazu verdammt werden, die meiste Zeit möglichst still sitzend und lediglich den Kopf benutzend lernen zu sollen.

Die genannte Reihenfolge der Reflexionsstufen stellt auch keine Wertskala dar, sondern ist vielmehr ein ständig zunehmender Abstraktionsprozeß und damit eine ständig zunehmende Entfernung von der Musik als einer sinnlich wahrnehmbaren Erscheinung; denn das Begriffssystem der Musiktheorie, wie es normalerweise gelehrt und verstanden wird – etwa unterteilt in Allgemeine Musiklehre, Harmonielehre, Formenlehre usw. –, ist mit Hilfe der Sprache in enger Anlehnung an die Notation „aus der Musik heraus" – und damit auch ein Stück weg von ihr – entwickelt worden.

Wie festgefahren hier die Beschreibung von Musik ist, das kann man z. B. daran erkennen, daß eine bestimmte musikalische Bewegung als „Sechzehntel" – oder eine andere als „Triolen"-Bewegung bezeichnet wird, beides Begriffe, die aus der Notation kommen, über die tatsächliche Bewegung jedoch nichts aussagen, sondern lediglich etwas über eine von zahlreichen Möglichkeiten der Aufzeichnung dieser Bewegung.

2. Zur Aufzeichnung von Musik in Notenschrift und grafischer Notation

Ein spezielles Problem der Musiktheorie ist die Aufzeichnung von Musik durch die Notenschrift oder andere Zeichen, die einerseits als Grundlage für eine

Aufführung fungieren, andererseits bei der Betrachtung und Analyse von Musik Verwendung finden. Auch für sie gilt zunächst einmal, daß sie nur Hilfsmittel beim Ausführen und Verstehenlernen von Musik sein können, denn sie sind ja nicht die Musik selbst, sondern mit einem System von Symbolen nur Hinweise auf sie (wie die Zeichen des Glaubens für den Gläubigen Hinweise auf den unsichtbaren Gott, aber niemals er selbst).

Nun kann an dieser Stelle nicht auf eine detaillierte Darstellung aller fachwissenschaftlichen und -didaktischen Probleme eingegangen werden, die sich in diesem Zusammenhang ergeben. Dazu muß die einschlägige Literatur dienen. Hier sollen nur einige Denkanstöße gegeben werden.

Dabei geht es vor allem um die Tatsache, daß bei der Entwicklung der Notenschrift manches von der Musik auf der Strecke geblieben ist, was sich in dieser Schrift nicht darstellen und darum beim Lesen auch nicht erkennen läßt. Dies sind interessanterweise gerade die Elemente der Musik, die ihr Leben ausmachen, nämlich Tempo, Dynamik, Agogik und Artikulation (der Blick auf einen Notentext zeigt sofort, daß es dafür – wenn überhaupt – nur sehr allgemeine Zeichen und Hinweise gibt, die erst durch Kenntnis der jeweils angemessenen Aufführungspraxis richtig verstanden werden können).

Demgegenüber sind in der Notenschrift andere Dinge in den Vordergrund gerückt, die am einfachsten mit Hilfe ihrer Zeichen darstellbar und dann auch daraus abzulesen sind, nämlich Rhythmus, Melodieverlauf u. ä. Doch sollte man sich nicht darüber hinwegtäuschen, daß auch die Zeichen dafür längst nicht so eindeutig sind, wie man meinen möchte.

Strenggenommen kann man an der Notenschrift nämlich nur eine Möglichkeit der Aufzeichnung von Musik kennenlernen, nicht mehr – aber auch nicht weniger. Die Aussage, die Notenschrift „veranschauliche" die Musik, ist also schlicht falsch, auch wenn sie noch so wortreich vorgetragen wird. Notierte Musik ist immer „Musik aus zweiter Hand", die erst durch eine Aufführung wieder zum Leben erweckt werden muß (das kann auch durch stilles Lesen geschehen – falls man hören kann, was man liest!).

Aus den o. g. Tatsachen erklärt es sich auch, daß man Rhythmik, Melodik, Harmonik und Form als „Primärkomponenten" der Musik bezeichnet hat, während die Gestaltungsmittel Tempo, Dynamik usw. hier überhaupt nicht vorkommen – falls man sie nicht als Elemente der Interpretation zu den „Tertiärkomponenten" zahlen will (dann sollte man sie dort aber auch nennen).

An diesen und ähnlichen Vorstellungen haben sich offensichtlich auch die meisten Verfasser der verschiedenen Lehrpläne und Richtlinien für den Musikunterricht der Grundschule orientiert und für den Bereich Musiktheorie z. T. solch abstrakte und übersteigerte Ziele aufgestellt, daß man sich nur fragen kann, wer einen dementsprechenden Unterricht je erprobt hat.

Doch sollte sich durch solche Forderungen kein Lehrer irritieren lassen, sondern sie verstehen als das, was sie sind, nämlich unreflektierte Übertragungen von Forderungen aus einem Musikstudium auf die Schule (ob dieses Studium so

aufgebaut ist, daß es wirkliche Einsichten in Musik vermittelt, das ist eine ganz andere Frage, der nicht weiter nachgegangen werden kann).
Darum sollen hier die oft unreflektiert tradierten Vorstellungen von der Notwendigkeit des Erlernens der Notenschrift relativiert werden, indem danach gefragt wird, welche Funktion diese Schrift für den Schüler der Grundschule haben kann.

a) Die Bedeutung der Notenschrift für den Schüler der Grundschule

Der Schüler der Grundschule kommt aufgrund der eingangs genannten Arbeitsgebiete des Musikunterrichts auf folgende Weise mit der Notenschrift in Berührung:
1. Bei der Reproduktion von Liedern und einfachen Instrumentalstücken findet er sie in der Einstimmigkeit und der einfachen Mehrstimmigkeit vor, wie sie auch jeder Lehrer aus den Musikbüchern für die Grundschule kennt.
Beim Singen hat sich jedoch das früher lange Zeit propagierte „Vom-Blatt-Singen-Lernen" längst als utopisch erwiesen, so daß man bei der Liedeinstudierung heute weitgehend auf den umständlichen und zeitraubenden Weg einer „Liederarbeitung nach Noten" verzichtet.
Hier hat sich die Musikpädagogik in der Vergangenheit oft auch mehr von methodischer Prinzipienreiterei leiten lassen als von wirklichen Einsichten in die Zusammenhänge von Musik, Notation und Aufführungspraxis vor allem im Bereich elementarer Musikausübung (wie entbehrlich die Notenschrift sein kann, das zeigt der gesamte Bereich folkloristischer, Jazz- und Popmusik und die Musik zahlreicher außereuropäischer Kulturen).
Darum werden wie beim Singen auch die einfachen Instrumentalsätze im Musikunterricht – ähnlich wie in folkloristischen Praktiken – zumeist mehr im Vor- und Nachmachen einstudiert als durch „Nach-Noten-Spielen" und von den Schülern dann sehr schnell auswendig gekonnt – also mit Konzentration auf die Musik und nicht auf die Noten gespielt –, was wesentlich zum Aufeinanderhören und damit zu einer lebendigen Wiedergabe beiträgt.
Bei dieser Form der Musikausübung genügen also Kenntnisse hinsichtlich der einfachen Zeichen für die Melodie- und Rhythmus-Notation und Grundeinsichten in die Prinzipien ihrer Aufzeichnung: Die zeitliche Abfolge wird von links nach rechts notiert, der Tonhöhenverlauf nach oben und unten; was gleichzeitig erklingen soll, wird untereinander geschrieben.
Jedoch darf dabei nicht übersehen werden, daß die Notenschrift eine nur sehr unvollkommene Handlungsanweisung ist, deren Wiedergabe nicht schon eine musikalisch gestaltete Aufführung garantiert; hier steht das Wesentliche „zwischen den Zeilen". Dies kann man also gar nicht an der Notenschrift lernen, sondern nur in einem eigenständigen Gestaltungsprozeß, wie man auch in jeder Orchester- und Chorprobe erfahren kann.
Bei der Reproduktion von Musik im Musikunterricht der Grundschule ergibt sich also die Motivation zum Erlernen der Notenschrift und zu deren detaillierterer Handhabung aus den jeweiligen Aufgaben; denn Notenlernen ist ja kein

Selbstzweck, sondern steht bei der Reproduktion von Musik einzig in deren Dienst und wird darum am sinnvollsten im Zusammenhang mit Singen und Musizieren gelernt, soweit es dazu förderlich ist. M. a. W. der Schüler muß die Notenschrift nicht lernen als Voraussetzung zum Instrumentalspiel, sondern er lernt sie im Zusammenhang damit in kürzester Frist handzuhaben, wenn sich das als notwendig erweist.

Dabei sollte man sich auch freimachen von der Vorstellung, der Schüler müsse die Notenschrift beherrschen lernen wie die Sprachschrift. Wirkliches Notenlesen, d. h. beim Lesen eine genaue Vorstellung von dem zu entwickeln, was damit musikalisch gemeint sei, das ist eine solch differenzierte Fähigkeit, daß sie nicht einmal von allen Berufsmusikern voll beherrscht wird; oft bedarf es dazu noch der „Veranschaulichung" durch ein Instrument.

2. Bei Klangexperimenten und Gestaltungsversuchen – d. h. bei der Entdeckung und Entwicklung eigener musikalischer Ausdrucksmöglichkeiten – hat die traditionelle Notenschrift in der Grundschule keine Funktion, denn die Ergebnisse solcher Experimente sind – nicht zuletzt ihres oft hohen Geräuschanteils wegen – mit dieser Form der Notation entweder überhaupt nicht darstellbar oder sie sind so schwierig in diese zu übertragen, daß Schüler wie Lehrer damit überfordert würden.

In der ersten Phase dieser Aktionen steht außerdem das „Lernen durch Tun" im Vordergrund; soweit hier eine Reflexion der Ergebnisse erfolgen soll – etwa zu deren Verbesserung –, so kann man als Gesprächsgrundlage eine Tonbandaufzeichnung zu Hilfe nehmen, denn hier ist das musikalische Ergebnis wirklich in allen Nuancen festgehalten, wie es keine Aufzeichnung sonst vermag!

3. Anders ist dagegen der Stellenwert der Notation beim „Lernen durch Einsichtgewinnen" einzuschätzen. Hier geht es ja insbesondere darum, Einblicke in das musikalische Material, in seine Ausdrucks- und Gestaltungsmöglichkeiten, in den Ablauf größerer Zusammenhänge usw. zu bekommen.

Hier hat sich vor allem die Verwendung von grafischer Notation als ausgezeichnetes Hilfsmittel des Musikunterrichts erwiesen; jedoch kann auf deren detaillierte Darstellung in diesem Zusammenhang ebenfalls nicht eingegangen werden.

Vielmehr sollen einige grundlegende Hinweise dem Lehrer den Weg zeigen, der sich mit dieser Notationsform noch nicht auseinandergesetzt und damit noch keine Versuche gemacht hat; dabei sollen vor allem ihre Vorteile gegenüber der traditionellen Notenschrift für den Musikunterricht der Schule verdeutlicht werden.

b) Grafische Notation

- Die traditionelle Notenschrift bietet viele Dinge nicht – oder für den Schüler nicht einsichtig genug –, die für die Analyse und damit für den Einblick in die Struktur einer Musik von Bedeutung sind. Dazu gehören z. B. Beziehungen dynamischer, melodischer, rhythmischer und formaler Art, die sich aber relativ leicht mit Hilfe grafischer Zeichen darstellen lassen. Ein solches

„Schaubild" gibt dem Schüler also eine optische Anschauungshilfe, aufgrund derer er den auditiven Eindruck leichter nachvollziehen kann.
- Außerdem kann man grafische Darstellungen beliebig differenziert anlegen und dabei – je nach Unterrichtsziel – nur solche Vorgänge skizzieren, die für eine gerade beabsichtigte Betrachtung von besonderer Bedeutung sind, während andere Details – z. B. solche, die für eine Aufführung wichtig sind, wie die exakte Fixierung von Tonhöhen, – dauern usw. – hier wegfallen können.
- Grafische Darstellungen sollen also beim Musikhören-Lernen nicht in erster Linie als „Aufführungsmaterial" fungieren, sondern das Hören durch Strukturierenlernen unterstützen und vertiefen; darum werden sie in der Regel vom Höreindruck her entwickelt.
- Daneben aber kann bei den Gestaltungsversuchen eine grafische Darstellung auch als „Aktionsschrift" und damit als „Vorlage" für eine Improvisation dienen, dann aber auch wieder zur Reflexionsbasis bei der Besprechung der Improvisationsergebnisse werden.
- Ein weiterer pädagogischer Vorteil der grafischen Darstellung gegenüber einem bereits fertig vorliegenden Partiturbild liegt darin, daß bei einer schrittweisen Skizzierung im Unterricht die einzelnen Gestaltelemente und Momente eines Musikstückes wiederholt gehört und immer wieder auf ihre spezifischen Zusammenhänge bezogen werden müssen; hier wird also nichts skizziert, was nicht auch gleichzeitig hörend erfaßt wird.
- Bei der Aufstellung eines grafischen Zeichensystems für den Musikunterricht kann von den Einfällen der Schüler ausgegangen werden; jedoch sollte man dabei auf die Beachtung einiger Grundregeln musikalischer Notation hinarbeiten.

Dazu gehört einmal das Grundprinzip, Tonhöhen in der Vertikalen, Tondauern in der Horizontalen, gleichzeitig Erklingendes untereinander zu notieren (vielleicht durch Klammern o. ä. Zeichen verdeutlicht im Unterschied zur Sprachschrift, die ja nur eine „einstimmige" Schreibweise kennt). Zum anderen sollten bei der Übernahme von Zeichen aus der traditionellen Notenschrift diese auch in der dort gebräuchlichen Bedeutung verwendet werden (z. B. Zeichen für crescendo – decrescendo, legato, staccato u. ä.).
- Alle Zeichen sollten sich gut voneinander abheben und nicht zu kompliziert sein. So eignen sich z. B. Punkte gut für kurze Klangereignisse; Linien und Kurven gut für Melodiekurven, „Klangbänder" u. dgl.; Flächen gut für vokale und instrumentale „Klangflächen" usw. Auf diese Weise lassen sich leicht Besetzung, Einsatzfolge, Formverlauf usw. darstellen (und bei Pausen braucht man gar nichts zu notieren).

Es muß lediglich darauf geachtet werden, daß es dabei nicht zu einer allgemeinen Bastelei kommt und am Ende die „Sehanalyse" über die „Höranalyse" dominiert.

3. Die Sprache als Hilfsmittel der Musiktheorie

Auch im Musikunterricht findet – wie in jedem Unterricht – eine „Aus-Sprache" statt über die gestellten Aufgaben, deren Lösungsmöglichkeiten, ihre Produkte usw., und dies auch im Vergleich mit der Lösung des gleichen musikalischen Problems durch andere Schüler, einen Komponisten, eine Band usw. Doch muß man sich dabei bewußt machen, was an der Musik durch Sprache überhaupt vermittelbar ist; denn was Musik ist, das läßt sich adäquat nur an und mit Musik erfahren.

Das bedeutet für die Verwendung von Sprache und Begriffen im Musikunterricht – und gerade die Musiktheorie lebt ja zu einem wesentlichen Teil davon –, daß man sich über deren Begrenztheit in bezug auf Musik klar sein muß. Wird Musik nämlich in Sprache „übersetzt", dann befindet man sich in einem anderen Bezugssystem – in dem der Sprache –, und alle Begriffe, die für Musik verwendet werden, sind nur Bilder für das, was in der Musik geschieht, sind aber nie die damit bezeichneten musikalischen Ereignisse selbst.

Äußerungen, die Musik sei nicht eindeutig – vor allem nicht so eindeutig wie die Sprache –, treffen darum nicht zu; Musik ist immer eindeutig, aber nur musikalisch. Unvollkommen und uneindeutig dagegen ist ihre Übersetzung in die Sprache – oder andere „Sprachen" – aufgrund der nichtsprachlichen Struktur der Musik. Ein ganz anderes Problem ist die unterschiedliche Art und Weise, in der Musik von verschiedenen Menschen – auch zu verschiedenen Zeiten – erlebt wird.

Das Problem der Verwendung von Sprache im Musikunterricht besteht also in erster Linie nicht darin, wie Schüler lernen können, Musikalisches zu verbalisieren, sondern darin, was an der Musik überhaupt verbalisierbar ist.

Hier sollte vor allem nicht allzu schnell auf die Verwendung der „Fachsprache" gedrängt werden, denn das bedeutet oft eine Einengung auf einige wenige Begriffe, die nur in ständigem Umgang mit Musik ihre differenzierte Bedeutung erweisen. Eine „reine" Musikterminologie gibt es ohnehin nicht, denn viele der in ihr verwendeten Begriffe entstammen anderen Erfahrungs- und Vorstellungsbereichen, sind also nur Metaphern für Musik (selbst Berufsmusiker verwenden bei der Probenarbeit oft solche Metaphern, um ihre Vorstellungen verständlich zu machen).

Was also „hoch", „tief", „laut", „leise", „schnell", „langsam" usw. in der Musik bedeuten, das muß immer am konkreten musikalischen Beispiel und im musikalischen Sinn erklärt und letztlich hörend erlebt werden.

Der Lehrer sollte also bei der Verbalisierung musikalischer Vorgänge die Schüler geradezu ermutigen, nach Begriffen zu suchen, die jene möglichst vielfältig beschreiben; eine Eingrenzung auf wenige Begriffe der Musikterminologie bedeutet hier eher eine Einschränkung der Phantasie, der Erlebnisfähigkeit und vor allem auch der allgemeinen Sprachfähigkeit. Auf diese Weise können der Musikunterricht und die Vorstellung der Schüler von der Musik eine „Farbigkeit" bekommen, wie sie keinem Begriff der Musiktheorie zu eigen ist.

Hier ist also von besonderer Wichtigkeit der Prozeß der Verbalisierung, d. h. das gemeinsame Herausarbeiten charakteristischer Begriffe für eine bestimmte musikalische Erscheinung, ihre Wirkung usw. Anders gesagt: Es bedeutet eine Verkürzung der Musik und ihrer Wirkungen, wenn der Lehrer in einem bestimmten Zusammenhang darauf drängt, den Begriff „hoch" herauszuarbeiten und alle anderen von den Schülern genannten Begriffe – wie „hell", „spitz", „schrill" usw. – nicht gelten läßt, weil sie „keine Begriffe der Fachsprache" seien.

Grundsätzlich aber bleibt zu bedenken, daß man sich der Musik über Sprache und Begriffe immer nur ein Stück weit nähern, sie also nur in einem musikfremden Medium beschreiben kann, daß man aber immer wieder die Musik selbst „sprechen" lassen muß, damit das nur durch sie Darstellbare erlebbar wird. Im Zusammenhang mit Musik gibt es also keine Möglichkeit des „Beweises" außerhalb, sondern nur des „Erweises" im Erlebnis an und mit Musik; wird aber Musikalisches im Unterricht nicht zum Erlebnis, dann wird im Sinne der Musik letztlich nicht gelernt.

Konkret bedeutet das für den Bereich Musiktheorie: Viele Inhalte, die gern als reines Faktenwissen vermittelt werden – etwa die Notennamen, die Kadenz, der Quintenzirkel u. v. a. m. –, sind totes Wissen, wenn sich mit ihnen im Bewußtsein von Schüler und Lehrer nicht Musikalisches verbindet.

Als Leitsatz für die Verwendung der Sprache im Musikunterricht kann darum gelten:

„Keinem Hörer ist die Kenntnis von Begriffen aufzubürden, die nicht dem innewohnen, was er vernimmt; die ihm nicht vermittelt wären durchs konkrete Gefüge" (ADORNO).

IV. Unterrichts-Skizzen

Im folgenden soll an fünf Kurzbeispielen veranschaulicht werden, wie ein Musikunterricht sich unter Zuhilfenahme musiktheoretischer Kategorien vollziehen und somit ein bewußterer Umgang mit Musik geschult werden kann. Zeitlich sind diese Skizzen nicht festgelegt; sie können mit verschiedenen Altersgruppen und in verschiedenen Intervallen durchgeführt werden (sind also auch nicht auf jeweils eine einzelne Unterrichtsstunde bezogen). Sie sollen nur ein Anstoß sein, um dem Leser den Einstieg zu erleichtern. Sie müssen aber ergänzt und erweitert werden um Beispiele aus diesem Handbuch (vor allem aus den verschiedenen Unterrichtsfeldern), aus den jeweils eingeführten Musikbüchern und anderen Veröffentlichungen. Die Skizzen haben je eigene Ansatzpunkte, durch welche auch der Ablauf des Unterrichts bestimmt wird (Arbeitsform, Auswahl der Hilfsmittel usw.):

1. Musikalischer Gestaltungsversuch
   „Vom Klangwerkzeug zur Notation"
2. Informierender Unterricht
   „Sammeln und Ordnen"
3. Tänzerische Musik
   „Umsetzen musikalischer Eindrücke in Bewegung und Farbe"

4. Nachahmungsmusik
   „Szenische Darstellung einer Balladen-Vertonung"
5. Strukturelles Hören
   „Von der Komposition zur Notation"

1. Musikalischer Gestaltungsversuch „Vom Klangwerkzeug zur Notation"

Jeder Schüler sucht sich ein Klangwerkzeug – es soll jedoch keines der bekannten Instrumente sein – und versucht, mit ihm Klang zu erzeugen. Nachdem alle eine Weile für sich gespielt haben, hören sie auf ein Zeichen hin auf. Nun stellt jeder sein Klangwerkzeug vor; dabei hören alle anderen zu und registrieren und vergleichen die Eindrücke.
Es stellt sich heraus, daß mehrere Spieler gleiche oder ähnliche Klangquellen gefunden haben oder daß sie sich ähnliche Spielfiguren oder Motive ausgedacht haben. Daraus ergibt sich eine Ordnung zu folgenden Gruppen:

- Klangquellen aus Holz o. ä. Material (Tisch, Stuhl, Lineal, Papierkorb . . .); sie werden mit der Hand, mit dem Fingerknöchel, mit Bleistiften, Kugelschreibern u. ä. angeschlagen; der Klang ist mittelmäßig bis hell, kurz und trocken oder dumpf und klatschend oder patschend.
- Klangquellen aus Metall o. ä. Material (Schreibwerkzeuge, Armreifen, Ketten, Tisch- und Stuhlbeine . . .); sie werden gegeneinander oder mit ähnlichem Material angeschlagen; der Klang ist hell und kurz oder klirrend, klappernd, scheppernd.
- Klangquellen aus Papier, Pappe u. ä. Material (Hefte, Bücher, Zeichenkarton, Zeitungspapier, Butterbrotpapier . . .); sie werden durch Auf- und Zuklappen, Zerknüllen, Zerreißen usw. zum Klingen gebracht; der Klang ist mittelmäßig bis dunkel, kurz und knallend oder raschelnd, ratschend, knisternd.

Für diese drei Hauptgruppen wird nun gemeinsam ein „Spielplan" entwickelt; dieser sah in einem Fall so aus:
Es beginnen alle in geringster Lautstärke; die Einzelaktionen werden jedoch nicht koordiniert – z. B. durch einen gleichen Rhythmus –, sondern jeder spielt seine eigenen Figuren und Motive, aber so, daß ein möglichst dichtes Gewebe entsteht. Dabei wird die Lautstärke allmählich gesteigert, bis das Zuklappen einiger Bücher in großer Lautstärke zu einer Generalpause führt.
Aus dieser Pause heraus entwickelt die Metallgruppe ein möglichst feines Klirren und Sirren in geringer Lautstärke. Nach und nach kommen einzelne Spieler der Papiergruppe hinzu, zunächst mit Knistern, Rascheln und Reißen, dann mit Zuklappen und -klatschen, das sich immer mehr steigert. Das ist die Aufforderung für die Holzgruppe, nach und nach in das Spiel einzugreifen; die Metallgruppe pausiert von da an nach und nach. Holz- und Papiergruppe steigern sich nun bis zu mittlerer Lautstärke und unterbrechen von da an ihr Spiel immer mehr durch Pausen, bis sich alle Gruppen noch einmal zu einem Abschlußwirbel zusammenfinden.
Für diesen Formablauf wurde eine Tafelskizze entwickelt, bei der die drei Grundprinzipien der Notation von Musik beachtet wurden. Für die einzelnen Aktionen wurden Symbole gefunden, welche den Verlauf und die Intensität der

Aktionen andeuten; außerdem bekamen die Gruppen unterschiedliche Zeichen, die eine Stilisierung ihres Materials bzw. eine Abbreviatur waren (▯ oder H für Holz, ○ oder M für Metall, □ oder P für Papier). Die Partitur an der Tafel sah dann so aus:

In dieser Sequenz haben die Schüler u. a. folgendes gelernt:
- Alles, was klingt, kann Klangwerkzeug/Instrument sein.
- Unterschiedliche Materialien und unterschiedliche Anschlagsarten führen zu unterschiedlichen Klangergebnissen.
- Klangfolgen können geordnet werden.
- Eine solche Ordnung/Spielregel ermöglicht erst ein Zusammenspiel.
- Ein Zusammenspiel ist aber auch davon abhängig, daß alle Mitspieler sich an die Spielregeln halten.
- Das Zusammenspiel kann man verbessern durch Aufzeichnen mit einem Bandgerät und Abhören und Besprechen dieser Aufnahme.
- Spielregeln für eine Klangfolge kann man auch in Zeichen wiedergeben und dann – sogar zu einem späteren Zeitpunkt – wiederholen ...

2. Informierender Unterricht „Sammeln und Ordnen"

Ausgehend von der Tatsache, daß jeder heute von frühestem Alter an den vielfältigsten musikalischen Eindrücken ausgesetzt ist, wurden verschiedene Ausschnitte aus einem möglichen Musikangebot zusammengestellt. So entstand ein Tonband mit 9 – jeweils 20–30 Sekunden dauernden – Ausschnitten von Musik folgender Orte, Funktionen und Kategorien:

- Kirmesmusik (Karussel)
- Kirchenmusik (Gregorianik)
- Marschmusik („RADETZKY-Marsch")
- Volksmusik (Kinder und ORFF-Instrumente „Was macht der Fuhrmann")
- Hausmusik (MOZART: Duo für Violine und Klavier)
- Unterhaltungsmusik (Schlager)
- Tanzmusik (Cha-Cha-Cha)
- Konzertmusik (HAYDN: „Trompetenkonzert")
- Opernmusik (ORFF „Die Kluge": „O hätt ich meiner Tochter nur geglaubt")

Bei den Beispielen war z. T. sowohl die Atmosphäre mit eingefangen – etwa das Durcheinanderklingen und -rufen auf einem Kirmesplatz, die Halligkeit eines Kirchenraumes, das Stimmen der Instrumente und der Applaus beim Auftritt des Dirigenten im Konzertsaal – als auch eine Stufenfolge der möglichen Nähe und Intensität der musikalischen Erfahrungen der Kinder beachtet.

Dieses Band wurde den Kindern jeweils abschnittweise vorgespielt; im Unterrichtsgespräch sollten dann folgende Fragen geklärt werden:

- Wo kommt diese Musik her?
- Welche Stimmen, Instrumente oder Geräte braucht man für sie?
- Welche Personen machen diese Musik?
- Welche Aufgaben hat diese Musik?

Dabei zeigte es sich, daß die meisten Kinder sehr schnell in der Lage waren, zahlreiche der Musikbeispiele zu lokalisieren und zu charakterisieren. Am schwierigsten war die Zuordnung zu Hausmusik, Konzertsaal und Opernhaus, weil hier in der Regel nur „Erfahrungen aus zweiter Hand" vorliegen und diese mehr zufälliger Art sind (z. B. durch zufälliges Zuschauen bei einem Konzert im Fernsehen).

Das aber war gerade auch eine der Intentionen dieses Unterrichtsversuchs, nämlich von der „alltäglichen" Musikumgebung schrittweise weiter in unbekanntere Bereiche vorzustoßen, die Kinder damit möglicherweise unsicher zu machen und sie in eine Frage- und Erwartungshaltung zu bringen.

Zusammenfassend kann man von diesem Unterrichtsversuch sagen, daß hier ein z. T. erstaunliches Detailwissen der Kinder zutage gefördert wurde; dieses latente Wissen aber muß aufgearbeitet und unterrichtlich fruchtbar gemacht werden.

In dieser Sequenz haben die Schüler u. a. folgendes gelernt:

- Es gibt viele unterschiedliche Musikarten.
- Sie werden von verschiedenen Menschen gemacht.
- Dabei wird auf unterschiedliche Weise gesungen und auf sehr viel verschiedenen Instrumenten gespielt.
- An unterschiedlichen Orten bzw. bei unterschiedlichen Gelegenheiten wird jeweils eine andere Musik gemacht.
- Bei Musik kann man sich verschieden verhalten: Man kann nur zuhören oder mitsingen oder mitspielen oder/und mittanzen ...
- Es gibt Musik, die wir alle schon sehr oft gehört und erlebt haben, aber auch Musik, die wir selten oder noch nie gehört haben.
- Auch unbekannte Musik kann sehr interessant sein ...

3. Tänzerische Musik
„Umsetzen musikalischer Eindrücke in Bewegung und Farbe"

Von der Überlegung ausgehend, daß Kinder im Grundschulalter noch einen großen Bewegungsdrang haben und dieser Bewegungsdrang im Musikunterricht auch zur Grundlage spezifisch musikalischer Erfahrungen und Einsichten gemacht werden kann, wurden drei gegensätzliche Tänze aus STRAWINSKYs „Feuervogel" ausgewählt: der Tanz des Feuervogels, der Tanz der Prinzessinnen, der Tanz des Zauberers (alle drei in der verkürzten Suitenfassung des Komponisten).

Diese Tänze wurden ohne besondere „Einstimmung" eingespielt (die Musik ist hier selbst die beste Einstimmung); die Schüler standen im Kreis um ein großes Tuch herum und sollten dieses anfassen und zur Musik bewegen.

Es war erstaunlich zu beobachten, wie genau eine Koordination von „Bettuch-Tanz" und Musik gelang: leicht bis heftig bewegt beim 1. Tanz, schwingend und schwebend beim 2., sehr bewegt bis aggressiv beim 3.

An dieses Erlebnis schloß sich ein lebhaftes Gespräch an, bei dem es auch zu Vermutungen über die „Geschichte" kam, welche der Musik zugrunde liegen könnte; diese erzählte der Lehrer dann.

Im nächsten Unterrichtsabschnitt sollten die gemeinsamen, „großformatigen" Eindrücke vom Bettuch-Tanz zu einer individuellen Gestaltung führen durch Umsetzen der Musik in Einzeltanz. Hier zeigte sich einerseits eine große Bereitschaft, andererseits aber auch eine unterschiedliche Fähigkeit der Kinder, Bewegungen zur Musik erfinden und diese auch zum Ausdruck bringen zu können.

In einem nächsten Schritt sollten die musikalischen Bewegungen und Grundstimmungen durch „Malen zur Musik" in Formen und Farben übertragen werden. Hier entstanden phantasievolle Bilder, bei denen sowohl die dem Ballett zugrundeliegende Handlung als auch „Grundstimmungen" eine Rolle spielten.

Das führte zu der Aufgabe, „Grundfiguren" und „Grundfarben" zu finden, durch welche die einzelnen Tänze charakterisiert werden könnten; diese sollten ergänzt werden durch treffende Adjektive. Dabei kam es zu folgenden Ergebnissen:

- Der Tanz des Feuervogels

    wild, ängstlich, flattert, hüpft von Ast zu Ast
    die Bewegung ist schnell, nervös, ängstlich
    (eine Schülerin zeigt mit der Hand)
    die Musik ist aufregend
    als Farben passen gut giftgrün und hellrot
    zu dieser Bewegung passen gut Wörter mit i wie trippeln, flirren ...

- Der Tanz der Prinzessinnen

    langsam, ruhig, schwebend, verträumt, nicht frei und fröhlich, „weil sich die Prinzessinnen in der Gefangenschaft befinden"
    die Bewegung ist „endlos" (ein Schüler zeigt)
    eine Schülerin „unendlicher Kreis" ( )
    als Farbe paßt gut hellblau, „auf jeden Fall zarte Farben"
    zu der Bewegung passen gut Wörter wie verträumt, traurig ...

- Der Tanz des Zauberers

    die Musik klingt laut, gefährlich, sie schwillt immer wieder an und steigert sich zum Schluß
    als Bewegung wird eine Zacken- oder Zickzack-Bewegung gezeigt („wie bei einem Blitz")

als Farben passen gut rot und schwarz
als Wörter passen gut wild, gefährlich, stampfend ...

Im Gespräch lenkt der Lehrer die Aufmerksamkeit der Schüler auch auf einzelne Instrumentengruppen, die in den Tänzen dominieren; das sind im 1. Tanz Streicher, im 2. Holzbläser, im 3. Schlagzeug und Blechbläser.
In dieser Sequenz haben die Schüler u. a. folgendes gelernt:

- Zu mancher Musik kann man sich besonders gut bewegen.
- Musik kann unterschiedliche Stimmungen wiedergeben; dann bewegt man sich auch anders.
- Musik kann auch Gefühle von Personen wiedergeben, so daß man sie nacherleben kann.
- Wenn man unterschiedliche Stimmungen und Gefühle ausdrücken will, dann muß man unterschiedliche musikalische Mittel (Klangfarben, Klangfolgen ...) verwenden.
- Die Stimmungen und Gefühle, welche die Musik wiedergibt, kann man sich auch durch geeignete Farben, Linien und Wörter bewußt machen ...

4. Nachahmungsmusik
„Szenische Darstellung einer Balladen-Vertonung"

Inhalt dieser Sequenz ist das GOETHEsche Gedicht vom „Zauberlehrling" in der Vertonung von PAUL DUKAS. Dieses Gedicht wird zunächst vom Lehrer vorgelesen und mit Hilfe der Schüler geklärt („Brauch", „Geistesstärke" ...). Dann liest der Lehrer das Gedicht ein weiteres Mal vor mit der Aufgabenstellung, sich die Handlung dazu möglichst genau vorzustellen. Die Vorschläge der Schüler werden dann besprochen, und 4 Schüler versuchen, den gelesenen Text in Handlung umzusetzen (Zauberlehrling, 2 Besen, Meister).
Daran schließt sich das Vorspiel der Musik von Dukas an, zu dem in mehreren Durchgängen wiederum jeweils 4 Schüler agieren (dabei war der Andrang so groß, daß nach zweimaligem Durchgang weitere Versuche zunächst zurückgestellt werden mußten).
In dem anschließenden Gespräch werden die Hauptabschnitte der Handlung charakterisiert:

Einleitung „Nachdenken", „Zaubern"
1. Teil: „Der Besen setzt sich in Bewegung",
„Wasser fließt", „die Bewegung ist zunächst zögernd",
„sie wird immer schneller", „sie ist nicht mehr aufzuhalten", „der Zauberlehrling bekommt Angst", „er ruft um Hilfe", „er greift zum Beil und schlägt mehrmals kräftig zu", „kurze Pause", „spannend" – aber:
2. Teil: „Der Besen rappelt sich wieder hoch", „ein zweiter folgt ihm" („Der Zauberlehrling hat den Besen ja gespalten"), „sie laufen immer schneller", „sie schütten immer mehr Wasser aus", „neue Hilferufe des Lehrlings"
Schluß: „Der Meister kommt und bringt mit einem Machtwort alles wieder in Ordnung".

Diese Charakterisierungen werden in mehrfachem Anhören an der Musik verdeutlicht: leiser, geheimnisvoller Beginn; ruckweises Einsetzen des Besen-Motivs; fließende Figuren; Steigerungen in Tempo, Lautstärke und Helligkeit;

großes Crescendo und deutlich wahrnehmbare „Zu-Hilfe"-Rufe ... neuer Beginn mit dem Besen-Motiv, nun im Kanon („es sind ja jetzt zwei Besen") ... Dieser Gesprächsverlauf wird nun zur „Regieanweisung" für eine detaillierte Szenische Darstellung, in welcher auch weitere Schüler agieren können. Sie wird später ausgebaut zu einer Aufführung mit Kostümen, Kulissen usw.
In dieser Sequenz haben die Schüler u. a. folgendes gelernt:

- Geschichten können mit musikalischen Mitteln „beschrieben" werden.
- Diese Beschreibung kann man auch noch verstehen, wenn der Text nicht dazu vorgelesen, gesprochen oder gesungen wird.
- Diese Geschichte kann man mitspielen in Bewegung, Mimik, Gestik.
- Durch Mitspielen kann man die Handlung einer Geschichte so ausdrücken, daß man sie sich noch besser vorstellen kann.
- Durch Gespräche kann man die Darstellung verbessern.
- Mit Hilfe von Kostümen, Kulissen, Farben ... kann man die Darstellung interessanter und eindrucksvoller machen ...

5. Strukturelles Hören
„Von der Komposition zur Notation"

Dieses Beispiel läßt sich im Zusammenhang mit dem Religionsunterricht behandeln („Schöpfungsgeschichte"); es ist der Schlußchor des 1. Teils der „Schöpfung" von HAYDN. Dabei können im Musikunterricht Ausschnitte aus den ersten beiden Teilen des Oratoriums vorausgegangen sein, in welchen HAYDN die unterschiedlichen Naturerscheinungen und Tiere mit musikalischen Mitteln charakterisiert.

Den Abschluß dieser Unterrichtsabschnitte kann der große Lobgesang „Die Himmel erzählen die Ehre Gottes" bilden; es empfiehlt sich allerdings, daraus zunächst nur den im folgenden beschriebenen 1. Abschnitt genauer zu besprechen. Er ist nach einem sehr einfachen, aber eindrucksvollen musikalischen Prinzip gebaut:

Chor mit Orchesterbegleitung („Die Himmel erzählen die Ehre")
Zwischenspiel (Streichorchester)
Chor mit Orchesterbegleitung („und seiner Hände Werk")
Zwischenspiel (Streichorchester)
Chor mit Orchesterbegleitung („und seiner Hände Werk")
Zwischenspiel (Überleitung zum Soloteil)
Solisten mit Orchesterbegleitung („Dem kommenden Tage")
Zwischenspiel
Solisten mit Orchesterbegleitung („die Nacht, die verschwand")
Chor mit Orchesterbegleitung (Wiederholung „Die Himmel")

Nach dem ersten Anhören und Besprechen des Spontaneindrucks wird dieses Prinzip mit einfachen Zeichen an der Tafel skizziert:
Ch   Ch   Ch   S   S   Ch
O Zw O Zw O Zw O Zw O   O

Daraus kann sich eine weitere Skizze entwickeln, an der etwa folgende Details des Satzes deutlich werden:

Das Orchester läuft ständig durch, ist aber – vor allem in den Zwischenspielen – leiser, weil nur einzelne Gruppen spielen; die einzelnen Teile haben einen unterschiedlichen Text und dann auch einen unterschiedlichen Ausdruck (ganz deutlich in den beiden Soloteilen: „der Tag" = Dur; „die Nacht" = Moll); in den Schluß des 2. Soloteils setzt der Chor bereits wieder ein mit der Wiederholung „Die Himmel erzählen".

Diese Unterschiede können mit verschiedenen Zeichen und/oder Farben deutlich gemacht werden. Dabei soll auch die thematische Verwandtschaft der Chor- und Orchesterteile herausgearbeitet werden, die beim Hören sofort auffällt; damit wird deutlich, daß nicht nur „die Himmel" die „Ehre Gottes" erzählen, sondern „alles, was Odem hat".

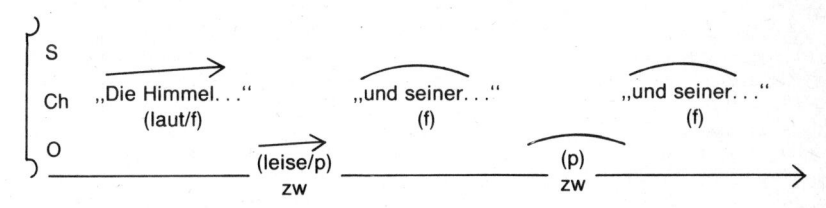

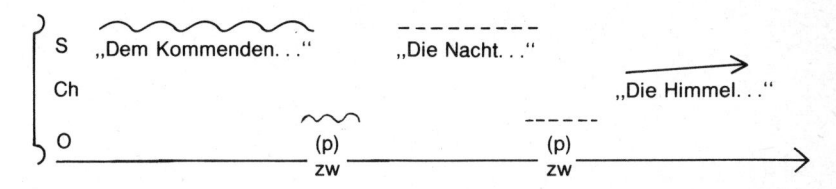

```
   S
                    ⟶                ⌢                ⌢
   Ch   „Die Himmel..."    „und seiner..."    „und seiner..."
          (laut/f)              (f)               (f)
                               ⟶
   O    _____(leise/p)_____(p)_____⟶
                           zw                    zw
```

```
                  ⌢⌢⌢             ----------
   S    „Dem Kommenden..."    „Die Nacht..."
                                                     ⟶
   Ch                                          „Die Himmel..."
           ⌢⌢⌢                 ------
   O    _____(p)_____(p)_____⟶
           zw                    zw
```

In dieser Sequenz haben die Schüler u. a. folgendes gelernt:
- Musik kann die Aussage eines Textes erheblich steigern.
- Dazu stehen einem Komponisten verschiedene Möglichkeiten zur Verfügung: ein Chor mit unterschiedlichen Stimmgruppen; verschiedene Gesangs-Solisten; ein Orchester mit unterschiedlichen Instrumenten-Gruppen.
- Zur Gestaltung des Textes denkt sich der Komponist Themen und Motive aus.
- Für den Einsatz dieser unterschiedlichen musikalischen Mittel entwickelt der Komponist einen Plan.
- Den Bauplan des Komponisten kann man in Skizzen festhalten, nach welchen sich die Musik besser verfolgen läßt.
- Die Wirkung eines solchen Stückes kann man mit Worten nur sehr unvollkommen beschreiben.
- Man muß es so oft hören, bis man es mit dem „inneren Ohr" hören und erleben kann.

Literatur

Bader, L.: Komponieren und Notieren, in: Musik in der Grundschule, SIL Speyer 1980
Breckoff, W.: Musikhören in der Grundschule, in: Musik und Bildung 5 (1970), 219–221
Breckoff, W., u. a.: Musikbuch – Primarstufe A, Hannover 1971
Fischer, W.: Grundfragen der Notation, in: Musikunterricht Grundschule, Lehrerband, Mainz 1977, 22–26

Friedemann, L.: Musikalische Bewußtseinsbildung ohne Noten, in: Musik und Bildung 11 (1969), 500–502
Frisius, R.: Die Notation im Musikunterricht, in: Forschung in der Musikerziehung 9/10 (1973), 18–23
Fuchs, P.: Musik lesen, in: Gümbel, R.: Schule des Lesens, Stuttgart 1969, 81–93
–*:* Notenschrift und Musikhören, in: Fuchs, P.: Musikhören, Stuttgart 1969, 65–78
–*:* Karlsruher Versuche für den Musikunterricht in der Grundschule, Stuttgart 1974
Fuchs, P./Gundlach, W.: Musik aufschreiben und lesen, in: Unser Musikbuch, Lehrerband, Stuttgart 1977, 6, 80–82
Große-Jäger, H.: Notation von Musik als Unterrichtsfaktor, in: ZfMB 3 (1977), 40–49
Langner, A.: Vom Umgang mit freier graphischer Notation im Unterricht der Grundschule, in: Musik und Bildung 6 (1980), 386–389
Tappolet, W.: Notenschrift und Musizieren, Berlin-Lichterfelde 1967
Venus, D.: Unterweisung im Musikhören, Wuppertal 1969
–*:* Übertragung akustischer Eindrücke in eine elementare Partitur, in: Musikhören und Werkbetrachtung in der Schule, Wolfenbüttel/Zürich 1970, 109–116
–*:* Musiktheorie/Notation, in: Gundlach, W. (Hrsg.): Musikunterricht in der Grundstufe II, Frankfurt 1977, 79–99
Vogelsänger, S.: Musik als Unterrichtsgegenstand – Didaktische Analysen – Methodische Anleitungen, Mainz 1970
–*:* Graphische Darstellungen als Hilfsmittel der Werkinterpretation, in: Rectanus, H.: Neue Ansätze im Musikunterricht, Stuttgart 1972, 52–88

Musik in der Umwelt
Historische und didaktisch-methodische Aspekte eines neueren Lernfeldes

Für Ulrich Günther zum 60. Geburtstag

Wilfried Fischer

„Man tut überhaupt schlecht, wenn man solche stilgemäße, von einem ganzen Denkkollektiv anerkannte und mit Nutzen angewandte Anschauungen als ‚Wahrheit oder Irrtum' ansprechen will. Sie sind fördernd gewesen, sie haben befriedigt. Sie sind überholt worden, nicht weil sie falsch waren, sondern weil sich das Denken entwickelt. Auch unsere Auffassungen werden nicht bleiben, denn es gibt wahrscheinlich kein Ende der Entwicklung des Wissens..." (LUDWIK FLECK: „Entstehung und Entwicklung einer wissenschaftlichen Tatsache", Basel 1935)

Der folgende Beitrag versucht zu begründen, warum dem Lernfeld „Musik in der Umwelt" aus heutiger Sicht ein anderer, wesentlich reduzierter Stellenwert zukommt als noch vor wenigen Jahren. Er kann sich daher nicht nur als methodische Handreichung verstehen, die sich darauf beschränkt, Vorschläge für die praktische Gestaltung umweltbezogener Unterrichtssequenzen zu vermitteln. Vielmehr geht er davon aus, daß nur durch die Aufarbeitung historischer Fakten das gegenüber diesem Lernfeld nötige Problembewußtsein möglich wird.

I. Musik als „soziale Tatsache". Zur Einführung eines neuen Lernfeldes um 1970

Wenn es noch eines Beweises bedürfte, daß sich in der Geschichte wissenschaftlicher Disziplinen phasenweise bestimmte Denkstile durchsetzen, die von einem ganzen „Denkkollektiv" vertreten werden, so daß man eigentlich Wissenschaftsgeschichte als „Mutationen des Denkstiles" beschreiben könnte – so der Wissenschaftstheoretiker LUDWIK FLECK –, dann könnte man den soziologisch orientierten Wandel erziehungswissenschaftlicher Auffassungen um 1970 anführen, der bis in die Musikpädagogik durchschlug.
Für die Entwicklung eines eigenen musikpädagogischen „Denkstiles" gab es damals einen gewichtigen Kronzeugen, nämlich THEODOR W. ADORNO. In seiner „Einleitung in die Musiksoziologie" aus dem Jahre 1968 hatte ADORNO dafür plädiert, Musik nicht länger herausgelöst aus ihrem sozialen bzw. gesellschaftlichen Umfeld zu betrachten. Denn schließlich sei Musik „kein Unmittelbares", sondern musikalische Produktion sei „als ein Geistiges... selbst gesellschaftlich vermittelt". Ganz im Sinne der von MARX entwickelten Theorie, nach der das gesellschaftliche Sein das Bewußtsein bestimme, bewertet

ADORNO die Musik primär als eine „soziale Tatsache", da ja „musikalische Formen, ja konstitutive Reaktionsweisen ... Verinnerlichung von Gesellschaftlichem seien" (ADORNO 1968, 236).
Eine rein historisch-analytisch ausgerichtete Einstellung zur Musik mußte aus dieser Sicht als unzulässige Verengung gelten. In seinem Beitrag „Jugend und Musik. Soziologisch-politologische Aspekte des Musikunterrichts" konnte daher der Soziologe LUTZ RÖSSNER unwidersprochen die These vertreten:

„So stellt sich Musik für den, der sich nicht musikwissenschaftlich im verengten Sinne betrachtet, als ein System von Einbettungen der verschiedensten physikalischen, physischen und psychischen Fakten und Prozesse in der Um- und Mitwelt des Jedermann dar. Musik ist – soziologisch und auch politisch gesehen – ein Konsumartikel und damit zuerst und zunächst weniger ein ‚Bildungsgut', auch wenn Pädagogen traditioneller Provenienz dies nicht gerne hören sollten" (RÖSSNER 1970, 6).

Diese soziologisch orientierte Sichtweise, nach der Musik weitgehend durch die jeweiligen gesellschaftlichen Verhältnisse präformiert sei, blieb nicht ohne Wirkungen auf curriculare Überlegungen im Bereich der Musikpädagogik. Im Vorwort eines 1971 erschienenen Unterrichtswerkes wird dem Musikunterricht unverblümt die Rolle zuerkannt, als Instrument „der ‚Bewußtseinserhellung' (ALFRED WEBER) und ‚Entzauberung der Welt' (MAX WEBER) ... ein Gegengewicht zur ästhetischen Verklärung der Welt" zu bilden (BRECKOFF u. a. 1971 b, 11). Zur Begründung wird darauf verwiesen, daß sich in unserer Zeit Gesellschaft und Denken rascher veränderten als die Generationen, und daß jeder Musikunterricht zur Wirkungslosigkeit verurteilt sei, der diesen gesellschaftlichen Wandel nicht berücksichtige. Daher dürften die sozialen, psychischen, ökonomischen und politischen Dimensionen des Kulturphänomens Musik nicht weiterhin aus dem Musikunterricht ausgeklammert bleiben, sie müßten vielmehr die bisher allein übliche historische Betrachtungsweise ergänzen (a. a. O., 10). Wie die Verfasser betonen, stünde dieses neue Selbstverständnis des Musikunterrichts im Widerspruch zu dem traditionellen „Bildungsanliegen", wie es in den derzeit gültigen Richtlinien verankert sei (a. a. O., 11).

Ist erst einmal der Blick auf die gesellschaftliche Bedingtheit der Musik gelenkt, so erscheinen auch Fragen der musikalischen Erziehung und des Musikunterrichts zwangsläufig in einem anderen Licht. Unter dem Eindruck der Begabungsforschung, die auf die enge Verflechtung von Anlage- und Umwelteinflüssen hinweist, wird nun auch in musikpädagogischen Publikationen der Prozeß der musikalischen Erziehung als Sozialisationsprozeß gedeutet, d. h. als ein „Hineinwachsen eines Neugeborenen in seine sozio-kulturelle Umgebung mit den zugehörigen Anpassungs- und Identifikationsvorgängen" (KLEINEN 1972, 55), wobei der Sozialisationsvorgang im Unterschied zur Erziehung auch alle zufälligen, nicht durch Erzieherabsichten gesteuerten Einflüsse der musikalischen Umwelt umfaßt. Wenn aber die musikalische Entwicklung des einzelnen zu großen Teilen durch seine musikalische Umwelt mitbestimmt wird, muß es Aufgabe des Musikunterrichtes (aus damaliger Sicht) sein, die ökonomischen Vorgänge durchschaubar zu machen, die das Musikleben einer modernen

Industriegesellschaft prägen. Dem Musiklehrer werden daher Informationen über den „Musikmarkt", wie man die wechselseitige Abhängigkeit wirtschaftlicher Phänomene im musikalischen Bereich nennt, mit seinen Sektoren „Produktion (Komposition, Arrangement, Interpretation), Vervielfältigung (Verlag, Schallplattenindustrie), Distribution (Handel, Konzertagentur, Rundfunk, Fernsehen, Musikbox) und Konsumtion (Kauf, Hören)" gegeben, um ihn „zu problembewußten Einsichten in die Mechanismen des Musikmarkts zu führen" (RAUHE 1972, 127).

Die musikalische Umwelt rückte aber auch aus anderen Gründen in den Mittelpunkt musikpädagogischen Interesses. Die gesamte Bildungspolitik der siebziger Jahre stand unter dem Zeichen des Aufbruchs zu neuen Ufern. Vor allem in zwei Bereichen sollte die Bildungsreform tiefgreifende Veränderungen bewirken: im Bereich der Curriculumkonstruktion, die das Ziel verfolgte, die offensichtlich veralteten Lehrpläne, die sich mit ihren normativen Setzungen auf nichts berufen konnten als auf ihre lange Tradition, durch wissenschaftlich abgesicherte Richtlinien zu ersetzen, und im Bereich der Bildungsinstitutionen, die sich mehr und mehr am Modell der sozial-integrativen Schulform der Gesamtschule orientieren sollten. Nachdem SAUL B. ROBINSOHN schon 1967 gefordert hatte, daß sich die Curriculumplanung auf „gegenwärtiger Wirklichkeit adäquate Zielsetzungen" konzentrieren sollte – so müßten sich alle Schulfächer, sofern sie für das Leben in einer modernen Industriegesellschaft ausrüsten wollten, den obersten Bildungszielen: Kommunikation, Bereitschaft zur Veränderung, Fähigkeit, Zielvorstellungen zu entwickeln, und Autonomie unterordnen –, regten sich auch erste musikpädagogische Versuche, den Musikunterricht durch ein modernes Curriculum an die (z. B. durch den Musikmarkt und die Medienlandschaft) veränderten Umweltbedingungen anzupassen. Stellvertretend für andere sei hier die „Arbeitsgemeinschaft Curriculum Musik (AG CM)" erwähnt, die insofern einen nicht unerheblichen Einfluß auf die Diskussion der folgenden Jahre gewann, als sie das von ihr erarbeitete Konzept zur Grundlage eines schon bald verbreiteten Lehrbuchs, nämlich der „Sequenzen" (FRISIUS et al. 1972), machte. Die Bestrebungen dieser Arbeitsgemeinschaft, durch ein verändertes Curriculum den neuen Forderungen nach gesellschaftlicher Relevanz des Musikunterrichts gerecht zu werden, verbanden sich mit Tendenzen, Grundsätze für den Musikunterricht an der neuen Schulform der Gesamtschule aufzustellen. Dieser Aufgabe widmete sich z. B. die „Forschungsgruppe Dortmund zur Wissenschaftlichen Begleitung des Gesamtschulversuchs in NRW", ein Gremium, das z. T. durch Personalunion mit der Arbeitsgemeinschaft Curriculum verbunden war. Die Bemühungen um ein neues Musik-Curriculum einerseits und die durch die damals beginnenden Gesamtschulversuche gegebene Chance, dieses Curriculum unmittelbar – und abgesichert durch wissenschaftliche Begleitung – in die Schulpraxis zu überführen, trugen wesentlich dazu bei, den schulbezogenen Veröffentlichungen jener Gremien (u. a.: GUNDLACH 1971) ein charakteristisches Gepräge zu geben, das die Theorie und auch die Praxis des Musikunterrichts der siebziger Jahre wesentlich beeinflussen sollte. Verbanden sich doch darin deutlich fachdidaktische und gesellschaftspolitische Zielvorstellungen. Aus fachdidaktischer Sicht sollte der Musikunterricht sich nicht länger der Einsicht verschließen, daß die tatsächliche Hörwelt des Schülers mehr umfaßt als nur den Bildungskanon traditioneller Musik, nämlich Musik aller Völker und Zeiten, neben ernster auch populäre Musik, neben instrumentaler bzw. vokaler auch technisch verfremdete Musik. Musikunterricht sollte durch ein breitgefächertes Hörangebot dem Schüler die Kompetenz vermitteln, mit dem Hörangebot seiner musikalischen Umwelt autonom umzugehen. Auf der Suche nach einem Begriff, der die verschiedensten akustischen Präsentationen von Musik zusammenfaßt, einigten sich die Verfasser der „Sequenzen" auf den Begriff des „Schallereignisses", das je nach Schallquelle über unterschiedliche „Schalleigenschaften" verfügen kann. Die Notwendigkeit zu einem alles Hörbare zusammenfassenden Begriff ergab sich dabei auch aus der Erfahrung, daß sich die avantgardistische Musik jener Zeit zunehmend geräuschähnlicher Klänge oder auch konkreter Alltagsgeräusche (musique concrète) bediente, die eine Unterscheidung von „Ton" und „Geräusch" wenig sinnvoll erscheinen ließen. Wenn denn die (damals u. a. von HARTMUT VON HENTIG geforderte) „ästhetische Erziehung" bzw. die „Sensibilisierung der Wahrnehmung" auch im musikalischen Bereich realisierbar sein sollte, so mußte sie die Wahrnehmungsfähigkeit des Schülers an allem Hörbaren schulen, da ja potentiell alles Hörbare Musik sein konnte, wie es die Neue Musik gelehrt hatte. Da aber in der kaum mehr zu kontrollierenden Medienlandschaft ständig die Gefahr drohte, daß akustische Eindrücke zur Manipulation, d. h. zur Fremdsteuerung des Menschen mißbraucht würden, verband sich das Lernziel der Sinnesschulung von vornherein mit dem Ziel, über die Schulung der Aufmerksamkeitshaltung die Kritikfähigkeit des Schülers zu fördern. In diesem Spannungsfeld, das durch die Pole „Wahrnehmungserziehung" einerseits und „Kritikfähigkeit" andererseits gekennzeichnet war, bewegte sich die engagierte musikpädagogische Diskussion jener Tage. Bezeichnend sind die beiden folgenden Formulierungen aus dem Lehrerband zum Grundschul-Lehrbuch „Musikbuch – Primarstufe A", die sich strenggenommen ausschließen:

„Das Hören ist zu lernen, wie man das Sehen lernt. Auch Verkehrsgeräusche können für das Ohr mehr sein als etwa nur die Kulisse störenden Lärms oder das Gefahrensignal kreischender Bremsen. Wenn Ereignisse wie Hupen, Tuten, Klingeln, Anfahren, Beschleunigen ‚hörenswert' gemacht werden, dann ist für die Aufmerksamkeitshaltung des Vorschulkindes auch ein erster ästhetischer Wert gewonnen, das Differenzieren und Beurteilen akustischer Phänomene."

Und:

„Alle (Unterrichtstechniken) dienen dem besonderen Ziel, die generelle Aufmerksamkeitshaltung zugunsten ständiger Kritikfähigkeit zu wecken und zu fördern (BREKKOFF 1971 a, 6).

Wie bereits an anderer Stelle dargelegt (FISCHER 1974, 42), sind die Verfasser offenbar einer damals verbreiteten gedanklichen Unklarheit erlegen, die sich daraus ergab, daß „Sensibilisierung der Wahrnehmung", so wie sie in der Musikpädagogik verstanden wurde – danach sollte der Schüler lernen, akustische Eindrücke zu erkennen, zu unterscheiden und in Beziehung zu anderen akustischen Ereignissen zu setzen –, mehr mit Denkprozessen als mit Sensibilität zu tun hat. So erklärt sich die Diskrepanz zwischen der Sentenz, für die Aufmerksamkeitshaltung des Schülers könne durch Verkehrsgeräusche ein erster ästhetischer Wert gewonnen werden, und der Tatsache, daß im Lehrbuch selbst Alltagsgeräusche in erster Linie dazu benutzt werden, kognitive Prozesse auszulösen (Erarbeitung der Parameter Tonhöhe und Tonstärke, Anleitung zum Verbalisieren akustischer Signale, Umsetzung akustischer Eindrücke in Notation).

Die Ausrichtung einer ganzen didaktischen Konzeption auf den Begriff des Umweltschalls, an dem sich die gleichen Gesetzmäßigkeiten beobachten ließen wie im kunstvoll gefügten Schall der elaborierten Musik (z. B. die Formprinzipien Steigerung, Rückentwicklung usw.), deckte sich insofern mit den Bemühungen um ein musikalisches Gesamtschul-Curriculum, als ein Unterricht, der sich auf alles Hörbare einläßt, am ehesten dem Prinzip eines Musikunterrichts ohne Voraussetzungen, wie ihn z. B. ULRICH GÜNTHER forderte, entspricht:

„Bei Alltagserfahrungen [gemeint ist der Alltagsschall] kann der Musikunterricht stets und immer wieder ansetzen, unabhängig vom Alter der Schüler und von ihrer bisherigen musikalischen Vorbildung" (GÜNTHER 1971, 82).

Der sozial-integrativen Funktion der Gesamtschule entsprechend sollte auch der Musikunterricht allen Schülern – trotz unterschiedlichster Voraussetzungen – möglichst gleiche Lernerfahrungen ermöglichen. Von daher lag ein die heterogenen Hörerfahrungen generalisierender Ansatz nahe. Dementsprechend spricht WILLI GUNDLACH 1971 von einer „erweiterten Definition von Musik, die auditive Wahrnehmung insgesamt zum Gegenstand hat" (GUNDLACH 1971, 113).

Es erscheint an dieser Stelle erforderlich, zumindest kurz zu begründen, warum der historischen Entwicklung des Lernfeldes „Musik in der Umwelt" ein relativ breiter Raum zugestanden wird. Wie bereits im vorangestellten Motto angedeutet, geht dieser Beitrag davon aus, daß sich – wie in anderen wissenschaftlichen Disziplinen – auch in der Musikpädagogik das Denken verändert. Die im folgenden zu begründende Neubewertung des in Rede stehenden Lernfeldes läßt sich nur historisch begründen und bedarf daher einer historisch abgeleiteten Legitimation. Ein erstes Ziel dieser Darstellung wäre erreicht, wenn es gelänge, eine plausible Erklärung dafür anzubieten, wie es möglich war, daß aus einer neuen, an der musikalischen Umwelt orientierten Gesamtkonzeption des Musikunterrichts ein – zudem noch zunehmend an Bedeutung verlierendes – *Lernfeld unter anderen* werden konnte.

Dazu ist es notwendig, zunächst an die originären Vorstellungen jener bereits erwähnten Arbeitsgemeinschaft Curriculum Musik anzuknüpfen, der wir die erste Konkretisierung der neuen Konzeption im Lehrbuch „Sequenzen" verdanken. Ausgangspunkt der Ende der sechziger Jahre konzipierten Unterrichtsprojekte bildete eine Reihe von „Schallereignissen aus der Umwelt", die den Schülern – als Anlaß für verschiedene unterrichtliche Aktivitäten wie Benennen, Beschreiben, Notieren, Imitieren – vom Tonband vorgespielt wurden (GUNDLACH 1971, 113):

„Die erste Serie umfaßt folgende Beispiele:
Moped startet,
Wasser fließt aus einem Wasserkran,
Glas zerbricht,
Kreissäge arbeitet,
Erbsen fallen in eine Blechdose,
Motorengeräusch eines Düsenflugzeuges."

Zur Begründung dieser Auswahl von Alltagsgeräuschen heißt es bei GUNDLACH weiter:

„Die Hörobjekte sollten nicht aus dem engeren Bereich der Musik stammen, denn dieser ist für den Hörer emotional und affektiv meist in einer Weise besetzt, die dem analysierenden Hören hinderlich ist. Bei Popmusik z. B. wirken ‚Konsumentenhaltung als Hörgewohnheit und der starke Reizcharakter dieser Musik . . . als intellektuelle Sperren' [Zitat von D. HARTWICH]. Bei klassischer Musik z. B. bestehen meist verfestigte Haltungen, die positiver oder negativer Art sein mögen, aber in gleicher Weise einem unmittelbaren Zugang entgegenstehen" (a. a. O.).

Eine curriculare Prämisse wie die eben zitierte: „Die Hörobjekte sollten nicht aus dem engeren Bereich der Musik stammen" mag aus heutiger Sicht befremden – schließlich stellte man auch damals Überlegungen zum *Musik*unterricht an –, sie spiegelt jedoch sehr genau den seinerzeit vorherrschenden und engagiert vertretenen musiksoziologischen Ansatz wider. Dieser ging, wie gesagt, davon aus, daß ein Musikunterricht, der Schüler aller sozialen Schichten zum kompetenten Umgang mit Musik anleiten will, ein voraussetzungsloser Unterricht sein muß, da er sonst bestehende Ungleichheiten unter den Schülern noch vergrößert, anstatt kompensatorisch zu wirken. Daher darf sich ein solcher voraussetzungsloser Unterricht nicht primär

„wie früherer Musikunterricht, an musikwissenschaftlichen Systemen und Systemkenntnissen wie Notenkunde, Formenlehre, Musikgeschichte, Gattungen orientieren und sich darauf beschränken, die Systeme durch passende Beispiele zu demonstrieren" (GÜNTHER 1971, 82).

Er soll statt dessen bei Alltagserfahrungen der Schüler ansetzen, die eine schichten- und altersunabhängige Basis darstellen. Aus curricularer Sicht konnten die erwähnten akustischen Bestimmungsübungen natürlich nur ein erster Schritt auf dem Wege zu „auditiver Sensibilisierung" sein. Den Musikdidaktikern der AG CM war von vornherein klar, daß „neben der Behandlung von Einzelgeräuschen die hörbare Umwelt auch in komplexer Form zum Gegenstand des Unterrichts zu machen" (GUNDLACH a. a. O.) war. Durch die Untersuchung verschiedener, in ihrer akustischen Struktur komplexerer „Umwelten" sollte einerseits darauf aufmerksam gemacht werden, daß Hörbares vielfältige Informationen vermittelt (als Voraussetzung für auditive Kommunikationsfähig-

keit), andererseits auch auf musikalische Fragestellungen im engeren Sinne vorbereitet werden, d. h. auf „grundlegende Erfahrungen der Klangfarben-Differenzierung, der Relation von Tondauern und der Notation" im Sinne von Hörpartituren (GUNDLACH a. a. O., 114).
Nur am Rande sei erwähnt, daß die curriculare Orientierung an der musikalischen Umwelt auch von anderer Seite und mit ganz anderer Argumentation gefordert wurde, so daß man wirklich, mit LUDWIK FLECK, von einem musikpädagogischen „Denkstil" jener Zeit sprechen kann.

Der Redlichkeit halber sollte an dieser Stelle betont werden, daß auch der Verfasser dieses Beitrages diesem Ansatz zeitweilig gehuldigt hat, z. B. als er 1978 schrieb: „Die totale Musikalisierung der Umwelt hat ... dazu geführt, daß jedes Kind schon vor der Schulzeit eine Fülle musikalischer Erfahrungen sammelt: vor dem Fernseher, im Kaufhaus, im Restaurant, auf der Straße, auf dem Jahrmarkt oder im Zirkus, Erfahrungen, die nicht einfach als unverstandene Informationen gespeichert, sondern im Unterricht aufgegriffen und bewußt gemacht werden sollten. Unzureichende Informationen über die gesellschaftlichen Hintergründe unserer Musikkultur fördert nicht nur die Entstehung jugendlicher Teilkulturen, sondern schafft zugleich ein Vakuum, das nur allzu leicht von kommerzieller Seite ausgefüllt wird" (FISCHER et al. 1978, 249).

Als DANKMAR VENUS in seiner 1969 erschienenen Schrift „Unterweisung im Musikhören" die Forderung aufstellte, im Musikunterricht neben den bis dato vorherrschenden musikalischen Verhaltensweisen Singen und Notieren auch die übrigen Verhaltensweisen (z. B. Komponieren, Improvisieren, Hören, Umsetzung von Musik in Bewegung, oder sprachliche Darstellung, Nachdenken über Musik) „als gleichgewichtige, *eigenständige* Unterrichtsinhalte in der schulmusikalischen Arbeit zu berücksichtigen" (S. 21), berief er sich auf die veränderten Umweltbedingungen, unter denen Musikunterricht stattfindet und die er zu berücksichtigen habe. Da inzwischen eine Generation heranwachse, „die keine Erinnerung mehr an die musikalische Umwelt ohne Lautsprecher besitzt", müsse es dem Musikunterricht darum gehen, „die überlieferten Bildungsinhalte unter dem Aspekt der veränderten Umwelt kritisch zu überprüfen" (a. a. O., 13). Zwar meinte VENUS mit „Umwelt" vor allem die veränderte Medienlandschaft, weniger den „Alltagsschall" schlechthin; aber auch sein Plädoyer ist getragen von gesamtgesellschaftlichen Vorstellungen, die über den Horizont eines nur am traditionellen musikalischen Bildungskanon interessierten Musikunterrichts hinausweisen. In etwa klingt auch das Ziel einer „auditiven Sensibilisierung" bei VENUS an, wenn er sich zustimmend zu der (von ihm nur zitierten) Auffassung bekennt, Hören sei „*das* Grundverhalten zur Musik", und folgerichtig konstatiert: „In diesem Sinne ist jeder Musikunterricht Hörerziehung." Dies allerdings, so VENUS, bezieht sich nicht nur auf das Hören als notwendige Begleiterscheinung des Singens und Spielens, sondern auf eine bewußt eingesetzte Rezeption, bei der „man beim Hören das Hören ausbildet und vertieft" (a. a. O., 24).

II. „Das Denken verändert sich". Die neue Gesamtkonzeption des Musikunterrichts schrumpft zu einem neuen „Lernfeld"

Ganz im Sinne der Theorie vom „Denkkollektiv" zog der umweltbezogene Ansatz der Musikdidaktik um 1970 immer weitere Kreise. Der auf die Sekundarstufe I ausgerichtete Versuch der „Sequenzen", eine Gesamtkonzeption eines voraussetzungslosen Musikunterrichts zu entwerfen, der sich weniger am musikwissenschaftlichen Systemdenken als an den Alltagserfahrungen der Schüler orientierte, fand im Bereich der Primarstufendidaktik eine gewisse Parallele in zwei fast gleichzeitig erscheinenden Veröffentlichungen, nämlich: „Musikbuch – Primarstufe A" und „Klänge hören, lesen, zeichnen" (BRECKOFF et al. 1971; KÜNTZEL-HANSEN 1971). Analysiert man diese beiden didaktischen Beiträge aus heutiger Sicht, so fällt ein auf den ersten Blick paradoxes Moment ins Auge. Einerseits konzentrieren sich beide Publikationen auf akustische Aspekte der Umwelt, die bewußt gemacht werden sollen oder auch dazu dienen, über Unterscheidungs-, Bestimmungs-, Verbalisierungs- und Notationsaufgaben erste Vorstellungen von den Eigenschaften musikalischer Klänge (Parameter-Orientierung) zu vermitteln. Andererseits beziehen beide Lehrwerke Hörbeispiele komplexer Musik in ihre Lernsequenzen ein, die gerade *nicht* den mehrfach artikulierten Alltagserfahrungen der Schüler entsprechen können: nämlich Beispiele avantgardistischer Musik (die, notabene, den Gesamtbereich komplexer Musik repräsentieren!). Dieser scheinbare Widerspruch löst sich natürlich auf, wenn man bedenkt, daß gerade die Musik nach 1950 den damals vorherrschenden didaktischen Intentionen besonders entgegenkam, da sie durch die Erweiterung des Tonmaterials, insbesondere durch die Integration des Geräuschs als klangliches Ereignis sowie durch die Entdeckung ganz neuer Klangerzeugungsarten, z. B. an traditionellen Instrumenten, unvoreingenommene Zugänge auch für Kinder eröffnete: Man brauchte nicht musiktheoretisch geschult zu sein, um seine Eindrücke verbalisieren zu können, und man mußte nicht über instrumentale oder vokale Voraussetzungen verfügen, um klangliche Möglichkeiten von Stimmen und Instrumenten zu erproben oder kleine Geräuschimprovisationen zu bewerkstelligen.

Umweltorientierung blieb zwar in den siebziger Jahren eines der beherrschenden musikpädagogischen Themen. An den nachfolgenden Veröffentlichungen läß sich jedoch deutlich ablesen, daß die ursprüngliche Euphorie, den Musikunterricht gänzlich nach neuen Vorstellungen ausrichten zu können, einer realistischeren Einschätzung wich: Die Gesamtkonzeption eines an Schallerfahrungen des Alltags anknüpfenden Unterrichts verkürzt sich zu einem neuen Lernfeld, das allerdings gleichberechtigt neben andere Lernfelder tritt. Eine Sonderstellung nimmt dabei das „Lehrbuch der Musik Band I" (HOPF et al. 1970) ein, das bereits Ende der sechziger Jahre konzipiert worden war. Obwohl es den Schwerpunkt eindeutig auf die Einführung der traditionellen Notation und damit zusammenhängende musikkundliche Kenntnisse legt, nimmt es die Entwicklung gleichsam durch die Einbeziehung eines neuen Themenbereichs vorweg. Zwar stehen die ersten Kapitel des Buches („Musikgeräte/Geräusche der Umwelt/Aufzeichnung der Geräusche/Die Instrumente und ihr Klang/Die Instrumente des Orchesters/Das Konzert für Trompete und Orchester in Es-Dur von JOSEPH HAYDN/Die Geschichte vom Soldaten. Musik von IGOR STRAWINSKY") nicht nur beziehungslos nebeneinander, sie nehmen sich auch – betrachtet man die Konzeption des Ganzen – eher als Fremdkörper denn als integrativer Bestandteil aus. Dennoch ist der Versuch zu würdigen, die traditionellen Inhalte des Grundschul-Unterrichts in Richtung auf Aspekte der kindlichen Umwelt zu erweitern.

Deutlich anders verteilt erscheinen die Gewichte in der (nicht als Lehrbuch konzipierten) didaktischen Publikation: „Musikalischer Beginn in Kindergarten und Vorschule, Band 2: Praktikum" von SIGRID ABEL-STRUTH (1972). Unter den im Kapitel „Musikalische Grunderfahrungen" genannten möglichen didaktischen Ansätzen des Musikunterrichts in der Elementarstufe wird neben „Die Musik erzählt etwas", „Die Musik stimuliert" und „Wie ist die Musik gemacht?" auch die Frage „Wer spielt?" (mit den Untertiteln: „Kinder spielen", „Solisten – Ensembles – Technische Mittler", „Instrumente") gestellt. Abweichend von anderen einschlägigen Veröffentlichungen jener Zeit begründet ABEL-STRUTH diesen neuen Lernbereich jedoch nicht mit der notwendigen Umweltorientierung der Schüler, sondern mit der Motivation, die für die Kinder von der Frage nach den jeweiligen Interpreten ausgeht, die meist von größerem Interesse sei als die nach dem Komponisten oder nach Merkmalen der Musik.

Das neue Lernfeld wird im Jahre 1973 zum erstenmal in einer Grundschulpublikation thematisiert, nämlich in „Klang und Zeichen. Band 1" (HÖLSCHER et al. 1973), und zwar mit dem Titel: „Musik in unserer Welt", das in seinem zweiten Teil auch „Musik in unserer Umwelt" heißen könnte, da es bereits auf unterschiedliche Musikgruppen und auf medienvermittelte Musik aufmerksam macht. Seitdem gehört das Lernfeld zum festen Bestand nicht nur von Lehrbüchern für die Primarstufe, sondern auch von Lehrplänen und Richtlinien. In fast wortgleichen Formulierungen wird diesem neuen Themenkreis, der zum Teil geradezu mit „Auditiver Wahrnehmung" schlechthin identifiziert wird, eine Reihe gewichtiger Lernziele zugeordnet wie z. B.:

„Den Kindern sollen die Vielfalt akustischer Eindrücke aus der Umwelt bewußt werden. Dabei sind Unterscheidungsfähigkeit und Gedächtnis für akustische Ereignisse zu entwickeln. Die Kinder sollen lernen, über Gehörtes zu sprechen, indem sie beschreiben, vergleichen, ordnen" (Hamburg; zit. n. NOLTE 1982, 169).

Oder:

„Der Musikunterricht soll hinführen zu offenem, bewußtem und kritischem Verhalten gegenüber allen Erscheinungsweisen und Wirkungen der Musik und ihrer Bedeutung für die Menschen und die Gesellschaft" (Hessen; zit. n. NOLTE 1982, 190).

Erste kritische Stimmen gegen die Vorstellung, durch umweltnahe musikalische Bezüge bereits das Grundschulkind zur Mündigkeit und Kritikfähigkeit im Umgang mit Musik anzuleiten, regten sich bereits 1973. In seiner Schrift „Gefahr und Elend einer neuen Musikdidaktik" nannte es ERNST KLUSEN eine

Überforderung des Schülers, über Hintergründiges der musikalischen Produktion (z. B. die gesellschaftliche Relevanz von Musik) urteilen zu sollen, „ohne daß er gelernt hat, die zentralen musikalischen Phänomene zu durchschauen" (KLUSEN 1973, 9). Im gleichen Zusammenhang wendet er sich gegen den vom Umweltschall ausgehenden Ansatz, dem er „Primitivbruitismus" unterstellt und dem er anlastet, daß er die Schüler auf eine längst überwundene kindliche Entwicklungsstufe festnagelt.

„Will man im Ernst Zehn- bis Zwölfjährigen zumuten, eine in ihren einzelnen Entwicklungsstufen noch nicht einmal genau bekannte Philogenese von Zufallsgeräuschen zu stilisierter Musik – die das Individuum in diesem Alter ontogenetisch längst nachvollzogen hat – noch einmal durchlaufen zu lassen, ohne genau zu wissen, wie diese Entwicklung vor sich geht? . . . Seien wir vernünftig und gehen wir auch musikalisch vom Besitzstand eines Zehnjährigen aus, der Musik als Musik wahrnimmt und richten wir unsere Bemühungen darauf, seine bereits erworbenen musikalischen Erfahrungen zu differenzieren anstatt ihn mit Schnalzen, Stampfen und der willkürlichen Behandlung von Geräuscherzeugern künstlich zu primitivisieren. Bringen wir Musik als Musik an den Menschen" (a. a. O., 7f.).

KLUSEN machte außerdem zu Recht darauf aufmerksam, daß der Lehrende die Schüler eigentlich betrügt, wenn er ihnen unter anspruchsvollen Etiketten wie „Durchschauen von Manipulation" (z. B. in der Werbung) und „Information über ideologische Hintergründe musikalischer Produktion" Fakten vermittelt, die der Schüler gar nicht durchschauen kann, weil ihm die entsprechenden musikalischen Kenntnisse fehlen: In diesem Falle bediene sich der Lehrer eben der Techniken der Manipulation, gegen die zu immunisieren er sich anschickt. Eine Analyse der 1974 vorliegenden Richtlinien für den Musikunterricht in der Grundschule veranlaßte auch DANKMAR VENUS zu der kritischen Frage, ob nicht aus der Verabsolutierung der gesellschaftspolitischen Position gleiche Einseitigkeiten entstehen könnten wie zu Zeiten der musischen Konzeption des Musikunterrichts.

„Wenn das Ziel der Emanzipation nicht verbunden wird mit der Bemühung um allseitige soziale Gerechtigkeit, kann es, egozentrisch verstanden, zur Entmündigung und Unterdrückung anderer führen. Wenn die Kritikfähigkeit sich nicht auch und immer wieder auf das eigene Denken und Verhalten bezieht, besteht die Gefahr, daß sie zur permanenten Nörgelei an Zuständen und anderen Menschen degradiert und unfähig macht, auch die positiven Seiten der Umwelt wahrzunehmen" (VENUS 1974, 23).

Damit hat VENUS die entscheidende Frage angeschnitten, die an die anthropologischen Grundbedingungen des menschlichen Lernens rührt; nämlich: Wohin entwickelt sich ein Kind, das in wesentlichen Bereichen seines Lernens auf eine Antihaltung gegenüber einem Gegenstand quasi vorprogrammiert wird, den es aus eigener Anschauung noch kaum kennengelernt hat bzw. dessen Hintergründe es – trotz sinnlicher Erfahrung – noch gar nicht verstehen kann? Diese Frage ist deswegen so schwer zu beantworten, weil sich eigentlich jeder Sozialisationsprozeß im Spannungsfeld zwischen Primärerfahrungen und Manipulation durch andere vollzieht. Sicherlich verläuft ein normaler Lernprozeß so, daß das Kind zunächst einmal intensive Erfahrungen mit einem Lebensbereich macht (nehmen wir z. B. die Fächer der Schule), und erst im

Zuge wachsender Erfahrungen allmählich in die Lage versetzt wird, eigene Standpunkte zu vertreten, was ja die Fähigkeit zur kritischen Distanzierung voraussetzt. Andererseits gibt es Lebensbereiche, in denen ein solcher Lernprozeß nicht möglich ist, weil er das Leben des Kindes bedrohen würde. Im Bereich der Gesundheits- und Verkehrserziehung etwa führt kein Weg an der Manipulation vorbei, da es unverantwortlich wäre, Kindern zunächst eigene Erfahrungen im Verkehr oder im Zigarettenkonsum, um nur zwei Beispiele zu nennen, zuzumuten, damit sie aus Erfahrungen lernen.

In unserem Zusammenhang stellt sich daher die Frage, ob die Bedrohung der kindlichen Psyche durch Werbung, Warenhausmusik usw. so erheblich ist, daß eine frühzeitige Kanalisation im Sinne einer Erziehung zu einer vorbewußten kritisch ablehnenden Haltung sinnvoll und notwendig erscheint, oder ob man es verantworten sollte, auf die wachsende Denk- und damit Urteilsfähigkeit der Schüler zu vertrauen, die sich eines Tages auch gegen Manipulationsmechanismen im sozialpolitischen Umfeld richten wird – so wie die dem musiksoziologischen Trend anhängenden Didaktiker selbst ja auch ohne einen entsprechenden Musikunterricht zu einem eigenen kritischen Urteil gelangt sind. Wie immer man diese Frage beantworten mag –, das Problem liegt eigentlich tiefer. Zu fragen wäre nämlich zu allererst, wie sich eigentlich musikalische Interessen entwickeln, die zu fördern der Musikunterricht ja schließlich angetreten ist. Wer wie der Verfasser dieses Beitrags davon ausgeht, daß musikalische Interessen sich in erster Linie durch eigene musikalische Erfahrungen (Singen, Spielen, Hören), d. h. durch intensiven Umgang mit der Sache selbst und weniger mit dem, was andere aus dieser Sache gemacht haben, ausbilden, der wird die geringe in der Grundschule zur Verfügung stehende Zeit primär für musikalische Aktivitäten nutzen. Es würde aus dieser Sicht einfach zu viel kostbare Zeit verloren gehen, wollte man die Kinder durch Informationen über Medien und ihre Hintergründe, über Musik am Arbeitsplatz und im Kaufhaus bzw. durch den Entwurf eigener Werbesendungen primär vor ihrer musikalischen Umwelt warnen.

Letztlich wird hier noch einmal die Frage aufgeworfen, ob sich Urteilsfähigkeit gegenüber schlechter Musik oder als Mittel zum Zweck eingesetzter funktionaler Musik, wenn man so will also: musikalischer Geschmack eher durch den Umgang mit der zu kritisierenden Musikform oder nicht eher durchs genaue Gegenteil: nämlich durch intensive Beschäftigung mit elaborierter Kunstmusik ausbildet. Wer als Musiklehrer einmal seine eigene musikalische Sozialisation überdenkt, wird feststellen, daß am Anfang seiner musikalischen Biographie nicht Informationen über den Musikmarkt, über Schallereignisse des Alltags o. ä. standen, sondern lebendige, zunächst durchaus auch unreflektierte Erfahrungen im Singen und Spielen von Musik, allerdings von vornherein verbunden mit – ebenfalls kaum reflektierten – Eindrücken der unmittelbaren musikalischen Umwelt: der im Kindergarten gesungenen Kinderlieder, der Umrahmung einer Schulfeier durch instrumentale oder vokale Ensembles, der bei Volksfesten und Umzügen gehörten Blasmusik, des Besuchs einer Konzertveranstaltung usw. Diese persönlichen Erfahrungen sind sicherlich nicht einfach übertragbar, und Musikunterricht sollte immer ein Musikunterricht für alle Kinder, unabhängig von sozialer Schichtenzugehörigkeit sein, und das heißt: darüber nachdenken, wie Schülern mit defizitären musikalischen Vorerfahrungen vergleichbare Informations- und Erlebnisangebote gemacht werden können. Aber eines scheint sicher, und darauf kommt es in diesem Zusammenhang an: Eine primär am musikalischen Erlebnis orientierte musikalische Sozialisation, die den Umweltaspekt nur mehr oder weniger zufällig und unsystematisch einbezieht, *verhindert* nicht etwa wachsende Kritikfähigkeit, sondern scheint sie im Gegenteil, und zwar von einem bestimmten Alter an, noch zu *verstärken*. Für diese Annahme sprechen anthropologische Grundbedingungen des Lernens, auf die hier kurz eingegangen werden soll.

III. Bedürfnisse des Kindes aus anthropologischer Sicht

Die einer intensiven Bearbeitung des Lernfeldes „Musik in der Umwelt" zugesprochenen Zielvorstellungen, nach denen die Schüler in die Lage versetzt werden sollen (und implizit wird ja behauptet, daß sie auch tatsächlich in die Lage versetzt werden können!), „zu einer differenzierenden Höreinstellung" zu gelangen, „die sowohl zu einem genießenden als auch kritischen Verhalten gegenüber den Erscheinungsformen der Musik und ihren Wirkungen" führt (zit. n. NOLTE 1982, 163), orientieren sich offenbar mehr am Wünschbaren als an der Realität, vor allem übersehen sie grundlegende anthropologische Bedingungen des Lernens. Bei ARNOLD BENTLEY findet sich schon im Jahre 1966 folgender, für unseren Zusammenhang wichtiger Hinweis:

„Es scheint allgemein anerkannt zu sein, daß Kinder im Laufe des Reifungsprozesses gewisse ‚Bereitschaftsstadien' erreichen, um bestimmte Fertigkeiten – z. B. im Lesen und Rechnen – zu erwerben, daß weiter die günstigste Zeit, solche Fertigkeiten zu lehren, dann gegeben ist, wenn diese Bereitschaftsstadien erreicht sind, und schließlich daß, wenn diese optimale Periode verstrichen ist, späteres Erlernen und Lehren viel schwieriger wird und dementsprechend weniger Aussicht auf Erfolg hat. Diese Theorie der Bereitschaftsstadien gilt auch für die Entwicklung der musikalischen Fertigkeiten" (BENTLEY 1966, 103).

Seit den Forschungen PIAGETs wissen wir, daß die Entwicklung der Intelligenz in bestimmten Reifestufen vor sich geht, die untereinander nicht austauschbar sind (vgl. dazu auch BAACKE 1979, 59). In der Entwicklung seines Denkens hat das Grundschulkind – nach PIAGET – die „Stufe der konkreten Operationen" erreicht, d. h. es ist in der Lage, Operationen auszuführen – Operationen im Sinne verinnerlichter, also gedachter Handlungen –, die nicht mehr in unmittelbarem Zusammenhang mit tatsächlich ausgeführten Handlungen stehen müssen. Allerdings: Solche Abstraktionsleistungen wie die Verinnerlichung von Handlungen beziehen sich nicht etwa auf jede nur denkbare Handlung, sondern nur auf diejenigen Handlungen, die man selbst erlebt, sei es durch eigenes Tun oder durch Beobachtung.

„Das Kind denkt im Gegensatz dazu [zum Denken des Jugendlichen, d. Verf.] nur im Zusammenhang mit der gegenwärtigen Tätigkeit und arbeitet keine Theorien aus" (PIAGET 1972, 167).

Die eigentliche Fähigkeit zur gedanklichen Abstraktion vom konkret Erlebten erreicht das Kind erst nach der Grundschulzeit, nämlich frühestens mit dem 12. Lebensjahr. Piaget nennt dieses Entwicklungsalter die „Stufe der formalen Operationen", in der der Jugendliche die Kompetenz erreicht, mit Operationen (also verinnerlichten Handlungen) selbst wieder zu operieren, d. h. konkret: über Gedanken anderer, unabhängig von erlebten Handlungsvollzügen, nachzudenken. In der Sprache PIAGETs heißt dies:

„Das auf die unmittelbare Wirklichkeit bezogene Schließen [des Kindes, d. Verf.] beruht sozusagen auf einer operativen Gruppierung ersten Grades; auf einer Gruppierung von verinnerlichten Tätigkeiten, die zusammensetzbar und reversibel [umkehrbar, d. Verf.] geworden sind. Das formale Denken besteht im Gegensatz dazu in Reflexionen über diese Operationen (im eigentlichen Wortsinn), also im Operieren mit Operationen oder ihren Ergebnissen, und folglich im Schaffen von Operationsgruppierungen zweiten Grades" (a. a. O., 168f.).

Aus dieser Sicht muß gefragt werden, ob nicht viele Themen, die dem Lernfeld „Musik in der Umwelt" in der einschlägigen Literatur zugeschrieben worden sind, wie z. B. Wirkungen von Musik, Manipulation durch Musik u. a., die tatsächlichen entwicklungsbedingten intellektuellen Möglichkeiten des Grundschulkindes ignorieren, da sie auf noch gar nicht entwickelte Abstraktionsleistungen abheben. Die im Jahre 1976 gelegentlich einer Tagung des Arbeitskreises Grundschule erhobene Forderung, das Lernfeld „Musik in der Umwelt" inhaltlich nicht zu überladen, sondern als Maßstab die Erfahrungswelt des Kindes zu setzen (GUNDLACH 1977, 126), weist in die richtige Richtung. Wie die Lektüre des Diskussionsberichtes zeigt, wird diese Forderung jedoch durch die damit verbundenen Zielvorstellung ad absurdum geführt, der Musikunterricht solle die „Eingebundenheit" der kindlichen Erfahrungswelt „in die gesellschaftlichen Verhältnisse" bewußt machen (a. a. O.).
Jener „Denkstil", der – ganz im Sinne der frühen Aufklärung – im Kind den kleinen Erwachsenen sah, dessen Mängel sich durch geeignete Strategien kurzfristig aufarbeiten ließen, hat ja in den Siebziger Jahren nicht nur im Musikunterricht zur Verfrühung und damit Verkopfung des Lernens geführt. Das von mehreren Fächern vertretene Lernziel der kritischen Rationalität im Verein mit der Annahme, Kritik- und Urteilsfähigkeit ließen sich bereits durch Wissensvermittlung entwickeln, hat offenkundig eher Lernmüdigkeit als Lernbereitschaft bei Grundschülern erzeugt. Das lange Zeit vorherrschende Streben, Kinder möglichst frühzeitig selbständig und urteilsfähig zu machen, hat, so scheint es, bei vielen Kindern „genau das Gegenteil des Angestrebten" erreicht:

„Befangenheit in Vorurteilen, Urteilsbildung ohne Umsicht und Einsicht, ohne Erfahrungs- und Lebensreife" (ELTZ 1976, 31).

Der Grund dafür scheint nicht nur in der Überforderung des Kindes durch entwicklungspsychologisch unzeitgemäße intellektuelle Anforderungen zu liegen, sondern vor allem in der dadurch bedingten Vernachlässigung derjenigen Kräfte, die sich im Grundschulalter entwickeln müssen, wenn der junge Mensch den Anforderungen des Erwachsenenlebens gewappnet sein soll: nämlich die Kräfte der Phantasie, des Empfindens und des Gemüts. Vieles deutet darauf hin, daß durch verfrühte Intellektualisierung des Unterrichts „das Denken an seiner Wurzel" „zerstört" wird (ELTZ 1976, 38), weil sich nämlich gesundes Denken nur entwickeln kann, wenn die Bedürfnisse der kindlichen Psyche nach Gefühlsansprache und Erlebnisorientierung nicht vernachlässigt werden.

Man wird im Bereiche des staatlichen Erziehungswesens nicht darum herum kommen, sich mit einer Maxime zu befassen, wie sie von der Waldorf-Pädagogik nun schon seit über 60 Jahren vertreten wird:

„Je reicher der Gemütsgrund genährt worden ist, desto differenzierter und kraftvoller wird sich auch das Denken entwickeln, das aus ihm herauswächst (ELTZ 1976, 39)." (Auch in diesem Falle sollte man sich von der oftmals hymnischen Sprache der anthroposophischen Pädagogik nicht über den Wahrheitsgehalt der Aussage täuschen lassen!)

Von der Waldorf-Pädagogik kann man außerdem lernen – oder sollte die zumindest als hypothetisches Denkmodell ernst nehmen –, daß die Kräfte des Kindes mit „Verstand" und „Gefühl" nur unzureichend beschrieben werden können: Es fehlt dann eine dritte konstitutive Kraft, nämlich die Willenskraft, die gleichermaßen geschult werden muß wie Denken und Fühlen. Im bereits zitierten Bericht über eine Tagung des Arbeitskreises Grundschule zum Musikunterricht wird daher zu Recht die Frage gestellt:

„Ob eine intellektuelle Aufklärung des Kindes zu einer Änderung seines Verhaltens führen kann oder ob das Kind nicht trotz Aufklärung seine Verhaltensweisen, die es auch in seiner Umwelt ständig beobachtet, beibehält. Diese Zweifel sind auch durch die Tatsache, daß andere Schulfächer an dem gleichen Ziel [Kritikfähigkeit, Selbständigkeit, d. Verf.] arbeiten, nicht auszuräumen "(a. a. O., 126).

Wenn Einsicht in bestimmte Zusammenhänge bereits zu einer Änderung des Verhaltens führen würde, dann würde allein schon Aufklärung z. B. über die Gefahren des Rauchens verhindern können, daß Jugendliche zur Zigarette greifen. Offensichtlich hängt jedoch der Nutzen von Aufklärung davon ab, ob die nötige Willenskraft, bestimmten Verführungen zu widerstehen, vorhanden und entwickelt worden ist oder nicht.

„Wäre der Mensch allein ein rationales Wesen und nicht außerdem noch allerlei anderes, dann würde auf die Einsicht das Verhalten folgen: Tugend wäre lehrbar. Leider ist es mit dem Durchschauen allein nicht getan. Ob man der Werbung widerstehen kann, ob man mit den eigenen, als falsch erkannten Wünschen fertig wird, ob man in einem Konflikt nicht in die Knie geht, das hängt ganz offensichtlich noch von anderen Faktoren ab. ... Gewiß, Charakterbildung, gute Gewohnheiten, ein fester Wille und all das, was ROBINSOHN mit Intuition, Phantasie, Instinkt bezeichnet, sind unentbehrlich; aber das bedeutet heute doch noch nicht, daß die Elemente, die man mit dem Wort ‚Wissen' anvisiert, nicht in eine Form gebracht werden könnten, die sie für Erziehung brauchbar machten: Schon aus unseren Vorüberlegungen ... ergibt sich, daß das Grundproblem im Zusammenwirken beider Elemente, Intellekt und Wille, Einsicht und Charakter, Kenntnis und Initiative, beruht" (LINDENBERG 1975, 67).

Wenn die anthroposophische Pädagogik in diesem Punkte Recht hat – und es spricht manches dafür, daß dies zutrifft – dann müßte eine kindgerechte Grundschulpädagogik alles verhindern, was die Willenskräfte des Kindes schwächt: z. B. intellektuelle Überforderungen, die zu Mißerfolgserlebnissen und Entmutigungen führen. Im Sinne PIAGETs formuliert, sollte daher Denken in der Grundschule – und also auch im Musikunterricht – grundsätzlich an eigenen oder beobachteten konkreten Handlungsvollzügen geschult werden, die – und das ist entscheidend – als Ganzes überblickt und auch durchschaut werden können. Mißt man die potentiellen Themen des Lernfeldes „Musik in der Umwelt" an den Kriterien der Überblickbarkeit und Durchschaubarkeit für Grundschulkinder, so fallen bereits mehrere der bisher einbezogenen Themen heraus, wie noch zu zeigen sein wird.

IV. Zur gegenwärtigen Rolle des Lernfeldes „Musik in der Umwelt". Didaktische und methodische Überlegungen

Die bisherigen kritischen Reflexionen zum Lernfeld „Musik in der Umwelt" sollten nun keineswegs als Plädoyer mißdeutet werden, auf entsprechende Unterrichtsinhalte ganz zu verzichten. Im Gegenteil: Unterrichtseinheiten zur „Musik in der Umwelt" sind auch weiterhin als ein wichtiges Lernfeld im Musikunterricht der Grundschule anzusehen, sofern sie sich verstehen als schrittweise Erschließung der musikalischen Umgebung des Schülers im Sinne von Orientierungshilfe, mit dem Ziel, Aufgeschlossenheit gegenüber den vielfältigen Erscheinungsformen der Musik in unserer Gesellschaft zu wecken. Dabei sind bereits an dieser Stelle zwei weitere, nicht unerhebliche Einschränkungen zu machen. Zum einen muß darauf hingewiesen werden, daß es uns an Erfahrungen darüber mangelt, wie sich der Umgang mit diesem Lernfeld, auch wenn er sich auf kindgemäße Themen beschränkt, auf musikbezogenes Verhalten des Schülers nach der Schulzeit auswirkt: Immerhin ist die Möglichkeit nicht auszuschließen, daß die meisten der in diesem Zusammenhang naheliegenden Themen (Wer macht Musik? Wo wird Musik gemacht? Welche Musik wird gemacht?) im Grunde genommen bereits zum „heimlichen Lehrplan" zählen, der unabhängig von geplanten Lernprozessen ständig gegenwärtig ist. Gerade aus dieser Sicht muß immer wieder gefragt werden, ob es sich der Musikunterricht überhaupt leisten kann, in Anbetracht der wenigen zur Verfügung stehenden Stunden in einen theoretisch akzentuierten Gegenstandsbereich einzuführen, anstatt zunächst einmal eine Fülle sinnlicher Erfahrungen zu vermitteln, die – wie bereits ausgeführt – überhaupt erst die Voraussetzung für kritische Reflexionen sind. Ein Schüler, der nicht aufgrund eigener Erfahrungen – vor allem im Bereich der in den Medien vernachlässigten Musikarten wie etwa der „klassischen Musik" – in die Lage versetzt worden ist, ein eigenes musikalisches Wertesystem aufzubauen, das ihn quasi gegen äußere Einflüsse immunisiert, wird – so darf man annehmen – erst recht ein Opfer medialer Manipulation. Damit schafft ein primär soziologisch orientierter Musikunterricht ungewollt

die Voraussetzungen für das Wirksamwerden medialer Manipulation, die er präventiv zu verhindern trachtet.
Zum andern gerät ein Musikunterricht, der sich u. a. auch als „Medienerziehung" versteht – trotz gegenläufiger Tendenzen –, gegenwärtig mehr und mehr ins Zwielicht, allein schon aufgrund der Tatsache, daß das Unterfangen, Kinder durch einige wenige Musikstunden – in der Sprache der Curriculumkonstrukteure – „zum kritischen und mündigen Umgang mit den technischen Mittlern zu erziehen", mehr mit Augenwischerei als mit redlichen und realistischen pädagogischen Konzeptionen zu tun hat. Es stellt sich immer dringlicher die Frage, ob nicht die Schule die ihr einzig verbleibende Möglichkeit intensiver als bisher nutzen sollte, um die ihr anvertrauten Schüler vor der medialen Verdummung zu bewahren: nämlich Gegengewichte gegen den phantasielosen Dauerkonsum vorgefertigter Fernsehschablonen zu entwickeln. Daß in diesem Punkte die Grundschuldidaktik dabei ist, überkommene Standpunkte zu revidieren, wird an dem folgenden, von ILSE LICHTENSTEIN-ROTHER stammenden Denkanstoß deutlich (1982, 23):

„So wird es z. B. im Hinblick auf die Wirkungen des Fernsehens notwendig, daß Unterricht und Freie Arbeiten ganz andere, zum Teil gegensteuernde Wahrnehmungsgewohnheiten aufbauen müssen... Das Leben vor und nach der Schule, in den Ferien und v. a. an den Wochenenden ist für viele Kinder stark konsumgeprägt... Wenn die Schule für eine andere Nutzung der freien Zeit Anregungen geben will, die mit der Attraktion von Fernsehen, Kino und leichter Unterhaltung konkurrieren sollen, dann müssen z. B. Umgang mit Büchern, Hören und Produzieren von Musik, Bastelarbeiten, Beobachten und Experimentieren in der Schule als so bereichernd erlebt werden, daß sie allmählich zu einer wirklichen Alternative für weniger sinnvolle Beschäftigung werden."

Unter dieser Prämisse sind die folgenden Ausführungen zu verstehen, die nach den konkreten und vertretbaren Möglichkeiten des Lernfeldes „Musik in der Umwelt" fragen.
Folgt man der Ausarbeitung der Lernsequenz „Musik in Schule und Umwelt", wie sie PETER FUCHS und WILLI GUNDLACH im Rahmen des Projektes „Musik in der Grundschule" vorgelegt haben (FUCHS/GUNDLACH 1981) – dabei handelt es sich zweifelsohne um eine repräsentative, wenn auch epocheabschließende Arbeit –, so sind dem Thema „Musik in der Umwelt" vor allem drei Inhaltsbereiche zuzuordnen, und zwar:

- Zuwendung zur Hörwelt
- Medien
- Musik in der näheren und weiteren Umgebung.

Um es gleich vorweg zu sagen: der Verfasser dieses Beitrages geht davon aus, daß aus heutiger Sicht die beiden erstgenannten Inhaltsbereiche an Bedeutung verloren haben, anders ausgedrückt: eigentlich aus verschiedenen (zum Teil bereits genannten) Gründen nicht mehr zu verantworten sind; daß dagegen der zuletzt genannte Aspekt des Lernfeldes besonderes Gewicht verdient. Dies soll im folgenden begründet werden.

1. Zum Inhaltsbereich „Zuwendung zur Hörwelt"

In ihrem bereits angesprochenen Beitrag zum Projekt „Musik in der Grundschule", der zweifellos zu den wichtigsten Veröffentlichungen zu dem in Rede stehenden Lernfeld gehört, gehen FUCHS und GUNDLACH davon aus, daß „zunächst einmal . . . alles Hörbare", das uns umgibt, Gegenstand unterrichtlicher Überlegungen sei, so zum Beispiel:

„– die Geräusche im Klassenzimmer oder auf dem Schulhof,
– der Verkehrslärm an der Straße,
– die menschliche Stimme,
– Maschinengeräusche,
– Radio und Fernsehen,
– Geräusche der Natur
usw."

Daraus, daß dieses uns ständig umgebende „Konzert von Geräuschen, Tönen und Klängen" uns etwas übermittelt (– „der Straßenlärm stört uns beim Lesen", „der besondere Tonfall einer Stimme sagt uns, daß der Sprechende ärgerlich ist" usw.), leiten die Autoren die Notwendigkeit ab, dem Lernfeld den Inhaltsbereich „Zuwendung zur Hörwelt" zuzuordnen. Die Schüler sollen sich den sie umgebenden Geräuschen bewußt zuwenden, damit sie sich in ihrer Umwelt zurechtfinden und sie bewußt erfahren.

„Hier muß man zunächst von der Welt des Kindes ausgehen und ihm einen Weg zu einem vertieften Verständnis dieser Welt, zu einem besseren Sich-Zurechtfinden in ihr ebnen. Die engere musikalische Fragestellung wird sich dann schrittweise daraus entwickeln" (FUCHS/GUNDLACH 1981, I, 1 f.).

Der von FUCHS und GUNDLACH vorgenommenen Ausdifferenzierung eines eigenen Themenbereiches „Zuwendung zur Hörwelt" liegen sicherlich richtige und wichtige Überlegungen zugrunde: In der Tat soll der Musikunterricht dem Schüler helfen, sich in seiner akustischen Umgebung zurechtzufinden. Zu fragen ist allerdings, ob es für den Schüler nicht wichtigere und nachdenkenswertere Hörerfahrungen gibt als den Pausenlärm oder Verkehrsgeräusche. Das zugrunde liegende Lernziel „Zurechtfinden in der musikalischen Umwelt" könnte weit sinnvoller und effektiver verfolgt werden, wenn die verfügbare Zeit für den Inhaltsbereich „Musik in der näheren und weiteren Umgebung" aufgewendet würde. Wenn ein Schüler sich mit den verschiedenen musikalischen Ensembles, ihren unterschiedlichen Aufgaben, ihrer Literatur, ihren Spielweisen, dem Aufgabenfeld einer Musikschule, der Funktion der Musik bei einem Umzug usw. beschäftigt: Was tut er dann anderes, als sich bewußt *seiner musikalischen Umwelt zuzuwenden?* Und wenn dem so ist: Was bleibt dann dem Teilaspekt „Zuwendung zur Hörwelt" eigentlich noch an Inhalten, wenn die wichtigsten Hörerfahrungen in ganz anderem Kontext gemacht werden?
Zu bedenken ist auch folgendes. Das Gehör bzw. das auditive Differenzierungsvermögen ist bereits bei Vierjährigen soweit entwickelt, daß sie mühelos (auch ohne visuelle Eindrücke) die verschiedensten Automarken nach ihren Motorengeräuschen unterscheiden können, zumindest aber in der Lage sind,

nach dem Gehör Telefonklingel, Wecker, Türklingel, Staubsauger, Dusche, Wasserhahn, Traktor und Martinshorn zu unterscheiden – Aufgaben, wie sie noch vor wenigen Jahren sechsjährigen Erstkläßlern zugemutet wurden, die dadurch entschieden unterfordert waren (diese Kritik trifft auch zum Teil die vom Verfasser mitzuverantwortende Veröffentlichung „Musikunterricht Grundschule").

Aufgaben wie „Geräuscheraten" (Beispiele aus BECKER/JUNG 1978: „Erkennst du die Geräusche auf dem Bild wieder? Hörst du auf dem Tonband etwas, was du nicht siehst? Welches Bild zeigt dir, was du hörst?") haben keinen höheren didaktischen Stellenwert als etwa die Bestimmungstafeln beim Augenarzt, die zur Diagnose von Sehfehlern benutzt werden. Sinnvoll erscheinen solche Lernsequenzen nur, wenn sie sich mit übergeordneten Lernzielen verbinden, z. B.

- bestimmen, welche Rolle Alltagsgeräusche in komplexen Kompositionen spielen;
- erkennen, daß Musik über Mittel verfügt, Dinge des Alltags akustisch abzumalen;
- Möglichkeiten der Stimme erproben, verschiedene Geräusche zu imitieren usw.

Bei FUCHS und GUNDLACH gehören zum Teilbereich „Zuwendung zur Hörwelt" z. B. die Unterrichts-Arrangements „Wohnungsspiel", in dem es u. a. darum geht, zu bestimmen und zu imitieren, was man in den Räumen einer Wohnung alles hören kann, und das „Morsesignalspiel", das den Schülern die Aufgabe stellt, für Buchstaben kleine vokale oder instrumentale Signale zu erfinden und daraus klingende Wörter zu bilden (FUCHS/GUNDLACH 1981, Arr. 6 bzw. 5). Beide Arrangements regen zweifellos dank ihrer klaren Artikulation, ihres Handlungspotentials und ihrer phantasievollen methodischen Konzeption zu lebendigen unterrichtlichen Aktivitäten an. Dennoch besteht kaum ein Zweifel, daß eigentlich ganz andere Lernziele im Vordergrund stehen als die „Zuwendung zur Hörwelt". Offensichtlich geht es den Autoren um etwas anderes als um die „Zuwendung" zu heimischen Wohngeräuschen oder zu den Signalen einer Morsestation: nämlich um die akustisch-sensorische Schulung der Schüler, die heute – im „optischen Zeitalter" – zu den vordringlichen Aufgaben des Musikunterrichts zählt.

Akustisch-sensorische Schulung aber sollte das Ziel aller Lernfelder des Musikunterrichts sein, nicht nur des Lernfeldes „Musik in der Umwelt". Dadurch, daß man sie im Rahmen eines vergleichsweise peripheren Kontextes thematisiert, nährt man den falschen Eindruck, mit sporadischen Klangspielen, die mit der Umwelt nur in einem sehr äußerlichen Sinne zu tun haben, bei den Schülern irgend etwas zu bewirken.

(Hier sei noch einmal betont, daß dies keine Kritik an den genannten Autoren ist, die sich mit ihrem Beitrag zweifellos auf der Höhe der damaligen Diskussion bewegen. Das Gesagte gilt nämlich auch z. T. für eigene Veröffentlichungen des Verfassers, der heute manches anders sieht als noch vor wenigen Jahren.)

2. Mögliche Unterrichtsequenzen

Die vorstehenden Überlegungen verstehen sich als ein Plädoyer, den Schwerpunkt des Unterrichts zum Lernfeld „Musik in der Umwelt" auf das Thema „Musik in verschiedenen Lebensbereichen" zu legen. Dazu wollen die folgenden Ausführungen Hinweise und Anregungen geben.

Da sich im Schulalltag immer wieder die Notwendigkeit ergeben kann, einen der vorgeschlagenen Inhaltsbereiche aus aktuellem Anlaß in den Unterricht einzubeziehen, wird im folgenden darauf verzichtet, eine detaillierte Zuweisung zu bestimmten Schuljahren vorzunehmen. Die hier gewählte Reihenfolge – die sich wahrscheinlich in den seltensten Fällen konsequent durchhalten läßt – versucht, die Unterrichtsgegenstände nach dem Prinzip der jeweils größten psychischen Nähe des Themas aus der Sicht des Kindes anzuordnen. Anders als im Unterrichtswerk „Musik aktuell" (BRECKOFF et al. 1971 b) wird „psychische Nähe" jedoch nicht als räumliche Nähe definiert (1. „Aus dem Lautsprecher", 2. „In der näheren Umgebung", 3. „In Schulen" usw.), sondern als seelische Distanz, wobei davon ausgegangen wird, daß einem Kind die Musik, die es selber macht bzw. die in seiner Gegenwart gemacht wird, psychisch näher steht als „Musik aus dem Lautsprecher", die jemand Unbekanntes zu unbekannter Zeit an unbekanntem Ort produziert hat. Grundsatz der Anordnung war also, daß der Musikunterricht, sofern er sich dem Lernfeld „Musik in der Umwelt" zuwendet, quasi konzentrische Kreise um den Schüler in der Situation „Musikunterricht" ziehen sollte.

Am Anfang steht daher das eigene Musizieren in der Klasse. Es folgt: das Musikleben an der Schule. Die nächste Sequenz ist dem Musiker und seinem Instrument gewidmet, als Vorbereitung auf die Unterrichtseinheit: Musikunterricht außerhalb der Schule. Einschränkend muß aber auch zu der hier gewählten Reihenfolge der Themen gesagt werden, daß sich das Prinzip der „psychischen Nähe" – u. a. auch wegen seines hypothetischen Charakters – nur annähernd durchhalten, jedenfalls wohl kaum in seinen einzelnen Lernschritten argumentativ absichern läßt.

a) Lernsequenz 1: Wir bereiten ein Konzert vor (ab 1. Schuljahr)

Didaktische Hinweise

In dieser Lernsequenz geht es um wichtige, wenn auch elementare Erfahrungen und Überlegungen zum „Musizieren für andere", z. B.: Welche Musik eignet sich am besten für welchen Zweck? Wie eröffnet und wie beschließt man ein Konzert am sinnvollsten (wirksamsten)? Die Schüler sollen außerdem erkennen, daß man musikalische Beiträge und Texte (Gedichte) sinnvoll zu einem Programm zusammenfassen kann. Eine wichtige Erfahrung sollte, zumindest unbewußt, mit im Spiel sein, nämlich daß ein Konzert kontinuierliches Üben, mit dem Ziel eines tonschönen, treffsicheren, rhythmisch genauen Zusammensingens- und -spielens erfordert.

Methodische Möglichkeiten

- Lehrerinformation zum Anlaß des Konzertes (Elternabend, Schulentlaßfeier, Weihnachtsfeier, ein Konzert, das die Klasse für sich selbst veranstaltet).
- Wiederholen verschiedener bereits bekannter Lieder (und evtl. Instrumentalstücke) mit der Aufgabe, zu überlegen und zu begründen, welche Lieder sich für den jeweiligen Zweck besonders eignen.
- Aufgabe, mit den Eltern zu Hause über Schallplattenbeispiele zu sprechen, die zu dem festlichen Anlaß passen, und die Schallplatten in die Schule mitbringen. Mitgebrachte Beispiele werden in der Klasse angehört und besprochen (Gesichtspunkt: Eignung für das geplante Konzert. Bei einem Elternabend könnten Plattenbeispiele zur Abrundung des Konzertes beitragen).
- Erlernen neuer Lieder und Texte für das Konzert.
- Überlegungen, an welcher Stelle kleine szenische Darstellungen einbezogen werden könnten. Erarbeiten entsprechender Szenen.

- Gemeinsames Proben der verschiedenen, im Konzert erforderlichen Aktivitäten wie: Ansage, Textvortrag, Singen und Spielen. Verteilung der Rollen.
- Evtl. Entwurf eines schriftlichen Programms.

Beispiel für ein Klassenkonzert zur Adventszeit
Die Weihnachtsgeschichte nach Lukas 1.2 wird von musikalischen Beiträgen (Liedern und Instrumentalstücken) umrahmt und illustriert:

Lied: „Es ist für uns eine Zeit angekommen" (Schalmei = FUCHS/GUNDLACH 1980)
Text: „Es begab sich aber..." bis: „... Raum in der Herberge."
Lied: „In dulci jubilo" (Schalmei 90)
Text: „Und es waren Hirten..." bis: „... des Nachts ihre Herde."
Lied: „Kommet, ihr Hirten" (Schalmei 88)
Text: „Und siehe, des Herrn Engel..." bis: „... ein Wohlgefallen"
Lied: „Haben Engel wir vernommen" (Schalmei 90)
evtl. Instrumentalstück: z. B. ORFF/KEETMAN: „Marsch der heiligen Drei Könige" aus „Die Weihnachtsgeschichte" (Schalmei 94)
Text: „Und da die Engel..." bis: „... dazu das Kind in der Krippe liegen"
Lied: „Joseph, lieber Joseph mein" (Schalmei 89)
Text: „Da sie es aber gesehen hatten..." bis: „... wie denn zu ihnen gesagt war."
Lied: „Vom Himmel hoch"

Die zum Themenbereich „Wir bereiten ein Konzert vor" angestellten Überlegungen werden jetzt auf die nächst höhere Ebene, nämlich die der ganzen Schule, übertragen. Ausgehend von aktuellen Anlässen (Begrüßung von Schulanfängern, Verabschiedung von Viertkläßlern, Feier zum Ferienbeginn usw.) werden die Schüler auf die Rolle aufmerksam gemacht, die Musik und Sprache bei der Ausgestaltung von Schulfeiern zufällt. Dabei kommen sie nicht nur mit Fragen der Planung und Vorbereitung der musikalischen Beiträge in Berührung, sondern erfahren auch etwas über die Bedeutung der Musik im Schulleben. Nach Möglichkeiten sollte diese Unterrichtsequenz in Überlegungen (und nachfolgende Aktivitäten) münden, welche musikalischen Beiträge die Schüler zum Schulleben beisteuern könnten (z. B. durch Übernahme der Rolle eines Ansingechors beim – möglichst regelmäßigen – „offenen Singen" mit allen Klassen im „großen Flur", z. B. zum Wochenbeginn).

b) Lernsequenz 2: Musiker und ihre Instrumente

Didaktische Hinweise

Diese Lernsequenz dient vor allem dem Ziele, den Schülern Anreize zu vermitteln, selbst ein Instrument zu erlernen. Sie sollte daher nach Möglichkeit in enger Zusammenarbeit mit der örtlichen Musikschule und evtl. (im Hinblick auf die Kinder finanzschwächerer Eltern) mit dem Elternförderverein der Schule geplant werden

Methodische Möglichkeiten

- Kollegen oder Elternteile, die ein Instrument spielen, berichten über ihren musikalischen Werdegang, ihren ersten Musikunterricht, ihre Erlebnisse bei Proben, Konzerten, Konzertreisen etc. und demonstrieren die Möglichkeiten ihres Instrumentes.
- Die Schüler erarbeiten zu einem geeigneten Musikstück, das der Vortragende spielen kann, eine rhythmische Begleitung mit dem kleinen Schlagwerk.

- Der instrumentale Vortrag wird auf Cassette aufgenommen, als Vorbereitung für ein Instrumentenquiz als Abschluß der ganzen Lernsequenz.
- Nach einer Demonstration wird aus einer Instrumenten-Schallplatte (bzw. aus den Hörbeispielen zu neueren Grundschul-Lehrbüchern) das jeweils vorgestellte Instrument herausgesucht (Höraufgabe).
- Es werden Lieder erarbeitet und mit kleinem Schlagwerk begleitet, die von Instrumenten handeln (z. B. „Was macht meine kleine Geige", Willkommen, lieber Tag II; oder: „Wir sind zwei Musikanten").
- Nach Möglichkeit wird ein Orchestermusiker gebeten, etwas über sein Instrument und über die Orchesterarbeit zu berichten.
- Nach Rücksprache mit den Eltern werden Blockflöten des gleichen Fabrikats für alle Schüler angeschafft. Jeweils 10 Minuten der folgenden Musikstunden werden der Flöte gewidmet (Einführung eines neuen Tones, Übung kleiner Spielstücke) (vgl. HAUS/MÖCKL 1977).

c) Lernsequenz 3: Musikunterricht außerhalb der Schule (ab 3. Schuljahr)

Didaktische Hinweise

Ein Instrument erlernen wollen und tatsächlich die Ausdauer aufbringen, regelmäßig zu üben und zum Unterricht zu gehen, sind bekanntlich zweierlei Dinge. Den Schülern sollte daher anhand dieser Lernsequenz ein möglichst anschauliches Bild vom Instrumentalunterricht außerhalb der Schule vermittelt werden. Dabei kommt es nicht nur darauf an, daß sie erfahren, wie sich normalerweise eine Unterrichtsstunde abspielt, sondern daß sie durch Mitschüler, die bereits Unterricht erhalten, ermutigt werden, sich regelmäßig mit einem Instrument – zumindest mit der Blockflöte – zu beschäftigen.

Methodische Möglichkeiten

- Die Schüler, die bereits Instrumentalunterricht erhalten, führen ihr Instrument vor und berichten, wie sie zu diesem Instrument gekommen sind, bzw. was sie schon alles mit ihm erlebt haben.
- Die von den Schülern vorgeführten Instrumente werden aus Hörbeispielen herausgesucht und ihrem Klang nach unterschieden.
- Zusammen mit den Schülern erläutert der Lehrer die elementaren Prinzipien der Klangerzeugung. (Was schwingt bei Blasinstrumenten? Was bei Streichinstrumenten? Wodurch wird der Ton verstärkt? Wie erreicht er unser Ohr?)
- Der Lehrer bereitet einen Arbeitsbogen vor, der
  a) entweder Kurzbeschreibungen der von den Kindern vorgeführten Instrumente, allerdings ohne den Instrumentennamen, enthält, der von den Kindern ergänzt werden soll, oder:
  b) erdachte Szenen aus verschiedenen Unterrichtsstunden (Klavierunterricht, Flötenunterricht, Geigenunterricht) schildert, die von den Schülern aufgrund bestimmter, charakteristischer Wörter identifiziert werden sollen.
- Einzelne Schüler berichten, wie es in ihrem Instrumentalunterricht zugeht.
- Instrumentalschülern der Klasse wird die Aufgabe gestellt, einen Ausschnitt ihrer nächsten Unterrichtsstunde (sofern der Instrumentallehrer einverstanden ist) auf Cassette aufzunehmen und den Ausschnitt in der nächsten Musikstunde der ganzen Klasse vorzuspielen. Ergänzend oder im Sinne eines kleinen Quiz können die Unterrichtsausschnitte zum „Dudelsack" (FUCHS/GUNDLACH 1976, Tonbeispiel 49) herangezogen werden.
- Es wird eine Wandzeitung angefertigt, in die nach und nach alle Instrumentalstücke (mit Komponistennamen) eingetragen werden, die alle oder einzelne Schüler geübt haben.
- Aus den von Schülern vorgetragenen Stücken wird ein Klassenkonzert vorbereitet. Dabei muß anhand eines genauen Vergleichs der Stücke geklärt werden, welche

Reihenfolge im Konzert gewählt werden soll. Damit alle Schüler am Konzert beteiligt sind, sollten die Instrumentalvorträge durch gemeinsame Lieder umrahmt und gegliedert werden.

d) Lernsequenz 4: Das Musikleben am Ort (ab 2. Schuljahr)

Didaktische Hinweise

Ganz im Sinne des Sprichwortes „Man sieht nur, was man weiß" soll dieser Themenbereich auf die Vielfalt des Musiklebens am Wohn- oder Schulort der Kinder aufmerksam machen, um auf diese Weise Interesse zu wecken für:
- unterschiedliche musikalische Gruppierungen,
- unterschiedliche Musikarten,
- unterschiedliche musikalische Rituale (Form der Veranstaltungen u. ä.),
- unterschiedliche Aufgaben der Musik.

Eine sinnvolle Verlebendigung dieses Themas kann allerdings nur gelingen, wenn den Kindern Gelegenheit geboten wird, selbst aktiv zu werden. Reine Bestimmungsübungen nach der Art „Wer singt und spielt da?" würden zur Unterforderung und damit Demotivierung der Schüler führen: Eine Blaskapelle von einem Männergesangsverein zu unterscheiden, gelingt schließlich schon Vorschulkindern.

Methodische Möglichkeiten

- Die Schüler erhalten die Aufgabe, Eltern, Verwandte und Bekannte, die in einem musikalischen Ensemble engagiert sind, zu befragen, und die Antworten auf Cassette mitzuschneiden: Gefragt werden sollte nach dem Namen des Ensembles, der Zahl seiner Mitglieder, der Häufigkeit der Proben, dem Probenablauf, dem gerade einstudierten Programm, dem letzten bzw. nächsten Konzert, dem Vereinsleben u. ä.
- Den mitgebrachten Texten oder Tonbandcassetten werden verschiedene Musikbeispiele (aus den Hörbeispielen zu neueren Unterrichtswerken) zugeordnet. Dabei wird das Charakteristische der jeweiligen Musik herausgearbeitet und die Frage gestellt, warum wohl die einzelnen Gruppierungen jeweils eine ganz bestimmte Musik bevorzugen (wie die Musik wirkt, was wohl die Musiker von der Musik erwarten usw.).
- Es werden Plakate und Programmzettel zu bevorstehenden oder bereits veranstalteten Konzerten gesammelt und nach: grafischer Gestaltung, Art der Informationen, angekündigter Musikform u. ä. verglichen.
- Probenbesuch bei einem örtlichen Orchester/Chor. Nach Möglichkeit: Besprechung der aufgeführten Werke nach dem Probenbesuch anhand von Tonbandmitschnitten. Dabei könnte auch auf die Rolle, das Verhalten, die Anweisungen des Dirigenten (Was will er erreichen? Hört man Unterschiede heraus?) eingegangen werden.

e) Lernsequenz 5: Andere Länder – andere Musik (ab 2. Schuljahr)

Didaktische Hinweise

Dieser Themenbereich sollte von der Fragestellung ausgehen: Wie singen und spielen unsere ausländischen Klassenkameraden außerhalb der Schule?, um auf diese Weise – durch Singen und Spielen türkischer, italienischer, spanischer usw. Lieder – Interesse und Verständnis für die Situation von Gastarbeiterkindern zu erwecken.

Methodische Möglichkeiten

- Lieder fremder Völker werden gesungen und mit Instrumenten begleitet (z. B. aus „Unser Musikbuch. Dudelsack" oder „Unser Liederbuch für die Grundschule.

Schalmei"). Das Besondere der einzelnen Lieder erschließt sich dabei am besten aus einem Vergleich charakteristischer Merkmale.
- Kinder ausländischer Arbeitnehmer werden gebeten, der Klasse Lieder, die sie kennen, vorzusingen. Wenn möglich, erlernt die ganze Klasse das eine oder andere der vorgetragenen Lieder und versucht, eine angemessene Begleitung mit dem kleinen Schlagwerk des ORFF-Instrumentariums zu finden.
- Nach Rücksprache mit den Eltern der ausländischen Mitschüler wird eine Folklore-Veranstaltung besucht, die einen Einblick in die in der ausländischen Heimat gesungene und gespielte Musik vermittelt.
- Es werden Schallplatten oder Tonbandbeispiele mit Liedern aus fremden Ländern gehört und verglichen (z. B. Tonbeispiele zu „Unser Musikbuch. Dudelsack"). Zu einzelnen Liedern wird eine rhythmische Begleitung gesucht, die der Eigenart des Liedes besonders nahekommt.

f) Lernsequenz 6: Umgang mit dem Cassettenrecorder (ab 3. Schuljahr)

Didaktische Hinweise

Kinder, die einen Cassettenrecorder besitzen, können in der Regel auch ohne schulische Unterweisung damit umgehen. In Anbetracht der geringen zur Verfügung stehenden Zeit – die, wie erwähnt, die Bedeutung des ganzen Lernfeldes relativiert – sollte das „Freizeitvergnügen" der Schüler nur insoweit in den Musikunterricht einbezogen werden, als damit Lernziele verknüpft sind, die über eine reine „Beschäftigungstherapie" hinausgehen. Ratespiele wie sie z. T. in Lehrbücher vorgeschlagen werden („Mit dem Kassettenrecorder kannst du bei einem Ausflug Tierstimmen, Naturgeräusche und vieles mehr aufnehmen. Spiele deine Aufnahmen zu Hause oder in der Schule vor. Laß die Hörer raten, was du aufgenommen hast" (BECKER/JUNG 1978, 143) lassen sich wohl kaum didaktisch legitimieren.
Dagegen erscheint es durchaus sinnvoll, den technischen Aspekt der Musik dadurch in elementarer Weise in den Unterricht einzubeziehen, daß man das Musizieren im Klassenverband auf Tonband mitschneiden läßt oder musikalische Hörspiele plant und produziert, bei denen das Wie und Wo der Aufnahmen eine konstruktive Rolle spielt. Auf diese Weise könnte der Umgang mit Medien (Cassettenrecorder, Mikrofon, Plattenspieler: er könnte bei bestimmten Aufnahmen als Klangquelle dienen, etwa dann, wenn Geräuschplatten einbezogen werden) ein Beitrag zur Entwicklung gestalterischer und klanglicher Phantasie sein.

Methodische Möglichkeiten

- Lieder und Instrumentalstücke, die im Klassenverband erarbeitet worden sind, werden auf mitgebrachten Cassettenrecordern mitgeschnitten. Bei dieser Gelegenheit werden aufnahmetechnische Grundsätze (Bedienung der Geräte, Nähe des Mikrofons zur Klangquelle) besprochen. Ein wichtiges Ziel solcher Mitschnitte könnte es sein, am Ende des Schuljahres die gelungensten Beispiele auf ein besonderes Band zu überspielen und dies dann den Eltern vorzuführen.
- Tonbandmitschnitte durch die Schüler sind auch bei Klangexperimenten sinnvoll, nämlich dann, wenn die Verklanglichung eines Textes/eines Programms Geräusche von außerhalb der Schule einbeziehen soll oder Klangverfremdungen beabsichtigt sind. Mitschnitte solcher Klangexperimente sind eine gute Gesprächsgrundlage über Ziele und Methoden des Musikunterrichts bei Elternabenden.

g) Lernsequenz 7: Musik im Rundfunk (ab 3. Schuljahr)

Didaktische Hinweise

Gelegenheiten, die Musik im Rundfunk in den Unterricht einzubeziehen, gibt es viele. Entsprechende Aktivitäten der Schüler sollten jedoch in der Grundschule weniger dem Spezifischen medial vermittelter Musik (mit dem beliebten, aber wenig ergiebigen Thema: „Signale in der Musik" oder „Erkennungsmusiken") dienen – man müßte sich dann nämlich fragen lassen, was dadurch für das Musikverständnis des Kindes gewonnen wird –, sondern eher als Ergänzung oder Verlebendigung von Unterrichtseinheiten, die der Hörerziehung oder der Einführung in die musikalische Elementargrammatik gewidmet sind.

Dazu nur einige wenige Beispiele:

- Nachdem über die verschiedenen musikalischen Gruppierungen am Ort gesprochen worden ist, wird die Aufgabe gestellt, eine Rundfunk-Programmzeitschrift auf verschiedene Musikarten hin zu untersuchen. Mitschnitte des Lehrers und/oder der Schüler dienen als Grundlage für Zuordnungsaufgaben. (Welche Musik paßt zu welchem musikalischen Ensemble? Aufgrund welcher besonderen Merkmale?)
- Im Zusammenhang mit der Besprechung bestimmter musikalischer Gattungen (Rondo, Programmusik) oder mit der Einführung in Leben und Werk eines Komponisten kann die Aufgabe sinnvoll sein, zu Hause andere Beispiele dieser Gattungen bzw. weitere Kompositionen des im Unterricht angesprochenen Komponisten auf Tonband zu nehmen und der Klasse vorzuspielen. Im gemeinsamen Gespräch werden dann die Besonderheiten der vorgespielten Beispiele bewußt gemacht.
- Die Einführung in die musikalischen Klangeigenschaften, in die Taktarten, in die Instrumentenkunde u. ä. kann dadurch verlebendigt werden, daß die Schüler aus der im Rundfunk gesendeten Musik Beispiele heraussuchen und mitschneiden, in denen die besprochenen Lerninhalte (hoch und tief in der Musik, Vierer- und Dreiertakt, Wechsel verschiedener Instrumentengruppen o. ä.) in auffälliger Weise vorkommen.

h) Lernsequenz 8/9: In der Werkstatt eines Instrumentenbauers (4. Schuljahr)/*Musik wird gedruckt* (4. Schuljahr)

Die Unterrichtseinheiten 8 und 9 gehörten – nach dem oben definierten Prinzip der „psychischen Nähe" – eigentlich vor die Einheiten, die sich mit medienvermittelter Musik befassen. Sie sind aber dennoch an den Schluß gestellt worden, weil sich wohl nur in den seltensten Fällen die tatsächliche Gelegenheit zum Besuch eines Instrumentenbauers oder einer Notenstecherei ergibt.

Dort, wo aber entsprechende Möglichkeiten bestehen, sollte man einen Besuch an Ort und Stelle organisieren, nicht nur, um auf diese Weise auf wichtige Musikberufe aufmerksam zu machen, sondern vor allem auch, um den Kindern die Erfahrungen zu vermitteln, wieviel sorgfältige Arbeit erforderlich ist, ehe ein Instrument/ein Notendruck für den Gebrauch zur Verfügung steht. Dies könnte sich auf das Verhältnis der Schüler zu Instrumenten und Noten (z. B. im Sinne eines respektvollen Umgangs) auswirken.

Was das Lernfeld „Musik in der Umwelt" so problematisch macht – dies zeigen Erfahrungen in vielen Grundschulklassen –, sind die besonderen Anforderungen an den Lehrer, der sich ständig zwischen Skylla und Charybdis bewegen muß: nämlich zwischen der Unterforderung der Schüler durch Schallbestimmungs- oder -zuordnungsübungen und der sich dabei zwangsläufig ausbreitenden Langeweile und einer Überforderung durch überhöhte sozialkritisch gefärbte Aufgabenstellungen. Wie die Erfahrung zeigt, entgeht man der Gefahr, in die eine oder andere Richtung zu entgleisen, am ehesten, wenn man bei der Auswahl der Themen zu diesem Lernfeld und bei der konkreten Unterrichtsplanung drei Momente miteinander kombiniert, und zwar folgende:

1. Der Unterricht sollte Erscheinungen aus der unmittelbaren musikalischen Umwelt des Schülers bewußt machen.
2. Er sollte zugleich einen musikalischen Lernzuwachs ermöglichen (z. B. durch Vermittlung elementarer, aber konkreter, überprüfbarer Fakten des Musiklebens, der Instrumentenkunde, der musikalischen Grammatik), damit der Schüler den Unterricht als Musikunterricht erkennt und ernst nimmt.
3. Er sollte den Schülern mehrere musikbezogene Handlungsmöglichkeiten eröffnen, d. h. immer wieder Gelegenheit zum *eigenen* Singen, Spielen, Improvisieren, Bewegen, Notieren usw. geben.

V. EXKURS: Kind und Fernsehen

Bereits in den einleitenden Bemerkungen zum IV. Kapitel wurde angedeutet, daß es zu den wichtigsten Aufgaben der Schule zählt, den Kindern Alternativen zum unreflektierten Umgang mit technischen Mittlern, vor allem mit dem Fernseher, anzubieten. Aus dieser Sicht muß es als höchst problematisch bezeichnet werden, wenn die Schule den „geheimen Miterzieher" Fernsehen zum offiziellen *Erzieher* erklärt, indem sie die Schüler auch noch zum Fernsehen ermuntert (z. B. durch Unterrichtssequenzen, die Fernsehen zum Inhalt haben). Inzwischen wissen wir durch einschlägige Untersuchungen, daß häufiges Fernsehen für Kinder, zumal für Grundschüler, verheerende Folgen haben kann. Der Verfasser darf an dieser Stelle auf seine bereits an anderer Stelle ausgeführten Ansichten zum Thema Kind und Fernsehen verweisen (FISCHER 1982):

„Wer den Ernst der Lage noch nicht durchschaut hat, dem sei dringend geraten, sich in den umliegenden Kindergärten und Grundschulen umzusehen und mit den dort tätigen Kollegen zu sprechen. Er wird erfahren:
– daß fast drei Viertel aller Kinder kaum mehr in der Lage sind, sich mehrere Minuten auf eine vorgelesene Geschichte zu konzentrieren. Sie haben große Schwierigkeiten, akustische Informationen aufzunehmen, die nicht mit visuellen Eindrücken kombiniert sind.
– daß die Zahl der verhaltensauffälligen Kinder mit vergleichbarer Symptomatik ständig zunimmt: Kinder, die von einer motorischen Unruhe getrieben sind und kaum einen Moment mehr stillsitzen können. Ärzte sprechen bereits von einem „hyperkinetischen Syndrom", das durch die ständige Konfrontation mit dem fernsehspezifischen raschen Bildwechsel, den ständig wechselnden Einstellungen und Brennweiten und vermutlich auch durch die vielen ausgelösten, aber unverarbeiteten Emotionen verursacht wird. Das beim Zuschauen zur Passivität verurteilte Kind speichert offenbar die motorischen Impulse der laufenden Bilder; dadurch kommt es zum Bewegungsstau, der sich in nervös-motorischen Verhalten Bahn bricht.
Der Musikerzieher sollte sich darüber im klaren sein, daß das Medienverhalten der Kinder den Lernzielen des Musikunterrichts diametral entgegensteht. Statt nur mit musikalisch unerfahrenen oder auch unerzogenen Kindern hat er es nämlich zunehmend mit Kindern zu tun, deren Phantasie sich nur noch in medial vorgeprägten Bahnen bewegt, deren geistige Beweglichkeit durch die Gewöhnung an tranceähnliche Zustände

reduziert und deren Sprachfähigkeit unterentwickelt ist – keine sehr fruchtbare Basis für eine Erziehung zur Kreativität und Mündigkeit im musikalischen Bereich."

Die persönlichen Erfahrungen des Verfassers werden durch neuere Forschungsergebnisse bestätigt, wie sie z. B. in der Dissertation von ELISABETH LANG: „Kind, Familie und Fernsehen. Untersuchungen fernsehbedingter Störungen bei Kindern" zusammengefaßt und ausgewertet worden sind (LANG 1981). Statt zum Fernsehen aufzufordern, sollte der Musiklehrer besser bei jeder sich bietenden Gelegenheit auf mögliche Folgen des Fernsehens für jeden einzelnen Schüler hinweisen – und ansonsten jede Möglichkeit nutzen, den Schüler durch ein reiches Musizierangebot als einer möglichen Alternative (im Verein mit Alternativen, die aus dem Unterricht in anderen Fächern wie Deutsch, Kunst, Sport erwachsen müßten) vom Fernseher wegzuzerziehen. Wer Zweifel hegt, ob dies überhaupt möglich ist, der sei darauf hingewiesen, daß es eine ganze Reihe von Schulen gibt, die – z. T. durch massive elterndidaktische Anstrengungen – erreicht haben, daß ihre erzieherischen Bemühungen nicht ständig durch Medien als geheime Miterzieher in Frage gestellt werden: nämlich die Freien Waldorf-Schulen.

Übrigens ist das Thema: „Musik im Fernsehen" auch methodisch gesehen kein lohnendes Unterrichtsobjekt für die Grundschule. Da nur die wenigsten Schulen über einen Videorecorder samt Monitor verfügen, sind die Möglichkeiten eines sinnvollen Umgangs mit der akustischen Dimension des Fernsehens in der Primarstufe sehr beschränkt. An folgendem Beispiel sei – stellvertretend für andere – demonstriert, daß – aus objektbedingten Gründen – selbst phantasievollen Schulbuchautoren zu diesem Thema nur wenig eingefallen ist.

Im Lehrbuch „Musik macht Spaß" wird das Kapitel „Musik im Fernsehen" auf einer Schülerbandseite abgehandelt. Sie enthält außer der Überschrift „Wunschprogramm für eine Woche" und den Abbildungen: Fernseher, zerschnittene Programmzeitschrift, Schere, Klebe und Wochenplan (zum Eintragen von Sendungen) nur folgenden Text (ohne daß der Lehrerband weitere methodische Anregungen enthielte):

„Nimm dir eine Fernsehzeitschrift und stelle dir ein Musikprogramm für eine Woche zusammen.

Klebe nur Sendungen ein, die etwas mit Musik zu tun haben.

Achte auch auf die musikalische ‚Untermalung' in Filmen und in der Werbung" (BEKKER/JUNG 1978, 147).

In Anbetracht der inzwischen nicht mehr zu verharmlosenden, weil offenkundigen Schäden, die das Fernsehen bei Grundschulkindern verursacht, sind auch gutgemeinte und sogar gut gemachte Musiksendungen für Kinder wie z. B. „Die Musikdose" (eine siebenteilige Sendereihe des ZDF), „die Zugänge zu musikalischem Erleben und eigenem Tun" vermitteln will (ORTLIEB/ SCHMIDT-KÖNGERNHEIM 1983, 47), als unreflektierte Bejahung eines für Kinder gefährlichen Mediums zurückzuweisen. Die wichtigste Voraussetzung für „musikalisches Erleben" und „eigenes Tun" ist nämlich die psychische und geistige Gesundheit der Kinder. Und dies gilt auch in bezug auf das ganze Lernfeld „Musik in der Umwelt". Methodische Zugänge zu diesem Inhaltsbereich des Musikunterrichts, die direkt oder indirekt zum Fernsehen ermuntern, erreichen letztlich das Gegenteil von Zuwendungsbereitschaft und Kritikfähigkeit: Sie fördern stattdessen eine durch Desinteresse gekennzeichnete Grundhaltung als Folge ständiger Überfütterung und damit zugleich Unlust und Unvermögen, sich überhaupt noch aufgeschlossen mit musikalischen Erscheinungen der Umwelt zu befassen.

Literatur

Abel-Struth, S.: Musikalischer Beginn in Kindergarten und Vorschule, Band 2: Praktikum, Wolfenbüttel usw. 1972
Adorno, Th. W.: Einleitung in die Musiksoziologie, Hamburg 1968
Baacke, D.: Die 13- bis 18jährigen. Einführung in Probleme des Jugendalters, München usw. ²1979
Becker, I./Jung, H.: Musik macht Spaß. Arbeitsbuch für den Musikunterricht in der Grundschule, Frankfurt 1978
Bentley, A.: Musikalische Begabung bei Kindern und ihre Meßbarkeit, Frankfurt 1966
Breckoff, W. et al.: Musikbuch – Primarstufe A., Lehrerband, Hannover 1971a
– : Musik aktuell. Informationen, Dokumente, Aufgaben, Kassel usw. 1971b
Eltz, H.: Einige Grundzüge der Pädagogik Rudolf Steiners, in: Waldorfpädagogik in öffentlichen Schulen, Freiburg 1978, 29–32
– : Ich-Entwicklung und soziale Verantwortung, in: Waldorfpädagogik in öffentlichen Schulen, Freiburg 1976, 33–41
Fischer, W.: Lehrbücher und Materialien für den Musikunterricht in der Grundschule. Analyse – Vergleich – Kritik, in: Günther, U./Gundlach, W.: Musikunterricht auf der Grundstufe, Frankfurt 1974, 27–59
Fischer, W. et al.: Musikunterricht Grundschule, Lehrerband, Mainz 1978
– : Kinder im Reizfeld technischer Medien, in: Neue Musikzeitung 5/6 (1982)
Fleck, L.: Entstehung und Entwicklung einer wissenschaftlichen Tatsache, Frankfurt 1980 (Erstausgabe 1935)
Frisius, R. et al.: Sequenzen. Musik Sekundarstufe I, Stuttgart 1972
Fuchs, P./Gundlach, W.: Unser Musikbuch für die Grundschule. Dudelsack, Stuttgart 1976
– : Unser Liederbuch. Schalmei, Stuttgart 1980
– : Musik in Schule und Umwelt, in: Musik in der Grundschule, SIL-Projekt, Speyer 1981
Gundlach, W.: Schallereignisse des Alltags, in: Gundlach, W. (Hrsg.): Musikunterricht an Gesamtschulen, Reihe Curriculum Musik, Jg. 1, H. 1, Stuttgart 1971, 111–121
– (Hrsg.): Musikunterricht in der Grundschule II. Analyse der Richtlinien, Frankfurt 1977
Günther, U.: Thesen zum Musikunterricht in der Gesamtschule, in: Gundlach, W. (Hrsg.): Musikunterricht an Gesamtschulen, Reihe Curriculum Musik, Jg. 1, H. 1, Stuttgart 1971, 79–82
Haus, K./Möckl, F.: Singen und Spielen. Musizierbuch für die Grundschule, Mainz 1977
Hopf, H. et al.: Lehrbuch der Musik, Bd. 1, Wolfenbüttel 1970
Hölscher, B. et al.: Klang und Zeichen. Musiklehrbuch für die Grundschule, Düsseldorf 1973
Kleinen, G.: Entwicklungspsychologische Grundlagen musikalischen Verhaltens, in: Segler, H. (Hrsg.): Musik und Musikunterricht in der Gesamtschule, Weinheim 1972, 53–82
Klusen, E.: Gefahr und Elend einer neuen Musikdidaktik, Köln 1973
Küntzel-Hansen: Klänge hören, lesen, zeichnen, Velbert 1971
Lang, E.: Kind, Familie und Fernsehen. Untersuchungen fernsehbedingter Störungen bei Kindern, Freiburg o. J. (1981)
Lichtenstein-Rother, I.: Allgemeine Probleme der Grundschule, in: Zeitschrift für Musikpädagogik 17 (1982), 16–25

Lindenberg, Chr.: Waldorfschulen: Angstfrei lernen, selbstbewußt handeln, Hamburg 1975

Nolte, E.: Die neuen Curricula, Lehrpläne und Richtlinien für den Musikunterricht an den allgemeinbildenden Schulen in der Bundesrepublik Deutschland und West-Berlin, Teil I: Primarstufe, Mainz usw. 1982

Ortlieb, H./Schmidt-Köngernheim, W.: „Musikdose" – eine neue Sendefolge für Eltern und Kinder im ZDF, in: Musik und Bildung 10 (1983), 47–49

Piaget, J.: Psychologie der Intelligenz, Olten usw. ^{5}1972

Rauhe, H.: Der Musikmarkt, in: Segler, H. (Hrsg.): Musik und Musikunterricht in der Gesamtschule, Weinheim 1972, 125–162

Rössner, L.: Jugend und Musik. Soziologisch-politologische Aspekte des Musikunterrichts, in: Krützfeldt, W. (Hrsg.): Didaktik der Musik 1969, Hamburg 1970, 6–19

Venus, D.: Unterweisung im Musikhören, Ratingen 1969

– : Über neuere Richtlinien für den Musikunterricht der Grundschule, in: Günther, U./ Gundlach, W. (Hrsg.): Musikunterricht auf der Grundstufe, Frankfurt 1974, 1–26

Musik und Malen

Walter Heise

Versuche, grafische und malerische Darstellungs- und Gestaltungsformen in den Musikunterricht einzubringen, sind seit den Kunst- und Musikerziehungsreformen des ersten Jahrhundertdrittels bis in unsere Tage hinein vielfältig belegbar. Unterschiedliche Arbeitsansätze mit verschiedenartigsten Zielsetzungen werden unter sehr allgemeinen – und gelegentlich auch unzutreffenden – Sammelbezeichnungen zusammengefaßt. „Musik und Malen" ist nur eine unter vielen Varianten.

Während schon die handschriftliche oder drucktechnische Erscheinung der traditionellen Notenschrift durchaus bildästhetische Qualitäten haben kann, berühren sich die heute verbreiteten grafischen Notationen – als „angewandte Grafik", „Gebrauchsgrafik" – mit der freien Bildgestaltung bis zum völligen Verschwinden bestimmender Unterscheidungsmerkmale: Grafische Partituren werden zu visuellen Ausstellungsobjekten, Bilder werden als Partituren verstanden und in Musik umgesetzt.

Damit ist allerdings die in der Romantik erstmals bewußt formulierte Idee von der Einheit der Künste kaum handgreiflicher geworden: Musik und Bild bleiben verschiedenen Sinnesbereichen zugeordnet. Als ästhetische Objekte konstituieren sie sich zuerst durch die Rezeption des Hörers oder Betrachters, wobei synästhetische Mitwirkungen anderer Sinnesbereiche die Regel sind. Das Maß der Übereinstimmung der Künste bleibt deswegen zunächst einmal eine Funktion individueller Interpretationen, die ihrerseits erfühlt, erfahren oder erlernt sein können.

Auf einer höheren Ebene jedoch werden bildende Kunst und Musik häufig als zusammengehörig aufgefaßt. Auf wissenschaftliche Beweisführungen ist trotz vielfältiger Bemühungen indes kaum zu hoffen. Sie reichen heute vom grundsätzlichen Ausschluß jedweder Vergleichbarkeit (z. B. HUSMANN 1975, 11) bis zu sehr optimistischen Auslegungen psychologischer und kunsttheoretischanalytischer Teilforschungen.

I. Eine notwendige Klärung grundsätzlicher Positionen

Stellvertretend für eine unübersehbare Anzahl von Zeugnissen und Dokumenten zum Zusammenhang von bildender Kunst und Musik seien hier zwei Aussagen zitiert und interpretiert, die in ihrem Denkansatz höchst unterschiedlich sind, aber zugleich zwei in der Schule praktizierte „Methoden" näher kennzeichnen.

(1) „... Der Mensch ist – wie das ‚Gesamtkunstwerk' – eine organische Einheit, und Erziehung ist umso erfolgreicher, je mehr sie diese Einheit anspricht. ... Eine Melodie wird inniger erlebt, wenn sie sozusagen durch Mark und Bein, durch Fleisch und Blut geht, wenn die Hand, von Musik ‚dirigiert' (Becking), das ‚Erlebnis*bild*' der melodischen Linie anschaulich nach*bildet*, und so das mit Hilfe von Tönen Ge*bild*ete in den Fingerspitzen ‚wieder bildend' wird (Goethe). Dann erlebt ein *ganzer,* ein integraler Mensch, und solche Vollmenschen erklimmen sicherer den Gradus ad Parnassum, den Weg ins Höhenreich der Musen. Solche Menschen finden – wie Beethoven, dem war, als könnte er seine Einfälle mit Händen greifen – den Weg ins Licht" (SÜNDERMANN/ERNST 1981, 115).

(2) „Die absolute Musik ist bestrebt, eine Ohrenforderung zu erfüllen. Die absolute Malerei erfüllt die Augenforderung. Die Gestaltungsmittel und die Aufnahmeorgane sind verschieden. Hier ist die reine Trennung dieser beiden Künste unerbittlich notwendig.
Das Absolute in beiden Künsten ist gleich. ... Die technischen und harmoniebildenden Kräfte und Funktionsgesetze sind Eigentum beider Künste. Das Studium der musikalischen Harmoniegesetze setzt Begriffe, die allgemeingültig sind und von vielen Menschen erfaßt werden können. Von hier aus kann eine Denkparallele entwickelt werden. Es kann ein Umdenken von absoluter Musik auf absolute Malerei stattfinden..." (ACKERMANN, Absolute Musik und absolute Malerei [1971], in: LANGENFELD 1972, 127).

Beide Texte entstammen dem Bereich der bildenden Kunst.
Zu (1): „Musikalische Graphik" ist eine von OSKAR RAINER seit 1913 entwickelte (kunstpädagogische) Methode, die von SÜNDERMANN/ERNST systematisiert und ausgebaut wurde. Der Weg führt durch „ein rein intuitiv-einfühlendes ‚Nachschreiben' von in Linien und Farben umgesetzten musikalischen Eindrücken" (S. 11) zu einer besonderen Ausprägung bildender Kunst. Der Anspruch dieser Methode reicht allerdings weit über die bildende Kunst hinaus, wie die vermehrte Rezeption in neuerer musikpädagogischer Literatur belegt. Der hier zitierte Text entstammt einem Abschnitt „Musikerziehung". Vergegenwärtigen wir uns den in diesem Text dargelegten Gedankengang, so wird deutlich, daß die Bezugsebene zwischen Musik und Bild das *Erlebnis* ist. Nicht die Melodie, sondern deren „Erlebnisbild" wird „anschaulich nachgebildet" und wirkt auf das innige Erleben der Melodie zurück. Eng verbunden mit der emotionalen Bezugsebene ist die motorische, auf der sich der Transformationsprozeß vom akustischen in den visuellen Bereich abspielt („... die Hand, von Musik ‚dirigiert' ...").
Über die bedeutungsträchtigen Wortspiele („Bild") hinaus gibt der Text einen guten Teil dessen wieder, was für den Musikunterricht „Musische Bildung" beinhaltete. Die Distanz zwischen heutigem Schulalltag und den hier vorgetragenen idealen Zielen erscheint unüberbrückbar. Zudem versperrt die inzwischen schwer erträglich gewordene terminologische Überlast jeden Zugang selbst zu den bedenkenswerteren Aspekten dieser Methode. ‚Der ganze, integrale Vollmensch auf dem Weg ins Höhenreich der Musen – auf dem Weg ins Licht', – ist dieses wirklich das anzustrebende Menschenbild am Ende des 20. Jahrhunderts?

Zur Verdeutlichung der beiden Textzitate sei hier an Entwicklungen erinnert, die zu einem grundsätzlich verschiedenen Verständnis des Verhältnisses von Musik und bildender Kunst geführt haben. Die Idee der Vergleichbarkeit – oder sogar Identität – von Musik und Malerei gehört zum Gedankengut der Romantik. Sie steht in engem Zusammenhang mit der Befreiung der bildenden Kunst aus gesellschaftlichen und handwerklichen Abhängigkeiten.

„Das Auge wurde Fühlorgan der Empfindung, optische Verlängerung der Sensibilität" (HAFTMANN 1959, 177).

Damit entstand für die Maler die Aufgabe, hinter die Oberfläche der Gegenstände zu sehen und die Beziehung des Menschen zu seiner je eigenen Wirklichkeit aufzuspüren und darzustellen. Daß hierbei die Musik mit ihrem vom Gegenständlichen abgehobenen Ausdrucks- und Formenpotential zum ersehnten Vorbild wurde, ist nur zu verstehen.
Zu einer ersten „Engführung" zwischen den Künsten kommt es vor 1890. Die suggestiven Farben und Linien VAN GOGHs und GAUGUINs verstehen sich als Kunst, die „wie die Musik auf dem Umweg über die Sinne auf die Seele" wirken soll (GAUGUIN). Gefühle, Empfindungen und Leidenschaften werden jetzt mehr und mehr der zu vermittelnde Inhalt. Das alles beherrschende musikalische Leitbild ist das Musikdrama RICHARD WAGNERs, dessen Gesamtkunstwerk-Idee zur Musikalisierung der übrigen Künste beiträgt. Eine zweite „Engführung" geht von CEZANNE und SEURAT aus.

„Man könnte sagen, daß in der Kunst CÉZANNEs das expressive Musikdrama durch die konstruktive Kunst der Fuge abgelöst wird" (HAFTMANN 1959, 185).

Das Konstruktive, die Suche nach einer Harmonie- und Formenlehre, nach dem malerischen Kontrapunkt werden für diese Richtung, die sich in Deutschland schließlich im Bauhaus verdichtet, bestimmend. Bilder werden jetzt mehr erfunden als empfunden, Bildideen mehr erdacht als erfühlt. Der Zusammenhang von Musik und Malerei besteht jetzt weniger im gemeinsamen Ausdruckswillen als in vergleichbaren Strukturen.
In dieser Denktradition steht der Text des 84jährigen Malers MAX ACKERMANN.
Zu (2): ACKERMANN (1887–1975), der sich viele Jahrzehnte lang als Maler mit der Musik auseinandergesetzt hat, betont einerseits die Verschiedenheit der Künste nach „Gestaltungsmitteln" und „Aufnahmeorganen". Andererseits hält er die kompositorischen „Spielregeln" für autonom und absolut – und damit für jede Kunst verbindlich. Interessant ist nun die genaue Bezeichnung der Bezugsebene zwischen den Künsten: Allgemeingültige und vielen Menschen erkennbare musikalische und bildnerische Kompositionsgesetze werden in *Begriffe* gefaßt. Das „Umdenken" geschieht über solche definierten Begriffe, die jederzeit nachprüfbar sind. – Erlebnisqualitäten, die im ersten Text bestimmend waren, spielen hier keine argumentative Rolle. So maßgeblich sie an der Kunstrezeption beteiligt sein mögen, – wegen ihres hohen Grades an Subjektivität können sie wenig dazu beitragen, den Zusammenhang von Musik und bildender Kunst „auf den Begriff" zu bringen.

Daß der Zusammenhang und die Vergleichbarkeit der Künste nicht in diesen selbst liegt, sondern zu den begrifflichen Leistungen (oder Fehlleistungen) des menschlichen Verstandes gehört, zählt schon zu den Überzeugungen der deutschen Klassik. J. G. HERDER beschreibt den Sachverhalt so:

„Eben dadurch, daß die Künste in Ansehung ihres Mediums einander ausschließen, gewinnen sie ihr Reich; vereinigt nirgends als in der Natur des Menschen, im Mittelpunkt unserer Empfindung. Wie diese sie genießen und ordnen soll, hängt von unserem Geschmack oder vielmehr von der ordnenden Vernunft ab. Will diese, weil zwischen Tönen und Farben eine Analogie gedacht werden kann, Töne als Farben behandeln, in der Musik Bilder sehen, und die Gemälde der Dichtkunst, wie sie der Dichter schuf, in Pastell malen: so tue sie's. Die Künste selbst sind an diesem Nichtgeschmack einer Aftervernunft unschuldig."

Demnach bestehen die Zusammenhänge zwischen Musik und Malerei als Hilfskonstruktionen unseres Empfindens – „oder vielmehr... der ordnenden Vernunft...". Die Deckungsgleichheit der Künste bleibt Utopie, denn:

„Raum kann nicht Zeit, Zeit nicht Raum, das Sichtbare nicht hörbar, dies nicht sichtbar gemacht werden..." (J. G. HERDER, zit. nach: Hdb. der Musikästhetik, 24).

Die bisherigen Überlegungen versuchten künstlerische Grundpositionen freizulegen, die hinter den in der Schule praktizierten „Methoden" des „Malens mit/nach Musik" stehen. Zusammenfassend und äußerst verkürzt ergibt sich:

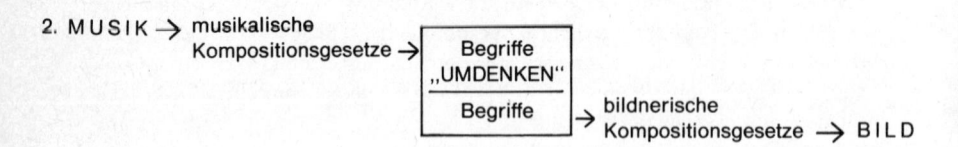

1. MUSIK ⟶ (assoziatives Erlebnisbild + motorische Nachbildung) ⟶ BILD

2. MUSIK → musikalische Kompositionsgesetze → | Begriffe „UMDENKEN" Begriffe | → bildnerische Kompositionsgesetze → BILD

Diesen beiden Positionen lassen sich Begriffe zuordnen, die sich den analysierten Texten mittelbar entnehmen lassen:

1. Fühlen; nicht-rational; irrational; emotional; analog usw.
2. Denken; rational; diskursiv; kognitiv; digital usw.

II. Der Entscheidungsspielraum des Lehrers

Es wäre nun ein grundlegendes Mißverständnis zu glauben, die hier herausgearbeiteten gegensätzlichen Positionen könnten als diejenigen Alternativen angesehen werden, unter denen sich ein Lehrer zu entscheiden hätte. Tatsächlich sind nämlich die Künste selbst und der Umgang mit ihnen nicht in so eindeutigen Denk- und Handlungsmustern zu erfassen. Sie sind am ehesten in einem Zwi-

schenbereich (mit Akzentuierungen zur einen oder anderen Seite hin) anzuordnen.
Für den Lehrer bleibt indes das Wissen um beide Seiten wegen der damit verbundenen pädagogischen Folgerungen wichtig. Nicht zuletzt haben sich „didaktische Schulen" der Musik- und Kunstpädagogik in erstaunlich gleichsinnigen Entwicklungen dieser Denkmodelle bedient und so Einfluß auf Richtlinien, Arbeitsbücher und Unterrichtsmodelle genommen.
Untersucht man die musik- und kunstpädagogischen Strömungen der letzten Jahrzehnte unter dem Gesichtspunkt, welche Rolle dem Emotionalen zugemessen wird, so ergibt sich ein wechselhaftes Bild von extrem anti-rationalen Phasen, totaler Versachlichung und der Forderung nach einer „neuen Emotionalität". Daß das jeweils erkannte Defizit zur Hervorhebung entsprechender Gegenpositionen führt – und damit neue Defizite erzeugt, wäre durch eine Geschichte der musikpädagogischen „Dogmatik" leicht zu belegen.
Die Sicherheit, mit der Positionen vertreten und verworfen werden, ist selten gerechtfertigt. Herangezogene Forschungsbefunde erwecken oft den Eindruck, unser Wissen über *das* Grundschulkind sei dauerhaft abgesichert. Dabei zählen dann „Mittelwerte" punktueller Erhebungen mehr, als die vielfältigen, unkalkulierbaren und in ständigem Wandel befindlichen Möglichkeiten des einzelnen Kindes.
Das hier nur in Ansätzen skizzierte Problem ist für den Schulpraktiker so unübersehbar und verwirrend, wie es sich in der Literatur und in Richtlinien darstellt. Sehr häufig wird das Thema „Musikmalen" unter dem leitenden Interesse psychologischer Forschungen und den damit verbundenen unterrichtlichen Experimenten behandelt. Die Klärung synästhetischer, therapeutischer und motivationspsychologischer Fragestellungen vermischt sich dabei mit deren Anwendung: Das wissenschaftliche Experiment schlägt in „normale" Unterrichtspraxis um. Schulische Arbeit sollte sich jedoch nur in Ausnahmefällen den Erfordernissen von Forschung und Experiment unterordnen. Die Funktionen des Lehrers unterscheiden sich von denen des Forschers oder Therapeuten so grundlegend, daß kompetente und tragfähige Verbindungen dauerhaft nicht zu erreichen sind. Es darf auch bezweifelt werden, daß „forschendes Lernen" in diesem Sinne dem Grundschulkind angemessen ist.
Die neuen Curricula, Lehrpläne und Richtlinien (vgl. NOLTE 1982) und die daran anschließende Literatur setzen Schwerpunkte bei der grafischen Notation, vorwiegend als „Vornotation", gelegentlich auch als ein der „Neuen Musik" besonders adäquates Aufzeichnungsverfahren. Hinweise auf das kreativitätsfördernde „gesamtkünstlerische" Potential, das fächerübergreifend erschlossen werden soll, fehlen nicht. Therapeutisch-kompensatorische Funktionen des „Musikmalens", mit denen Sozialisationsschäden und Entwicklungsdefizite ausgeglichen werden sollen, spielen eine wichtige Rolle. Auffällig ist, daß die Anweisungen – mit Ausnahme derjenigen zur grafischen Notation – sehr vage bleiben.
Wenden wir uns einem Beispiel zu, das so oder ähnlich in Richtlinientexten formuliert wird:

„Zur Konkretisierung erster emotionaler Eindrücke eines Stückes kann den Kindern das Malen und Zeichnen oder das Bewegen nach Musik eine Hilfe sein" (NOLTE 1982, 170).

Dieser Satz bezieht sich auf das Musikhören im Anfangsunterricht. Die Musikbeispiele sollen nicht länger als zwei Minuten dauern und „das zu betrachtende musikalische Phänomen eindeutig erkennen lassen". Die Konkretisierung erster emotionaler Eindrücke erfolgt während des Musikhörens.

„Nach dem Hören sollten durch ein Tafelprotokoll die im Gespräch herausgearbeiteten Schalleigenschaften festgehalten werden. Eine grafische Skizze oder eine gruppeneigene Notationsform dienen der Veranschaulichung."

Soweit der – über den Anfangsunterricht hinausgehende – Kontext, in dem der zitierte Satz steht. Offensichtlich handelt es sich hier um eine Annäherung an jene beiden „Methoden", die früher aus verschiedenen ästhetischen Grundpositionen entwickelt wurden.

Offene Fragen und ungelöste Probleme drängen sich auf und werden noch vermehrt, sobald man ein konretes Hörbeispiel hinzudenkt: A. VIVALDI, op. 8,4 („Der Winter").

Nachdem die Schüler den Anfang des Konzerts gehört und dazu gezeichnet/gemalt haben, muß sich der Lehrer angesichts der vorliegenden Ergebnisse fragen, ob es sich überhaupt um „erste emotionale Eindrücke" handelt und wie dieses festzustellen ist.

- Hat sich der Schüler überhaupt auf die Musik konzentriert, oder vielmehr auf Malwerkzeug, Papier oder gänzlich anderes?
- Hat er eigene rhythmische Impulse zugunsten derer der gehörten Musik ausschließen können? Ist die Überwindung des Eigenrhythmus das Ergebnis eines längeren Lernprozesses?
- Hat der Schüler genügend bildnerische Erfahrungen gesammelt, um überhaupt erste emotionale Eindrücke in ein anderes Medium transformieren/transponieren zu können? Kann sich der Schüler auf dem Felde des bildnerischen Gestaltens, über das zu verfügen er noch nicht gelernt hat, wirklich besser ausdrücken als auf dem der Sprache, mit dem er zumindest umgangssprachlich vertraut ist?
- Erfordert der spontane Weg vom Höreindruck zum bildnerischen Ausdruck nicht zumindest dann ein – wenn auch spontanes – „Umdenken" der oben beschriebenen Art, wenn die Arbeitsergebnisse für den weiteren Unterrichtsverlauf wirksam bleiben sollen? Können sich Schüler sinnvoll zu ihren Arbeiten äußern, wenn der Arbeitsprozeß „unbewußt" verlaufen ist? Werden die Schwierigkeiten des Verbalisierens von Musik nur auf die Ebene eines anderen Mediums verschoben? (Das Verbalisierungsproblem ist der Kunstdidaktik ebenso geläufig wie der Musikdidaktik!)

Es scheint, daß Grundschullehrer die Frage nach der Absicht des „Musikmalens" realistisch beantworten: „Musikmalen" motiviert zur Konzentration auf die Musik oder auf das Malen – vielleicht aber auch auf etwas Drittes. Genaue Planungsziele und Leistungskontrollen sind dem „Musikmalen" unangemessen.

Concerto No. 4
L'INVERNO
I
Antonio Vivaldi, op. 8 No. 4
(ca. 1675 — 1741)
ed. N. Jenkins
A Allegro non molto
Violino solo
Violini
Viola
Violoncello e Contrabasso Basso cont.
Agglacciato tremar trà neri algento
No. 1223
E E 6229
Ernst Eulenburg Ltd
London · Zürich
2
Al Severo Spirar d'orrido vento,
B solo
3
4

Da der Musikfachlehrer in der Regel wenig über Eigenart und Entwicklung des bildnerischen Gestaltens beim Grundschulkind weiß, kann er „Gefühlsbilder" kaum einschätzen. Die Empfehlung, der Lehrer habe sich neuere wissenschaftliche Befunde zum bildnerischen Gestalten und Ergebnisse der Synästhesieforschung anzueignen, ist ebenso fragwürdig wie eine totale fachliche Selbstbeschränkung, die schon in der Ausbildung des Fachlehrers angelegt ist: Das Grundschulkind hat auch im Musikunterricht ein Anrecht auf ein Minimum an überfachlicher Kompetenz des Lehrers – zumindest dann, wenn Zusammenhänge von der Art „Musik und..." thematisiert werden sollen.

Den vier Konzerten der VIVALDIschen „Jahreszeiten" ist je ein „Sonetto Dimostrativo" vorangestellt, das Zeile für Zeile in der Partitur erscheint und jeden Abschnitt inhaltlich erläutert. Die vier Zeilen zum 1. Satz lauten:

Frierend und zitternd im eisigen Schnee
In den scharfen Stößen des eisigen Windes
Stapft man Schritt für Schritt
Mit klappernden Zähnen durch die Kälte

Eine Klasse, die den Titel des Konzertes („Der Winter") oder die dem Hörbeispiel (etwa 22 Takte/1 Min.) zugeordneten Textzeilen (1 u. 2) erfährt, wird durch das Malen des verfügbaren gegenständlichen Bildrepertoires zu „Winter", „Schnee", „eisiger Wind" usw. derart absorbiert werden, daß sich der programmatische Aspekt gegenüber dem musikalisch-strukturellen vollkommen verselbständigt. Es bleibt zudem unbestimmt, ob sich bildnerische Ausdruckselemente auf die gehörte Musik oder auf allgemein-programmatische Assoziationen zurückführen lassen. Ebenso unzuverlässig erscheinen Äußerungen der Schüler zu ihren Arbeiten: Sehr häufig handelt es sich um nachträgliche Interpretationen, die den Erwartungen des Lehrers in dem Maße entgegenkommen, in dem ein Schüler das Unterrichtsziel erkennt.
Aber auch eine Klasse, der die Aufzeichnung „eindeutig erkennbarer musikalischer Phänomene" im Sinne der „grafischen Notation" prinzipiell vertraut ist, verfügt nicht von vornherein über ausreichende Möglichkeiten, das Gehörte in strenge grafische Formen oder offene zeichnerische/malerische Gestaltungen einzubringen. Das gelegentlich vorgebrachte Argument, die (kunstpädagogische) Entwicklung bildnerischen Gestaltens sei in diesem Zusammenhang überflüssig, überzeugt schon deswegen nicht, weil Lehrer ständig auf die Arbeit der Schüler einwirken (müssen), wenn überzeugende Arbeiten entstehen sollen. (Das beginnt bei der Auswahl der Zeichen-/Malmaterialien und den ersten Arbeitsanweisungen.) Es ist auch kein Zufall, daß in der Literatur dokumentierte Bildbeispiele überwiegend unter der fachkundigen Anleitung musikinteressierter Kunstpädagogen entstanden sind (z. B. SOIKA 1954 u. 1958).

III. Erste Zugänge zu einem langfristigen Lernziel: Repertoirebildung als Grundlage für das Aufzeichnen und Malen von/mit Musik

Wenn nach solchen Überlegungen das „Musikmalen" vorerst auf die Rolle zurückgeführt werden sollte, in der es Grundschullehrer gewöhnlich sehen, so ist dennoch weiterführend zu fragen, ob eine Vermittlung zwischen „spontanen" Übertragungen und dem „Umdenken" von Strukturen denkbar ist. Daß *beide* Verfahren ebenso entwicklungsbedürftig und -fähig sind wie das Musikhören selbst, ist eine Auffassung, die letztlich durch das Verständnis vom Sinn der Schule entschieden wird.

Die Bedenken, die gegenüber spontan-assoziativen Transformationen geäußert wurden, richteten sich überwiegend auf deren Zufälligkeit und beliebige Interpretierbarkeit. Es soll trotzdem nicht ausgeschlossen werden, daß derartige Verfahren sinnerschließend wirken können – sofern die bildnerischen Gestaltungsmöglichkeiten der Schüler weit genug entwickelt sind, um überhaupt als differenzierbares Ausdrucksmedium dienen zu können.

Die ursprünglich hochgesteckten Erwartungen gegenüber der „grafischen Notation" haben in den letzten Jahren erheblich abgenommen. Zu den Ursachen zählt einerseits eine ausgewogenere Bewertung der „traditionellen" Notenschrift (GROSSE-JÄGER 1977), andererseits die Erfahrung, daß auch das grafische Aufzeichnen von Musik langfristig gelernt und geübt werden muß. Da grafische Notation zudem immer in der Gefahr ist, sich zu einem verbindlichen System von Zeichen, Formen und Farben zu entwickeln, gerät sie leicht in den Bereich jener Schwierigkeiten, die von der Vermittlung der Notenschrift her bekannt sind. – Es ist charakteristisch, daß Schülerarbeiten aus dem Bereich „grafische Notation" selten wiedergegeben werden. Dagegen enthalten Schulbücher eine Fülle von Beispielen, die eher den Prinzipien einer einheitlichen Buchgestaltung als denen der Vermittlung vielfältiger Anregungen für die Eigentätigkeit der Schüler folgen. Dabei wäre es wünschenswert, den Schülern möglichst viele Wege zu eröffnen, musikalische in grafische Strukturen „umzudenken" und auszuführen.

Ein mögliches Verfahren, diese Vielfalt des grafischen Repertoires aufzubauen, besteht darin, „freie" Grafiken und ausgearbeitete „grafische Notationen" als Spielanweisung für das eigene Musizieren zu verstehen und zu interpretieren. Die in Grundschulbüchern wiedergegebenen Notationen sollten dabei gezielt durch Beispiele „freier" Grafik ergänzt werden, weil diese am ehesten geeignet sind, die bildnerische Langeweile grafischer Notationssysteme zu durchbrechen. Der Anspruch, daß grafisches Notieren primär auf der Grundlage strukturellen Umdenkens zu erfolgen habe (wobei sekundäre Einflüsse nicht auszuschließen sind), soll hier mit Nachdruck erhoben werden. – Zugleich aber eröffnet sich dann die Möglichkeit zu spontaner Ausdrucksgestaltung: Während sich die *Aufzeichnung* von Melodielinien, Klang- und Formverläufen im strengen Rahmen vergleichbarer und überprüfbarer Strukturübertragungen hält, kann das grafische Ergebnis zum Ausgangspunkt weitergehender bildnerischer Gestaltungen werden. An dieser Stelle setzt das Malen, Drucken, Collagieren usw. ein, das die streng erarbeitete „Notation" überformt, erweitert, variierend „interpretiert" und – möglicherweise – mit den durch Musik unmittelbar ausgelösten Ausdruckselementen bereichert und vertieft. Hier wären auch Bildelemente einzubringen, die assoziativ mit dem Programm einer Musik verbunden sind.

Ein so verstandenes „Musikmalen" geht von der musikpädagogischen Aufgabenstellung aus und nähert sich zugleich kunstdidaktischen Verfahrensweisen; es trägt zur Überwindung eines ziel- und folgenlosen Aktionismus bei. Das pädagogische Interesse am „Musikmalen" im echten Sinne (d. h. in der unverkürzten Bedeutung) des Wortes kann nur in der systematischen Entfaltung musikalischer *und* bildnerischer Fähigkeiten bestehen, so daß ein wechselseitiges „Umdenken" möglich wird. Dieses würde Schüler davor bewahren, mit fragwürdigen Mitteln „ruhiggestellt" oder durch die Vorlage „spontaner Psychogramme" (und deren häufig laienhafter Interpretation) „durchleuchtet" zu werden. „Musikmalen" in der Grundschule ist klar von diagnostischen und therapeutischen Verfahren zu unterscheiden, obwohl dieser Zusammenhang in der Literatur häufig positiv herausgestellt wird. Es eröffnet vielmehr Möglichkeiten, ästhetische Erfahrungen und Erkenntnisse zu sammeln und zu erweitern.

Ein Schulpraktiker, der den Überlegungen bis hierher gefolgt ist, wird aus seinen negativen Erfahrungen mit dem Theorie-Praxis-Verhältnis diesen Ansatz als eine weitere „schöne Utopie für den Grundschulunterricht" ansehen. Die Schüler werden vor neue Anforderungen gestellt – aber auch er selbst. Es ist nicht nur die gezielte Entwicklung des Aufzeichnens von Musik gefordert (grafische Notation), sondern auch diejenige der bildnerischen Ausformung (Musikmalen) – beides aber soll endlich dem besseren „Verstehen" von Musik dienen. Der Grundschullehrer müßte sich als Musik- *und* Kunstpädagoge verstehen – die Hörfähigkeit, deren grafische Darstellung und malerische Interpretation bei den Schülern gleichermaßen aufbauen!?

Die Lehrpläne der Bundesländer weisen für die Grundschule zunehmend Fächerkombinationen aus, für deren Integration an den Hochschulen bisher kaum hinreichend gesicherte und in allgemeinem Konsens durchsetzbare Ausbildungskonzepte bestehen. Die Hilflosigkeit gegenüber dem in Prüfungsordnungen ausgewiesenen „musisch-ästhetischen Gegenstandsbereich" wird in dessen fachsprachlich-polemischer Version („mystisch-ätherisch") besonders deutlich (Hörmann 1982, 17).

Auf diesem Hintergrund ist ein Lehrer gut beraten, wenn er sich nicht nur auf die eigene Intuition und die „schöpferischen Kräfte" des Kindes verläßt. Sofern „Musikmalen" auch das „Malen" meint, sollte zu dessen Herausbildung das kunstdidaktische „Handwerkszeug" eher dienen als abgehobene Integrationstheorien. Für Intuition und „schöpferische Kräfte" bietet sich auf dieser Grundlage dann ein weites Wirkungsfeld.

Literatur

(Vgl. auch die ausführlichen Angaben bei HÖRMANN 1982)

Große-Jäger, H.: Notation von Musik als Unterrichtsfaktor, in: ZfMP 3 (1977), 40–49
Haftmann, W.: Musik und moderne Malerei, in: Ruppel, K. H.: MUSICA VIVA, München 1959, 173–220
Handbuch der Musikästhetik, hrsg. von S. Bimberg, W. Kaden, E. Lippold, Kl. Mehner, W. Siegmund-Schultze, Leipzig 1979
Hörmann, K.: Studie zur Motivation im Musikunterricht, Regensburg 1977
Hörmann, K.: Wahrnehmungsbezogene Musikanalyse, Wolfenbüttel 1981
Hörmann, K.: Musikwahrnehmung und Farbvorstellung. Empirische Grundlagen für Unterricht und Therapie, Weil der Stadt 1982 (mit umfassender Bibliographie)
Hörmann, K.: Musikmalen und Musikalische Graphik, Mskr.
Hörmann, K.: Musik und Malerei, in: Hopf, H./Heise, W./Helms, S. (Hrsg.): Lexikon der Musikpädagogik, Regensburg 1984
Husmann, H.: Einführung in die Musikwissenschaft, Wilhelmshaven ^{2}1975
Karkoschka, E.: Das Schriftbild der Neuen Musik, Celle 1966
Küntzel-Hansen, M.: Klänge hören, lesen, zeichnen, Velber 1971
Langenfeld, L. (Hrsg.): Max Ackermann. Aspekte seines Gesamtwerkes, Stuttgart 1972
Meyer-Denkmann, G.: Klangexperimente und Gestaltungsversuche im Kindesalter, Wien 1970
Mühle, G.: Entwicklungspsychologie des zeichnerischen Gestaltens, Frankfurt ^{3}1971
Nolte, E.: Die neuen Curricula, Lehrpläne und Richtlinien für den Musikunterricht an den allgemeinbildenden Schulen... Einführung und Dokumentation, Teil I: Primarstufe (= Abel-Struth, S. [Hrsg.]: Musikpädagogik, Forschung und Lehre, Bd. 16), Mainz 1978
Roscher, W.: Integrative Musikerziehung, Wilhelmshaven 1983
Schütz, H. G.: Kunstpädagogische Theorie, München 1973
Soika, J. A.: Musikalische Malerei als Aufgabe der musischen Erziehung, in: Fischer, H.: Handbuch der Musikerziehung, Berlin 1954, 426–458 (mit zahlreichen Abbildungen)
Soika, J. A.: Omnis Ars Musica, in: Fischer, H.: Handbuch der Musikerziehung II (Grundschule), Berlin 1958, 44–84 (mit zahlreichen Abbildungen)
Steiner, L./Engel, I.: rhythmische Kurzspiele, Regensburg 1980
Steiner, L./Engel, I.: Musikalische Kurzspiele, Regensburg 1982
Sündermann, H./Ernst, B.: Klang – Farbe – Gebärde. Musikalische Graphik, Wien u. München 1981
Vogelsänger, S.: Graphische Darstellung als Hilfsmittel der Werkinterpretation, in: Rectanus, H.: Neue Ansätze im Musikunterricht, Stuttgart 1972
Würtenberger, F.: Malerei und Musik, Bern 1979 (mit zahlreichen Abbildungen dokumentierte kunst- und musikhistorische Darstellung)
Zitzlsperger, H.: Musik in Linien und Farben, Weinheim 1976

III. Musik im Schulleben

Musik im Schulleben

Horst Weber

Kommen beim Lesen dieses Themas nicht unwillkürlich Parallelen zu der Musik im Alltag unseres Lebens? Da weckt/schreckt uns des deutschen (oder luxemburgischen) Rundfunks (selten) edle Frühmusik aus dem Schlaf und begleitet unsere ersten Morgenstunden mit Musik, Zeitansage und (oft wenig gehaltvollen) Informationen. Gewissermaßen als Kontrapunkt dazu kommen unsere „apparativen Klänge" von elektrischer Zahnbürste, Rasierer, Kaffeemaschine und Toaster bis zum Verlassen des Hauses. Und schließlich noch dazu, dazwischen, dagegen: Sprechen – einer zum anderen, alle gegen alle.
Die Permanenz solchen „Musik-Lebens" wird gewahrt durch ein Umschalten vom Haus- auf das Autoradio. Und wieder dazu, dazwischen, dagegen: Geräusche laut und leise, kreuz und quer, erträglich bis unerträglich.
Und so geht's weiter auf der Arbeitsstelle, in der Küche, im Kaufhaus, ... wieder zu Hause. Medienwechsel: Der Fernseher löst das Radio ab. Schließlich, endlich: der AUS-Schalter.
Wer kann das aushalten? Wer kann das ertragen? Solche „Musik im Leben" gleicht einer akustischen Umweltverschmutzung, die in hohem Maße sich gesundheitsschädigend auf das Hör- und Nervensystem auswirkt. Der Mensch hat als Schutzmaßnahme gelernt zu unterscheiden zwischen hören und zuhören, zwischen hinhören und weghören. Musik im Schulleben – soll das etwa ähnlich werden? Nur mit „gepflegterer" Musik? Oder gar im Sinne avantgardistischer (Schul-)Haus-Musik? Aus jedem Klassenraum erklingt etwas anderes – und alles zur gleichen Zeit?
Natürlich: Musik im Schulleben – etwas ganz anderes. Heraus aus der unkritischen Konsumentenhaltung in eine Haltung des musikalischen Gestaltens!
Aber wie ist die Situation? Die Schule, hier: Grundschule, als Ort kindgemäßen Lernens in einem erziehenden Unterricht – schließt sie nicht vielfach die Tür hinter sich und wendet sich in den „wichtigen" und „unaufgebbaren" Fächern überwiegend dem kognitiven Lernen zu? Musik – eine Randerscheinung; ein Orchideenfach; ein „Röslein am Hute", das auch entbehrlich ist? Musik in der Schule als Entspannungsfach zwischen Mathematik und Deutsch? Wie gesagt: Das ist vielfach die Situation.
Jedoch: Wie arm ist das Leben in solch einer Schule! Wie viele Chancen werden verpaßt für Kinder, Lehrer und Eltern? Wie sehr vernachlässigt eine solche Schule ihren Auftrag als Schule des Kindes!
Jedoch erfüllt sie diesen Auftrag, wenn sie neben einem erziehenden Unterricht

ein „pädagogisch absichtsvoll gestaltetes Schulleben" mit einbezieht. Vermag doch das Schulleben sowohl erziehlich bedeutsame Aspekte zu eröffnen als auch Lernformen anzubieten, die über fachunterrichtliche Vermittlung von Kenntnissen und Erkenntnissen, Fertigkeiten und Fähigkeiten hinausführen.
Wie kaum ein anderes Fach ist gerade Musik geeignet, Schule menschlicher zu gestalten, in ihr ein Zusammenleben zu ermöglichen, das eine Bereicherung darstellt. Hier tut sich ein besonderes Beziehungsfeld auf zwischen den Beteiligten. Schüler treten zu ihren Mitschülern in Beziehung und bahnen Bindungen an, die für sie von besonderer Bedeutung sind. Gerade bei Aktionen, die über den Fachunterricht hinaus in das Leben einer Schule ausstrahlen, entstehen auch Beziehungen zwischen Schüler und Lehrer, die einerseits für das Heranwachsen des jungen Menschen entscheidend sein können und andererseits den Lehrer erheblich zu motivieren vermögen. In solchen wechselseitigen Beziehungen kann

„Sicherheit und Geborgenheit ... in der Grundschule gefördert werden durch gegenseitige persönliche Zuwendung, durch offen mitmenschlichen Umgang und die Art und Weise, in der Unterstützung gewährt, Hilfsbedürftigkeit erkannt, Hilfe gesucht und angenommen und Regeln vereinbart und einbehalten werden" (aus: Richtlinien und Lehrpläne für die Grundschule des Landes Nordrhein-Westfalen; 2. Entwurf 1983).

Der pädagogische Wert von Musik im Schulleben ist in gleicher Weise fachspezifisch festzumachen. Eröffnet sich doch in vielfältigen Formen des Erkundens, Planens und Verwirklichens für den Schüler ein Betätigungsfeld, das ihm sowohl das Einbringen bereits gewonnener Erkenntnisse und Fertigkeiten gestattet als auch, darüber hinausgehend, das Gewinnen von Erkenntnissen und Fähigkeiten ermöglicht. Dabei hat die Dimension des Erlebens von Musik eine besondere Qualität.
Musik im Schulleben vollzieht sich in zwei Aktionsbereichen:

- schulintern,
- schulextern.

Schulinterne Aktionen ereignen sich in der Klasse, in Klassen untereinander, in der Schulgemeinde zusammen mit Eltern und Freunden der Schule und in Formen der äußeren Differenzierung als Arbeitsgemeinschaften, zum Teil in Verbindung mit anderen Fächern.
Musik im Schulleben beginnt dort, wo (wie eh und jeh) am Morgen oder zwischendurch ein Lied gesungen wird, wo die vielen, täglich sich bietenden Gelegenheiten wahrgenommen werden, die für Grundschulkinder Anlaß zum Singen sein können. Dazu gehört auch der Geburtstagsglückwunsch für Kinder und Lehrer in Form eines zu singenden Liedes, zu musizierenden Spielstücks, zu hörenden Musikwerks. Musik im Schulleben vermag dort das Zusammenleben menschlicher zu gestalten, wo eine Klasse ihre eigene Freude über das Gelingen einer Liedgestaltung oder eines Instrumentalstücks weiterreicht an eine andere Klasse oder an die gesamte Schule.
Für solche Anlässe drei Beispiele:

1. Thema ERNTEDANK

Am Montagmorgen nach dem Erntedanksonntag öffnen alle Klassen ihre Türen. Einige Klassen haben ein Lied oder Instrumentalstück zum Thema zum Vortrag angeboten. Diese Stücke erklingen (nach vorher vereinbarter Folge) aus den Klassenräumen. Alle Klassen singen zum Abschluß dieses Erntedanksingens (Dauer ca. 15 Minuten) gemeinsam, zum Beispiel „Alle gute Gabe", Kehrreim des Liedes „Wir pflügen und wir streuen den Samen auf das Land" oder Hermann Sterns Kanon „Danket dem Herrn und lobsinget seinem Namen" (z. B. in: DIE WELT IM LIED, Diesterweg-Verlag, Frankfurt, S. 77.)

2. Thema ADVENT/WEIHNACHTEN

Es wird jeweils zu Unterrichtsbeginn am Montag nach jedem der vier Adventssonntage ein Offenes Singen veranstaltet. Die Kinder versammeln sich (je nach Situation) im Treppenhaus, auf dem Flur, in der Turnhalle oder Aula. Einige wenige Kinder, jeweils mit einer, zwei, drei, vier brennenden Kerze(n) eröffnen mit dem Lied „Wir sagen euch an den lieben Advent, sehet die erste (zweite, dritte, vierte) Kerze brennt ...". Alle Kinder antworten mit dem Kehrreim „Freut euch, ihr Christen ...". Instrumente können den Kehrreim begleiten (z. B. in: DIE KLEINE LERCHE, Diesterweg-Verlag, Frankfurt, S. 120).

Jeweils eine Klasse hat ein Advents- oder Weihnachtslied vorbereitet, das sie vorsingt und das danach von allen Kindern nachgesungen wird (Text und Melodie je nach räumlicher Situation ggf. per Tageslichtprojektor vorgeben). Wiederholung dieses Liedes am jeweils nächsten Montag. Am Schluß des vierten Adventssingens haben die Kinder außer dem Eröffnungslied vier Lieder gesungen. Im folgenden Jahr können entweder andere Lieder oder dieselben vier zur Festigung noch einmal gesungen werden.

3. Begrüßung der Schulneulinge

Eine Klasse der Schule (zweites oder viertes Schuljahr) begrüßt die Schulanfänger mit einem Lied, Spielstück und Hörwerk; z. B.:
Lied „Wir sind die Musikanten"
Die Strophen („Ich kann spielen auf meiner Geige/Flöte/Pauke ...") singt jeweils ein Kind und deutet dabei die Spielweise des in der Strophe vorkommenden Musikinstrumentes gestisch an. Alle Kinder wiederholen „Wir können spielen auf unserer Geige/ Flöte/Pauke ...". Die Schulneulinge werden bei diesen Aktionen miteinbezogen.
Es folgt eine kleine Spielmusik, z. B. für Stabspiele, Blockflöte und Schlagwerk. Sie kann auch aus einem instrumental ausgeführten Lied und den dazugehörenden Begleitformen bestehen.
Zum Abschluß hören wir eine kurze Musik (Tonband/Schallplatte), bei der Streichinstrumente und Blasinstrumente deutlich hörbar abwechseln. Dazu eignen sich z. B. einzelne (kurze!) Sätze aus Georg Friedrich Händels „Wassermusik" oder „Feuerwerksmusik". Alle Kinder imitieren dabei die jeweilige Spielweise: streichen, blasen; ggf. auch Tutti. einige Kinder imitieren Streichen, andere zur gleichen Zeit Blasen.

Diese drei Beispiele wollen auch demonstrieren, daß mit relativ geringem Aufwand eine Aktivität im Sinne der Intentionen dieser Thematik realisierbar ist. Dabei ist hervorzuheben, daß zu solchem Tun Ergebnisse aus dem normalen Klassenunterricht eingebracht werden und nicht der Musikunterricht über längere Zeit nur der Vorbereitung solcher Schulveranstaltungen dient ohne Rücksicht auf fachimmanente Ziele und Inhalte, die durch Lehrpläne vorgegeben sind. Hieraus mag ersichtlich werden, daß Aktivitäten für das Schulleben nicht zusätzliche Arbeit über den Musikunterricht hinaus erforderlich machen (Lehrer: „Das soll ich auch noch leisten!"), sondern in doppeltem Bezug zu sehen sind: Ergebnisse aus dem Musikunterricht werden in Aktivitäten des Schullebens eingebracht. Daraus resultierende Erfahrungen strahlen jedoch auch wieder zurück in den Fachunterricht. Dabei – es sei mit Bedacht wiederholt! – hat das Erleben von Musik ein besonderes Gewicht, das nicht hoch genug eingeschätzt werden kann. Es ist naheliegend, auch Ergebnisse aus Arbeitsgemeinschaften einer Grundschule für die Klassen oder die Schulgemeinde nutzbar zu machen. Dabei sei erinnert an Leistungen aus Schulchor und Instrumentalkreis, aus Tanz- und Laienspielgruppe, aus Arbeitsgemeinschaften für Puppen- oder Schattenspiel oder eine Arbeitsgemeinschaft, die sich dem Bau einfacher Musikinstrumente zugewendet hat. In projektorientierter Unterrichtsarbeit, auch einiger Gruppen miteinander (z. B. Schulchor und Tanzgruppe; Schattenspiel und Instrumentenbau; Instrumentalkreis und Puppenspiel), können Ergebnisse zustande kommen, die nicht nur für die Agierenden, sondern auch für die Zuhörer/Zuschauer von besonderem Interesse und daher höchst motivierend sind. Häufig bietet sich gerade in der Grundschule die Möglichkeit, Eltern und Freunde der Schule in Vorhaben des Schullebens einzubeziehen. Das können Instrumentalisten sein, die den Instrumentalpart in mit den Kindern gemeinsam zu musizierenden Lied-Kantaten übernehmen. Das kann ein Orchestermusiker oder Sänger sein, der aus seiner Arbeit berichtet und Proben seines Könnens einbringt. Das kann ein Chorleiter oder Organist sein, der in einem gemeinsam durchzuführenden Vorhaben mit einbezogen wird. Michael Beste, Leiter einer katholischen Grundschule in Gelsenkirchen, hat mit einem vierten Schuljahr ein Unterrichtsprojekt zum Lied „Maria durch ein Dornwald ging", fächerübergreifend zum Religions- und Kunstunterricht durchgeführt, dessen Ergebnis in einen Schulgottesdienst eingebracht wurde. Darüber wird nachfolgend berichtet.

1. Singen des Liedes; zeitnahe Deutung des Textes. Dabei standen folgende Schlüsselfragen im Zentrum der unterrichtlichen Behandlung:

    - Wie mag die Umgebung Marias ausgesehen haben („Maria durch ein Dornwald ging")
    - Gibt es das, daß ein Wald sieben Jahre keine Blätter und Blüten hervorbringt (→ WÜSTE)
    („... der hat in sieben Jahren kein Laub getragen")
    - Wie fühlt sich Maria in dieser Umgebung?
    Wie würdest Du dich fühlen? (→ Maria ist schwanger)
    - Was würde Maria beobachten, ginge sie heute durch unsere Welt? (→ „Schöne Welt" der Reiseprospekte; „schreckliche Welt" mit Krieg, Hunger, Verbrechen, Umweltverschmutzung, Atombomben, Haß und Streit)
    - Wie würde Maria sich fühlen? (→ Angst)

2. Malen (arbeitsteilig) von Bildern zum Liedtext:

    a) Dornwald
    b) Dornwald mit einzelnen Blüten
    c) Rosengarten.

    Oder auch in zeitnaher Deutung:

    - Bildcollage: rauchende Schornsteine; schmutzige Häuser; Panzer und Bomben; sterbende Bäume.

Die drei von der Klasse als beste ausgesuchten Bilder werden mit Glasfarben aus Plexiglas (Din A 4 querformatig) übertragen, um sie später per Tageslichtprojektor projizieren zu können.

3. Erarbeitung zweier Klangspiele:
   - zu Bild b) (Bildcollage):
     „Zerstörte Musik":
     z. B. unregelmäßig ausgeführte Schichtklänge (Cluster) auf Metallophonen und Xylophonen; dazu hier und da grell aufblitzendes Schlagwerk einsetzen
   - zu Bild c):
     „Ruhige Musik":
     z. B. Tonleiter d' – d" (diatonisch) in langen Halben; Kanonausführung in drei Gruppen – Einsatz nach je zwei Halben, nacheinander schließen; dazu Grundton d auf tiefklingendem Xylophon oder Pauke als Bewegungsklang (Tremolo) spielen.

4. Schattentheater
   Ein weißes (Nessel- oder Flanell-)Tuch wird (an zwei Kartenständern) aufgehängt. Dahinter wird der Tageslichtprojektor in einem Abstand aufgestellt, der das Ausleuchten der gesamten Fläche ermöglicht.

   a) Einschalten mit aufgelegtem Bild a). Ein Mädchen (Maria) steht mit seitlich gesenktem Kopf im Bild zwischen Tageslichtprojektor und Projektionstuch – dicht am Tuch.
   Die Kinder singen dazu die erste Strophe.
   b) Überblenden zum Bild b) (= Bild b) auf Bild a) legen)
   Dazu spielen die Kinder die „Zerstörte Musik". Maria zeigt Angst und macht abwehrende Bewegungen.
   c) Die Kinder singen die zweite Strophe.
   Maria geht hin und her durchs Bild, unruhiger, schneller.
   d) Überblenden zum Bild c) (= Bild c) auflegen, nacheinander Bild b) und Bild a) seitlich abziehen)
   Die Kinder singen die dritte Strophe.
   Maria schreitet ruhig durchs Bild; ihr Kopf ist erhoben.
   e) Die Kinder spielen die „Ruhige Musik".
   Maria steht mit nach oben ausgebreiteten Armen im Zentrum des Bildes.

Im Schulgottesdienst wurde dieser skizzierte Ablauf erweitert:

- Alle Kinder singen das Lied
- Ablauf a) bis e)
  zu a) spielt der Organist die Choralbearbeitung über „Maria durch ein Dornwald ging" von Hermann Schroeder (dunkle Registerfarben in den Begleitstimmen; Soloregister für die Melodie)
  nach e) spielt der Organist die Choralbearbeitung über dasselbe Lied von Hans Chemin-Petit (hell registriert)
- Die Kinder des ausführenden vierten Schuljahres berichten, was sie sich bei den Bildern, bei der Musik und beim Spiel der Maria gedacht haben.
- Pastor: Was können wir tun, damit wir keine Angst mehr haben? (→ für Frieden beten; den Armen helfen; unsere Umwelt sauber halten; Streit schlichten; ...)
  Das abschließende Fürbittengebet, von Pastor und Kindern im Wechsel gesprochen, nimmt diese Anliegen auf:
  „Hilf uns,
  – daß Krieg auf der Erde aufhört!
  – damit wir den Hungernden von unserem Überfluß abgeben!

- ... Streit schlichten
- ... für den Erhalt des Friedens beten
Pastor: Jesus ist geboren; er kommt wieder. Wir bitten ihn, uns zu helfen.

Der Gottesdienst schließt mit einem von allen Kindern gesungenen Lied, z. B. „Macht hoch die Tür".

Am letzten Beispiel wird deutlich, wie eine von der Anlage schulinterne Projektarbeit nach draußen getragen wird in den schulexternen Aktionsbereich. Andere Schüler der Schule und ggf. auch Eltern haben daran Anteil. Bei diesem Projekt werden auch schulexterne Personen und Dinge einbezogen (hier: Pastor und Organist; Kirchenraum mit Orgel). Auf solche Weise kann Leben in der Schule in das Leben hinausgetragen werden.

Schulexterne Aktivitäten können in gleicher Weise aus Ergebnissen des Musikunterrichts und Aktionen des schulinternen Bereiches resultieren. So sind erarbeitete Lieder und Spielstücke mit verhältnismäßig geringem Aufwand nutzbar zu machen für ein Musizieren beispielsweise in Altenheimen, Einrichtungen für Behinderte und Krankenhäusern. Für das instrumentale Musizieren lassen sich dabei in besonderer Weise Leistungen von Schülern einbringen, die außerhalb der Grundschule im Privatmusikunterricht oder in der Musikschule erworben worden sind. Daß dabei eine Zusammenarbeit mit solchen Institutionen angebahnt oder bestehende ausgebaut werden können, ist offenkundig. Bei solchem Musizieren in der Art des früheren Kurrendesingens lassen sich Lieder und Spielstücke, die im Laufe der Zeit im Musikunterricht erarbeitet wurden, zu Lied-Kantaten zusammenfassen. Dafür ein Beispiel:

Thema TIERLIEDER
unter Verwendung folgender Lieder

- Meine Nicolina ist ein Esel grau
- Auf einem Baum ein Kuckuck saß
- Der Kuckuck und der Esel
  (mit Begleitformen in: DIE KLEINE LERCHE, a. a. O., S. 62, 67, 69).

Eine Kombination dieser drei Lieder miteinander ist problemlos, da sie alle drei in derselben Tonart (hier: F-Dur) notiert sind.

Kantaten-Vorschlag:
1. Vorspiel: Begleitform für Stabspiele (ohne Melodie) zu „Der Kuckuck und der Esel"
2. Lied „Auf einem Baum ein Kuckuck saß"

   Strophe 1 und 2: Vorsänger oder einige Schüler (Melodie von der Blockflöte mitspielen lassen) singt/singen den Text; alle singen „Simsaladim bamba saladu Saladim" und das letzte Wort „saß"
   Zwischenspiel: Blockflöte (Melodie) und Begleitform für Orff-Instrumente
   Strophe 3: wie Strophe 1 und 2, jedoch mit Begleitform
   Strophe 4: alle (mit Blockflöte) und Begleitform.

3. Spielstück: „Der Kuckuck und der Esel"

   Folge: • Begleitform für Stabspiele allein
   • Bei der Wiederholung spielt ein Melodieinstrument die Liedmelodie mit.

4. Lied „Meine Nicolina ist ein Esel grau"
   Vorspiel: Begleitstimme (Stabspiele oder Melodieinstrument)
   Srophe 1: Gruppe I singt die erste Zeile, Gruppe II singt die zweite Zeile
   Strophe 2: ebenso, jedoch mit Begleitstimme
   Zwischenspiel: Melodie (Blockflöte) und Begleitstimme (Stabspiel)
   Strophe 3: alle Kinder singen; alle Instrumente spielen.
   (Weitere Vorschläge für Lied-Kantaten in SCHALMEI, Klett-Verlag Stuttgart, und DIE KLEINE LERCHE, Diesterweg-Verlag Frankfurt am Main.)

„Die Gestaltung des Schullebens entscheidet mit darüber, ob die Grundschule als eine dem Kind freundlich zugewandte Institution erfahren wird, die auf die Kontinuität von Erfahrung und Lernen bedacht ist, in der sich Kinder glücklich und geborgen fühlen und in der sich Lernen in einer freien und befreienden Atmosphäre vollziehen kann" (aus: Richtlinien und Lehrpläne für die Grundschule des Landes Nordrhein-Westfalen; 2. Entwurf 1983).

Musik im Schulleben – eine lohnende Sache für alle, die daran teilhaben.

Musikunterricht im ersten Schuljahr

Hermann Große-Jäger

I. Das erste Schuljahr als Eingangsstufe zum fachlichen Unterricht

Das erste Jahr in der Schule ist für das Kind der Übergang von einer Lebenszeit, die – so hoffen wir – vornehmlich durch Spiel bestimmt war, in ein Lebensjahrzehnt (oder länger), das durch Unterricht und Stundenplan gekennzeichnet ist. Ab jetzt beherrschen schulische Formen des Lernens mehr und mehr den Schulmorgen, aber auch die Ausprägung und das Lebensgefühl der schulfreien Zeiten. In der Grundschule wird das Kind zum Schüler, und das erste Schuljahr ist der Beginn dieses Weges. Spiel und Unterricht lassen sich als Formen des Lernens zwar nicht immer scharf voneinander trennen. Im Kindergarten und mit häuslichem Spielzeug wird nicht selten gelernt, wie es in der Grundschule glücklicherweise auch Gelegenheiten des Lernens durch Formen des Spiels gibt. Je mehr man aber auf den Jahrgangsstufen nach „oben" kommt (es ist beachtenswert, daß wir von „oberen" Jahrgangsklassen sprechen!), um so mehr wird Lernen durch verbindliche Zielsetzungen, durch kaum noch frei zu wählende Inhalte, durch sachbezogene Methoden und Medien, durch Leistungserwartungen bestimmt – typische Faktoren, deren Interdependenz wir als Unterricht bezeichnen. In diese Formen der schulischen Lernorganisation muß das Kind hineinwachsen; und manche Lehrer, Eltern und Bildungsplaner wünschen, daß es möglichst schnell geschieht. – Die auffallendsten Merkmale schulischen Unterrichts im Unterschied zum spielenden Lernen in der Vorschulzeit sind diese:

● Das Kriterium zur Gliederung der schulischen Lerngruppen ist das *Alter* der Kinder; vom Alter vor allem wird im deutschen Schulsystem der Grad der Lernfähigkeit abgelesen. Das bringt für die Musikerziehung Probleme, denn die Musikalität vieler Kinder ist nicht so sehr vom Alter als von rechtzeitiger und angemessener Förderung abhängig. Trotz gleichen Alters der Kinder ist eine Jahrgangsklasse mit Bezug auf die musikalischen Fähigkeiten eine *heterogene* Lerngruppe.
● In der Schule wird von allen Kindern der gleiche *Lernfortschritt* in möglichst gleichem Lerntempo auf für alle verbindliche Ziele hin erwartet. Damit sind die Probleme der Zensurengebung und der Versetzung verbunden. Für den Musikunterricht scheint dieser Gesichtspunkt nicht so wichtig zu sein, da die meisten

seiner Ziele nicht operationalisierbar sind und eine begründete Scheu besteht, bestimmte Inhalte (Lieder, Musikstücke) verbindlich festzulegen. Zu fragen ist aber, ob nicht in jeder Jahrgangsklasse *vom Lehrer* verbindlich gefordert werden müsse, daß er bestimmte Umgangsweisen mit Musik und beschreibbare musikalische Fähigkeiten der Schüler fördert.

● Schulischer Unterricht ist nach *Fächern* gegliedert. Dieses Prinzip entspricht nicht unserer Lebenserfahrung; vielmehr ist es Abbild der Unterscheidung von wissenschaftlichen und künstlerischen Disziplinen, die das Gliederungssystem der Hochschulen kennzeichnen. Ab welcher Stufe ist es für einen kindgemäßen Lernfortschritt wünschenswert, den Unterricht nach Fachaspekten zu gliedern? Je mehr Schule auf fachlich-wissenschaftliche Disziplinierung ausgerichtet ist, um so früher wird sie den Fachunterricht verlangen. Fachunterricht wird am besten durch einen Fachlehrer erteilt. Je mehr Fächerung, um so mehr droht für den Lernenden der Zusammenhang mit seiner Erfahrungswelt verloren zu gehen. Diese Gefahr ist im Musikunterricht des 1. Schuljahrs besonders zu beachten.

● Anders als die Bildungsangebote des Kindergartens ist der Schulunterricht entscheidend für *das zukünftige Sozialprestige* des Schülers. Daher mißt die bestimmende öffentliche Meinung (die bis in das Lehrerkollegium hineinreicht) dem Erlernen der Kulturtechniken mehr Bedeutung bei als den anderen Formen der Förderung der kindlichen Persönlichkeit. Was im Kindergarten sich nur vereinzelt bemerkbar macht, wird im 1. Schuljahr von vielen (Eltern wie Kollegen) artikuliert: Musik – und einige andere Inhalte – werden als weniger bedeutend und in schulischen Engpässen als entbehrlich angesehen. Hier ist nicht allein nach der Bedeutung der Musik für das Leben des Kindes zurückzufragen, sondern zugleich nach dem Selbstverständnis der Grundschule: Soll sie Schule für Kinder sein oder Zubringeranstalt für die zukünftige soziale Stellung und damit *allein* auf die weiterführenden Schulen ausgerichtet?

Das 1. Schuljahr ist Übergang von einer Beschäftigung mit ganzheitlichen, relativ ungegliederten Erfahrungseinheiten zu einem Lernen nach fachspezifischen Gesichtspunkten. Seit den zwanziger Jahren bis in die Mitte der sechziger Jahre versuchten Grundschullehrer dem Übergangscharakter des Anfangsunterrichts durch die Konzeption des *Gesamtunterrichts* gerecht zu werden. Gesamtunterricht ist ungefächerter Unterricht. Seine zeitliche Gliederung erfolgt nicht nach einem (Fach-)Stundenplan, sondern nach der Aufmerksamkeitskurve der Kinder. Unterrichtsanlässe und -inhalte sind Erlebnisse und Erfahrungen der Kinder in ihrer Umwelt, in ihrem Spiel und die möglichen Erfahrungen in der Welt ihrer Phantasie. In tätiger Auseinandersetzung mit den im Alltag erfahrenen Inhalten und Situationen sollen Kinder zur geistigen Erfassung ihrer Umwelt und zur gemüthaften Beteiligung fähig werden. Wichtiger als gesonderte fachliche Kenntnisse und Fähigkeiten (und entsprechender Methoden ihres Erwerbs) sind die Bildung von Anschauungen und Begriffen, die Erschließung der verschiedenen Dimensionen der Ereignisse und vor allem die Förderung von Sprache. Vom Lehrer wird ein Unterricht erwartet, der abwechslungs- und erlebnisreich, Interesse erregend und handlungsbetont ist. Auf diese Weise sollte behutsam ein bruchloser Übergang vom vorschulischen Spiel zum schulischen Unterricht möglich werden. (Zahlreiche Beispiele, die ein plastisches Bild des Gesamtunterrichts vermitteln, findet man in dem noch immer beachtenswerten Buch von ILSE LICHTENSTEIN-ROTHER: Schulanfang, Frankfurt [1]1964.)

Betrachtet man Entwurf und Praxis des Gesamtunterrichts jedoch genauer, so ist die skizzierte Konzeption nie rein durchgehalten worden. Das Erlernen von Schreiben, Lesen und Rechnen erfordert einen Aufbau nach Lehrgängen, die der Erstklaßlehrer – gleichgültig, nach welcher Methode – auch bald aus dem Gesamtunterricht abhebt, wenngleich er bemüht bleibt, die Lese-, Schreib- und Rechenlehrgänge möglichst eng an die gesamtunterrichtlichen Themen zu binden. Die Praxis des Anfangsunterrichts läßt deutlich *zwei* Unterrichtsstränge bzw. -ebenen nebeneinander erkennen: Zum einen ist die kindliche Erfahrungswelt Gegenstand des Gesamtunterrichts, in dessen Vollzug die Ausdrucksfähigkeiten durch Sprache, Musik, Bewegung, Farbe und Formen gefördert werden, Sozialverhalten geübt und Begriffe gewonnen werden. Zum anderen gibt es lehrgangsmäßig aufgebauten „Fachunterricht" im Lesen, Schreiben und Rechnen. Über diesen hinaus werden die Kulturtechniken auch im Rahmen der Gesamtunterrichtseinheiten geübt und vertieft.

Folgt man dieser Konzeption von Gesamtunterricht, so ist Musik unlösbar mit anderen Ausdrucksformen des Kindes, insbesondere mit Sprache, Gestik und Bewegung verbunden. Nicht von ungefähr nehmen in dieser Konzeption Lieder, Sprechspiele, Bewegungsspiele mit Gesang den größten Teil der Musikerziehung ein, die sich mit Themen des Leseunterrichts – z. B. Märchen – der Heimatkunde (Umweltkunde, Sachunterricht) – z. B. Jahreszeiten, Tiere, Eisenbahn, Flugzeug – und der religiösen Erziehung – z. B. kirchliche Feste – verknüpfen lassen.

Die Integration von Musik in den Gesamtunterricht erhielt eine zusätzliche Stütze durch das Verständnis des Faches als musisches Fach, von dem in anderen Beiträgen zu diesem Handbuch die Rede ist.

In der zweiten Hälfte der sechziger Jahre wurde die skizzierte Konzeption des Gesamtunterrichts z. T. heftig kritisiert. Die Kritiker hoben insbesondere die fehlende Sachbezogenheit bzw. Sachanalyse, die damit (wie man meinte) verbundene mangelnde Lernintensität und die Unklarheit der Unterrichtsziele hervor. Die Fachdidaktiken forderten die Behandlung der Sachverhalte unter fachdidaktischen Fragestellungen und entwickelten fachimmanente Lernzielkataloge. Damit der Schüler fachbezogen lernen kann, werden auch für Musik, Sport, Religion, Sachunterricht, Kunst/Textilgestaltung/Werken fachliche elementare Lehrgänge auch für das 1. und 2. Schuljahr gefordert und entwickelt. (In der Musikdidaktik stößt diese Tendenz sogar bis in die vorschulische Zeit durch: Das Programm „Musikalische Früherziehung" des Verbandes Deutscher Musikschulen ist im großen und ganzen als Lehrgang konzipiert.) Das hat zur Folge: Vernachlässigung von Inhalten und Lebenssituationen aus der Umwelt des Kindes als Gliederungsprinzip des Unterrichts und Ausschau nach Themen, die einen fachspezifischen Aufbau ermöglichen. Dieses schien in den siebziger Jahren um so mehr geboten, als zur gleichen Zeit neben dem Lernfeld Lied weitere Lernfelder – Klangexperimente, Musikhören, Rhythmik, auditive Wahrnehmungserziehung, Musik und Bewegung, Instrumentalspiel und Instrumentenbau – als für die musikalische Förderung des Kindes unbedingt wichtig ins Blickfeld rückten. Die meisten der seit 1970 erschienenen Musikbücher für die Grundschule zeigen den Versuch, situationsbezogenes Musikmachen und -hören und lehrgangsmäßige Vermittlung von Kenntnissen und Fähigkeiten miteinander zu verbinden. Die sichtliche Schwierigkeit langfristiger Planung von Musikunterricht in der Grundschule nach diesem Leitgedanken wird im 1. Schuljahr nur deshalb nicht als bedrückend empfunden, weil die Eigenart der Eingangsstufe in den meisten Grundschulbüchern für Musik wenig berücksichtigt wird. Sie sind zumeist auf den Schüler des 3./4. Schuljahres ausgerichtet. Einige Lehrerbücher zu Musikbüchern für die Grundschule weisen zwischen den Zeilen auf die Besonderheiten des 1. Schuljahres hin, ohne jedoch konkrete Unterrichtshilfen zu nennen. Über ein Schülerbuch ist das auch schwer zu lösen, da es weitgehend auf Lesetexte verzichten müßte. Der Lehrerband zu „Unser Musikbuch für die Grundschule" von P. FUCHS und W. GUNDLACH (Stuttgart 1979) empfiehlt – „wenn man das Schülerbuch schon im 1. Schuljahr verwendet" – auf einzelnen Seiten „der Altersstufe gemäße Ansatzpunkte auszuwählen" (S 14).

Nur wenige Unterrichtswerke für die Grundschule bringen Schülerbücher für das 1. Schuljahr; meistens sind sie mit der 2. Jahrgangsstufe gekoppelt:

H. HANDERER, H. VÖLKL, I. WOLF: Mein Musikbuch, 1./2. Jahrgangsstufe, Verlag Oldenbourg, München 1976
M. NEUHÄUSER, A. REUSCH, H. WEBER: Resonanzen, Fibel für Vorklasse und 1. Jahrgangsstufe, Diesterweg Verlag Frankfurt 1977
G. SPIES, F. REINHARDT: Wege zur Musik I, Metzlersche Verlagsbuchhandlung, Stuttgart 1978

Sie bringen Vorschläge, wie man – bei den musikalischen Vorerfahrungen der Kinder anknüpfend – mit Singen, einfachem Instrumentalspiel, Hören von Musikstücken anfanghaft unterscheidendes Erkennen musikalischer Elemente, deren Bezeichnung – auch durch Notation – verbinden kann. Auf einen aufbauenden Lehrgang muß – schon angesichts der Vielzahl der musikalischen Inhalte und musikerzieherischen Aufgaben – verzichtet werden

Exkurs: Ein Musterfall eines lehrgangsmäßig fortschreitenden Musiklernens sind die Musikfibeln. Beginnend mit dem Zweitonmotiv So–Mi erweitert sich der Tonraum, in dem gesungen, musiziert, improvisiert und der Gebrauch der Noten gelernt werden soll über La–So–Mi (Tritonik), Re, Pentatonik bis zu den kirchentonalen, Moll- und Dur-Tonarten. Die Musikfibeln von FRITZ JÖDE: Das kann ich auch (Mainz 1953), E. KRAUS, F. OBERBORBECK: Musik in der Schule/Musikfibel (Wolfenbüttel 1952), L. RINDERER: Singfibel (Innsbruck 1954) unterscheiden sich lediglich in der Reihenfolge der Tonstufen, die den Tonraum erweitern und in der Art und Weise, wie sie in die Rhythmus-Notation einführen.

Die Behauptung, daß bis zur Mitte der siebziger Jahre „elementare Lehrgänge für die sog. musischen Fächer im 1./2. Schuljahr" nicht existieren, ist mit Bezug auf Musik falsch, und die Aufforderung, „elementare Lehrgänge nicht nur sachlogisch, sondern auch entwicklungspsychologisch auszubauen und zu verbessern", gegenstandslos (RABENSTEIN 1974, 12 und 13). Das Problem liegt nicht bei der Konstruktion von „elementaren Musikcurricula", sondern bei der Eigenart kindlichen Musiklernens. Darauf weist die Wirkungslosigkeit der Musikfibeln hin. Kinder werden zum Musikmachen und Musiklernen nicht durch die Musik an sich, sondern durch ihre Funktion in Lebenssituationen und ihre Verknüpfung mit außermusikalischen Inhalten motiviert. Diese lassen sich nicht lehrgangsmäßig organisieren.

Anstelle des Gesamtunterrichts wurde in den siebziger Jahren der „fächerintegrierende Unterricht" für die Grundschule propagiert. Es ist die Projektion des Unterrichts eines Klassenlehrers, der Fachlehrer für mehrere Fächer ist. Jene Fächer, die er nicht abdeckt, werden von Kollegen mit anderen Fächerkombinationen in möglichst enger Zusammenarbeit erteilt. Wie weit dabei das Klassenlehrerprinzip erhalten bleiben kann, hängt davon ab, in wieviel Fächern der Grundschullehrer Fachkompetenz erwerben kann bzw. will. Neben der Frage nach der Breite der fachlichen Fähigkeiten des Lehrers bleibt für das 1. Schuljahr das Problem offen, ob und wie weit man Lernziele verschiedener Fachdidaktiken an ein und demselben Gegenstand bzw. Thema erreichen kann.

Die Betonung der Fachqualifikation hatte zur Folge, daß seit den siebziger Jahren in den meisten Grundschulen nicht mehr und qualifizierter Musik unterrichtet wurde als vorher, sondern weniger (zur Differenzierung der Situation vgl. GROSSE-JÄGER 1982). Viele Lehrer hielten sich für unfähig, einen Musikunterricht zu erteilen, der den Forderungen der Richtlinien und dem Stand der musikdidaktischen Diskussion entspricht. Das gilt in besonderer Weise für das 1. Schuljahr.

II. Ganzheitliches Musikmachen und fachliche Differenzierung

Der Unterricht im 1. Schuljahr muß in besonderer Weise an kindliche Umwelt- und Vorerfahrungen anknüpfen. Das gilt weitaus mehr als früher gerade für die Musik im Leben des Kindes. Durch ihre Allgegenwart sind seit etwa 20 Jahren der Musikpädagogik gänzlich neue Aufgaben zugefallen. Die Musikerziehung muß

„vor allem zwei Faktoren berücksichtigen:
- daß die Rolle der Musik in unserer Welt – für die wir die Kinder erziehen – eine völlig andere ist als noch vor wenigen Jahrzehnten,
- daß das Verhältnis unserer Schulkinder zur Musik ein völlig anderes ist als in früheren Zeiten, weil sie bereits in dieser Welt leben, für die sie erzogen werden sollen und nicht erst durch die Schule zu ihr hingeführt werden müssen" (GUNDLACH 1977, 443).

Welches sind die musikalischen Erfahrungen und Prägungen, die die Kinder beim Eintritt in die Schule mitbringen? Eine überall gültige Antwort kann nicht gegeben werden. Der Lehrer muß am Ort zurückfragen nach den Umgangsweisen der Kinder seiner Klasse mit Musik. Mit Bezug auf den Radio- und Fernsehgebrauch unterscheiden sich die Familien kaum. Aber vielleicht gibt es doch Unterschiede bei der Auswahl von Musiksendungen und dem Kauf von Schallplatten. Gibt es Familien, die – z. B. bei der Autofahrt, an Festen – mit den Kindern singen? Welche Instrumente sind vorhanden? Das ist nach Landschaften und örtlicher Tradition verschieden – es gibt Väter, die in der Blaskapelle mitspielen! –; aber auch familiäre Musiktradition gibt es. – Neben dem Wert der Musik in den Familien der Kinder ist nach den musikalischen Prägungen durch die Musikschule und den Kindergarten zu fragen. Dem Kindergarten kommt die größere Bedeutung zu, da ihn immer mehr Kinder besuchen (vgl. den Beitrag „Musikerziehung im Elementarbereich" in diesem Handbuch). Daher ist der Kontakt der Grundschullehrer mit den Erzieher(innen) des Kindergartens unbedingt notwendig, und zwar schon vor der Einschulung. Musikpädagogische Fragen an den Kindergarten sind:

Welche Lieder habt Ihr wie gestaltet?
Habt Ihr Kindertänze mit Kindern (und mit Eltern) getanzt?
Wurden einfache Instrumente gebaut?
Welche Klanggeschichten (Klangspiele) habt Ihr gemacht?
Haben die Kinder im Kindergarten aktiv Musik gehört?
Welche Feste, Bräuche mit welcher Musik sind üblich?

So gewinnt der Lehrer Einsicht in viele Umgangsweisen mit Musik, die nicht erst (wie früher) durch die Schule initiiert werden; sie sind vielmehr dem Unterricht vorgegeben. Die kindlichen Musikerfahrungen müssen im Unterricht thematisiert und vor allem durch musikalisches Tun ergänzt werden. Nach und nach werden die fachimmanenten Fähigkeiten und Kenntnisse in den Vordergrund rücken, die – so hoffen wir – die Umgangsweisen mit Musik erweitern und vertiefen.

Die musikalische Förderung der Kinder im 1. Schuljahr ist mithin von einem Übergangscharakter geprägt. Einerseits müssen die Anlässe und Inhalte des Musikmachens und -hörens eng mit dem kindlichen Erfahrungs- und Lebensraum verbunden sein („Funktion ist wichtiger als Qualität"); andererseits soll die Gestaltung von Musik möglichst genau, anspruchsvoll und von den Forderungen der Musik bestimmt werden (manche Richtlinien verwenden dazu das mißverständliche Wort „künstlerisch"). Einerseits muß die Dauer der Beschäftigung mit Musik der Aufmerksamkeitskurve der Kinder angepaßt sein; andererseits soll auch die Forderung, eine längere Zeit konzentriert und übend bei der Sache zu bleiben, spürbar werden. Einerseits ist die Förderung und der Ausgleich von Emotionen sowie ihr Ausdruck durch Musik sehr wichtig; andererseits sollen einige musikalische Elemente (z. B. Melodieteile, einprägsame Rhythmen, Klangfarben) bewußt gehört, in ihrem musikalischen Zusammenhang erkannt und bezeichnet werden (z. B. durch selbstgefundene Notationszeichen). – Angesichts der Notwendigkeit, das Gesamterleben der Kinder außerhalb und innerhalb der Schule zur Basis und zum Anlaß der Musikerziehung zu machen und der Forderung, in fortschreitender Differenzierung der kindlichen Erfahrungen fachspezifische Gesichtspunkte in den Unterricht einzubeziehen, wird man *zwei Planungs- und Unterrichtsebenen* der musikalischen Förderung im 1. Schuljahr unterscheiden müssen (nach meiner Meinung auch darüber hinaus im 2. Schuljahr).

In der *ersten Planungs- und Unterrichtsebene* ist Musik (a) durch Anlässe des Schullebens und des kindlichen Lebens gefordert und (b) mit anderen Ausdrucksformen ein und desselben Unterrichtsinhalts verbunden. Diese Stellung der Musik im Eingangsunterricht entspricht der ersten Unterrichtsebene, von der im Zusammenhang mit dem Gesamtunterricht auf Seite 276 die Rede war. Was muß der Lehrer auf dieser Unterrichtsebene können?

Einige *Beispiele zu (a):*

In den ersten Schulwochen Lieder singen, durch die sich Kinder „spielend" kennenlernen, in Kontakt kommen können („Mein rechter Platz ist leer.")/Den Schultag mit einem Lied beginnen./Den Geburtstag eines jeden Kindes der 1. Klasse zu einer kleinen Feier machen und dabei entsprechend singen, ein Musikstück hören./Bemerken, wenn ein Ereignis die Kinder beeindruckt (der erste Schneefall, eine Autobusfahrt, die brennende Adventkerze, die bevorstehenden Ferien) und ihnen Gelegenheit geben, dies durch ein Lied oder ein Klangstück auszudrücken oder in einem entsprechenden Musikstück wiederzufinden./Mit den Klassenlehrern der benachbarten Lerngruppen, der Jahrgangsstufe oder der gesamten Schule Lieder, Liedspiele, einfache Liedbegleitungen (auch durch Erwachsene) zu den im Schuleinzugsbereich üblichen Festen und Bräuchen (Karneval, Erntedankfest, Schützenfest) absprechen, vorbereiten und das gemeinsame Musizieren nach eigenem Vermögen unterstützen.

Musikmachen und -hören nach Art der genannten Anlässe hat primär Bedeutung für das sog. soziale Lernen und ist kaum zu überschätzen für die Integration ausländischer Kinder (BEHRENS 1983).

Einige *Beispiele zu (b):*

Thema Löwenzahn. Beobachtungen, Experimente, Erklärungen unter naturkundlich-biologischen Gesichtspunkten; Gestaltung mit Farben; hören, sprechen des Gedichts „Verblühter Löwenzahn"; *Verklanglichung des Gedichts* (vgl. MUSIKPRAXIS 10 [1981], 59 ff.)./Vogelrufe, Tierstimmen hören (auch von Tonträgern); zuordnen; *imitieren;* entsprechendes *Lied* singen; *Musikspiel* mit derselben Überschrift *hören* (z. B. Hummelflug von RIMSKY-KORSAKOW), sich *nach Musikstück* analog zur Tierbewegung *bewegen.*/Thema Tulpe. Beobachten, wie Tulpenzwiebeln wachsen; Ergebnisse durch Symbole festhalten; Beobachtungen verbalisieren; Gedicht „die Tulpe" hören, mitsprechen, in Gesten übertragen, durch *Klangillustration* mittels Orff-Instrumentarium gestalten (vgl. Lehrerhandbuch „Unser Liederbuch Schalmei" – Erstes Schuljahr, Stuttgart 1983, 22)./Ein Märchen erzählen; einige Abschnitte unter besonderem Akzent der Sprachförderung szenisch spielen; andere Szenen durch Kollagetechniken darstellen; zwei „Kernsätze" oder -wörter werden Gegenstand des Lese- und Schreibunterrichts; das Märchen wird als *Lied* gesungen./Thema Tageslauf: *Lieder* von der Uhr./Thema Wohnen: Geräusche in unserem Haus, auf der Straße; *Kollage* aus Klängen und Geräuschen ringsum/Ein thematischer Schwerpunkt der religiösen Erziehung findet seine – inhaltliche wie emotionale – Zusammenfassung in einem *Lied.*/Bewegungsmäßige oder szenische Gestaltung der Textinhalte von *Liedern;* zu einfachen (auch mittels Schallplatte eingespielten) *Kindertänzen* erfinden Kinder Bewegungsformen, andere, weiterführende Bewegungs- und Tanzformen gibt der Lehrer.

Die Verbindung von Musik- und Bewegungserziehung wurde im Unterricht der Grundschule bisher sehr vernachlässigt. Die Richtlinien für Grundschulen in Bayern verlangen sie obligatorisch für das 1. und 2. Schuljahr, jedoch leider unter Vernachlässigung anderer musikalischer Lehrnfelder (vgl. GEBHARD/

KUGLER 1979, darin Unterrichtsversuche in „normalen" 1. und 2. Jahrgangsklassen; HOLZHEUER1980).

Die Beispiele sollen Hinweise geben, wie die musikalische Förderung der Kinder in thematische Planungs- und Unterrichtseinheiten des Erstunterrichts integriert werden kann, gleichgültig, ob er sich als Gesamtunterricht oder fächerintegrierender Unterricht versteht. Die Ausdrucksfähigkeiten des Kindes durch Sprache, Bewegung, Farben, Gesten, Mimik, elementares Musizieren, Singen und nachgestaltendes Hören stehen in einer Wechselwirkung, durch welche sie sich gegenseitig vertiefen. Gerade durch diese Wechselwirkung wird die Lust der Kinder, sich durch Musik zu äußern und Musik zu hören gestärkt. Beispiele und Begründungen für eine integrierte Musikerziehung im 1. Schuljahr findet man

- im Lehrerbuch zum Liederbuch Schalmei – Erstes Schuljahr – Lieder, Spiele und Tänze für den Anfangsunterricht – von PETER FUCHS, WILLI GUNDLACH und der Verlagsredaktion Grundschule im Klett-Verlag Stuttgart 1983;
- M. NEUHÄUSER, A. REUSCH, H. WEBER: Resonanzen, Fibel für Vorklasse und 1. Jahrgangsstufe, Diesterweg-Verlag Frankfurt 1977.
- in der seit 1979 vierteljährlich erscheinenden Zeitschrift MUSIKPRAXIS, Arbeitshilfen für Musik in Kindergärten und Grundschule, hrsg. von HERMANN GROSSE-JÄGER, Fidula-Verlag Boppard und Salzburg.

In den Veröffentlichungen werden die Beispiele angereichert durch einfaches Instrumentalspiel, durch Bewegungsgestaltung und durch weiterführende Übungen für das hörende Erkennen und Benennen innermusikalischer Faktoren. Die letzteren reichen in die zweite Musikunterrichtsebene des 1. Schuljahres hinein, auf der die fachlichen Gesichtspunkte in den Vordergrund rücken.

Wenn wir Kindern in der Schule Gelegenheiten schaffen, sich durch Musik auszudrücken und sich durch sie beeindrucken zu lassen, so trägt das erheblich zur Stärkung ihres Selbstwertgefühls bei. Soziale Funktion und individuelle Wirkung von Musik werden verstärkt, wenn sie – wie beschrieben – mit anderen Formen des Ausdrucks und des Erlebens verbunden ist. In dieser Hinsicht ist sie ein durch nichts zu ersetzender Teil jedes erziehenden Erstunterrichts. Das sollten Gründe genug sein, um von jedem Erstklaßlehrer die Befähigung zum einfachen Umgehen mit Musik in der durch die Beispiele angedeuteten Weise zu erwarten. Hier ist nicht der Ort, das schul- und bildungspolitische Problem zu erörtern, ob alle Lehrer entsprechende Qualifikationen während ihrer Ausbildung oder in der Fort- und Weiterbildung gewinnen sollen und können. Es geht um die Einsicht in die Begründung der anfanghaften musikalischen Förderung *aller* Kinder bzw. deren Fortführung, wenn diese im Kindergartenalter begonnen wurde, im 1. Schuljahr. Sie ist nicht allein – und nicht einmal zuerst – aus fachdidaktischen, sondern aus allgemeinerzieherischen Gründen notwendig.

In einer *zweiten Planungs- und Unterrichtsebene* sind auch schon im 1. Schuljahr überschaubare fachdidaktische Einheiten möglich. Die Motivation der Kinder, sich über eine längere Zeitspanne (allein) mit Musik ohne deren Verbindung zu außermusikalischen Anlässen und Themen zu befassen, hängt vor allem vom kind- und sachgemäßen Methodenreichtum und dem Medien- und Methodenwechsel des Lehrers ab. Das läßt sich besonders gut am Hören von Musik darstellen, die wir nicht selbst machen. Wenn man das Hören eines Musikstückes zum Unterrichtsinhalt und -ziel macht, dann ist es notwendig, daß sich die Lerngruppe über das Gehörte verständigt. Die vorherrschende (aus der weiterführenden Schule entlehnte) Methode ist, über Höreindrücke zu sprechen. Eine annähernd zutreffende Verbalisierung von Gehörtem ist für viele Kinder nicht möglich. Daraus zieht man vorschnell den falschen Schluß, jüngere Kinder seien unfähig zum differenzierenden Musikhören. In Wahrheit mangelt es nur an Methoden, die auf sprachliche Reaktionen auf Musik weithin verzichten können. Dazu wenige Beispiele:

- Im „Aquarium" aus „Karneval der Tiere" von Camille Saint-Saens hört man verschiedene Klangabschnitte, die sich abwechselnd wiederholen. Der Klangabschnitt A ist durch ein musikalisches Motiv gekennzeichnet, das Flöte, Violine und Celesta spielen, wodurch die Melodie eine „silbrige" Färbung erhält. Dazu spielen die Klaviere Akkordbrechungen. Klangabschnitt A vermittelt den Eindruck: Fische schwimmen in Wellenbewegung. Im Klangabschnitt B „perlen" die Klaviere über den Liegestimmen der Streicher. Man kann den Klang mit der Bewegung von Wasserblasen assoziieren. Im Musikstück „Aquarium" ist der Ablauf: A, B, A, B, A, C (Abschluß). – In vielen Klassen hat es Kinder erfreut, wenn sie zum Klangabschnitt A die Arme horizontal bewegen („Fischmusik"), zum Abschnitt B vertikal („Bläschenmusik") mit entsprechenden Fingerbewegungen.
Ebenso richtig ist eine andere Methode: Man stellt zwei Karten her, auf die Fische und Wasserpflanzen mit Sauerstoffblasen gemalt werden. Zu jedem Klangabschnitt werden die passenden Karten gezeigt. Ohne ein Wort zu sprechen, wird der Unterschied der Klangabschnitte gehört und angezeigt – erste Schritte zum strukturierten Hören.
- Im „Schütteln der Pferde" aus der „Musikalischen Schlittenfahrt" von L. MOZART erklingt eine Reihe von Motiven, gespielt von Streichern und Bläsern. Sie sind durch Pausen getrennt. In die Pausen hinein spielt ein Schellengeläut, das auf das Schütteln der Pferde hinweist. Wie können Kinder es unterscheidend hören? Alle stehen. Wenn man das Schellengeläut hört, bewegen wir Kopf, Schultern, Arme wie Pferde, die den Schnee abschütteln. Originelle Bewegungen einzelner Kinder werden herausgestellt. Deutlich ist an unserer Körperruhe und unserer Körperbewegung der Wechsel der Motive und des Schellengeläuts – den wir *hören* – zu *sehen*. Nun kann man ihn mit Farben an der Tafel sichtbar machen. Wenn wir am Tafelbild beim Hören entlangfahren, wird die musikalische Struktur gehört und gesehen, ohne daß man viele Wörter gebrauchen muß (weitere Beispiele für ähnliche Reaktionen auf Musik in: MUSIKPRAXIS 1, 2, 3, 9, 10, 18, 19, 20).

Ähnliche Wege zum fachimmanenten Lernen sind auch in den Inhaltsfeldern Spiel auf Instrumenten, rhythmisch-musikalische Erziehung und Singen möglich (eine „Zusammenstellung von Lehrzielen und Lehrinhalten gibt GRAML 1974, 370 ff.). Immer ist das musikalische Tun und die tätige Erfahrung von Musik die Basis, denn die eigene Betätigung führt „sicherer und besser in das Wesen musikalischer Elemente als alle Theorie und Belehrung" (KESTENBERG). Mit methodisch-didaktischen Modellen, die diesen Weg in der Schulpraxis beschreiten, wird im 1. Schuljahr erst neuerdings ein Anfang gemacht. Von den musikpädagogischen Diskussionen seit den siebziger Jahren „scheint der Erstunterricht" (bisher) „kaum berührt zu sein" (GRAML 1974, 368). Wenn wir den Musikunterricht auf der ersten Unterrichtsebene von jedem

Lehrer des 1. Schuljahres erwarten müssen, so erfordert der Musikunterricht auf der zweiten Ebene den Fachlehrer. Es wird also auch in Zukunft nicht für alle Kinder des 1. Schuljahres in den Grundschulen der Bundesrepublik Deutschland die gleiche oder annähernd gleiche musikalische Förderung geben, weil die Mehrzahl der Grundschullehrer keine Musikfachlehrer-Qualifikation erwerben kann. (Der Beitrag von ULRICH GÜNTHER „Die Ausbildung der Lehrer", S. 441 ff., macht deutlich, wie unterschiedlich nach den Prüfungs- und Studienordnungen der deutschen Länder die musikdidaktische Grundschullehrer-Qualifikation verstanden werden muß.) Ein den fachdidaktischen Erwartungen gemäßer Unterricht findet dann statt, wenn der Klassenlehrer des 1. Schuljahres entweder Musikfachlehrer ist, oder wenn er den Musikunterricht – z. B. dreimal eine halbe Stunde je Woche – mit einem Fachkollegen tauscht. Man sollte die letzte Möglichkeit nicht ausschließen. Einzelbeispiele zeigen positive Ergebnisse, wenn die Kolleginnen/Kollegen eng zusammenarbeiten und ihre Unterrichtsstile einander angleichen.

Die Unterversorgung der Grundschule mit Musik ist eine Folge verfehlter Bildungspolitik seit eineinhalb Jahrzehnten. So bedauernswert dieses Faktum ist, so muß es doch nicht dazu führen, daß der Musikunterricht im 1. Schuljahr bis auf wenige Klassen gänzlich versiegt. In jeder Klasse könnte musikalische Förderung geschehen, wenn der Erstklaßlehrer sich mühte, fehlende Befähigung – im Sinne der 1. Unterrichtsebene – durch Fortbildung zu gewinnen und die Schulbehörden gerade solches Bemühen großzügig unterstützen würden.

Literatur

Behrens, H.: Musik als Mittel der Integration ausländischer Kinder in eine deutsche Schulklasse, in: Musikpraxis 18 (1983), 55 ff.
Gebhard, U./Kugler, M.: Didaktik der elementaren Musik und Bewegungserziehung, München 1979
Große-Jäger, H.: Es mangelt an Ausbildung und Ausstattung. Musikunterricht in der Grundschule: Kritische Bilanz und konstruktive Vorschläge, in: Neue Musikzeitung, April/Mai (1982)
Graml, K.: Musikerziehung, in: Rabenstein, R. (Hrsg.): Erstunterricht, Bad Heilbrunn 1974
Gundlach, W.: Musik und Auditive Kommunikation, in: Haarmann, D. (Hrsg.): Lernen und Lehren in der Grundschule, Braunschweig 1977
Holzheuer, R.: Musik- und Bewegungserziehung in Kindergarten und Grundschule, in: Studientexte zur Grundschuldidaktik, Bad Heilbrunn 1980
Rabenstein, R.: Erstunterricht, Bad Heilbrunn 1974

Musik mit ausländischen Kindern

Irmgard Merkt

I. Ausländer und Ausländerpolitik in der Bundesrepublik

Wenn einige wenige Kinder ausländischer Diplomaten, Wissenschaftler oder Geschäftsleute deutsche Schulen besuchen, werden sie kaum zum Problem. Im Gegenteil. Sie verleihen ihrer Umgebung ein wenig internationalen Charme und verpflichten auf eine Erziehung zu Toleranz und Völkerverständigung. Wenn viele, wenn *sehr* viele Kinder ausländischer Arbeiter deutsche Schulen besuchen, schwindet der Charme. Die Kinder werden zur „Zeitzünderbombe", zum „sozialen Sprengstoff für unser Land".
Abgesehen davon, daß die Charakterisierung einer sozialen und ökonomischen Frage mit Begriffen aus dem militärischen Bereich weder von sprachlicher Sensibilität noch von politischem Weitblick zeugt – auch die Tatsache, daß die ausländischen Kinder in der Bundesrepublik sind, weil ihre Väter vor Jahren gezielt in ihren Heimatländern als Arbeitskräfte angeworben worden waren, dringt nur langsam in das Bewußtsein der Öffentlichkeit ein. Tatsache ist: Von 1955 bis 1968 schlossen die jeweiligen Bundesregierungen im Interesse und auf Drängen der westdeutschen Industrie sogenannte Anwerbeverträge mit immer neuen Ländern an der südlichen Peripherie Europas, um dem Mangel an deutschen Arbeitskräften abzuhelfen. Im Jahr 1973 erging freilich ein allgemeiner Anwerbestopp. Es war deutlich geworden, daß die Vorstellung vom Prinzip der *Rotation* der Arbeitskräfte, das von der Rückkehr junger Arbeiter in ihre Heimatländer nach nur einigen Jahren Aufenthalt in der Bundesrepublik ausgeht, sich nicht verwirklichte. Es hatte sich herausgestellt, daß die ausländischen Arbeiter nicht ohne ihre Familien leben wollten und daß die Aufenthaltsdauer dieser Familien in Deutschland zusehends länger wurde.
Mit den ausländischen Familien kamen die Kinder – Kinder, die aus den Heimatländern nachgeholt wurden, Kinder, die in der Bundesrepublik geboren wurden. Die Zahl der ausländischen Kinder an deutschen Schulen stieg schnell und kontinuierlich. Besuchten im Jahr 1965 etwa 35 000 Ausländerkinder die verschiedenen Schulgattungen, so waren es 1978 bereits 551 000, fast 400 000 von ihnen kamen auf die Grund- und Hauptschule. Zwei Jahre später, im Schuljahr 1980/81 waren die Zahlen wiederum angestiegen: 738 213 ausländische Schülerinnen und Schüler besuchten deutsche Schulen, 522 345 davon Grund- und Hauptschulen. Besonders bedeutsam ist in diesem Zusammenhang die Entwicklung des Anteils türkischer Kinder an der Gesamtzahl ausländischer

Kinder: Ihre Zahl stieg von 3081 im Jahr 1965 auf 223694 im Jahr 1978 (KISCHKEWITZ/REUTER 1980,26), im Schuljahr 1980/81 erhöhte sie sich auf 370531 (FUNKE 1982,XI). Prognosen sprechen vom Ansteigen der Zahlen insgesamt auf rund eine Million im Jahr 1990 (vgl. KLEMM 1979,41).

II. Kulturelle Integration – Chancen und Probleme

Sucht auch die Ausländerpolitik seit Jahren mit verschiedenen Mitteln, deren Effektivität und oftmals auch Humanität an dieser Stelle nicht diskutiert werden kann, diese Entwicklungen zu steuern – die ausländischen Kinder *sind da,* sie sind und bleiben auf viele Jahre hinaus gesellschaftliche und pädagogische Aufgabe und Herausforderung.

Dieser Herausforderung haben sich Bildungsplaner und Schulbehörden in einem Prozeß gestellt, der – unabhängig vom Engagement einzelner Personen und Institutionen – als eher zäh bezeichnet werden muß. Die Hoffnung, daß sich das Problem durch die Rückkehr der Familien in die Heimatländer von selbst lösen könnte, bestimmte viele Jahre lang Ausländerpolitik und Ausländerpädagogik, obwohl die Zahlen andere Entwicklungen deutlich machten. Die Hoffnung auf die Rückkehr, auf die Remigration der Ausländer, verwies diese zudem lange Jahre an einen imaginären Rand der Gesellschaft und machte die ausländischen Familien und ihre Kinder zu einer „Randgruppe", obwohl die Frage des Verhältnisses der deutschen Bevölkerung zum Fremden, zum Anderen – und damit die Frage des Willens zu einer konstruktiven Auseinandersetzung mit allem, was nicht „deutsch" ist – einen der wichtigsten Aspekte vergangenen und gegenwärtigen gesellschaftlichen Bewußtseins anschneidet. Auf die Frage „Integration – oder nicht?" bzw. „Integration – aber wie?" antwortet die „offizielle" Ausländerpädagogik mittlerweile fast durchgängig mit dem Konzept der *Doppelstrategie.* Diese meint zum einen die Integration der ausländischen Kinder in das deutsche Schulsystem, meint „die erfolgreiche Mitarbeit in den deutschen Schulen". Sie spricht zum anderen davon, den ausländischen Schülern die „Wiedereingliederung in die heimatlichen Schulen offenzuhalten" (Beschlüsse der Kultusministerkonferenz 1979, 1).

Bis in die 70er Jahre war die Frage von schulischer Integration scheinbar vor allem die des Erwerbs deutscher Sprachkenntnisse – und damit ein Hauptproblem des Faches Deutsch. Der pädagogische Alltag und die geringe Effektivität der schulischen Ausbildung – ein hoher Prozentsatz ausländischer Schüler kann dem Unterrichtsgeschehen nicht folgen und erreicht keinen Schulabschluß – machen deutlich, daß Integration nicht nur eine Sache sprachlicher Kompetenz, sondern auch eine Sache sozialer Zusammenhänge und Beziehungen und die des *gemeinsamen* Lernens von deutschen und ausländischen Kindern ist (vgl. HOHMANN 1976). Alle Schulfächer wurden nun auf ihre Möglichkeiten hin durchleuchtet, einen Beitrag zur Lösung der Integrationsproblematik zu leisten. Die sogenannten „musisch-technischen Fächer" schienen nun in besonderem Maße

Anlaß zu Hoffnungen zu geben. In den Empfehlungen der Kultusministerkonferenz von 1971 heißt es:

„Die Schüler der Vorbereitungsklassen können in den Fächern Musik, Kunst, Werken, Textilgestaltung, Hauswirtschaft und Sport gemeinsam mit deutschen Schülern unterrichtet werden" (in: FRIBERG 1976, 187).

Grund für die Empfehlung war die Definition dieser Fächer als „nicht sprachorientiert", war der Akzent des „learning by doing", war die Möglichkeit zur „nonverbalen Kommunikation", war „die Tatsache, daß sich hier als Sozialformen des Unterrichts vergleichsweise häufig Partner- und Gruppenarbeit finden" (FRIBERG 1976, 187 ff.). Die musisch-technischen Fächer wiederum waren nun auf ihre neue Aufgabe nicht oder so gut wie nicht vorbereitet. Über die Dokumentation einzelner erfolgreicher und beispielhafter Unterrichtsreihen hinaus, wie sie von engagierten Pädagogen in Fachzeitschriften, etwa in „Ausländerkinder in Schule und Kindergarten" oder in „Ausländerkinder – Forum für Schule und Sozialpädagogik" veröffentlicht werden, gibt es keine fachspezifischen Gesamtkonzepte.

Auch die Idee des *interkulturellen Unterrichts,* die seit einigen Jahren verstärkt diskutiert wird, ist noch nicht zu einem Gesamtkonzept des gemeinsamen Unterrichts von deutschen und ausländischen Kindern geworden – wenngleich ihr auch die größten Chancen innewohnen, ein Gesamtkonzept entstehen zu lassen. Interkultureller Unterricht definiert einerseits die Situation der ausländischen Kinder in der Bundesrepublik als interkulturell im Sinne von „zwischen den Kulturen". Er bezieht andererseits aber die deutschen Kinder bewußt in die interkulturelle Situation mit ein:

„Auch für die deutsche Majorität besteht angesichts der Veränderung der sozialen Strukturen ... und des Zusammenlebens mit Menschen anderer ethnischer, kultureller und sozialer Herkunft die Notwendigkeit, sich in einer interkulturellen Situation zu orientieren und in ihr handlungsfähig zu werden. Bloße Toleranz gegenüber Minderheiten reicht hier nicht aus; auch den Deutschen werden interkulturelle Lernprozesse abverlangt" (STEFFEN 1981, 60).

Verknüpft mit dem Gedanken des interkulturellen Unterrichts sind Vorstellungen vom erfahrungs- und situationsorientierten, vom projektorientierten und fächerübergreifenden Lernen der Schüler. Aber nicht nur Schüler lernen in diesem Unterricht. Da die interkulturelle Situation in der Entwicklung begriffen ist, bedeutet sie auch Lernprozesse für die Lehrerinnen und Lehrer, die in der neuen Situation nicht auf alte Rezepte zurückgreifen können.

Nun scheint der Weg des Schulfaches Musik von einem „normalen" Unterricht bis zu einem „interkulturellen" Unterricht nicht so weit zu sein wie der anderer Fächer. Wohnt der Musikdidaktik der Grundschule der interkulturelle Ansatz nicht bereits inne? Ist das internationale Liedgut nicht bereits interkulturelles Material? Läßt sich die Forderung der Hörerziehung nach Toleranz *allen* musikalischen Phänomenen gegenüber nicht auch auf die Musik aus der Heimat der ausländischen Kinder beziehen? Meint die Instrumentenkunde, die volkstümliche Instrumente zum Thema macht, nicht auch die Spaniens oder der Türkei?

III. Das Fach Musik im Spiegel von Richtlinien, Unterrichtswerken und didaktischen Konzepten

Ein Blick in geltende Richtlinien der einzelnen Bundesländer für das Fach Musik in der Grundschule macht deutlich, daß hier – wenn auch nicht mit interkultureller Absicht – Vorarbeit geleistet worden ist. Der Lehrplan von Baden-Württemberg aus dem Jahre 1978 weist beispielsweise einen eigenen Themenbereich „Musik anderer Länder" aus (vgl. NOLTE 1982, 57) und nennt im Rahmen des Themenbereichs „Lied" ausdrücklich „Lieder anderer Völker" (vgl. NOLTE 1982, 51). Bremen schreibt im Lehrplanentwurf von 1977 zum Thema Musikalische Elementarlehre/Instrumentenkunde:

> „Die Kinder sollen die instrumentalbedingten Eigenarten deutscher, europäischer und außereuropäischer Folklore kennenlernen" (vgl. NOLTE 1982, 152). Weiterhin sollen die Kinder „imstande sein, Instrumentarien bestimmter Volksmusiken zu benennen und diese großen geographischen Räumen zuzuordnen..., diese Instrumente hinsichtlich Bau, Klang und Spielweise zu beschreiben... und besonders charakteristische Musikbeispiele aufgrund der Instrumentation ihrem Funktionsfeld zuzuordnen" (vgl. NOLTE 1982, 152).

Rheinland-Pfalz formuliert das Lernziel „Ausländische Lieder kennenlernen" (vgl. NOLTE 1982, 319) ebenso wie Schleswig-Holstein, das im Zusammenhang mit dem Teilbereich „Unsere Stimme als Instrument" schreibt:

> „Lerninhalte: Erlernen deutscher und ausländischer Lieder, deren Auswahl sich nach der Thematik des Unterrichts oder nach jeweiligen Bedürfnissen (Elternabend, Schulfest, Klassenfahrt u. a.) richten kann" (vgl. NOLTE 1982, 358).

In der Folge ist nun kein neueres Unterrichtswerk oder auch Liederbuch für die Primarstufe zu finden, das auf Liedbeispiele aus dem Ausland verzichtet. Hinzu kommt, daß einige Lehrbücher der Musik des europäischen und außereuropäischen Auslands sowohl unter dem Aspekt der Hörerziehung als auch unter dem der Instrumentenkunde eigene Kapitel widmen. Als Beispiel seien die Seiten „Flöten in aller Welt" in „Wege zur Musik II" (SPIES/REINHARD 1978, 81 ff.) genannt.

Offenbar leistet die Musikerziehung in der Primarstufe also bereits einen Beitrag zur musikalischen Ausländerpädagogik. Nun – dieser „Ohnehin-Beitrag" der Musikpädagogik kann angesichts von mehreren hunderttausend ausländischen Kindern in der deutschen Grundschule nicht genügen. Dies deshalb, weil die Musik der „fremden Länder" nicht mehr hauptsächlich Sache der fremden Länder ist und *dort* stattfindet: Die Kinder, deren Musikkultur „fremdländischer" Unterrichtsgegenstand ist, sitzen nicht mehr fern in Griechenland, Jugoslawien oder in der Türkei auf der Schulbank, sie sind Mitschüler und Nachbarn der deutschen Kinder geworden. Ihre Musikkultur ist nicht mehr „nur" internationale Folklore, sie ist Teil des Musiklebens der Bundesrepublik geworden.

Diese Tatsache muß auf Inhalte und Ziele des Musikunterrichts Einfluß nehmen. Wendet man den Grundsatz, die Schülerinnen und Schüler einer Klasse von dem musikalischen Ort „abzuholen", an dem sie stehen, ebenso auf die ausländischen wie auf die deutschen Kinder an, so muß dies einen quantitativ wie qualitativ veränderten Zugriff zur Musikkultur der Heimatländer ausländischer Kinder sowie eine Auseinandersetzung mit der neu in der Bundesrepublik entstehenden Migranten-Musikkultur zur Folge haben.

Der interkulturelle Musikunterricht hat aber nicht nur diese Aufgabe. Gleichrangig neben diesen musikimmanenten Erwägungen stehen die Aspekte der sozialen Lernziele, steht der Grundsatz vom Lernen *durch* Musik: Auf dem Weg über musikalische Beziehungen muß der Unterricht auch gezielt Einfluß auf die sozialen Beziehungen zwischen deutschen und ausländischen Kindern zu nehmen suchen.

Diese Notwendigkeit ist in den vergangenen Jahren durchaus von – freilich noch zu wenigen – Musikpädagogen und Musikdidaktikern erkannt worden. Aus den Materialien, Vorschlägen und Überlegungen zum Musikunterricht mit ausländischen und deutschen Kindern lassen sich drei Ansätze erkennen. Gemeinsam ist diesen drei Ansätzen, daß sie sich jeweils auf die *Anfangssituation* eines gemeinsamen Unterrichts beziehen, daß sie Vorschläge für den *Einstieg* in einen gemeinsamen Unterricht sind.

Der erste Ansatz, der beschrieben werden soll, läßt sich als *„handlungsorientiert-assimilatorisch"* bezeichnen. Dieser Ansatz sucht bewußt Lernsituationen zu schaffen,

„die ausländische und deutsche Kinder am ehesten zur kommunikativen Auseinandersetzung anregen und die vornehmlich durch kooperatives und arbeitsteiliges Verhalten des Schülers zu bewältigen sind" (MARTINI/SCHMIDTKE 1981, 24).

Musikalische Themen im Unterricht sollen also in besonderem Maße dazu dienen, sprachanregende und handlungsbezogene Situationen zu schaffen. Diese Unterrichtskonzeption gibt zur Bezeichnung „assimilatorisch" freilich noch keinen Anlaß. Den Anlaß dazu geben die *Inhalte,* anhand derer diese Lernziele erreicht werden sollen. MARTINI/SCHMIDTKE schlagen unter dem Titel „Das Orchester aus dem Müll" das Erfinden, Bauen und Spielen von selbstgefertigten Musikinstrumenten vor (vgl. MARTINI/SCHMIDTKE 1981, 24 f.). FINKEL spricht im Rahmen projektorientierter, fächerübergreifender Arbeit ebenfalls vom Bau von Musikinstrumenten, dazu von Themen wie „Werbung", „Klang-, Schall- und Hörspiele" oder „Umwelt und Lärm" (vgl. FINKEL 1979, 214 f.). Die Materialien des „Krefelder Modellversuchs" suchen die „integrativen" Inhalte des gemeinsamen Musikunterrichts in der bundesdeutschen akustischen Umwelt und benennen Themen wie „Einfache Alltagsgeräusche" oder „Klangarten und Geräusche" (Projektstudie III/2, o. J., 265, 272). Gemeinsam ist diesen drei Beispielen für den handlungsorientiert-assimilatorischen Ansatz der direkte oder indirekte Bezug auf die „Karlsruher Versuche" (vgl. FUCHS 1974). Gemeinsam ist ihnen – und hierin liegt die besondere Begründung für die oben vorgenommene Charakterisierung –, daß die Einführung in das, was Musik, was Musikunterricht sein kann, auf eine Art und Weise geschieht, die zwar dem Selbstverständnis der deutschen Schulmusik entspricht, die sich aber nicht an dem Musikbegriff der ausländischen Kinder orientiert. Hierin liegt die Gefahr der Irritation der ausländischen Kinder in bezug auf ihre musikkulturelle Identität.

Der zweite Ansatz der deutschen Musikpädagogik, sich mit der Anwesenheit ausländischer Schülerinnen und Schüler im Musikunterricht der Grundschule auseinanderzusetzen, kann als *„ethnologisch"* bezeichnet werden. Er ist von der Position „Toleranztraining durch Hörerziehung" bestimmt. Das hörende Kennenlernen einer fremden Musikkultur wird als geeignet angesehen, bei deutschen Kindern *Verständnis* für die ausländischen Kinder zu erzielen. Ein Beispiel für diese Vorgehensweise ist das Kapitel „Özlem singt anders" des Grundschulwerks „Resonanzen" (vgl. NEUHÄUSER et al. 1979, 83f.). Hier wird in die Musik der Türkei anhand eines Beispiels aus dem religiösen Bereich eingeführt. Der Ruf des Muezzin steht stellvertretend für die Religion der meisten türkischen Kinder, steht stellvertretend für den Islam. Weitere Musikbeispiele sind ein Wiegenlied sowie mehrere Instrumentalstücke, die typische türkische Musikinstrumente vorstellen. Ist hier zum einen das sinnvolle Bemühen um Authentizität anzuerkennen, so bleibt doch zum anderen die Frage, ob nicht auf diesem Weg aus dem Anders*sein* von Özlem und „seiner" Musikkultur nur zu leicht ein Anders*bleiben* werden kann. Deutschen Kindern den anderen musikkulturellen Hintergrund etwa ihrer türkischen Mitschüler deutlich zu machen – insofern die Charakterisierung „ethnologisch" –, hat seine Berechtigung und fördert gewiß *prinzipiell* gegenseitiges Interesse und Verständnis. Dies freilich nur, wenn über das Anderssein hinaus die Perspektiven von gemeinsamem Spaß und gemeinsamen Interessen für deutsche und ausländische Kinder deutlich wird.

Der Ansatz *„gemeinsam Singen"*, aus dem in der Folge das Konzept *„gemeinsam Singen, Spielen und Tanzen"* wird, ein Ansatz also, der im positiven Sinn des Wortes *„integrativ-musikantisch"* genannt werden kann, zeichnet sich bereits 1976 in der ersten Veröffentlichung des Schulbuchmarktes ab, die sich bewußt mit Liedbeispielen und didaktischem Kommentar auf die Anwesenheit der ausländischen Kinder in der Bundesrepublik bezieht. „Unser Musikbuch – Dudelsack" (FUCHS/GUNDLACH 1976, 42ff.) stellt mit seiner Doppelseite „Kinder singen Lieder aus ihrer Heimat. Türkei – Spanien" einen qualitativen Sprung auf dem Weg von der Folklore zur musikalischen Ausländerpädagogik dar. Die musikalischen Inhalte werden für alle Schüler mit der Anwesenheit der ausländischen Kinder begründet, die ausländischen Kinder sollen sich ihren deutschen Mitschülerinnen und Mitschülern gegenüber als kompetente Vertreter ihrer heimatlichen Musikkultur darstellen können und die deutschen Kinder in das Musikmachen mit einbeziehen. Der Lehrerband argumentiert wie folgt:

„Wenn Gastarbeiterkinder der betreffenden Länder in der Klasse sind, können sie zum Gespräch über den Inhalt, über das Land, über die Bräuche beitragen. Sie können den Text in der Muttersprache vorlesen, Instrumente aus ihrer Heimat mitbringen, andere Lieder, die sie kennen, vorsingen und Fotos und Bilder zeigen, die von diesen oder ähnlichen Bräuchen ihres Landes erzählen. Es ist wichtig, diesen Kindern die Möglichkeit zu geben, etwas Eigenes vorzuführen und dadurch anerkannt zu werden, so wie es für die deutschen Kinder gut ist, einmal etwas von dem zu erfahren, was die Gastarbeiterkinder ihnen voraus haben, in diesem Fall die Muttersprache und die Lieder ihrer Heimat" (FUCHS/GUNDLACH 1977, 72).

Hier zeichnen sich Grundgedanken einer interkulturellen Musikerziehung ab, wie sie auch in „Unser Liederbuch für die Grundschule – Schalmei" (FUCHS/GUNDLACH 1980) verfolgt werden: Das Kapitel „Juspanita Grieportür" – dieses Kunstwort ist aus den Namensanfängen der sechs Hauptentsendeländer ausländischer Arbeitnehmer, aus *Ju*goslawien, *Spa*nien, *Ita*lien, *Grie*chenland, *Po*rtugal und *Tür*kei zusammengesetzt – stellt Lieder und Tanzmelodien aus der Heimat der ausländischen Kinder zum gemeinsamen Singen, Spielen und Tanzen vor.

IV. Konsequenzen

Sind die Vorschläge sowohl des handlungsorientiert-assimilatorischen Ansatzes als auch die des ethnologisch orientierten Ansatzes zunächst eher mögliche *Einstiege* in den Komplex der musikalischen Ausländerpädagogik, so läßt sich aus den Materialien des integrativ-musikantischen Ansatzes ein interkulturelles Modell ableiten, das sich u. a. in folgende Punkte fassen läßt:

- Lieder und Instrumentalstücke aus der Heimat ausländischer Kinder müssen in konkreten Bezug zu den in der Bundesrepublik anwesenden Kindern gebracht werden.
- Lieder und Instrumentalstücke aus der Heimat ausländischer Kinder müssen in den konkret-sozialen und musikkulturellen Zusammenhang der Musikkultur der Heimatländer gebracht werden.
- Musikkulturelle Gemeinsamkeiten, aber auch musikkulturelle Unterschiede zwischen den Heimatländern ausländischer Kinder und der Bundesrepublik müssen deutlich werden und bleiben.

Nun stellt sich die Musikkultur der Heimatländer ausländischer Kinder, stellt sich die Musikkultur Südeuropas in der Regel sowohl inhaltlich als auch formal als *ein* Kapitel unter vielen denkbaren Kapiteln der musikalischen Grundschuldidaktik dar. Über diesbezügliche Bedenken der Folklorekenner Südeuropas können hier nur Vermutungen angestellt werden. Deutlich hingewiesen werden muß aber in diesem Zusammenhang auf die besondere Problematik der *türkischen Musik* für deutsche Musikpädagogen. Türkische Musik war als Teil der Musikkultur des Vorderen Orients bis zum Anwachsen der Zahlen türkischer Kinder an deutschen Schulen fast ausschließlich ein Thema der Musikethnologie. Nun geschieht der Zugriff der Musikethnologie auf die türkische Musikkultur in einer Art und Weise, die sich gerade für die Grundschuldidaktik nur als Vorausinformation eignet. So ist die deutsche Musikpädagogik gezwungen, sich die in Unterricht umsetzbaren Materialien auf andere, auf neue Weise zu besorgen. Möchte sie sich nun hilfesuchend an die türkische Musikpädagogik wenden, so kann sie mit Erstaunen feststellen, daß sich diese fast ausschließlich an der europäischen Musikkultur orientiert. Türkische Musikkultur, türkische

Lieder, Instrumente und Komponisten sind in den Schulbüchern der Türkei so gut wie nicht vertreten. Dafür finden sich zahlreiche deutsche Volks- und Kinderlieder, deren Text in das Türkische übersetzt wurde. Hinzu kommen Bearbeitungen von deutschen Kunstliedern bzw. von Opernmelodien. Dieses Phänomen ist Folge der starken Ausrichtung der Türkei am westlichen Vorbild nach der Gründung der Republik im Jahre 1923. Von 1936 an war EDUARD ZUCKMAYR, der Bruder des Schriftstellers CARL ZUCKMAYR, eine der führenden Persönlichkeiten der türkischen Musikpädagogik – er hatte zusammen mit anderen jüdischen Intellektuellen bzw. Antifaschisten in Ankara Zuflucht vor dem Nationalsozialismus gefunden und sich die Weiterentwicklung der Musikerziehung in der Türkei im europäischen, im deutschen Sinne zur Lebensaufgabe gemacht. Als Leiter der musikalischen Lehrerausbildung – diesen Posten hatte er bis 1970 in Ankara inne – hatte er entscheidenden Einfluß auf die Inhalte und Methoden der türkischen Musikpädagogik. Auf die Problematik dieser Entwicklung hingewiesen haben MERKT (vgl. MERKT 1983) und OKYAY (vgl. OKYAY 1982).

Die türkische Schulmusik selbst ist also nur in begrenztem Maße Ansprechpartner, sie kann zur Lösung deutscher musikpädagogischer Probleme nur wenig beitragen. Die deutsche Musikpädagogik muß ihre Lösungen also im Lande finden – auf dem Weg über die türkischen Kinder, auf dem Weg über die türkischen Musiker, die in Deutschland leben. Sie tut dies auch auf dem Wege über „Feldforschung", über die Befragung etwa von türkischen Musikgruppen oder über die Beobachtung von türkischen Kindern im Unterricht (vgl. BRECKOFF 1982). Unterstützung findet die Musikpädagogik auch von seiten der Modellversuche, die zwar nicht im engeren Sinne im schulischen Raum arbeiten, deren Ergebnisse und Erkenntnisse aber auf die Schule ausstrahlen. Einer dieser Modellversuche, der von WERNER PROBST, dem Lehrstuhlinhaber des Faches Musik in der Sondererziehung an der Universität Dormund, initiiert wurde, brachte an Ergebnissen neben dem Abschlußbericht, der speziell auf die musikalischen Verhaltensweisen türkischer Kinder eingeht (vgl. Verband deutscher Musikschulen 1982), eine Schallplatte mit deutschen und türkischen Liedern für den gemeinsamen Unterricht von deutschen und türkischen Kindern (vgl. MERKT 1982) sowie einen Überblick über bisher geleistete Arbeit und Tendenzen des deutsch-türkischen Musikunterrichts (vgl. MERKT 1983). Diese Materialien beziehen sich auf die Idee des interkulturellen Unterrichts, sie möchten die Idee vom gemeinsamen Lernen im Sinne von gemeinsamem Handeln vorantreiben.

Wenn auch allenthalben in der schulischen Praxis neue Ideen entwickelt, neue Erfahrungen gemacht werden, so hat sich doch die etablierte Musikpädagogik und -didaktik bislang nur ansatzweise um die Probleme der musikalischen Ausländerpädagogik gekümmert. Die Chance, Musikpädagogik bewußt als einen Teil der Ausländerpädagogik und diese wiederum bewußt als einen Teil der Ausländerpolitik zu sehen, die Chance, auf dem Weg über Musikpädagogik einen politischen Beitrag zur Lösung der Ausländerfrage in der Bundesrepublik zu leisten, haben bislang noch zu wenige Musikpädagogen ergriffen. Im Sinne einer friedlichen und gemeinsamen Zukunft aller Menschen bleibt auch hier noch viel zu tun.

Literatur

Beschlüsse der Kultusministerkonferenz: Unterricht für Kinder ausländischer Arbeitnehmer. Neufassung der Vereinbarung „Unterricht für Kinder ausländischer Arbeitnehmer" 1979, Neuwied 1981
Breckoff, W.: Türkische Musik in unserer Stadt. Versuch einer Annäherung in Schule und Hochschule, in: Jahrbuch für Musiklehrer 3, Lilienthal 1982, 155–161
Finkel, K.: Musik als Mittel zur Integration im Primarbereich mit hohem Ausländeranteil, in: Handbuch Musik und Sozialpädagogik, Regensburg 1979, 209–220
Friberg, D.: Gemeinsamer Unterricht, in: Hohmann, M. (Hrsg.): Unterricht mit ausländischen Kindern, Düsseldorf 1976, 185–208
Fuchs, P.: Karlsruher Versuche für den Musikunterricht in der Grundschule, Stuttgart 1974
Fuchs, P./Gundlach, W.: Unser Musikbuch für die Grundschule – Dudelsack, Stuttgart 1976
Fuchs, P./Gundlach, W.: Unser Musikbuch für die Grundschule – Dudelsack, Stuttgart 1977 (Lehrerband)
Fuchs, P./Gundlach, W.: Unser Liederbuch für die Grundschule – Schalmei, Stuttgart 1980
Funke, L.: Daten und Fakten zur Ausländerpolitik, Bonn 1982
Hohmann, M. (Hrsg.): Unterricht mit ausländischen Kindern, Düsseldorf 1976
Kischkewitz, P./Reuter, L. R.: Bildungspolitik zweiter Klasse? Frankfurt 1980
Klemm, K.: Ausländerkinder in deutschen Schulen. Zahlen und Prognosen, in: Hansen, G./Klemm, K. (Hrsg.): Kinder ausländischer Arbeiter, Essen 1979, 31–44
Martini, U./Schmidtke, H. P.: Das Orchester aus dem Müll, in: Ausländerkinder in Schule und Kindergarten 1 (1981), 24–27
Merkt, I.: Deutsche – türkische Kinder, türkische – deutsche Lieder. Schallplatte mit Beiheft, Mainz 1982
Merkt, I.: Deutsch-türkische Musikpädagogik in der Bundesrepublik, Berlin 1983
Neuhäuser, M. et al.: Resonanzen Primarstufe. Arbeitsbuch für den Musikunterricht, Frankfurt 1979
Nolte, E.: Die neuen Curricula, Lehrpläne und Richtlinien für den Musikunterricht an den allgemeinbildenden Schulen in der Bundesrepublik Deutschland und West-Berlin. Teil I: Primatstufe, Mainz 1982
Projektstudie III/2, Abschlußbericht zum Grundschulprojekt, Krefeld o. J.
Okyay, E.: Türkische Musik und die geschichtliche Entwicklung der Musikerziehung in der Türkei, in: Kultur im Migrationsprozeß, Berlin 1982
Spies, G./Reinhardt, F.: Wege zur Musik II. Unterrichtswerk für die Grundschule, Ausg. B., Stuttgart 1978
Steffen, G.: Interkulturelles Lernen – Lernen mit Ausländern, in: Sandfuchs, U. (Hrsg.): Lehren und Lernen mit Ausländerkindern, Bad Heilbrunn 1981, 56–68
Verband deutscher Musikschulen e. V. (Hrsg.): Abschlußbericht Modellversuch: Instrumentalspiel mit Behinderten und von Behinderung Bedrohten. Kooperation zwischen Musikschule und Schule, Bonn 1982

# IV. Unterrichtsvorbereitung und Leistungsbeurteilung

Unterricht vorbereiten, durchführen, auswerten (1. Ausbildungsphase)

Ingrid Böhle

I. Einleitung

Unterrichtsvorbereitung gehört zu den zentralen Aufgaben des Lehrers. Der erfahrene Lehrer hat in seiner Berufspraxis seine eigene Art der Vorbereitung entwickelt. Er weiß, wenn er die nächste Musikstunde gestaltet, was er seinen Schülern und wie anbieten kann. Schließlich kennt er seinen Arbeitsplatz Schule. Der Lehrerstudent dagegen weiß das alles nicht oder zumindest reichen seine Erkenntnisse für eine vertretbare Vorbereitung nicht aus. Er muß erst noch Erfahrungen sammeln. Für seine Unterrichtsvorbereitungen braucht er Hilfen. Dazu bietet sich ein gutes Dutzend didaktischer Modelle an. Es gilt als allgemein anerkannt, daß „didaktische Modelle und die auf sie bezogenen Instrumente ... in der Lehrerausbildung unverzichtbar" sind (MENCK 1980, 339).

In der Tradition der Grundschullehrerausbildung gehören die Unterrichtsvorbereitung, das Sammeln von Unterrichtserfahrungen und die Nachbesinnung über den Unterricht selbstverständlich zusammen. Unterrichtsvorbereitung und Praktika sind eng miteinander verknüpft. Vielerorts scheint man allerdings von einer solchen Verbindung nicht mehr viel zu halten.

1. Praktika in der 1. Phase – notwendige Überlegungen

Bei einer Zweiphasigkeit der Lehrerausbildung – wie sie in unseren beiden Aufsätzen zur Unterrichtsvorbereitung zugrunde gelegt ist – scheinen sich Praktika in der 1. Phase mit ihrer theoretischen Ausbildung an der Universität zu erübrigen. Auf den ersten Blick scheint eine saubere Trennung von Theorie und Praxis logisch und sinnvoll zu sein. Die 1. Phase beinhaltet die Theorie vom Unterrichten mit all ihren Implikationen (u. a. die theoretische Durchdringung didaktischer Modelle); die 2. Phase dagegen die Praxis, in der dieses Wissen dazu verhilft, die Probleme in den Griff zu bekommen. Wird diese Trennung „sauber" durchgehalten, wird in der Praxis m. E. jedoch die angestrebte rationale Durchdringung von Unterricht eher verhindert. Die von der Praxis isolierte Theorie kann keinen „Sitz im Leben" des angehenden Lehrers gewinnen. Der vielzitierte „Praxisschock" ist Resultat eines gestörten Theorie-Praxis-Verhältnisses.

Wenn es in der 1. Phase nicht gelingt, die wissenschaftlichen Erkenntnisse in den Sitz des Lebens zu bringen, „vom Kopf auf die Füße" zu stellen, verliert Wissenschaft ihren Sinn als Promotor der Praxis. Außerdem wird auch die 2. Phase abgewertet. Lehramtsanwärter in einer sehr komplexen und schwierigen Lernsituation, die auch noch von Leistungsbeurteilungen geprägt ist, können hier nicht mit Grunderfahrungen beginnen. Sie können nicht erst jetzt anfangen, alle isolierten Techniken und Kategorien, ihre musiktheoretischen, musikwissenschaftlichen, musikdidaktischen, allgemeindidaktischen, soziologischen, psychologischen Kenntnisse, ihre künstlerischen Fähigkeiten ... zu integrieren und in eine vernünftige Beziehung zur Unterrichtspraxis zu setzen. Wenn sie das täten, bliebe ihnen nichts anderes übrig, als den Anforderungen des Seminars theoretisch blind zu folgen. Durch zu wenig Praxiserfahrung wären sie gezwungen, die Legitimation ihres Unterrichts mit einer rigiden Anpassung an das gerade bevorzugte Modell zu leisten. Der Unterricht bliebe trotz theoretischer Grundlage vorwissenschaftlich. Denn es fände ja keine theoretische Durchdringung der Praxis statt, sondern lediglich ein instrumenteller Gebrauch von Fragekatalogen und Unterrichtsrastern.

Fast noch dramatischer verläuft heute für viele Lehramtsanwärter die Praxisbegegnung, nachdem im Seminar der 2. Phase die lernzielorientierten Modelle immer mehr von einer schüler- und handlungsorientierten, offeneren Unterrichtsvorstellung abgelöst werden. Rein instrumentell verwendete Modelle, gepaart mit Unerfahrenheit, dokumentieren dann sofort die ganze Hilflosigkeit in chaotischen Situationen, die der Lehramtsanwärter nicht mehr „im Griff" hat. Eine solch schmerzhafte und als existentiell bedrohlich erlebte Situation schafft einen Leidensdruck, der zum nächsten Strohhalm greifen läßt (mit der Wirkung von Strohhalmen). Die vorher emotional abgelehnten rigiden lehrerzentrierten Konzepte werden nun benutzt. Genau an dieser Stelle gehen die nur kopfig behandelten Theorien über Bord.

Die Hilflosigkeit vieler Lehramtsanwärter, die weder sich noch die Schüler einzuschätzen wissen, resultiert zu einem guten Teil aus zu wenig reflektierter Praxis in der 1. Phase. Theorie wird damit eher lästig und zum „Wegwerfwissen". Die Praktika der 1. Phase müssen natürlich geeignet sein, Theoriebildung zu ermöglichen. Die Studenten müssen didaktisch fragen lernen. Nur durch Praxisbegegnungen werden sie auf Bedingungen schulischen Musikunterrichts aufmerksam. Dabei können bereits kleine Ausschnitte die Sensibilisierung einleiten.

- Richtlinien zeigen didaktische Strömungen, Schulbücher setzen diese ein Stück weit in Praxis um. Studenten müssen lernen, den fachdidaktischen und fachwissenschaftlichen Entwicklungsstand zu befragen und über Richtlinien und Schulbücher zu reflektieren. Auch hier gilt, daß geeignete Beispiele die Studenten zu gezielten und vertiefenden Fragen, zum Selbständigwerden und zum selbstbewußteren Handeln führen.
- Studenten müssen sich auch erproben können und lernen, ehrlich und ernsthaft mit sich und den Schülerinteressen umzugehen, anstatt mit Scheinbegründungen ihren Unterricht zu legitimieren. Gerade die Musikinteressen sind mehrfach vermittelte und deshalb auch nicht als bloße Oberflächenerscheinung abzuhandeln. (Das Pro-

blem der Dauerberieselung von Musik und damit der Gleichverteilung von wichtigen und unwichtigen „Nachrichten", läßt sich nicht schon damit lösen, daß man den Kindern den „Walkman" verbietet.)
• Die Studenten können nicht früh genug damit beginnen die gesellschaftliche und erziehungswissenschaftliche Funktionsbestimmung von Schule und Musikunterricht zu bedenken.
Alles dieses fließt in eine entfaltete Unterrichtsvorbereitung mehr oder weniger intensiv mit ein. Natürlich entwickelt und differenziert sich das didaktische Bewußtsein erst allmählich.

Die in der Prüfungsordnung des Landes Nordrhein-Westfalen für das 1. Staatsexamen geforderte Berufsfähigkeit wird in der 2. Phase nur dann zur wissenschaftlich begründeten Berufsfertigkeit führen, wenn in den Praktika der 1. Phase eine Sensibilisierung und Öffnung für unterrichtsrelevante Fragen dazu verhilft, die weiteren theoretischen Studien wichtig werden zu lassen. Im Praxisversuch können die Studenten relativ unbeschwert (von Zensuren) und noch ein wenig abgehoben und „behütet" vom „Alltagsunterricht" den Kopf soweit über dem Unterrichtsgeschehen halten, daß sie Details wahrnehmen können und reagieren und sogar agieren lernen. Das erst ermöglicht Reflexion über den eigenen Unterricht. Wenn man Unterrichtserfahrungen relativ „spielerisch" machen kann – soll heißen nicht als Ernstfall –, lassen sich auch die didaktischen Modelle auf ihren theoretischen und praktischen Horizont hin befragen.

2. Didaktische Modelle – für oder gegen eine Unterrichtsvorbereitung?

Die didaktischen Modelle bilden sozusagen das Flußbett der didaktischen Strömungen ihrer Zeit.
Unterrichtsplanungsmodelle sind Teil der umfassenderen Unterrichts- und Schultheorie. In sie sind alle Fragen in einer spezifischen Gewichtung eingeflossen, die in der Gesellschaft zum Thema Unterricht und Schule im Schwange sind. In den angebotenen Modellen und noch in den Rastern für den Unterrichtsverlauf schlägt sich diese Fragehaltung nieder.
Die beiden bekanntesten Modelle sind W. KLAFKI: Didaktische Analyse als Kern der Unterrichtsvorbereitung (1958) und W. SCHULZ: Unterricht – Analyse und Planung (1962). Allerdings, beide Modelle, das bildungstheoretische von KLAFKI und das lerntheoretische von SCHULZ (ergänzend das systemtheoretische von RIEDEL/KÖNIG), wurden in der Ausbildung (beider Phasen) auch durch die Ausbilder oftmals zur Rezeptur verkürzt, in Unterrichtsentwürfen waren (sind) Scheinbegründungen deshalb beinahe die Regel.
„Was, um Himmels willen", könnte ein Student fragen, „ist exemplarisch an dem Lied ,Die Vögel wollten Hochzeit halten'? Hat das Lied Bildungswert, was ist der Bildungsgehalt? Was heißt exemplarisch überhaupt zu was: Jahreszeit, Form, Melodik...? Welche Bedeutung hat das Lied für den Schüler jetzt und, KLAFKI möge mir helfen, für seine Zukunft?"
Die leicht ironisch formulierten Fragen, die ein Student ebenso hilflos, nur in anderer Terminologie bei SCHULZ anstellen könnte, sollen zeigen, daß bei

einem noch nicht durch Erfahrungslernen geschulten Blick die Modelle eher vom wissenschaftlich begründeten Unterrichtsplanen wegführen. Die Modelle bleiben ohne Fleisch. Im Grunde wird dann der Musikunterricht didaktisch beliebig.
Eine Musikstunde müßte in Ziel, Inhalt und Methode einheitlichen didaktischen Kriterien folgen. Die Modelle sollten dabei helfen, diese zu entdecken und sie sich in jeder Phase der Planung und des Unterrichtens bewußt machen zu können. Statt dessen ist häufig zu beobachten, daß die Studenten zuerst einen Unterrichtsverlauf ohne Modell erarbeiten und ihn erst dann in ein vorgestanztes Raster einzufügen versuchen, oft, obwohl es den eigenen Vorstellungen zuwiderläuft. Die didaktischen Kriterien des Modells und die (nicht reflektierten) eigenen werden verschleiert. Die schriftliche Unterrichtsvorbereitung, die eigentlich zur Vertiefung und Reflexion, zur Systematisierung der Gedankengänge verhelfen könnte und sollte, gerät zur sinnlosen Pflichtübung. Ich finde es deshalb nicht merkwürdig, daß Studenten (schriftliche) Planung häufig ablehnen (zumal viele gestandene Lehrer scheinbar ohne sie auskommen). Sie können deren Sinn nicht einsehen und verzweifeln nicht selten am Wunsch des Ausbilders nach schriftlicher Planung nach Modell xy, weil sie ihre didaktisch-methodische Phantasie entschwinden sehen.

II. Unterricht vorbereiten, planen und auswerten

Aus derartigen Überlegungen heraus geben wir im Seminar kein Modell vor, sondern versuchen ein „hermeneutisches" Verfahren. Die Leitidee bietet das inzwischen weitverbreitete Buch von HILBERT MEYER Zur Unterrichtsvorbereitung (1980). MEYERs Überlegungen, die ohne Anspruch auf Modellcharakter geschrieben sind, stehen deutlich in der Tradition geisteswissenschaftlicher Didaktik, ohne aber die harmonistische Glätte der reformpädagogischen Konzeptionen zu übernehmen. Die Auseinandersetzung mit der lerntheoretischen und auch der eigentlich grundschulfremden lernzielorientierten Didaktik mit ihrem rein zweck-rational organisierten Unterricht hat eine solche Neubesinnung bewirkt. Jetzt wird (wieder) daran gedacht, daß Schüler Anspruch darauf haben, nicht nur für schulische Gratifikationen zu lernen und zu arbeiten. Sie wollen sich mit ihren Unterrichtsergebnissen identifizieren können. Sie sollen „mit dem, was sie im Unterricht getan haben, etwas anfangen können" (MEYER 1980, 207). Schüler wollen durch ihr Handeln im Unterricht etwas Sinnvolles leisten. Wenn diese Voraussetzung stimmt, dann sind allerdings auch hermeneutische Verfahren für die Unterrichtsplanung angemessener als logisch-systematische.
Wenn wir im Seminar planen, gehen wir von einer Idee für den Unterricht (und von Unterricht) aus und überlegen, welches Ziel erreicht werden oder welches Produkt am Ende „herauskommen" soll. Z. B. das Lied „Die Vögel..." soll von der Klasse 1a beim Sommerfest aufgeführt werden. Eine solche Idee, wenn sie zur Entscheidung reift, wird die gesamte Struktur des Unterrichts betreffen.

Es genügt nun nicht mehr, das Lied nur zu singen und den Text lernen zu lassen u. ä. Eine Aufführung verlangt nach Kostümen, einer Kulisse, Rollen müssen verteilt und geprobt werden, vermutlich müssen auch Eltern beteiligt werden usw. Die didaktische Strukturierung ist in der Regel eine normative Setzung des Lehrers, die aber immer auf Möglichkeiten und Grenzen administrativer, juristischer Art trifft. Welcher „Handlungsspielraum" vorhanden ist, welche „Handlungssituationen" nicht nur didaktisch wünschenswert, sondern auch machbar sind, schließlich wie das „Handlungsprodukt" aussieht, all das ist von den Bedingungen in der Schule, von den Eltern usw. abhängig. Es wäre aber kurzschlüssig anzunehmen, die Unterrichtsstruktur ließe sich aus der Bedingungsanalyse ableiten. Ohne eine didaktisch-methodische Idee ist eine Bedingungsanalyse unsinnig, ohne die Bedingungsanalyse ist der Unterricht nicht planbar.

Studenten vertreten oft einen idealistischen Standpunkt: Die Schüler sollen den Gegenstand selbst wählen und die Methode selbst bestimmen, sie sollen selbstbestimmt handeln. Leider vergessen die Studenten dabei den Boden, auf dem sie stehen: die Sozialisation der Schüler, ihre eigene, die gesellschaftlich verfaßte Schule. Die Folge ist, daß sie vorhandene Spielräume nicht ausloten können, um wenigstens ein Stück weit in diese Richtung vorzustoßen. Nur wenn die Studenten mit Blick auf ihre unmittelbare Zielvorstellung für den Unterricht und ihrer Zielperspektive von Selbstbestimmung die Bedingungen ihres Unterrichts analysieren, werden sie „trotz vorhandener Systemzwänge und unterrichtlicher Unzulänglichkeiten sowie eigener Qualifikationsdefizite noch Handlungsspielräume für Lehrer und Schüler" herausfinden (MEYER 1980, 252). Die fortgeschrittene Studentin wie auch die Lehrerin werden ihre didaktisch-methodische Idee durch die Bedingungsanalyse hindurch praktikabel machen. Die so entwikkelte didaktische Struktur ist ein begründeter Zusammenhang von Ziel-, Inhalts- und Methodenentscheidungen. Der etwas irreführende Titel von KLAFKIs „Didaktischer Analyse..." wird stimmig, wenn man ihn folgendermaßen abwandelt: „Didaktische Strukturierung ist der Kern der Unterrichtsvorbereitung". Dreh- und Angelpunkt für die Unterrichtsvorbereitung ist die didaktisch-methodische Idee und Phantasie, durch die Unterrichtsvorbereitung überhaupt erst beginnen und zu einem praktikablen Ergebnis führen kann und die die drei Teile der Unterrichtsvorbereitung: Bedingungsanalyse, didaktische Strukturierung und Auswertung gegenseitig bindet.

Hier taucht das Wort „Auswertung" (von HILBERT MEYER übernommen) auf. Es muß nun geklärt werden, was es damit auf sich hat und warum die Auswertung mit zur Unterrichtsvorbereitung gehört.

In unserem kleinen Beispiel wäre die Aufführung des Liedes als Ergebnis (Produkt des Projektes) Zentrum der Auswertung. Eine Aufführung vor den Eltern beinhaltet immer auch eine Beurteilung (oder Auswertung der geleisteten Arbeit) durch die Eltern. Daran muß man schon während der Erarbeitung denken. Natürlich können Erstkläßler ihre Zuschauer nur begrenzt einschätzen. Sie würden aus ihrer eigenen Perspektive urteilen. Aber wie sie selbst das „Produkt" einschätzen oder ihre Arbeit „auswerten", darüber können sie sprechen und urteilen. Da die Schüler während der gesamten Arbeit Handelnde sind, gehört die Bewertung, auch durch die Schüler, nicht erst zum Produkt, sondern zum gesamten Prozeß. Nur so lassen sich „unterwegs" Entscheidungen treffen, die zum Schluß zu einem vorzeigbaren Ergebnis führen, mit dem sich die Schüler identifizieren können.

Auswertung, so betrachtet, ist Teil der didaktischen Struktur. Sie gehört zum Lernprozeß der Kinder und zum Lehr- *und* Lernprozeß des Lehrers. Denn in vielem entspricht die Auswertung der „Nachbesinnung" bei KRAMP, auch wenn sie entscheidend darüber hinausgeht. Mit der Auswertung des Unterrichts wird nämlich gefragt, wieweit die aufgestellten Hypothesen richtig waren, die Begründungen einleuchtend und an der Praxis bewährt, ob die Analyse stimmig war. Anders ausgedrückt, gehört die Auswertung schon zur Unterrichtsvorbereitung und zeigt am Ende, ob man den eigenen Ansprüchen gerecht wurde, welchen didaktischen Kriterien man wirklich gefolgt ist, und natürlich auch, wo noch Defizite sind. Erst die Auswertung ermöglicht das theoretische und praktische Weiterkommen. Sie zeigt die notwendige praktische Durchführung einer Planung.

1. Die didaktische Struktur einer Unterrichtsstunde zum Thema Wetter – Erste Versuche

Natürlich werden auch bei uns fiktive Planungen gemacht, die sich noch nicht an der Praxis bewähren müssen. Das hat den Vorteil, daß die Studentinnen (seltener Studenten) sich zunächst auf den Kern der Unterrichtsvorbereitung, die didaktische Strukturierung konzentrieren können.

Ausgehend von der Aufgabe, eine Stunde für ein 3. Schuljahr kurzfristig zu planen, entschied sich eine Studentengruppe dafür, Wetterszenen zu vertonen. Ihre erste Skizze sah so aus:

„Wetter"
Stichpunkte sammeln: → Geräusche
　　　　　　　　　　Stimmungen
　　　　　　　　　　landschaftliche　　15 min
　　　　　　　　　　Besonderheiten

Darstellung:　　　　→ Beispiele
wie?
womit?

3 Gruppen　　　　　→ Ausarbeitung　　16 min
　　　　　　　　　　laut üben
⇒ Vorführen　　　　　　　　　　　　　14 min

Diese erste Skizze war in vieler Hinsicht ergänzungsbedürftig: Der Part des Lehrers war nicht notiert. Ob die Gruppen arbeitsgleich oder arbeitsteilig arbeiten, blieb offen. Völlig unklar blieb die Intention, mit der gerade dieses Thema aufgegriffen und gerade in dieser Weise angegangen werden sollte, warum Gruppenarbeit geplant war, ja sogar, wie man eigentlich zu diesen „Tafel"-Stichpunkten kam.

Müßte man sich als Lehrer nicht überlegen, welches Ziel diese Stunde haben soll, und müßte nicht schon der Einstieg davon geprägt sein? Wenn sich der Lehrer vorgenommen hat, daß nicht nur Akustisches die Stunde prägen soll, sondern Stimmungen in bestimmten Landschaften, dann muß er dieses didaktisch-methodisch nahelegen. Er muß z. B. Fotos mitbringen oder eine Geschichte erzählen.

2. Eine verbesserte Skizze – Thema Wetter

Bei ihrem ersten Versuch hatten die Studentinnen bereits eine recht interessante Idee gehabt und didaktische Phantasie gezeigt, aber doch bei ihren Bemühungen ein wesentliches Moment außer acht gelassen. In ihrer Skizze sind die Schüler sehr blaß gezeichnet. Sie sind nur als passive enthalten, nicht aber als Handelnde einbezogen.

vorher: Instrumente bereitstellen, Hafties mitbringen, Bilder aus der Geografie besorgen

Zeit	Schritte
	Einleitung: 3 Wetterbilder zeigen
	Impuls: Stellt euch mal vor, ich hätte diese Wetterbilder auf der Kassette. Könnte man jedes sich als Musik vorstellen?
	Ziel: Wetterszene vertonen und Stimmung beachten
	Tafelanschrieb (beim Schreiben systematisieren)

	Einzelheiten Stimmungen
	    Hörbares
		Anderes
		                                  dunkel, schwer
		       Regen
			Nebel
			     Trommel
			Einteilen in 3 Gruppen → Tische zurechtstellen

	Arbeitsauftrag auf Extrazettel mit Platz für Notation → bes. darauf hinweisen ← An Gruppe 1 unbedingt das Gewitter
	Vorführen mit Auswertungsgespräch Darauf achten, daß die Gruppen miteinander, nicht übereinander reden. Wenn Gruppe 1 Schwierigkeiten mit der Struktur hat, gemeinsam lösen. Verbesserungsvorschläge möglichst sofort ausprobieren!

Diese, wie die Abb. 2, ist stark an der Skizze aus H. Meyers Unterrichtsvorbereitung... orientiert. Den Studenten erschien das System so schlüssig, daß sie es für ihre Aufgabe als bestens geeignet übernahmen.

Abb. 1: „Verbesserte Skizze zum Thema ‚Wetter'"

Die verbesserte Skizze ist so aufgeschrieben, daß deutlich wird, wie sich der Lehrer die Stunde vorstellt, wie er den Unterricht organisiert, damit die Kinder in ihren Gruppen das Ziel erreichen können: Er leitet die Stunde mit stimmungsvollen Bildern ein, er nennt das Ziel, das die ganze Stunde von der Einleitung über den Tafelanschrieb zu den drei Gruppen und der Vorführung bestimmt.

Deutlicher als bei der ersten Skizze werden hier – wenn auch immer noch fiktiv – unterrichtliche Bedingungen mit angesprochen und in die didaktische Struktur eingearbeitet: Die Gruppe 1 soll das Gewitter vertonen, weil das der Lehrer für einfacher hält als die übrigen Aufgaben. Die Aufgabenstellung setzt voraus, daß die Kinder bereits Erfahrungen mit Vertonungen und Gruppenarbeit haben. Auch die Auswertung ist beim „Vorführen" eingeplant: Die Gruppen sollen miteinander, nicht übereinander reden. Die Gruppe 1 wird vermutlich Schwierigkeiten mit der Struktur haben, die dann gemeinsam zu lösen sind.

3. Planungsverlauf zum Thema „Wetter"

Diese verbesserte Skizze haben wir dann noch in einen Planungsverlauf gebracht, der, im Gegensatz zu den üblichen Rastern, den Studenten auch während des Unterrichtens eine wirkliche Orientierungshilfe bietet. Das einfache Prinzip ist: Die Phasen werden optisch voneinander abgesetzt und mit einer Überschrift versehen (d. h. der Inhalt der Phase ist stichpunktartig parat), die wichtigsten Scharniersätze sind wörtlich vorformuliert, und (ganz altmodisch, aber doch nützlich) der Tafelanschrieb ist vorgeplant und direkt in den Verlaufsplan übernommen.

Ein solcher inhaltlich bestimmter Verlaufsplan macht die Struktur des Unterrichts deutlicher als analytisch ausgegliederte Feinraster, wie sie häufig angeboten werden. Je zweckrationaler Unterricht aufgebaut ist, um so mehr müssen die Einzelheiten geplant und zielgerichtet sein, die Schüler müssen dann aber wie die Rädchen im Getriebe funktionieren. Solche Planungen, die für programmierten Unterricht und bestimmte Phasen lehrerorientierten Unterrichts (denkbar etwa in einem kleinen Notenlehrgang) sinnvoll sein können, führen nicht zu einem schüler- und handlungsorientierten Musikunterricht, der m. E. die Regel sein sollte. Die Zerstörung der differenzierten Einheit einer Unter-

---

1. Erster Bezug zwischen optischen und akustischen Wetterbildern

Lehrerin eröffnet die Stunde mit 3 Wetterbildern:
→ Gewitter, Nebel in der Stadt, sonnige weite Landschaft ←
Sie verknüpft den Impuls: „Stellt euch mal vor, ich hätte diese Wetterbilder auf der Kassette" mit dem Angebot: „Ich möchte mit euch diese 3 Wetterbilder als ‚Musik für Kassette' spielen!"

Schüler sollten – neben der Überlegung, daß Gewitter in der Natur vorwiegend akustisch ist, Nebel und Sonne aber nicht – erste Überlegungen für eine instrumentale Umsetzung anstellen.

2. Sicherung erster Überlegungen – Aufschließen musik. Ideen

Lehrerin: „Was müßten wir überlegen, wenn wir die 3 Bilder in Musik umsetzen?"

Im gelenkten Gespräch werden Charakteristika der Wetterszenen festgehalten, um später bei der Gruppenarbeit als Stütze zu dienen.
Lehrerin systematisiert beim Tafelanschrieb in:

Hörbares	Nichthörbares	Stimmungen d. Landschaften
Regen ↓ Trommel	Blitz Sonne	heiter, sanft, weit ↓ Geige, langsam, leicht

Die Überlegungen werden durch Versuche gestützt, die aber nur Anregungen geben sollen.

⇩

3. Vertonung der 3 Wetterszenen – Gruppenarbeit

Da zwischen den Gruppen ein „Vorstellungsgefälle" besteht, soll die Gruppe 1 das Gewitter machen.

Arbeitsauftrag für die Gruppen:

„Jede Gruppe erhält ein Bild zur Vertonung. Nur die Gruppe selbst kennt den Auftrag. Ihr müßt euch in eurer Gruppe einigen, wer, was, wann und wie spielen soll. Jede Gruppe hat auf ihrem Arbeitsblatt Platz für die Notation. Ihr müßt nachher genau begründen, was ihr warum gemacht habt. Die Instrumente liegen bereit. Wie immer sollt ihr aber erst ‚trocken' planen.
Während der Gruppenarbeit gehe ich von einer Gruppe zur anderen"

Bei der „Gewittergruppe" werde ich bes. auf den Verlauf achten!

1. Gruppe Gewitter	2. Gruppe Nebel in der Stadt	3. Gruppe sonnige Landschaft

⇩

4. Vorspiel wechselhaftes Wetter – strichweise Gewitter, Nebel, Sonne

Die Gruppen spielen nacheinander vor. Durch strukturierende Lehrerfragen werde ich daraufhinarbeiten, daß die Gruppen das Spiel der anderen beachten und miteinander über das vertonte Bild reden ... z. B. „... Habt ihr das gespielt, was ihr spielen wolltet – Woran habt ihr das Bild erkannt? Kann man es verbessern? ..."
Verbesserungsvorschläge s o f o r t ausprobieren!

5. Auswertung geschieht während der Gruppenaufführung

Abb. 2: Planungsverlauf zum Thema „Wetter"

richtsstunde in analytisch gegliederte Einzelheiten führt zu Festlegungen auch des Lehrers, der in seinem Konzept gefangen ist, wie das folgende Beispiel andeutet:

Ein Lehrer, noch aus der Phase lernzielorientierten Unterrichtens, wollte in seiner Klasse ein Gewitter akustisch nachspielen. Er hatte sich überlegt, daß dieses Gewitter sich ankündigt; zuerst setzt Regen ein, der allmählich stärker wird, dann kommt Wind, der sich zum Sturm steigert, schließlich beginnt es zu donnern, erst fern, dann näher, öfter, es blitzt und donnert. Im Gewitterdecrescendo endet es. Zuerst sollten die Kinder aufzählen, was beim Gewitter vorkommt, dann Regen usw. auf dem bereitgestellten ORFF-Instrumentarium probieren, dann den Zusammenhang verbal, schließlich mit Zeichen nach Art einer Partitur aufschreiben und dann im Zusammenhang spielen. Der Lehrer hatte also das Gewitter so vorausgeplant, wie es als crescendo-decrescendo gewöhnlich ist. Nun war aber am Vortag ein Jahrhundertgewitter niedergegangen: In kurzer Zeit hatte sich der blaue Himmel in eine düstere bleischwere Decke verwandelt. Es lastete eine drückende Stille in der Luft, kein Vogel war zu hören, kein Wind bewegte sich. Plötzlich brach die gesammelte Urgewalt los. Wirbelsturm, Hagelschauer, Donner und Blitz gleichzeitig und von allen Seiten. Nach ein paar Minuten war alles wie ein Spuk vorbei. Die Kinder erzählten untereinander von dem Ereignis, sie hatten es keineswegs verarbeitet. Für den Lehrer hätte das bedeuten müssen, seinen Plan entsprechend zu ändern. Aber er blieb bei seiner einmal gemachten Planung und lieferte damit ein Paradebeispiel entfremdeten Lernens. Was ging die Schüler eine Gewittervertonung an, wenn „ihr" Gewitter als nicht würdig empfunden wurde? Daß diese Kinder eines 2. Schuljahres bereits diese Art Unterricht gewohnt waren, zeigte sich daran, daß sie wohl mit den ihnen noch fremden Studenten über das Ereignis sprachen, nicht aber mit ihrem Lehrer. Zwischen Lehrer und Schüler herrschte eine verdinglichte Beziehung. Der Aufgabe im Unterricht gegenüber zeigten sie sich denn auch nicht sonderlich interessiert. Zahlreiche Ermahnungen waren nötig. Was hatte dieser Unterricht auch mit ihnen und ihrem Leben zu tun? Der „heimliche Lehrplan" war hier wirksam: „Im Musikunterricht geht es um Sachen, die uns eigentlich nichts angehen!" Schlimm ist, daß wir uns schon so an diese Art Unterricht gewöhnt haben, daß nur derartig krasse Beispiele zeigen, daß wir die Kinder zu Objekten des Lernprozesses machen, in dem für sie Sinn nicht mehr erkennbar ist.

Die Institution Schule in unserer komplexen Gesellschaft mit ihren verdeckt ablaufenden Prozessen erschwert einen schülerorientierten Unterricht, in dem diese Prozesse erfahrbar sind, in dem die Schüler als Subjekte des Geschehens auftauchen. Deshalb ist es so nötig, Handlungsspielräume zu gewinnen. Das geht nur über eine vernünftige Bedingungsanalyse, die nicht formal ist, sondern in Wechselwirkung mit der entstehenden didaktischen Struktur steht. In unserem Musterbeispiel wäre es leicht (und die Pflicht des Lehrers) gewesen, die Bedürfnisse der Kinder ernst zu nehmen. In den engen Zusammenhang dieser Unterrichtssituation gestellt, zeigen die Fragen KLAFKIs ihren nach wie vor gültigen Wert: Haben der Inhalt und mein Ziel für die Schüler (für jeden einzelnen) Bedeutung in der Gegenwart und in der Zukunft? Über dieses Gewitter wollten die Kinder erzählen. Sie hätten „ihre" Musik als Mittel der Verarbeitung dieses Erlebnisses nutzen können. Mit dem Mittel der Musik hätten sie das Akustische nachvollziehen und sicher mit der Spannung in der Musik auch ihre Ängste artikulieren können. Verbal und musikalisch hätten sie dieses Erlebnis verarbeitet und darüber hinaus an Musikbeispielen erfahren können, wie (was der Lehrer anschließen wollte) BEETHOVEN ein anderes Gewitter in der Musik geschildert hat.

III. Unterrichtsvorbereitung: Bedingungsanalyse, didaktische Strukturierung, Auswertung – Thema „Tierbewegung musikalisieren"

Am Beispiel einer von einer Studentengruppe geplanten und durchgeführten Unterrichtseinheit (UE) möchte ich nun die Trias der Unterrichtsvorbereitung (Bedingungsanalyse, Didaktische Strukturierung und Auswertung) differenzierter durchleuchten.
Die Planung, die hier kurz und etwas geglättet aufgerissen ist, wurde zunächst grob strukturiert und dann vor jeder Stunde und mit Reflexion (bzw. Nachbesinnung) der vergangenen Stunde sorgfältig vorbereitet und weitergeführt. Etwa in der Mitte der UE fand eine ausführliche Besprechung statt. Unterrichtsvorbereitung, -durchführung und -auswertung sind miteinander verschränkt dargestellt.

Tierdarstellung in Musik
Hier: Ausschnitt aus der Schöpfung von J. HAYDN (Nr. 21, Text: „Vor Freude brüllend steht der Löwe da. Hier schießt der gelenkige Tiger empor. Das zack'ge Haupt erhebt der schnelle Hirsch. Mit fliegender Mähne springt und wieh'rt das edle Roß. . . In langen Zügen kriecht am Boden das Gewürm."
Materialfund: Sequenzen Musik, Sekundarstufe I, Arbeitsbuch 1, Stuttgart 1972, S. 153 (Text) u. 154 (Partiturausschnitte ohne Rezitativ, Tiger und Gewürm – beide Vertonungen lehnen sich eng an die Textvorlage an) und Tonband 6/5 mit den 5 Tieren (didaktische Besonderheit: Einspielung ohne Sänger).
Erprobt in einer Dortmunder Grundschule (4. Schuljahr) im Sommer '82, mit einer Studentengruppe des 2./3. Semesters mit einer Stunde pro Woche. Der Musikunterricht wurde von einer Fachlehrerin erteilt, die nicht Klassenlehrerin ist. Die Schule hat einen großen Fachraum mit ORFF-Instrumentarium, Klavier und einigen selbstgebauten Instrumenten.
Dauer der UE: ca. 6 Stunden
● 1. pantomimische Darstellung von Tieren (in Form eines Rätsels)
Die Kinder stellen Tiere nach eigener Wahl dar. Gruppenbildung erfolgt als Teil eines Rätselspiels. Jedes Kind zieht ein Kärtchen, auf dem ein Tier (entweder Tiger, Löwe, Hirsch, Roß oder Gewürm) steht. 5 Kärtchen sind besonders gekennzeichnet. Diejenigen Kinder, die diese Karten gezogen haben, führen „ihr" Tier vor, die übrigen, die glauben, „ihr" Tier sei dargestellt, gesellen sich dazu. Durch falsche Zuordnungen ergibt sich die Frage nach der Charakterisierung der Tiere (ähnliche - gleiche - verschiedene Merkmale), Tafelanschrieb.
● Musikalische Darstellung, erste Vertonung
Alle 5 Tiere werden von den Gruppen Tiger, Löwe usw. nach den gefundenen Charakteristika und den Sätzen aus der „Schöpfung" vertont. Das soll zum genauen Hören des Musikausschnitts führen. Es ergeben sich für die Kinder bei dieser ungewohnten Arbeit vor allem strukturelle Probleme (Anfang, Einsätze und vor allem das Problem, wie ein sinnvoller Abschluß zu finden ist).
● Partiturlesen – Hörerwartung gewinnen
Wir machen die Struktur einer Schülerproduktion mit einer „Strichpartitur" sichtbar (jedes Instrument wird für die Dauer des Erklingens mit einem Strich partiturmäßig aufgezeichnet; s. Abb. 4: Strichpartitur). Die Ursache für die hörbaren Mängel werden auf diese Weise sichtbar und damit bearbeitbar. Die Strichpartitur ist gleichzeitig Lesevorbereitung für die „richtige" Partitur von Tiger und Gewürm von HAYDN. Die Kinder sollen aus den Ausschnitten die gemeinten Tiere herauslesen und dabei gleichzeitig eine Hörerwartung gewinnen. Relativ eindeutig ist das Gewürm (langsam, lange

Töne, tief, nicht viel „rauf und runter", leise), Kontroversen ergeben sich deshalb nur beim „Tigerausschnitt", ähnliche Diskussion wie zuvor bei pantomimischer Darstellung, genaue Orientierung am Text hilft weiter.
● Hören und Vergleichen
Der Tiger ist schneller als erwartet. Einige Schüler versuchen mitzuzeigen (Overheadfolie vom Buch). Beim Hören des Gesamtausschnitts ergeben sich spontan interessante Vergleiche mit den eigenen Versuchen und der Texttreue bei HAYDN. Die Studenten erfahren durch die Schüler, daß der Hirsch klingt „wie auf der Jagd". Die gemachten Erfahrungen und „Auswertungsgespräche" gehen in die zweite Vertonung ein, die zusätzlich motiviert ist durch eine Vorführung vor der Parallelklasse.
● Abschluß und Bewertung durch die Parallelklasse

Die UE ist so angelegt, daß die Schüler aus ihren Erfahrungen beim Musikmachen heraus sich der musikalischen Mittel und ihrer Wirkungen bewußt werden. Diese Erfahrungen erweisen sich als wichtig beim Hören des „Haydn-Ausschnitts". Die UE bewegt sich in fast allen didaktischen Lernfeldern des Musikunterrichts.

1. Die Rolle der Fachwissenschaft oder was ist eine „Sachanalyse"

Mit diesem Thema müssen wir deshalb beginnen, weil viele Studenten schon verinnerlicht haben, daß eine solide Unterrichtsplanung mit einer fachwissenschaftlichen Sachanalyse beginnen müsse, aus der sich alles übrige erst ergeben könne. Das geht vor allem auf KLAFKIS Veröffentlichung „Didaktische Analyse als Kern der Unterrichtsvorbereitung" (1958) und, im Anschluß daran, W. KRAMP: „Hinweise zur Unterrichtsvorbereitung für Anfänger" zurück. Gerade KRAMPs Aufsatz, der gezielt die Anfänger anspricht, bewirkte, daß – wie er es vorgeschlagen hatte – die sogenannte „Sachanalyse" den Auftakt schriftlich fixierter Unterrichtsentwürfe bildete. Nicht selten wird dieser Begriff, der das „didaktische Was" fassen sollte (und den HILBERT MEYER ein Unglück nennt), entgegen der von KLAFKI und KRAMP gemeinten Bedeutung verwendet. Er war gegen die sogenannte Abbilddidaktik gerichtet, die im Schulunterricht wie durch eine laterna magica die Fachwissenschaft abbilden wollte. Nun erscheint der Begriff „Sachanalyse" in den Unterrichtsentwürfen gerade so, als müßten fachwissenschaftliche Überlegungen überhaupt den Ausgangspunkt aller Überlegungen bilden. Das suggeriert, daß die Fachwissenschaft das Unterrichtsfach konstituiert. Es ist leicht nachzuweisen, daß dies nicht stimmt.
Ein Blick auf die Lehrerausbildung scheint zu bestätigen, daß die Fachwissenschaft das Maß aller Dinge ist. Z. B. ist in NRW per Erlaß festgelegt, daß fachdidaktische Praktika erst im Hauptstudium stattfinden dürfen, zu einer Zeit also, wo man sich erhoffen kann, daß die Studenten über ein solides Fundament an Fachwissenschaft verfügen.
Wie müßte eine fachwissenschaftliche Sachanalyse in unserem Beispiel aussehen, und würde sie – rein ausgeführt – der Unterrichtsvorbereitung dienen können?

Diagram

Outer circle (clockwise from top):
- Hörerwartung / Haydns Lösung / „Musikhören"
- Partitur / Planungshilfe (Struktur) / Aufführungsanweisung / „Musiktheorie"
- Mittel u. Wirkung aus dem Optischen übertragen / „Musikmachen"
- Tierpantomime / Erfahrung bereitstellen / „Musik u. Bewegung"
- (Pantomime u. Musik verbinden)
- Erfahrung auswerten / Öffentlichkeit

Inner circle: Tierbewegung musikalisieren durch Handeln lernen

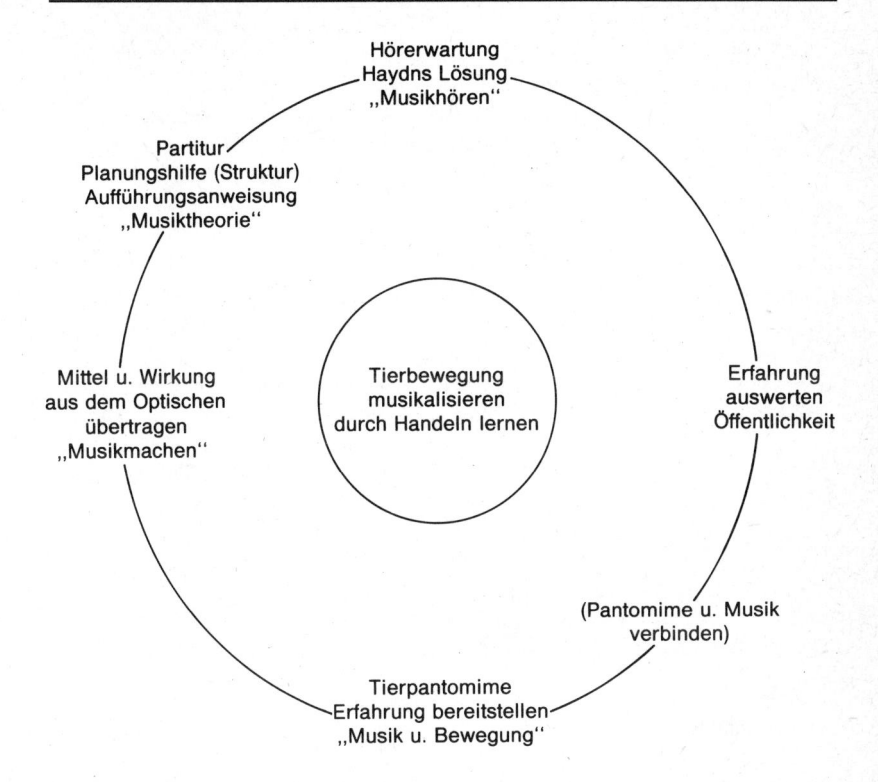

Abb. 3: Tierbewegung musikalisieren

CH. RICHTER geht soweit (in: Theorie und Praxis der didaktischen Interpretation, 1976), den Lehrer bzw. den Experten in die Pflicht zu nehmen, sich ein Musikstück hermeneutisch (in kreisender Fragestellung auf seine Sinnhaftigkeit hin) anzuhören, ohne zunächst an die Schüler zu denken. Das Musikstück enthält bereits die Vermittlungsqualität, ist ein Stück Zeit- und Welterfahrung. Der Lehrer soll als Vermittler zwischen Werk und Schüler zur zweiten Instanz (die erste ist das Werk selbst) werden und aus dem, was er an Erfahrung in dem Werk gefunden hat, verschiedene Themen entwickeln; Jahrgangsstufen zuordnen und sich schließlich entsprechend für Methoden, Medien, Materialien, Aktionsformen und Sozialformen entscheiden. Dieses Vorgehen erscheint nur auf den ersten Blick plausibel. Es wird behauptet, das Kunstwerk selbst enthält als Welterfahrung den Schlüssel zu seiner Vermittlung, die der Experte allein (im doppelten Wortsinn) herausfinden kann. Die Fachwissenschaft wird zur einzigen Instanz erhoben, um Ziele und Inhalte für Unterricht zu gewinnen, der Experte ist der einzige, der Ziel- und Inhaltsentscheidungen treffen kann. Er

könnte sogar erst an dieser Stelle seine Arbeit dem Lehrer übergeben, der dann die Methodenentscheidungen träfe.
Erst im letzten Schritt soll die im Musikwerk vermittelte Welterkenntnis für den Schüler methodisch aufbereitet werden. Die aus der Sachanalyse gewonnenen Themen sind didaktisch neutral. Der Schüler kommt bei dieser Art Vorbereitung erst sehr spät in den Blick.
Man sollte sich als Lehrer (bes. als Grundschullehrer) einmal klarmachen, daß es diese „reine" Sachanalyse auch im besonderen Fall des Kunstwerks gar nicht gibt. Eine Stunde läßt sich überhaupt nur vorbereiten, wenn schon eine Idee da ist und didaktisch-methodische Vorstellungen dazu. Nur wenn die fachwissenschaftliche Vorbereitung mit didaktischen Ideen für die Durchführung des Unterrichts verschränkt ist, wird sie auch ergiebig. Natürlich muß der Unterricht fachwissenschaftlich richtig sein, aber die Fachwissenschaft muß auf die didaktischen Fragen antworten, nicht umgekehrt.
Die Studenten müssen überschauen lernen, wieweit eine fachdidaktische Reduktion noch vertretbar ist, ohne den Sinn- und Strukturzusammenhang zu verkleinern oder überhaupt den fachwissenschaftlichen Boden zu verlieren.

2. Vorläufige Festlegung eines Themas

Wir hatten uns überlegt, daß dieser Ausschnitt mit den Tieren, die Schüler aus dem 4. Schuljahr besonders motivieren würde. Das Tonbeispiel böte den Schülern eine gute Gelegenheit zu erfahren, daß sichtbare Bewegungen im Medium Musik darstellbar sind. Der kleine Ausschnitt von HAYDN könnte ihnen das exemplarisch vermitteln. Es liegt außerdem schon ein didaktisch vorbereitetes Tonband vor, in dem nicht der gesamte „Tierausschnitt" eingespielt ist (nur die Teile, die vom Streichorchester gespielt werden). Das macht das Beispiel überschaubarer und erleichtert den Vergleich der fünf Tiere.

a) Musikhören – Musikerfahrung

Aber: Wenn ein solcher Ausschnitt mit dieser Zielsetzung den Kindern zu Gehör gebracht wird, heißt das nicht, zumindest diesen Teil zu einer (bloß) didaktischen Musik zu machen? Das Werk selbst ist nicht Thema.
Es ist vor allem zu fragen, ob es überhaupt genügt, einen kleinen Ausschnitt, auch noch von einem 200 Jahre alten Komponisten vorzustellen, wenn die Kinder erfahren sollen, daß sich Sichtbares (Bewegung von bestimmten Tieren) in Musik ausdrücken läßt. Ist es nicht eine bloß vermittelte Erfahrung? Und wird nicht das Interesse der Schüler an Tieren nur ausgenutzt? Oder sollte man den Kindern gerade solche Musik nahebringen, die sie in der Regel zu wenig oder jedenfalls zu wenig bewußt hören? Liegt nicht überhaupt da das Problem, daß die Kinder heute beim Hören technisch reproduzierter Musik kaum noch etwas erfahren können?

b) Gesellschaftliche Vorgaben

Für alle Kinder gilt, daß sie durch technisch vermittelte Musik geprägt sind. Die Massierung von Musik gleicht häufig einer Dauerberieselung, die zum genauen Hören ungeeignet ist. Definiert man Musik als Sprache, so ist diese Erscheinung nur noch mit grassierender Sprachlosigkeit zu bezeichnen. Warum sollten Kinder Musik im Unterricht aufmerksam hören, wenn sie seit ihrer frühesten Kindheit erlebt haben, daß Musik immer da ist, daß sie vor allem Geräuschhintergrund bildet und zu allem Möglichen stimuliert, bloß nicht zum Zuhören? Niemand kann gegen diese Umwelt an unterrichten und eine kindliche Gegenwelt aufzubauen suchen, es sei denn unter der Überschrift: Der Lehrer als Don Quichotte. Aber im Musikunterricht müssen wir versuchen, Musik möglichst unmittelbar erfahrbar zu machen, d. h. es kann nicht genügen, Musik lediglich zu vermitteln. Vielmehr müßten wir gemeinsam mit den Schülern in einen musikalischen Interaktionsprozeß eintreten, in dem nicht nur die Schüler zuhören, sondern auch der Lehrer. Es wird immer wieder betont, daß das Schülerinteresse im Vordergrund stehen soll. Es wäre aber ein Mißverständnis zu glauben, dieses sei bereits dadurch zu erkennen, daß man die Musikvorlieben der Kinder erfragt. Die Medienkultur vermittelt bestimmte Interessen und bestimmte Hörweisen, die die Schüler geradezu hindern, neue musikalische Erfahrungen zu machen. Unsere Frage war deshalb auch weniger, ob wir vielleicht ein „näher liegendes" Stück wählen sollten. Vielmehr suchten wir eine didaktische Antwort darauf, wie die Kinder erfahren könnten, wie HAYDN bestimmte Tiere in ihrer Bewegung kompositorisch umgesetzt hat, welche musikalischen Mittel er benutzt hat. Dabei kommt uns zugute, daß man diese Komposition gut nachempfinden kann. Die Tiere sind den Schülern in ihrer Bewegung bekannt. Der dazugehörige Gesangstext, den die Schüler erhalten sollen, ist überdies bildhaft. Wir hielten es für notwendig, daß 1. die Schüler in einer Pantomime die Bewegung der Tiere sich wieder bewußt machten, und daß sie 2. selber versuchten, die Tiere in ihrer Bewegung und mit Hilfe der Sätze aus HAYDNs Schöpfung zu vertonen, um sich ganz konkret mit diesem Problem auseinanderzusetzen. Wir erhofften uns davon, daß sie mit dieser Erfahrung HAYDNs Komposition mit ganz „anderen Ohren" hören würden.

3. Die Notation – Partiturkunde oder Mittel der Verständigung?

Neben der eigenen Vertonung hatten wir zwei didaktisch aufbereitete Partiturausschnitte vom Tiger und Gewürm. Die Kinder sollten mit Hilfe des Notentextes eine Hörerwartung gewinnen. Die Arbeit daran sollte mit einem Rätsel verknüpft sein. Sie sollten herausfinden, welche Tiere wohl gemeint seien. Unsere Überlegung ging dahin, daß auch auf diese Weise eine Auseinandersetzung mit den musikalischen Mitteln und mit der Struktur stattfinden würde. Die Partiturausschnitte ermöglichen den Schülern trotz geringer Notenkenntnisse bei entsprechender Hilfe eine schnelle Orientierung und bieten die Möglichkeit, die Lösung zu finden.

Trotzdem ist zu überlegen, ob die Arbeit mit der Partitur für das Ziel der UE noch sinnvoll ist, wenn die Schüler ihre Erkenntnisse bei der eigenen Produktion gewinnen. Immerhin müßten wir einiges an Zeit investieren, damit die Schüler aus der Partitur die erhoffte Hör- und Verständigungshilfe erhalten. Deshalb ist die Frage erlaubt, ob bei einer Stunde pro Woche die Arbeit mit den Partiturausschnitten in dieser speziellen UE ökonomisch vertretbar ist.

Eine solche Frage nach der Ökonomie wird angesichts knapper Zeit für den Musikunterricht von vielen Lehrern gestellt. Allerdings wird viele Lehrer die Frage ausgerechnet an dieser Stelle überraschen, statt etwa bei der pantomimischen Darstellung. Trotz didaktisch kluger Ideen unterwirft man sich ganz unnötig Zwängen, die ungefähr so lauten: Im Musikunterricht geht es um Musik, Noten sind in der mitteleuropäischen Musik sehr wichtig, die Richtlinien sagen das auch, das Gymnasium verlangt sie auch, also muß in der kurzen Zeit möglichst direkt (ökomonisch) eine Notenkunde vermittelt werden.

Diese Ökonomie geht aber auf Kosten der Bedürfnisse der Kinder und auch der eigenen. Gerade zur Musik gehört der kreative Umgang und Umweg, gehören Kopf, Herz, „Hand und Fuß". Immer da, wo Notation dies fördert, lohnt es sich, auf sie Zeit zu verwenden.

Wir wollten zwar, daß die Kinder ihre Planung notieren, um das Erarbeitete auch nach einer Woche noch greifbar zu haben. Dafür hätten uns ein paar Stichpunkte genügt, etwa: Klaus – Blockflötenkopf – wiehern. Nur weil zwar alle Gruppen für die Einzelheiten überzeugende Ideen entwickelt hatten, aber die Form, Anfang, Einsätze und vor allem den Schluß nicht genügend überlegt hatten, mußte eine geeignete Notation eingesetzt werden. Die partiturmäßige Anordnung in einer Strichpartitur (in der nur Dauer, Einsatzabstände, nicht aber die Einzelheiten notiert sind) ermöglichte, die Struktur optisch sinnfällig aufzuschreiben.

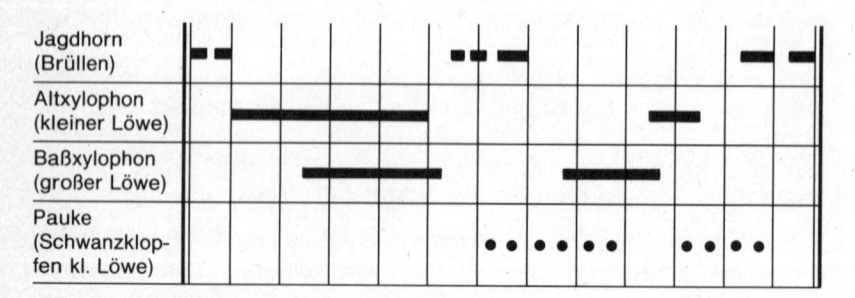

Jagdhorn (Brüllen)											
Altxylophon (kleiner Löwe)											
Baßxylophon (großer Löwe)											
Pauke (Schwanzklopfen kl. Löwe)											

Abb. 4: Strichpartitur (Löwe)

Damit war diese Strichpartitur gleichzeitig Planungsmittel und Aufführungsanweisung. Damit war auch die Partitur bei HAYDN sinnfällig und die Anordnung der Stimmen kein Leseproblem mehr. Die Notation erhielt somit eine zweifache Funktion für das angestrebte Unterrichtsergebnis, einmal für die eigene Planung, zum anderen für die Hörerwartung einer fremden Lösung desselben Problems. Das sollte das Kriterium für jeden Unterrichtsablauf und jede Phase sein: Die pantomimische Darstellung von Tieren hat die Funktion, zum Thema „Bewegung von bestimmten Tieren in der Musik" *hinzuführen,* aufzuschließen für eine differenzierte Beobachtung zuerst im eigenen Medium des Sichtbaren, um die Übertragung ins Hörbare gezielt vornehmen zu können. Die Übertragung in Musik gehörte zur *Erarbeitung,* die Notation ebenfalls zur Erarbeitung, aber auch zur *Überprüfung* der Entscheidungen, das Hören des HAYDN-Ausschnittes zur Erarbeitung und *Anwendung* und wieder zur Überprüfung der eigenen Arbeit. Die Vorführung eigener Musik und die Form der Vorführung vor der Parallelklasse gehörte zur Anwendung und *Auswertung* (Wirkung auf Zuhörer, ein Stückchen „Öffentlichkeit" herstellen, sich mit seinen Ergebnissen stellen). Diese Funktionen sind entsprechend der Planung mit Blick auf die Wechselwirkung von Zielen, Inhalten und Methoden festzulegen.

4. Sozialformen – Gruppenarbeit kontra Frontalunterricht?

Auch die sogenannten Sozialformen dieses Unterrichts sind nach didaktischen Kriterien und den Funktionen im Verlauf zu entscheiden und nicht nach vorgefertigten Glaubenssätzen festzulegen. In unserem Fall ging der Frontalunterricht sehr schnell in ein Spiel über und von da aus, sozusagen noch spielimmanent, in die Gruppenarbeit der eigentlichen Erarbeitungsphase, zuerst arbeitsgleich (alle fünf Tiere sollten vertont werden) und dann arbeitsteilig (nur ein Tier). Eine kleine überschaubare Gruppe von fünf Kindern bietet eine größere Chance, daß jedes Kind zur Lösung der Aufgabe beitragen kann und jedes Kind beim Spiel gebraucht wird.

Sozialformen gehören zur Unterrichtsorganisation und sollten immer auch in der Raumorganisation bedacht sein. (Wo können die Gruppen proben, ohne die anderen über Gebühr zu stören? Wo sollen die Instrumente liegen, damit sie das nötige Anregungspotential bieten? Wo soll gespielt werden, damit alle Schüler etwas sehen; sollen die Vorführenden Teil eines Kreises sein oder frontal zur Klasse agieren? Eine Frage, die deutlich auch die inhaltliche Seite betrifft.) Wie immer, so auch bei den Sozialformen, ist der Gesamtzusammenhang des Unterrichts oder wie man in der Fachsprache sagt: der Implikationszusammenhang von Ziel-, Inhalts- und Methodenentscheidungen nicht hintergehbar. Das heißt dann natürlich, daß man nicht den Gruppenunterricht als dem Frontalunterricht als per se überlegen bezeichnen kann, weil im Frontalunterricht die Möglichkeit der Interaktion stark eingeschränkt ist. Dem Frontalunterricht und dem Lehrervortrag würde ich immer dann den Vorzug geben, wenn es um eine schnelle Information geht, die die Schüler im weiteren Verlauf handlungsfähiger werden läßt. Die Arbeit mit der traditionellen Notation brauchte fast eine ganze Stunde im klassischen Frontalunterricht, weil bestimmte Fakten geklärt werden mußten, um die Schüler in die Lage zu versetzen, gezielt mit den Ausschnitten zu arbeiten.

5. Produktauswertung

Die Kinder in unserem Unterrichtsversuch waren sehr von Leistungs- und Konkurrenzdenken bestimmt. Das war vor allem auch bei der „Auswertung" zu bedenken. Wenn die Schüler ihre Produktion vorstellen, müssen wir sehr darauf achten, daß die Kinder nicht anfangen, „Noten" zu verteilen, andererseits muß das Ergebnis besprochen werden. Durch strukturierende Lehrerfragen sollen Lob und Kritik so gesteuert werden, daß sie am Gehörten festgemacht werden. Aber gerade darin taten sich die Studenten sehr schwer, weil, wie schon angedeutet, vor allem die Kompositionsstruktur nicht befriedigte. Schülerorientiertes Unterrichten hatten sie verwechselt mit der Vorstellung, nun alles unterschiedslos zu loben, auch wenn es weder ihnen selbst noch den Schülern zusagte. Ein Gespräch über das Ergebnis fand also nicht statt und damit keine Verbesserung oder Bestätigung. Wären wir auf diesem Stand stehengeblieben, wäre unsere UE im Grunde ergebnislos geblieben. Weil aber die Schüler unbedingt der Parallelklasse ein Abschiedsgeschenk mit ihrer Komposition machen wollten und man dafür natürlich überzeugende Produkte brauchte, wurden die Studenten sich ihrer indifferenten Haltung bewußt. Es wurde noch einmal neu geplant und vorgestellt. Sichtlich fühlten sich die Schüler jetzt erst ernst genommen, erst jetzt konnten sie sich mit ihrer Musik identifizieren, die sie selbst zufriedenstellte und die Parallelklasse begeisterte. Nur das Bewußtmachen und Bewußtwerden des eigenen Tuns, also die Reflexion, das Sprechen darüber kann handlungsfähig machen. Für die Studenten war die Bedeutung strukturierender Fragen zur Bewertung der Schülerproduktionen das Schlüsselerlebnis. Dazu kam es gerade, weil die Klasse sich mit ihrem Produkt der „Öffentlichkeit" stellen wollte.

Musik fordert doch wie kaum ein anderer Gegenstand der Schule geradezu dazu auf, als Produkt vorgeführt zu werden. Eigentlich ist es doch seltsam, daß das so selten geschieht. Ich vermute, weil viele Lehrer aus ihrer eigenen Sozialisation für eine Aufführung nur ein vollständiges Werk – eine Kinderoper etwa – für vorzeigbar halten, nicht aber ein selbst erdachtes (Mini-)Werk, das vom Standpunkt einer am klassischen Repertoire geschulten Ästhetik minderwertig erscheint. Vielleicht sollte man sich einmal klarmachen, daß man Kindern das Sprechen und Erfinden von Geschichten nicht schon deshalb verbietet, nur weil sie nicht an Goethe heranreichen.

Es geht dem, was die Schüler produzieren, ähnlich wie der Musik insgesamt. Erst wenn sie den privaten Raum verläßt und öffentlich gemacht wird, kann sie handlungsrelevant sein. Man sollte deshalb, so oft das geht, Handlungsergebnisse vorführen, wobei Ansätze wie Vorspiel vor einer anderen Klasse, am Elternabend, auf dem Schulfest wichtige Schritte sind. Vorgeführt werden sollten solche Stoffe, mit denen sich die Schüler identifiziert haben, die sie etwas angehen (im Gegensatz zu so mancher Oper), mit denen sie sich folglich mitteilen wollen und können.

6. Zusammenfassende Überlegungen zur Unterrichtseinheit „Tierdarstellung in Musik"

Dieser kleine Gang durch einen Planungsprozeß, von den Vorerfahrungen und den Vorbereitungen über die Durchführung zur Auswertung zeigt, daß hier eine didaktisch-methodische Idee, die durch geschickt aufbereitetes Material entzündet wurde, zur didaktischen Strukturierung reifte. Die didaktische Strukturierung ist eine normative Setzung, die ohne eine Bedingungsanalyse nicht legitimierbar wäre, die darüber hinaus einer Auswertung bedarf, in der danach gefragt wird, ob die Ziel-, Inhalts- und Methodenentscheidungen geeignet waren, ob die Schüler Erfahrungen in geeigneten Handlungssituationen machen konnten, ob wir sie ernst genommen haben. Das Ergebnis war ein Unterricht, der viel mehr als üblich schüler- und handlungsorientiert war, obwohl die Schüler noch gar nicht an der Planung beteiligt waren. Dafür ist m. E. eine viel größere Vertrautheit mit den Kindern und dem Arbeitsplatz Schule nötig. Die Schüler müßten schrittweise in den Planungsprozeß einbezogen werden. Dieses ist jedoch in der 1. Phase der Lehrerausbildung kaum zu leisten. (Es sei denn, es gelänge an einem Projekt mitzuarbeiten oder besser noch in einer Projektwoche, wie sie bisher leider an viel zu wenigen Grundschulen durchgeführt wird.) Immerhin war es in dem Beispiel gelungen, daß die Schüler ihre Erfahrungen in der Produktion beim Hören der Musik HAYDNs gezielt einbrachten. Sie setzten ihre Produktion nicht nur sehr selbstbewußt in Beziehung zu HAYDNs Komposition, sondern stellten sich mit ihr auch der „Öffentlichkeit". Didaktisch bedeutet das eine Aufwertung. Vor wenigen Jahren hätte das Kapitel Musikhören eine didaktische Strukturierung gefordert, die zur „Erschließung" des Kunstwerkausschnitts geeignet gewesen wäre. Dabei wäre die eigene Produktion – wäre sie überhaupt im Blick gewesen – lediglich methodisch-instrumentelles Hilfsmittel gewesen, das bei Erreichen des Ziels (in der Werkzeugkiste) verschwunden wäre. Die noch gültigen Richtlinien NRW, die auf MICHAEL ALTs „Didaktik der Musik" fußen, zeigen deutlich diese didaktische Haltung. Die neuen Richtlinien, die voraussichtlich 1985 verbindlich werden, versuchen demgegenüber mehr von den Schülern als vom Objekt auszugehen (die Entwürfe zeigen bisher m. E. allerdings zu wenig kritisches Bewußtsein gegenüber den reformpädagogischen musischen Gemeinschaftsgedanken).

IV. Lehrziele der Studentinnen und Handlungsziele der Schüler – Beispiel „Singgeschichte"

In den siebziger Jahren stand die lernzielorientierte Planung bei vielen Ausbildern im Vordergrund. Heute wird die Diskussion durch handlungsorientierte

Planungskonzepte bestimmt. Man geht in ihnen davon aus, daß Unterricht eine dialektische Struktur hat und daß Unterricht und Erziehung als Einheit zu betrachten sind (vgl. KLAFKI 1980 und HILBERT MEYER 1980). Der lernzielorientierte Musikunterricht hatte die Schüler zu Objekten, quasi zu den „Mitteln" gemacht, die sich den Zwecken (den Lernzielen) rational (ohne abweichende Bedürfnisse) anpassen sollten. Der handlungsorientierte Unterricht versucht dagegen so weit es irgend geht, die Schüler zu handelnden Personen im Unterrichtsgeschehen zu machen. In ihm werden die „Sachen" nicht zugunsten der „Zwecke" zerstückelt, sondern möglichst „ganzheitlich" erfaßbar gehalten.

Grundschullehrer wissen, daß sich ihre Schüler nicht für die abstrakten Ziele, sondern für die Inhalte, die Arbeitsprozesse interessieren. Grundschüler möchten ihre Leistungen auch den Eltern zeigen können, wobei auch hier nicht die abstrakten, sondern vielmehr konkrete, „anfaßbare", „anhörbare" Produkte gemeint sind. Formal betrachtet, ist Schüler-Handeln – verstanden als Tätigsein – auch im lernziel-orientierten Unterricht gegeben, wenn z. B. ein Lied gesungen wird, Noten gelernt, abgeschrieben, gelesen usw. werden.

„Ich benutze den Begriff Handlungsorientierung jedoch in einem engeren, inhaltlich-normativen Sinne. Handlungsorientierung des Unterrichts liegt für mich dann vor, wenn sich die Schüler mit den Unterrichtsabläufen und -ergebnissen identifizieren können, wenn die im Unterricht erarbeiteten Handlungsprodukte für diese Schüler einen sinnvollen Gebrauchswert haben" (HILBERT MEYER 1980, 344).

Eine solche Identifikation kann eigentlich nur stattfinden, wenn sowohl die Lehrziele des Lehrers als auch die (hypothetisch angenommenen) Handlungsziele seiner Schüler die Handlungssituationen des Unterrichts prägen und das Ergebnis beeinflussen. Ich will das an einem Lied aus den „Räubern von Kardemomme" – das ist eine in Skandinavien wohlbekannte Kinderphantasiestadt – näher fassen. (Ein ausführlicher Bericht findet sich in: BÖHLE: Jesper, Kasper und Jonathan auf der Suche nach Hemd und Hut . . ., in: Grundschule 3 [1983], 43–44.) Das Lied handelt von drei sympathischen, aber schrecklich unordentlichen Räubern. Die Studentinnen hatten sich für ihren Unterrichtsversuch vorgenommen, dieses hübsche Lied mit den Kindern nicht nur zu singen, sondern seine Thematik aufzugreifen und über das „ordentliche" Kinder- und Klassenzimmer mit den Schülern zu sprechen. Eine „Schlüsselszene" diente dazu, die Kinder auf das Thema einzustimmen und für das Thema aufzuschließen. In einer gekonnten Pantomime spielten sie zwei noch Schlaftrunkene, die ihren Tag mit der Suche nach Kleidungsstücken und Eßbarem fürs Frühstück begannen, um bald ermattet auf einen Stuhl zu sinken und entnervt zu singen:
„Ist mein Hemd nicht da? Ist mein Rock nicht da? . . ."
Jede Suchphase endet im Lied in der verständnislosen Feststellung des Refrains: „Alles das war gestern abend doch noch da!", um gleich zur nächsten Suchaktion zu wechseln: „Wo sind Topf . . . ?", bis schließlich in der letzten Strophe selbst der Freund, wie vorher einer der Gegenstände, gesucht wird:
„Wo ist Jesper hin? Wo ist Kasper hin? . . ."

Die Schüler identifizierten sich sofort mit der Situation der drei Freunde. Die ständig nach allem und jedem suchenden Figuren Jesper, Kasper und Jonathan könnten ebensogut Ralph, Thomas, Manuela, Anne oder Michael heißen. Damit die Schüler über Ursache und Folgen von Unordnung nachdenken und darüber zur Einsicht kommen, daß Aufräumen notwendig und sinnvoll ist, sollten sie eine Handlung mit selbstgebastelten Puppen erfinden, bei der es um die Ursache für das „Durcheinander" gehen sollte. Zu ihrer Verblüffung merkten die Studentinnen gleich bei der „Spontanreaktion", daß die Schüler sich keineswegs unordentlich fanden. Vielmehr fühlten sie sich in ihrer „privaten" eigenen Ordnung durch die anderen gestört. In ihrem Bewußtsein war die schon oft erlebte Unordnung – als der Zustand, nichts wiederzufinden – nicht durch sie selbst, sondern durch die aufräumende Mutter oder die Geschwister ausgelöst. Den Studentinnen ging auf, daß sie die Schüler nur aus ihrer eigenen Perspektive betrachtet hatten. Im Interesse der Schüler lag es, Möglichkeiten zu finden, die „eigene Ordnung" beizubehalten und die anderen dazu zu bewegen, diese Ordnung anzunehmen. Das Lehrziel der Studentinnen, Aufräumaktionen als einzig sinnvolle Lösung zu betrachten, lag den Schülern fern, zumal die Normen für sie offenbar gänzlich uneinsichtig waren.

Die Studentinnen nahmen sich daraufhin vor, wenn möglich mit den Schülern herauszuarbeiten, daß gemeinsame, von allen getragene Ordnungsstrategien bzw. Normen gefunden werden müßten, um Zusammenleben überhaupt zu ermöglichen. Das ließ sich auch aus dem Lied folgern: In ihm versuchen gleich drei „Räuber", ihre „private Ordnung" aufrechtzuerhalten, mit der Folge, daß sich alle Aktivitäten im Suchen verlieren. Die Melodie stützt durch ihr Hin- und Herpendeln auch emotional diesen Sucheindruck. Die Schüler mußten einen Handlungsspielraum erhalten, der ihnen einerseits ihre eigene Sicht gestattete, andererseits aber erfaßbar werden ließ, daß ein vernünftiges Maß an Ordnung das Zusammenleben erleichtert. Die Aufgabenstellung für die Puppenspielszene mußte entsprechend formuliert sein. In jeder der in sich abgerundeten Szenen sollten deshalb zwei gemeinsam planende Gruppen die Ursache und Folge (mit Lied) erspielen und (evtl.) eine Lösung aus dem Konflikt mit den Gegenspielern erarbeiten. Die zuständigen Kinder für eine Szene mußten sich also in die Kontrahenten beider „Lager" versetzen.

Das Spiel durfte (und sollte) so genußvoll sein wie das Lied. Die vorgeführten Spielszenen spiegelten z. T. recht kraß die häuslichen Machtverhältnisse. Es gab aber auch Ansätze zu Lösungen, aus denen bezeichnenderweise Erwachsene ausgespart blieben. Einer Theatergruppe gelang es nach anfänglichem Streit der „Geschwister", sich zu einer harmonischen Aufräumaktion zusammenzufinden. Jeder sollte – so ihre Überlegung – seine Sachen an einem bestimmten Platz wiederfinden können.

Gerade solche Spielszenen, die ernste Konflikte der Kinder mit ihren Eltern zum Thema haben, gehören eigentlich auf einen Elternnachmittag. (Hier ist für die 1. Phase der Ausbildung schnell die Grenze erreicht.) Vielleicht lassen sich die Erwachsenen danach darauf ein, über ihre Ordnungsvorstellungen und darüber, wie sie ihre Normen gewöhnlich durchsetzen, nachzudenken. Die im Unterricht erarbeitete kleine Spielszene erhielte so für die Kinder einen noch höheren Gebrauchswert, als sie bei der Darstellung in der Klasse hat. Nebenbei ließe sich sogar lernen, wie verhältnismäßig leicht und „ungefährlich" es ist, die Eltern mit derart unverkrampften „Singgeschichten" anzusprechen und auf Konflikte aufmerksam zu machen.

Nun könnte der Eindruck entstehen, als hätten hier die Studentinnen das Lied nur für eine „Motivationsphase" verwendet, um dann zu ihrem eigentlichen Thema zu kommen. Das ist aber nicht der Fall, weil bei künstlicher Motivierung – sie geht davon aus, daß die Schüler an sich uninteressiert sind – die Motivation auch nur für die entsprechende Phase anhält. In unserem Beispiel ließen sich aber die Schüler z. B. kaum zu Arbeitspausen überreden, und überhaupt forderte das Lied selber zur Spielhandlung heraus. (Es steht nicht von ungefähr in einer Handlung, die hier allerdings unberücksichtigt blieb.) Die Pantomime mit dem Lied stand als Schlüsselszene, nicht aber als Motivationsphase. Das Lied war Ausgangspunkt und blieb wichtiger Bestandteil des von den Schülern erfundenen Puppentheaters. Die gegenüber traditioneller Liedbehandlung ausgedehnte Funktion verweist darauf, daß man Musikunterricht nicht rein fachimmanent sehen kann, wenn man den Schülern gerecht werden will (was übrigens für die meisten anderen Fächer ebenso gilt).

Die Studentinnen waren nach mehreren Praxisbegegnungen und -versuchen bereits in der Lage, die Schüler ernst zu nehmen und offen zu sein für ihre Bedürfnisse. Anfänger ohne Praxiserfahrung kümmern sich wohl um den Stundenverlauf, ohne aber über die Bedingungen nachzudenken, die ihren Unterricht beeinflussen, einschließlich der Schüler und ihrer eigenen Person. Es sind für sie ganz einfach keine Fragen (vgl. FISCHER 1982). Weder ein Fragenkatalog noch die kognitive, theoretische Erörterung über Sozialisation usw. ändern daran etwas. Nur Praxisversuche führen zu einer didaktischen Fragehaltung und zu einem sinnvollen Studium der Theorie. Praktika sind Schaltstellen des Studiums. Die Studenten müssen, um als Lehrer verantwortungsvollen Musikunterricht zu gestalten, schon in den Praktika der 1. Phase „vor Ort" erkunden, was Musikunterricht eigentlich ist und was er sein könnte. Aus diesen Gründen gehören die Fragen der Vorbereitung des Unterrichts, seiner Durchführung wie seiner Auswertung auch bereits in die 1. Phase des Lehrerstudiums. Nur so wird die Theorie in der Praxis des Lehrers handlungsrelevant und ermöglicht Weiterentwicklung.

Literatur

Boettcher, W. u. a.: Lehrer und Schüler machen Unterricht, München 1977
Fischer, W.: Das „musikdidaktische Wunderland" und die schulpraktische Realität, in: Musik und Bildung 10 (1982), 620–629
Grell, J.: Zwischen Theorien und Traditionen: „Warum es so schwierig ist, das Unterrichten zu lernen", in: Weber, A. (Hrsg.): Lehrerhandeln und Unterrichtsmethode, Paderborn 1981
Klafki, W.: Didaktische Analyse als Kern der Unterrichtsvorbereitung, in: Klafki, W. u. a.: Didaktische Analyse, Hannover 1962

Klafki, W.: Zur Unterrichtsplanung im Sinne kritisch-konstruktiver Didaktik, in: König, E./Schier, N./Vohland, U.: Diskussion Unterrichtsvorbereitung – Verfahren und Modelle, München 1980, 13–45
Kramp, W.: Hinweise zur Unterrichtsvorbereitung für Anfänger, in: Klafki, W.: Didaktische Analyse, Hannover 1962
Kroath, F./Schratz, M.: Das Schulpraktikum als Nahtstelle zwischen Theorie und Praxis. Ein Erfahrungsbericht aus einem Projekt zur Qualifizierung von Praktikumslehrern, in: Erziehung und Unterricht 7 (1982), 611–619
Kümmel, F.: Zur Bestimmung der Formel: Pädagogik als Theorie einer Praxis, in: Zeitschrift für Pädagogik, 15. Beiheft: Die Theorie-Praxis-Diskussion in der Erziehungswissenschaft, Weinheim 1978
Macke, K.: Das Blockpraktikum in der Lehrerausbildung. Anspruch der Studienordnung und praktische Erfahrungen, in: Schulpraxis 2 (1982), 21–24
Menck, P.: Didaktische Modelle für die Unterrichtsvorbereitung, in: König, E./Schier, N./Vohland, U.: Diskussion Unterrichtsvorbereitung – Verfahren und Modelle, München 1980, 322–341
Meyer, Heinz: Schülerorientierter Musikunterricht – ein Traumziel?, in: Musik und Bildung 4 (1982), 218–223
Meyer, Hilbert: Leitfaden zur Unterrichtsvorbereitung, Königstein 1980
Reinert, G.-B. (Hrsg.): Pädagogische Interaktion. Zur Theorie und Praxis der Lehrerausbildung, Königstein 1982
Richter, Ch.: Theorie und Praxis der didaktischen Interpretation, 1976
Schulz, W.: Unterricht – Analyse und Planung, in: Heimann/Otto/Schulz: Unterricht – Analyse und Planung, Hannover 1965
Schulz, W.: Unterrichtsplanung, München 1979
Schulz, W.: Alltagspraxis und Wissenschaftspraxis in Unterricht und Schule, in: König, E./Schier, N./Vohland, U.: Diskussion Unterrichtsvorbereitung – Verfahren und Modelle, München 1980, 45–78

Unterricht planen (2. Ausbildungsphase)

Otto Junker

I. Grundsätzliches

In den siebziger Jahren wurden in allen Schulformen, auch in der Grundschule, Planungsmodelle bevorzugt, die im Hinblick auf Effizienz von Schule und Unterricht möglichst genaue und rigide Festlegungen von Inhalten, Zielen und Methoden vorschreiben. Vor allem in der Lehrerausbildung – sowohl im Studium als auch im Vorbereitungsdienst – neigte man zu Unterrichtsplanungen, die in recht enger Weise Lehrer und Schüler auf einbahnige Prozesse festlegten. Die Allgemeine Didaktik hat durch Modelle wie „Lernzielorientierter Unterricht", „Programmierte Unterweisung", „Geschlossenes Curriculum" und „Systemtheoretische Didaktik" zu dieser Einseitigkeit beigetragen. In der Praxis der planenden Lehrer haben sich diese Modelle allerdings kaum durchgesetzt. Nicht zuletzt aufgrund der Kritik von Grundschullehrern, die das Kind als Partner im schulischen Lernprozeß ernstnehmen, wurden die aufgezeigten Planungsmodelle auch von der Erziehungswissenschaft zunehmend in Frage gestellt (vgl. BLANKERTZ 1975).

Das führt notwendigerweise zu der Frage nach der Funktion von Unterrichtsplanung. Während man mit NORBERT BARTSCH Unterrichtsplanung „einen Orientierungs- und Entscheidungsprozeß, Unterricht im Hinblick auf institutionelle und personelle Bedingungen prozessual zu gliedern", nennen kann (BARTSCH 1979, 513), stellt sich jedoch differenzierter die Frage, was sie für Lehrer und für Schüler leistet und leisten sollte. Muß Unterrichtsplanung einen lückenlosen, bis in kleinste Lernschritte festgelegten und lehrstrategisch eindeutigen Lehr-/Lernprozeß bedeuten, wobei die geringste Abweichung den Unterricht zum Scheitern führen würde? Oder soll sie eine Hypothese für möglichen Unterricht darstellen, wobei der Unterricht diese Hypothese bestätigen oder widerlegen würde? Wenn man den Schüler als Lernsubjekt ernstnimmt, kann Planung unserer Meinung nach lediglich eine Handlungsbasis für den für die Schüler aufgeschlossenen und für neue Einsichten und Eindrücke sensiblen Lehrer sein, die ihm neben einigen Ausgangsdaten mögliche Handlungsräume eröffnet.

In der Geschichte der Pädagogik haben einsichtige Theoretiker und Praktiker immer wieder versucht, das uralte didaktische Dreieck Lehrer – Inhalt – Schüler in einen pädagogisch und didaktisch sinnvollen Begründungszusammenhang zu bringen. Da in jüngster Zeit der Schüler aus einem Erziehungs- und Bildungsobjekt zu einem Subjekt in dem durch spezifische Rechte und Pflichten organisierten „Rechtsraum Schule" geworden ist, sind eigentlich alle Systeme und Modelle überholt, die in einseitiger Weise den Schüler zum Objekt des Unterrichts machen. Weil engagierte Lehrer den Schüler in seiner Personalität ernstnehmen, haben Modelle, die nur an einer Methodenoptimierung interessiert sind, keine Chance in der Schulwirklichkeit. Wirklich durchgesetzt haben sich in den letzten beiden Jahrzehnten einmal die sog. „Berliner Schule" und zum anderen die sog. „Göttinger oder Marburger Schule", beides Modelle, die mehrperspektivisch alle Faktoren des Unterrichts berücksichtigen. Die Hauptvertreter dieser beiden Richtungen, WOLFGANG SCHULZ und WOLFGANG KLAFKI, haben in letzter Zeit wiederholt zusammengearbeitet und so für eine Annäherung der beiden „Schulen" gesorgt. Ohne hier näher auf beide einzugehen (vgl. hierzu BLANKERTZ 1975), stellt sich uns die Frage nach der Relevanz von Modellen für die Primarstufendidaktik einerseits und für den Musikunterricht andererseits. Für beide kommen unserer Meinung nach nur Planungsmodelle in Betracht, die unter einem eher weiten Didaktikbegriff „Entscheidungen, Entscheidungsvoraussetzungen, Entscheidungsbegründungen und Entscheidungsprozesse für alle Aspekte des Unterrichts" enthalten (KLAFKI 1976). Dabei kommen dem Prinzip der Schülerorientierung Aspekte der Bildungstheorie, der Lerntheorie und der kommunikativen Didaktik entgegen, die KLAFKI in jüngster Zeit zu verbinden sucht.

Die Planung von Musikunterricht in der Grundschule sollte sich in flexibler Weise der verschiedenen Planungsmodelle der allgemeinen Didaktik bedienen. Wichtiger als die Befolgung eines ganz bestimmten Konzepts ist es dabei, grundschulspezifische Momente im Auge zu behalten und die Lernbedürfnisse und -wünsche der Grundschulkinder zu berücksichtigen. Solche für die Primarstufe besonders relevanten Unterrichtskriterien sind im Bereich des Musikunterrichts im Sinne von *Handlungsorientierung:*

- Selbsttätigkeit: Kinder sollen selbst etwas erproben, gestalten, spielen, durch Handlungen Erfahrungen machen;
- Fächerübergreifendes Lernen: Verbindung von Musik und Sprache, Musik und Kunst, Musik und Religion, Musik und Sachunterricht;
- Anknüpfung an das Alltagswissen der Schüler, ihre Wünsche und Bedürfnisse: Aufgreifen der außerschulischen Erfahrungen, Ernstnehmen der Schülerwünsche, Ermöglichung von Handlungsprodukten, Mitbestimmung der Schüler über Inhalte, Ziele, Medien und Verfahren;
- Spielerisches Lernen: Situationen schaffen und aufgreifen, die spielerisches Lernen ermöglichen;
- Freude an der Musik: Freude immer wieder durch motivierende Themen, Ziele, Medien und Verfahren wecken und erhalten, schließlich eine dauernde positive Beziehung zur Musik aufbauen.

HILBERT MEYER hat in seinem „Leitfaden zur Unterrichtsvorbereitung" (MEYER 1981) diese Momente als konstitutiv für „schülerorientierte Unterrichtsplanung" dargestellt und in einen schlüssigen Begründungszusammenhang gebracht.

II. Planungsmodelle und -elemente

1. Bedingungen und Voraussetzungen schulischen Musikunterrichts

Die außerschulische Sozialisation heutiger Grundschüler bildet eine entscheidende Prämisse, ohne deren Berücksichtigung Musikunterricht weder effektiv geplant noch lernwirksam durchgeführt werden kann. Der Einfluß der technischen Mittler und der Massenmedien hat in den letzten beiden Jahrzehnten zu einem tiefgreifenden Wandel im kindlichen Musikverhalten geführt. Die Tatsache, daß heute alle Menschen von der frühen Kindheit bis ins Alter von einer unübersehbaren Flut der verschiedensten Arten von Musik berieselt werden, hat die Einstellungen, Werthaltungen und musikalischen Verhaltensweisen der ganzen Gesellschaft nachhaltig verändert. Alle Kinder, die als Schüler in unsere Schulen kommen, sind in gleicher Weise von dieser Verhaltensänderung betroffen und durch die technisch vermittelte Musik vorgeprägt. Auf der anderen Seite sollte man die Aufgeschlossenheit gegenüber neuen Eindrücken, die kindliche Neugier und den Hunger nach neuen Erfahrungen gerade bei Grundschülern nicht unterschätzen. Die Chance, in der Grundschule grundlegende Einsichten in die unterschiedlichsten Phänomene der Musik und ihre Zusammenhänge zu vermitteln und dabei den Kindern eine möglichst breite Palette von Musikarten und Erfahrungen zu erschließen, sollte nicht verpaßt werden. Da man heute den Schüler viel stärker als früher als Agenten seiner eigenen Lernprozesse ansieht und ihn damit als Lernsubjekt ernstnimmt, kommt solchen Lernbedingungen wie Alltagsbewußtsein, Handlungswünsche und außerschulischer Gebrauchswert ein hoher Stellenwert zu. Lehrer sollten sehr offen sein für entsprechende Äußerungen ihrer Schüler, sie sollten immer wieder ihr Verhalten gegenüber Musik beobachten, ihre Schüler befragen oder die Vorkenntnisse nach Art und Umfang immer wieder einmal testen.

2. Themen und Intentionen

Unter dem Einfluß der modernen Lernpsychologie (BRUNER/AUSUBEL/VESTER) hat sich auch in der Didaktik der Musik die Erkenntnis durchgesetzt, daß sich Lernen dann als besonders effektiv und erfolgreich erweist, wenn Inhalte und neue Erkenntnisse in einen größeren Zusammenhang gestellt werden. Jedes isolierte Einzelwissen wird hingegen schnell wieder vergessen. Neue Inhalte sollten also an Bekanntes anknüpfen, einen Zusammenhang mit bereits Gelerntem herstellen und so zur weiteren Orientierung beitragen und für neue Erkenntnisse den Rahmen bieten („Orientierungswissen"). Nachfolgende neue Informationen können sich so mühelos in den gelernten Rahmen einordnen. So wird den Lernenden schließlich ein geordnetes Wissen, Verstehen, Anwenden und Bewerten ermöglicht („Ordnungswissen"). Daraus folgt für den planenden und unterrichtenden Lehrer die Notwendigkeit, Unterricht in größeren Unterrichtseinheiten zu planen und zu organisieren. Will man nämlich gewährleisten, daß in möglichst allen Lernfeldern zu einem bestimmten Thema gelernt wird, daß viele Handlungsmöglichkeiten den Schülern erschlossen werden, daß verschiedene Medien und Materialien eingesetzt werden sollen, daß schließlich die Schüler im Sinne einer zunehmenden Mündigkeit an den unterrichtlichen Entscheidungen – seien es Themen, Ziele, Medien oder Verfahren – beteiligt werden, so erweist sich der Spielraum einer Einzelstunde als viel zu eng. Erst in einem überschaubaren Zeitraum mehrerer Wochen läßt sich der nötige Freiraum für verschiedene unterrichtliche Aktivitäten und Handlungssequenzen gewinnen. Damit ist auch eine Vorentscheidung getroffen über die Art des Lernens im Musikunterricht: Beim Planen von Unterrichtseinheiten (-reihen, -sequenzen) lernt der Schüler nicht eine Fülle isolierten Einzelwissens (wie es bei Inhaltsentscheidungen von einer Einzelstunde zur nächsten notwendig geschieht), sondern im Zusammenhang eines bestimmten Themas viele sich ergänzende Fakten und Einsichten, die sich bei gutem Gelingen der Reihe zu einer sinnvollen und von den Schülern einsichtig erkannten Ordnung strukturieren. Das so Gelernte läßt sich später in vielfältigen neuen Zusammenhängen erinnern, aktivieren und auf neue Sachverhalte übertragen. Nicht zuletzt kann der Schüler auch so das „Lernen lernen", also instrumentelle Fähigkeiten und Strategien des Wissenserwerbs gewinnen, die er später im selbständigen Lernen gebrauchen kann.

Sah man früher den Unterricht vorwiegend unter dem Inhaltsaspekt, also als eine Aufgabe der „Stoffbewältigung", so hat man unter dem Einfluß der amerikanischen Forschung (Curriculum-Theorie) heute erkannt, daß es Unterricht ohne klare und kontrollierbare Ziele nicht geben kann. Neben allgemeinen Richtzielen des Musikunterrichts, wie sie in Richtlinien und staatlichen Lehrplänen zum Ausdruck kommen, gibt es legitime fachliche Ziele, Ziele von gesellschaftlichen Gruppen, aber auch Ziele der Schule, des unterrichtenden Lehrers und der Schüler. Nach einer Periode eines überzogenen „Lernzielorientierten Unterrichts" in den siebziger Jahren, wo man glaubte, Ziele müßten nicht nur eindeutig formuliert, sondern auch vielfältig operationalisiert werden, was sich als nicht machbar in großen Bereichen schulischen Unterrichts erwies, zeigt sich seit einigen Jahren, vor allem in der Grundschulpädagogik, eine gewisse Umkehr. Zwar werden die positiven Aspekte einer Lernzielorientierung nicht aufgegeben (Transparenz, Zielstrebigkeit, Konformität mit der Fachwissenschaft und der Gesellschaft, Reduktion auf Einsichten, die Schülern gemäß sind), jedoch wird stärker als bisher der Wert des Unterrichts eher in der Güte des Lernprozesses als in der Fülle der Ziele gesehen. Unterrichtsziele sollten sowohl Lehrziele als auch Lernziele der Schüler sein, sie sollten neben der kognitiven auch die affektive und die psychomotorische Dimension berücksichtigen, neben reinen Wissens- und Verstehenszielen sollten auch Handlungsziele angestrebt werden. Ziele sollten auch während einer Unterrichtseinheit in flexibler Weise veränderbar und korrigierbar sein. Schüler sollten, wo immer es möglich und sinnvoll ist, an der Zielgewinnung beteiligt werden. Ziele sollen zwar in der Regel kontrollierbar sein und kontrolliert werden, jedoch ist eine rigide Testpraxis durchweg abzulehnen; Ziele können auch im Gespräch, in Beobachtungen des Schülers und in gemeinsamen Handlungsvollzügen überprüft werden. Viel mehr als Lehrerkontrollen sollten Schüler sich selbst kontrollieren und ihre eigenen Lernfortschritte registrieren. Gerade bei Bestrebungen, Leistungen von Grundschülern am eigenen individuellen Fortschritt zu messen, damit von einem starren Notendenken abzugehen und Schülern als Individuen gerechter zu werden, ist eine nur am reinen Leistungsdenken orientierte Musikdidaktik nicht mehr zu vertreten.

3. Methoden

Ohne in unserem Zusammenhang auf alle möglichen Methoden und Methodenkonzeptionen der Muskpädagogik oder der Allgemeinen Didaktik hier eingehen zu können, sollen einige grundsätzliche methodische Fragen erörtert werden.
Gegenüber früher, wo der Frontalunterricht sehr im Vordergrund des Unterrichts stand (wenn er nicht gar die einzige bekannte Sozialform war), werden heute Unterrichtsformen und -methoden bevorzugt, die die Eigentätigkeit des Schülers für sich (Einzelarbeit), mit einem Partner (Partnerarbeit) oder in einer Gruppe (Gruppenunterricht, Gruppenarbeit) fordern und fördern. Damit rückt der Lernprozeß als solcher in den Vordergrund. Viel stärker als früher wird das Lernen heute aufgefaßt als Informationsaustausch und -verarbeitung. Hierbei kommt den in der Gruppe (auch in der Klasse) ablaufenden sozialen Prozessen erhöhte Bedeutung zu. Nimmt man die sog. „enaktive Repräsentationsebene" (BRUNER 1973) als unterste Stufe des Lernprozesses (Erkenntnisgewinn durch Handeln und praktisches Erfahren) als Kriterium für kindgemäßen Grundschulunterricht hinzu, so ergibt sich folgerichtig für den Musikunterricht in der Primarstufe eine Sequenzierung, die es den Schülern ermöglicht, in Einzel-, Partner- oder Gruppenarbeit vielfältige Erfahrungen im handelnden Umgang mit Gegenständen und Fakten des Phänomens Musik zu machen.
Bei der Artikulation des Unterrichts in aufeinanderfolgende Phasen und Lernschritte legt es gerade die prinzipielle Offenheit des Erfahrungsfeldes Musik im Musikunterricht nahe, sich solcher Verfahren wie des „Offenen Unterrichts", der „Projektmethode" und des sog. „Vorhabens" zu bedienen. Viele inhaltliche und intentionale Momente im Musikunterricht fordern die Spontaneität, die Kreativität und das divergente Denken und Handeln der Schüler heraus. Das bedeutet für den planenden Lehrer, sich viel stärker als gewohnt als den Moderator des Lernens zu begreifen, der zwar letztlich Inhalte und Ziele seines Unterrichts zu verantworten hat, der aber sehr offen, sensibel und flexibel auf die Anregungen, Wünsche und spontanen Äußerungen seiner Schüler reagieren sollte. Handlungsprodukte und Lernergebnisse lassen sich nicht immer eindeutig aus der Sache (also aus dem Thema oder dem musikalischen Inhalt des Unterrichts) ableiten; kreative und produktive Handlungen der Schüler verändern auch Lehr- und Lernziele, ohne dadurch den Unterricht in seinem Erfolg zu beeinträchtigen oder zu entwerten.
Im folgenden sollen einige Beispiele für Unterrichtsplanungen dargestellt und kommentiert werden. Dabei haben wir uns bemüht, Beispiele aus verschiedenen

Lernbereichen des Musikunterrichts zu bieten und gleichzeitig verschiedene Jahrgänge der Grundschule mitzuberücksichtigen. Die gebotenen Planungen beziehen sich sowohl auf ganze Unterrichtseinheiten als auch auf Einzelstunden, die aber immer im Zusammenhang einer Reihe stehen. Die Planungsbeispiele wollen einerseits die oben gemachten grundsätzlichen Ausführungen konkretisieren und erläutern, andererseits aber auch Lehrern Anregungen geben für eigene Versuche in den verschiedenen Lernfeldern. Wir hoffen, daß die Planungen deutlich genug sind, um in die Praxis umgesetzt zu werden, aber auch offen genug, um jedem Lehrer eigene Einfälle zu gestatten und ihm für eigene Ideen Anregungen zu geben. Grundsätzlich betrachten wir die Beispiele als transferierbar auf ähnliche Themen und unterrichtliche Vorhaben. Die aufgezeigten Verlaufsplanungen sind nur spezielle Möglichkeiten unter vielen gleich guten anderen. Sie sind in der Regel mehrperspektivisch angelegt und verfolgen die Absicht, mögliche Lernprozesse im Musikunterricht aufzuzeigen.

III. Beispiele für Unterrichtsplanung

Beispiel 1
Umgang mit einem neueren Kinderlied – eine Unterrichtsreihe im 3. Schuljahr

Bei dieser Unterrichtseinheit handelt es sich um die unterrichtliche Behandlung eines neueren Kinderliedes unter verschiedenen Aspekten. Die Unterrichtsreihe umfaßt drei Unterrichtsstunden und dauert bei einer Unterrichtsstunde Musik pro Woche drei Wochen. Man sollte aber – wenn möglich – unter Heranziehung auch anderer Stunden die Einheit in 1–2 Wochen durchführen. Während die erste Stunde Einführungscharakter hat, dient die zweite der weiterführenden Arbeit. Die dritte schließlich als Abschluß der Reihe dient der Übung, Festigung und Kontrolle des Gelernten und will durch die Gelegenheit zum Tanzen des Liedes einen kreativen Abschluß bieten (Notenbeispiel 1).

Melodie 1
3. Max, der Esel und die Schweine tanzten sehr vergnügt zu dritt.
   Selbst die dicke Kuh Babette wiegte sich im Walzerschritt.

Melodie 2
4. Mieze bellte, Karo schnurrte, und die Ziege auf dem Mist
   krähte sich die Kehle heiser, weil doch heute Fastnacht ist.

1. Thema der Unterrichtseinheit:

Einführung, Übung und Festigung des Liedes „Trat ich heute vor die Türe" von H. LEMMERMANN.

2. Ziele der Unterrichtseinheit

kognitiv:
- Die Schüler sollen das Lied singen und musizieren können;
- sie sollen den Text verstehen, die Form des Liedes und den Charakter dieser Art Musik in einen übergeordneten Zusammenhang einordnen können;
- sie sollen die das Lied spielenden Instrumente kennen und hörend wiedererkennen können;
- sie sollen die Melodie von der Begleitung unterscheiden und die Funktion der musikalischen Kategorie Begleitung verstehen und anwenden können;

psychomotorisch:
- die Schüler sollen das Lied melodisch und rhythmisch angemessen singen können;
- sie sollen es auf Rhythmusinstrumenten mit vorgegebenen und selbst gefundenen Klangformen begleiten können;

affektiv:
- die Schüler sollen Freude und Spaß am Singen, Musizieren und an diesem Lied haben.

3. Überblick über die Themen der drei Stunden

1. Stunde: Einführung des Liedes – Erlernen von Text und Melodie – Singen und Musizieren

2. Stunde: Melodie und Begleitung – Vor-/Zwischen- und Nachspiel – Instrumente, die das Lied spielen (anhand der Schallplatte)

3. Stunde: Wiederholung und Übung – Wir tanzen zu unserem Lied.

4. Planung der einzelnen Stunden

Es soll gezeigt werden, wie Neueinführung, Weiterführung, Anwendung, Übung und Kontrolle eines konkreten Unterrichtsgegenstandes zusammenhängen und zu einer stimmigen Lernsequenz zusammengefügt werden. In allen drei Stunden besteht Gelegenheit, daß die Schüler ihre Wünsche, Bedürfnisse, Vorstellungen, Ideen, Vorschläge und Vorkenntnisse einbringen können. Solche Entscheidungsmöglichkeiten bieten sich bei folgenden Teilaufgaben:

- die Wahl der Begleitungen (1. und 2. Stunde)
- die Wahl der zur Begleitung verwendeten Instrumente

Unterricht planen 325

- die Interpretation des Textes (1. Stunde)
- das Bilden von Musiziergruppen (1. Stunde)
- Gestaltung von Vor-, Zwischen- und Nachspiel (2. Stunde)
- Gestaltung der tänzerischen Bewegung (3. Stunde).

Im folgenden wird nur die 1. Stunde ausführlich geplant; die beiden Folgestunden werden mehr summarisch beschrieben.

5. Erste Stunde:

Thema: Einführung des Liedes „Trat ich heute vor die Türe" von H. LEMMERMANN (Liederbuch „Schalmei", vgl. Literatur)

Stundenziel: Die Schüler sollen die Charakteristik der lateinamerikanischen Tanzmusik kennen und ein Beispiel, das Grundmuster dieser Musik verwendet, reproduzieren können.

Feinziele:
kognitiv:
- Die Schüler sollen verbal den Textinhalt des Liedes wiedergeben können;
- sie sollen den Zusammenhang zwischen Lied und Anlaß (Fastnacht) erkennen; sie sollen die groteske Situation erfassen und auf das Narrenspiel des Karnevals beziehen können;
- die Schüler sollen den Melodieverlauf und den Rhythmus des Liedes erkennen und das zugrundeliegende Musikmodell als lateinamerikanisch identifizieren;

psychomotorisch:
- die Schüler sollen das Lied singen können; sie sollen das Lied auf Rhythmusinstrumenten begleiten können;

affektiv:
- die Schüler sollen Spaß am Singen und Musizieren gewinnen.

Medien: Schallplatte Fidulafon 1191 „Tanzlieder für Kinder", selbstgemaltes Bild mit den Tieren des Liedes, Blockflöte, rhythmische Schlaginstrumente, Wandtafel (mit Liedtext, Noten, Informationen).

a) Bedingungsanalyse

Vorerfahrungen, Fähigkeiten, Entwicklungsstand der Schüler
Die Kinder dieser Altersstufe (8–10 Jahre) haben im allgemeinen viele Vorerfahrungen mit Kinderliedern, aber auch mit Liedern der Unterhaltungsmusik (z. B. Karnevalsschlagern). Sie kennen wahrscheinlich verschiedene Arten von Popmusik, vielleicht auch das eine oder andere klassische Stück. Nicht vorausgesetzt werden kann eine historische oder stilistische Einordnung von Musik oder eine kritische Auseinandersetzung mit gehörten Musikarten. Die Fähigkeiten der Kinder in der Klasse, in der diese Unterrichtseinheit erprobt wurde, gingen weit auseinander. Neben Kindern, die bereits recht gut Blockflöte spielen konnten und daher über gute Notenkenntnisse verfügten, gab es auch solche, die keinerlei Notenkenntnisse vorweisen konnten und nur geringe Erfahrungen mit gezieltem Musikhören oder eigenem Musikmachen besaßen. Dennoch ließ die große Lernbereitschaft dieser Klasse und die natürliche Neugier eine aufgeschlossene Mitarbeit erwarten, zumal die Kinder gewöhnt waren, sich an Entscheidungen im Unterricht zu beteiligen und ihre Meinung offen zu sagen.

Alltagsbewßtsein, Interessen, Beziehungen zum Thema, Lebenssituation
Da die Kinder ganz allgemein durch die Musikangebote der Massenmedien vorgeprägt sind, geht auch das Alltagsbewußtsein über Musik und ihre Erscheinungsweisen sowie über das ganze Umfeld, in dem Musik heute ihren Platz hat, in diese Richtung, also Unterhaltungsmusik und Schlager. Ferner haben die Fernsehwerbung und deren musikalische Einkleidung sowie die Hintergrundmusik und die Songs in den Kindersendungen des Fernsehens eine besonders prägende Kraft im Hinblick auf musikalische Verhaltensweisen von Kindern. Zu unterscheiden wäre bei der Analyse dieses Bewußtseins zwischen oberflächlichen Wünschen der Kinder und ihren wahren subjektiven und objektiven Interessen, die nicht identisch sind. Der Lehrer muß also ständig abwägen, wieweit er den geäußerten Wünschen entgegenkommt und wieweit er die genannten Vorerfahrungen bei der Unterrichtsplanung berücksichtigt. Die Auswahl des zu erarbeitenden Liedes hat ihre Begründung nicht zuletzt in der dargelegten Situation der Kinder.
Fachliche und fachdidaktische Vorgaben
Musikpädagogische Konsequenzen aus dem dargelegten Bedingungsfeld: Ein naives Volksliedersingen läßt sich in der heutigen Zeit nicht mehr vertreten. Prognosen, die vor Jahren ein allmähliches Absterben des eigenen Singens infolge des massenmedialen Einflusses vorhersagen zu können meinten, haben sich allerdings als irrig erwiesen. Ein neues Singen hat sich vor allem unter dem Einfluß der neuen geistlichen Musik und unter dem des politischen Protestsongs herausgebildet. Ein hervorragendes Merkmal von Musik, die diesem neuen Singen entgegenkommt. ist die Verwendung von Mustern, die dem Jazz und der lateinamerikanischen Folklore entstammen. In jüngster Zeit hat man die Vorteile eines solchen Liedmaterials auch für die Grundschule erkannt und für eine neue Lieddidaktik fruchtbar gemacht. Eines der gelungensten Beispiele ist das Lied „Trat ich heute vor die Türe".
Sachanalyse: Das Lied „Trat ich heute vor die Türe" bietet einen kindertümlichen, durch die groteske Situation komisch wirkenden Text, der die entwicklungspsychologisch bedingte Liebe der Kinder zu Tieren geschickt als Motivation verwendet. Die Musik bedient sich in der Melodie eines einprägsamen diatonischen, das Hexachord nicht überschreitenden Tonmaterials. Der „Ton" lateinamerikanischer Volksmusik ist genau getroffen. Der Rhythmus entspricht dem lateinamerikanischen Tanz „Cha-Cha-Cha", einer Abart des Mambo, der wiederum auf die Rumba zurückgeht. Die Frage der sog. „Echtheit" von Volksmusik kann hier außer Betracht bleiben, da auch die scheinbar echteste Volksmusik vielfach manipuliert und gesellschaftlich-historisch vermittelt ist. Außerdem erweisen sich Neuschöpfungen, die aus folkloristischem Geist und Material leben, oft als didaktisch fruchtbarer als sog. echte Volksmusik.

b) Begründung der Thematik

Tanzformen der lateinamerikanischen Musik, vor allem Kubas und Brasiliens, sind heute mehr oder weniger zu festen Bestandteilen der internationalen

Unterhaltungsmusik geworden. Schüler werden also potentiell häufig mit solchen Formen konfrontiert. Im Sinne einer differenzierten Musikwahrnehmung ist demnach eine Einführung in diese Musikart unerläßlich, um Hintergründe heutiger Unterhaltungsmusik zu erfahren und zu verstehen. Darüber hinaus können auch noch folgende Überlegungen zur Wahl dieses Liedes führen:

- eine Kombination von Tanztypen mit kindgemäßer Melodie und textlichem Lebensbezug kommt dem Erfahrungspotential heutiger Grundschüler psychologisch geschickt entgegen;
- die zeitliche Nähe der Unterrichtsreihe zur Fastnacht (Möglichkeit situativen Unterrichts bei der Durchführung der UE im Februar);
- die besondere Beziehung von Kindern zu Tieren, vor allem in anthropomorpher Gestalt; die Empfänglichkeit der Kinder für groteske Sprachspielereien und komische Situationen.

Das Lied ist repräsentativ für ein neues, dem musikalischen Erfahrungshorizont der Schüler entsprechendes Liedgut. In der Gegenwart und der Zukunft dürfte Musik dieser Art das Leben von Kindern, Jugendlichen und Erwachsenen vorwiegend bestimmen. Struktur und Gestus dieser Musik sind didaktisch besonders gut zu vermitteln und lassen einen echten Lernzuwachs der Schüler erwarten. Die Lernziele sind in mehreren psychischen Bereichen und in allen Lernfeldern des Musikunterrichts angesiedelt. Damit ist eine Ergänzung des Singens durch Hörprozesse, Erkenntnisse und Erfahrungen bei eigenen instrumentalen Gestaltungen möglich.

c) Methodische Aufbereitung/Medieneinsatz

Die ganze Stundenplanung wie auch die Planung der Unterrichtsreihe orientiert sich am Prinzip der methodischen Variabilität. Die Artikulation der Lernstufen geht den Weg von der optischen Anschauung als Motivation und thematischer Grundlegung (selbstgefertigtes Bild mit den Tieren, die im Lied agieren) über die Vorstellung des Textinhaltes zur Erarbeitung der Musik. Dabei wird der Text doppelt geboten: zum einen vom Kinderchor auf der Schallplatte, zum zweiten schriftlich an der Wandtafel. Nach einer Vermutung der Handlung aufgrund des Bildes (Funktion: Aufbau einer Erwartungshaltung, einer „offenen" Situation) wird das Schallplattenbeispiel geboten. Die Schüler sollen nach dem Hören die Handlung in eigenen Worten wiedergeben.
Zur Verifizierung des Erzählten wird der Text an der Wandtafel sichtbar gemacht. Da das kognitive Lernziel nur über den Text zu erreichen ist, wird die Verbindung des Liedes zum Tanz Cha-Cha-Cha und zum Karneval schon jetzt über den Tafeltext hergestellt. Die Erklärung des Wortes Cha-Cha-Cha und die Lokalisierung (Kuba) muß durch eine Lehrerinformation gegeben werden. Durch mehrmaliges Lesen wird der Text den Schülern vertraut, wobei auch die humoristischen Momente des Textes zur Sprache kommen.
Die musikalische Vermittlung geschieht durch verschiedene Medien, um möglichst viele Sinne (Eingangskanäle) anzusprechen und verschiedenen Wahrnehmungstypen unter den Schülern gerecht zu werden:

- durch nochmaliges Abspielen der Schallplatte (nur 1. Strophe);
- durch das Notenbild;
- durch Hand- und Fingerzeichen (allgemeine Handzeichen);
- durch Vorsingen einzelner Liedzeilen durch den Lehrer;
- durch Vorspielen der Melodie auf der Blockflöte (Lehrer).

Wenn die Schüler die Melodie einigermaßen beherrschen, wird ihr Augenmerk auf den Rhythmus gelenkt (Darstellung mit natürlichem Instrumentarium wie Klatschen, Klopfen usw.). Dadurch wird eine Beteiligung aller Schüler nicht nur am Singen, sondern auch an der rhythmischen Klanggrundierung ermöglicht. Dabei werden die Schüler die drei Staccato-Achtel am jeweiligen Zeilenende als charakteristisch für den Tanz Cha-Cha-Cha erkennen.

Zum Schluß sollen verschiedene Schüler auf Rhythmusinstrumenten ihrer Wahl das von der Klasse gesungene Lied begleiten. Dabei entscheiden die Schüler selbst über mögliche Begleitformen und wenden das vorher Gelernte sinnvoll an.

Ein abschließendes Singen der ganzen Klasse (mit rhythmischer Begleitung) soll den Lernerfolg für alle sichtbar bestätigen.

d) Stundenverlauf

Zielankündigung	Informierender Einstieg (L. sagt nur, daß Lied gesungen werden soll = Teilinformation, um Spannung nicht vorwegzunehmen).
Motivation	L. zeigt das angefertigte Bild/Sch. nennen die Tiere auf dem Bild und zeigen sie. Sie versuchen herauszufinden, was die Tiere auf dem Bild tun.
Darbietung	Das ganze Lied wird von der Schallplatte dargeboten. Spontanäußerungen der Schüler, Sch. versuchen, die Geschichte mit eigenen Worten wiederzugeben.
Texterarbeitung	L. klappt die Tafel mit dem Text auf. Sch. kontrollieren, ob sie die Geschichte erfaßt haben (Hinweis auf „verkehrte" Verhaltensweisen der Tiere/Cha-Cha-Cha wird erklärt/Hinweis auf Fastnacht). Einzelsch. lesen den Text, gemeinsames Lesen im Chor (Klassenverband).
Melodieerarbeitung	L. bietet nach einmal Plattenbeispiel (1. Str.), Einüben der Melodie (Notenbild, Handzeichen), Einsatz der Blockflöte und von Stabspielen, gemeinsames Singen der ganzen Melodie.
Erarbeiten des Rhythmus	Durch gemeinsames Klatschen und Klopfen wird der charakteristische Achtel-Rhythmus des Cha-Cha-Cha internalisiert.
Entwicklung eigener Begleitformen	Die Sch. können sich für passende Begleitformen entscheiden und sich entsprechende Rhythmusinstrumente wählen; zur Anregung stellt der Lehrer Möglichkeiten zur Auswahl: - Schlagen des Taktes (Metrum); - Klopfen des Liedrhythmus; - Markierung der Taktschwerpunkte; - Betonung bestimmter Worte; - Hervorhebung des Cha-Cha-Cha-Rhythmus.
Abschließendes Singen	Die ganze Klasse musiziert das Lied (das Gros der Klasse singt, eine kleine Rhythmusgruppe begleitet; u. U. läßt man die Schallplatte leise mitlaufen).

Nach dieser ziemlich ausführlichen Darstellung der ersten Stunde folgen noch einige Anmerkungen zu den beiden Folgestunden.

6. Zweite Stunde

Zuerst wird das in der ersten Stunde der Reihe Erarbeitete aufgegriffen und wiederholt; dabei wird der Begleitung des Liedes durch die Schüler besondere Aufmerksamkeit geschenkt. Als Weiterführung bietet es sich an, eine rhythmische Begleitstruktur zu erarbeiten und daraus ein kleines Vorspiel, ein Nachspiel und Zwischenspiele zu gestalten. Inhaltlich läßt sich daran anknüpfend recht einsichtsvoll die musikalische Kategorie Melodie und Begleitung erarbeiten, außerdem die formale Funktion von Vor-, Zwischen- und Nachspielen. Anschließend können die Schüler die gleichen Phänomene hörend bei dem Schallplattenbeispiel wiedererkennen. Methodisch gliedert sich also die Stunde deutlich in zwei unterschiedliche Teile: einen ersten, in dem vorwiegend selbst musiziert wird, wobei Erprobungsphasen mit Gestaltungs- und Reflexionsphasen abwechseln müßten, und einen zweiten, in dem dann in einem mehrmaligen Durchgang gemeinsam mit den Schülern das Plattenbeispiel angehört und im Hinblick auf Begleitung, auf Zwischenspiele und deren charakteristische Merkmale hin analysiert wird. Eine graphische Darstellung an der Tafel (mit eingängigen Symbolen, Linien, Punkten oder leeren und gefüllten Feldern) kann hier hilfreich sein. Auf die wechselnde Instrumentierung der Liedteile (zugleich eine wichtige Hör- und Unterscheidungshilfe!) kann man hier ebenfalls eingehen. Ein solcher instrumentenkundlicher Exkurs motiviert Schüler erfahrungsgemäß besonders.

7. Dritte Stunde

Diese Stunde soll zunächst einer gewissen Lernzielkontrolle dienen, wobei das Erfolgserlebnis für die Schüler Vorrang hat vor der Leistungsbeurteilung durch den Lehrer. Besonderen Spaß macht eine solche Erfolgsbestätigung, wenn man sie in einer Abfolge unterschiedlicher Rätsel bietet:

- wir erkennen noch einmal, welche Instrumente bei dem Lied mitspielen (Instrumente-Raten, gespielt werden nur kurze Ausschnitte);
- wann ist ein Zwischenspiel zu hören? (Merkmale werden genannt);
- die Kinder raten einen – vom Lehrer auf der Blockflöte gespielten – Liedausschnitt (Melodie wiedererkennen, zuordnen)
- die Sch. zeigen einen gehörten und wiedererkannten Liedausschnitt im Notenbild an der Tafel;
- vom Lehrer vorgespielte rhythmische Motive werden mit Text benannt oder im Notenbild gezeigt (Rhythmus raten);
- Sch. stellen ihren Mitschülern Höraufgaben.

Diese Arbeit kann auch in Form einer kleinen Gruppenarbeit vor sich gehen: Je 3–4 Schüler setzen sich zusammen und überlegen, wie sie ihren Mitschülern Rätsel stellen können; sie einigen sich in der Gruppe auf ganz bestimmte Stellen des Liedes, die sie dann im Anschluß an die Gruppenarbeit ihren Mitschülern vorspielen.

Während der erste Teil der Stunde diese Lernkontrollen in Form motivierender Rätsel enthält, soll in einem zweiten Teil zum Abschluß der ganzen Reihe die tänzerische Bewegung zu diesem Lied erprobt werden. Bei einer solchen tänzerischen Gestaltung kommt es nicht auf die Richtigkeit der standardisierten Tanzfiguren zum Cha-Cha-Cha an. Viel wichtiger in der Grundschule ist es, die Kinder in einem kreativen gestalterischen Prozeß selbst Tanzfiguren finden zu lassen. Kriterium für die Güte der selbst entwickelten Tanzfiguren ist die Übereinstimmung mit den charakteristischen rhythmischen Merkmalen des Liedes. So sollte in guten Kreationen der Grundrhythmus deutlich zu sehen und zu spüren sein. Abschnitte der Melodie, Einschnitte, Zeilenenden und Spannungsmomente sollten möglichst eindeutig zu finden sein. Die Kinder selbst sind unserer Erfahrung nach selbstkritisch genug, um eine solche Bewertung einzusehen. Außerdem macht das Tanzen viel mehr Spaß, wenn eine bestimmte Ordnung zu sehen ist und die Tänzer die Übereinstimmung ihres Tanzens mit dem Fluß und der Spannung der Musik körperlich wahrnehmen. Man sollte auch gezielte Hilfen geben, wo das Erfinden von Figuren zu große Schwierigkeiten macht. Die Begleitung des Tanzens kann entweder von einer eigenen Instrumentengruppe übernommen werden (Nachteil: diese Schüler können nicht mittanzen), oder aber das Schallplattenbeispiel dient als Tanzvorlage. Ob man am Ende auf einheitliche Tanzfiguren hinarbeitet oder aber dem einzelnen seine Kreation beläßt, hängt vom Wollen und können der Schüler ab.

8. Zusammenfassung

In der dargelegten und in ihren Querverbindungen aufgezeigten Unterrichtseinheit sollte deutlich geworden sein, wie der neuere Musikunterricht sich als ein Geflecht unterschiedlicher Aktionen, Reaktionen, Interaktionen und Informationen versteht, in dem sowohl die Sache Musik zu ihrem Recht kommt als auch der Schüler mit seinen vielfältigen Erfahrungen, Fähigkeiten, Fertigkeiten, Wünschen und Bedürfnissen. Der Lehrer versteht sich dabei mehr als früher als ein Vermittler, Organisator von Lernprozessen und Moderator der Interaktionen der Lernenden. Der Bereitstellung geeigneter Medien und Materialien kommt dabei ein großes Gewicht zu.

Beispiel 2
Planung für eine Unterrichtsstunde im 2. Schuljahr
(im Rahmen einer Unterrichtsreihe „Klanggeschichten")
Thema der
Unterrichtsreihe: Klanggeschichten über Texte, die Bewegung ausdrücken
(fächerübergreifende Lernsequenz)
Thema der
Stunde: Verschiedene klangliche und spielerische Gestaltungen des Gedichts „Der Wind" von J. GUGGENMOS

Der Wind

In allem Frieden
schlief abgeschieden
hinter der Hecke
der Wind.

Da hat ihn die **Spitzmaus**
– wie Spitzmäuse sind –
ins Ohr gezwickt.
Der Wind erschrickt,
springt auf die Hecke
fuchsteufelswild,
brüllt,
packt einen **Raben**
beim Kragen,
rast querfeldein
ins Dorf hinein,
schüttelt einen Birnbaum beim Schopf,
reißt den Leuten den Hut vom Kopf,
schlägt die Wetterfahne herum,
wirft eine Holzhütte um,
wirbelt den Staub in die Höhe:
wehe,
der **Wind** ist los!

Josef Guggenmos

1. Stellenwert und Funktion der Stunde im Rahmen der Unterrichtseinheit

Die Arbeit an und mit Texten, die Elemente von Bewegung enthalten oder Bewegung ausdrücken, ist für Schüler motivierend und regt das Lernen in vielfältiger Weise an. Während nun nach herkömmlicher Auffassung die Beschäftigung mit Texten in den Sprachunterricht gehört, sind die Möglichkeiten, die der Musikunterricht der Gestaltung von Texten bietet, erst in jüngster Zeit entdeckt und für den Sprachunterricht fruchtbar gemacht worden. Dabei ist die Zuordnung zu bestimmten Fächern für die Schüler und ihren Lernprozeß sekundär. Eine echte Integration dieser Teilbereiche beider Fächer kommt der Sozialisation und der außerschulischen Vorerfahrung am ehesten entgegen.

In der vorliegenden Reihe, die vom Musiklernen her konzipiert ist, aber einen wichtigen Anteil von Sprachlernen mitumfaßt, sollen die Schüler produktivgestaltend verschiedene Texte, die Bewegung thematisieren, bearbeiten.

Die Reihe umfaßt sechs Stunden und soll verschiedene Bewegungsarten und unterschiedliche Gestaltungsmöglichkeiten beinhalten.

Beispielhaft kann in etwa vier Stunden an den Texten „Kleine Füchse" von JAMES KRÜSS, „Swimmy" von LEO LIONNI und „Der Räuber Kasimir" von R. O. WIEMER gearbeitet werden. Dabei werden im Sprachunterricht die Texte erlesen, inhaltlich besprochen und nacherzählt. Im Musikunterricht haben die Schüler dann jeweils Gelegenheit, die Texte auf verschiedene Art zu verklanglichen. Die hier ausführlich geplante Stunde hat – nach mehreren Stunden des Umgangs mit Möglichkeiten der Verklanglichung – mehr anwendenden, bestätigenden und sichernden Charakter. Bisher erarbeitete Möglichkeiten können an diesem neuen Text verwendet werden.

In der Unterrichtseinheit soll den Kindern bewußt werden, daß es verschiedene Arten von Texten gibt, die Bewegung ausdrücken. Dabei sollen sie auch erfahren, daß solche Texte verschiedene Absichten verfolgen und auf verschiedene Weise gestaltet werden können. Die vorgesehenen Texte haben unterschiedliche Gestalt und verschiedene Inhalte; sie reizen daher auch zu verschiedenen Aktionen und Verklanglichungen. Durch unterschiedliche Gestaltungsmöglichkeiten werden die Schüler auf die je eigenen Inhalte und Formen aufmerksam, wobei sprachliche und musikalische Kriterien erkannt werden. Außerdem lernen sie dabei, daß die Gestaltung in je spezifischer Weise auf Form und Inhalt bezogen sein muß.

2. Bedingungsanalyse

a) Zur Psychologie einer zweiten Grundschulklasse

Kinder im Alter von 7–8 Jahren sind in der Regel über erste Anpassungsschwierigkeiten in der Schule hinaus und sehr lernbereit. Ihrer ganzheitlichen Auffassung entsprechen handlungsorientierte und fächerintegrierende Unterrichtsinhalte. Darüber hinaus motivieren sie spielerische Tätigkeiten und Sprachspiele in besonderem Maße. Bei der Durchführung der Unterrichtseinheit sollte der Lehrer die spezifischen Bedingungen seiner Klasse sorgfältig ermitteln und analysieren, um die Arbeit gezielt auf seine Kinder hin zu orientieren.

b) Interaktionsformen und Handlungsmuster in der Klasse

Bezüglich der Unterrichtsgestaltung muß bei dieser Thematik auf selbständiges Handeln der Schüler hingearbeitet werden. Denn nur so haben sie Spaß am eigenen Tun, werden Erfahrungen ermöglicht, werden selbständig Entdeckungen gemacht und Erkenntnisse angebahnt. Der Beachtung unterschiedlicher Sozialformen kommt dabei besonderes Gewicht zu. Einzelarbeit zur Vertiefung, Festigung und Übung, Partnerarbeit beim Ausprobieren bestimmter Klangmöglichkeiten, Gruppenarbeit bei der Diskussion von Wegen und Mitteln zur Problemlösung und die Kreisform bei gemeinsamen Gesprächen sollten sinnvoll miteinander abwechseln. Arbeitsteilige Gruppenarbeit wird bei der heutigen Thematik verlangt, was erhöhte Anforderungen an die Organisationsfähigkeit des Lehrers stellt. Auf das selbständige Arbeiten muß dabei Wert gelegt werden, Schwierigkeiten sollten nach gewisser Zeit durch die Gruppe gelöst werden. Die Kinder müssen lernen, sich zu einigen, sich miteinander zu verständigen und Probleme gemeinsam – auch unter Ertragen von Frustationen – anzugehen.

c) Beziehungen der Schüler zum Thema/Lernstand

Gedichte und Prosatexte gehören seit dem ersten Schuljahr zum vertrauten Unterrichtsinhalt für Grundschüler. Auch der Umgang mit Klang, Reim, Melodie und Rhythmus ist ihnen in der Regel vom Singen her vertraut. Umgang mit verschiedenen klanglichen Materialien (Orff-Instrumentarium, Alltagsklinger, aber auch „klassische Instrumente") zur Imitation von Signalen, Geräuschen aus Natur und Technik sowie zum Selbstentdecken von Klängen und Tönen ist – bei richtlinienkonformem Unterricht – in der bisherigen Schulzeit ebensooft Gegenstand des Unterrichts gewesen wie der spielerische Umgang mit Versen und Liedern. Die für die in dieser Stunde geplante Gruppenarbeit notwendigen Vorerfahrungen sind in der Regel bereits in der bisherigen Schulzeit erworben worden. Im Musikunterricht werden Experimente mit der Stimme gemacht, im Sprachunterricht sind wiederholt Texte, Situationen und Szenen gespielt worden. In dieser Stunde haben die Schüler Gelegenheit, ihre Vorerfahrungen anzuwenden; Spaß am eigenen Tun und Gestalten wird auch hier zur Motivation beitragen.

d) Fachliche und fachdidaktische Vorgaben

Die vorliegende Unterrichtsstunde gehört in das Lernfeld „Musik machen". Während nun sonst im Musikunterricht eine sachliche und methodische Beziehung zu den anderen Lernfeldern des Musikunterrichts hergestellt wird, besteht hier die sich anbietende strukturelle Beziehung in der fächerübergreifenden

Arbeit mit dem Deutschunterricht. Hier gehört das Gedicht „Der Wind" zum Literaturunterricht, während es für den Musikunterricht lediglich die Funktion eines Lernanlasses, einer Vorlage hat, die nicht in ihrem literarischen Wert erschlossen werden soll, sondern im Sinne von „Klanganlaß" (analog zum „Sprechanlaß" im Sprachunterricht) die Schüler zu Produktionen anregt. Gemeinsames, verbindendes Moment in den beiden Fächern bei dieser Thematik ist die Förderung der Kreativität.

Sowohl im Deutschunterricht als auch im Musikunterricht wird in letzter Zeit das Moment der kreativen/produktiven Gestaltung stärker betont. Hier bieten sich folgende Merkmale des Lernens in beiden Bereichen an:

- Weckung und Befriedigung von Neugier
- Experimentieren und Ausprobieren
- Spielerisches Manipulieren
- Entdeckendes Lernen
- Produktives Denken
- Überwindung von Normen
- Offenheit, Selbsttätigkeit und Phantasie.

Die Arbeit mit und an Texten, die zur Bewegung, zur Klanggestaltung und zum Einsatz entsprechender Medien (eigene Stimme, Instrumente, Alltagsklinger) anregen, binden beide Fächer intentional zusammen.

3. Didaktische Strukturierung

a) Thematik

Das Thema der heutigen Stunde ist das Gedicht „Der Wind" von J. GUGGENMOS. Dieser Text eignet sich besonders zur unterschiedlichen Gestaltung. „Wind" läßt sich – da er auch immer akustisch präsent ist – besonders gut verklanglichen. Schreibweise, Zeilenanordnung und Schriftbild (die Druckgestaltung) des Textes und die den Text umgebenden Bilder bieten bereits eine Gestaltung an, nämlich die zeichnerisch/malerisch, also graphisch orientierte Darstellung. Anreize zum graphischen Nachgestalten bieten sich hier an, ohne daß in dieser Stunde darauf eingegangen wird. Inhaltlich wird in dem Gedicht die Entwicklung des Windes beschrieben, der zunächst „schläft", dann aufwacht und sich schließlich bis zum Sturm steigert. Die ausdrucksstarken Verben verdeutlichen, wie der Wind über alles hinwegfegt und vieles zerstört. Die Personifizierung des Windes kommt dem kindlichen Verständnis und dem Vorstellungsvermögen der Schüler dieser Altersstufe besonders entgegen. Der Inhalt des Gedichtes spiegelt sich auch in seiner Struktur: Aufbau, Rhythmus und Anlage der Reime entsprechen in ihrer Regellosigkeit dem Toben des Windes; technische Verfahrensweisen treten also hier in den Dienst der Charakterisierung. Diese formalen Eigenschaften des Textes haben ihre genaue Entsprechung in einem musikalischen Korrelat: musikalisch handelt es sich um ein auskomponiertes Crescendo.

b) Ziele

Ziel der Stunde: Die Schüler können Form und Inhalt des Gedichtes „Der Wind" von J. GUGGENMOS beschreiben, verstehen (in ihrer Funktion und ihrem Ausdrucksgehalt) und in unterschiedlicher Weise klanglich gestalten.
Feinziele: Die Schüler können

- Wind- und Sturmgeräusche identifizieren und mit eigenen Worten beschreiben;
- den Inhalt des Textes „Der Wind" nacherzählen und die Merkmale der Form beschreiben und erklären;
- Inhalt und Form in Beziehung setzen;
- das Gedicht gestalten, indem sie es
  mit Musikinstrumenten verklanglichen/ mit der eigenen Stimme nachahmen/den Wind spielerisch (szenisch, Rollenspiel) darstellen.

Neben diesen – im engeren Sinne pragmatischen und kognitiven – Zielen sollen auch soziale Ziele (die eigene Meinung vertreten, anderen zuhören können, auf andere eingehen können, eigene Vorschläge machen, andere akzeptieren), emotionale Ziele (Spaß an dem Text, Freude am Gestalten und an den erreichten Produktionen, Kreativität) und psychomotorische Ziele (Spielen der Instrumente, Bewegung beim Spiel, richtiger Stimmeinsatz) berücksichtigt werden.

c) Organisation des Lehr- und Lernprozesses (Begründung der Methoden)

Diese Stunde muß – ausgehend vom Text und seinem Inhalt – fächerförmig verschiedene Wege der Klanggestaltung eröffnen und nach einer Phase des Erprobens und der Ausführung der Klanggestaltung die Ergebnisse sammeln und allen zugänglich machen, damit sie von allen wahrgenommen, verglichen und beurteilt werden können.

Damit liegt ein Lernprozeß nahe, der seinen Ausgangspunkt in einer für alle Schüler gültigen zentralen Information (Wind, Text), seine Fortsetzung in einer vielgestaltigen und differenziert angelegten Erprobungs- und Ausführungsphase und seinen Abschluß in der Sammlung und Präsentation der Ergebnisse hat. Die zentrale Eingangsinformation könnte in einem Bild vom Wind, im Vorlesen des Textes durch den Lehrer oder einem Tafelanschrieb der Überschrift bestehen. Besser aber ist es, die auditive Seite des Themas durch eine entsprechende Tonband- oder Kassettenaufnahme mit Wind- und Sturmgeräuschen sofort in das Bewußtsein der Kinder zu rücken. Wir empfehlen eine solche Präsentation zu Anfang der Stunde auch deswegen, weil damit die Kinder für ihre spätere eigene Produktion den Wind quasi noch „im Ohr" haben. Im Anschluß an das Hörbeispiel haben die Schüler Gelegenheit, sich spontan zu dem Gehörten zu äußern.

Sie werden den Wind sicher schnell identifizieren. Die Schüler können bei dieser Gelegenheit auch eigene Erfahrungen mit dem Wind einbringen, ihn schon nachahmen oder beschreiben. Als Sozialform bietet sich hier der Sitzkreis an, weil dabei die Bedingungen für ein fruchtbares Gespräch besser sind. Auch Hörschwierigkeiten werden durch das Sitzen in der Nähe des Tonbandgerätes vermieden. Am Schluß dieser Phase empfiehlt sich eine Ziel- und Themenan-

kündigung durch den Lehrer, damit die Schüler über den Sinn des unterrichtlichen Tuns informiert sind und sie so effektiver und einsichtiger mitarbeiten können (die Lernpsychologie verspricht größere Lernerfolge, wenn das lernende Individuum Inhalte, Formen und Ziele einer Arbeit versteht und sich dadurch mit ihnen identifiziert).
Die Begegnung mit dem Text erfolgt am besten durch einen gut artikulierten Lehrervortrag. Dabei ist es zunächst nicht erforderlich, daß die Kinder den Text vor Augen haben. Da das eigenständige Lesen des Gedichtes durch die Schüler einer späteren Stunde (einer Sprachstunde) vorbehalten werden soll, besteht auch nicht die Gefahr des allzu dominanten Lehrervorbildes. Im Gegenteil: Der Lehrervortrag unterstützt das auditive Moment an der Erarbeitung; die Schüler haben so insgesamt zwei akustische Vorinformationen: die Windgeräusche aus der Einstiegphase und den (z. T. die Windgeräusche mimetisch nachahmenden) Lehrervortrag. Zu einer sinnvollen, die Schüler nicht überfordernden Klanggestaltung sind diese Vorinformationen unbedingt erforderlich. Bei einem zweiten Lesen kann den Schülern der Text (auf Blättern vervielfältigt, im Lesebuch, falls vorhanden) in die Hand gegeben werden. Hierbei ist es besser, wenn die Schüler wieder auf ihrem Platz sitzen, damit der Text auf dem Tisch liegen kann. Bevor nun in Gruppenarbeit die eigentliche Gestaltungsphase beginnt, sollten frontal einige Dinge zur Form und zum Inhalt des Gedichtes geklärt werden. Dabei kann der Schwerpunkt auf die Schreibweise, auf den Inhalt und auch auf die Tatsache der Steigerung der Lautstärke und der Bewegungsintensität gelegt werden. Außerdem sollte den Schülern verständlich erklärt werden, wie die Produktionsphase ablaufen soll, auf was die Schüler dabei achten sollen und welche Ergebnisse dabei herauskommen könnten. Daß am Ende jede Gruppe ihr Ergebnis vorstellen soll, muß den Schülern einsichtig erklärt werden, der Hinweis auf eine geplante Kassettenaufnahme kann sie zusätzlich motivieren, denn Grundschüler sind sehr an der Darstellung eigener Produktionen interessiert. Für die nachfolgende Gruppenarbeit muß jeder Schüler hinreichend über die Bedingungen informiert sein, um fruchtbar mitarbeiten zu können. Sind Inhalt und Form des Gedichtes geklärt, kann man zur zweiten Erarbeitungsphase, der Klanggestaltung übergehen. Das geschieht in arbeitsteiliger Gruppenarbeit, wobei es verschiedene Möglichkeiten gibt, die Gruppen zusammenzusetzen. Weniger zu empfehlen ist eine Zusammensetzung nach Leistung, da es ja hier nicht um Leistung im engeren Sinne geht. Besser ist es, möglichst gleich große Gruppen in homogener Zuammensetzung zu bilden; Jungen und Mädchen sollten gemischt werden, schnell und langsam arbeitende Schüler können durchaus in der gleichen Gruppe vereinigt werden. Wesentlich ist, daß die Schüler einer Gruppe sich mögen, sich vertragen und einander gern haben. Auch die Neigungen der Schüler zu bestimmten Aktionen sollte man berücksichtigen. Schon bestehende längerfristig gebildete stabile Gruppen können natürlich beibehalten werden. Sonst ist es besser, die Gruppenbildung in einer vorhergehenden Verfügungsstunde vorzunehmen und nicht erst jetzt, da das erfahrungsgemäß sehr aufhält. Die Aktionen „Stimme einsetzen", „Orff-Instrumente spielen" und „Szenisches Spiel" müßten den Schülern dann jedoch

vorher genannt werden. Die Gruppen bekommen Arbeitsaufträge, die die Arbeit nicht einschränken, sondern Anregungen und Hilfen geben sollen. Der Lehrer muß hin und wieder darauf achten, daß auch alle Schüler zur Mitwirkung herangezogen werden; hierzu muß er auch an die Einsicht der Schüler appellieren. Zum Schluß der Stunde stellen die Gruppen ihre Ergebnisse vor. Das Interesse der zuhörenden Gruppen ist immer gegeben, da sie nicht wissen, was die gerade spielende Gruppe gestaltet hat. Als Höhepunkt der Stunde werden alle Aktionen und Gestaltungen zu einer Klassenaktion zusammengefaßt. Dabei werden noch einmal alle Kinder aktiv. Diese gemeinsame Produktion wird auf Band oder Kassette aufgenommen und abgehört. Diese Produktion läßt sich dann zur Weiterarbeit innerhalb der Reihe verwerten. In dieser hier vorgestellten Reihe sollte bei einer Stundenzahl von sechs Stunden kein neuer Text mehr eingesetzt werden, sondern die bisher gemachten Erfahrungen, die vorliegenden Ergebnisse sollten reflektiert, wiederholt, bewertet und kontrolliert werden. Die Kontrolle ist immer zuerst eine Eigenbewertung durch die Schüler, erst in zweiter Linie eine Bewertung des Lernfortschritts durch den Lehrer; eine solche Arbeit eignet sich ohnehin weniger gut für eine Leistungsbewertung oder gar Zensurierung. Unter Zensurendruck läßt sich eine solche kreative Gestaltung nicht bewältigen.

d) Medien

Der Medieneinsatz ergibt sich weitgehend aus der Konstruktion des Lernprozesses. Eine Tonaufnahme mit Windgeräuschen müßte sich der Lehrer entweder selbst herstellen oder einer auf dem Markt angebotenen Schallplatte entnehmen. Der Text müßte möglichst für alle Schüler vervielfältigt werden. Für die abschließende Kassettenaufnahme schließlich sollten Mikrophone und Aufnahmegerät bereitstehen (bei erstmaligen Versuchen mit Tonaufnahmen in der Klasse muß man vorher die Schallbedingungen und Entfernungen in der Klasse erkunden und Aufnahmen ausprobieren). Für die Produktion und Gestaltungsexperimente kann man den Schülern verschiedene rhythmische und melodische Orff-Instrumente zur Verfügung stellen, aber auch zum klanglichen Gestalten geeignete Gebrauchsgegenstände des Alltags (sog. „Alltagsklinger").

e) Stundenverlauf

Geplantes Lehrerverhalten	erwartetes Schülerverhalten	didaktisch-methodischer Kommentar
L. Läßt Kassette mit Windgeräuschen abspielen	● Sch. hören zu ● äußern sich spontan ● erkennen Windgeräusche ● erzählen eigene Erfahrungen mit dem Wind	● Einstieg/erste Darbietung ● Frontalphase ● Sitzkreis
L. liest das Gedicht vor	● Sch. hören zu ● äußern sich spontan ● erkennen	● zweite Darbietung ● Einzelarbeit im Klassenverband

	Gedichtform	
L. liest das Gedicht zum zweiten Mal	● Sch. lesen den Text still mit ● erkennen die Steigerung ● verstehen Beziehung Text/Form ● äußern sich dazu	● Anbahnung des Verstehens
L. führt mit den Sch. ein gebundenes Unterrichtsgespräch	● Sch. sprechen über ihre Eindrücke ● klären den Inhalt, äußern sich zur Form, setzen beides in Beziehung	● Klassengespräch ● Frontal-U. ● Verstehen von Text und Form
L. stellt die Aufgabe, das Gedicht auf verschiedene Weise darzustellen und zu verklanglichen	● Sch. bilden drei Gruppen ● arbeiten an der Gestaltung des Gedichts, indem sie es − mit der Stimme nachahmen, − mit Instrumenten gestalten, − szenisch spielen	● Erarbeitung ● arbeitsteilige Gruppenarbeit ● Differenzierung nach Neigung
L. fordert die Sch. auf, ihre Ergebnisse den anderen vorzustellen	● die Gruppen tragen nacheinander ihre Ergebnisse vor ● die anderen hören jeweils zu, äußern sich danach zu den Produktionen	● Frontalunterricht ● Sammlung und Kommentierung der Ergebnisse
L. läßt alle Gruppen zugleich spielen, liest dazu den Text vor, nimmt das Ergebnis auf Kassette auf	● Sch. agieren zusammen	● Zusammenfassung
L. läßt Kassette mit der Aufnahme abspielen	● Sch. hören sich ihre eigene Produktion an	● Abrundung der Stunde

Gruppenarbeitsaufträge:
Gruppe 1 (Stimmen): Spielt den Wind, wie im Gedicht, indem ihr ihn mit euerer Stimme nachahmt! Sprecht untereinander ab, wie ihr das machen wollt! Überlegt euch die Reihenfolge! Übt es ein paarmal durch! Spielt es einmal ganz!

Gruppe 2 (Instrumente): Spielt den Wind, wie im Gedicht, auf verschiedenen Instrumenten! Sucht dazu passende Instrumente aus! Einigt euch, wer was spielt! Übt das gemeinsame Spielen und spielt das Gedicht einmal durch!

Gruppe 3 (Szenisches Spiel): Überlegt euch, was ihr alles spielen wollt (Tiere, Gegenstände, den Wind)!
Wie kann man diese Rollen spielen?
Verteilt die Rollen!
Jeder spielt seine Rolle vor!
Übt euere Rolle etwas! Spielt einmal das Gedicht ganz!

Angesichts möglicher Leseschwächen im 2. Schuljahr kann man die Aufgaben für die drei Gruppen auch mündlich stellen oder ikonisch-zeichnerisch darstellen. Die Anzahl und Größe der Gruppen hängt auch von der Anzahl der Kinder in der Klasse ab. Die Gruppen sollten eine Größe von sechs bis sieben Kindern nicht überschreiten. Hat man mehr Kinder als 20 in seiner Klasse, so empfiehlt es sich, eine weitere Gruppe zu bilden (evtl. Lesegruppe), oder arbeitsgleich mehrere Gruppen am gleichen Thema (mit gleichen Werkzeugen) arbeiten zu lassen.

Literatur

Antholz, H./Gundlach, W.: Musikpädagogik heute, Düsseldorf 1975
Bartsch, N.: Unterrichtsplanung, in: Kochan, B./Neuhaus-Siemon, E. (Hrsg.): Taschenlexikon Grundschule, Königstein 1979
Blankertz, H.: Theorien und Modelle der Didaktik, München ⁹1975
Breckhoff, W./Kleinen, G.: Das Liedermagazin, Kassel 1975
Bruner, J. S.: Der Akt der Entdeckung, in: Neber, H. (Hrsg.:) Entdeckendes Lernen, Weinheim/Basel 1973
Fuchs, P./Gundlach, W.: Unser Liederbuch – Schalmei, Stuttgart 1980
Klafki, W.: Didaktik und Methodik, in: Zeitschrift für Pädagogik 22 (1976), H. 1
Kochan, B./Neuhaus-Siemon, E. (Hrsg.): Taschenlexikon Grundschule, Königstein 1979
Meyer, H.: Leitfaden zur Unterrichtsvorbereitung, Königstein 1981
Neber, H. (Hrsg.): Entdeckendes Lernen, Weinheim/Basel 1973

Erfolgs- und Leistungskontrolle

Rainer Schmitt

Jede Form von Unterricht hat nur dann einen Sinn, wenn die Ergebnisse der pädagogischen Arbeit überprüfbar sind und Erfolg oder Nichterfolg von allen am Lernprozeß Beteiligten festgestellt werden können. Daher ist es durchaus verständlich und berechtigt, daß Lehrer nach den Kriterien und Methoden fragen, mit denen sich Ergebnisse des Unterrichts beurteilen und Leistungen einzelner Schüler bewerten lassen. Wer allerdings glaubt, solche Bewertungen in einer Skala von sechs Zensuren oder durch ein Punktesystem hinreichend zu erfassen, verkennt die Besonderheiten des Faches Musik. Denn der Umgang mit dem Gegenstand Musik erfordert nicht nur unterschiedliche Formen der Erfolgskontrolle und Leistungsmessung, sondern auch Differenzierungen in der Bewertung. Dies darzustellen und dem Musiklehrer der Grundschule Handreichungen zur Überprüfung und Beurteilung seiner eigenen pädagogischen Arbeit wie auch der Schülerleistungen zu geben, wird Aufgabe meines Beitrags sein. Dabei sollen sich die theoretischen Erörterungen an den Bedürfnissen der Praxis orientieren, die praktischen Beispiele wiederum nicht quer zur Theorie stellen.

I. Voraussetzungen

Wenn man über Erfolgs- und Leistungskontrolle im Musikunterricht spricht, muß zunächst geklärt werden, was im einzelnen überprüft werden soll und wessen Leistungen zur Diskussion stehen. Im Schulalltag dreht sich vieles um die Leistungen der Schüler, die mit Hilfe von Tests in regelmäßigen Abständen ermittelt werden. Eine solch einseitige Ausrichtung der Kontrollfunktion läßt jedoch außer acht, daß Schülerleistungen stets in engem Zusammenhang mit den Leistungen des Lehrers stehen und darüber hinaus abhängig sind von situativen, sozialen und gegenstandsbezogenen Faktoren. Daher muß uns die Effektivität des vom Lehrer in Gang gesetzten Unterrichtsprozesses und seine Überprüfung ebenso interessieren wie die Leistung des Schülers. Erfolgs- und Leistungskontrollen sind einseitig, solange sie nur zur Überprüfung überwiegend kognitiver Fähigkeiten der Kinder eingesetzt werden. Sie haben jedoch dann einen Sinn, wenn sie möglichst umfassend und differenziert über die Ergebnisse von Lernprozessen informieren. Dies bedeutet, daß sie Auskunft geben sollten über:

Fortschritt des Lernprozesses: Schulisches Lernen setzt eine kontinuierliche Interaktion von Lehrenden und Lernenden voraus, durch die der Lernprozeß fortgeführt wird. Eine Erfolgskontrolle muß über die Wirksamkeit dieser Interaktion informieren und Vergleichsmöglichkeiten mit früheren Stadien des Lernprozesses bieten.

Verständnis der Lerninhalte: Schulisches Lernen ist, soweit es sich um Fachunterricht handelt, immer auch gegenstandsbezogen. Erst der gemeinsame Umgang mit dem Unterrichtsstoff zeigt, ob die intendierten Verhaltensweisen erreicht worden sind. Die Effektivität einer exemplarischen, altersbezogenen und vielseitigen Stoffauswahl ist somit immer wieder neu zu überprüfen.

Wirksamkeit der Methoden, Arbeitsformen und Medien: Als Initiator der Lernprozesse entscheidet der Lehrer über die Anwendung fachspezifischer Methoden und Arbeitsformen sowie über den Einsatz bestimmter Medien. Der Erfolg hängt hierbei weitgehend davon ab, ob sie der jeweiligen Situation, dem Erfahrungsbereich der Schüler und den Anforderungen des Gegenstandes gerecht werden.

Erfüllung allgemeiner und fachspezifischer Zielsetzungen: Lernziele und Leistungsmessung hängen eng zusammen, denn Leistungen lassen sich nur bewerten, wenn der Lehrer die Ziele seines Unterrichts klar definiert. Welche Bedeutung die Lernziele für eine objektive Leistungserfassung im Musikunterricht haben, hat KLAUS FÜLLER in einer Untersuchung nachgewiesen (FÜLLER 1974a).

Nur regelmäßige Kontrollen von Lernprozessen unter Berücksichtigung der genannten vier Aspekte bieten die Gewähr für eine angemessene Bewertung von Schülerleistungen. Zugleich geben sie Lehrern, Schülern, Eltern und Gesellschaft Auskunft über den jeweiligen Stand des Lehrens und Lernens. Die aus Erfolgskontrollen gewonnenen Informationen ermöglichen schließlich eine sinnvolle Entscheidung über Fortsetzung, Wiederholung, Änderung oder Verbesserung des Unterrichtsprozesses.

Es liegt auf der Hand, daß für derartige genaue und umfassende Überprüfungen von Lernprozessen die herkömmlichen Tests nicht ausreichen, denn Leistungsmessung und -bewertung sind nicht nur eingebunden in den Verlauf des Unterrichts, sondern auch verflochten mit einem Netz stabiler und variabler Faktoren. Neben den personenabhängigen Determinanten Begabung, Aufgabenschwierigkeit, Anstrengung und Glück (WEINER 1976) gehören hierzu vor allem das Verhältnis der Schüler untereinander und zum Lehrer, die jeweilige subjektive Befindlichkeit des einzelnen, seine durch unterschiedliche Vorerfahrungen geprägte Beziehung zum Lerngegenstand, die institutionellen Bedingungen und nicht zuletzt die individuelle Lernmotivation.

Wenn heute in der Didaktik der Begriff „Leistungsbewertung" gerne durch den Terminus „Evaluation" ersetzt wird, hat dies seinen Grund in der Erkenntnis, daß Messung und Bewertung von Prüfungsleistungen für die Kontrolle und Beurteilung von Unterricht nicht ausreichen. Leistungsergebnis und -vollzug müssen mehr als bisher in engem Zusammenhang gesehen werden.

In diesem Sinn „ist Evaluation mehr als Messen und Bewerten der Schülerleistungen, nämlich Beschreiben und Bewerten des gesamten Unterrichtsprozesses, seiner Bedingungen, Faktoren und Konsequenzen, ja die Beurteilung von Curricula oder gar umfassenden Bildungssystemen" (FÜLLER 1977, 108).

Wenn wir also von Erfolgskontrolle und Leistungsfeststellung im Musikunterricht der Grundschule sprechen, muß uns neben dem Ergebnis auch stets der Prozeß des Lernens interessieren.
Mit dieser Feststellung verliert die Zensurengebung als Mittel schulischer Leistungsbewertung erheblich an Gewicht. Ohnehin wird im Fach Musik die sechsstufige Notenskala von den meisten Lehrern auf ungefähr drei Stufen begrenzt, was die Nivellierung der Wertungen noch verstärkt. Das darin zum Ausdruck kommende Unbehagen an einer Benotung von Schülerleistungen hat berechtigte Gründe, denn im Musikunterricht gibt es zahlreiche Leistungen zum Beispiel kreativer Art, die nur schwer oder gar nicht objektivierbar sind. Gerade sie müssen aber ebenfalls überprüft werden, was an die Methodik der Erfolgskontrolle und Leistungsbewertung besondere Anforderungen stellt. Daß in manchen Bundesländern zumindest für die unteren Klassen der Grundschule verbale Beurteilungen statt Zensuren gefordert werden, kommt dem Bedürfnis des Musikunterrichts nach differenzierter Leistungsbewertung sehr entgegen.

II. Leistungsaspekte im Fach Musik

Eine Erfolgs- und Leistungskontrolle läßt sich nur dann sinnvoll durchführen, wenn sie in enger Beziehung zur Unterrichtswirklichkeit steht. In unserem Fall bedeutet dies, daß sich die Bereiche, in denen Leistungen erbracht werden sollen, inhaltlich an den zentralen Lernbereichen des Musikunterrichts in der Grundschule orientieren müssen. Die folgende Systematik unterscheidet fünf Lernbereiche, denen jeweils eine Anzahl verschiedener Aspekte für die Leistungskontrolle zugeordnet sind. Daß sich sowohl die Lernbereiche wie auch die Leistungsaspekte nicht in allen Fällen scharf voneinander abgrenzen lassen, liegt an der Komplexität des Gegenstandes Musik.

1. Lernbereich „Musik machen":

a) Entfaltung eigener schöpferischer Ideen
b) Kreatives Gestaltungsvermögen
c) Geschicklichkeit im Umgang mit vokalen und instrumentalen Mitteln
d) Integration und Sozialisation beim Musizieren in der Gruppe
e) Qualität von Einzel- und Gruppenimprovisationen
f) Bearbeitung von Gestaltungsaufgaben
g) Art des Einsatzes gegebener musikalischer Mittel
h) Fähigkeit zur Reproduktion akustischer Vorgänge
i) Darstellung und Verwirklichung eigener musikalischer Vorstellungen
j) Herstellung von Beziehungen zwischen Absicht, Mittel und Wirkung

2. Lernbereich „Musik hören":

a) Aufmerksamkeit und Konzentrationsfähigkeit beim Hören
b) Unterscheidung akustischer Ereignisse
c) Erkennen musikalischer Gestaltungsmittel
d) Darstellung des Hörbefundes durch Beschreiben, Vergleichen und Zuordnen
e) Reaktion auf musikalische Reize
f) Erkennen formaler und funktionaler Sinnzusammenhänge in Musikwerken

3. Lernbereich „Musik notieren":

a) Erfinden von Zeichen zur Darstellung musikalischer Vorgänge
b) Umgang mit gegebenen Zeichen und Notationsweisen
c) Interpretation und musikalische Realisierung von Notentexten
d) Herstellen von Beziehungen zwischen akustischen und visuellen Zeichen
e) Mitlesen einfacher Verlaufsgrafiken und Notentexte

4. Lernbereich „Musik umsetzen":

a) Koordination verschiedener Sinne beim Umgang mit Musik
b) Umsetzung von Musik in Bewegung
c) Umsetzung von Bewegung in Musik
d) Umsetzung von Musik in bildliche Darstellungen
e) Umsetzung von bildlichen Darstellungen in Musik
f) Musikalische Gestaltung von Texten
g) Vergleiche zwischen Musik und verschiedenen Umsetzungsformen
h) Entwicklung von Assoziationen zur Musik und deren Anwendung
i) Soziales Verhalten bei Transformationsaufgaben in der Gruppe

5. Lernbereich „Musik verstehen":

a) Aneignung fachspezifischer Grundkenntnisse und musikalischen Wissens
b) Verständnis und Anwendung fachspezifischer musikalischer Begriffe
c) Beteiligung an Gesprächen über Musik
d) Beiträge zu Problemlösungen
e) Erkennen von Zusammenhängen zwischen Musik und Umwelt
f) Verbale Interpretation und Deutung musikalischer Vorgänge
g) Entwicklung ästhetischer Vorstellungen
h) Entwicklung von sachlich begründbaren Werturteilen

Fragt man nach den Methoden, mit denen Schulerleistungen im Musikunterricht zu ermitteln sind, wird man schon bald feststellen, daß Tests nur auf einen Teil der soeben genannten Aspekte anwendbar sind. Die übrigen Leistungen lassen sich nur durch Beobachtungen während des Unterrichtsverlaufs ermitteln. Daraus ergibt sich für den Musikunterricht in der Grundschule, daß zur Feststellung individueller Schülerleistungen Verhaltensbeobachtungen mindestens ebenso wichtig sind wie Tests. Das folgende Schaubild ordnet die oben genannten Leistungsaspekte des Musikunterrichts nach den zwei Ermittlungsmethoden *Test* und *Beobachtung*.

Ordnung musikalischer Leistungsaspekte

Zielfelder	Leistungsaspekte	Ermittlungsmethoden
Kognitiver Bereich (Kenntnisse über Musik)	2 b–d; 2 f; 5 a–b; 5 e–f	Tests
Psychomotorischer Bereich (Fertigkeiten im Umgang mit Musik)	1 c; 1 e–j; 3 a–e; 4 b–g	Tests (z. T. Beobachtungen)
Affektiver Bereich (Musikalische Verhaltensweisen und Beziehungen zur Musik)	1 a–b; 2 a; 2 e; 4 a; 4 h; 5 c; 5 g–h	Beobachtungen (z. T. Tests)
Sozialer Bereich (Soziale Verhaltensweisen bei der Beschäftigung mit Musik)	1 d; 4 i; 5 d	Beobachtungen

III. Testarten

Wir haben festgestellt, daß erstens die Ermittlung von Schülerleistungen integriert sein muß in eine möglichst umfassende Kontrolle des Unterrichts und daß zweitens der Beobachtung während des Lernprozesses ebenso große Bedeutung zukommt wie den objektiv prüfbaren Testergebnissen. Auf letztere darf der Lehrer jedoch auch in einem freizeitorientierten Fach wie Musik nicht völlig verzichten, da die meßbare Leistung konkrete Hinweise gibt, inwieweit fachspezifische Zielsetzungen erreicht worden sind. Zudem beinhaltet eine Kontrolle des Lernerfolgs durch Tests letztlich auch eine Kontrolle des Lehrerfolgs, sofern die Aufgabenstellung auf die konkrete Unterrichtssituation zugeschnitten ist.

Für den Musikunterricht in der Grundschule bieten sich unterschiedliche Möglichkeiten der Erfolgs- und Leistungskontrolle an, über die an dieser Stelle ein Überblick gegeben werden soll. Dabei sollen zunächst die wichtigsten Testarten vorgestellt und anschließend anhand beispielhafter Aufgabentypen Brücken zur Unterrichtspraxis geschlagen werden.

1. Standardisierte Tests

Durchführung und Auswertung dieser Art von Tests sind allgemein festgelegt, d. h. standardisiert. Obwohl sie nicht die individuellen Bedürfnisse der schulischen Leistungskontrolle berücksichtigen können und daher für eine Kontrolle des Unterrichtserfolgs nur sehr eingeschränkt brauchbar sind, sollte der Musiklehrer die wichtigsten standardisierten Tests kennen. Sie können ihm nicht nur methodische Hinweise zur Erstellung und Auswertung eigener Prüfungsaufgaben geben, sondern ermöglichen auch konkrete Aussagen über musikalische

Fähigkeiten und Fertigkeiten von Schülern, und zwar unabhängig vom jeweiligen Unterricht. Standardisierte Tests haben oft zahlreiche Erprobungsphasen durchlaufen und sind mehrfach revidiert worden, bevor man aus Durchschnittswerten Normen ableitete, mit denen die Leistungen der jeweiligen Probanden verglichen werden können. Die musikalischen Begabungstests von CARL EMIL SEASHORE (erste Ausgabe 1919, revidierte Fassungen 1939, 1956 und 1960) und ARNOLD BENTLEY (1966) sind als einzige standardisierte Tests in die deutsche Sprache übersetzt worden und daher für den Musiklehrer leicht zugänglich. Mit der Anwendung des BENTLEY-Tests wurden in der Grundschule bereits Erfahrungen gemacht (BENTLEY 1968; ECKART-BÄCKER 1971; FINKEL 1976). Seine deutsche Fassung ist im Gegensatz zum SEASHORE-Test auf sieben- bis zwölfjährige Kinder zugeschnitten, seine Durchführung erweist sich als unkompliziert und relativ kurz.

Dennoch sind zwei Probleme nach wie vor ungelöst: Erstens gibt es keine allgemein anerkannte Definition musikalischer Begabung und ihrer Bedingungen, zweitens liefern die bisher entwickelten Musikalitätstests nur punktuelle Meßdaten (z. B. zu bestimmten sensorischen Fähigkeiten wie Tonhöhenunterscheidung, Rhythmusgedächtnis usw.). Fest steht lediglich, daß erst ein Zusammenwirken von Anlage-, Umwelt- und Lernfaktoren zu musikalischer Begabung führt.

Bei allen Vorbehalten gegenüber den theoretischen Ansätzen können jedoch musikalische Begabungstests dem in der Praxis tätigen Musiklehrer wichtige Informationen liefern. So gestattet die Objektivierbarkeit der Ergebnisse ziemlich genaue Aussagen über Umfang und Qualität bestimmter musikalischer Fähigkeiten der Schüler, und diese zu ermitteln ist zweifellos eine wichtige Voraussetzung für eine sinnvolle Planung und Durchführung von Musikunterricht.

2. Informelle Tests

Im Gegensatz zu den standardisierten Tests, für deren Durchführung und Auswertung Normen festgelegt sind, werden bei informellen Tests Prüfungsinhalte und -verfahren der jeweiligen Unterrichtssituation, der Lerngruppe und dem speziellen Prüfungszweck angepaßt. Zum einen sollen derartige Tests Auskunft geben über Fortschritte des Lernprozesses, zum anderen können sie helfen, individuelle Schülerleistungen insbesondere zu kognitiven und psychomotorischen Zielfeldern des Musikunterrichts festzustellen und zu bewerten. Je regelmäßiger derartige Lehr- und Lernerfolgskontrollen stattfinden, desto besser kann der Musiklehrer seine Unterrichtsplanung auf die Notwendigkeiten der jeweiligen Lerngruppe abstimmen.

Besonders in der Grundschule sollte darauf geachtet werden, daß die Schüler bei der Durchführung informeller Tests nicht unter Leistungsdruck stehen. Daher ist zu empfehlen, die Begriffe „Test" oder „Prüfung" im Musikunterricht der Grundschule zu vermeiden und statt dessen z. B. von „Lernspiel" oder „Musikwettbewerb" zu sprechen. Leistungsmessung darf nicht als Belastung empfunden werden, sondern muß das Interesse der Schüler am betreffenden Lerngegenstand auf neue Weise wecken. Dies ist aber nur möglich, wenn Erfolgskontrollen und Leistungsbeurteilungen integrierender Bestandteil von Unterricht sind und zur Fortsetzung der gemeinsamen Arbeit motivieren.

IV. Aufgabenformen

Die Art der Aufgabenstellung entscheidet wesentlich über Objektivität und Ökonomie der Auswertung. Läßt die Lösung einer Aufgabe den Schülern großen Freiraum, so ist eine vergleichende Bewertung der Ergebnisse erheblich schwerer als bei gebundenen Antworten. Dennoch sollten wir nicht verkennen, daß gerade die freie Aufgabenstellung dem Lehrer gute Informationen über den Lernerfolg gibt und individuelle Leistungsnachweise ermöglicht.
Die wichtigsten im Musikunterricht der Grundschule einsetzbaren Aufgabenformen lassen sich in folgende drei Gruppen einteilen:

Gebundene Aufgaben	*Teilgebundene Aufgaben*	*Freie Aufgaben*
Wahlaufgaben	Ergänzungsaufgaben	Interpretationsaufgaben
Zuordnungsaufgaben	Verbesserungsaufgaben	Gestaltungsaufgaben
Ordnungsaufgaben	Kurzantwortaufgaben	

Jede dieser Aufgabenformen soll im folgenden kurz erläutert und mit entsprechenden Beispielen verdeutlicht werden. Dabei handelt es sich teilweise um Material, das von studentischen Schulpraxisgruppen unter Leitung meines Kollegen ULRICH PRINZ erfolgreich im Musikunterricht der Grundschule eingesetzt und für diesen Beitrag dankenswerterweise zur Verfügung gestellt wurde.
Die Beispiele sollten allerdings nicht unverändert übernommen werden, da sie aus ganz bestimmten Lernprozessen und Unterrichtssituationen heraus entstanden sind. Sie sind vielmehr als Anregungen gedacht und können den Musiklehrer in der Grundschule mit den vielfältigen Möglichkeiten einer Erfolgskontrolle vertraut machen. Die zugehörigen Leistungsaspekte aus Abschnitt II sowie die angemessene Klassenstufe sind jeweils in Klammern gesetzt.

1. Gebundene Aufgabenformen

Die meisten Aufgaben mit gebundener Beantwortung ermöglichen dem Lehrer eine klare Entscheidung zwischen „richtig" und „falsch", da die gewünschten Antworten bereits ganz oder teilweise in einem vorgegebenen Antwortfeld enthalten sind. Die Schüler teilen die richtige Lösung lediglich durch Wahl, Zuordnung oder Ordnung bereits vorformulierter Antworten mit.

a) Wahlaufgaben

Bei Wahlaufgaben werden zwei oder mehrere Antwortmöglichkeiten vorgegeben, unter denen der Schüler die richtige(n) ermitteln soll. Eine einfache Form der Wahlaufgabe liegt dann vor, wenn nur zwischen „ja" und „nein" oder „richtig" und „falsch" entschieden werden braucht. Daß Wahlaufgaben je nach Leistungsaspekt sehr unterschiedlich gestaltet werden können, zeigen die folgenden drei Beispiele.

Beispiel 1 (Leistungsaspekte 2a−c/Klasse 1):

Du hörst ein Musikstück, das aus drei Teilen besteht. Welche Zeichenfolge paßt zu der gehörten Musik am besten?

△−○−□   △−○−○   △−△−○

Beispiel 2 (Leistungsaspekte 5a−b/Klasse 3):

Kreuze die richtigen Satzteile an:
Beim Kanon
☐ singt einer allein.
☐ fängt einer nach dem anderen an zu singen.
☐ singt jeder etwas anderes.
☐ singen mehrere zusammen.
☐ singt jeder das gleiche.
☐ fangen alle gemeinsam an zu singen.

Beispiel 3 (Leistungsaspekte 3b−c/Klasse 4):

Kreuze an, welcher Rhythmus zum Gang eines Elefanten paßt. Ergänze den gewählten Rhythmus um zwei weitere Takte und begründe deine Entscheidung kurz.

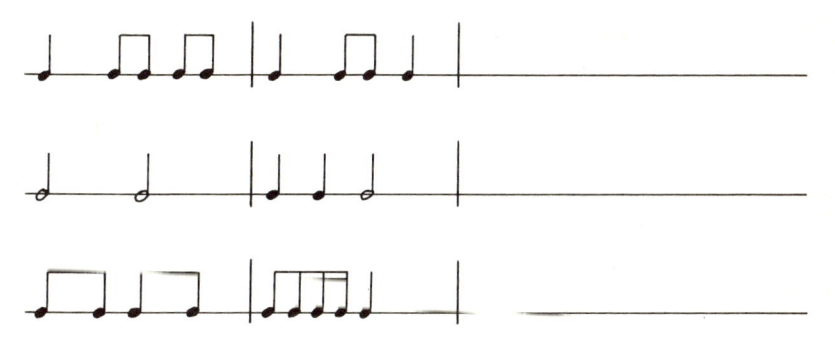

Begründung: ....

Hier ist die Wahlaufgabe gekoppelt mit einer Gestaltungs- und einer Interpretationsaufgabe.

b) Zuordnungsaufgaben

Bei diesem Aufgabentyp liegen zwei ungeordnete Reihen mit Einzelinformationen vor, die einander zuzuordnen sind. Sind die beiden Reihen ungleich groß, bleibt die Zuordnung unvollständig, was den Schwierigkeitsgrad erhöht.

Beispiel 4 (Leistungsaspekt 5e/Klasse 1):

Zeige durch einen Verbindungsstrich, welches Instrument zu welchem Gegenstand aus unserer Umgebung am besten paßt.

Beispiel 5 (Leistungsaspekt 3b/Klasse 2):

Welche Noten ergeben zusammen den nebenstehenden Wert? Kreise in den Feldern die entsprechenden Notengruppen ein. Bei richtiger Lösung darf keine Note übrig bleiben.

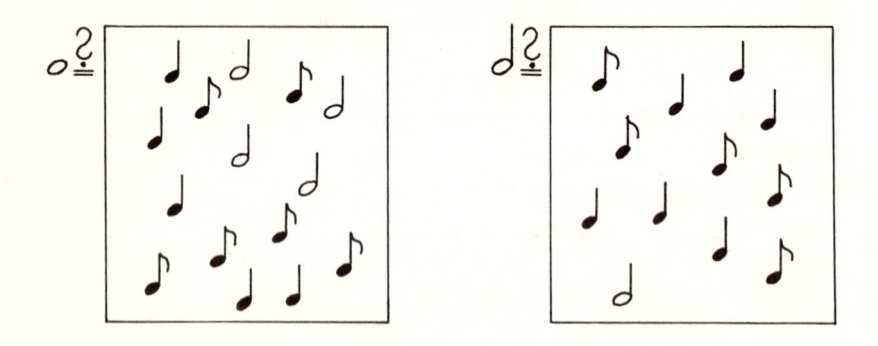

c) *Ordnungsaufgaben*

Hierbei wird dem Schüler eine Folge von Informationen in ungeordneter Folge gegeben. Seine Aufgabe besteht darin, durch Umstellung die richtige Reihenfolge nach dem angegebenen Ordnungsprinzip herzustellen.

Beispiel 6 (Leistungsaspekte 5a–b, e/Klasse 4):

Bringe die einzelnen Schritte der Plattenherstellung in die richtige Reihenfolge. Trage entsprechend die Zahlen 1 bis 5 in die Kästchen ein.
☐ Aufnahme   ☐ Preßmatrize   ☐ Komposition   ☐ Schallplatte   ☐ Lackfolie

Erfolgs- und Leistungskontrolle 349

Beispiel 7 (Leistungsaspekte 2c, f; 3b, d—e/Klasse 4):

Die Notenzeilen des folgenden, dir bekannten Liedes sind vertauscht. Kennzeichne die richtige Reihenfolge der Liedzeilen durch die Zahlen 1 bis 4. Um welches Lied handelt es sich?

[Notenbeispiel: vier leere Kästchen mit je einer Notenzeile]

Das Lied heißt: ....

In diesem Beispiel ist die Ordnungsaufgabe mit einer Kurzantwortaufgabe gekoppelt.

2. Teilgebundene Aufgabenformen

Hierbei ist das Antwortfeld zwar nicht vorgegeben, jedoch durch die Art der Aufgabenstellung stark begrenzt. Dennoch lassen teilgebundene Aufgaben dem Schüler bei der Beantwortung einen größeren Freiraum als gebundene.

a) Ergänzungsaufgaben

Ergänzungsaufgaben enthalten unvollständige Informationen, und der Schüler hat die noch fehlenden Antwortelemente zu ermitteln.

Beispiel 8 (Leistungsaspekte 2c—d; 3b, d/Klasse 3):

Im Notenbild des folgenden Liedes fehlen noch: Angabe der Taktart, zwei Taktstriche, zwei Noten und ein Pausenzeichen. Trage diese ein.

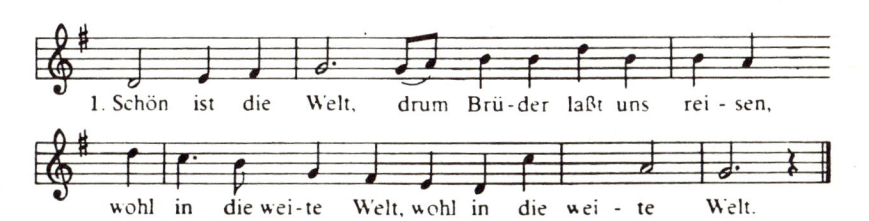

[Notenbeispiel mit Text:]
1. Schön ist die Welt, drum Brü-der laßt uns rei-sen,
wohl in die wei-te Welt, wohl in die wei-te Welt.

Beispiel 9 (Leistungsaspekte 2a–c, f; 5f/Klasse 4):

Du hörst den Anfang eines Orchesterwerkes, bei dem in sechs Abschnitten nacheinander verschiedene Instrumentengruppen deutlich hervortreten. Ergänze die fehlenden Angaben der folgenden Klangfarbenpartitur entsprechend und äußere dich kurz dazu (BENJAMIN BRITTEN, The Young Person's Guide to the Orchestra).

	1	2	3	4	5	6
Holzbläser	×					
Blechbläser	×					
Schlagzeug	×					
Streicher	×			×		

Was fällt dir auf? ....

b) Verbesserungsaufgaben

Hierbei soll der Schüler entweder falsche Angaben, auf die er bei der Aufgabenstellung hingewiesen wird, berichtigen oder richtige Informationen von falschen trennen.

Beispiel 10 (Leistungsaspekte 3a–e/Klasse 2):

In der folgenden Partitur können die angegebenen Instrumente ihren Part nicht spielen. Ersetze sie in den freien Feldern durch andere Instrumente, die das Notierte auch spielen können.

c) Kurzantwortaufgaben

Bei dieser Aufgabenform wird auf eine Vorgabe von Antwortelementen völlig verzichtet. Sind unterschiedliche Lösungen möglich, muß dies bei der Formulierung der Aufgabe und bei der Bewertung berücksichtigt werden. In Beispiel 7 war eine Kurzantwort gefordert.

3. Freie Aufgabenformen

Aufgaben dieser Art kommen der Eigenaktivität und freien Entfaltung des Schülers wie auch der Besonderheit des Schulfaches Musik besonders entgegen.

Die offene Lösung erschwert zwar eine objektive Auswertung, ermöglicht jedoch andererseits die Feststellung kreativer Handlungsfähigkeit und ästhetischer Urteile. Bei zahlreichen Interpretations- und Gestaltungsaufgaben bieten sich nach der Lösung weitere vertiefende Arbeitsschritte an, wie zum Beispiel die klangliche Realisierung einer selbst entwickelten musikalischen Grafik.

a) Interpretationsaufgaben

Gegenstände einer Interpretation können Hörbeispiele, Noten (Grafiken) oder Texte über Musik sein. Die Durchführung erfolgt je nach Aufgabenstellung mit Worten, Zeichen oder durch Bewegung.

Beispiel 11 (Leistungsaspekte 1j; 2c; 5f/Klasse 3):

Du hörst ein kurzes Musikstück. Wie empfindest du es? Kreuze die zutreffende Wirkung an und versuche, sie zu begründen.

☐ traurig ☐ feierlich ☐ heiter ☐ besinnlich

Begründung: ....

b) Gestaltungsaufgaben

Hierbei wird dem Schüler Gelegenheit gegeben, sein erworbenes musikalisches Wissen und seine Fähigkeiten in individueller Weise anzuwenden. Obwohl die Bewertung von Gestaltungsaufgaben problematisch ist, sollte man ihnen besondere Aufmerksamkeit schenken. Sie geben dem Lehrer nicht nur wichtige Informationen über den Erfolg seines Unterrichts, sondern machen auch Verhaltensweisen und Einstellungen der Kinder erkennbar.

Beispiel 12 (Leistungsaspekte 1a–b, f, i; 3b–c; 5a/Klasse 3):

Erfinde einen gegensätzlichen zweiten Rhythmus, der zusammen mit dem angegebenen gespielt werden kann. Welche Instrumente würdest du einsetzen?

.... (1. Instrument)

.... (2. Instrument)

V. Möglichkeiten und Grenzen musikalischer Leistungsbewertung

Vorbereitung und Durchführung eines Tests erfordern vom Lehrer die Beachtung einiger Grundsätze, auf die hier kurz eingegangen werden soll. Zunächst sollten die Aufgaben eine enge Beziehung zur jeweiligen Unterrichtsthematik haben und das Interesse der Kinder wecken. Die inhaltliche Bindung der Testaufgaben an den Unterricht wird der Musiklehrer leicht dadurch erreichen, daß er bereits bei der Planung nicht nur die festzustellende Schülerleistung, sondern auch die notwendige Kontrolle des eigenen Lehrerfolgs im Auge behält. Eine Berücksichtigung der unterschiedlichen Lernbereiche und Leistungsaspekte, wie sie in Abschnitt II vorgestellt wurden, wird darüber hinaus Einseitigkeit verhindern und die Kinder motivieren, ihre musikalischen Leistungsschwerpunkte im Test zu zeigen. Der Schwierigkeitsgrad der einzelnen Testaufgaben sollte daher unterschiedlich sein, damit schwächeren Schülern Erfolgserlebnisse ermöglicht und leistungsstarken besondere Anreize geboten werden.

Bei der inhaltlichen Strukturierung dürfen Wissensfragen keinesfalls im Vordergrund stehen. Hier müssen wir uns stets bewußt sein, daß die Anleitung zum selbständigen Umgang mit musikalischem Material, die Anregung der Phantasie, die Förderung des kreativen Gestaltungsvermögens und die Entwicklung ästhetischer Vorstellungen besonders wichtige Zielsetzungen des Musikunterrichts sind, denen auch in der Ausarbeitung von Testaufgaben Rechnung getragen werden muß.

Bezüglich der Aufgabenform läßt sich prinzipiell sagen, daß freie Aufgabenformen schwieriger zu lösen und zu bewerten sind als gebundene oder teilgebundene. Da jedoch gerade Interpretations- und Gestaltungsaufgaben den spezifischen Bedürfnissen des Musikunterrichts besonders entsprechen, sollten sie bei Erfolgs- und Leistungskontrollen höher rangieren als Aufgaben zur Feststellung des angeeigneten musikalischen Sachwissens.

Die Auswertung eines Tests erfolgt am einfachsten mit Hilfe eines Punktesystems, das mehrere Vorteile bietet: Erstens kann der Lehrer den Schwierigkeitsgrad und den notwendigen Zeitaufwand zur Lösung einer Aufgabe durch eine entsprechende Punktzahl berücksichtigen. Zweitens wird den Schülern die Möglichkeit gegeben, auch bei unvollständigen oder teilweise fehlerhaften Lösungen noch Punkte zu erhalten. Drittens wird die Zensurengebung in Verbindung mit dem Punktesystem durchsichtig. Viertens zeigt die vorherige Bekanntgabe der bei einer Aufgabe zu erreichenden Punktzahl dem Schüler deutlich deren Gewichtung an.

Im Musikunterricht der Grundschule bieten Tests zweifellos eine geeignete Möglichkeit weitgehend objektiver Leistungs- und Erfolgskontrolle, womit sich ihre ausführliche Behandlung in diesem Beitrag rechtfertigt. Spielerisch lassen sie sich auch hervorragend zur Wiederholung, Übung und Vertiefung von Lehrstoffen einsetzen. Dabei entscheidet nicht zuletzt eine gute formale und inhaltliche Aufgabenstellung, ob man die gewünschten Informationen über den Lehr- und Lernerfolg auch wirklich erhält. Niemals sollten wir Prüfungen zur Disziplinierung der Schüler einsetzen, da dann das natürliche Interesse an einer Leistungsmessung verlorengeht. Erfahrungsgemäß werden richtig angewendete Musiktests von Kindern der Grundschule nicht als Leistungsdruck, sondern als interessante Abwechslung empfunden.

Dennoch dürfen Ergebnisse aus Prüfungen nicht zum alleinigen Maßstab der Leistungsbewertung im Musikunterricht gemacht werden. Denn zum einen haben wir ja festgestellt, daß in den für das Fach Musik so wichtigen affektiven und sozialen Bereichen viele Zielsetzungen nicht durch Tests, sondern nur durch Verhaltensbeobachtung zu kontrollieren sind. Zum anderen gibt es noch weitere Kriterien, die neben den Ergebnissen aus Tests und Verhaltensbeobachtungen für eine ausgewogene Beurteilung des Unterrichtserfolgs und der Schülerleistungen im Musikunterricht heranzuziehen sind. Hierzu gehören vor allem:

- die Führung des Musik- und Notenheftes,
- die Beteiligung an freiwilligen Hausaufgaben,
- die Bereicherung des Unterrichts durch vokale oder instrumentale Vorträge,
- die allgemeine Beteiligung am Unterrichtsgeschehen,
- das Engagement bei Gruppenarbeiten und musikalischen Projekten.

Über die Gewichtung der einzelnen Kriterien muß der Musiklehrer je nach Situation selbst entscheiden. Auf keinen Fall sollten jedoch Qualität des Singens oder durch Privatunterricht erworbene musikalische Fertigkeiten in die Leistungsbewertung einfließen. Denn eine sichere Beherrschung der Singstimme bildet sich bei vielen Kindern erst während des Grundschulalters aus, und das Privileg privaten Instrumentalunterrichts ist kein Verdienst des Schülers.

Literatur

Behne, E.-K.: Artikel „Test", in: Lexikon der Musikpädagogik, Düsseldorf 1970 ff.
Behne, E.-K.: Zur Erfassung musikalischer Verhaltensweisen im Vorschul- und Primarbereich, in: Musik und Bildung 5 (1974), 103–108
Bentley, A.: Musikalische Begabung bei Kindern und ihre Meßbarkeit (London 1966). Schriftenreihe zur Musikpädagogik, Frankfurt 1968
Eckart-Bäcker, U.: Erfahrungen mit dem Bentley-Test in der Grundschule, in: Forschung in der Musikerziehung 5/6 (1971), 35–37
Eicke, K. E.: Die Evaluation des Musikunterrichts, in: Forschung in der Musikerziehung 7/8 (1972), 23–25
Ewert, O.: Begabung und Begabungsmessung, in: Forschung in der Musikerziehung 3/4 (1970), 6–9
Fischer, W.: Lernerfolgskontrollen im Musikunterricht der Grundschule, in: Fischer W. u. a.: Musikunterricht Grundschule. Lehrerband, Mainz 1977, 51–58
Finkel, K.: Zum Problem der Messung musikalischer Begabung. Erfahrungen mit dem Bentley-Test. Reihe Musikreport H. 15, Bremen-Lilienthal 1976
Füller, K.: Lernzielklassifikation und Leistungsmessung im Musikunterricht, Weinheim 1974 a
Füller, K.: Standardisierte Musiktests. Schriftenreihe zur Musikpädagogik, Frankfurt 1974 b
Füller, K.: Kompendium Didaktik Musik. München 1977, 102–116
Herbig, M.: Leistungsmessung im affektiven Bereich, in: Zeitschrift für Musikpädagogik, Sonderheft (1977), 53–61
Hörmann, K.: Leistungen, Interessen und Zensuren im Spiegel eines Musikkenntnistests, in: Zeitschrift für Musikpädagogik H. 17 (1982), 77–87
Klusen, E.: Erfolgskontrolle im Musikunterricht, in: Forschung in der Musikerziehung 7/8 (1972), 26–30
Lemmermann, H.: Musikunterricht. Hinweise – Bemerkungen – Erfahrungen – Anregungen, Bad Heilbrunn 1977, 288–290
Lohmann, W.: Was sind „Leistungen" – Was sind „Tests"? Zu Rainer Schmitt, „Kriterien zur Bewertung von Schülerleistungen im Musikunterricht", in: Musik und Bildung 13 (1981), 780–781

Lohmann, W.: Ansätze zu einer objektiven Bewertung von Leistungen im Musikunterricht. Schriften zur Musikpädagogik Bd. 10, Wolfenbüttel 1982
Lohmann, W.: Diagnostische und didaktisch-methodische Funktion von Tests im Unterricht, in: Behne, E. K.: Musikpädagogische Forschung Bd. 3, Laaber 1982, 250–269
Motte-Haber, H. de la: Musiktests, in: Dahlhaus, C.: Funkkolleg Musik. Studienbegleitbrief 7, Weinheim 1978, 11–40
Potthoff, W.: Erfolgskontrolle. Workshop Schulpädagogik, Materialien 13, Ravensburg 1974
Rütter, T.: Formen der Testaufgabe, München 1973
Schmitt, R.: Kriterien zur Bewertung von Schülerleistungen im Musikunterricht, in: Musik und Bildung 13 (1981), 396–398
Seebauer, R.: Erfolgskontrolle in der Musikerziehung. Zur Grundproblematik der Leistungsmessung, in: Musikerziehung 33 (1979), 9–16
Thema „Beurteilungskriterien im Musikunterricht", Aufsätze und Praxisberichte, in: Musikerziehung als Herausforderung der Gegenwart. Kongreßbericht der 13. Bundesschulmusikwoche Braunschweig 1980, Mainz 1981, 143–236
Wanker, G.: Musikalität – Musikalische Begabung, in: Musikerziehung 33 (1979), 3–9
Weiner, B.: Theorien der Motivation, Stuttgart 1976

# V. Psychologische Aspekte musikalischen Lernens/Fragen der Forschung

Musikalisches Lernen
Pädagogisch-psychologische Aspekte einer
frühen Begegnung mit Musik

Rudolf-Dieter Kraemer

Einleitung

Wem die Aufgabe zukommt, unterrichtsbezogene Anregungen zum vielschichtigen Problem musikalischen Lernens in der Grundschule zu geben, sieht sich einer Reihe von *Schwierigkeiten* ausgesetzt: Vorgänge des äußerst komplexen Geschehens im Unterricht entziehen sich der einfachen theoretischen Betrachtung. Bislang gibt es nur wenige Ansätze zur Systematisierung musikalischen Lernens (SCHMIDT-BRUNNER 1982; GRUHN/WITTENBRUCH 1983; ABEL-STRUTH 1978). Zudem fehlt eine eigentliche Lernforschung. Wer nun auf musikpsychologisches Wissen setzt, muß ernüchtert zur Kenntnis nehmen, daß nur wenige grundschulbezogene Arbeiten vorliegen und musikpsychologische Einsichten nur selten unmittelbar in pädagogisches Handeln umsetzbar sind. Angesichts der Flut lerntheoretischer Modelle, in Anbetracht des ungelösten Theorie-Praxis-Problems und im Blick auf die zum Teil berechtigte Kritik an Forschungspraktiken sowie die Schwierigkeiten verständlicher, trotzdem differenzierter Darstellung ist die folgende Skizze als vorsichtiger Versuch zu werten, unterschiedliche Einzelüberlegungen auf musikalisches Lernen zu beziehen.
Dies geschieht nicht mit erhobenem Zeigefinger, „wie dies ‚eigentlich' zu sein hätte" (vgl. die Kritik GÜNTHERS 1982, 42), sondern in dem Bewußtsein, daß sich Unterricht als unwiederholbarer, einmaliger personaler und interaktionaler Prozeß in vorgegebenen Rahmenbedingungen vollzieht. Insofern verstehen sich die folgenden Überlegungen als Informationshilfe, die der ergänzenden Reflexion des Lehrers bedürfen. Eine solche Sicht bewahrt auch davor, den Menschen als manipulierbares Wesen anzusehen, das bei entsprechender Kenntnis der Gesetzmäßigkeiten seines Handelns steuerbar ist. Menschen zeichnen sich eben dadurch aus, daß sie anders als Maschinen wahrnehmen, denken, fühlen, handeln, ohne sich um von außen herangetragene „Gesetze" zu scheren (vgl. BEHNE 1982, 96).
Fehlentwicklungen der letzten Jahre, übersteigerte Leistungsanforderungen, Überbetonung fachlicher Aspekte im Zuge einer „falschen" Wissenschaftsorientierung (vgl. KRAEMER 1982), Stoffülle, Überforderung des Lehrers haben zur Neubesinnung auf Humanisierung und Erziehung insbesondere in der Grundschule geführt (vgl. NEUHAUS-SIEMON 1981). Auch kritische Stimmen zum Musikunterricht, wie er sich im Zeichen der Neuansätze auf allen

Ebenen pädagogischen Denkens in den siebziger Jahren entwickelt hat, mehren sich. Die *Kritik* bezieht sich auf unterschiedliche Aspekte:

- Theoretisch-reflexive Arbeit mit belehrendem Charakter ohne genügend breite Erfahrungsbasis oder blinder Aktionismus ohne Reflexion.
- Verlust ursprünglicher Impulsivität durch stetes Reflektieren und Sprechen über Musik in kurzen Ausschnitten bei ständig unterbrochenem Musikgenuß.
- Stete Verwendung von Musikausschnitten als Beispiele, um etwas Bestimmtes zu erarbeiten.
- Strukturelles, an Parametern orientiertes Hören bei Verlust der expressiven Schicht oder Begrenzung auf Programmusik.
- Ausgiebige Arbeit mit Geräuschen, ohne zur Musik vorzudringen.
- Bedenkenloses Vermischen traditioneller und experimenteller Verfahren.
- Verzicht auf spielerische Übung und Wiederholung bei beziehungslosem Aneinanderreihen vieler Themen ohne langfristige Planung.
- Beharren in einem von Schülern erarbeiteten Begriffssystem ohne musikspezifische Erweiterung.
- Übertreibung der Wahrnehmungsdifferenzierung und Dominanz sensorischer Übungen („klassische Horchstrapazen").

Die Bedenken wiegen um so schwerer, als Musikunterricht auf diese Weise gerade jene *Chancen* für späteres musikalisches Lernen verspielt, die ihm gegeben sind:

- Grundschulzeit gilt als Phase erhöhter Bildsamkeit. Musikalische Förderungsmaßnahmen greifen hier wirkungsvoll (vgl. GORDON 1981, 33).
- Einstellungen gegenüber Musik, Musikarten und Musikunterricht sind noch nicht derart stabil, daß ablehnende Reaktionen zu erwarten sind.
- Das Grundschulkind zeigt Neugier und Interesse, Aktionslust und Handlungsbereitschaft.
- In der Grundschule sind noch alle Eltern erreichbar, um eine positive Einstellung zum Musikunterricht zu bewirken, die sich auf das Lernen der Kinder überträgt (vgl. GRAML/RECKZIEGEL 1982, 229).
- Benachteiligungen einzelner Kinder können kompensiert werden.
- Musikunterricht der Grundschule kann effektive Bindungen zu Musik stiften, Interessen und Werthaltungen wecken und fördern und damit dazu beitragen, daß Musikunterricht nicht in die untere Skala der Beliebtheit eines Faches rutscht und dadurch zwangsläufig scheitert (vgl. NOLL 1975, 238).
- Negative bzw. indifferente Einstellungen gegenüber dem „unwichtigen" Fach Musik können verhindert werden (vgl. DE LA MOTTE-HABER 1978, 181).

Es scheint geboten, Möglichkeiten, Grenzen und Bedingungen musikalischen Lernens und Lehrens stärker in den Blick zu nehmen. Da in handlungsorientierte Überlegungen, die nicht logisch aus vorliegenden Forschungsergebnissen und Denkansätzen abgeleitet werden können, Überzeugungen eingehen, sind sie aus der jeweilig anderen Position kritisierbar. Auswahl und Akzentuierung der hier vorgetragenen Gedanken fußen auf einem *Musikunterrichtskonzept,* das alle Bereiche der Musik und des musikalischen Verhaltens umschließt, den jeweiligen Lerngegenstand sachangemessen in den Lebens-, Erfahrungs- und Fragehorizont des Schülers durch entsprechende Handlungsmöglichkeiten methodisch vielseitig einbringt (vgl. KRAEMER 1979, 81). Mit Schlagworten: ein erfahrungserschließender, handlungsorientierter, schüler- und problemorientierter Unterricht.

Begreift man Grundschule insgesamt als „Motivationsphase" (vgl. FISCHER et al. 1977, 5) in der Zuwendungsbereitschaft zu Musik geweckt, Entdeckereinstellung gefördert, Sensibilität ermöglicht, motorische Fertigkeiten des Singens und Spielens gesteigert und Ordnungs- und Gliederungsmöglichkeiten eröffnet werden (vgl. ABEL-STRUTH 1974, 165), wird man vor allem Voraussetzungen und Bedingungen musikalischen Lernens und kindliche Formen des Erfahrungserwerbs berücksichtigen müssen.

Kindliche Formen des Erfahrungserwerbs sind spielerisch-experimentelle und motorische Zugänge (vgl. FISCHER et al. 1977, 14). Körperliche Bewegung zu Musik gilt als eines der „bewährtesten Mittel zur Veranschaulichung musikalischen Geschehens" (ABEL-STRUTH 1982, 115), sofern die Aufgaben in musikalischem Kontext und nicht als nur-rhythmische Aufgaben gegeben werden (vgl. ABEL-STRUTH 1982, 316). Experimentelle Aktivitäten wecken Neugier und Interesse und motivieren zum Nachdenken über Musik. Da Spielen eine vorherrschende Tätigkeitsform des Kindes bis zur Einschulung darstellt und Lernprozesse ermöglicht und vertieft (s. u.), kann auf Spiel nicht verzichtet werden. Damit der Lehrer sich als Person einbringen und die Auffassungsgabe der Schüler berücksichtigen kann, erfährt auch der persönliche Bericht des Lehrers und die Erzählung Gewicht: „Durch die Erzählung wird ein Stück gewollter Subjektivität und Lebensnähe in den Unterricht eingebracht" (GRUHN/WITTENBRUCH 1983, 91). Bildbetrachtungen, Hörspiele, Malen, zu Musik, Filme zu Musik, Erfahrungsberichte der Schüler, Gedichte, Märchen, Erzählungen, Briefe, Berichte, Plakate (vgl. Musikbuch „Dudelsack") verstärken das Interesse an Musik. Als Arbeitsmittel stehen Instrumente, selbstgebastelte Instrumente, Arbeitskarten, technische Geräte zur Verfügung, um die erkundend spielerische und zuordnende Auseinandersetzung mit Musik zu intensivieren.

Erfahrungen in konkreten Lebenszusammenhängen durch Besuche von Einrichtungen, Veranstaltungen und Personen (Musikschule, Instrumentenwerkstatt, Theater, Kirche, Museum) öffnen die eng begrenzte Schulstube. Wenn Feste und Feiern geplant, szenische Darstellungen mit Musik, Kostümen und Masken einstudiert werden, können sich affektive Bindungen zu Musik entwickeln (vgl. ANTHOLZ 1982, 214).

Eine *psychologische Betrachtung* legitimiert einen solchermaßen konzipierten Unterricht letztlich nicht, kann jedoch in mehrfacher Hinsicht nützlich sein: Einsichten in komplexe Prozesse der musikalischen Wahrnehmung und der musikpraktischen Ausübung können helfen, die spezifischen Ausdrucks- und Erfahrungsmöglichkeiten der Musik besser zu durchschauen und Schwierigkeiten besser einzuschätzen. Eine Klärung der Lernvoraussetzungen und Bedingungen, das Wissen um Fähigkeiten, Fertigkeiten und Einstellungen von Schülern kann die Vielfalt der Einflüsse auf musikalisches Lernen transparent machen, Möglichkeiten und Grenzen unterrichtlichen Handelns aufzeigen und inhaltliche und methodische Entscheidungen beeinflussen.

Den Leser möge es nicht überraschen, wenn viele Aussagen allgemeinerer Natur zum musikalischen Lernen vorgetragen werden. Ein ausgesprochen grundschulspezifisches Lernen im engeren Sinn gibt es nicht oder nur insofern, als Handlungs- und Denkmöglichkeiten, Fähigkeiten und Fertigkeiten, Wissen und Können von Kindern (psychologische Dimension des Lernens, *Lernlogik)* im Umgang mit den spezifischen Erfahrungsmöglichkeiten von Musik (Zwang der *Sachlogik*) in besonders phantasivoller Weise Berücksichtigung bei der Planung und Gestaltung von Unterricht finden müssen. Nach ABEL-STRUTH liegen die graduellen Unterschiede der einzelnen Altersstufen in der Stringenz oder Offenheit methodischer Planung, in der Akzentuierung von Arbeitsformen und Arbeitsmitteln (1982, 42). Vor allem *praktisch-handelnde Umgangsweisen* mit Musik bleiben den niedrigeren Altersstufen vorbehalten. Als *Gründe* dafür werden genannt:

- Ausschließlich kognitive Vermittlungsformen lassen affektive und psychomotorische Komponenten weitgehend unberücksichtigt.
- Musikunterricht baut durch einen vorwiegend kognitiv-analytischen Umgang mit Musik unüberwindliche Hindernisse auf, die den Zugang zur Wirkung von Musik verbauen (SCHMIDT-KÖNGERNHEIM 1978, 163).
- Hinreichende musikalische Erfahrungen zu vermitteln ohne eigene Aktivitäten, ist nicht möglich (RAUHE, REINECKE, RIBKE 1975, 26).
- Im Tun können musikalische Erfahrungen bewußter vollzogen und musikalische Ordnungen begreifbar werden.
- Kinder zeigen Aktionsinteresse; eine Aktion selbst herbeizuführen, ist lustvoll getönt (vgl. OERTER 1975, 43).
- Praktisches Musizieren, „eine hochqualifizierte Form musikalischer Selbstverwirklichung und Selbstbestätigung", führt zu einer oftmals spürbaren Wohlbefindlichkeit (vgl. NOLL 1978, 215).
- Die überwiegend handlungsbezogene Erkenntnistätigkeit des Kindes darf nicht abrupt durch künstliche Lernsituationen abgelöst werden.
- Jüngere Kinder können abstrakte Beziehungen nur auf der Basis anschaulich-empirischer Erfahrungen verstehen (HELLER/NICKEL 1978, Bd. 3, 76).
- Positive Änderungen eines ästhetischen Urteils als Ergebnis eines adäquat vollzogenen strukturellen Vorgangs sind vor allem bei jüngeren Kindern durch Umgang mit Musik zu erwarten (vgl. FALTIN 1979, 126).
- Physische Unbequemlichkeit („Musikunterricht im Sitzen") zeigt Auswirkungen auf Lernprozesse.

Zu einfach erscheint die Formel „Musikmachen ist besser als Musikhören". Musikmachen und Musikhören haben ihre je spezfische Erfahrungsqualität. In der Praxis wird der konstruierte Gegensatz durch ein Sowohl-als-Auch aufgehoben (vgl. ABEL-STRUTH 1982, 316). Aktion und Reflexion bedingen sich wechselseitig (vgl. GRAML 1977, 49). Für einen *Wechsel der Inhalte, Arbeitsformen und Arbeitsmittel* sprechen viele Gründe:

- Jüngere Schüler brauchen einen rascheren Arbeitswechsel als ältere Schüler (vgl. ABEL-STRUTH 1982, 42).
- Lehr- und Lernerfolg in der Grundschule hängen wesentlich von einer methodisch variablen Lernorganisation ab; der Wechsel von Singen, Spielen, Experimentieren, Improvisieren, Zuhören, Beobachten, Notieren, Bewegen eröffnet dem Schüler verschiedenartige Zugänge (vgl. FISCHER 1977, 224).
- Nur ein schlichtes Verständnis von Methodenwechsel begreift diesen als Wechsel der Mittel, um Ziele zu erreichen; Methodenwechsel bedeutet auch: Wechsel der erzieherischen Perspektive, Veränderung der Anregungssituation, Rücksichtnahme auf

unterschiedliche Ausgangslagen, alternative Akzentuierung, Ermöglichung von Interaktionsmöglichkeiten und sozialen Tendenzen (vgl. GRUHN/WITTENBRUCH 1983; GAGE/BERLINER 1979, 652).
- Angesichts der unterschiedlichen musikalischen Vorerfahrung müssen Themen und Verfahrensweisen so vielseitig sein, daß sie jedem Schüler einen individuellen Zugang zu Musik ermöglichen (vgl. FISCHER et. al. 1977, 5).
- Zur Förderung lernerischer Aktivitäten ist vor allem ein häufiger Wechsel von Unterrichtsinhalten und Arbeitsweisen, Lehr- und Lernmitteln, Sozialformen und Aufgabenschwierigkeiten zu fordern: Nur wenn Schüler aktiv sind, zeigen sie ausreichend viele unterschiedliche Verhaltensweisen (vgl. HUBER/ROST 1980, 31).
- Verschiedene Lehrverfahren können bei verschiedenen Schülern in verschiedener Hinsicht wirksam sein.
- Angemessene, abwechslungsreiche Lernsituationen motivieren (vgl. GÜNTHER/OTT/RITZEL 1982, 33).

Ein solchermaßen flexibel angelegter Unterricht berücksichtigt die von HEINZ MEYER zu Recht gestellte Frage: „In welche schülergemäßen Handlungssituationen, Handlungsprozesse, Handlungsprodukte kann der Lerngegenstand eingebettet werden?" (Meyer 1982, 222). Wie lassen sich Lerninhalte in affektiv ansprechende Lernsituationen einbetten? (vgl. FISCHER et al. 1977, 22; 24). Die Betonung einer *affektiv angenehmen Unterrichtssituation* entspringt nicht ideologisch begründeten Auffassungen erlebnisbetonten Unterrichts, sondern stützt sich auf folgende Argumente:

- Die konkrete Situation färbt auf die Bedeutung ab, die einem Lerngegenstand zugesprochen wird.
- Das Gefühl erteilt eine Qualitätsnote, eine Zensur, die unser Verhältnis zur Lebenssituation intuitiv bewertet (vgl. OERTER 1975, 72).
- Die Bedeutung der emotionalen Dimension liegt in ihrer Funktion, zum Handeln zu aktivieren und Zuwendungsverhalten aufzubauen.
- Musikerleben ist auch von Zustands- und Stimmungslagen abhängig. Die Balance zwischen reflexiven und kontemplativen Anteilen des Unterrichts ist ebenso zu wahren wie ein ausgewogenes Verhältnis theoretischer und praktischer Arbeitsformen (vgl. NOLL 1978, 214).

Gerade das letzte Argument macht deutlich, daß musikunterrichtsspezifische neben allgemeinpädagogischen und psychologischen Fragestellungen bei Überlegungen zum musikalischen Lernen Berücksichtigung finden müssen. Die folgenden Kapitel beziehen sich zunächst auf solche musikspezifischen Problemfelder. Ist eine spezielle musikalische Begabung Voraussetzung für eine erfolgreiche Teilnahme am Musikunterricht? Was ist über musikalische Fähigkeiten des Grundschulkindes bekannt? Welche Rolle spielen außerschulische Faktoren für die Entwicklung musikalischen Lernens? Worin unterscheiden sich musikalische von anderen Lernsituationen? Welche Bedeutung kommt dem Lernen durch Spiel, Imitation und Entdeckung zu?

I. Musikalische Begabung

Musikalische Fähigkeiten sind bereits bei Eintritt in die Grundschule unterschiedlich ausgeprägt. Jenen, die besondere Erfolge in einem musikalischen

Tätigkeitsbereich erzielen, kommt das Prädikat „musikalisch begabt" zu. Mit Begabung wird gewöhnlich die Fähigkeit eines Menschen bezeichnet, besser, schneller, müheloser oder früher als andere überdurchschnittliche Leistungen in einem kulturellen Bereich zu zeigen (vgl. EWERT 1970). Aus mehreren Gründen erweist sich die Verwendung des Begriffs „Begabung" als problematisch, ja für die kritische Reflexion als gefährlich (vgl. REINECKE 1970, 60; BEHNE 1974, 74):
Im alltäglichen Sprachgebrauch wird in vereinfachender Weise eine grobe Unterscheidung in Musikalische und Unmusikalische vorgenommen. Dem widerspricht offensichtlich die Beobachtung, daß es verschiedene *Ausprägungsgrade von Musikalität* gibt. HELGA DE LA MOTTE-HABER führt die Benutzung einer groben anstelle einer differenzierten Einteilung darauf zurück, daß die Eigenschaft „musikalisch" nicht unbedingt notwendigt erscheint. Bei wichtigen Eigenschaften spreche man von mehr oder weniger, besser oder schlechter (vgl. DE LA MOTTE-HABER 1977, 105). Die unüberlegte Aufteilung in Musikalische und Unmusikalische verleitet leicht dazu, die vielfältigen Möglichkeiten und Ausprägungen musikalischer Begabung zu übersehen.
Umschreibungen von Musikalität in Umfragen zeigen, daß mit musikalischer Begabung Unterschiedliches gemeint sein kann. Unmusikalisch wird beispielsweise genannt, wer niemals singt, brummt oder Töne nicht nachsingen kann, keine Freude bei Musik empfindet, kein Interesse für ein Instrument zeigt oder ein schlechter Tänzer ist, schlechte Musiknoten hat, keine Noten lesen kann oder Tonhöhen nicht unterscheidet (vgl. GRAML/RECKZIEGEL 1982, A 309). Faßt man den Begriff „Begabung" sehr weit als Beeindruckbarkeit für Musik, verdient fast jeder Mensch die Bezeichnung „musikalisch". Wird Begabung reduziert auf die Beherrschung eines Instruments, ist nur ein geringer Teil der Menschen als musikalisch anzusehen.
Auch in der wissenschaftlichen Diskussion zeichnet sich *keine Übereinstimmung einer Begabungsdefinition* ab. Divergierende Auffassungen bestehen hinsichtlich der Struktur musikalischer Begabung: Setzt sie sich aus unterschiedlichen, voneinander unabhängigen Fähigkeiten zusammen (z. B. der schlechte Sänger, der gut hört)? Handelt es sich um eine komplexe Fähigkeit? Gibt es einen übergeordneten Faktor, der bei jeder musikalischen Tätigkeit zum Tragen kommt (musikalisches Gedächtnis, Erlebnisfähigkeit, Lernfähigkeit)? Wenn nun jeder den Begriff „musikalische Begabung" mit unterschiedlichen Vorstellungsinhalten verknüpft, stellen sich konsequenterweise immer wieder *Mißverständnisse* und Verständigungsschwierigkeiten ein.
Eine Analyse vorliegender Begabungsdefinitionen (vgl. RIBKE 1974, 19) läßt eine Unterscheidung in rezeptive und produktive Fähigkeiten sinnvoll erscheinen. KLAUS ERNST BEHNE nimmt eine dreiteilige Klassifizierung rezeptiver musikalischer Verhaltensweisen vor:

- sensorische Fähigkeiten (Erkennen von Tonhöhen-, Intensitäts- und Zeitunterschieden);
- elementare musikalische Fähigkeiten (Erfassen und Behalten einfacher melodischer und rhythmischer Gebilde);

● komplexe musikalische Fähigkeiten (Erfassen der affektiven und ästhetischen Qualitäten eines Musikstückes, musikalische Urteilsfähigkeiten und Entwicklung musikalischer Präferenzen).

Es spricht viel dafür, auf den Begriff Begabung zu verzichten und die jeweils gemeinte spezielle Fähigkeit zu benennen, damit Mißverständnisse vermieden werden. „Jedoch ist mit der Eliminierung eines Wortes dann nichts gewonnen, wenn man sich nicht im engeren Kreis von Experten bewegt" (DE LA MOTTE-HABER 1977, 108). Eine weitere Gefahr besteht darin, gerade jenen musikalische Erfahrungen zu vermitteln, die in anderen Fächern bessere Leistungen vorweisen. Die Alltagsbeobachtung scheint nämlich zu bestätigen, daß „intelligentere" Kinder auch die musikalischeren sind. Man kann jedoch davon ausgehen, „daß jedes Individuum ein gewisses Potential an Musikalität besitzt" (NOLL 1978, 216).

Eng mit der Vorstellung des „Genialen" verknüpft ist die Annahme, musikalische Begabung sei dem Menschen „in die Wiege gelegt", „Talent" sei vererbt. Zahlreiche Untersuchungen konnten nicht eindeutig klären, ob Anlage- oder Umweltfaktoren die jeweilige Leistungsfähigkeit stärker beeinflussen. Auch Stammbaumforschung (berühmtes Beispiel: die Bach-Familie) und Zwillingsforschung lieferten keine überzeugenden Beweise (vgl. BEHNE/KÖTTER/ MEISSNER 1982, 270). Anlage- und Umweltfaktoren sind zwar theoretisch einfach zu trennen. In der Realität bilden sie jedoch eine eng verschmolzene Einheit, die auch durch geschickteste Versuchsanforderungen nicht aufgelöst werden kann. „Man wird vielmehr davon ausgehen müssen, daß *Anlage und Umweltanteil* am Verhalten *als flexible Größen* anzusehen sind" (BEHNE 1974, 76). Sowohl Vererbung als auch musikalische Förderung sind an der Entstehung musikalischer Begabung beteiligt.

„Ein Kind kann mit einem hohen Maß an musikalischer Begabung geboren werden, ohne entsprechenden Einfluß seiner Umgebung ... wird das angeborene Potential jedoch verkümmern" (GORDON 1981, 33).

Wenn aber Anlage- und Umweltfaktoren in Wechselwirkung stehen, ist die Frage nach dem wichtigeren Faktor ebenso sinnlos wie die Frage, welche Seite eines Rechtecks mehr zu seiner Fläche beiträgt (vgl. GAGE/BERLINER 1979, 203). Es ist richtiger, das *Augenmerk auf Lernprozesse* und deren Bedingungen zu richten. „Lernfaktoren zu betonen, heißt nicht, Anlagen zu leugnen" (DE LA MOTTE-HABER 1977, 107).

Eine solche auf Lernprozesse gerichtete Einstellung kann verhindern, daß Lehrer mit dem Hinweis auf fehlende Begabung die Förderung eines „Unmusikalischen" als nutzlos abtun. „Leistungsmängel mit Begabungsmängeln gleichzusetzen ... kommt einem Entlastungsurteil gleich, das den Erzieher freispricht" (MÜHLE 1969, 69). GÜNTHER KLEINEN stellt dazu fest, daß Mißerfolge im Unterricht fehlender Begabung zugeschoben werden und damit die Illusion genährt wird, der eigene Unterricht sei gut (vgl. 1975, 72).

Im Grunde, so GAGE/BERLINER, ist die geschilderte Kontroverse um Erbfaktoren und Umwelteinflüsse für den Lehrer irrelevant: „Sein Ziel ist es,

die Kinder so zu nehmen, wie sie sind und ihnen zu helfen" (1979, 212). Der
Unterricht sollte unberührt von dieser Frage bleiben.
Die Leistungsfähigkeit im musikalischen Bereich kann erheblich behindert
werden, wenn Schüler davon überzeugt sind, zum Verständnis oder zur Ausübung von Musik sei eine besondere Begabung erforderlich (vgl. NOLL 1978,
216). Da gerade musikalische Leistungen von Laien ursächlich einer speziellen
Begabung zugeschrieben werden, weniger der Arbeitshaltung, Anstrengung,
der Person des Lehrers, den Schwierigkeiten der Aufgabenstellung usw., können sich Lernbarrieren auftun.

*„Ein Schüler der von seiner eigenen Unbegabung überzeugt ist . . ., kann nicht den geringsten Grund
zu irgendwelchen Anstrengungen in diesem Fach sehen"* (BEHNE 1982, 101).

Untersuchungsergebnisse von Elternbefragungen (GRAML/RECKZIEGEL
1982, 103) belegen, daß ein Großteil der Eltern davon überzeugt ist, daß Musikalität angeboren sei (ca. 76%). Bei einem Teil der Eltern wird diese Annahme
mit negativen Einstellungen zum Musikunterricht verbunden. Als Folge der
Übernahme von Einschätzungen durch Eltern und Lehrer oder Mitschüler
stellen sich Abneigungen gegen den Musikunterricht und Angst vor Blamage
ein. In den Berichten sog. Unmusikalischer wird deutlich, daß der Einwilligung
in die eigene Unmusikalität Verletzungen des Selbstwertgefühls vorausgehen,
obwohl doch die Bedeutung musikalischer Begabung im allgemeinen nicht
besonders hoch eingeschätzt wird, vergleicht man sie mit dem hohen Sozialprestige von Intelligenz. Unbegabt sein kann als „schick" gelten, unintelligent will
niemand gerne sein (vgl. DE LA MOTTE-HABER 1970). GRAML/RECKZIEGEL kommen zu dem Schluß, daß im Musikunterricht der Schule mehr zur
negativen Einschätzung der eigenen musikalischen Fähigkeiten beigetragen
wird als im Elternhaus (1982, 124.) Gerade der Musiklehrer der Grundschule
kann verhindern, daß negative Selbstkonzepte sich stabilisieren.
Verschiedene Autoren (SHUTER-DYSON, FÜLLER) befürworten den
Einsatz von *Musikalitätstests* im Unterricht. Dagegen sprechen folgende Argumente:

- Da Musikalitätstests in der Regel vorgeben, nicht erlernbare Fähigkeiten zu testen
  oder als Begabtenauslese-Instrumente für die Prognose bestimmter musikalischer
  Leistungen gelten, widersprechen sie dem Grundgedanken schulischer Ausbildung
  für alle (vgl. DE LA MOTTE-HABER 1978, 177).
- Testaufgaben zur Messung von Fähigkeiten müßten im Blick auf die Anforderungen
  des Musikunterrichts konstruiert sein.
- Durch die Meßergebnisse wirken sich Erwartungshaltungen des Lehrers auf sein
  eigenes Verhalten und die Leistung der Schüler aus (vgl. GAGE/BERLINER 1979,
  231).
- Niedrige Testwerte könnten als Zeichen gewertet werden, auch größere Lernanstrengungen seien nutzlos (vgl. GAGE/BERLINER 1979, 234).

II. Musikalische Fähigkeiten von Grundschulkindern

Hans Peter Reinecke bemängelt bereits 1968 die enorme Unterschätzung des kindlichen Aufnahmevermögens und stellt fest:
„Das akustische Differenzierungsvermögen geht dank häufigen Hörens weiter als je zuvor, die ästhetische Wertung hingegen hinkt weit hinterher" (1968, 63).

Inzwischen liegen zahlreiche empirische Studien und zusammenfassende Literaturberichte zu Fragen musikalischer Entwicklung vor (SHUTER-DYSON 1982; ABEL-STRUTH/GROEBEN 1979; SCHULTEN 1982; BEHNE/KÖTTER/MEISSNER 1982). Einige für das musikalische Lernen in der Grundschule wichtige *Ergebnisse* seien festgehalten:

● Bei der Zuordnung von gegenständlichen und abstrakten Bildern zu Programmusik waren bereits Fünfjährige in der Lage, den erzählenden, gegenständlichen Inhalt eines Musikstückes zu erkennen; überfordert waren sie, abstrakte Bilder zuzuordnen, möglicherweise aufgrund der Tatsache, daß Kinder in die abstrakte Darstellung etwas Gegenständliches hineindeuten oder bestimmte Vorlieben für Bilder mit optimistischen Bildinhalten zeigen. Bei einem Vergleich der Fünfjährigen mit Erwachsenen stellt sich heraus, daß *„Kinder partiell anders, aber keineswegs undifferenzierter hören"* (BEHNE 1974, 103).
● BRÖMSE/KÖTTER (1970, 37) arbeiten mit der Zuordnung von Märchenfiguren zu zwanzig instrumentalen Musikbeispielen unterschiedlicher Stilrichtungen des 18., 19. und 20. Jahrhunderts. Neun- und Zehnjährige beweisen ein „ausgeprägtes Differenzierungsvermögen, das sie dazu befähigt, Musik im Bereich der fünf durch die Figuren vorgegebenen Ausdrucksqualitäten einzuordnen" (39).
● Auch ABEL-STRUTH/GROEBEN kommen aufgrund ihrer Studien (1979) zu dem Ergebnis, daß Kinder im Alter von 5 bis 7 Jahren sehr wohl in der Lage sind, Musikabschnitte differenziert zu erleben, und fähig sind, „graduell recht fein abgestufte Gefühlswerte in Bezug zum Musikerleben bei sich zu erkennen und auch entsprechend zu äußern" (22).
Größte *affektive Zuwendung* finden signalartige und marschartige Musik, es folgt Musik mit den Merkmalen „gesanglich", „Tierstimmenimitation" und „tänzerisch". Das „Klangband" findet sich auf dem niedrigsten Zuwendungsniveau. Ein Altersgruppenvergleich zeigt bei 5- und 7jährigen gleichgerichtetes Hörinteresse. „Positive affektive Beurteilung und ‚negative Aufmerksamkeit' (also Weghören) schließen sich aus" (23). Drei Stücke aus CAMILLE SAINT SAENS „Le carneval des animaux" werden zur Erfassung der Konzentrationsleistung herangezogen. Leicht fällt es den Kinder, Kuckucksrufe aus dem musikalischen Kontext herauszuhören (Nr. 9) und sie graphischen Symbolen zuzuordnen. Bei den Eselsschreien (Nr. 8) können immerhin über 68% der Kinder über den gesamten Zeitraum alle aufgegebenen Hörereignisse richtig nachvollziehen. Von 7 f-Akkorden (Nr. 11) erkennen nur 28% die auszusondernden Hörereignisse, 65% erkennen aber immer noch 4 oder 5 der 7 f-Akkorde. Es zeigt sich eine „klare Abhängigkeit der Hörleistung vom Stilisie-

rungsgrad der beobachteten Hörereignisse" (26). Je länger die konzentrierte Anspannung dauert, desto geringer die richtige Zahl der Lösungen. Fehlleistungen nehmen vor allem bei Jungen zu. Außermusikalische Inhalte können Kinder ohne Schwierigkeit erkennen, sofern sie relativ deutlich naturalistisch dargestellt sind (z. B. Pferdegalopp). Bei der Beurteilung von *Klangdichtegraden* (Einzelton, viele Töne, wenige Töne) bereiten Extreme (Einzeltöne, sehr viele Töne) die wenigsten Schwierigkeiten. Zehn Kurzbeispiele komplexer Musik mit unregelmäßigem Wechsel von Streichinstrument, Blechblasinstrument und Klavier werden ausgewählt, um die Fähigkeit *zur Identifizierung von Instrumenten in musikalischem Kontext* zu testen. „Kinder selbst dieser jungen Altersstufe sind mit einer solchen Aufgabenstellung keineswegs überfordert" (40). Es zeigt sich weiter, daß Kinder in erstaunlich hohem Maße fähig sind, Musik wiederzuerkennen und zwischen „bereits gehört" und „noch nicht gehört" zu unterscheiden (46), und dies selbst nach einer Woche. Als Kinder einer Versuchsgruppe mit acht Wochen *höranalytischem Training* und einer Kontrollgruppe ohne Hörunterricht drei unterschiedliche Themen aus improvisierter Klaviermusik vom Tonband heraushören sollen, zeigt sich ein deutlich höherer Lernzuwachs der Versuchsgruppe.

● PFLEDERER-ZIMMERMANN/SECHREST (1968) prüfen, inwieweit systematische Veränderungen von Rhythmus, Melodie, Instrumentation, Tempo, Tongeschlecht eines einfachen Beispiels erkannt werden. Eine solche *Identifikation von Gleichheit, Ähnlichkeit, Verschiedenheit* verschiedener musikalischer Parameter erfordert die gedankliche Rückkehr zum musikalischen Ausgangsmaterial und das ständige Vergleichen zwischen Ursprungsgestalt und variierter Gestalt, eine wichtige Voraussetzung für sinnerschließendes Musikhören. Bei der Transposition einer drei- bis fünftönigen Phase erreichen Fünfjährige nur 6 von 24 möglichen Punkten; Siebenjährige lösen mehr als die Hälfte der Aufgaben. Beim Wiedererkennen einer rhythmisch-variierten Melodie liegen ähnliche Ergebnisse vor. Schwieriger als das Behalten des Tonhöhenverlaufs bei rhythmischer Variation fällt die Erhaltung des rhythmischen Musters bei melodischer Variation. Takt und Tempoänderungen bereiten ebenfalls Schwierigkeiten für die Behaltensleistung.

● Mit der *polyphonen Hörfähigkeit* befaßt sich ARLETTE ZENATTI (1969). Es soll geprüft werden, wie schnell und unter welchen Bedingungen (Lage, Stimmenzahl) die einzelnen Stimmen der Fugen getrennt gehört werden können. In 2–, 3– und 4–stimmigen Fugen über das Thema eines Volksliedes erscheint das Thema mit Zwischenspielen dreimal in jeder Stimme einer jeden Fuge. Schon Kinder im Alter von 7 bis 8 Jahre sind in der Lage, die Hälfte der Themeneinsätze wiederzuerkennen; ältere Schüler bis 10 Jahren lösen bereits dreiviertel der Aufgaben. Themeneinsätze in der Oberstimme werden leichter erkannt. Jüngere Kinder erkennen das Thema in Tenor und Baß schlechter und langsamer als ältere. „Der Wahrnehmungsfähigkeit mangelt es in diesem Alter noch an Breite" (NOLTE/SCHNEIDER 1977, 147).

Hier wie in anderen Untersuchungsergebnissen bestätigt sich die Annahme, daß *Kinder ihre Aufmerksamkeit auf dominante Wahrnehmungsinhalte richten,* in diesem

Falle auf die nicht durch andere Stimmen verdeckte Oberstimme. Das Beachten einzelner Dimensionen des Musikabschnittes erfordert die Fähigkeit zur Abstraktion vom vorherrschenden Gesamteindruck und hervorstechenden Merkmalen. Erwachsene können willkürlich ihre Aufmerksamkeit auf ein Detail richten; Kinder müssen dies erst lernen (vgl. RIBKE 1979, 208). So wird die Wahrnehmungsfähigkeit anderer Merkmale eingeschränkt, wenn Kinder sich zu Musik bewegen und ihre Aufmerksamkeit auf den Rhythmus richten sollen (vgl. HARTJE 1973; ABEL-STRUTH/GROEBEN 1979, 78). Besondere Beachtung erfährt bei Kindern die *Klangfarbe*. Bereits im vorschulischen Alter gelingt die Unterscheidung von Instrumentalklängen. „Die Aufmerksamkeit für Klangfarben ist so hoch, daß sie bei Wahrnehmungsaufgaben blockierend wirken kann" (ABEL-STRUTH/GROEBEN 1979, 103). Nach GORDON (1981) nehmen Kinder insofern anders wahr als Erwachsene, als sie vor allem auf *Gleichheit und Verschiedenheit* achten, und daraus scheinen dann den Erwachsenen unbekannte musikalische Inhalte zu entstehen. Für Erwachsene sind die von der traditionellen Musiktheorie definierten Inhalte wichtig, daraus resultieren Vorstellungen von Gleichheit und Verschiedenheit. „Musiklehrer sollten darauf achten, daß sie nicht einfach das lehren, was sie selber wissen" (GORDON 1981, 45).

Weitere Ergebnisse seien nur skizziert:

- Schon auffallend viele 3jährige Kinder können fünf Minuten und noch länger völlig still Musik zuhören (MOOG 1968). Nicht die Länge der Stücke entscheidet über die *Konzentrationsfähigkeit,* sondern die Art und der Schwierigkeitsgrad der Aufgabenstellung.
- Beim *Nachklopfen rhythmischer Muster* können 6jährige Kinder eine begrenzte Folge von Schlägen wiedergeben, aber rhythmische Untergruppierungen nicht integrieren (STAMBACK 1960). Takthalten fällt selbst 8– bis 12jährigen Kindern schwer. Gerade Takte werden leichter als Dreiertakte bewältigt. Kinder setzen bei Pausen oft zu früh oder zu spät ein und neigen beim Singen bekannter Lieder zu Vereinfachungen. Akzentuierte Töne in einer Melodiefloskel werden häufig richtiger wiedergegeben als nicht akzentuierte. Der Takt erweist sich als „höchst kompliziertes Gebilde, das Kindern nur nach Übungsperioden und auch dann nur in sehr einfacher Form zugänglich ist" (DE LA MOTTE-HABER 1970, 46).
- Bisherige Annahmen einer sehr späten und langsamen Entwicklung der *harmonischen Hörfähigkeit* sind in Frage zu stellen, da die Ergebnisse nicht in einer medienbestimmten Umwelt gewonnen wurden (vgl. ABEL-STRUTH/GROEBEN 1979, 97).
- Das Erfassen der Unterschiede zwischen *„laut und leise"* scheint sich ganz früh zu entwickeln, wohl auch wegen des häufigen Vorkommens im Alltag (Fernsehen, Radio lauter und leiser stellen, laut und leise reden).
- Die Begriffe *„hoch und tief"* bereiten Schwierigkeiten (vgl. SHUTER-DYSON 1982, 98). Erfahrungsgemäß bezeichnen Kinder hohe und tiefe Klänge auch als helle und dunkle.
- Bereits im vorschulischen Alter gelingt die Unterscheidung von *Instrumentalklängen*. „Die Aufmerksamkeit für Klangfarben ist so hoch, daß sie bei Wahrnehmungsaufgaben blockierend wirken kann" (ABEL-STRUTH/GROEBEN 1979, 103).
- Nach PETZOLD (1966) bereitet es Kindern besonders bei langsamem Tempo Schwierigkeiten, ein *Metrum* mitzuklopfen.
- Bereits 5jährige sind in der Lage, den *melodischen Bewegungsverlauf* einer ihnen bekannten Melodie in einer graphischen *Notation* zu erkennen (WAGNER 1968).

Wenngleich die altersmäßige Zuordnung bestimmter Leistungen heftig kritisiert und Phasen- und Stufenlehren einer Revision unterzogen wurden, erweist sich der völlige Verzicht auf altersbezogene Erkenntnisse als voreilig. „Altersnormen besitzen die Funktion sehr grober Orientierungsmaßnahmen" (HELLER/NICKEL 1978, 23). Bei gleichzeitiger Beachtung interindividueller Unterschiede können allgemeine Entwicklungstrends Kriterien für inhalts- und lernzielbezogene Entscheidungen bereitstellen, bei aller Vorsicht hinsichtlich der Interpretation der Daten aus forschungsmethodologischer Sicht(!).
Angesichts der erstaunlich hohen festgestellten musikalischen Leistungsfähigkeit gewinnen *kritische Anmerkungen* zum Lernen in der Grundschule besondere Bedeutung:

- ZIMMERMAN/SECHREST bemängeln das zu langsame Vorgehen im Musikunterricht und die Beschränkung auf Unterrichtsinhalte, die keine allzu große Mühe bereiten (vgl. SHUTER-DYSON 1981, 99).
- Da 7jährige in der Mehrzahl Tonhöhenunterschiede von 12 Hz wahrnehmen, ist nach ABEL-STRUTH „die Unterscheidung von Staubsauger-Gebrumm und Fahrrad-Klingel eine ganz lustige Sache, aber als musikpädagogische Aufgabe nur ein Klacks" (ABEL-STRUTH 1982, 317). Ebenso ist fraglich, ob leichte Unterscheidungsaufgaben von Lautstärkegraden und evtl. auch Instrumentalklängen Kinder nicht unterfordern (vgl. ABEL-STRUTH/GROEBEN 1979, 103). Unterforderung stellt nach Ansicht von YARMAN (1972) das Angebot vieler Liederbücher für höhere Grundschulklassen dar

Untersuchungsergebnisse hinsichtlich des Lerneffektes spezieller *Förderungsmaßnahmen* berechtigen zu dem Schluß, daß bei ausreichenden Lernerfahrungen wesentliche Leistungssteigerungen möglich sind. So konnten Verbesserungen beim Erkennen von Instrumenten, beim sauberen Nachsingen, beim Mitklatschen im Takt, bei einer Übung sensorischer Fähigkeiten, beim Erkennen eines Themas in improvisierter Klaviermusik nachgewiesen werden. Aufgrund ihrer Untersuchungen über Merkmale des musikalischen Hörverhaltens 5- bis 7jähriger Kinder kommen ABEL-STRUTH/GROEBEN zu dem vorsichtig formulierten Ergebnis, „daß die Fähigkeiten des jungen Kindes, affektive und kognitive Beziehungen zu komplexer Musik herzustellen größer sind, als in tradierten Theoremen und musikdidaktischen Konzepten angesetzt" und daß die höranalytischen Fähigkeiten durch einen der Altersstufe gemäßen Unterricht erheblich verbessert werden konnte. EBERHARD KÖTTER stellt fest, daß entgegen einem verbreiteten Vorurteil, Grundschüler würden durch Hörerziehung mit komplexer Musik überfordert, gerade das betreffende Alter als „günstige Phase für das höranalytische Lernen anzusehen ist" (KÖTTER 1980, 191).

III. Außerschulische Einflüsse auf das musikalische Lernen

Musikalische Entwicklung wurde (und wird) vielfach als Entfaltung von vorhandenen Anlagen in der Kindheit gesehen. Allzuleicht suggerieren auch Altersangaben entwicklungspsychologischer Befunde, daß „endogene" Faktoren den Entwicklungsfortschritt steuern. Wie bereits dargestellt, muß aber ein System von Wirkungen und Wechselwirkungen angenommen werden, bei dem Anlage und Umwelt in enger Beziehung stehen. Hinzu kommt, daß sich der Mensch von Geburt an aktiv mit seiner Umwelt auseinandersetzt und somit selbst an Entwicklungsprozessen beteiligt ist (Zusammenwirken endogener, exogener und autogener Faktoren). Damit kommt den Umweltanreizen und Einflüssen, den Lernmöglichkeiten und Lernprozessen eine nicht zu unterschätzende Bedeutung für das musikalische Lernen zu. Lernen wird hier nicht im schulischen Sinn als Aneignung von Wissen und Verhalten gebraucht, sondern ist Sammelname für Vorgänge, die zu Verhaltensänderungen aufgrund von Erfahrung, Beobachtung, Übung, Nachahmung usw. führen. Da nun Musik ein wesentliches Element der akustischen Umwelt des Menschen ist, Musik überall erklingt, ohne daß der Mensch sich der Musik ganz entziehen kann, steht er geradezu unter „Musikzwang" (vgl. RAUHE/REINECKE/RIBKE 1975, 150). Musik erklingt im Fernsehen, im Radio, bei Feiern, auf dem Jahrmarkt, im Kino, im Auto, bei Werbesendungen, bei Spielfilmen, zu Hause, bei Freunden, in der Freizeit usw. Folgerichtig müssen außerschulische Einflußfaktoren in die Überlegungen zum Musikunterricht einfließen. *Musikalische Erziehung ist „als Teil eines Gesamtsozialisierungsprozesses zu begreifen",* auf den in ergänzender, verstärkender, aber auch blockierender Weise außerschulische Faktoren einwirken (SILBERMANN 1976, 16). Je nach familiärer Situation, je nach spezieller Ausbildungssituation in Kindergarten, Vorschule, Musikschule, je nach musikalischen Aktivitäten in Chor oder Spielgruppen, je nach Anregungsangebot, Hörgewohnheiten, Fernsehgewohnheiten wird die musikalische Entwicklung entscheidend beeinflußt. Für den „Prozeß der Entstehung und Entwicklung der Persönlichkeit in wechselseitiger Abhängigkeit von der gesellschaftlich vermittelten sozialen und materiellen Umwelt" (GEULEN/HURRELMANN 1980, 51) ist der Begriff *„Sozialisation"* eingeführt worden (vgl. BRINKMANN 1981, 10). ABEL-STRUTH trennt zwischen *Sozialisation durch Musik* und *Sozialisation zur Musik.*

„Für den ersten Typus ist charakteristisch, daß das Individuum mit Hilfe von Musik, mit Verstärkung durch Musik, Normen des Sozialverhaltens seiner Gruppe erwirbt" (ABEL-STRUTH 1974, 487)

Sie verweist auf das Kinderlied, das in sozial gewünschte Normen des Fleißes, der Fröhlichkeit, auch etwa in geschlechtsspezifische Rollen einübt. Die Sorge, daß die emotionalen Wirkungen des Singens den Schüler unbeabsichtigt manipulativen Komponenten aussetzen könnte, ist nach GÜNTHER NOLL dann aufgehoben,

„wenn der Lehrer seine Liedauswahl und -interpretation entsprechend behutsam gestaltet und ... in altersangemessener Form Wirkungen, Bedeutungen und Funktionen des Singens bewußt macht" (NOLL, 1982, 182).

Auch für andere Unterrichtsinhalte ist zu prüfen, inwieweit sie durch das Medium Musik soziale Intentionen bewußt oder unbewußt unterstützen oder zu einer begrenzten Sicht der Wirklichkeit beitragen (Analyse von Lehrbüchern, Lehrplänen, Texten). Unter musikalischer Sozialisation *zur* Musik versteht ABEL-STRUTH „vor allem den Prozeß der Aneignung musikalischer Einstellungen, Einstellungen im Sinne eines musikalischen Grundverhaltens" (1974, 488). In diesem Aneignungsprozeß werden Werte, Rollen, Wahrnehmungsbereitschaft, Hörverhalten mit grundgelegt. Die dabei *wirksamen Faktoren* stehen in einem komplizierten Wechselsystem, die nicht unabhängig voneinander wirken. Dazu zählen (nach NAUCK-BÖRNER 1981, 78):

- die unmittelbare aktuelle Umwelt und die konkrete Situation des Kindes (Mikrosystem);
- Gleichaltrige, Nachbarschaften, Freundes- und Bekanntenkreis, Schulen, Massenmedien, kommunale Einrichtungen (Mesosystem);
- die gemeinsam geteilte Kultur, sichtbar z. B. im Erziehungssystem (Makrosystem).

Aus der *Verflechtung schulischer und außerschulischer Faktoren* lassen sich vielerlei Beziehungen ableiten. Wie die Einstellung der Eltern zu Musik die Entwicklung musikalischer Fähigkeiten des Kindes gewollt oder ungewollt, fördernd oder hemmend beeinflussen, haben GRAML/RECKZIEGEL (1982, 27) dargestellt:

- durch die Wichtigkeit, die dem Bereich der Musik in der Familie zukommt;
- durch angenehme oder unangenehme Ereignisse und Begleiterscheinungen, die im Zusammenhang mit Musik auftreten;
- durch das Hörangebot zu Hause;
- durch Anregung oder Beschränkung musikalischer Aktivitäten;
- durch die Einschätzung der musikalischen Fähigkeiten des Kindes.

In besonders gravierender Weise haben die *technischen Medien* die musikalische Umwelt dank ihrer Allgegenwart verändert. Musik ist jederzeit und überall verfügbar. Da sie das gesamte Leben durchdringt, ist auch die musikalische Umwelt des Kindes betroffen. Positiv wirkt sich aus, daß Kinder früh mit jeder Art von Musik in Berührung kommen und Wahrnehmungsfähigkeit sowie sprachliche Verständigung über Musik sich ausdifferenzieren. Negativ im Sinne einer einengenden Festigung (Kanalisierung, vgl. KLEINEN, 1972, 70) wirken sich aus:

- Aus der mannigfachen Vielfalt von Musik wird ein Teil viel häufiger und intensiver aufgenommen (vgl. NOLL 1978, 208). Die Musikmedien geben populären Musikarten den Vorzug und präsentieren unterhaltsame Musik und sogenannte ernste Musik anders. Durch Festlegung der Sendezeiten bleibt anspruchsvollere Musik bestimmten Hörerschichten vorbehalten. Hörgewohnheiten werden durch den Umgang mit Musik beeinflußt: Spezielle Sendungen sind „eine hohe Schule des Weghörens" (KLEINEN 1981, 160).
- Musik erscheint häufig in visuellem Kontext. Auf diese Weise werden medial Assoziationen aufgebaut, die zu Rezeptionsmustern führen, die den Intentionen der im Unterricht präsentierten Musik widersprechen (vgl. NOLL 1978, 21).
- Der „Verbraucher" sieht, ohne zu gestalten, hört, ohne zu musizieren (vgl. SIMONS 1978, 228).

- Unter dem musikalischen Einfluß in Werbesendungen, Kindersendungen usw. tritt „die kognitive Bindung des kindlichen Zuschauers hinter eine starke emotionale und zugleich konstante Bindung" zurück (SCHMIDT 1978, 172).
- Anstelle der Struktur treten andere Komponenten in den Vordergrund: Instrumentation und Arrangement, Interpretation und Darbietungsrahmen, Aufnahme und Wiedergabequalität, Verpackung und Werbung (vgl. RAUHE 1974).
- Der Aufbau von Leitbildern, speziell in der Popularmusik, wird durch die überaus starke Repräsentation in den Medien und die hohe Nutzung von Medien verstärkt. Hörer identifizieren sich mit den werbepsychologisch geschickt aufgebauten Stars, mit der jeweils wechselnden Sound- und Tanzmode, mit dem die Bedürfnisse, Erwartungen, Gefühle ansprechenden Text, mit der Gruppe der Fans und Liebhaber (vgl. RAUHE 1974; RAUHE/REINECKE/RIBKE 1975; vgl. KLEINEN 1976).

Angesichts neuer Medientechnologien werden sich die Probleme noch verstärken. Eine doppelte Strategie ist notwendig: *Erziehung zur Mediennutzung*, zum neugierigen aber nachdenklichen Mediengebrauch und zur *„Erziehung zur Medienabstinenz"* über eine verstärkte Zuwendung zur Grundschule: „Wer hier die entscheidende Schlacht verliert, wird sie später nie mehr gewinnen" (SCHMIDT 1983, 10). Nach FISCHER et al. (1977, 14) sind vielfältige und neuartige Erfahrungen mit Materialien und Personen ihrer Umwelt und mit sich selbst Garant für die Weckung verschütteten Motivationspotentials, den Abbau von Hemmungen und verfestigten Einstellungen. Einflüsse der Mediennutzung und *Verfestigungen von Höreinstellungen* sind schon bei Grundschülern belegt:

- Nach SCHEPPING (1980, 232) erzielen Medien unter den Liedvermittlern Schule, Elternhaus, Kirche den stärksten Effekt, erwirken die größte Gemeinsamkeit in der Liedkenntnis; es besteht weitgehend zeitliche und inhaltliche Parallelität zwischen Liedpräferenzen einerseits und Hitparaden bzw. Listen-Favoritenstatus in den Medien andererseits. Abrufbar sind fast ausnahmslos einprägsame und leicht reproduzierbare Refrains. Gesungen bzw. geträllert, gesummt, gepfiffen, geklopft wird synchron zur medial vermittelten Musik; spezielle Attitüden im Singspiel, in Textartikulation und Präsentation werden gerne nachgeahmt. Der Singstil von Kindern hat sich verändert.
- Bei einer in Wien durchgeführten Untersuchung (KRAL/RUDLOF/TEINER 1973) gaben schon Schüler des 2. Schuljahres Beat-/Popmusik den Vorrang.
- DE LA MOTTE-HABER/JEHNE (1976) konnten nachweisen, daß bereits 6jährige über deutliche Präferenzen verfügen, doch insgesamt weniger vertrauter Musik offener gegenüberstanden als 10jährige.

KLAUS-ERNST BEHNE kommt zu dem Schluß, daß „eine Veränderung musikalischer Präferenzen eine Veränderung der Denkstruktur" voraussetzt (1976) und Musikunterricht frühzeitig und regelmäßig erfolgen muß, „wenn Musikunterricht nicht durch Vorurteilstherapie ersetzt werden soll" (1978, 85). Solche *Vorurteile* können sein:

- Kunst muß schön sein.
- Ernste Musik ist für Erwachsene.
- Gute Musik ist Musik, nach der man tanzen kann.
- Neue Musik ist Angstmusik (vgl. BEHNE 1982, 110).
- Oper ist der Treffpunkt für Aufgetakelte.
- Männerchöre dienen der Zusammenkunft alter Gröler (vgl. BASTIAN 1983, 56).

Es kann nicht darum gehen, ein Stück Realität aufzuheben, was angesichts der
Allmacht der Medien auch nicht möglich ist. Musik kann unterhalten, zer-
streuen, betäuben, Trost spenden, Einsamkeit überwinden, entspannen, stimulieren. Musik kann Gemeinschaftserlebnisse, Erfahrung von Freiheit ermöglichen und Mittel zur Selbstfindung sein (vgl. RAUHE 1975). Kritik ist allerdings dort angebracht, wo Musik als Mittel der Bewußtseinsverschleierung ein
gleichgeschaltetes Publikum erzieht (vgl. DE LA MOTTE-HABER 1976, 70).
Mit dieser Einschränkung kann ansonsten gelten:

„Wer sich von einem Schlager anmuten läßt, verliert damit nicht die Weihe, dem Genius
Beethoven zu huldigen" (JAKOBY 1968, 97).

Im Akzeptieren der Gegebenheiten und Ausschöpfen der dadurch gegebenen
Möglichkeiten (Erziehung zur Mediennutzung) und im Aufzeigen der Alternativen liegen die Chancen schulischer Musikerziehung.

IV. Eigenarten musikalischen Lernens

1. Musik – ein flüchtiges und abstraktes Medium

Wenn der Betrachter eines Bildes seine Blicke auf Einzelheiten richtet, kann er
sich dabei Zeit lassen. Was er sieht, steht als festes Gebilde unverändert über
einen längeren Zeitraum der Beobachtung offen. Das Gehör dagegen nimmt
eine Welt fließenden Geschehens auf. Noch ehe einzelne Aspekte festgehalten
sind, lösen neue Eindrücke vergangene ab: Musik zerfließt in der Zeit. Ja selbst
das normale innere Zeitbewußtsein ist beim Vernehmen von Musik verändert.
Musikalische Prozesse vollziehen sich als Hören im Augenblick, als Vorausho-
ren in der Erwartung, was folgt und Zurückhören, in Erinnerung, was war.
Wenn Musik verklungen ist, hinterläßt sie kaum mehr als einen flüchtigen
Eindruck. Zurück bleibt nur, was in der Erinnerung haftet. In Tönen wird
mitgeteilt, „was anders nicht zu sagen ist" (WEBERN). Musik kann nicht
sagen: „Mache die Tür zu – es zieht" (EGGEBRECHT 1977, 126). Gerade
ästhetische Gegenstände zeichnen sich dadurch aus, daß ihnen unterschiedliche
Bedeutung zugemessen werden kann. Der Klang eines Instrumentes bedeutet
nicht irgend etwas. Deshalb entzieht sich Musik letztlich einer direkten Übersetzung in Sprache, obwohl wir über sie sprechen können (s. u.). Musik fehlt der
direkte gegenständliche Bezug, der „Stoff" (GOETHE). Wohl kann ein gegen-
ständlicher Bezug hergestellt werden; der Prozeß der musikalischen Sinnge-
bung als logisch tönender Vorgang unterliegt jedoch eigenen Gesetzmäßigkeiten und bedarf der besonderen Weise des Denkens (vgl. EGGEBRECHT 1977;
FALTIN 1979, 127). Nicht gemeint ist damit die Trennung in Außer- und
Innermusikalisches, in Programmusik und absolute Musik. Vielmehr soll das
Spezifische musikalischen Denkens betont werden. Musik existiert als Gedach-
tes, nicht als Abbild der äußeren Wirklichkeit, auch wenn sie diese einzufangen
sucht und auch kann (s. u.). Musikalische Vorstellungen sind deshalb abstrakter

als andere und schwer begreifbar (vgl. DE LA MOTTE-HABER 1982, 235). *In kaum einem anderen Fach wird ein derartiges Abstraktionsvermögen gefordert.*

Unterrichtsbezogene Anmerkungen

● *Wegen* der Abstraktheit und Flüchtigkeit der nichtdinglichen Äußerung Musik treten besondere Schwierigkeiten der Vermittlung auf. „Nicht jedes Fach hat seinen toten Frosch als Musterfall einer direkten Begegnung anzubieten" (BECKER 1982, 61).
● Wegen der Flüchtigkeit des Mediums hängt vom Gedächtnis ab, ob man Musik als sinnvolles Geschehen erkennen und sich darüber verständigen kann (vgl. GROSSE-JÄGER 1977, 45). Bewußtes Hören ist deshalb ergänzungsbedürftig. Sprache und Notation helfen, das zeitliche Geschehen zu ordnen. Die visuelle Beschäftigung erleichtert das Hören durch zusammenfassende Überschaubarkeit (vgl. DE LA MOTTE-HABER 1981, 167). Musik wird durch Notation zeitunabhängig. Zeichensysteme ermöglichen eine größere Beweglichkeit des Denkens (vgl. FISCHER et al. 1977, 30). Das Umsetzen von Musik in Sprache, Notation, Bild, Bewegung leitet grundlegende Sensibilisierungsprozesse ein.
● Die eigenen musikalisch-praktischen Erfahrungen wirken auf die Weise des Vernehmens zurück, wie die Biegsamkeit, Abstufbarkeit, die Möglichkeit der Steigerung von Tempo und Intensität der verlautenden Stimme auf die Deutung beim Anhören zurückwirkt (vgl. BRÄUER 1981, 34). Deshalb sind musikpraktische Erfahrungen beim Singen und Musizieren für das Hören bedeutsam.

2. Vorerfahrung und musikalische Bedeutung

Ein Laie könnte sich den Vorgang des Musikhörens vielleicht so erklären: Musik ist vom Komponisten vorgeordnet. Deswegen müssen die vorstrukturierten Materialien auch von jedem Hörer in derselben Weise wahrgenommen werden. In der Regel tritt jedoch der Fall ein, daß verschiedene Hörer neben gleichen auch andere Aspekte in demselben Werk registrieren oder anders reagieren. Offensichtlich haben sie es anders wahrgenommen. Erfahrungsgemäß ist auch bekannt, daß wiederholtes Hören in verschiedenen Situationen zu unterschiedlichen Wahrnehmungsergebnissen führt. Wie lassen sich musikalische Wahrnehmungsprozesse dann erklären?

Physikalisch betrachtet stellt Musik einen Spezialfall bewußt geformten Schalls dar. Zwischen physikalischer und musikalischer Auffassung besteht jedoch kein einfaches Fundierungsverhältnis. Wir hören keine Schwingungen, sondern Geräusche und Klänge. Ein akustisches Geschehen kann als Musik akzeptiert oder als Lärm abqualifiziert werden, obgleich aus physikalischer Sicht kein prinzipieller Unterschied besteht (vgl. KLEINEN 1975, 23). Physikalisch weisen Wiederholungen dieselbe Meßstruktur auf, gewinnen aber für den Hörer durch die Eindringlichkeit eines Gedankens besonderes Gewicht. Ebenso ist Stille nicht meßbar, für die Erlebnisfähigkeit des Menschen bedeutsam (vgl. BRÄUER 1981, 29).

Die Sinnesorgane nehmen die sensorischen Daten auf. Voraussetzung dafür ist ein Mindestmaß an Aufmerksamkeit und Wahrnehmungsbereitschaft. Nicht jede Information aus der Fülle angebotener Reize erfährt dieselbe Aufmerksamkeit, da die einströmenden Informationen gewissermaßen durch ein vorgeordnetes Filter geschleust werden. Informationen werden blitzschnell auf Bekanntheit überprüft. Was dann erkannt, ausgewählt, analysiert, zusammengesetzt und schließlich im Gedächtnis haftet und gespeichert wird, hängt in hohem Maße von vorausgegangenen Erfahrungen ab. Die Lerngeschichte eines Individuums entscheidet über die Art der Wahrnehmung. Hier werden erworbenes Wissen und Können, Gewohnheiten, Vorlieben, erlernte Techniken, Vorurteile, Werturteile, Einstellungen, Einflüsse der Umgebung, der Medien, der Gleichaltrigen und Eltern wirksam. Das Individuum verleiht aufgrund seiner Wahrnehmungs- und Denkstruktur den Umweltreizen Bedeutung. Bedeutungserlebnisse kommen nach ALLESCH dadurch zustande, daß ein auf Erfahrung von Bedeutungen angelegter Wahrnehmungsapparat auf Gegenstände trifft, die aufgrund ihrer physikalischen Beschaffenheit als Bedeutungsträger fungieren können.

„Eine erlebnisangemessene psychologische Erfassung von Gegenständen erfaßt diese nicht als Träger physikalischer Eigenschaften, sondern als Träger von Bedeutungen" (ALLESCH 1982, 51).

Objektbezogen ergeben sich Fragen der Entstehung, Struktur, Beschaffenheit, Aussage, Intention, Komponist, Biographie, historische Bedeutung, stilistische Einordnung, Instrumentation, Form, Gattung, Aufführungspraxis, -technik. Subjektbezogen ergeben sich Fragen, die Daseinserhellung, Daseinserfüllung und Daseinsbewältigung betreffen. Hier geht es um Einsichten, Erlebnisbereicherung, Kenntnisse, Fähigkeiten, Erfahrung eigener Befindlichkeit, Einstellungen, Wertvorstellungen.

„Die unmittelbare Verknüpfung von Werkanspruch und Höreinstellung, von ‚Sache' und ‚Mensch', ist der Auftrag einer didaktischen Interpretation der Musik" (EHRENFORTH 1971, 5; vgl. RICHTER 1976; vgl. RAUHE/REINECKE/RIBKE 1975, 75).

Unterrichtsbezogene Anmerkungen

● Gegenüber kaum einem anderen Gegenstandsbereich bringen Schüler so vielfältige und unterschiedliche Erfahrungen, Einstellungen, Motivationen, Wissen ein (vgl. GÜNTHER/OTT/RITZEL 1982, 52; vgl. KRAEMER 1979, 79). Musikalische Erfahrungen durch vorschulische Erziehung, Kindergarten, Musikschule, massenmedialen Konsum, Musizieren im Elternhaus divergieren sehr stark. Diese müssen Berücksichtigung bei der Reflexion über Unterricht finden. Das gleiche Lied, das gleiche Instrumentalstück kann deshalb höchst unterschiedliche Bedeutung erfahren (vgl. KLAFKI 1982, 21).
● Die Erfahrungs- und Ausdruckswelt des Kindes ist noch unabgegrenzt und ungeschieden von allen Lebensbereichen (vgl. EHRENFORHT 1982, 14). Eine rein fachspezifische und objektbezogene Betrachtung widerspricht kindlichen Erfahrungsmöglichkeiten. Es geht darum, den Anspruch der Sache in seiner „Totalität" zu reduzieren, um an einzelnen Punkten die Brücke zwischen Objekt und Subjekt zu schlagen.
● Interesse erfährt eine Sache, wenn sie in den Fragehorizont gebracht wird (ROTH), wenn sie mit menschlichen Problemen und Situationen in Zusammenhang gebracht wird (vgl. BECKER 1982, 62) und personelle Identifikation ermöglicht. Weder Stile, Komponisten, Gattungen, historische Interessen leiten primär das Interesse von Kindern, sich Musik zuzuwenden. Für Kinder ist anregend „daß Musik etwas erzählt,

wer spielt, ob sie rhythmisch-impulsiv ist, ob die Musik intensiv und abwechslungsreich klingt" (ABEL-STRUTH 1972, 50). Musik, die „außermusikalisches" Geschehen vermittelt, das den Kindern vertraut ist, stellt einen besonderen Reiz zum Hören dar. Allerdings kommt es dabei leicht zu einem „Erzählen mit Musik" und zu falschen Erwartungshaltungen. Für den Schüler entsteht der Eindruck, als habe Musik immer eine bestimmte Bedeutung. Besonders problematisch für den Aufbau musikalischer Erfahrungen ist eine Begrenzung auf wenige Beispiele („Peter und der Wolf"), weil dann der Bedeutungsspielraum von vorneherein auf wenige Ausdrucksmodelle beschränkt wird.

- Voraussetzung für Wahrnehmungsprozesse ist ein Mindestmaß an Aufmerksamkeit und Wahrnehmungsbereitschaft. Sie müssen vorhanden sein bzw. geweckt werden. Von sensorischen Fähigkeiten hängt das Funktionieren komplexerer Prozesse ab. Ohne die Fähigkeit zu Unterscheidungen wie gleich und verändert, höher oder tiefer, kann sich kein Sinn für Raum, Zeit, Tonhöhe, Tempo bilden (vgl. DE LA MOTTE-HABER 1982, 236). Bis zu einem gewissen Grade können deshalb „Übungen zur Schulung des sensorischen Unterscheidungsvermögens" hilfreich sein (vgl. FISCHER et al. 1977, 23). Wahrnehmungsförderung bis zur Übertreibung kann jedoch den komplexen Wahrnehmungsvorgang negativ beeinflussen, wenn der Blick im Ausrichten auf Details für das Ganze und Wichtige verloren geht (Horchen als Ausnutzung der Kapazität; Hören als kommunikativer Akt; vgl. BRÄUER (1981).

3. Komplizierte Vorgänge der Wahrnehmungsverarbeitung

Der kognitive Verarbeitungsprozeß bei der bewußten Wahrnehmungsverarbeitung erfordert unterschiedliche logische Aktivitäten: Zuordnen, Wiedererkennen, Vorstellen, Strukturieren, Akzentuieren, Gruppieren. *Zuhören* ist also ein überaus aktiver Vorgang, der sehr grob, aber auch sehr differenziert ablaufen kann, je nach Verarbeitungstiefe. Wie unterschiedlich solche gedanklichen Prozesse ablaufen können, zeigt ein Experiment von TAN 1979 (vgl. SHUTER-DYSON 1982, 197). Versuchspersonen hatten die Aufgabe, zwei vorgegebene Töne in einer Melodie, in der die beiden Töne eingebaut waren, wiederzuerkennen. Die Versuchspersonen gaben unterschiedliche Strategien an, wie sie die beiden Töne in der Melodie identifizierten: durch Wiederholung in Gedanken, intuitives Gespür oder Raten, Vorstellung einer Notierung oder einer Klaviatur, Erkennen aufgrund der Klangfarbe, Intervallrichtung, Intervallgröße, Assoziationen an bekannten Melodien usw. Durch das Erkennen einzelner Klangereignisse in einem größeren Musikwerk wird der Hörer in die Lage versetzt, den zeitlichen Ablauf zu gliedern. Zudem bildet er innere Zeiteinheiten, um das in der Zeit fließende tönende Geschehen strukturieren und zusammenfassen zu können. Eine Folge von Tönen muß gruppiert werden. Auf diese Weise fügen sich die Einzeltöne zu einem Ganzen, der strukturierten Gestalt. In einem Bild ausgedrückt: Ein Thema gleicht einem Sternbild, das aus den Einzelsternen zusammengesetzt ist (vgl. KLEINEN 1975, 22). Ihre geschlossene Gestalt verliert eine Melodie selbst dann nicht, wenn sie transponiert wird.

„Das Elementare steckt also nicht in diesem einzelnen Ton, sondern vielmehr in der semantischen Information, die in der Lautphysiognomie eines Melodieganzen, eines Klangzusammenhanges enthalten ist" (REINECKE 1968, 61).

Vereinfachungen können insofern auftreten, als bestimmte Gruppierungen (z. B. Tonleitern, Akkordfolgen durch die Häufigkeit ihres Auftretens dem geübten Hörer schon nach den Anfangstönen signalisieren, wie es weitergeht. Vertrautheit mit Musikstücken aufgrund von Wiederholungen innerhalb eines Werkes und aufgrund wiederholter Darbietungen erleichtern den Wahrnehmungsakt.

Der Hörvorgang darf nicht auf die rein auditive Ebene reduziert werden. Beim Vernehmen von Musik wirken einzelne *Sinnesempfindungen* zusammen. Neben der auditiven Unterscheidung nach Tonhöhe, Lautstärke und Klangfarbe in bestimmten Grenzen (Hörgrenze, Hörschwelle, Schmerzgrenze) werden andere Sinnesempfindungen wirksam. Schon der Einzelton ist nicht nur durch die Tonhöhe, sondern auch durch seine Klangfarbenmischung in einer bestimmten Helligkeit (hell-dunkel), in einem bestimmten Volumen (voll-leer), in einer bestimmten Rauhigkeit (stumpf-glatt) charakterisiert. Nach HEINZ WERNER gibt es „übersinnliche" Wahrnehmungen: Helligkeitsempfinden gilt für alle Sinnesgebiete, Bewegungs- und Intensitätsempfinden im motorischen, optischen, akustischen und taktilen Bereich, das Empfinden für Raum, Volumen, Dichte, Rauhigkeit in der akustischen, optischen und taktilen Sphäre. HELMUT RÖSING kommt zu der Feststellung, daß gerade durch die Beeinflussung zwischen einzelnen Sinnessphären eine motorische Aktivation, Visualisierung und emotionelle Ausdeutung von Musik nahegelegt wird (vgl. RÖSING 1981). Zudem kann Musik zumeist unbewußte Vorstellungs- und Erlebnisinhalte provozieren. Der Hörer verlegt eigene Erfahrungen und Erlebnisinhalte in die Musik hinein (vgl. RAUHE/REINECKE/RIBKE 1975, 103). Aus vagen gefühlshaften Vorstufen kristallisieren sich konkrete Erinnerungsbilder. „Den konkreten Assoziationen scheint ... ein synästhetisches, atmosphärisches Grunderlebnis zugrunde zu liegen" (ALLESCH 1982, 57). In der Erinnerung haftet auch der gesamte Kontext, in dem Musik auftaucht. „Das Weihnachtslied ‚Stille Nacht' wird eben ... auch unterm Weihnachtsbaum gesungen" (RAUHE/REINECKE/RIBKE 1975, 40). RÖSING kommt deshalb mit Recht zu dem Fazit: *„Reines Strukturhören stellt einen Sonderfall der Musikrezeption dar"* (1981, 261).

Unterrichtsbezogene Anmerkungen:

- Bewußtes Hören erfordert hochdifferenzierte akustische Wahrnehmungs- und Durchgliederungsleistungen. „Generell muß das Gedächtnis geübt werden, um die Fertigkeit zu erwerben, auch über längere zeitliche Abstände hin zu vergleichen" (KLEINEN 1976, 39). Wie die Experimente von TAN zeigen, kommen verschiedene Personen auf unterschiedlichen Wegen zur Lösung eines Problems. Abzuleiten ist daraus, daß methodisch unterschiedliche Zugänge Chancen für individuelle Lösungsstrategien bieten.
- Vertrautheit stellt sich weniger durch Information als durch Wiederholungen und wiederholte Darbietungen ein. Musikalische Erfahrungen bedürfen ständiger Bestätigungen (musikalische Schemata, musikalische Konzepte). Kurzfristige und langfristige Planung bezieht wiederholtes Hören ein. Es reicht nicht aus, nur „Einführungen" zu geben.

- Eine produktive Auseinandersetzung kann durch den Wechsel der Akzentuierung der Sinne erzielt werden (vgl. BRÄUER 1982, 32). „Musikunterricht als Unterricht im Hören hat sich die alte didaktische Erkenntnis zu bewahren, daß Anschauung möglichst über alle Sinne erworben wird" (ANTHOLZ 1970, 147).
- Das Beachten einzelner Dimensionen des Klingenden erfordert die Fähigkeit zur Dezentrierung, zur Abstraktion vom Gesamteindruck und hervorstechenden Merkmalen. In einem ersten Schritt ist die Aufmerksamkeit durch die Auswahl von Hörbeispielen mit wenigen dominanten Wahrnehmungsinhalten auf ein Merkmal zu richten. Eine vorzeitige Fixierung auf einen einzigen Bedeutungszusammenhang wird vermieden, wenn das Merkmal variiert in zahlreichen anderen Beispielen auftritt. Als „Motivationshilfe, Kontrollhilfe, Interpretationshilfe" erweist sich der Vergleich als „methodisches Grundprinzip" im Unterricht (SCHMIDT-BRUNNER 1982, 175). Durch entsprechende Aufgabenstellungen und Anschauungsmittel (Arbeitskarten, Notationen, Bewegungen, Spiele, eigene Gestaltungsversuche) kann die Aufmerksamkeit von einem dominanten Wahrnehmungsinhalt zum nächsten gelenkt werden.
- Gerade Kinder neigen zu assoziativem Hören. Nach HANSBERGER (1968, 127) knüpft das Kind von einzelnen Momenten der Musik her Beziehungen zu ihm vertrauten Erlebnissen. Zunächst wirklich Musikalisches bezeichnend, erfolgt die weitere Einordnung unter dem deutenden Aspekt, „ein in seiner Vielfalt beschränktes Wirklichkeits- oder Denkmodell" (130). Besondere Probleme schaffen die medial bedingten assoziativen Verknüpfungen. Die in visuellem Kontext durch Fernsehen aufgenommenen musikalischen Informationen führen zu bestimmten Erwartungshaltungen und Assoziationsmechanismen. Sie können musikpädagogische Intentionen erschweren, „wenn anstelle der beabsichtigten Zuwendungsmotivation eine medial programmierte Abwendungsmotivation eintritt" (NOLL 1978, 210).

4. Musik als Ausdruckskunst

Akustische Gestalten zeichnen sich zudem durch affektive Anmutungsqualitäten aus, sie sind nicht gefühlsneutral. „Von allen anderen Künsten unterscheidet sich Musik dadurch, daß sie Affekte großer Intensität auslösen kann" (DE LA MOTTE-HABER 1982, 12). Nirgendwo ist die Distanz von Außen und Innen so aufgehoben. Musik als „Ausdruckskunst" ruft bestimmte Eindrücke hervor, vermag beim Hörer Gefühle zu vermitteln oder auszulösen. Solche emotionalen Äußerungen auf Musik zeigen sich als Gefühlsempfindungen (Gefühl der Traurigkeit...), als Ausdrucksverhalten (mimische Reaktion...), als körperliche Reaktion. Physiologische Messungen zeigen deutliche Reaktionen beim Hören. Zwischen der Gefühlsintensität und physiologischen Maßen (z. B. Blutdruck, Herzfrequenz, elektrische Hautfähigkeit) besteht aber keine enge Beziehung und die physiologischen Prozesse untereinander stimmen nicht unbedingt überein (vgl. SCHMIDT-ATZERT 1982; vgl. ALLESCH 1982).

„Erste Thesen zu einer Theorie des musikalischen Ausdrucks" legt KLAUS-ERNST BEHNE vor (1982). Er unterscheidet vier Ebenen des musikalischen Ausdruckserlebnisses: Durch das Tempo wird bestimmt, ob der Ausdruck eines Stückes als traurig oder übermütig erlebt wird *vegetative Bestimmungsebene)*. Auf der *gestischen Ebene* fragt sich der Hörer unbewußt, welcher Gestus einzelner Gefühle (z. B. stolze Haltung und Bewegung eines triumphierenden Menschen) zu der jeweiligen Manifestation paßt. Durch die *kontextuelle Ebene* (Einbettung in eine Opernhandlung, Werküberschriften) wird der Bedeutungsspielraum eingeengt, ebenso durch die *assoziative Ebene* (biographische Erinnerungen, massenmediale Hörgewohnheiten).

BEHNE teilt die durch Musik ausgelösten Gefühle in drei Klassen: *Formalgefühle* bezeichnen die Gefühle des Langsamen und Schnellen, der Erregung und Beruhigung, der Beschleunigung und Verzögerung, der Spannung und Löschung. Für sie zeichnen vor allem Tempo und Lautstärke verantwortlich. *Beziehungsgefühle* entstehen in Abhängigkeit von Bedürfnissen nach sozialem Kontakt, „wenn der Hörer sich als Teilnehmer eines fiktiven Gesprächs ohne konkretisierte Inhalte fühlt" (BEHNE 1982, 139). Gefühle der Trauer, Freude, Ausgelassenheit, Wut werden als *Inhaltsgefühle* bezeichnet, die durch das Kennen eigener Gefühlszustände in anderen Situationen möglich werden.

Für die *Erklärung* von Gefühlen beim Musikhören können neben der Annahme natürlicher Affinitäten zwischen bestimmten akustischen und gefühlshaften Anmutungen, neben angeborenen Auslösermechanismen (vgl. DE LA MOTTE-HABER 1982), neben der Annahme von Lernprozessen, die bis zu Klischeevorstellungen führen („kulturell überformt", massenmedial geprägt), weitere Hypothesen aufgestellt werden: Musik wird in bestimmten angenehmen und unangenehmen Situationen erfahren, die auf die emotionale Deutung der Musik abfärben (vgl. SCHMIDT/ATZERT 1982, 40). Gefühle entstehen aus der kognitiven Deutung der Situation heraus (vgl. JUZL 1982, 73). Das Bewußtsein nimmt die Situation bewertend vorweg und löst damit bestimmte gefühlsmäßige Reaktionen aus (vgl. DE LA MOTTE-HABER 1982, 190). Entscheidend für die emotionalen Zustände ist die kognitive Interpretation, die von individuellen Erfahrungen und der spezifischen Situation bestimmt wird. Je nach vorausgegangenen Erfahrungen kann ein Kind, das einen Plüsch-Teddybären zum ersten Mal betastet, die unterschiedlichsten Gefühle äußern: Gefallen, Freude, Schrecken, ja Angst. „Ein einziger Stimulus kann somit eine Reihe von emotionalen Reaktionen hervorrufen" (JUZL 1982, 73). Entsprechend ist der Interpretationsspielraum bei Musik. Je nach musikalischer Vorerfahrung wird Musik aufgefaßt und beurteilt. Insofern lassen sich musikalische Sinnzusammenhänge nicht nur auf das spezifisch strukturierte Material zurückführen, wenn beim Hörer Eindrücke des Aktiven oder Passiven, der Ordnung oder des Chaos, des Angenehmen oder Unangenehmen, der Einsamkeit oder Trauer entstehen (vgl. BASTIAN 1982, 230). Der Grad des Wohlgefallens, der Neuigkeit, der Vertrautheit erweist sich als Maßstab für Wahrnehmungsbereitschaft oder Wahrnehmungsabwehr. Für das gesamte Erleben bedeutsam werden auch positive und negative Erfahrungen, Erlebnisse und Begegnungen mit Musik, d. h. die unterschiedlichen Anregungen im Elternhaus, die möglichen Anlässe, Musik zu hören oder Musik zu machen, massenmediale Hörgewohnheiten. Sie werden als relativ überdauernde *Einstellungen* wirksam.

„Die positive oder negative Einstellung betrifft nicht die Musik schlechthin, sondern Musik, die gefällt bzw. nicht gefällt, nicht erwünscht ist" (GRAML/RECKZIEGEL 1982, 20).

Ein besonderes Problem resultiert aus dem Umstand, daß sich solche Präferenzen für einen Komponisten, Interpreten oder eine Musikrichtung nur schwer ändern lassen, da sie im Subsystem der Emotionen verankert sind (vgl. DE LA MOTTE-HABER 1982, 226).

Unterrichtsbezogene Anmerkungen

- Die Erfahrung des Betroffenseins durch Musik als Urbedingung ästhetischer Erfahrung, die eine eher innere als äußere Welt eröffnen kann (vgl. PÜTZ 1982; DE LA MOTTE-HABER 1982, 241), liegt im Aufspüren musikbedingter Kräfte und ihrer Bedeutung für den jeweiligen Hörer. Sinn und Gehalt, Struktur und expressive Schicht (vgl. EGGEBRECHT 1977) sind aufeinander zu beziehen und in den jeweiligen Erfahrungshorizont der Schüler vermittelnd zu integrieren.
- „Im ersten Eindruck bestimmen Ausdruck und emotionale Deutung der Musik, nicht aber isolierte, der Physik entnommene Ton- und Klangeigenschaften die Wahrnehmung" (KLEINEN/DE LA MOTTE-HABER 1982, 321). Entsprechend führt der pädagogische Weg von der komplexen, physiognomischen, ausdruckshaften Gesamtwahrnehmung zur Konzentration auf Teilaspekte des musikalischen Klanggeschehens und formale Gestaltungsprozesse; zur Auseinandersetzung mit den musikalischen Parametern nur insofern, als diese für notwendig erachtet wird (ebd.).
- Musikunterricht ist immer auch Einstellungsunterricht (GRAML/RECKZIEGEL 1982). Jede inhaltliche Begrenzung auf bestimmte Stilrichtungen vergrößert die Gefahr, daß andersgeartete Musik mit Vorurteilen bedacht wird. Stabile positive Beziehungen zu Musik können nur in einer entsprechenden Lernatmosphäre aufgebaut werden, die eine Koppelung „Musik = unangenehm" verhindert. Das heißt nicht, daß Unterricht in Musik keine Forderungen stellt (vgl. MEYER 1982, 222).
- Vermittlung von Musik über Lautsprecher kann die Aura des ursprünglichen Darbietungsrahmens nicht ersetzen. Die auditive Darbietung der Konserve suggeriert zwar z. B. die Aura eines Kirchenraumes durch Nachhall. Derartige Verknüpfungen setzen aber die Kenntnis des ursprünglichen Darbietungsrahmens voraus. Technische Eingriffe heben zwar Stimmen und Instrumente hervor oder lassen sie zurücktreten, um die beste Durchhörbarkeit zu gewährleisten. Eine mögliche Blickzuwendung zum gerade agierenden Instrument entfällt. Sie könnte das individuelle Interpretationsgeschehen hilfreich unterstützen (vgl. RÖSING 1976).

5. Sprechen über Musik

Mit dem Hinweis auf die Unbestimmtheit von Musik wird immer wieder betont, daß Musik sich der direkten Übersetzbarkeit in Sprache entzieht. Eine solche Behauptung ist insoweit zu korrigieren, als Sprechen über Musik möglich ist (vgl. EGGERECHT 1977, 113) und Sprache nicht Musik ersetzen, sondern dem menschlichen Bewußtsein näher bringen soll. Sprechen über Musik ermöglicht Verstehensprozesse, wenn ein Zugang zur Musik angebahnt *(inhaltlich)*, die eigene Befindlichkeit thematisiert *(personal)* und Interaktionen der beteiligten Personen *(gruppenbezogen)* offengelegt werden (vgl. GÜNTHER/OTT/RITZEL 1982, 13). Dabei übernimmt Sprache unterschiedliche Funktionen. Unterricht ist an Sprache als Mittel der Verständigung gebunden *(Kommunikationsfunktion)*. Hier dient Verbalisierung dem Zweck, eine gewisse Klarheit der Eindrücke zu gewinnen und durch Sprache das Wahrgenommene zu ordnen und zu bewerten *(Ordnungs- und Wertungsfunktion)*. Zwar sind Denkakte auch ohne begriffliche Kennzeichnung möglich. So kann der Hörer einen Trugschluß erkennen, auch wenn er ihm keinen Namen gibt. Wenn aber im Wahrnehmungsakt Vorstellungsinhalte mit Worten verknüpft werden, trägt dies zur Bewußtseinserhellung bei: „Nur begriffliche Aufkleber gelangen in die Helle des Bewußtseins" (DE LA MOTTE-HABER 1982, 232). Sind Begriffe bei einem solch flüchtigen Medium wie Musik verfügbar, stellen sie eine *Gedächtnisstütze* für das wiederholte Hören und Erkennen dar. Es kann sogar behauptet werden, daß Begriffe als Wahrnehmungshypothesen, als *Raster* fungieren, um neue Hörbeispiele auf Bekanntes abzufragen. ABEL-STRUTH verweist auf eine entsprechende Untersuchung: Kinder können bei neuen Stücken Zweiteiligkeit erkennen, wenn sie gelernt haben, Zweiteiligkeit zu hören und zu benennen:

„eine Kontrollgruppe ohne diesen Unterricht versagt jedoch nicht nur bei der Benennung, sondern vermag eben auch keine anderweitige Beschreibung des formalen Ablaufs zu geben" (ABEL-STRUTH 1982, 318).

Beim Erwerb neuer Fertigkeiten ist erwiesen, daß die sprachliche Bezeichnung einzelner Verhaltenselemente zu einer Verbesserung der Leistung führt *(Praxisfunktion)*. Begriffliche Unterscheidungen tragen auch zur Sensibilisierung emotionalen Erlebens bei (vgl. OERTER 1975, 124). Eine Sache erhält nicht nur einen Namen; in der Erinnerung haftet auch der gesamte gefühlsmäßige Erfahrungskontext. „Wenn Gefühle sprachfähig werden, werden sie gedanklich faßbar, kritisierbar und reflektierbar" (OERTER 1975, 123).

So nützlich Sprache für Verstehensprozesse und Verständigung sein kann, bleibt jedoch auch festzuhalten:

- Sprache reduziert, vereinfacht, generalisiert, schematisiert. Die ganz konkreten Vorstellungen einer Person werden auf einen Kern reduziert. Jener Rest macht erst Verständigung möglich.
- Beim Deuten von Musik wird Mehrdeutiges in Eindeutiges überführt.
- Besondere pädagogische Fragen resultieren aus dem Umstand, daß sich emotionale Prozesse bei reflektierender Annäherung auf sprachlicher Ebene verändern (vgl. DE LA MOTTE-HABER/KLEINEN 1982, 323; vgl. OERTER 1975, 22).

Wenn trotz der positiv zu bewertenden Funktionen des Sprechens für das musikalische Lernen immer wieder *Vorbehalte* gemacht werden, geschieht dies aus unterschiedlichen Motiven: uferloses Gerede über Musik, übermäßiger Gebrauch von Fremdwörtern ohne Einsicht in ihre Gebrauchsfunktion, freie Schüleräußerungen, die sich lediglich auf „gefällt mir – gefällt mir nicht" beschränken, Simplifizierungen und Verbalisierung als ausschließliches Mittel der Leistungsüberprüfung. Aus meiner Sicht ist besonders zu bemängeln, daß zwar die Eigenschaften von Klängen, Instrumentenbezeichnungen und Formprinzipien als Grundbegriffe erarbeitet werden, die der Zeitkunst Musik adäquaten Darstellungsformen jedoch ausgespart bleiben (s. o.: die Verbindung von Sinn und Gehalt, Struktur und expressiver Schicht). Das Problem der assoziativen Deutung wurde bereits angesprochen (vgl. S. 377).

Zur *Verbesserung* sprachlichen Umgangs mit Musik können folgende Anregungen beitragen:

- Verbalisieren vollzieht sich im Wechsel von Spielen, Musizieren, Erfinden, Hören in einem angemessenen Verhältnis, um das Hörvermögen zu steigern und die Ausdrucksfähigkeit zu erweitern (vgl. GUNDLACH 1980, 31).
- Schüleraktivitäten auf der Handlungsebene beugen der Gefahr des Verbalismus vor.
- Schüler sollen ihr Interesse, ihre Erfahrungen, ihr Vorwissen selbst zur Sprache bringen (vgl. GÜNTHER/OTT/RITZEL 1982, 46).

- Wörter, Wortlisten werden vorgegeben, damit die mangelnden Fähigkeiten, musikalische Eindrücke wiederzugeben, verbessert werden (vgl. HANSBERGER 1968, 127; vgl. SCHMIDT 1979, 102).
- Eine langfristige Planung berücksichtigt die zu erwerbenden Begriffe in der Reihenfolge ihrer Beherrschung. Definierte Begriffe sind erst nach einer längeren Übezeit konkreter Begriffe einzuführen („Tempo" erst, wenn Unterscheidungsfähigkeiten für unterschiedliche Tempi vorhanden sind).
- Begriffe sind an vielen Beispielen, also in unterschiedlichem Kontext zu erarbeiten und zu festigen. Entscheidend bei der Wahl der Beispiele ist zunächst die Dominanz des jeweils zu erarbeitenden Merkmals, damit Schüler nicht durch andere Eigenschaften abgelenkt werden.
- Alle Möglichkeiten begrifflicher Darstellung des Denkens, Meinens und Fühlens über Musik, wie sie sich in Schüleräußerungen, Briefen, Kritiken, Zeitungsartikeln, Rundfunk- und Fernsehkommentaren finden, stehen zur Verfügung.

6. Musikmachen

Musikalische Aktivitäten entspringen einem elementaren Ausdrucksbedürfnis des Menschen, bieten ein starkes Motivationspotential, führen zu einer oftmals spürbaren Wohlbefindlichkeit, stellen eine Alternative zu eher passiven Rezeptionsformen dar (vgl. NOLL 1978, 215). Zur Entwicklung musikalischer Vorstellungen tragen instrumentale, motorische und vokale Erfahrungen in entscheidendem Maße bei. So geht aus Antworten von Vorschulkindern eindeutig hervor, daß hinter musikalischen Vorstellungen das Bild vom Musikmachen steht (vgl. BEHNE/KÖTTER/MEISSNER 1982, 292). Es kann angenommen werden, daß neben Gedächtnisleistungen verinnerlichte Handlungsprozesse musikalische Vorstellungen ermöglichen. Eine bewegungsmäßige Umsetzung von Musik kann dazu beitragen, Gefühle des Langsamen und Schnellen, der Erregung und Beruhigung, der Beschleunigung, der Spannung und Lösung besser zu erfassen (vgl. BEHNE 1982). Gerade die Empfindung eines körperlich aktivierten Zustandes beim Tanzen, Singen, Musizieren führt dazu, daß Musik nicht nur als „Als-ob-Gefühl" erlebt wird, bei dem Anmutungsqualitäten wie fröhlich ohne eigene körperliche Erregung der Musik aus Distanz zugeschrieben werden (vgl. DE LA MOTTE-HABER 1982, 189). Nach RICHTER ist es allerdings ein verbreiteter Irrtum, musikalisches praktisches Tun sei per se affektiv-emotionales Handeln. Er beschreibt das Zusammenspiel von emotio, ratio und Motorik beim Instrumentalspiel (1979, 59): Das emotionale Bewußtsein kann körperliche Aktionen auslösen und rationales Verstehen zur Folge haben. Körperliche Aktionen können rationales Verstehen und emotionales Bewußtsein beeinflussen. Das rationale Bewußtsein kann körperliche Aktionen auslösen oder lenken und Emotionen lenken oder auslösen. „Der emotionale Anteil beim Hören und Musizieren wird immer dort wirksam, wo es ‚Spielräume' innerhalb von Denk- und Bewegungsstrukturen gibt" (61). (Zu den Schwierigkeiten vgl. RIBKE 1982.)

Zu den musikpädagogischen „Irrtümern" gehört auch der „Lobgesang musikalischer Erfindungsspiele", in denen sich die „schöpferischen Kräfte des Kindes" widerspiegeln (vgl. ABEL-STRUTH 1982).

„Musikalische Kreativität verlangt zumindest eine bereits erworbene musikalische Vorstellung und Können im Umgang mit Stimme und Instrument" (320). „Daß Hörbares so leicht hervorgebracht werden kann . . ., sollte nicht dazu verleiten, von den kleinen Produkten gleich abzuleiten, man hätte Kreativität gefördert" (VOLLMER 1982, 330).

Die von KONRAD JOERGER aufgestellten *„Gebote für die Erziehung zum produktiven Denken"* leiten über zu den nächsten Abschnitten:

- Problemsichtigkeit erzeugen
- Durchbrechen von konventionellen Ansätzen und Schwierigkeiten
- Keine einzelne Methode bevorzugen
- Scheinbar (!) Unzusammenhängendes in Beziehung bringen
- Keine zu frühe Kritik
- Hinweis-Signale bereitstellen
- Zeit zum „Probieren"lassen, kein Leistungsdruck
- Phasen der Lockerung und Entkrampfung einfügen
- Die eigenen Strategien reflektieren lassen
- Das Entdecken eines Problems höher bewerten als seine Lösung

V. Lernen durch Entdecken – Imitieren – Spielen

1. Entdeckendes Lernen

Wenn W. KLÜPPELHOLZ (1982, 132) Schüler am liebsten in die Rolle eines Komponisten schlüpfen sehen möchte, damit sie die Problemstellung einer Komposition „von innen heraus" erfahren, liegt dem der Kerngedanke entdeckenden Lernens zugrunde: Der Lernende soll allein, durch mehr oder weniger fremde Hilfe, selbständig suchend vorhandenes Können und Wissen einsetzen, um zu neuen Erkenntnissen zu kommen (vgl. NEBER 1973, 7). Beabsichtigt ist, daß Schüler zu selbständigem Denken erzogen werden, indem sie ihre Umwelt durch *aktive Fragehaltung* selbst erforschen. An die Stelle eines lehrerzentrierten Unterrichts tritt ein schülerorientierter Unterricht, in dem produktives Denken und Problemlösungsverhalten und weniger Wissen gefragt ist (vgl. GRUHN/ WITTENBRUCH 1983, 169).
Befürworter des entdeckenden Lernens argumentieren mit einer *Verbesserung* der Denkfähigkeit, der Lernmotivation und der Behaltensleistung. Wenn Schüler gelernt haben, Ordnungen und Beziehungen selbst zu entdecken, werden sie befähigt, die Lösungsstrategien auf neue Probleme zu übertragen. Lernen wird auch durch die Gewißheit erfolgreicher, ein Problem selbst gelöst zu haben, ohne auf die Verstärkung anderer Personen angewiesen zu sein. Größeres Selbstvertrauen ist die Folge. Für die Behaltensleistung gilt, daß Selbsterforschtes intensiver und nachhaltiger im Gedächtnis gespeichert wird.
Bisherige Anmerkungen beziehen sich auf eine psychische Begründung entdeckenden Lernens als *effektiver Lernart* und auf *wünschenswerte Lernziele*. Häufig wird entdeckendes Lernen auch als *Unterrichtsmethode* bezeichnet. Die methodische Kunst liegt darin, „tote Sachverhalte in lebendige Handlungen rückzuverwandeln" (ROTH). Zwei Strategien werden von RIEDEL für eine angeleitete konstruktiv-produktive Auseinandersetzung als Lehrhilfen vorgeschlagen:

- *Strukturierungshilfen* zur Präzisierung des Problems, zum Analysieren des Problems, zur Hypothesenbildung, zum Überprüfen von Hypothesen, zum Zusammenfassen der Erkenntnisse;
- *Lösungshilfen* in Form von Aufgabenstellungen und Handlungsanweisungen, Hilfen zum Identifizieren bedeutsamer Komponenten, Hilfen zur Generalisierung des Zusammenhangs, Hilfen zum Festigen des Gelernten (vgl. HELLER et al. 1978, 84).

Neben Entscheidungen über eher prozeß- oder ergebnisorientierte Lehrhilfen sind auch Überlegungen zum Zeitpunkt des Einsatzes und das Maß der Lenkung durch den Lehrer erforderlich.

Wesentliche *Kritikpunkte* am Konzept entdeckenden Lernens (AUSUBEL, GAGNÉ, FRIEDLANDER) betreffen den hohen Zeitaufwand bei umfassenderen Stoffgebieten, die Überbetonung des Entdeckungsaktes gegenüber der Festigung neuer Einsichten, den grundsätzlichen Unterschied von Entdecken und Verstehen und schließlich die geringe Beachtung von Korrekturmaßnahmen, die der einmal mit Engagement eingeschlagene Weg findet. Was *ein* Schüler entdeckt, wird nicht zum Besitz seiner Mitschüler (vgl. JOERGER 1975, 65).

Aus musikdidaktischer Sicht wurde zu Recht die Frage aufgeworfen, ob der Begriff des „entdeckenden Lernens" überhaupt sinnvoll auf musikalisches Lernen übertragbar ist (FISCHER et al. 1977, 17). Zusammenfassend wird festgestellt, daß eigenes Entdecken eine wesentliche Dimension des Lernens darstellt, da sie sachbezogene Motivation fördere, Eigeninitiative wecke und zu problemlösendem Verhalten anrege.

„Wie jedes methodische Prinzip darf aber auch das entdeckende Lernen nicht verabsolutiert werden, sondern sollte auf bestimmte Lernsituationen beschränkt bleiben" (ebd., 18).

Vor allem Klangexperimente und Gestaltungsversuche gehören nach Meinung der Autoren zu den Lernsituationen, in denen entdeckendes Lernen Vorrang vor rezeptivem Lernen hat, da von quasi hypothetischen Grundfragen ausgehend es im wesentlichen dem Schüler überlassen bleibt, problemlösende Strategien zu entwickeln.

Im Grunde erschließt sich fast jeder Gegenstand dem Lernen durch Entdeckung, faßt man den Begriff Entdeckung nicht nur im Sinne eigenen problemlösenden Verhaltens. So kann gefordert werden:

„Entdeckendes Lernen sollte nicht als eine ‚Methode' neben anderen möglichen verstanden werden, sondern als ein *durchgängiges Prinzip*" (JOERGER 1975, 109).

Eigens wird darauf hingewiesen, daß entdeckendes Lernen auch innerhalb von Übungen effektiv und möglich ist. Eine Polarisierung in rezeptives uneffektives Lernen und entdeckendes Lernen optimales Lernen ist insofern nicht angebracht, als rezeptives Lernen durchaus sinnvoll, bei manchen Lerngegenständen adäquat und für den Schüler entdeckenswerte Momente enthalten kann. Allerdings erfordert rezeptives Lernen andere geistig-intellektuelle Mitarbeit und methodische Ansätze, die insbesondere in der Grundschule der Stützung durch entsprechende Maßnahmen seitens des Lehrers erfordert. HELLER/NICKEL betonen, daß die bei Grundschülern wichtigen *entwicklungspsychologischen Voraussetzungen* zu bedenken sind, da auf der Stufe konkret-anschaulichen Denkens Schüler abstrakte Beziehungen nur auf der Basis anschaulich-empirischer Erfahrungen verstehen (1978, 76).

2. Imitationslernen

Die Muttersprache erlernt ein Kind ohne Erklärungen und Kenntnis grammatikalischer Regeln. Ohne Anleitung kann ein Kind eine Handlung (z. B. Geigen) zumindest ungefähr nachahmen. Offensichtlich kommt es zu einem Lernen durch bloße Beobachtung anderer Personen. Nicht von jeder Person wird ein Verhalten übernommen, ausgelöst oder erworben. Nur bestimmte Personen übernehmen die Funktion eines „Modells" und ihr *„Modellverhalten"* leitet Verhaltensänderungen beim Beobachter ein. Vor allem Erzieher kommen als Modellpersonen in Frage (vgl. HELLER/NICKEL 1978, Bd. 1, 119).

Vormachen und Nachmachen zählen in der Grundschule zu den häufigen Lernformen. Hier soll das Kind bestimmte Fertigkeiten und Arbeitstechniken übernehmen, indem das Verhalten der Modellperson möglichst genau kopiert wird. Bereits vorhandene, aber undeutliche Vorstellungen einer Handlung und bereits verfügbare Einzelfertigkeiten sollen in einer neuen Kombination erlernt werden. Neben dem Erwerb von Fertigkeiten geht es im Unterricht auch um Übernahme sozialer Verhaltensmuster, Einstellungen und Werthaltungen der Modellperson.

Zur *Erklärung* von Imitationslernen können unterschiedliche lerntheoretische Modelle herangezogen werden. Handlungen und Bewegungen fordern gewissermaßen dazu heraus, die Handlung oder Bewegung selbst nachzuvollziehen oder gedanklich mitzuvollziehen. Bei Kindern ist häufig festzustellen, daß sie das Vorführen eines Instrumentes durch entsprechende Bewegungen begleiten. Verbale Erklärungen werden durch Zeigehandlungen ergänzt. So wird die Erläuterung der Violine durch typische Streicherbewegungen ergänzt. Daraus ist abzuleiten, daß Kinder die beobachtete Bewegung innerlich mitvollziehen und später in der Vorstellung aktivieren können. Als Erklärung wird das „ideomotorische Gesetz" herangezogen: Wahrnehmungen eines Bewegungszustandes regen zu gleichen Bewegungszuständen an.

Beobachten Schüler ihre Mitschüler und erfahren, daß diese bei bestimmten Verhaltensweisen belohnt werden, kann es ebenso zum Lernen durch Imitation kommen. Das Beobachten negativer Konsequenzen (z. B. Bestrafungen, ängstliche Reaktionen) erhöht die Wahrscheinlichkeit, daß eine Verhaltensweise nur ungern oder nicht übernommen wird.

Von entscheidender Bedeutung ist auch die *Motivation*. „Darüber hinaus ist das Imitationslernen häufig an einen *positiv emotionalen Bezug* zum Modell gebunden" (HELLER/NICKEL 1978, 118). Da in der Regel sehr komplexe Verhaltensweisen, deren Elemente in einer bestimmten zeitlichen Abfolge stehen, übernommen werden sollen, kommt der Wahrnehmungsverarbeitung eine besondere Bedeutung zu. Im Gedächtnis muß die Abfolge der Verhaltenselemente haften, weil zwischen Vormachen und Nachmachen eine gewisse Zeitspanne vergeht. Hier können verbale Bezeichnungen der einzelnen Elemente die Vorstellung präzisieren und auch bildhafte (Skizzen, Film) hilfreich sein.

Folgende *Faktoren* spielen eine Rolle: Grad der Aufmerksamkeit, Fähigkeit zu differenzierten Beobachtungen und deren kognitiver Verarbeitung, Wirkung der Aufgabenstellung, Beherrschung der Verhaltenselemente (vgl. HELLER/ NICKEL 1978, 112). Sicher wird es auch eine Rolle spielen, ob der Lehrer „selbst Freude zeigt..., einiges Temperament entwickelt..., Kinder zu ähnlich unbefangenem Verhalten ermuntert" (FISCHER et al. 1977, 14).

3. Spiel und Lernen

Es gibt zu denken, wenn in einem erziehungswissenschaftlichen Beitrag festgestellt wird, daß in den traditionell spielorientierten Fächern wie Musik und Kunst das Spiel zugunsten kognitiver Lernprozesse in den Hintergrund getreten ist, während es in anderen Fächern wie Mathematik zunehmend Verbreitung findet (vgl. HELLER/NICKEL 1978, Bd. 3, 255). Dahingestellt sein mag, ob diese Behauptung in der Schulwirklichkeit so zutrifft. Wer neuere Schulbücher zum Musikunterricht in der Grundschule aufschlägt, findet zahlreiche Spiele, und in der gegenwärtigen Diskussion musikdidaktischer Überlegungen ist der Spielgedanke keineswegs verlorengegangen, wird doch über das Verhältnis von Spiel und Musik (vgl. RICHTER 1975), den Zusammenhang von Musizieren und Spielen (vgl. BEHNE 1982) und die Bedeutung des Spiels für musikalisches Lernen (vgl. MEYER 1977, 1978) nachgedacht. Offensichtlich kann gerade die Auseinandersetzung mit dem Spielbegriff für den Musikunterricht besonders fruchtbar sein.

„weil sich an ihm theoretisch und praktisch die Verständnis- und Problemfülle des Verhältnisses von Mensch, Welt, Kunst und Musik besonders vielseitig aufzeigen läßt" (RICHTER 1978, 184).

Was die Bestimmung von Spiel als einer grundlegenden Verhaltensweise des Menschen (homo ludens) so schwierig macht, ist die Vielfalt oft widersprüchlicher Ansätze. Je nach theoretischer Position werden unterschiedliche Aspekte hervorgehoben:

- Spieltätigkeiten werden um ihrer selbst willen und freiwillig aufgenommen.
- Spiel vollzieht sich abgehoben von der Alltagsrealität (Quasi-Realität) im Gefühl unmittelbarer Freiheit als aktiver Umgang mit Spielpartnern und Spielgegenständen.
- Spielen unterliegt dem erlebnisstarken Wechsel von Spannung und Lösung.
- Spiel kann überschüssige Kräfte abbauen.
- Spiel dient der Einübung und Erprobung von Verhaltensweisen Erwachsener ohne Furcht vor Konsequenzen.
- Spiel bietet Möglichkeiten der Identitätsfindung.
- Das spielende Individuum ist stark aktiviert und emotional engagiert.
- Spielen wird als angenehm empfunden und macht Spaß.

Gerade der emotionale Anregungswert des Spiels hat verstärkt Bemühungen um seine Nutzbarmachung für Lernen ausgelöst. Da anstelle passiver Rezeption das aktive Handeln mit starker persönlicher Beteiligung herausgefordert wird, ermöglicht und vertieft Spiel das Lernen. „Spielen versetzt Kinder fortwährend in Situationen, die Gelegenheit bieten, bei ihrer erfolgreichen Bewältigung etwas zu lernen" (HETZER 1979, 71). Als *Vorzüge* spielenden Lernens werden besonders hervorgehoben:

- Erlebnisbetonte Wissensvermittlung
- Experimentierendes und bewußtseinserweiterndes Handeln
- Förderung flexiblen und produktiven Denkens
- Ermöglichung nonverbaler Kommunikation
- Chancen zur Erprobung neuer Handlungs- und Lösungsmöglichkeiten
- Vereinfachung komplexer Handlungsabläufe
- Erhöhung des Gruppenzusammenhalts
- Herausforderung von Originalität, Flexibilität und Sensibilität
- Soziales Handeln durch Anpassung an Spielpartner
- Entlastung von Affektstau

Widersprüchlich scheint die Verknüpfung von Lernen und Spiel durch die Aufhebung des Kriteriums der Zweckfreiheit zugunsten der Erreichung von Zielen. Einzig aus der Sicht des Spielenden entscheidet sich jedoch, ob Spielen als zweckfreie und angenehme Tätigkeit erlebt wird. Wenn dem Schüler allerdings bewußt wird, daß Spielen immer nur als Mittel zur Verfolgung anderer Ziele und nie um seiner selbst willen betrieben wird, verwandelt sich Spiel in Pflicht. Spiel in Muße ohne Zwang und Notendruck kann als humanes Anliegen und Wert an sich mehr affektive Bindungen stiften und damit künftiges Lernen erleichtern, als dies manch streng aufgebauter Lehrgang vermag. Damit ist allerdings nicht gemeint, daß Spiel in Spielerei, in unernste, überflüssige, wenig sinnvolle und zeitverschwendende Beschäftigung abgleitet. Hier liegt eine der Ursachen für die geringe Einschätzung des Spiels für das Lernen und die Entfaltung des Menschen.

Ergebnisse der Spielforschung legen nahe, *fördernde und hemmende Faktoren* zu beachten.

„Die Entwicklung des Spiels ist eine Frage der zum Spielen anregenden Umwelt und der Gelegenheit, spontane Aktivität frei von jeder Sorge zu entfalten" (HETZER 1979, 74).

Neben einem reichen Anregungsangebot und dem Gefühl der Geborgenheit ist sicher entscheidend, wie der Lehrer als Spielpartner oder Initiator Freiräume schafft, Ideen vermittelt und Spiele einübt. Normalerweise ist das Spiel des Schulkindes realitätsbezogen und vom Bemühen um Erfolg gekennzeichnet. Es kann nicht von vornherein angenommen werden, daß alle Kinder entsprechende Spielhaltungen erworben haben. Für Kinder ist Spielen zwar eine wichtige Tätigkeitsform, doch verlangen massenmediale rezeptive Verhaltensweisen starke zeitliche Zuwendung, die sich in Zukunft sicher noch vergrößern wird (Video-Rekorder). Anregungen zum Spiel durch Geschichten, Erzählungen und Spiele im Elternhaus dürften gegenüber früher seltener geworden und sicher von Elternhaus zu Elternhaus, von Kindergarten zu Kindergarten verschieden sein.

Je nach theoretischer Perspektive lassen sich unterschiedliche *Klassifikationen* von Spielen vornehmen. Im Musikunterricht ergeben sich folgende Möglichkeiten:

- Erkundungsspiele (z. B. Materialien auf Klangfähigkeiten untersuchen)
- Konstruktionsspiele (z. B. einen Klangbaum herstellen)
- Nachahmungsspiele (z. B. Orchesterinstrumente gestisch nachahmen)
- Fiktionsspiele (z. B. sich eine Weltraummusik ausdenken)
- Bewegungsspiele (z. B. zu Musik Tänze erfinden)
- Regelspiele (z. B. für Klangspiele Regeln erfinden)
- Konzentrationsspiele (z. B. dem Klang im Raum mit geschlossenen Augen folgen)
- Rollenspiele (z. B. Instrumentallehrer spielen, der eine Stimme einübt)
- Wettbewerbsspiele (z. B. Instrumente identifizieren)
- Ratespiele (z. B. Quiz, Bilderrätsel, Kreuzworträtsel)
- Geschicklichkeitsspiele (z. B. instrumentale Fertigkeiten)
- Sprachspiele (z. B. lustige Verse schnell sprechen)
- Reaktionsspiele (z. B. beim Hören Arbeitskarten schnell zuordnen)
- Malspiele (z. B. mit Buntpapier, Knetmasse)
- Szenische Spiele (z. B. mit Kostümen und Masken, Schattenspiele, Kaspelspiele)
- Rezeptionsspiele (z. B. spielerische Verarbeitung von Geschichten, Liedern, Musikwerken)
- Singen und Musizieren in Muße als Spiel („Instrumentalspiel")

Literatur

Abel-Struth, S.: Musikalische Sozialisation. Musikpädagogische Aspekte, in: Musik und Bildung 6 (1974), 487–493

Abel-Struth, S.: Musiklernen im Primarbereich, in: Günther, U./Gundlach, W.: Musikunterricht auf der Grundstufe 1974, 165–180

Abel-Struth, S.: Der musikpädagogische Umgang mit Kindern – und seine Irrtümer in: Musica (1982), 315–321

Abel-Struth, S.: Methodik des Musikunterrichts, in: Schmidt-Brunner, W.: Methoden des Unterrichts, Mainz 1982, 30–47

Abel-Struth, S.: Musik im Elementar-Bereich, in: Schmidt-Brunner, W.: Methoden des Musikunterrichts, Mainz 1982, 112–124

Abel-Struth, S.: Ziele des Musik-Lernens, Bd. 1, Mainz 1978

Abel-Struth, S./Groeben, U.: Musikalische Hörfähigkeiten des Kindes, Mainz 1979

Allesch, C. G.: Das Musikerleben als personaler Gestaltungsprozeß, in: Musikpädagogische Forschung 3, Laaber 1982, 47–66

Antholz, H.: Unterricht in Musik, Düsseldorf 1970

Antholz, H.: Bundesschulmusikwochen als Spiegel musikpädagogischer Zeitgeschichte, dargestellt am Paradigma „Schulleben", in: Musik und Bildung 4 (1982), 213–217

Ausubel, D. P.: Psychologie des Unterrichts, Bd. 1, ²1980

Bastian, H. G.: Musikpsychologie und Musikpädagogik, in: Bastian, H. G./Klockner, D.: Musikpädagogik. Historische, systematische und didaktische Perspektiven, Düsseldorf 1982, 119–140

Bastian, H. G.: Das musikalische Urteil als Gegenstand empirischer Forschung, in: Musica (1982), 229–235

Bastian, H. G.: Methoden empirischer Forschung in Musikpsychologie und Musikpädagogik, in: Kraemer, R. D./Schmidt-Brunner, W.: Musikpsychologische Forschung und Musikunterricht. Eine kommentierte Bibliographie, Mainz 1983, 101–147

Bastian, H. G.: Jugend – Musikkultur – Musikunterricht, in: Ehrenforth, K. H.: Schulische Musikerziehung und Musikkultur, Mainz 1983, 56–68

Becker, P.: Gegenstand und Methode, in: Schmidt-Brunner, W.: Methoden des Musikunterrichts, Mainz 1982, 48–67

Behne, K. E.: Psychologische Aspekte der Musikalität, in: Forschung in der Musikerziehung, Mainz 1974, 74–ff.

Behne, K. E.: Musikalische Konzepte, in: Forschung in der Musikerziehung, Mainz 1975, 35–61
Behne, K. E.: Zur Struktur und Veränderlichkeit musikalischer Präferenzen, in: Zeitschrift für Musikpädagogik 1 (1976), 139–146
Behne, K. E.: Musik – Kommunikation oder Geste, in: Musikpädagogische Forschung, Bd. 3, Laaber 1982, 125–143
Behne, K. E. : Zur Erfassung musikalischer Verhaltensweisen im Vorschul- und Primarbereich, in: Musik und Bildung 6 (1974), 103–108
Behne, K. G.: Lern- und motivationspsychologische Besonderheiten musikalischer Lernprozesse, in: Schmidt-Brunner, W.: Methoden des Musikunterrichts. Eine Bestandsaufnahme, Mainz 1982, 96–110
Behne, K. E./Kötter, E./Meißner, R.: Begabung – Lernen – Entwicklung, in: Dahlhaus, D./de la Motte-Haber, H.: Systematische Musikwissenschaft, Wiesbaden/Laaber 1982, 269–308
Bräuer, G.: Hören – Vernehmen – Vernunft, in: Ehrenforth, K. H.: Humanität, Musik. Erziehung, Mainz 1981, 22–42
Brinkmann, G.: Sozialisation in der Schule – der aktuelle Stand der Sozialisationstheorie, in: Musikpädagogische Forschung, Bd 2, Laaber 1981, 10–29
Brömse, P./Kötter, E.: Experimentelle Untersuchungen zur Differenzierungsfähigkeit beim Musikhören zehnjähriger Schüler, in: Forschung in der Musikpädagogik, Mainz 1970, 37–42
Eggebrecht, H. H.: Musikalisches Denken. Aufsätze zur Theorie und Ästhetik der Musik, Wilhelmshaven 1977
Ehrenforth, K. H.: Wahr-Nehmung und Methode, in: Schmidt-Brunner, W.: Methoden des Musikunterrichts, Mainz 1982, 263–274
Ehrenforth, K. H.: Didaktische Interpretation der Musik, in: Musik und Bildung 4 (1979), 250–253
Ehrenforth, K. H.: Unterricht in Musik als Introduktion in Musikkultur, in: Bastian, H. G./Klöckner, D.: Musikpädagogik. Historische, systematische und didaktische Perspektiven, Düsseldorf 1982, 9–21
Ehrenforth, K. H.: Verstehen und Auslegen, Frankfurt/Berlin/München 1971
Ewert, U.: Musikalische Fähigkeiten in der frühen Kindheit, in: Empirische Forschung in der Musikpädagogik, Mainz 1970, 19–22
Faltin, P.: Verstehen oder Vollzug von Musik, in: Forschung in der Musikerziehung, Mainz 1979, 110–130
Fischer, W.: Didaktik des Musikunterrichts in der Primarstufe, in: Musik und Bildung 4 (1977), 222–ff.
Fischer, W./Hansen, E./Jacobsen, J./Schulz, M.: Musikunterricht Grundschule, Lehrerband 1, Mainz 1977
Füller, K.: Standardisierte Musiktests, Frankfurt 1974
Gage, N. L./Berliner, C. D.: Pädagogische Psychologie, Bd. 1, 2, München ²1979
Gordon, E. E.: Wie Kinder musikalische Klänge als Musik wahrnehmen – eine Längsschnittuntersuchung zur musikalischen Begabung, in: Musikpädagogische Forschung 3, Laaber 1982, 30–50
Graml, K.: Musikhören, in: Gundlach, W.: Musikunterricht in der Grundschule II, Frankfurt 1977, 45–74
Graml, K./Reckziegel, W.: Die Einstellung zur Musik und zum Musikunterricht, Mainz 1982
Gruhn, W./Wittenbruch, W.: Wege des Lehrens im Fach Musik, Düsseldorf 1983
Große-Jäger, H.: Notation von Musik als Unterrichtsfaktor, in: Zeitschrift für Musikpädagogik 3 (1977), 40–49
Günther, U./Ott, T./Ritzel, F.: Musikunterricht 1–6, Weinheim 1982
Gundlach, W.: Musikerfahrung mit Instrumenten, Paderborn 1980
Hansberger, J.: Ansätze des kindlichen Musikverständnisses beim Hören „schwerer"

Musik, in: Der Einfluß der Technischen Mittler auf die Musikerziehung unserer Zeit, Mainz 1968, 123–130

Hartje, K.: Ansätze des musikalischen Verstehens bei Kindern, in: Faltin, P./Reinecke, H. P.: Musik und Verstehen, Köln 1973, 87

Heller, K./Nickel, H.: Psychologie in der Erziehungswissenschaft, Bd. 1: Verhalten und Lernen, Stuttgart ²1978; Bd. 3: Unterrichten und Erziehen, Stuttgart 1978

Hetzer, H.: Entwicklung des Spielens, in: Hetzer, H./Todt, E./Seiffge-Krenke/Arbinger, R.: Angewandte Entwicklungspsychologie des Kindes- und Jugendalters, Heidelberg 1979, 68–91

Huber, G. L./Rost, D. H.: Lernkonzepte und Unterricht, in: Rost, H. D.: Unterichtspsychologie für die Grundschule, Bad Heilbrunn 1980, 9–57

Jakoby, R.: Zur Mikroneurose der deutschen Musikerziehung, in: Der Einfluß der Technischen Mittler auf die Musikerziehung unserer Zeit, Mainz 1968, 97–111

Joerger, K.: Lernprozesse bei Schülern, Stuttgart 1975

Jost, E.: Sozialpsychologische Dimensionen des musikalischen Geschmacks, in: Dahlhaus, C./de la Motte-Haber, H.: Systematische Musikwissenschaft, Wiesbaden/Laaber 1982, 245–268

Juzl, M.: Schwierigkeiten bei der Untersuchung des Gefühlsausdrucks in der Musik und Versuch ihrer Überwindung, in: Musikpädagogische Forschung 3, Laaber 1982, 69–87

Kaiser, H. J.: Musik in der Schule? Paderborn 1982 (darin Gespräche mit W. Klafki, U. Günther, F. Klausmeier, W. Klüppelholz, Th. Ott, S. Abel-Struth)

Kleinen, G.: Zur Psychologie musikalischen Verhaltens, Frankfurt 1975

Kleinen, G.: Die Leistung der Psychologie für ein Verständnis der gegenwärtigen Musikszene. Über Identifikation in der Rezeption, in: Zeitschrift für Musikpädagogik 1 (1976), 32–40

Kleinen, G.: Musikmedien zwischen offenem Angebot und musikerzieherischem System, in: Musikpädagogische Forschung, Bd. 2, Laaber 1981, 134–163

Kleinen, G.: Entwicklungspsychologische Grundlagen musikalischen Verhaltens, in: Segler, H.: Musik und Musikunterricht in der Gesamtschule, Weinheim 1972, 53–82

Kötter, E.: Psychologische Aspekte des Musikunterrichts, in: Rost, H. D.: Unterrichtspsychologie für die Grundschule, Bad Heilbrunn 1980, 187–199

Kötter, E.: Musikalische Anlagen des kleinen Kindes. Zum Stand der Forschung, in: Abel-Struth, S.: Musikalischer Beginn in Kindergarten und Vorschule, Bd. 1, Kassel 1970, 26–34

Kötter, E.: Grundlagen der Musikpsychologie, in: Valentin, E./Hopf, H.: Neues Handbuch der Schulmusik, Regensburg 1975, 54–63

Kraemer, R. D.: Musikpsychologie für Musikpädagogen. Begründung und Beschreibung eines Problemfeldes, in: Musik und Bildung 4 (1982), 232–236

Kraemer, R. D.: Mündliche und schriftliche Befragung: Sozialwissenschaftliche Ansätze im wissenschaftspropädeutischen Unterricht, in: Schmidt-Brunner, W.: Methoden des Musikunterrichts, Mainz 1982, 159–174

Kraemer, R. D.: Graphische Notationen als Anregung für Klangspiele mit Instrumenten, in: Gundlach, W./Schmidt-Brunner, W.: Praxis des Musikunterrichts, Mainz 1977, 52–68

Kraemer, R. D.: Systematische Beobachtung einer Unterrichtseinheit unter motivationalen Gesichtspunkten: „Vogelmusik", in: Kraus, E.: Musik in einer humanen Schule, Mainz 1979, 78–91

Kraemer, R. D./Schmidt-Brunner, W.: Musikpsychologie und Unterricht. Eine Einführung, in: Kraemer, R. D./Schmidt-Brunner, W.: Musikpsychologische Forschung und Musikunterricht. Eine annotierte Bibliographie, Mainz 1983, 9–14

Loos, H.: Gesungene Musik im Unterricht – einige gute Gründe für Hörerziehung durch Vokalmusik, in: Zeitschrift für Musikpädagogik 20 (1982), 56–62

Meyer, H.: Schülerorientierter Musikunterricht – ein Traumziel?, in: Musik und Bildung 4 (1982), 218–223

Meyer, H.: Musik als Lehrfach, Wiesbaden 1978
Meyer, H.: Übung und Spiel – vernachlässigte Unterrichtselemente, in: Musik und Bildung 12 (1977), 689 ff.
Meißner, R.: Zur Variabilität musikalischer Urteile, Hamburg 1979
Meißner, R.: Das musikalische Urteil, in: Kraemer, R. D./Schmidt-Brunner, W.: Musikpsychologische Forschung und Musikunterricht, Mainz 1983, 63–100
Moog, H.: Das Musikerleben des vorschulpflichtigen Kindes, Mainz 1968
Motte-Haber, H. de la: Musikpsychologie. Eine Einführung, Köln ²1977
Motte-Haber, H. de la: Über Bedeutung und ‚Relevanz' empirischer Forschung, in: Musik und Bildung 7/8 (1980), 460–463
Motte-Haber, H. de la: Die bildungspolitische Bedeutung des Begriffes „musikalische Begabung", in: Forschung in der Musikerziehung 1970, 12–14
Motte-Haber, H. de la: Musikalität, in: Gieseler, W.: Kritische Stichwörter zum Musikunterricht, München 1978, 174–178
Motte-Haber, H. de la: Medien und Schule. Pädagogische Sendung und pädagogische Sendungen, in: Stephan, R.: Schulfach Musik, Mainz 1976, 70–78
Motte-Haber, H. de la: Psychologische Aspekte des Musikunterrichts, in: Musik und Bildung 3 (1978), 180–182
Mottte-Haber, H. de la: Musik als erlebtes Gefühl – Ausdruck als Sinnkategorie von Musik, in: Musikpädagogische Forschung, Bd. 3, Laaber 1982, 11–13
Motte-Haber, H. de la: Musikalische Hermeneutik und empirische Forschung, in: Dahlhaus, C./Motte-Haber, H. de la: Systematische Musikwissenschaft, Wiesbaden/Laaber 1982, 171–234
Motte-Haber, H. de la: Rhythmische Fähigkeiten von Kindern im vorschulischen Alter, in: Abel-Struth, D.: Musikalischer Beginn in Kindergarten und Vorschule, Bd. 1, Kassel 1970, 40–48
Motte-Haber, H. de la: Verständnisschwierigkeiten mit der Neuen Musik, in: Zeitschrift für Musikpädagogik 15 (1981), 166–172
Motte-Haber, H. de la: Über die ästhetische und psychologische Fundierung musikalischer Urteile, in: Musica (1982), 224–228
Motte-Haber, H. de la/Jehne, S.: Der Einfluß des Musikunterrichts auf das musikalische Werturteil von sechs- bis zehnjährigen Kindern, in: Musik und Bildung 1 (1976), 5–9
Mühle, G.: Definitions- und Methodenprobleme der Begabungsforschung, in: Roth, H.: Begabung und Lernen, Stuttgart ³1969
Neber, H.: Entdeckendes Lernen, Weinheim 1973
Nauck-Börner, G.: Perspektiven einer ökologischen Theorie der musikalischen Sozialisation, in: Musikpädagogische Forschung 3, Laaber 1982, 74–85
Nauck-Börner, C.: Musikalische Begabung, in: Kraemer, R. D./Schmidt-Brunner, W.: Musikpsychologische Forschung und Musikunterricht. Eine kommentierte Bibliographie, Mainz 1983, 15–36
Neuhaus-Siemon, E.: Lehren und Lernen in der Grundschule, in: Twellmann, W.: Handbuch Schule und Unterricht, Bd. 5.1, Düsseldorf 1981, 125–143
Nickel, H.: Spiel, in: Herrmann, T/Hofstätter, P. R./Huber, H./Weinert, F.: Handbuch psychologischer Grundbegriffe, München 1977, 451–460
Noll, G.: Lernmotivation und ihre Forschung – ein Existenzproblem des Musikunterrichts?, in: Musik und Bildung 5, 1975, 238–243
Noll, G.: Zum gegenwärtigen Stand musikpsychologischer Forschung, in: Heller, K./Nickel, H.: Psychologie in der Erziehungswissenschaft, Bd. 3, Stuttgart 1978, 207–217
Noll, G.: Musikunterricht und das Lied im Wechselbad didaktischer Meinungen, in: Bastian, H. G./Klöckner, D.: Musikpädagogik, Düsseldorf 1982, 171–188
Nolte, E./Schneider, H.: Entwicklungsphasen der musikalischen Wahrnehmung, in: Forschung in der Musikerziehung, Mainz 1977, 144–157
Oerter, R./Weber, E.: Der Aspekt des Emotionalen in Unterricht und Erziehung, Donauwörth, ²1975

Petzold, R. G.: Auditory Perception of Musical by Sounds Children in the First Six Grades. Coop. Research Project, No. 1051, University of Wisconsin 1966
Pflederer-Zimmerman M. P./Sechrest L.: How Children Conceptually Organize Musical Sounds, Chicago/Illinois 1968
Pütz, W.: Emotionalität und Musikunterricht, in: Musikpädagogische Forschung 3, Laaber 1982, 210–230
Preiser, S.: Das Spiel als pädagogisches Medium, in: Spiel, W.: Die Psychologie des 20. Jahrhunderts, Bd. 11.1, Zürich 1980, 357–379
Rauhe, H.: Umweltgeprägtes Musikverhalten, in: Blaukopf, K.: Schule und Umwelt, Wolfenbüttel/Zürich 1975, 15–42
Rauhe, H.: Kulturindustrielle Sozialisierung durch Musik und ihre pädagogischen Konsequenzen, in: Rectanus, H.: Neue Ansätze im Musikunterricht, Stuttgart 1972, 5–51
Rauhe, H.: Individuation und Sozialisation durch Wahrnehmungs- und Verhaltenserziehung im musikalischen Bereich, in: Kraus, E.: Musik und Individuum, Mainz 1974, 75–98
Rauhe, G./Reinecke, H. P./Ribke, W.: Hören und Verstehen. Theorie und Praxis handlungsorientierten Musikunterrichts, München 1975
Reinecke, H. P.: Nutzen und Gefahren der elektrischen Musikübertragung für die Hörerziehung von Kindern und Jugendlichen, in: Kraus, E.: Der Einfluß der Technischen Mittler auf die Musikerziehung unserer Zeit, Mainz 1968, 53–64
Reinecke, H. P.: Psychologische Aspekte der Bildungsziele und -inhalte des Fachs Musik, in: Kraus, E.: Bildungsziele und Bildungsinhalte des Faches Musik, Mainz 1970, 55–68
Ribke, J.: Musikalität als Variable von Intelligenz, Denken und Erleben, Hamburg 1979
Ribke, W.: Zur Psychologie des Übens – Dimensionen der musikalischen Interpretation, in: Schmidt-Brunner, W.: Methoden des Musikunterrichts, Mainz 1982, 296–307
Richter, C.: Musik als Spiel, Wolfenbüttel/Zürich 1975
Richter, C.: Didaktische Interpretation, in: Gieseler, W.: Kritische Stichwörter zum Musikunterricht, München 1978, 65–72
Richter, C.: Möglichkeiten und Grenzen des emotionalen Bereichs im Instrumentalunterricht, in: Wucher, D./Berg H.-D./Träder, W.: Handbuch des Musikschulunterrichts, Regensburg 1979, 47–68
Rösing, H.: Zur Rezeption technisch vermittelter Musik, in: Schmidt, H. C.: Musik in den Massenmedien Rundfunk und Fernsehen, Mainz 1975, 44–66
Rösing, H.: Die Bedeutung musikalischer Ausdrucksmodelle für das Musikverständnis, in: Zeitschrift für Musikpädagogik 16 (1981), 258–265
Schepping, W.: Zum Medieneinfluß auf das Singrepertoire und das vokale Reproduktionsverhalten von Schülern, in: Musikpädagogische Forschung, Bd. 1, Laaber 1980, 232–254
Schulten, M. L.: Zur Entwicklung musikalischer Präferenzen, in: Musikpädagogische Forschung 2, Laaber 1981, 86–93
Schulten, H. L.: Musikalische Entwicklung, in: Kraemer, R. D./Schmidt-Brunner, W.: Musikpsychologische Forschung und Musikunterricht, Mainz 1983, 37–61
Shuter-Dyson, R.: Psychologie musikalischen Verhaltens, Mainz 1982
Schmidt, H. C.: Die Musik in der Kindersendung des Fernsehens – Analyse – Kritik – Wirkungen, in: Forschung in der Musikerziehung, Mainz 1977, 75–107
Schmidt, H. C.: „... weil uns die richtigen Worte fehlen", in: Musik und Bildung 2 (1979), 102–107
Schmidt, H. C.: Musikpädagogik und die Neuen Medien. Oder: Das Kaninchen vor der Schlange, in: Musik und Bildung 3 (1983), 8–10
Schmidt, H. C.: Massenmedien und Musik, in: Gieseler, W.: Kritische Stichwörter zum Musikunterricht, München 1978, 166–174
Silbermann, A.: Der musikalische Sozialisierungsprozeß, Köln 1976

Simons, V.: Umgang mit Medien, in: Schmidt-Brunner, W.: Fachdidaktisches Studium in der Lehrerbildung. Musik, München 1978, 226–256

Schmidt-Atzert, L.: Emotionspsychologie und Musik, in: Musikpädagogische Forschung 3, Laaber 1982, 26–46

Schmidt-Brunner, W.: Methode – Technik und/oder Konzept?, in: Schmidt-Brunner, W.: Methoden des Musikunterrichts. Eine Bestandsaufnahme, Mainz 1982, 14–29

Schmidt-Brunner, W.: Der Vergleich als methodisches Grundprinzip im Musikunterricht, in: Schmidt-Brunner, W.: Methoden des Musikunterrichts, Mainz 1982, 175–184

Schmidt-Köngernheim, W.: Basislernziele, in: Schmidt-Brunner, W.: Fachdidaktisches Studium in der Lehrerbildung. Musik, München 1978, 151–164

Stamback, M.: Trois epreuves de rhythm, in: Manuel pour l'examen psychologique de l'enfant, Neuchâtel 1960

Tan, N.: Tonal Organisation in the Perception of Melodies, in: Psychol. Music 7 (1979), H. 1, 3–11

Velten, K.: Zur Bedeutung der korrespondenzanalytischen Verfahrensweise für die Interpretation romantischer Musik, in: Musik und Bildung 11 (1982), 739–742

Vollmer, S.: Der Begriff der Kreativität in musikpädagogischer Literatur, in: Musica (1982), 327–330

Wagner, R.: Die audio-visuelle Gestaltauffassung im Vorschulalter, in: Der Einfluß der Technischen Mittler auf die Musikerziehung unserer Zeit, Mainz 1968, 112–122

Weiß, G.: Zum gegenwärtigen Stand der Didaktik, in: Valentin, E./Hopf, H.: Neues Handbuch der Schulmusik, Regensburg 1975, 65–71

Yarman, R. M. de: An Experimental Analysis of the Development of Rhythmic and Tonal Capabilities of Kindergarten and First Grade Children, in: Experimental Research in the Psychology of Music. Studies in The Psychology of Music 8 (1972), 1–23

Zenatti, A.: Psychologische Aspekte der musikalischen Entwicklung des Kindes in Beziehung zu seiner Umgebung, in: Musikpädagogische Forschung 3, Laaber 1982, 64–73

Die Rezeption musikpädagogischer Forschung in der musikalischen Lehre der Grundschule

Sigrid Abel-Struth

Musikpädagogische Forschung und musikalische Lehre in der Grundschule – dies sind zwei umfangreiche komplexe Bereiche. Die Zahl der deutsch-, englisch- und französischsprachigen Untersuchungen musikalischer und musikalisch relevanter Fähigkeiten des Kindes unter zehn Jahren ist unüberschaubar groß, und auch die musikalische Lehre der Grundschule in Schrift und Tat ist, vor allem aus inhaltlichen Gründen, nur schwer systematisch zugänglich. Wenn man mit der Frage nach der Rezeption musikpädagogischer Forschung in der musikalischen Lehre der Grundschule diese beiden so umfangreichen, komplexen und kaum überschaubaren Bereiche auf wenigen Seiten in Bezug zueinander zu bringen versucht, so kann dies nur ein Hinweis auf wenige auffällige Aspekte sein. Doch diese Aspekte führen zu Ursachen gegenwärtiger Schwächen des Musikunterrichts in der Grundschule; dies mag den Versuch einer Darstellung von vier zentralen Aspekten der Forschungs-Rezeption in der Grund-Schulmusik trotz der genannten methodischen Problematik rechtfertigen.

I. Musikalische Hörfähigkeiten

Zuerst werden die musikalischen Hörfähigkeiten des Kindes betrachtet, der Stand des gewonnenen Wissens und dessen Rezeption in der Lehre. Das seit Beginn unseres Jahrhunderts ermittelte Wissen über die musikalischen Hörfähigkeiten des Kindes ist besonders umfangreich, vor allem aber zeigen die Ergebnisse einen hohen Grad an Übereinstimmung. Kinder im Alter des Schuleintrittes können beispielsweise auf rhythmisch-metrischem Gebiet bereits so zentrale Unterscheidungen wie die nach Akzenten, nach Tempi und nach Tondauern leisten. In der gleichen Altersstufe sind die melodischen Unterscheidungsfähigkeiten sowohl für Tonlagenverhältnisse wie für melodische Bewegungsrichtungen vorhanden. Siebenjährige Kinder können in der Mehrzahl Tonhöhenunterschiede von zwölf Hz wahrnehmen (BENTLEY 1966). Während des Grundschulalters steigern sich die melodischen Fähigkeiten der Kinder stetig, am stärksten um das sechste und siebte Lebensjahr; doch schon bei elf- und zwölfjährigen Kindern verlangsamt sich die Entwicklung (PETZOLD 1966). Die Beurteilung der harmonischen Leistungsfähigkeiten des Kindes war lange von einer Fehlinterpretation bestimmt, der oft beobachteten Indifferenz von Kindern gegenüber Kakophonien. Diese beruht jedoch

offensichtlich nicht auf einem Mangel an Unterscheidungsfähigkeit auf harmonischem Gebiet, sie erklärt sich vielmehr aus dem klanglichen Vergnügen, das Kinder auch an nicht nach harmonischen Gesetzmäßigkeiten entwickelten Begleitungen haben. Nach dem Stand der Forschung können Kinder jedoch schon in den ersten Schuljahren Dur und Moll unterscheiden (HÖCHEL 1960) und bereits im vorschulischen Alter tonale Bezüge herstellen (NESTELE 1930). Das internationale Forschungsmaterial mit annähernd gleichen Ergebnissen ist so umfangreich, daß hier nur auf Forschungsbeispiele, dazu auf eine ausgewählte Bibliographie zu den musikalischen Hörfähigkeiten des Kindes verwiesen werden kann (ABEL-STRUTH und GROEBEN 1979).
Die Übereinstimmung der Forschungsergebnisse im Bereich parameterbezogener musikalischer Hörfähigkeiten des Kindes, die allseits belegten hohen Hörleistungen des Kindes lassen Diskrepanzen von Wissensstand und Lehrrealität um so deutlicher hervortreten. Dies zeigen insbesondere die oft noch bis in höhere Grundschulklassen hinein betriebenen „Höraufgaben" für Kinder an außermusikalischen Geräuschen. Untersuchungen belegen, daß Kinder schon im Alter von drei Jahren musikalische Phänomene wie Tonhöhen unterscheiden können (GESELL und ILG 1943), ebenso Klangfarben und Lautstärkegrade. Nichts gegen eine kurze, vergnügliche Einlage mit Hörspielen aller Art in der Grundschule, solange der Lehrer Einlage und Ziel nicht verwechselt. Denn für siebenjährige Kinder ist die Unterscheidung von Staubsauger-Gebrumm und Fahrrad-Klingeln eine ganz lustige Sache, aber kein musikpädagogischer Lernfortschritt. Im Zeichen einer Umwelt erschließenden Didaktik geriet die musikalische Lehre der Grundschule auf einen Irrweg: Musikalische „Hörübungen" des Kindes an Umweltgeräuschen sind keine musikalische Förderung des Grundschulkindes, sondern Regression. Hier zeigt sich ein Defizit an Rezeption musikpädagogischer Forschung in der musikalischen Lehre der Grundschule, über dessen Ursachen noch nachzudenken sein wird.
Doch noch stärker zeigen sich Defizite an Forschungsrezeption in der Beanspruchung musikalischer Hörfähigkeiten des Kindes für komplexe Musik. Das Hören komplexer Musik als Lernaufgabe ist in der Grundschule immer noch Ausnahme, beschränkt auf „Peter und der Wolf" u. ä.; doch sind Empfehlungen komplexer Musik in Lehrschriften für die Grundschule aufgenommen worden, vielleicht wirklich mit einem leichten Touch zu verfrühter Formenlehre. Die in der Forschung sich abzeichnenden Einsichten in Besonderheiten des kindlichen Hörens komplexer Musik sind noch wenig rezipiert worden. Schon früh wurde geprüft, ob Kinder „den" Ausdruckscharakter von komplexer Musik erkennen können (BELAIEW-EXEMPLARSKY 1926); in den entsprechenden Untersuchungen wurde stets positiv beurteilt. Mit Methoden der Bildzuordnung konnte nachgewiesen werden, daß Kinder im Alter von zehn Jahren bereits über ein ausgeprägtes Differenzierungsvermögen gegenüber komplexer Musik verfügen (BRÖMSE-KÖTTER 1970). Ähnliche Fähigkeiten wurden in Einzelfällen schon bei fünfjährigen Kindern beobachtet (BEHNE 1974). In Frankfurter Versuchen mit fünf- bis siebenjährigen Kindern konnte nachgewiesen werden, daß offensichtlich das Interesse dieser Kinder am

Musikhören an bestimmte musikalische „Dominanz-Merkmale" gebunden ist. Die traditionellen Präferenz-Fragen nach musikalischen Gattungen scheinen bei Kindern nicht zu greifen. Aber „marschartige" und „signalartige" Musik findet bei ihnen deutlich mehr Gefallen als etwa ein „Klangband". Doch in solchen Unterscheidungsfähigkeiten liegen die auffälligen musikalischen Hörleistungen der Altersstufe (ABEL-STRUTH und GROEBEN 1979). Ohne Musizieren wäre auch die Musik in der Grundschule eine traurige Sache. Aber wie die gleichen Frankfurter Versuche zeigen, macht Musikhören schon jungen Kindern genauso viel Spaß wie das Musizieren. Doch Musikhör-Unterricht in der Grundschule ist für den Lehrer nicht leicht, er fordert seine ganze Sachkenntnis und viel methodische Phantasie heraus. Dies wird mitspielen bei der beharrlichen Tradierung des Vorurteils, daß Musikhören nicht in die Grundschule gehöre. Doch die Kinder verlangen nach richtiger, ausgewachsener Musik mit Farbe, Temperament und Prägnanz, nicht nach kindertümelnden Surrogaten. Kinder können komplexe Musik nicht mögen, wenn sie sie gar nicht kennenlernen.

II. Sprechen über Musik

Man kann es schwer greifen – doch spricht vermutlich bei den Vorbehalten gegenüber komplexer Musik in der Grundschule das tradierte Vorurteil mit, daß praktisches Musizieren für Kinder gemäßer sei als kognitiver Umgang mit Musik (den man irgendwie mit Musikhören verquickt). Die Einstellung zu kognitiven Bereichen kindlichen Umganges mit Musik ist ein zweiter Ansatz zur Beobachtung der Rezeption musikpädagogischer Forschung in der musikalischen Lehre der Grundschule. Der kognitive Bereich ist ein riesiges Forschungsgebiet. Beschränkt man sich auf einige zentrale Untersuchungen des Sprechens in der Denk- und Persönlichkeitsentwicklung des Kindes, so darf man zunächst aus den zahlreichen Untersuchungen die übereinstimmende Aussage hervorheben, daß Sprechen von hoher Bedeutung für alles Denken und die Persönlichkeitsentwicklung des Kindes sei (LEWIS 1975).
Hinsichtlich des Sprechens des Kindes im Zusammenhang mit Musik gibt es zahlreiche Beobachtungen, daß der Umgang des Kindes mit seinen ersten akustischen Geräten und Musikinstrumenten mit sprachlichen Bedürfnissen kombiniert ist; Kinder hantieren nicht nur mit diesen Geräten, sie sprechen auch mit ihnen, über sie und benennen sie. Hier beginnt der sprachlich-musikalische Lernvorgang des Kindes. Als frühe kognitive Funktion der Sprache darf man hier wahrscheinlich annehmen, daß erste konfuse musikalische Erfahrungen durch Unterscheidung und Benennung sortiert werden, die Zuordnung musikalischer Ereignisse und Bezeichnungen aus der unmittelbaren Erfahrung eingeleitet wird. Durch die Sprache werden musikalische Ereignisse als solche und mit erster Unterscheidung nach ihrer Eigenart erfaßt und gemäß den langsam wachsenden sprachlichen Fähigkeiten zunehmend begriffen. Und genauso helfen im weiterführenden musikalischen Lernen Wörter, Musik bewußt

aufnehmen zu können, ermöglichen sie die Vorstellung eines spezifischen Phänomens, erleichtern sie uns die Erinnerung an gehörte Musik, schaffen sie Beziehungen zwischen gehörten Musikstücken. Wie Versuche im visuellen Bereich zeigen, lernen Kinder, die zusätzlich mit einem sprachlichen Muster arbeiten, rascher Wahrnehmungsunterscheidungen und können besser behalten (LURIA 1961).

Im musikalischen Bereich gibt es Versuche, die Diskrepanzen zwischen sprachlichen Fähigkeiten der Benennung und dem entsprechenden Hörvermögen aufzuzeigen, einer ständigen Quelle von Fehlurteilen über Kinder. Gerade an den Adjektiven „hoch" und „tief" konnte die Sprache als Ursache musikalischer Unterscheidungsschwäche gezeigt werden (HITCHCOCK 1942); die in der Umgebung der Kinder mehr gebrauchten Bezeichnungen „laut" und „leise", der sichere Gebrauch dieser Bezeichnungen bei den Kindern, konnte als die sprachliche Ursache für die gute Unterscheidung unterschiedlicher Grade von Lautstärke durch vierjährige Kinder bewiesen werden, die bei Unterscheidungsaufgaben für „hoch" und „tief", je nach sprachlicher Unsicherheit im Gebrauch der Bezeichnungen, schwächere Ergebnisse zeigten. Auch für ältere Kinder des vierten Schuljahres konnte der Zusammenhang zwischen Hörfähigkeit und dem Sprachschatz zur Aussage über das Gehörte nachgewiesen werden (ANDREWS und DEIHL 1976); die Hörfähigkeiten der verschiedenen Altersstufen differieren weit geringer als die sprachlichen Fähigkeiten (LAVERTY 1969). Kinder, die im Alter von fünf bis sieben Jahren gelernt haben, Zweiteiligkeit in der Musik zu hören und zu benennen, zeigen diese Fähigkeiten auch an neuen Stücken; eine Kontrollgruppe ohne diesen Unterricht versagt jedoch nicht nur bei der Benennung, sondern vermag eben auch keine anderweitige Beschreibung des formalen Ablaufs zu geben. Die Sprache hilft dem Hören; Kognition hemmt nicht den Zugang des Kindes zu Musik, sondern macht ihn möglich.

Die Diskrepanz zwischen solchen wenigen Beobachtungen und der oft zu beobachtenden Angst musikalischer Lehre vor kognitiver Belastung des Kindes im Musikunterricht, vor Fremdwörtern und dem „Zerreden" von Musik ist offenkundig. Es geht ja nicht um trockene Einübung in fachsprachliche Terminologie und Systematik, es geht auch bereits im Musikunterricht der Grundschule darum, mit Hilfe der Sprache musikintelligente Fähigkeiten zu entwikkeln. Die Vorbehalte gegenüber einem Sprechen über Musik mit dem Grundschulkind vermögen einem sachlichen Nachdenken nicht standzuhalten. Außer den emotiv-befreienden Funktionen des Sprechens über Musik gilt es, das Sprechen über Musik im Interesse einer musikintelligenten Entwicklung zu beachten. Ein vorsichtiger Bezug zu der Bedeutung des Sprechens in der Intelligenz-Entwicklung des Kindes und erste Beobachtungen bei musikpädagogischen Versuchen sprechen für die Bedeutung der Sprache im musikalischen Lernen des Kindes, doch die Rezeption solcher Einsicht läßt in der Praxis der Grundschule und ihrer Musik noch auf sich warten. Dem Kind aus einer Tradition kognitiver Abwehr die sprachliche Hilfe vorzuenthalten, bedeutet jedoch nichts Geringeres als ein künstliches Retardieren seiner musikalischen Entwicklung.

III. Die musikalische Einstellung

Als dritter Aspekt wird die musikalische Einstellung aufgegriffen, ein Thema, das in besonders auffälliger Weise Diskrepanzen zwischen Wissensstand und didaktischer Realität zeigt. Die Aneignung musikalischer Einstellungen in der Kindheit ist viel beobachtet und auch bereits untersucht worden. Man darf mit hoher Wahrscheinlichkeit davon ausgehen, daß die „Eingangskanäle" für unsere Wahrnehmungen und die Grundmuster für diese schon in den ersten Lebensmonaten gebildet werden. Die von der Gesellschaft entwickelten Normen zur Bewältigung des uns umgebenden Geschehens, auch des musikalischen, werden in einer frühen Phase dem Kind durch soziale Vermittlung „angewöhnt"; schon bei Schuleintritt haben Kinder relevante Normen ihrer Umgebung weitgehend verinnerlicht (KOHLBERG 1964). Datailuntersuchungen werfen Schlaglichter auf die außerordentlich komplexen Vorgänge der Vermittlung und Aneignung von Einstellungen im Kindesalter. Beispielsweise spielt auch hier die Sprache eine besondere Rolle: Mit Hilfe der Sprache findet das Kind den Weg zu den geläufigen Mustern der Einstellung. Das Kind übernimmt gängige sprachliche Wendungen, die auf seine Einstellungen zurückwirken (LEWIN 1935). Aus einem breiten Gegensatz von Unbehagen und Zufriedenheit entwickeln sich ästhetische und ethische Haltungen, an die sich das Kind mit der Übernahme von Bezeichnungen einpaßt. Ein bestimmtes Wort kann die Erwartung auf ein angenehmes Erlebnis auslösen; die Übernahme von Ausdrücken der Zustimmung oder Mißbilligung erfolgt, weil das Kind die Billigung seines Verhaltens durch andere erfahren möchte („Schöne Musik"). Hier wirkt Sprache ein auf die Aneignung ästhetischer Einstellungen. Gerade die früh erworbenen Einstellungen haften jedoch fester als spätere. A. KARDINERS Konzept der Basic Personality geht davon aus, daß durch sog. Primärinstitutionen mit der emotionalen Ausrichtung auf materielle und soziale Objekte die frühe Grundstrukturierung der Persönlichkeit erfolgt (KARDINER 1945). Dies ist in zahlreichen Arbeiten an Ausschnitten kleiner Kulturbereiche verifiziert worden (DUBOIS 1960; SCHOENE 1966 u. a.).
Bei vorläufiger und vorsichtiger musikpädagogischer Interpretation wird man wohl annehmen dürfen, daß sich mit den in der Kindheit angeeigneten musikalischen Einstellungen ein musikalisches Grundverhalten entwickelt, das anhaltende Verhaltensweisen gegenüber Musik, zu Musik vertretenden Menschen und auf Musik bezogenen Situationen im weitesten Sinne produziert und koordiniert. Schon vor dem Eintritt in die Schule erlebt das Kind, ob musiktechnische Geräte ständig oder sporadisch in Betrieb sind, erfährt es, daß der Vater gern in einem Chor singt, daß Geschwister über „Oma-Musik" albern, übernimmt es Wünsche der Eltern, ein Instrument zu spielen, lernt es zuzuhören oder wegzuhören, gewöhnt es sich an die Musik betreffenden Wertvorstellun-

gen seiner Umgebung. Die musikalischen Präferenzen, die von Kindern freimütig geäußert und von musikalischen Meinungsforschern gezählt und in musikdidaktische Empfehlungen umgesetzt werden, sind demgemäß gar nicht die Meinungen der Kinder selbst, sie sind die Präferenz der das Kind umgebenden Familie, die es übernommen hat. Bei einer entsprechenden Befragung zehn- bis elfjähriger Schüler beriefen diese sich bei der Ablehnung einer musikalischen Gattung auf die Meinung des Vaters oder der ganzen Familie (HANSBERGER 1968). Doch solche „Präferenzen" und die an diese sich bindenden musikalischen Einstellungen haben für das weitere musikalische Lernen bestimmende Bedeutung; sie können Musikinteresse, Offenheit für stilistische Vielfalt blokkieren, auch alle Lernbereitschaft im musikalischen Bereich. Sie sind ein negatives Lernergebnis, das Lernbarrieren für das Musik-Lernen in der Schule aufbaut und dem musikalischen Verhalten des künftigen Erwachsenen Fesseln anlegt, ohne daß es der betroffene Mensch selbst versteht.

Darum eben kommt einem spezifischen, intensiven und sachgerechten ersten Musik-Lernen in der Grundschule, darüber hinaus auch bereits im Elementarbereich eine so entscheidende Bedeutung zu, eine viel größere Bedeutung, als man es in der Realität der Grundschule berücksichtigt. Hier kann die musikalische Einstellung des Kindes auf Musizieren und Musikhören gerichtet werden, können die Eltern einbezogen werden, kann ein beginnendes musikalisches Selbstbewußtsein aus Können und Verstehen den musikalischen Weg in die individuellen Möglichkeiten des Erwachsenen vorbereiten. Was hier nur kurz angesprochen werden kann, verdient umfassende Erörterung. Doch der Mangel an Rezeption des Wissensstandes in bezug auf musikalische Einstellungen ist unverkennbar. Er zeigt sich nicht nur in quantitativer Hinsicht, sondern vor allem auch im inhaltlich-qualitativen didaktischen Denken. Die Aufmerksamkeit der Lehrenden ist stark auf Strategien zur musikalischen Motivation schon des Grundschul-Kindes gerichtet – mit entsprechender musikmaterialer Rücksicht. Die Veränderung von Fehltendenzen musikalischer Einstellung mit entsprechenden musikmaterialen Ansprüchen und Unterrichtsmethoden blieb darüber vernachlässigt. Wenn Schulmusik sich als Fach versteht, das durch Unterricht dem späteren Erwachsenen das Optimum seiner musikalischen Möglichkeiten eröffnen möchte, dann ist die musikalische Lehre der Grundschule von ihren Inhalten her zu aktualisieren, dann wird sie statt auf den Augenblick bezogene Motivation die auf die Zukunft bezogene musikalische Einstellung als Ziel sehen müssen und entsprechende Veränderungen der Lehrplanung des Musikunterrichtes in der Grundschule zu bedenken haben.

Um Mißverständnissen vorzubeugen: Auch ein sachintensiver Musikunterricht für Kinder kann bei entsprechender methodischer Phantasie des Musiklehrers Kindern Spaß machen und damit motivierende Komponenten zum Tragen bringen.

IV. Rhythmische Bewegungserziehung

Abschließend wird auch ein den praktischen Umgang mit Musik betreffender Aspekt der Beziehungen zwischen musikpädagogischer Forschung und dem Musikunterricht in der Grundschule dargestellt, die in der Grundschule stark verbreitete sog. musikalische Bewegungserziehung, auch als „rhythmische Erziehung" bezeichnet. Diese Dominanz beruht auf der Erfahrung, daß Kinder sich gern (auch) zu Musik bewegen. Recht übereinstimmend wurde festgestellt, daß bereits halbjährige Säuglinge zu Musikdarbietungen motorisch agieren und bis zum Alter von fünf bis sechs Jahren Dauer der Bewegung und Zahl der Bewegungsvarianten ständig zunehmen; doch von diesem Alter ab reduziert sich die Bewegungslust zu Musik. Der Fähigkeit, sich synchron zu Musik bewegen zu können, begegnet man schon bei zweijährigen Kindern; sie wächst stetig an. Acht- bis neunjährige Kinder können etwa zu 80% rhythmische Modelle mit körperlicher Bewegung korrekt wiedergeben. Schon in den zwanziger Jahren wurde beobachtet, daß die Fähigkeit, Musik und Bewegung zu koordinieren, in hohem Leistungsgrad von Kindern gezeigt wird, die in sonstigen musikalischen Fähigkeiten schwache Leistungen bieten, und umgekehrt ein musikalisch besonders gut ausgewiesenes Kind die Synchronisierung nicht zu leisten vermag (HEINLEIN 1929). Die spezifisch motorischen Leistungsfähigkeiten überdecken die musikbezogene Äußerung. Das zwingt nicht nur zu vorsichtiger Beurteilung solcher Kinder, die Schwierigkeiten mit musikalisch-motorischer Koordination haben. Es wird auch bereits als Irrtum erkennbar, daß man vermeint, Kinder grundsätzlich über Bewegung am besten in Musik führen zu können. Man unterschätzt insgesamt die Schwierigkeiten, die ein Kind mit seiner Motorik hat. Bei rhythmischen Reproduktionsaufgaben hat sich sehr deutlich gezeigt, daß vokale Reproduktion für drei- und vierjährige Kinder wesentlich leichter ist als körperliche Reproduktion der gleichen Aufgabe durch Laufen und Klatschen (RAINBOW 1977). Auch die Unterschiedlichkeit nur-rhythmischer und rhythmisch-melodischer Leistungen bei musikalisch unterschiedlich leistungsfähigen Kindern gibt einigen Aufschluß. Nur-rhythmische Aufgaben können nämlich Kinder mit im übrigen schwächeren Leistungen gut lösen, während die stärker musikalisch begabten Kinder, die an nur-rhythmischen Aufgaben teilweise versagen, melodisch-rhythmische Aufgaben, d. h. in musikalischem Zusammenhang stehende Aufgaben, besser lösen können (RÉVÉSZ 1920). Zahlreiche Forschungen bis zur Gegenwart haben den Rhythmus als „odd man out" nachgewiesen. Der rein rhythmische Test hat die geringste Gewichtung im Rahmen der zur Beobachtung musikalischer Begabung herangezogenen musikalischen Fähigkeiten; erst wenn die rhythmische Aufgabe in musikalischen Kontext genommen wird, erhält sie Relevanz für die musikalische Befähigung. Auch erste Beobachtungen im Zusammenhang mit komplexer Musik stellen den musikalischen Lerngewinn durch Bewegung zu Musik in Frage. Um sich zu komplexer Musik bewegen zu können, konzentriert sich das Kind auf den Rhythmus der Musik, doch damit wird die Wahrnehmung weiterer Parameter der Musik eingeschränkt (HARTJE 1973).

Die Zahl der Forschungen zu den Fragen um Rhythmus und Bewegung ist groß, doch die Ergebnisse auch dieser Forschung wurden bisher wohl überhaupt nicht in ihren praktischen Konsequenzen bedacht. Das unverkennbare Vergnügen von Kindern an Bewegung zu Musik, die sich jedem zeigende Koppelung von Hör-Freude und Bewegungs-Freude, hat die musikpädagogische Auffassung ausgelöst, daß Bewegung dann eben auch ein gutes Mittel zum Musik-Lernen sei. Wie jedoch durch Ideologisierung solches Vergnügen unversehens erzieherische Utopien weckt, zeigt uns ein Klassiker musischer Theorie, OTTO HAASE, der von der „Entzückung der Sinne" durch die Bewegungen des Kindes, der „Lust des bewegten Spieles seiner Glieder" spricht, von der Bewegung, die „gelöst und locker, rund und schön" sei, „durch nichts gesteuert als durch die strahlende Freude und den jauchzenden Überschwang" (HAASE 1951). Die gleiche Denkweise steht hinter den KESTENBERGschen Richtlinien für den Musikunterricht an Volksschulen vom 26. März 1927: „Von Anfang an sind Rhythmen in körperliche Bewegung umzusetzen" (zit. nach NOLTE 1975). So hübsch das sich zu Musik bewegende Kind anzusehen ist, so viel Vergnügen solche Bewegungsspiele auch dem Kind selbst bereiten und so sinnvoll die lösende Wirkung der Bewegung zu Musik im sozialpsychologischen Sinne sein mag – das konkrete musikalische Lernen des Kindes hat hier wohl wenig Chancen. Man kann musikalische Bewegungserziehung zu Erfrischung und Vergnügen des Kindes einbeziehen, man kann auch gelegentlich ein rhythmisch-metrisches Phänomen über die veranschaulichende Bewegung einführen, doch die Dominanz, ja die mitunter erkennbare Identifikation von musikalischer Frühpädagogik und Bewegungserziehung ist als Irrtum anzusehen, beruhend auf Mangel an Rezeption der Forschungsergebnisse.

*

Trotz aller eingangs angesprochenen methodischen Probleme eines solchen nur auf sehr begrenzte Literatur-Auswahl und wenige Aspekte eingeschränkten Versuchs erscheint es bereits als berechtigt, zusammenfassend ein erhebliches Defizit an Rezeption von musikpädagogischen Forschungsergebnissen in der musikalischen Lehre der Grundschule festzustellen. Doch wo ist die Ursache dieses – vermutlich weit über die Grund-Schulmusik hinaus in weitere Bereiche praktischer Musikpädagogik reichenden – Versäumnisses zu suchen? Man macht es sich entschieden zu einfach, wenn man dem Grundschullehrer die Schuld zuschiebt, seine wissenschaftliche Ignoranz etwa als alleinige Ursache des Defizites ansieht. Es ist wohl eher von einem ganzen Bündel ineinander verquickter Ursachen zu sprechen. Sie beginnen mit sicherlich in allen Bereichen praktischer Musikpädagogik unverändert mitwirkenden antirationalen Einstellungen. Dazu tritt die Kraft der Wirksamkeit populär-modischer Erziehungsutopien, zu denen auch ein Bild des von Streß und Leistung verschonten singenden, musizierenden, tanzenden Kindes gehört, aus dem ein selbständiger Erwachsener kommen werde; eigene unerfüllte musikalische Wünsche können hier unbewußt mitwirken. Diese allgemeinen gesellschaftlichen Erwartungen machen es fachlichen Konzepten so schwer, sich zu emanzipieren, sich von populären Leitbildern mit Hilfe fachlichen Wissens zu befreien. Dazu tritt die Kargheit der Studienkapazitäten des künftigen Musiklehrenden in der Grundschule, im künstlerischen, musikdidaktischen wie eben auch im wissenschaftlich-musikpädagogischen Bereich. Gerade diese Studien würden jedoch zeitökonomischer angelegt werden können, wenn die anstehenden Untersuchungsmaterialien leichter zugänglich wären, wenn ihr jeweiliger Stellenwert durch spezielle theoretische Felder mit Zuordnungsmöglichkeiten erkennbar wäre. Hier, in dem Mangel an Fachliteratur in ihrem tatsächlichen Sinn, liegt wohl eine der zentralen Ursachen des Rezeptionsdefizites musikpädagogischer Forschung in der musikalischen Lehre der Grundschule.

Die Konsequenzen liegen auf der Hand: Es langt nicht, nur auf die Bedeutung der Grund-Schulmusik zu verweisen (obwohl diese auch innerhalb des Faches mehr Lippenbekenntnis als Engagement blieb). Die insbesondere durch die Einstellungs- und Sozialisationsforschung gezeigten Möglichkeiten sachlicher Argumentation für die Intensivierung lernenden musikalischen Umganges in Grundschule wie auch Elementarbereich sind verstärkt in die Diskussion zu bringen. Aber alles Reden über die Bedeutung rechtzeitigen Musik-Lernens bleibt dennoch schwächlich, wenn es nicht von einer effektiven Praxis begleitet wird, einer Praxis des musikalischen Beginns, die sachlich tragfähige Grundlagen für weiterführenden Musikunterricht schafft. Doch um dies zu erreichen, wird man sich von manchen Traditionen und Vorurteilen lösen müssen und stärker als bisher auch Forschungsergebnisse zu rezipieren haben (ABEL-STRUTH 1982). Statt mancher fachliterarischen Repetition könnte eine zwischen Forschung und Praxis vermittelnde Literatur die bessere Hilfe zu bieten. Vor allem in der Ausbildung der künftigen Grundschullehrer mit dem Fach Musik sind Hilfen durch verbesserte und versachlichte Information notwendig. Denn alle Forschungsergebnisse führen letztlich zurück auf hohe Leistungsfähigkeiten des Kindes im Umgang mit Musik. Ideologisierungen verdeckten immer wieder die hier liegenden konkreten musikalischen Unterrichtsgegenstände der Grundschule. Schockiert wieder das Wort von den „musikalischen Leistungsfähigkeiten des Kindes"? Warum? Es geht doch nur um das grundlegende Können, das Kindern auf musikalischem Gebiet zu vermitteln ist. Nicht dieses „Was", sondern das „Wie" des musikpädagogischen Umganges mit Kindern läßt solche musikalische Pädagogik zum Streß oder zum Vergnügen werden. Denn die Kinder selbst wollen nichts mehr, als alle Dinge der Erwachsenenwelt „richtig" erfahren, auch die Musik. Richtige Musik für die Kinder, das ist der Weg des musikalischen Beginns mit Kindern.

Literatur

Abel-Struth, S.: Musikalische Sozialisation. Musikpädagogische Aspekte, in: Musik und Individuum. Musikpädagogische Theorie und Unterrichtspraxis. Vorträge der 10. Bundesschulmusikwoche München 1974, hrsg. von E. Kraus, Mainz 1974, 60 ff.

Abel-Struth, S.: Der musikpädagogische Umgang mit Kindern – und seine Irrtümer, in: Musica 36 (1982), H. 4, 315 ff.
Abel-Struth, S./Groeben, U.: Musikalische Hörfähigkeiten des Kindes, Mainz 1979 (= Musikpädagogik, Forschung und Lehre, hrsg. von S. Abel-Struth, Bd. 15)
Andrews, F. M./Deihl, N. C.: Development of a Technique for Identifying Elementary School Children's Music Concepts. Coop. Research Project Nr. 5-0233, University Pennsylvania 1967
Behne, K. E.: Zur Erfassung musikalischer Verhaltensweisen im Vorschul- und Primarbereich, in: Musik und Bildung 2 (1974), 103 ff.
Belaiew-Exemplarsky, S.: Das musikalische Empfinden im Vorschulalter, in: Z. für angewandte Psychologie 27 (1926), 177 ff.
Bentley, A.: Measures of Musical Abilities, London 1966
Brömse, P./Kötter, E.: Experimentelle Untersuchungen zur Differenzierungsfähigkeit beim Musikhören zehnjähriger Schüler, in: Forschung in der Musikerziehung H. 3/4 (1970), 37 ff.
Dubois, C.: The People of Alor, Cambridge/Mass. 1960
Gesell, A./Ilg, F.: The Infant and Child in the Culture of Today, London 1943
Haase, O.: Musisches Leben, Hannover ²1951 (1950) (= Pädagogische Bücherei, hrsg. von O. Haase, Bd. 19)
Hansberger, J.: Ansätze des kindlichen Musikverständnisses beim Hören „schwerer" Musik, in: Der Einfluß der Technischen Mittler auf die Musikerziehung unserer Zeit. Vorträge der 7. Bundesschulmusikwoche Hannover 1968, hrsg. von E. Kraus, Mainz 1968, 123 ff.
Hartje, K.: Ansätze des musikalischen Verstehens bei Kindern, in: Musik und Verstehen, hrsg. von P. Faltin und H. P. Reinecke, Köln 1973, 87 ff.
Heinlein, C. P.: A New Method of Studying the Rhythmic Responses of Children, in: J. Genet: Psychology 36 (1929), 205 ff.
Hitchcock, A.: The Value of Terminology in Children's Descriptions of Changes in Pitch Direction. Master's Thesis, University of Minnesota 1942
Höchel, L.: Untersuchungen über die harmonische Hörfähigkeit des Kindes in den ersten drei Schuljahren. 2 Bde. Diss. Berlin, Humboldt-Universität, 1960 (mschr.)
Kardiner, A.: The Psychological Frontiers of Society, New York 1945
Kohlberg, L.: Development of Moral Character and Moral Ideology, in: Review of Child Development Research, hrsg. von M. L. Hoffmann, L. W. Hoffman, 2 Bde., New York 1964, Bd. 1, 383 ff.
Laverty, G. E.: The Development of Children's Concepts of Pitch, Duration, and Loudness as a Function of Grade Level. Diss. Pennsylvania State University 1969
Lewin, K.: A Dynamic Theorie of Personality, New York 1935
Lewis, M. M.: Sprache, Denken und Persönlichkeit im Kindesalter, Düsseldorf ³1975 (1971). (Englische Originalausgabe: Language, Thought and Personality in Infancy and Childhood, London 1963)
Luria, A. R.: The Role of Speech in the Regulation of Normal and Abnormal Behavior, Oxford 1961
Nestele, A.: Die musikalische Produktion im Kindesalter, in: Zeitschrift für angewandte Psychologie, Beih. 52 (1930), 1 ff.
Nolte, E.: Lehrpläne und Richtlinien für den schulischen Musikunterricht in Deutschland vom Beginn des 19. Jh. bis in die Gegenwart. Eine Dokumentation, Mainz 1975. (= Musikpädagogik – Forschung und Lehre, hrsg. von S. Abel-Struth, Bd. 3)
Petzold, R. G.: Auditory Perception of Musical Sounds by Children in the First Sex Grades. Coop. Research Project Nr. 1051. The University of Wisconsin 1966
Rainbow, E.: Longitudinal Investigation of the Rhythmic Abilities of Pre-school Aged Children, in: C. R. M. E. Bull. 1977, Nr. 50, 55 ff.
Révész, G.: Prüfung der Musikalität, in: Z. für Psychologie 85 (1920), 163 ff.
Schoene, W.: Die Psychoanalyse in der Ethnologie, Dortmund 1966

VI. Die Grundschule und andere Institutionen

Musikerziehung im Elementarbereich

Hermann Große-Jäger

Der Musikunterricht der Grundschule vermittelt nicht als erster den Kindern Begegnungen mit Musik. Ihm sind außerschulische und vorschulische Musikerfahrungen der Kinder vorangegangen. Sie beeinflussen ihr Verhalten und ihre Einstellungen gegenüber jener Musik, die Gegenstand des Grundschulunterrichts ist. Außerschulischer Umgang mit Musik ist durch ihren Stellenwert in der Familie, für die meisten durch Medien und technische Mittler – auch schon während der Vorschulzeit – gekennzeichnet.
Daneben nehmen immer mehr Kinder an einer geplanten vorschulischen Musikerziehung teil. Der Stil, die Inhalte und die Methoden der Musikerziehung vor der Schule bestimmen in besonderer Weise das emotionale Verhältnis der Kinder zur Musik und zum Musiklernen. Man kann das sehr wohl in der Grundschule beobachten. Einige Kinder reagieren aufgrund von Überforderungen in der vorschulischen Musikerziehung ablehnend auf Musik im Unterricht, andere wegen stumpfer Wiederholung derselben Methoden gelangweilt. Wieder andere sind aufgrund einer befreienden vorschulischen Musikpraxis gelöst und lernbereit. Um das Verhältnis jedes Kindes zur Musik verstehen zu können, bedarf es der Beachtung seiner vorschulischen Musikerfahrungen durch den Grundschullehrer. Deshalb wird in diesem Handbuch die Aufmerksamkeit auf die Musikerziehung im Elementarbereich gelenkt.

I. Wo geschieht Musikerziehung im Elementarbereich?

Mit dem Wort Elementarbereich bezeichnen wir im Anschluß an den Strukturplan des Deutschen Bildungsrates (1970) Bildungsinstitutionen und Bildungsangebote für Kinder zwischen dem dritten und sechsten Lebensjahr. Mit Bezug auf diese Altersstufe lassen sich drei Bereiche der Musikerziehung unterscheiden, nämlich Musik im Kindergarten / das Programm „Musikalische Früherziehung" des Verbandes Deutscher Musikschulen / Musikerziehung in Familien und durch Elterninitiativen.

1. Musik im Kindergarten

Der Kindergarten ist eine Bildungseinrichtung, die von allen vorschulpflichtigen Kindern freiwillig besucht werden kann. Eines seiner Kennzeichen – im

Unterschied zu den Jahrgangsklassen der Grundschule – ist die Bildung von altersgemischten Gruppen. Vom Bildungsangebot der Kindergärten können die Eltern nach freiem Ermessen Gebrauch machen. Der Besuch des Kindergartens ist in Deutschland nicht kostenlos. In der Regel wird ein Drittel der Kosten von Eltern, ein Drittel von den (meist privaten oder kommunalen) Trägern und ein Drittel vom Land getragen. Die Kostenbeteiligung der Eltern sollte in den meisten Bundesländern im Verlauf der achtziger Jahre aufgehoben und vom Landeshaushalt übernommen werden. Das ist angesichts des desolaten Zustandes der Landesetats nicht mehr zu erwarten. Die finanziellen Voraussetzungen müssen hier deshalb erwähnt werden, weil sie ein wichtiger Grund für den Besuch des Kindergartens von allen Kindern der Bundesrepublik sind, insbesondere derer aus wirtschaftlich schwächeren Bevölkerungsgruppen. Nach den Zielvorstellungen der Kindergartengesetze deutscher Länder sollten am Ende der achtziger Jahre alle Kinder vor Aufnahme in die Grundschule einen Kindergarten besuchen können, was u. a. die Streichung des Elternanteils voraussetzt. Gegenwärtig besuchen – nach Regionen unterschiedlich – 60 bis 80% aller Kinder zwischen drei und sechs Jahren einen Kindergarten. Für die Musikerziehung im Elementarbereich ist dies der zahlenmäßig größte Adressatenkreis. Deshalb muß eine elementare Musikpädagogik insbesondere die Musikerziehung im Kindergarten beachten.

2. Das Programm Musikalische Früherziehung des Verbandes Deutscher Musikschulen

Es wurde zu Anfang der siebziger Jahre als „Modellprogramm für 4- bis 6jährige Kinder" vom Verband Deutscher Musikschulen entwickelt. Das Kind soll „auf spielerische Art mit der Musik in Berührung" kommen als „Grundlage für einen frühzeitigen Instrumentalunterricht" (WUCHER 1974). In überarbeiteter Form liegt es als „Curriculum Musikalische Früherziehung" (Neufassung Regensburg 1975) vor.

Das Programm ist stark vom Diskussionsstand der Musikpädagogik und Musikdidaktik zur Mitte der siebziger Jahre geprägt. Das Primat des Singens wird verdrängt bzw. erweitert zugunsten anderer Lernfelder wie elementares Instrumentalspiel, rhythmisch-musikalische Erziehung und Musikhören. Die Praxisanleitungen und Materialien zeigen einen relativ systematischen Aufbau der Inhalte und der angestrebten Fähigkeiten. Abgesehen von der Tatsache, daß nur ein Teil der Kinder von diesem Programm erreicht werden kann (nämlich jene, deren Eltern die Teilnahme und die Materialien bezahlen können), gibt es einige Schwierigkeiten bei seiner Durchführung. Für Kinder des angesprochenen Alters ist Musik, wenn sie Freude machen soll, fast immer mit außermusikalischen Aktionen, Themen, Anlässen verbunden (diese Eigentümlichkeit kindlichen Musikgebrauchs wird in Abschnitt II ausführlicher beschrieben). Solche Verbindungen lassen sich in gesonderten Musikstunden für vier- bis sechsjährige Kinder meistens nicht herstellen. Ein Programm „Musikalische Früherziehung", das in Absonderung von Themenganzheiten des Kindergartens nachmittags durchgeführt werden muß, wird notwendigerweise – schon wegen der begrenzten Stundenzahl von 1½ bis 2 Stunden je Woche – die Musik von ihren Lebenszusammenhängen stark abstrahieren müssen. Hier liegt ein Grund für die schwindende Motivation einer großen Zahl von Kindern zur Teilnahme an musikalischer Früherziehung. Verstärkend kommt hinzu, daß die Erwartungen vieler Eltern (die etwas „für ihr Geld sehen" wollen) auf abfragbare, genauer: hörbare und vorführbare Ergebnisse ausgerichtet sind. In diesem Bereich der Musikerziehung ist das Bildungs- und Musikverständnis der Eltern weit mehr bestimmend als in den anderen Bildungsbereichen.

Die Schwierigkeiten könnten dann vermindert werden, wenn Lehrer für Musikalische Früherziehung fähig sind, aufgrund eines breiten methodischen Repertoires für Anschaulichkeit und Spiel zu sorgen. Die bisher praktizierte Art und Weise ihrer Ausbildung zum staatlich geprüften Musiklehrer für Musikalische Früherziehung scheint diesem Berufsbild nicht sonderlich förderlich zu sein. Wie in allen anderen Bereichen der Lehrerausbildung für Musik werden auch hier die einzelnen Fachgebiete meistens unverbunden nebeneinander studiert. Ihre Integration geschieht im günstigsten Fall in der Persönlichkeit des Lehrers. Das Fehlen einer angemessenen praktischen Ausbildung von genügend Lehrern für diese Aufgabe dürfte eine weitere Ursache dafür sein, daß das Programm „Musikalische Früherziehung" – gemessen an der Gesamtzahl der vorschulpflichtigen Kinder – relativ wenige in der Elementarstufe erreicht.

3. Musikerziehung in Familien/Elterninitiativen

Welche Art und welchen Umfang zielgerichteter und aufbauender Musikerziehung Kinder durch ihre Familien erhalten, läßt sich sehr schwer feststellen. Auch ist bisher nicht untersucht worden, wie groß der Anteil bildungswilliger Eltern ist, die sich selbsttätig um die musikalische Erziehung ihrer Kinder im Vorschulalter kümmern. Man kennt einige Fälle privaten Instrumentalunterrichts durch besonders interessierte und engagierte Eltern wie Instrumentallehrer. Ein immer breiteres Feld bilden die Konzertangebote für Kinder, die – eine kindgemäße Gestaltung vorausgesetzt – von auffallend vielen Eltern mit ihren Kindern schon im vorschulpflichtigen Alter besucht werden. Das Interesse scheint größer zu sein als das Angebot der Kulturinstitutionen. Die musikerzieherischen Aktivitäten von Elterninitiativen, Eltern- bzw. Nachbarschaftsgruppen sind zumeist von den vorherrschenden musikalischen bzw. didaktischen Fähigkeiten Einzelner bestimmt. Die Inhalte reichen vom Instrumentenbau über rhythmisch-musikalische Erziehung zur instrumentalen Improvisation und zum Singen und Spielen von Liedern. Ein auf Lernziele ausgerichteter Aufbau ist in der Regel nicht erkennbar und wohl auch nicht gewollt.

II. Inhalte und Eigenart der Musikerziehung im Elementarbereich

1. Eingrenzung auf die Musikerziehung im Kindergarten

Bei der Darstellung der Inhalte und der Eigenart vorschulischer Musikerziehung konzentrieren wir uns auf den Kindergarten, weil er von vielen Kindern vor der Einschulung besucht wird. Darum sollte der Grundschullehrer – nicht nur der des 1. Schuljahres – um die Absichten, Methoden und Möglichkeiten der Musikerziehung im Kindergarten wissen. Wie weit die Kinder seiner Klasse dort musikalisch tatsächlich gefördert worden sind, ist nur durch Kontakt mit den Kindergärten im Einzugsgebiet zu klären. Denn die Differenz zwischen dem musikdidaktisch Möglichen und dem tatsächlich Erreichten ist in Kindergärten ebenso groß wie in den Grundschulen.

Die Musikerziehung im Kindergarten wird auch deshalb in den Mittelpunkt gestellt, weil man an ihr die Merkmale einer elementaren Musikerziehung für *alle* Kinder ablesen kann. Die Musikerziehung muß sich vor allem jenen Praktiken zuwenden, die allen Kindern gelten sollten. Dabei werden die Angebote für die Wenigen, die aufgrund des Sozialstatus und des Bildungswillens ihrer Eltern eine spezielle Förderung erfahren, nicht übersehen. In einer demokratischen Gesellschaft können sie aber nicht zentrales Anliegen und vorherrschender Gegenstand der Musikpädagogik im Elementarbereich sein, neben dem die musikalische Förderung der Vielen vernachlässigt würde.

Es ist bemerkenswert, daß die musikalische Förderung jener Kinder, die – glücklicherweise – vor der Grundschulzeit die Musikschule besuchen können, in der musikpädagogischen Diskussion und der Bildungspolitik weitaus mehr Aufmerksamkeit gefunden hat als die frühe musikalische Bildung aller oder doch der Mehrheit vorschulpflichtiger Kinder in einem flächendeckenden Angebot von Kindergärten. Die zahlreichen Praxisanleitungen, -vorschläge und Materialien zur Musik mit Kindern bis zum 6. Lebensjahr berücksichtigen in der Regel punktuell einen Ausschnitt der Musik im Kindergarten, z. B. Rhythmik im frühen Kindesalter, Lieder zu „Themen" im Kindergarten. Sie sind aber nicht in eine Gesamtkonzeption von Kindergartenpädagogik integriert. In der Diskussion um die Reform der Kindergärten in Deutschland seit etwa 1970 findet Musikerziehung als *integrierter* Bestandteil, der mit anderen Bereichen der Kindergartenpädagogik – z. B. Sozialerziehung, Spracherziehung, Bewegungserziehung – in einem engen Wechselbezug zu stehen hätte, wenig Beachtung. Es gibt auch kaum Ansätze zu einer Theorie der Musikerziehung im Kindergarten. Diese kann auch nicht einfach aus einer allgemeinen elementaren Musikerziehung (oder musikalischen Grundausbildung) abgeleitet und übertragen werden, denn der Kindergarten kennt vielfältige Formen spielenden Lernens, der individuellen und sozialen Förderung des Kindes, die eine Musikpädagogik für den Kindergarten zu berücksichtigen hat.

2. Inhaltsfelder

Musik ist mit dem Kindergarten und der Ausbildung von Erziehern für den Kindergarten verbunden, solange es ihn gibt, nämlich in zunehmender Zahl seit der zweiten Hälfte des 19. Jahrhunderts. Der beherrschende musikalische Inhalt war und ist das Kinderlied. Die Entstehung bestimmter Kinderliedtypen (z. B. Märchenlieder, Spiellieder) ist sehr eng mit der Geschichte der Kindergartenpädagogik verbunden. Diese spiegeln nicht selten deren vorherrschende Erziehungs- und Bildungsideen wider. Eine Aufarbeitung von Kinderliedtypen und den erzieherischen Implikationen steht noch aus.

Seit eineinhalb Jahrzehnten werden manche Bedenken gegen die Vorherrschaft des Singens auch im Kindergarten geäußert. Diese Vorbehalte sind dann begründet, wenn zugunsten des Singens andere Möglichkeiten musikalischer Förderung grob vernachlässigt werden. Nicht selten jedoch weisen Bedenken gegen das Singen mit Kindern auf Schwierigkeiten von Erwachsenen hin, die in einer veränderten musikalischen Umwelt begründete Hemmungen haben, sich durch ein Lied zu äußern. Singunlust ist kein Problem von Kindern, sondern von Erwachsenen.

Es gehört zur Kindergartentradition, Lieder möglichst mit Körperbewegungen und die Anschauung fördernden Gesten zu verbinden. Die grundsätzlich positive Verbindung von Liedsingen und Bewegung ist im Laufe der Kindergartengeschichte nicht selten zur Schablone des Ringelreihens degradiert worden. Diese prägt bis heute die Auffassung von Musik im Elementarbereich bei vielen Eltern und auch die einer breiten Öffentlichkeit, wiewohl die Praxis und auch theoretische Ansätze die Inhalte der Musikerziehung im Kindergarten seit der Mitte der sechziger Jahre stark erweitert haben.

Zum Liedsingen ist die einfache Begleitung durch das sog. Orff-Instrumentarium hinzugekommen. Die rhythmisch-musikalische Erziehung (Rhythmik) macht auf ein Prinzip aufmerksam, das gerade für Vorschulkinder (wie auch für Grundschüler!) von großer Bedeutung ist, nämlich die Erfahrung von Musik und die Reaktion auf Musik durch den Körper, durch Bewegung im Raum. Oft liegen ja die Schwierigkeiten von Kindern, sich über Musik mitzuteilen und zu verständigen, in der Unfähigkeit begründet, musikalische Erfahrungen durch Sprache wiederzugeben. Hier helfen Körperbewegungen und Gesten weiter. Dieser Ansatz ist nicht neu. Schon in den zwanziger Jahren wurde Rhythmik für die Musikerziehung im Kindergarten gefordert. Für die Praxis hat das zunächst kaum Wirkung gezeigt. Dagegen können heute die Kindergarten-Trägerverbände wegen der inzwischen erfolgten Ausbildung von „Rhythmikern" qualifizierte Fortbildungsangebote machen. Daher kommt es, daß die Anliegen der rhythmisch-musikalischen Erziehung in immer mehr Kindergartengruppen berücksichtigt werden. Hierzu kommen Kindertänze aus allen Ländern, die immer beliebter werden.

Eine weitere Aufgabe früher Musikerziehung ist die Förderung der Fähigkeit, Klänge zu entdecken und zu gestalten (Klangexperimente). Gerade jüngere Kinder haben Lust, Klänge experimentierend zu suchen durch den verschiedenartigen Gebrauch der eigenen Stimme, durch das Abhorchen von Klangeigenschaften vorgefundener Materialien oder einfacher Instrumente, die man auch selbst bauen kann. Bringt man die gefundenen Klänge in eine Ordnung, entstehen *Klangspiele*. Am beliebtesten sind in Kindergärten *Klanggeschichten,* also die Verklanglichung von geeigneten Erzählungen. Sie dürften auch deshalb vielen Kindergartenerziehern willkommen sein, weil sie – wie man meint! – nicht allzuviel musikalisches oder musikdidaktisches Können – der Kinder wie der Erwachsenen – erfordern.

Klangspiele lassen sich mit Hilfe graphischer Zeichen und bunter Farben aufschreiben. Erfahrungen haben gezeigt, daß auch Kinder im Vorschulalter dazu sehr wohl fähig sind.

Noch ein weiteres Feld ist zu bedenken, das erst in den letzten Jahren in das Blickfeld von Kindergarten-Erziehern gerät. Man hat bisher viel zu wenig auf die Tatsache reagiert, daß auch Kinder im Vorschulalter viele Stunden am Tag von vorgefertigter Musik aller Art umgeben sind. Wie auf die Medienüberflutung und ihre Folgen zu reagieren sei, ist für die Kindergartenpädagogik ebenso ungeklärt wie für den Musikunterricht in den Schulen. Ganz gewiß ist eine Hörerziehung an Umweltklängen und an Musikstücken nötig.

Auch hier zeigen Versuche, daß eine Differenzierung des Hörens komplexer Musik Kindern im Vorschulalter in einem Ausmaß möglich ist, wie es viele Musikerzieher bisher nicht für möglich hielten – vorausgesetzt, man findet Wege und praktiziert Methoden, die den Formen spielenden Lernens angemessen sind. Ebenso ist aber auch eine Erziehung zum Weghören vonnöten – eine Erziehung zur Stille. Dieses kann natürlich nicht ohne Zusammenarbeit mit den Eltern geschehen. Im Kindergarten sollte Elternmitarbeit mehr noch als in der Schule praktiziert werden, weil er sich als familienergänzende Einrichtung versteht. Die meisten Erzieher sind jedoch zu einer „Medienerziehung" zusammen mit den Eltern nicht befähigt, da sie für diese Aufgabe nicht ausgebildet sind.

Zusammenfassend lassen sich folgende Inhaltsfelder der Musikerziehung im Kindergarten unterscheiden:

- Singen; Gebrauch der Stimme
- Umgang mit Instrumenten: Klanggeschichten, Klangspiele, Klangexperimente, Bau einfacher Instrumente
- Rhythmisch-musikalische Erziehung; Kindertanz
- Hören von Musikstücken; auditive Wahrnehmungserziehung an Klängen und Geräuschen um uns

Es muß betont werden, daß diese Gliederung dem Erzieher einen Überblick verschaffen soll. In der Praxis einer kindgemäßen Musikerziehung überschneiden sich die genannten Inhaltsbereiche und ergänzen einander. Mit Bezug auf die Erweiterung der Inhalte gibt es also keinen Unterschied zum Musikunterricht der Grundschule, wenngleich es dort üblich geworden ist, von „Lernfeldern" zu reden (siehe Kapitel II dieses Handbuches). Die Bezeichnung „Lernfelder" wird im Elementarbereich vermieden, weil man fürchtet, daß sich mit dem Wort „lernen" falsche Vorstellungen von den Bildungsvorgängen und

Bildungsabsichten im Kindergarten verbinden. Versteht man jedoch unter „lernen" die Veränderung bzw. den Zuwachs an Verhalten, dann wären die Begriffe „Lernen" und „Lernfeld" auch im Elementarbereich angebracht. Sie haben sich dort bisher jedoch nicht durchgesetzt. Tatsächlich geht es ja um die Art und Weise des Umgehens, des Gestaltens, des Spielens mit Musik. Die Übergänge vom Spielen zum Lernen (im Sinne von zielgerichteten unterrichtlichen Prozessen) sind fließend, wie jeder Grundschullehrer weiß. Im Kindergarten ist das Spiel der zentrale Bildungsvorgang; in der Grundschule sind es mit zunehmender Jahrgangsstufe mehr und mehr jene Formen des Lehrens und Lernens, die wir Unterricht nennen. Deshalb können sich die Prinzipien der Musikerziehung im Elementarbereich und die des Musikunterrichts in der Grundschule gegenseitig ergänzen. Die Grundschule kann insbesondere im 1. und 2. Schuljahr von den Formen des spielenden Lernens gewinnen, die im Kindergarten vorherrschen sollten. Andererseits wird es für den Kindergarten hilfreich sein, die musikalischen Angebote nach kindgemäßen Lernphasen zu gliedern, wie sie dem schulischen Unterricht eigen sind. Der Austausch kann insbesondere auf der Ebene der Praxis vorangetrieben werden. Die theoretische Verständigung ist deshalb so schwierig, weil es an klaren Abgrenzungen und Begriffen mangelt. Für viele Erzieher im Kindergarten ist das Wort „lernen" mißverständlich; sie verbinden damit auswendig-lernen, behalten, abfragbares Wissen. Mancher Grundschullehrer mißversteht die Bedeutung des Spiels für die Lernmotivation der Kinder. In der Vergangenheit haben Kindergarten und Grundschule viel zu wenig Notiz voneinander genommen, als daß dieser Zustand überraschen könnte. Mit wachsender Zusammenarbeit, zumindest beim Übergang vom Kindergarten in die Grundschule, wächst das gegenseitige Verständnis für die verschiedenen Ansätze und für die gemeinsamen Zielsetzungen.

3. Elementare Umgangsweisen mit Musik und die damit verbundenen Absichten

Gleichgültig, ob man die verschiedenen Bereiche „Lernfelder" nennt oder sie nach bestimmten musikalischen Inhalten unterscheidet: Es geht darum, daß Kinder die Möglichkeit bekommen, in vielfacher Weise mit Musik umzugehen. Ein entscheidender Gewinn der Musikpädagogik im Elementar- und Primarbereich der letzten 15 Jahre liegt im Vordringen der Erkenntnis, daß es primär um die Ermöglichung lustvoller Umgangsweisen mit Musik geht und nicht um ein vordergründiges Lernen und Behalten von Liedern, musikalischem Wissen (Noten) und vereinzelten Spieltechniken. Bewußtmachen und Benennen musikalischer Abläufe und ihrer Strukturelemente sind nur im Zusammenhang (!) mit vielfältigem Musikmachen sinnvoll zu gewinnen.
Die Umgangsweisen sind: Singen, Gebrauch der Stimme, auf Instrumenten spielen, sich nach Musik bewegen. Mit diesen lassen sich selbstverständlich bestimmte Absichten verbinden. Sie wirken wiederum zurück auf die Art und Weise des Umgehens mit Musik.

Nun haben die vielfältigen Formen des erzieherischen Handelns im Kindergarten noch keinen Namen gefunden. Sie sind mit dem Wort „Spiel" richtig umschrieben, jedoch handelt es sich meistens um ein zielgerichtetes, von pädagogischen Absichten geleitetes Spiel. Aus der Tatsache, daß die Kindergartenpraxis auf Erziehungs- bzw. Bildungsziele ausgerichtet ist, läßt sich nicht ableiten, daß es sich um Unterricht handelt, wenngleich manche Kindergartenpraxis einige unterrichtliche Momente aufweist, wie der Grundschulunterricht spielerische Elemente aufgreift. Das Verhältnis von kleinkindgemäßen Umgangsweisen mit Musik und musikerzieherischen Absichten ist im gegenwärtigen Diskussionsstand schwer zu definieren. Deshalb soll es an einigen Beispielen verdeutlicht werden.

a) Lieder

(1) Im Winter ist soviel Schnee gefallen, daß die Kinder einen Schneemann bauen können. Man kann ihn durch die Fenster des Gruppenraumes sehen. Die Erzieherin singt das Lied „Kommet all und seht, vor dem Hause steht ein dicker Mann und lacht, der ist aus Schnee gemacht" (T. u. M.: H. POSER, aus: Die Zugabe, Bd. 1, Fidula, Boppard). Das Lied hat noch zwei weitere Strophen. Dort wird erzählt vom „blauen Topf", den der Schneemann als Hut trägt. Und daß der Schneemann „weint, wenn die Sonne scheint". Die drei Situationen, welche die Strophen schildern, stellen die Kinder in Bildern dar. Diese sind Anlaß zum wiederholten Singen und zugleich Gedächtnisstütze.
Welchen musikpädagogischen Sinn hat solch ein Vorgehen? Die Kinder werden, wenn sie nach Hause kommen, sagen: „Wir haben einen Schneemann gebaut, davon gesungen und Bilder gemalt."
Für den Erzieher sollten sich spezielle Absichten damit verbinden. Sie lassen sich etwa so umschreiben: Durch das Lied wird das Erlebnis zum Ausdruck gebracht und bekommt damit eine weitere Dimension. Musik ist für die Kinder eine Möglichkeit des Ausdrucks von Erlebnissen. Das gilt für alle Lieder, die mit einer Situation bzw. mit einem Ereignis verbunden werden.
(2) Weit verbreitet ist das Lied „Onkel Jörg hat einen Bauernhof" (aus England, Die Zugabe, Bd. 1, Fidula, Boppard). Ein kluger Erzieher wird es mit einem Klangspiel verbinden, in dem die Kinder mit Stimmen Tiergeräusche nachahmen, verfremden und zu einer Klangkette verbinden. Beim Singen des Kehrreimes „es macht tuk-tuk hier..." bewegt man Hand und Arm im Rhythmus der Melodie und zeigt dabei nach „hier", nach „da" und „überall". Aus dieser Bewegung läßt sich ein rhythmisches Motiv ableiten, das einige Kinder auf kleinem Schlagwerk ostinat zum gesungenen Kehrreim spielen werden. Zum ersten Teil des Liedes (Onkel Jörg hat einen Bauernhof) wird ein Ostinato auf Stabspielen gespielt.
Welche musikalischen Erziehungsziele verfolgt man durch eine solche Art und Weise der Liedgestaltung? Das rhythmische Gefühl wird gefördert, Melodieteile werden aufgrund der unterschiedlichen Begleitung intuitiv erfaßt (sie

werden jedoch nicht bewußt gemacht; das ist spätere Aufgabe der Grundschule).
(3) Wieder andere Gestaltungsformen erfordert das Lied „In Holland, wo die Mühlen steh'n, da lebte Jan, der Kater"(T.: J. KRÜSS, M.: H. WEBER, Die Zugabe, Bd. 1, Fidula, Boppard). In fünf Strophen wird breit von seiner seltsamen Leidenschaft für Edamer Käse erzählt. Der Kater Jan verdirbt sich den Magen an Käse; er wird eingesperrt, weil er Käse gestohlen hat; er verkracht sich mit seinen Freunden, die ihm keinen Käse geben wollen; er träumt im Fieber vom „Himmelreich aus Käse". Ein solches Lied muß man in szenisches Spiel umsetzen. Die Freude am Lied durch die Identifikation mit dem interessanten Tier überträgt sich auf Musik, die ein solches Spiel erst ermöglicht. Wir sprechen von „Lust an Musik" gewinnen (ABEL-STRUTH).

b) Spiel mit Klängen

Klanggeschichten sind besonders sinnvoll, wenn die Kinder nicht nur die Klänge, sondern auch die Geschichte selbst erfinden. Als ein besonders geglücktes Beispiel wird hier die Geschichte vom „Elefanten und den Ameisen" als Beispiel gewählt.

Ein Elefant geht durch den Urwald (aus: Musikpraxis, H. 3/79, Fidula, Boppard)
Er kommt an ein Ameisenhaus.
Der Elefant klopft an.
Die Ameisen machen nicht auf. Der
Elefant sieht durch das Fenster:
Die Ameisen schlafen.
Der Elefant klopft erneut an;
die Ameisen öffnen nicht.
Der Elefant geht zum Bach,
füllt seinen Rüssel mit Wasser
und geht zurück zum Ameisenhaus.
Er öffnet das Fenster und spritzt das Wasser ins Haus.
Die Ameisen blasen ihre Schwimmwesten auf
und schwimmen weg.
Der Elefant geht weiter
und tritt in eine große Pfütze.
Er schnüffelt im Wasser herum.
Ein Regenwurm kriecht in seinen Rüssel.
Der Elefant niest
und der Regenwurm fliegt in hohem
Bogen heraus.
Der Elefant kommt zum Ameisenhaus zurück.
Er findet es leer und legt sich ins Bett.
Die Ameisen kommen zurück
und stechen den Elefanten.
Der springt auf
und läuft schnell weg.

Schon beim Lesen der Geschichte werden einem Musikerzieher Möglichkeiten zur Verklanglichung mittels Schlauchtrompete, Wassergeräuschen, Pauken etc. einfallen. Die Kinder erfinden und spielen die Klänge zunächst parallel zur erzählten Geschichte. Bald kann diese entfallen; man spielt eine Folge von Klängen, die aufgeschrieben wird. Sie können auch in anderer Reihenfolge gespielt werden, wobei man die zuvor verabredeten graphischen Zeichen gebraucht. Welchen musikerzieherischen Sinn hat ein solches Spiel? Es fördert die Phantasie mit Bezug auf die Erfindung einer Geschichte und den in der Geschichte beschriebenen Situationen entsprechenden Klängen. Diese Klänge können mittels Tonband bzw. Tonkassette festgehalten, abgehört und dann verbessert werden. Bei gemeinsamen Klangerfindungen und -gestaltungen müssen Absprachen getroffen, Aufgaben verteilt und übernommen und Entscheidungen getroffen werden. Das musikalische Spiel impliziert also zugleich eine Förderung des Sozialverhaltens der Kinder.

c) Rhythmisch-musikalische Erziehung

Die Erzieherin fordert die Kinder auf, sich im Raum wie Pferde zu bewegen. Anlaß dazu kann die Erzählung eines Kindes von Pferden sein, der Besuch einer Pferdekoppel oder das Betrachten eines Bilderbuches von Pferden. Durch Bewegung im Raum stellt sich heraus, daß Pferde sich auf verschiedene Weise bewegen: Sie gehen (musikalisch ausgedrückt: Viertelbewegung), sie traben (Bewegung in Achteln), sie galoppieren (punktierter Rhythmus). Jede Bewegungsart wird auf ein Instrument übertragen, z. B. werden Viertel auf der Handpauke geschlagen, Achtel auf dem Schellenkranz, der punktierte Rhythmus auf Holzblocktrommeln. Einzelne Kinder schlagen hintereinander die genannten Rhythmen, die anderen bewegen sich entsprechend, indem sie gehen, laufen, hüpfen.

Was lernt man bei solchen Vorgängen musikalisch? Die Kinder unterscheiden verschiedene Bewegungsarten. Diese sind identisch mit bestimmten rhythmischen Abläufen. Erklingen die Rhythmen auf verschiedenen Instrumenten, werden sie durch Bewegungen dargestellt. Das Gehör wird differenziert und das rhythmische Gefühl für ♩ ♩ :‖ ♫ ♫ :‖ und ♪ | ♪ ♪ | ♪ :‖ gefördert.

d) Musikhören durch Umsetzen in Bewegung

Zwei Beispiele aus dem „Karneval der Tiere" von CAMILLE SAINT-SAËNS: (1) *Marsch der Löwen:* Das Stück ist durch zwei musikalische Charakteristika bestimmt, nämlich durch die Marschmelodie (und den Marschrhythmus) und durch die Wiederholung einer chromatischen Tonleiter, die das Brüllen der Löwen assoziiert. Wie können Kinder einer solchen Musik zuhören und zugleich etwas von ihren innermusikalischen Abläufen wahrnehmen? Als methodisches Mittel dient die Umsetzung in Bewegung. Solange die Marschmelodie erklingt, bewegen sie sich schwerfällig-stolz durch den Raum. Beim Erklingen der chromatischen Leiter bleiben sie stehen und „brüllen" mit. Zwei Formelemente des Musikstückes werden auf diese Weise dargestellt. Wenn also die Kinder an den „passenden" Stellen brüllen und sich parallel zur Marschmelodie bewegen, dann wird dadurch erkennbar, daß sie im inneren Ohr den melodischen und klangfarblichen Unterschied wahrnehmen, also anfanghaft struktu-

rell hören. Der Unterschied zum späteren Musikunterricht besteht darin, daß die Strukturelemente (Melodie, chromatische Leiter) weder benannt noch durch grafische oder herkömmliche Notation bewußt gemacht werden müssen.
(2) Ähnlich läßt sich auch beim „Kuckuck" verfahren. Zum Klang der Klaviere gehen die Kinder „in der Tiefe des Waldes" spazieren. Beim Ruf der Klarinette dreht sich jeder zum „Kuckuck" um. – Eine weitere Spielmöglichkeit bietet das Stichwort „Kuckucksuhr": Jeder hockt still hinter einem Stuhl, solange die Klaviere zu hören sind. Beim Ruf der Klarinette guckt man über die Stuhlkante hinweg, wie der Kuckuck aus der Uhr. Auch hier läßt sich an den Reaktionen der Kinder erkennen, ob das Gehör den Klang der Klaviere von dem der Klarinette und die damit verbundenen melodischen Abläufe unterscheiden kann.

Was lernen Kinder durch solcherlei Spiele zu Musikstücken? Durch das methodische Mittel der *handelnden* Reaktion auf Musik lernen sie differenziert zu hören und dabei musikalische Strukturelemente, in diesem Falle Melodie, Takt, Instrumentenklang zu unterscheiden. Es ist geradezu eine Entdeckung in der Elementarpädagogik des letzten Jahrzehnts, daß viele Kinder nicht weniger unterscheidend hören als Jugendliche oder Erwachsene. Man muß ihnen nur kindgemäße Formen der Reaktion auf Musik ermöglichen wie z. B. Gesten, Bewegung, Malen. Die Hörerziehung in der Musikpädagogik hat sich viel zu einseitig der verbalen Reaktion auf Musik als Unterrichtsmittel bedient. Sie könnte gerade in diesem Bereich durch Methoden und Medien der Musikerziehung im Elementarbereich gewinnen.

4. Besonderheiten vorschulischer Musikerziehung

a) *Musik* bekommt für Vorschulkinder dann Bedeutung, wenn sie *mit außermusikalischen Ereignissen verbunden* ist. Was die skizzierten Beispiele zeigen, läßt sich verallgemeinern: *Lieder* sollten mit Erlebnissen (Natur, Tiere), Situationen und Anlässen verbunden sein. Selbsterzeugte instrumentale und vokale *Klänge* werden interessant, wenn sie zur Verklanglichung einer Geschichte oder eines Bilderbuches dienen. Unterschiedliche rhythmische Abläufe werden lustvoll erfahren, wenn sie oft mittels Assoziationen – als *Bewegungen im Raum* gemacht werden. *Musikhören* macht Spaß, wenn man es mit der Vorstellung außermusikalischer Gegebenheiten, z. B. mit Tieren, Szenen, Bildern verbinden kann. – Kinder erleben also nicht Musik an sich, sondern meistens in Verbindung mit anderen Ereignissen.
Hier liegt ein ästhetisches Problem. Folgt man der Formalästhetik, dann ist anzustreben, Musik als „tönend bewegte Form" und ihre Gesetzmäßigkeiten „absolut" zu hören. Alle assoziativen, emotionalen und psychomotorischen Wirkungen und Verbindungen von Musik wären dann eine mindere Art des Musikgebrauchs. Diese Voreingenommenheit haftet seit Jahrzehnten – aus dem Blickwinkel weiterführender Schulen und Hochschulen – dem spielenden Umgang mit Musik im Kindergarten (und auch in der Grundschule) an, der sich

ja außermusikalischer Verbindungen bedienen muß. Es wäre falsch, einer einseitigen Formalästhetik eine einseitige Inhaltsästhetik gegenüberzustellen, die sich damit begnügt, in Musik andere Lebensbereiche lediglich „abgemalt" oder gefühlsmäßig wiederfinden zu wollen. Die Wahrheit liegt in der Mitte: Wer Musik mit außermusikalischen Vorgängen verbindet, muß nicht unfähig sein, innermusikalische Vorgänge und Gesetzmäßigkeiten hörend zu erkennen. Dem Erzieher im Kindergarten (wie auch dem Grundschullehrer) wächst damit eine wichtige Aufgabe zu: Er muß Spiel- und Gestaltungsformen erfinden, planen und durchführen, durch die Lieder, instrumentale Musik, Klangspiele, Tänze von Kindern erlebt werden können. Dazu wird er sich gerade außermusikalischer Anlässe, Vorgaben, Erfahrungen, Erzählungen, Bilder und Bilderbücher, szenischer und Schattenspiele bedienen. Musikerfahrungen, die gerade durch solche außermusikalischen Verbindungen vielfältig werden, sind die Basis des Bewußtmachens von Musik, das zum vertiefenden Verstehen von Musik führt. Im Kindergarten kann das Bemerken musikalischer Abläufe vor allem intuitiv gefördert werden, wenn der *Erzieher* die musikalischen Gesetzmäßigkeiten bei der spielenden Gestaltung beachtet, wie es die einfachen Beispiele der verschiedenen Ostinati zu den Melodieteilen oder der unterschiedlichen Gesten zu verschiedenen Klangfarben zeigen. Musikalische Formelemente müssen *handelnd* erfahren werden. In der Regel werden sie im Kindergarten (noch) nicht verbalisiert oder mittels Notation erkannt. Das heißt aber nicht, daß sie nicht intuitiv und ohne reflexive Distanz wahrgenommen werden könnten.

b) *Musik* ist für Kinder vor allem eine Möglichkeit und *ein Mittel,* ihre *Emotionen auszudrücken,* zu erweitern, zu vertiefen und sie auch zu regulieren. Schul-Lehrpläne und Kindergartenplanungen im 19. Jahrhundert schrieben dem Singen die „Pflege des Gemüts" als wichtige Aufgabe zu. Diese Funktion von Musik wurde dann einseitig strapaziert, als Gefühlsduselei – die die Einflußnahme des Lehrers unkontrollierbar macht – überzogen und zusammen mit einem falschen Verständnis der „musischen Bildungsidee" mißbraucht. Auch unter diesem Aspekt ist Musikerziehung im Kindergarten als naives, gefühlsbetontes Tun vielen verdächtig. Das ändert nichts an der Richtigkeit der Intention, Kindern möglichst viele Gelegenheiten zu schaffen, damit sie ihre Gefühle mittels Musik ausdrücken und sich durch Musik beeindrucken lassen können. Kinderärzte, Psychiater und Erziehungsberater wissen, wie wichtig Musikmachen und Musikerleben für den emotionalen Haushalt gerade des jüngeren Kindes ist. Die Musikerziehung hat hier eine Aufgabe, die nach meiner Meinung von gleicher Wichtigkeit ist wie die fachimmanenten Zielsetzungen.

c) Dasselbe gilt von der Förderung des *Sozialverhaltens* durch Musik. Je geringer die musikalische Fachausbildung von Erziehern ist, um so mehr scheint diese Absicht beim Gebrauch von Musik im Kindergarten im Vordergrund zu stehen. In der rhythmisch-musikalischen Erziehung (Rhythmik) und bei Klangexperimenten (MEYER-DENKMANN: Klangexperimente, 1970) wird die Förderung des Sozialverhaltens durch Musik stark betont. Die Grenzen zur Musiktherapie, die Musik als Mittel der Selbsterfahrung und zur Einübung in bzw. Stabilisierung von zwischenmenschlichen Beziehungen gebraucht, sind fließend. – Auch die Gestaltung von Liedern z. B. durch szenisches Spiel, durch aufgabenteilende Formen der Liedbegleitung und das Hören von Musik durch Umsetzen in Bewegungen erfordern, verändern und fördern stets ein vielfältiges Reagieren aufeinander. Gerade die Absicht der Förderung des Sozialverhaltens durch Musik wird in der Kindergartenpädagogik jenseits fachimmanenter Zielsetzungen angeführt. Und welcher Grundschullehrer singt, musiziert und spielt nicht mit Kindern, die in einer Klasse neu zusammenkommen, *auch,* weil er das Klassenklima positiv beeinflussen möchte?

d) Welches sind dann *fachimmanente Absichten der frühen Musikerziehung?* Es wurde schon darauf hingewiesen, daß sie sich nicht als Lern- oder Verhaltensziele mit Bezug auf spezielle Inhalte festmachen lassen. Sie lassen sich auch nicht systematisieren. Wir wiederholen, daß der Zugewinn an musikalischen Fähigkeiten zumeist im Zusammenhang mit komplexen Spielformen erfolgt. Trotzdem kann man einige Fähigkeiten nennen, deren ständige, aufbauende Förderung bei allen vorschulpflichtigen Kindern möglich ist. Dazu gehören:

- das rhythmische Gefühl für betonte – unbetonte Musikverläufe, die Wahrnehmung lange – kurze Töne differenzieren;
- sich gemäß musikalischem Tempo, Takt und Rhythmus im Raum bewegen;
- unterschiedliche Geräusche und musikalische Klänge, insbesondere mit Bezug auf Klangfarben, hörend unterscheiden;
- herausragende musikalische Elemente (Motive, Klangfarben) hörend erkennen und durch Gesten, Zeichen oder Farben darstellen;
- für unterschiedliche Stimmungen, die Musik erzeugt, empfindsam werden und diese mit Farben und Bewegungen ausdrücken.

e) Durch vielfältiges Spiel werden einige Lieder, Klangspiele, Tänze, Musikstücke, die für die Kinder Bedeutung gewonnen haben, wie von selbst zum geistigen Eigentum. In diesem Zusammenhang ist auf die *Bedeutung der Wiederholung* für das frühe Lernen hinzuweisen, ein stabilisierendes Bildungselement, das meines Erachtens oft vernachlässigt wird.

f) Der *Zugewinn* an musikalischen Fähigkeiten wird in der elementaren Musikerziehung *durch Handeln und durch Spiel* gewonnen. Der Erzieher folgt – bewußt oder unbewußt – zwar musikerzieherischen Absichten, wie der Versuch ihrer Benennung unter 4. d) zeigen will. Sie können und sollen jedoch nicht für alle Kinder bzw. für einen Zeitraum verbindlich gesetzt und verfolgt werden. Leitziel des Kindergartens ist die Berücksichtigung des individuellen Entwicklungs- und Lerntempos jedes Kindes. Deshalb kennt er in der jahrgangsgemischten Gruppe keine alle bindenden Ziele und Inhalte im Sinne eines Lehrplans. Trotz einiger Methoden und Medien, die er mit der Grundschule gemeinsam hat, kennt er nicht den Unterricht als Form des Lehrens und Lernens. (Bei der Einrichtung von Vorschulklassen wurde dieser Unterschied an-, jedoch nicht ausdiskutiert.) Es ist deshalb auch schwierig, die Aktionen, die auf das Verhältnis von Kind und Musik gerichtet sind, genau zu bezeichnen. Da es Spiele, Experimente, Handlungen mit Musik zum Zwecke einer Verhaltens-

förderung, -veränderung und -erweiterung sind, wird – auch in der Überschrift dieses Beitrages – das Wort *Musikerziehung* gewählt.
g) Nach meiner Überzeugung ist es nicht allein wichtig, *daß* Kinder spielend und handelnd mit Musik umgehen, sondern *in welcher Grundstimmung* dieses geschieht. Wenn Bewegungen, Experimente, Instrumentenbau, Geschichten, Bilder, Spiele sie erfreuen, dann bekommt auch ihr Verhältnis zur Musik, die mit diesen verbunden ist, eine positive Färbung. Freude an Musik, die der Kindergarten vermittelt, ist – jenseits aller einzelnen Fortschritte und Fähigkeiten – die wichtigste Voraussetzung für ein weiteres Musiklernen.

Literatur

Veröffentlichungen zur Musikerziehung im Elementarbereich sind in der Regel nicht auf spezielle Lerngruppen oder Institutionen bezogen. Die zahlreichen Materialien zur Praxis richten sich auf musikerzieherisches Handeln in den Inhaltsfeldern, von denen oben die Rede war.

(1) Singen / Gebrauch der Stimme (Auswahl)
Keller, Wilhelm: Ludi musici, Band I, Spiellieder für Kindergarten und Grundschule, Boppard/Salzburg 1970
Rockel, Liselotte: Das Liedernest 1 und 2, Boppard/Salzburg 1971 und 1979
Lemmermann, Heinz: Die Zugabe, Band 1 und Band 3, Boppard/Salzburg
Küntzel-Hansen, Margit: Die Liederkommode, Velber 1973
Auerbach, Lore: Hören lernen – Musik erleben, Wolfenbüttel 1971, Kap. 7
Rüdiger, Adolf: Stimmbildung im Lied, Frankfurt 1974
Klein, Richard Rudolf: Willkommen, lieber Tag, Bd. I, Frankfurt 1979
Lehn, Wolfgang und Margarete: 48 Kinderlieder aus aller Welt, Lilienthal 1979

(2) Umgang mit Instrumenten
Meyer-Denkmann, Gertrud: Klangexperimente und Gestaltungsversuche im Kindesalter, Wien 1970
Keetmann, Gunhild: Elementaria, erster Umgang mit dem Orff-Schulwerk, Stuttgart 1970
Keller, Wilhelm: Ludi musici, Band II, Boppard/Salzburg 1973
Friedemann, Lilli: Kinder spielen mit Klängen und Tönen, Wolfenbüttel 1972. (Das Buch ist ein Musterfall für eine „ganzheitliche" Musikerziehung, die Singen, Bewegung, szenisches Spiel und instrumentale Improvisation miteinander verbindet. Der Inhalt bezieht sich auf mehr Bereiche als der Titel vermuten läßt.)

(3) Rhythmisch-musikalische Erziehung (Auswahl)
Glathe, Brita: Rhythmik für Kinder, Wolfenbüttel 1973
–: Stundenbilder zur rhythmischen Erziehung, Wolfenbüttel 1974
Haselbach, Barbara: Tanzerziehung, Stuttgart 1975
–: Improvisation, Tanz, Bewegung, Stuttgart 1976
Zöller, Gerda: Musik und Bewegung im Elementarbereich, in: Institut für Frühpädagogik 1974, 81–103
Gaß-Tutt, Anneliese: Tanzkarussell 1 und 2, Boppard 1972/1978
Holzheuer, Annemarie: Musik und Bewegungserziehung in Kindergarten und Grundschule, Bad Heilbronn 1980

(4) Musikhören

Auerbach, Lore: Hören lernen – Musik erleben, Wolfenbüttel 1971
Abel-Struth, Sigrid: Musikalischer Beginn in Kindergarten und Vorschule. Materialien, Kassel 1977. (Die Materialien sind gegliedert nach: Spiel-Situationen mit musikalischem Beginn / musikdidaktische Bildmaterialien / Kinderlieder / Vokalmaterial / Instrumental-Materialien / Materialien für hörsensorische Übungen / Musikdidaktische Schallplatten. Die Materialien „möchten nicht als festes Kontinuum mißverstanden werden".)
Eine Zusammenschau der Umgangsweisen mit Musik ist versucht in:
Große-Jäger, Hermann: Freude an Musik gewinnen. Erprobte Wege der Musikerziehung im Kindergarten, Freiburg 1983

Materialien zu allen Inhaltsfeldern bringt periodisch die Zeitschrift MUSIKPRAXIS, Arbeitshilfen für Musik in Kindergarten und Grundschule, Fidula-Verlag Boppard/Salzburg.

Musik im Primarbereich der Sonderschulen

Werner Probst

I. Allgemeines zu Sonderschulen

Die Sonderschulen heutiger Prägung entwickelten sich in der Bundesrepublik in den 60er Jahren aus den Hilfsschulen, vornehmlich für intelligenzschwache Schüler, den speziellen Schulen bzw. Anstalten für Körperbehinderte und für Sinnesgeschädigte und den Tagesstätten für geistig Behinderte. Aus dem Bedürfnis, die unterschiedlichen Bildungsstätten für Behinderte in das gesamte Schulsystem einzuordnen und Schulbildung für alle Kinder und Jugendliche zu gewährleisten, wurden die Sonderschulen konzipiert. Mit dem Oberbegriff „Sonderschule" konnte gleichzeitig der zur Belastung von Schüler und Schule gewordene Begriff „Hilfsschule" abgelöst werden. (Was allerdings nicht verhindert hat, daß heute der Name Sonderschule insbesondere in Verbindung mit Lernbehinderten zur gleichen Diffamierung führt.) So sind entsprechend verschiedener Behinderungen Sonderschulen eingerichtet worden: Sonderschulen für Lernbehinderte und für geistig Behinderte, für Körperbehinderte, denen oft Klassen für Schwerstbehinderte und Mehrfach-Schwerstbehinderte angeschlossen sind, für Blinde und für Sehbehinderte, für Hörgeschädigte und für Gehörlose, für Sprachbehinderte und, in den letzten Jahren zunehmend eingerichtet, für Erziehungsschwierige oder Verhaltensauffällige.
Der hohe Grad der Differenzierung soll eine optimale Förderung der Schüler ermöglichen, die auch zur Zurückführung in die Regelschule führen kann, so von der Lernbehindertenschule oder der Schule für Erziehungsschwierige zur Grund- oder Hauptschule. Die Diskussion um die Auflösung von Sonderschulen und die Integration der Behinderten in die Regelschulen wird verstärkt geführt.
Auf erfolgreich verlaufende Modelle in Italien und Schweden kann verwiesen werden; Versuche werden an einigen Grund- und Hauptschulklassen in der Bundesrepublik durchgeführt. Einsichtig erscheint aus ökonomischen, medizinischen und pädagogischen Gründen die Zusammenfassung körperbehinderter und sinnesgeschädigter Kinder entsprechend ihrer Behinderung. Dafür sprechen spezielle Therapie- und Betreuungsräume, der Behinderung gerechte Anlage der Schulräume, der konzentrierte Einsatz des Lehr- und Betreuungspersonals.
Die Isolierung der Behindertengruppe mit den Folgen der Aussonderung aus der umgebenden Gesellschaft ist das entgegenzusetzende wichtige Argument der Befürworter einer Integration.

Wie auch immer das Sonderschulwesen sich in der Zukunft entwickeln wird, das Besondere pädagogischen Handelns ist im Umgang mit jeder Behinderungsart vonnöten. Dies soll im Verlauf dieser Erörterung am Beispiel des Faches Musik dargelegt werden.

II. Charakterisierung von Behinderungsarten

Es würde zu weit führen, alle oben aufgeführten verschiedenen Behinderungsarten zu beschreiben. Da es darum geht, die Notwendigkeit des Besonderen im musikpädagogischen Handeln aufzuzeigen, soll hier exemplarisch auf die Behinderungsarten Lernbehinderung, geistige Behinderung und Körperbehinderung eingegangen werden.

1. Lernbehinderte Schüler

Die Gruppe der als lernbehindert bezeichneten Schüler erweist sich im Hinblick auf Herkunft, Ursache der Lernbehinderung und Lernvoraussetzungen als äußerst inhomogen. Am Beispiel der Unterstufen der Schule für Lernbehinderte kann dies im Hinblick auf die Lernvoraussetzungen verdeutlicht werden: Die beiden ersten Klassen, in der Regel zu einer Einheit zusammengeschlossen, werden von Schülern besucht, die bei der Einschulung zurückgestellt, nach Absolvierung des Schulkindergartens erneut für nicht schulreif für die Regelschule befunden wurden. Die Klassen drei und vier werden von Aufsteigern dieser Klassen besucht und von Schülern, die in der Regel nach zweimaligem Nichterreichen des Klassenzieles der Grundschule oder offensichtlichem Unvermögen, dem Unterricht zu folgen, über das Sonderschulaufnahmeverfahren der Sonderschule für Lernbehinderte überwiesen wurden.

Mit dem Begriff Lernbehinderung wird eine Sammelbezeichnung verwendet, die im Hinblick auf Beschreibung des Personenkreises, den Auffälligkeiten und deren Ursachen, der Abgrenzung gegenüber Lernleistungen und Lernschwächen des Grund- oder Hauptschülers ungenau und oftmals beliebig interpretierbar ist.

„Man darf nicht verschweigen, daß ‚Lernbehinderung' als grundlegender wissenschaftlicher Fachausdruck ... gelehrte Hilflosigkeit widerspiegelt" (BAIER 1982, 154).

Erst im Hinblick auf unterschiedliche Anforderungen des Schulsystems wird Lernschwäche oder Lernbehinderung deutlich. Der deutsche Bildungsrat versucht Lernbehinderung wie folgt zu definieren:

„Als Lernbehinderte im Schulalter gelten Kinder und Jugendliche, die in Folge mangelhafter Entwicklung oder einer Schädigung des zentralen Nervensystems oder soziokultureller Deprivation bei erheblich verminderten Intelligenzleistungen vornehmlich in ihren schulischen Lernleistungen soweit beeinträchtigt sind, daß die Aufnahme, Speicherung und Verarbeitung von Lerninhalten nicht in altersentsprechender Weise gelingt" (Deutscher Bildungsrat 1976, 38).

Mit diesen unterschiedlichen Defiziten und ihren Folgeerscheinungen muß der Unterricht in den verschiedenen Fächern, also auch im Fach Musik, rechnen.

2. Geistig behinderte Schüler

Im Sonderschulaufnahmeverfahren von Nordrhein-Westfalen werden Schüler von Schulen für geistig Behinderte wie folgt beschrieben:

„Als sonderschulbedürftig geistig behindert gelten Kinder und Jugendliche, die wegen höhergradiger Behinderung im Bereich intellektueller Funktionen in der Sonderschule für Lernbehinderte nicht hinreichend gefördert werden können. Sie sind in der Regel nicht in der Lage, grundlegende Lerninhalte von der Art der Kulturtechniken aufzunehmen, zu speichern und zu verarbeiten. Zu den kognitiven Beeinträchtigungen treten in der Regel erhebliche Entwicklungsverzögerungen der Sprache, der sozialen Kommunikation, der emotionalen Differenziertheit und motorische und Konzentrationsschwächen".

Die Beschreibung des in dieser Schule anzutreffenden Schülerkreises läßt bereits erkennen, daß ein Fach, das wie das Fach Musik auch das Lernbare herausstellt, sehr wohl Inhalte und Wege bedenken muß, um die vorgenommenen Ziele zu erreichen. Doch legten bereits die Tagesstätten für geistig Behinderte einen erhöhten Wert auf Musikbetätigung und hier war es vor allem die Rhythmik, der man besondere Bedeutung beimaß. Diese Einstellung wurde weitgehend in die Konzeption der Sonderschule übernommen, wobei allerdings die Musik einen Zweck erfüllen mußte, nämlich den der „Gewinnung von Lebensfreude", der „Gewinnung von Lebenserfülltheit", des Weckens von „Mitschwingfähigkeit" (Richtlinien für die Schule für geistig Behinderte, in: NRW, 12 ff.).

Zu einer fast belustigend anmutenden Zuweisung kommen die „Empfehlungen für den Unterricht in der Schule für geistig Behinderte" nach dem Beschluß der Kultusministerkonferenz vom 9. 2. 1979. In einem Dschungel von 15 Unterrichts- und Erziehungszielen und 110 angegebenen Unterrichtsinhalten kommt Musik nicht mehr vor. Man freut sich allerdings, „Musizieren" unter einer kaum noch zählbaren Vorschlagsliste zur „Fähigkeit zum Zusammenleben und zu gemeinsamem Tun" als Unterpunkt in Klammern zu finden. Etwas ausführlicher erscheint dann „musizieren, z. B. einfache Lieder singen und einüben, mit Klängen spielen, auf ORFF-Instrumenten Musik machen" beim fachorientierten Lehrgang evangelische und katholische Religion!

3. Körperbehinderte Schüler

Die Definition von Körperbehinderung nach dem Bundessozialhilfegesetz, wonach Körperbehinderte Personen sind, „die in ihrer Bewegungsfähigkeit durch eine Beeinträchtigung ihres Stütz- und Bewegungssystems nicht nur vorübergehend wesentlich behindert sind", muß aus pädagogischer und psychologischer Sichtweise erweitert werden, „da sich die physischen und psychischen Funktionen des Menschen in wechselseitiger Abhängigkeit entwickeln", und „die Schädigung des Stütz- und Bewegungsapparates zwangsläufig die Entwicklung aller anderen Funktionen mehr oder weniger stark" behindert.

„Insofern nimmt jede Körperbehinderung, die während der Entwicklungszeiträume anderer Funktionen bzw. Funktionsbereiche besteht, den Charakter einer Mehrfachbehinderung an" (HELD 1981, 10).
Die Beeinträchtigung des Stütz- und Bewegungsapparates hat „erhebliche Auswirkungen auf die kognitive, affektive und psychomotorische Bewältigung der Umwelt und somit auf das Lernverhalten" (KEMMELMEYER 1981, 273). Es muß also auch im Musikunterricht mit besonderen Voraussetzungen gerechnet werden, die nicht nur die primäre Behinderung betreffen.
Hinzu kommt eine Verschiebung des Gesamtbildes in den Klassen der Primarstufe: eine Zunahme von Kindern mit schweren Behinderungen, da vermehrt versucht wird, körperbehinderte Kinder in die Regel-Grundschule einzuschulen, darüber hinaus ein Zunehmen lernbehinderter Schüler, da die Annahme einer minimalen Cerebralparese mit Überweisungen an eine Körperbehindertenschule weniger das Ansehen belastend ist als das Dasein an einer Lernbehindertenschule. Das Fach Musik kann auf keinen Lehrplan zurückgreifen, der von diesen besonderen Bedingungen ausgeht. Wie in anderen Fächern gelten hier die Lehrpläne der Regelschule.

III. Musik mit Behinderten

Der Musik wurde im Zusammenhang mit speziellen Behinderungen seit jeher eine besondere Bedeutung zugemessen; sei es, daß man ihr eine heilende Wirkung zusprach; sei es, daß man – vornehmlich bei Blindheit – Behinderung mit hoher Musikalität verband; sei es, daß man hier noch eine Möglichkeit sah, den Behinderten am religiösen oder gemeinschaftlichen Leben teilnehmen zu lassen oder ihn schlicht zu erfreuen. Diese Verbindungen haben einen wahren Kern, der jedoch in der Pauschalierung auf Behinderung allgemein den Realitäten nicht gerecht wird. In den letzten Jahren konnten die so oft dubiosen Annahmen in realistischere Zusammenhänge gebracht werden. Das geschah zunächst in der begrifflichen Trennung von Musikunterricht und Musiktherapie (PROBST 1981), danach in der gezielten Ausformung des Unterrichts in Musik und des Instrumentalspiels mit Behinderten einerseits und der klinischen (medizinischen) und pädagogischen Musiktherapie andererseits. Durch diese Trennung war es möglich, beide großen Bereiche, den der Handhabung von Musik in Unterricht und Freizeit und den der Anwendung in den Therapien, in den Unterscheidungen und Überschneidungen zu sehen.

1. Unterricht in Musik

Die allgemeine Zielbestimmung des Unterrichts in Musik unterscheidet sich im Prinzip nicht von der das Faches Musik an Grund- und Hauptschulen: Die Schüler sollen sich des Musikangebots der Gegenwart in all seinen Erscheinungsformen bedienen lernen, sie sollen Möglichkeiten zur eigenen Freizeitgestaltung mit Musik erfahren. Diese Ziele sollen erreicht werden auf dem Wege der Inhalte von vier Funktionsfeldern – so der Lehrplan für Musik an der Schule für Lernbehinderte in Nordrhein-Westfalen: Singen, elementares Musizieren, Hören von Musik, Musik und Bewegung. Diese vier Funktionsfelder stimmen weitgehend mit Formulierungen von Verhaltensfeldern oder Sachgebieten der Lehrpläne von Sonderschulen in anderen Bundesländern und der Grundschulen inhaltlich überein.

a) Musiklernen

Das Unterscheidende findet sich in der Auswahl der Inhalte und in der Art der Vermittlung. Das Besondere der Lernfähigkeit des jeweiligen Behinderten, gleich welcher Behinderungsart, bestimmt möglichen Inhalt und methodisches Vorgehen. Der Lernvorgang beim Musiklernen wird von erschwerten Bedingungen geprägt: Konzentrationsschwäche vieler Schüler, Unruhe oder Antriebsarmut, Unsicherheiten im Wahrnehmen und Reproduzieren, Schwierigkeiten im Erfassen verbaler Anweisungen. So müssen sich Auswahl der Unterrichtsinhalte und die Vermittlungsweisen nach den jeweiligen Möglichkeiten der Schüler richten. Die Orientierung im Tonraum etwa bedarf einer eindrucksvollen visuellen und taktilen und kinästhetischen Unterstützung. Der aufeinander bezogene Wechsel der Unterrichtsinhalte innerhalb der Unterrichtsstunde – vom singenden Erfahren des Tonraums zur Bewegung im Raum – muß dem Nachlassen von Aufmerksamkeit entgegenwirken. Das Veranschaulichen des unanschaulichen Musikgeschehens, das Zurücknehmen verbaler Informationen auf wenige Akzente, der Wechsel von Bewegung und Ruhe prägen den Unterricht in der Primarstufe der Schule für Lernbehinderte ebenso wie in der Schule für Körperbehinderte oder für geistig Behinderte.
Entgegen den Annahmen offizieller Richtlinien und Empfehlungen ist Musiklernen mit der Zielvorstellung, Einsicht in Musikzusammenhänge zu gewinnen und Musik selbst zu gestalten, auch im Primarbereich einer Schule für geistig Behinderte sehr wohl möglich (auf der Basis von entsprechenden Schulversuchen entstand eine Sammlung von Unterrichtseinheiten in dem Buch: Musik, Tanz und Rhythmik mit Behinderten von PROBST/VOGEL-STEINMANN, 1978).
Das von Kunert aufgezeigte mögliche „verlangsamte Tempo der motorischen Handlungsabläufe wie auch der Vorstellungsabläufe" oder möglicherweise „eine gestörte Koordinationsfähigkeit für Wahrnehmungsleistung verschiedener Sinnesgebiete" (KUNERT 1975, 44/45) bleibt nicht ohne Auswirkungen auf Auswahl und Durchführung des Unterrichts. KEMMELMEYER sieht in diesem Zusammenhang kompensatorische Aufgaben des Musikunterrichts der Sonderschule, hier für die Schule für Körperbehinderte dargestellt:

„Es gilt, das Defizit akustischer Erfahrungen erst einmal aufzuarbeiten, um für die Rezeption und Erkenntnis der Musik den Boden zu bereiten. Zum andern sind Methoden der Vermittlung von Musik so zu gestalten, daß die Beschäftigung mit Musik kompensatorisch wirkt; d. h., Musik erhält hier mediale Funktionen zu Kompensation der ... Sekundärfolgen der Behinderung" (KEMMELMEYER 1981, 281).

b) Vermittlung von Möglichkeiten eigener Freizeitgestaltung

Die Zeit des Unterrichts in der Primarstufe der Sonderschulen, die weitgehend der Grundschulzeit entspricht, sollte genützt werden, die Grundlagen zur Gestaltung der eigenen Freizeit mit Musik zu legen. Das wird durch Anleitung zu differenziertem Hörverhalten geschehen müssen, das weitgehend über das Machen von Musik erreicht wird. Dahinter steht die Hoffnung, das Hören von Musik aus der Konsumhaltung zu lösen und zu aktiver Auseinandersetzung mit Musik vorzubereiten, das jedoch mehr noch vor dem Hintergrund eigenen vokalen oder instrumentalen Spiels gesehen werden muß.

Beobachtungen, daß Behinderte gleich welcher Art sowohl im privaten Instrumentalunterricht als auch an Musikschulen und Musikhochschulen in verschwindend geringer Zahl vertreten sind, wurden 1980 durch eine Umfrage an 599 Musikschulen in der Bundesrepublik bestätigt. Lediglich 60 Musikschulen konnten angeben, daß Behinderte zu ihren Schülern zählen. Insgesamt wurden 465 Behinderte unterrichtet. Bei einer Gesamtzahl von – zum damaligen Zeitpunkt – 550 000 Musikschulschülern waren dies etwa 0,08% (BEIERLEIN 1980).

In einem Modellversuch des Verbandes deutscher Musikschulen „Instrumentalspiel mit Behinderten und von Behinderung Bedrohten – Kooperation zwischen Musikschule und Schule" von 1979 bis 1983 wurde unter anderem versucht, Schüler aus der Primarstufe von Schulen für Lernbehinderte, geistig Behinderte und Körperbehinderte mit Instrumenten vertraut zu machen und sie so zu motivieren, daß sie den Wunsch zum Spielen eines Instrumentes äußerten, zu dem sie im Verlaufe dieser „Motivationsphase" ein besonderes positives Verhältnis gewonnen hatten. Es wurden schließlich Streichinstrumente, Holz- und Blechblasinstrumente, Klavier, Akkordeon und Schlagzeug gewählt. In einer gleichzeitig laufenden beobachtenden Beratung konnten die Lehrer sich entwickelnde Wünsche, die insbesondere bei den körperbehinderten Kindern nicht hätten realisiert werden können, im Gespräch mit den Kindern auf ein anderes mögliches Instrument hinlenken. Insgesamt 76 Kinder erhielten daraufhin in einer Musikschule Unterricht auf dem Intrument ihrer Wahl (PROBST 1981).

Für die Primarstufe zeigt sich hier die wesentliche Aufgabe, frühzeitig zum eigenen Musizieren zu ermutigen und eine spätere Freizeitgestaltung mit Musik vorzubereiten. Die Kooperation mit den Musikausbildungsstätten, hier: mit den Musikschulen, ist dabei unerläßlich.

2. Anwendung von Musik

a) Auditive Wahrnehmungsförderung

Als besondere Maßnahme, die unmittelbar mit dem Musikunterricht zusammenhängt, jedoch nicht mit diesem identisch ist, muß die auditive Wahrnehmungsförderung angesehen werden (FRITZE u. a. 1976).

„Es besteht heute ein Konsens darüber, daß Schulschwäche, selbst wenn sie sich als ,Vollziel-Schulversagen' auswirkt (d. h. wenn bereits eine Überweisung in die Schule für

Lernbehinderte erfolgte, d. Vf.), durch besondere pädagogische Maßnahmen – wie z. B. durch Wahrnehmungsförderung – reduziert werden kann" (FRITZE 1979, 29).

FRITZE sieht eine gestörte oder verminderte auditive Wahrnehmungsfähigkeit auch in Abhängigkeit einer Milieuschädigung (FRITZE 1979, 31) und stellt die Bedeutung der Fähigkeit zur auditiven Wahrnehmung für die Persönlichkeitsentwicklung, für die Lernbereiche Sprache – und hier insbesondere für den Leselernprozeß – und für Musik heraus (ebd. 25 ff.). In der den Untersuchungen FRITZEs zugrundeliegenden Übungsfolge „Hören – auditive Wahrnehmungsförderung" (FRITZE/PROBST/REINARTZ/REINARTZ 1976) wird darüber hinaus auf die Abhängigkeit von Lese-Rechtschreibstörungen von einer vernachlässigten Schulung des Hörens hingewiesen.

Bereits der Nachweis einer Bedeutung auditiver Wahrnehmungsförderung für den Lernbereich Musik läßt erkennen, daß beides nicht gleichzusetzen ist, wenn auch wesentliche Teile der Übungsfolge Teilgebieten des Unterrichts in Musik entnommen sind: das Kennenlernen von Instrumenten und Klangerzeugern, die hörende Unterscheidung gleichzeitig erklingender Schallquellen (Diskrimination), das Erkennen und Unterscheiden von Klangeigenschaften, das Wahrnehmen lautmalerischer und emotionaler Qualitäten von Musik, das In-Beziehung-Setzen von Klanggestalten und grafischen Zeichen, die Langzeitkonzentration auf musikalische Verläufe. Jedoch sind Geräusche, Sprache und Gegenstandswissen in gleicher Weise einbezogen, so daß hier fächerübergreifend gearbeitet werden muß, wobei der Musik zweifellos der Schwerpunkt des Trainings zukommt.

b) Pädagogische Musiktherapie

Musik als Mittel im Heilungsprozeß wird in allen bekannten Kulturen angewendet und beschrieben. In den letzten Jahrzehnten findet die Behandlung von Neurosen von medizinischer Seite besondere Beachtung. Wirkungsweisen von Musik auf den somatischen Bereich konnten nachgewiesen, der Einfluß auf den psychischen Bereich in vielen Beobachtungen beschrieben werden. In der Medizin scheint heute Übereinkunft darüber zu bestehen, unter Musiktherapie eine diagnosespezifische Behandlungsmethode der Psychotherapie zu verstehen, die

„nach psychopathologischen Erfordernissen ausgerichtet, Musik als spezifisches Kommunikationsmittel anwendet, um therapeutische Effekte in der Behandlung von Neurosen, psychosomatischen Störungen, Psychosen und neuropsychiatrischen Erkrankungen zu erzielen" (SIMON 1974, 10).

Die Musiktherapie im pädagogischen Raum, in der Kurzfassung „pädagogische Musiktherapie" genannt, intendiert Ziele, die sich aus Beobachtungen innerhalb der pädagogischen Praxis ableiten. Sie betreffen Ausfallserscheinungen, in der Regel Sekundärschädigungen, innerhalb des psychischen, motorischen, kommunikativen und des Wahrnehmungsbereiches.

Es wird dem Pädagogen kaum möglich sein, innerhalb seiner Zuständigkeit die Ursachen unmittelbar anzugehen, geschweige denn, sie zu „heilen". Hinzu kommt, daß gleiche Erscheinungen oft von unterschiedlicher Herkunft sind und somit im jeweils anderen Zusammenhang gesehen werden müssen. So kann der Mangel an auditiver Differenzierungsfähigkeit auf eine sozio-kulturelle Deprivation zurückzuführen sein, auf mangelnde Fähigkeit zu Konzentration, auf hirnorganische Schäden, auf Hörschädigung, auf mangelnde Bewegungsfähigkeit. Manche dieser Mängel stehen untereinander im mittelbaren oder unmittelbaren Zusammenhang. Es wird notwendig sein, die Genese einer Auffälligkeit zu erstellen, die dann eine Kette von Bedingungen ergibt, die zu den betreffenden Ausfallerscheinungen führen. Es gilt für den Pädagogen als Therapeuten, eines der Glieder dieser Bedingungskette, das mit dem Mittel Musik zu erreichen ist, aufzugreifen, um durch dessen Veränderung den Gesamtzusammenhang zu beeinflussen und zu verändern. Das Mittel wird nicht Musik schlechthin sein, sondern spezielle Erscheinungsformen von Musik, wie wir sie in den Funktionsfeldern des Unterrichts in Musik vorfinden. Die Wege können oft die gleichen sein wie im Musikunterricht. Die Zielvorstellung ist eine andere. Sie bestimmt die Abweichung und den Einsatz anderer Inhalte, um ein erkanntes Glied in der Bedingungskette, z. B. die Kommunikationsfähigkeit zu einem Partner, zu verändern.

Das Erreichte kommt zweifellos auch dem Musikunterricht zugute, es ist aber selbst nicht Unterricht in Musik, sondern Anwendung von Musik für einen außermusikalischen Zweck.

Der Musikunterricht an Sonderschulen wird beeinflußt:

- von dem von Behinderung betroffenen Schüler, der trotz und mit seiner Behinderung in verschiedenen Verhaltensweisen Musik produzierend, rezipierend und reflektierend erlebt;
- von dem trotz der Behinderung noch zu erreichenden Möglichkeiten innerhalb der musikalischen Verhaltensweisen;
- von der Forderung an den Lehrer, Wege zu suchen und zu finden, die die Behinderung überwinden oder umgehen, um das Musikangebot in der möglichen Breite zu vermitteln.

Literatur

Beierlein, J.: Noch steht die gute Absicht vor der Tat, in: Neue Musikzeitung 1 (1981)
Bernhart, E.: Das Sonderschulaufnahmeverfahren. Erlaß, Erläuterungen, Ergänzungsteste, Bielefeld 1974
Empfehlungen für den Unterricht in der Schule für geistig Behinderte, Neuwied 1980
Fritze, Ch.: Die Förderung der auditiven Wahrnehmung, Regensburg 1979
Fritze, Ch./Probst, W./Reinartz, A./Reinartz, E.: Hören – Auditive Wahrnehmungsförderung, Dortmund 1976
Held, J.: Entwicklung und Effizienz von Methoden zur Beobachtung sensumotorischer Voraussetzungen für das Instrumentalspiel bei Körperbehinderten. Diplomarbeit an der Universität Dortmund (unveröffentlicht), 1981
Kemmelmeyer, K. J.: Musik in der Schule für Körperbehinderte, in: *Kemmelmeyer/Probst* (Hrsg.): Quellentexte zur pädagogischen Musiktherapie, Regensburg 1981
Kemmelmeyer, K. J./Probst, W. (Hrsg.): Quellentexte zur pädagogischen Musiktherapie, Regensburg 1981

Pohl, R.: Verkehrserziehung behinderter Kinder und Jugendlicher in Schulen für geistig Behinderte, Bonn 1976

Probst, W.: Musik an Sonderschulen zwischen Unterricht und Therapie, zuerst in: Zeitschrift für Heilpädagogik 1972, in: *Kemmelmeyer/Probst,* Quellentexte zur pädagogischen Musiktherapie, Regensburg 1981

Probst, W.: Das Besondere als das Normale annehmen, in: Neue Musikzeitung 3 (1981)

Probst, W./Vogel-Steinmann, B.: Musik, Tanz und Rhythmik mit Behinderten, Regensburg 1979

Richtlinien für die Schule für geistig Behinderte (Sonderschule) in Nordrhein-Westfalen, Ratingen 1973

Richtlinien für die Schule für Lernbehinderte (Sonderschule) in Nordrhein-Westfalen, Richtlinien und Beispielplan Musik, Köln 1977

Simon, W. C.: Musik und Heilkunst, in: *Revers/Harrer/Simon* (Hrsg.): Neue Wege der Musiktherapie, Düsseldorf 1974

Grundschule und Musikschule

Günther Noll

I. Zur Charakteristik beider Schulsysteme

Der Musikunterricht in der Grundschule, und das ist eine Besonderheit, die nur für dieses Grundschulfach zutrifft, ist nicht die einzige öffentliche Bildungsinstitution, die dem Kind auf dem Gebiet der Musik spezifische Kenntnisse, Fähigkeiten und Fertigkeiten vermittelt. Neben ihm existiert ein über die gesamte Bundesrepublik verbreitetes, dichtes Netz von Musikschulen als eine weitere öffentliche Institution, die Kindern dieser Altersstufe neben Vorschulkindern, Jugendlichen und Erwachsenen eine musikalische Ausbildung zuteil werden läßt. Die Musikschulen haben nach 1945 eine beispiellose Entwicklung erlebt. Sie sind mit einer Zahl von gegenwärtig ca. 600 Schulen zu einem bildungs- und kulturpolitischen Faktor von weitreichender Bedeutung angewachsen, so daß es erforderlich ist, das Verhältnis der beiden Institutionen allgemeinbildende Schule (= AS) und Musikschule (= MS) zu definieren. Die Fachdiskussion des letzten Jahrzehnts hat hierzu eine Reihe von Klärungen herbeigeführt, so daß sich die einzelnen Positionen eindeutig abzeichnen. Um der Komplexität des Themenfeldes gerecht werden zu können, müssen die besonderen Belange der Grundschule in dem Kontext der Spezifika beider Schulsysteme gesehen werden.

Die AS ist für sämtliche Kinder und Jugendliche bestimmter Altersstufen Pflichtschule. Der Musikunterricht ist dabei Teil eines umfassenden staatlichen Erziehungsauftrages der ASn, wobei dem Staat Regelung und Aufsichtspflicht obliegen. Die Pflichtschule ist schulgeld- und weitgehend lehrmittelfrei. Der verbindliche Musikunterricht kann durch freiwillige Angebote wie Arbeitsgemeinschaften, Spiel- und Singgruppen, Chor, Orchester, Combo etc. ergänzt werden. Die Organisationsform des Musikunterrichts in der AS (mit Ausnahme der Modalitäten der gymnasialen Oberstufe) ist die Klasse, d. h. die Großgruppe, was die Kleingruppenarbeit als Sonderform des Unterrichts mit einschließt. Die Gruppierungen erfolgen in den Klassenstufen des Primarbereichs und in den unteren Klassen des Sekundarstufenbereichs grundsätzlich nach Altersstufen und nicht nach Neigungsgruppen. Eine Fächerwahl nach individuellen Neigungen ist erst in den Oberklassen der Sekundarstufe I und in der Sekundarstufe II möglich. Die Schulfächer sind bis dahin Pflichtfächer für alle Schüler, und es erfolgt keine Differenzierung nach individueller Motivation oder Neigung. Die besondere Aufgabe und Chance des Musikunterrichts in der

AS besteht in der Förderung sämtlicher Kinder und Jugendlichen, insbesondere jener, die aus sozial benachteiligten Schichten kommen und im Elternhaus nicht jenes kulturelle Anregungspotential besitzen, über das die Schüler an MSn in der Regel verfügen. Die sozial und kulturell integrativen Funktionen des Musikunterrichts sind daher über die fachimmanenten Inhalte und Ziele hinausgehende, entscheidende pädagogische Prämissen einer Erziehung und Bildung für alle Schüler, wie sie sich in dieser Konsequenz an der MS nicht stellen und auch nicht stellen können, wenngleich der Besuch einer MS grundsätzlich allen offen ist, aber infolge der personellen und materiellen Ressourcen nur eine begrenzte Aufnahme von Schülern zuläßt.

Die MS ist eine Angebotsschule. Sie richtet sich im Prinzip an diejenigen, die musikalisch interessiert bzw. besonders motiviert sind. Daher beschränkt sie sich auf einen bestimmten Teil der Kinder und Jugendlichen. 1976 nahmen z. B. 3,2% aller Grundschüler in der Bundesrepublik an der Musikalischen Grundausbildung an MSn teil. 1981 besuchten an 587 MSn 185 600 Schüler (von 2 588 100) aus dem Primarbereich den Unterricht bzw. musikalische Arbeitsgruppen, das sind 7,2% aller Schüler (vgl. Grund- und Strukturdaten 1982/83, 26). Davon befanden sich 2% (51 800) in der Musikalischen Grundausbildung. Wenngleich inzwischen die Schülerzahlen an ASn und MSn schrumpfen, sind diese Schülerrelationen auch gegenwärtig noch im ganzen zutreffend. Der Besuch einer MS beruht auf dem Prinzip der Freiwilligkeit. Er ist kostenpflichtig. Etwa 50% der Kosten tragen die Eltern bzw. die Schüler, die andere Hälfte wird von den Gemeinden (ca. 45%) und den Ländern (um 5%) aufgebracht. Entwicklungspläne gehen davon aus, daß am Ende des Ausbaus der MSn, der eine Zahl von etwa 1 000 anstrebt, ca. 10% sämtlicher Kinder aus dem Primar- und Elementarbereich eine MS besuchen können. Von der Erfahrung ausgehend, daß später nur ein wesentlich geringerer Teil der Schüler den Instrumentalunterricht beibehält, wird im Bereich der Sekundarstufe I ein Angebot von 5% und im Bereich der Sekundarstufe II von 2% der Schüler für wünschenswert erachtet (vgl. Bund-Länder-Kommission für Bildungsplanung und Forschungsförderung 1977, 17). Das Kind im Grundschulalter bildet also den größten Prozentanteil, was die Bedeutung dieser Schulstufe für eine elementare musikalische Unterweisung unterstreicht. Aber selbst dieser angestrebte Anteil von 10% verdeutlicht, daß AS und MS nicht als kompatible, sondern als komplementäre Schulsysteme angesehen werden müssen, ganz abgesehen von ihren strukturellen, organisatorischen etc. Verschiedenheiten. Der Unterricht in der Kleingruppe bzw. die Einzelunterweisung bildet die Primärform des Unterrichts an MSn, was die Arbeit in größeren Gruppen wie Chor, Orchester, Sing- und Spielkreis, Improvisationsgruppe, Band, Combo etc. mit einschließt, die in ihren Strukturen und Inhalten sehr denen an ASn gleichen, was auch zu Konkurrenzsituationen führen kann, die der Sache abträglich sein können.

Bei der Beschreibung der Inhalte und Aufgaben von AS und MS werden im Ergänzungsplan „Musisch-kulturelle Bildung" der Bund-Länder-Kommission (1977) noch die Spezifika beider Institutionen stärker akzentuiert, während bei der gemeinsamen Erklärung des Verbandes Deutscher Schulmusikerzieher und des Verbandes deutscher Musikschulen mehr ihre Gemeinsamkeiten hervorgehoben werden. Im Ergänzungsplan heißt es seinerzeit u. a., daß der Musikunterricht an der AS den Schüler zum Umgang mit Musik, zur Teilnahme am öffentlichen Musikleben, zu aktivem musikalischen Freizeitverhalten, zur kritischen Auseinandersetzung mit der musikalischen Umwelt, zur Erkenntnis der Wechselwirkung zwischen Musik, Mensch und Gesellschaft befähigen solle, während der MS insbesondere die Ausbildung am Instrument und die Stimmausbildung in Gruppen, im Ensemble und im Einzelunterricht, die Heranbildung des Nachwuchses für das Laien- und Liebhabermusizieren, die Begabtenauslese und -förderung sowie eine studienvorbereitende Fachausbildung zufalle (1977, 33). Wenn man den Sachverhalt etwas vergröbert, würde der AS bei einem gewissen Praxisanteil mehr die Reflexion über die Musik und der MS bei einem gewissen Reflexionsanteil mehr die praktische Ausübung zukommen. In der gemeinsamen Erklärung beider Verbände wird u. a. die gemeinsame Aufgabe definiert, „Kindern und Jugendlichen Möglichkeiten des selbständigen Umgangs mit Musik zu eröffnen".

Von beiden Schulsystemen würden Angebote kommen, um „die Herstellung einer Identität zwischen der Musik und sich selbst zu ermöglichen und damit deren individuelle Persönlichkeitsbildung zu fördern". Mit Hilfe gemeinsamen instrumentalen und vokalen Musizierens könne dem „permanenten Abbau zwischenmenschlicher Beziehungen entgegengewirkt werden". Junge Menschen, „denen die bewußte, kritische und engagierte Beschäftigung mit Musik zu einem wichtigen Bestandteil ihres Lebens geworden" sei, würden „Geborgenheit und Identifikation in einer Weise" erfahren, „wie sie in der modernen Gesellschaft immer seltener zu finden" sei. Daher gälte es mehr denn je, „diejenigen Kräfte und Institutionen zu fördern, die es sich zur Aufgabe gemacht haben, Kinder und Jugendliche zu bewußter und aktiver Beschäftigung mit Musik anzuregen", was AS und MS in gleicher Weise betrifft. In beiden Institutionen würden „dem jungen Menschen die Möglichkeit geboten, sich mit Musik so zu befassen, daß sich kritisches Bewußtsein und emotionale Zuneigung zu anspruchsvollem musikalischen Verhalten" ergänzten (1979, 29).

Die Akzentverschiebung, welche die Gewichtung dieser gemeinsamen kultur- und gesellschaftspolitischen Aufgabe beider Institutionen anzeigt, gründet zum einen in der Einsicht, in einer gemeinsamen Verantwortung zu stehen, zum anderen aber auch in der Notwendigkeit, aufeinander zugehen zu müssen, auch wenn sich seinerzeit die gegenwärtige materielle Notsituation beider Institutionen durch die allgemeine wirtschaftliche Rezession noch nicht abzeichnete.

II. Das Beispiel „Musikalische Grundausbildung" – eine ergänzende oder konkurrierende Disziplin?

Das Verhältnis von AS und MS ist in der historischen Genese nicht spannungsfrei verlaufen. Je mehr sich in den letzten beiden Jahrzehnten die Inhalte und Zielstellungen der MS änderten – plakativ mit der Formel „Von der Volksmusik- und Jugendmusikschule zur Musikschule" angezeigt –, um so stärker glich sie in bestimmten Bereichen ihre Aufgabenstellungen den Entwicklungstendenzen im Musikunterricht an ASn an, analog den allgemeinen musikpädagogischen Erkenntnis- und Entwicklungsprozessen. Dies zeigt sich beispielhaft an der Disziplin „Musikalische Grundausbildung", an der sich die kritische Diskussion mehrfach entzündete (vgl. GUNDLACH 1973, 1975, 1979; HÖHNEN 1974). Nahezu zwangsläufig mußte auf diese Weise der Eindruck entstehen, daß sich die MS gegenüber der AS nicht als partnerschaftliche, sondern als konkurrierende Institution verstand, wenngleich führende Vertreter der MSn in persönlichen und öffentlichen Verlautbarungen die Ergänzungsfunktionen sowie die Notwendigkeit einer gegenseitigen Unterstützung und Förderung beider Schulformen eindeutig zum Ausdruck brachten (vgl. z. B. WUCHER 1976, 78). Es ging dabei nicht etwa primär um konkurrierende musikdidaktische Leitideen oder Modelle. Das Problem wurzelt tiefer. Seit den Saarbrücker Rahmenvereinbarungen und den damit verbundenen Kürzungen des Musikunterrichts an ASn herrscht ein tiefes Mißtrauen gegenüber allen Tendenzen, die Bildungspolitikern einen möglichen Vorwand für weitere Reduzierungen des Musikunterrichts an ASn liefern könnten. Wenn sich etwa nachweisen ließe, daß die Inhalte beider Schulsysteme die gleichen und die notwendigen Ergänzungsfunktionen hinfällig geworden wären, ließe sich leicht begründen, das eine durch das andere zu ersetzen. Die negativen Erfahrungen, daß man in Zeiten wirtschaftlicher Schwierigkeiten meint, zuerst im Kultur- und Bildungsbereich kürzen zu können, lassen besondere Wachsamkeit angelegen sein. Wenngleich Sorgen um eine existentielle Aufhebung des Musikunterrichts an der einen oder an der anderen Institution, schon allein infolge ihrer strukturellen Grundverschiedenheit, als unbegründet angesehen werden müssen, sind, auch wenn ökonomische Gründe vorgebracht werden, doch immerhin Einschränkungen möglich, wovon die MSn inzwischen betroffen sind (vgl. WUCHER 1981).

Ursprünglich war die Musikalische Grundausbildung, wie der Mitte der 60er Jahre eingeführte Lehrplan ausweist, eine Disziplin, welche „die musikalischen Fähigkeiten des Kindes entwickeln und fördern und die Grundlagen für die zum Instrumentalspiel notwendigen Fertigkeiten und Kenntnisse schaffen" sollte. Mit den Teilgebieten „Singen", „Rhythmische Erziehung", „Tonales Hören" und „Elementare Musiklehre" war sie Ergänzungsfach, das dem Instrumental- und Gesangunterricht vorausging, mit gewissen Erweiterungen primär diesem Ziel also diente. Sie war weiterhin Vorbereitungsfach auf das den Hauptfachunterricht begleitende Ergänzungsfach „Musiklehre und Hörerziehung" (vgl. Lehrpläne des VdM, o. J.). Der seit 1974 gültige neue Lehrplan geht von weitaus umfassenderen Zielvorstellungen aus:

„Die Musikalische Grundausbildung soll die musikalischen Fähigkeiten des Kindes entwickeln und fördern und die Begabungsrichtung erkennen helfen. Sie soll darüber hinaus zum Instrumentalspiel notwendige Grundlagen schaffen. Sie hat somit ihren Sinn sowohl in einer allgemeinen Sensibilisierung für Musik als auch in der Vorbereitung des Instrumentalspiels" (1).

Allgemeiner gesagt: Die musikschulspezifisch primäre Intention der Vorbereitung auf das Instrumentalspiel hat sich in eine gleichgeordnete bzw. nachgeordnete verwandelt. Die einzelnen Sachgebiete sind entsprechend weiter gefaßt und durch neue ergänzt. Der Bereich „Musikhören" definiert z. B. seine Ziele so, wie sie etwa einem Lehrplan für den Musikunterricht in der AS, für die Grundschule z. B., entsprechen. Damit war die für die bisherigen Ziele der MS spezifische Ausprägung der Musikalischen Grundausbildung aufgehoben. Inzwischen wurden auch Curricula entwickelt, die sich expressis verbis als Unterrichtswerk für die MS *und* die Primarstufe der AS verstehen (vgl. HOPF et al. 1978). Die bisher nicht befriedigend beantwortete Frage, wieweit eine an der MS so extensiv betriebene Musikalische Grundausbildung als Vorbereitungsphase für den Instrumentalunterricht erforderlich sei, verweist auf das Problem einer besseren einvernehmlichen Zusammenarbeit und gegenseitigen Abstimmung, die noch mehr als bisher intensiviert werden sollten (vgl. GUNDLACH 1979, 337), was besonders für die Grundschule zutrifft, da der weitaus größte Teil der Schüler, die an der Musikalischen Grundausbildung teilnehmen, dem Grundschulalter angehört.

Ein Problem- und Diskussionsfeld besonderer Art ist dabei der Arbeitsbereich „Musikhören". Dem allgemeinen Erkenntnisstand entsprechend, daß das musikalische Hörvermögen, wenn es sich primär, wie in der traditionellen Gehörbildung, auf die musikalischen Mikrostrukturen hin konzentriert, also auf Intervalle, Skalen, Dreiklänge usw., in der differenzierten Hörwelt unserer Tage allein nicht mehr ausreicht (vgl. NOLL 1973, 82ff.), hat in den musikalischen Curricula an ASn und MSn Musikhören im Sinne der Wahrnehmung komplexer Vorgänge Eingang gefunden. Auf welche Weise qualifiziert aber diese spezielle und zugleich umfassende Fähigkeit differenzierenden Musikhörens in der Musikalischen Grundausbildung für das Instrumentalspiel? In der Kritik an der Ausweitung der Musikalischen Grundausbildung wird z. B. gefragt, warum zwei gleichartige musikpädagogische Konzeptionen für die gleichaltrigen Anfänger an AS und MS angeboten werden, und ob sich die Musikschule im Bereich des Musikhörens nicht auf das Angebot der AS verlassen könne, um ein Konkurrieren beider Systeme zu verhindern (vgl. HÖHNEN 1974, 118). Nun zeigen jüngste Beobachtungen bei der Musikalischen Früherziehung, daß die durch eine intensive Auseinandersetzung mit Musikwerken unterschiedlichster Stilformen gewonnene Sensibilisierung des Hörvermögens von Vorschulkindern sich auch sehr positiv auf den Instrumentalunterricht auswirkt. Jedoch sind diese ersten Beobachtungen noch nicht durch systematische Untersuchungen wissenschaftlich abgesichert (vgl. Noll 1977ff.). Hieran zeigt sich z. B. die Möglichkeit eines intensiveren Austausches von AS und MS, so durch Zusammenarbeit in der Forschung, der auch bei der Klärung des Details größere Sicherheit in der Definition der gemeinsamen und der jeweils gesonderten Aufgaben beider Institutionen – insbesondere im Grundschulbereich – bietet und damit auch beim Abbau bestimmter Theoriedefizite behilflich wäre.

III. Möglichkeiten der Zusammenarbeit beider Institutionen

Auf der einen Seite weisen der Musikunterricht an der Grundschule und an der MS unterschiedliche Arbeitsformen, inhaltliche Schwerpunkte und verschiedene Organisationsformen auf. Beide Institutionen verhalten sich wie das Allgemeine zum Speziellen. Keine jedoch kann die andere ersetzen, sondern nur ergänzen. Ist z. B. im Bereich der Notenlehre für den Instrumental- und Vokalunterricht an der MS eine spezialisierte Fähigkeit bis hin zum Blattspielen und Blattsingen erforderlich, was in der Grundschule weder erreicht werden kann noch soll, so führt der Musikunterricht dort in das allgemeine Verständnis von Notation in der Musik ein, so etwa in verschiedene Notationssysteme und -prinzipien, bis hin zur Partitur und Grafik. Ein mehr grundsätzlicher, einführender Aspekt steht einem mehr spezialisierten, weiterführenden gegenüber (vgl. Gundlach 1979, 333).

Auf der anderen Seite sind der Musikunterricht in der Grundschule und in der MS in ihren grundlegenden fach-, kultur- und gesellschaftspolitischen Zielsetzungen einer gemeinsamen Aufgabe verpflichtet: den Kindern auf jeweils spezifische Weise Zugänge zur Musik zu verschaffen, die ihnen eine entsprechend qualifizierte Teilhabe am öffentlichen Musikleben eröffnen, sei es als verständiges Publikum, sei es im Bereich des Laienmusizierens. Dazu gehören musikalische Breitenbildung ebenso wie die Erkennung und Förderung von Frühbegabungen, die als mögliches Potential für Musikberufe besondere Aufmerksamkeit erfordern. Beide Institutionen sehen sich dabei in eine besondere Verantwortung für die Aufgabe gestellt, durch gezielte Maßnahmen schichtenspezifisch bedingte oder sonstige Benachteiligungen auszugleichen. Das vollzieht sich nicht problemlos. Wenn entsprechend begabte oder benachteiligte Kinder z. B. auf Empfehlung der AS einer zusätzlichen besonderen Förderung an MSn zugeführt werden sollen, müssen die entsprechenden Ausbildungsplätze verfügbar sein. Die durch lange Wartelisten und Kürzungen der Finanzmittel an den MSn schwierig gewordene Lage erfordert dabei besondere Anstrengungen, denn die benachteiligten Kinder kommen zumeist aus ökonomisch schwachen Schichten, so daß eine weitgehende Förderung aus öffentlichen Mitteln erforderlich wäre. Grundschule und MS müssen hier eng zusammenarbeiten. Über entsprechende Ansätze wird noch berichtet. Weitere Kooperationsbereiche sind z. B. in der gegenseitigen Nutzung der räumlichen Möglichkeiten gegeben. Die Grundschule verfügt in den Nachmittagsstunden über Raumkapazitäten, die der MS häufig fehlen. Auch bietet in räumlich ausgedehnten Einzugsbereichen einer MS die Grundschule mit ihren kürzeren Schulwegen den Kindern sicherere und günstigere Unterrichtsmöglichkeiten. Die schon jetzt häufig geübte Praxis beweist, daß dabei organisatorische und rechtliche Fragen, z. B. der Aufsicht, Heizung, Reinigung etc., lösbar sind. Umgekehrt verfügt die MS häufig über Gruppenräume, die mit einem ausgebauten Instrumentarium (z. B. ORFF-Instrumenten, PERKUSSIONS-Instrumenten) versehen sind, die an Grundschulen in dieser Ausstattung zumeist fehlen und von der Grundschule gut genutzt werden könnten. Andere Formen der gemeinsamen räumlichen Nutzung bieten sich in den in der letzten Zeit verstärkt geschaffenen Schulzentren an. Sie verfügen häufig über einen zentralen, größeren Mehrzweckraum in Forumform, der für gemeinsame Konzerte, Aufführungen etc. beider Schulsysteme genutzt werden kann.

Auch wenn sich die praktische Realisierung nicht problemlos gestaltet, sollte an dem Kooperationsprinzip eines gegenseitigen Einsatzes von Musiklehrern an der jeweils anderen Institution durch Übernahme von nebenamtlichen Tätigkeiten (z. B. Leitung von Sing- und Spielgruppen, Erteilung von Gruppenunterricht) festgehalten werden. In letzter Zeit ist jedoch der Anteil der Musiklehrer an Grundschulen, die auch an der MS tätig sind, zurückgegangen. Gerade sie waren häufig bei der Gründung und bei dem Aufbau von Musikschulen sehr aktiv tätig. Erschwert wird die gegenwärtige Situation durch die bildungspolitisch widersinnige Sachlage, daß allenthalben Musikfachlehrer an Grundschulen fehlen und hochqualifizierte Absolventen nicht eingestellt werden, weil Planstellen nicht in ausreichender Zahl verfügbar sind. Möglichkeiten einer gemeinsamen Fortbildung sollten geschaffen werden, um die vorhandenen Lehrkräfte im Bereich der Musik besser einsetzen zu können. Überhaupt sollte dem regelmäßigen Erfahrungs- und Informationsaustausch von Lehrkräften beider Institutionen mehr Aufmerksamkeit als bisher gewidmet werden.

Möglichkeiten der Zusammenarbeit bieten sich weiterhin bei der Einrichtung von gemeinsamen Sing- und Spielgruppen an. Auch sind gemeinsame Veranstaltungen, Schulkonzerte, Offene Singen etc. möglich. In der letzten Zeit haben sich z. B. Konzerte für Kinder in den verschiedensten inhaltlichen Ausprägungen und Organisationsformen, auch in Zusammenarbeit mit regionalen vokalen und instrumentalen Laien- oder Berufsensembles, vermehrt ausgebreitet (vgl. WUCHER 1977). Diese Initiative sollte weitaus stärker als bisher genutzt werden, weil sie die musikpädagogische Arbeit an Grundschule und MS in gleicher Weise vielfältig befruchtet.

Besondere Aufmerksamkeit verdienen Modellversuche, die neue Formen der Zusammenarbeit im Bereich der Musik zwischen MS und AS erproben wollen, woran auch die Grundschule beteiligt ist. So dient ein seit 1979 laufender Modellversuch „Instrumentalspiel mit Behinderten und von Behinderung Bedrohten", der vom Verband deutscher Musikschulen in Verbindung mit der Bund-Länder-Kommission für Bildungsplanung und Forschungsförderung und dem Kultusministerium Nordrhein-Westfalen durchgeführt wird, dem Ziel, Musikschullehrer zu befähigen, behinderten und von Behinderung bedrohten Kindern und Jugendlichen Unterricht im Instrumentalspiel zu erteilen sowie behinderten und von Behinderung bedrohten Kindern und Jugendlichen mit dem Instrumentalspiel Möglichkeiten der Freizeitgestaltung und der Integration mit Nichtbehinderten zu schaffen. Ein anderer Modellversuch des Verbandes deutscher Musikschulen, der bundesweit angelegt ist, hat sich zur Aufgabe gesetzt, neue Wege zur Integration von ausländischen Kindern zu erproben. Auf dem Wege der Beschäftigung mit dem Schlaginstrumentarium, aber auch mit Hilfe von Sprech- und Gehörerziehung, Tanz und Bewegung, Singen, Instrumentenkunde, Selbstbau von Klangerzeugern wird der Versuch unternommen, die sprachliche und soziale Integration von Kindern ausländischer Arbeitnehmer in die Gesellschaft der Bundesrepublik durch eine breit angelegte außerschulische Musikerziehung zu verbessern. Ebenso soll durch gemeinsames Musizieren mit ausländischen Kindern und Kennenlernen von fremden Musikformen und -erscheinungen die Integrationsbereitschaft deutscher Kinder verbessert bzw. aktiviert werden. Der Modellversuch wird in zwei Formen praktiziert: einmal durch Kooperation mit der Grundschule als „Anschlußunterricht" an den normalen Stundenplan und in den Räumen der AS, zum anderen durch ein „freies" Angebot der MS in eigenen Räumen und zu Zeiten, die vom Stundenplan der AS getrennt sind. Er richtet sich an Kinder im Alter von 8 bis 11 Jahren.

Zum Schluß der Ausführungen, die aus dem komplexen Themenfeld des Verhältnisses von Grundschule und MS nur die wichtigsten Aspekte berühren konnten, sei auf ein Problem verwiesen, dem in Zukunft besondere Aufmerksamkeit gewidmet werden sollte. Die Zahl der Kinder, die an Kursen der Musikalischen Früherziehung, besonders an MSn, teilnehmen, ist im Steigen begriffen. Damit kommen in wachsender Zahl Kinder, die bereits eine sehr differenzierte musikalische Ausbildung genossen haben, mit anderen Schulanfängern zusammen, die noch keinerlei musikalische Unterweisung erfahren haben. Die großen Unterschiede im musikalischen Qualifikationsniveau der Kinder gleichen sich zwar im Verlauf der Grundschuljahre bei einem systematischen Musikunterricht wieder aus, aber es bleiben auch Entwicklungsvorsprünge. Hier sind beide Institutionen aufgerufen, durch eine intensive Zusammenarbeit die daraus erwachsenden Probleme zu meistern.

Literatur

Abegg, W.: Instrumental-Unterricht an Gesamtschulen, in: Musica 5 (1975), 432–433
Bund-Länder-Kommission für Bildungsplanung und Forschungsförderung (Hrsg.): Musischkulturelle Bildung/Ergänzungsplan zum Bildungsgesamtplan, Band I und II, Stuttgart 1977
Der Bundesminister für Bildung und Wissenschaft (Hrsg.): Grund- und Strukturdaten 1982/83, Bonn 1982
Deutscher Musikrat (Hrsg.): Schulische und außerschulische Musikpädagogik und Musikpflege. Situation, Probleme, Perspektiven, in: Referate/Informationen 32, Juli 1976, 3–17, darin: Musikunterricht in allgemeinbildenden Schulen und Musikschulen, 3–8; Lehrerausbildung für allgemeinbildende Schulen und Musikschulen, 8–11
Deutscher Musikrat (Hrsg.): Musikunterricht an allgemeinbildenden Schulen und Musikschulen, in: Referate/Informationen 43, Dezember 1979, 29–31
Gundlach, W.: Musikschule und allgemeinbildende Schule – Ein Beitrag zur Diskussion zwischen den Institutionen, in: Müller-Bech, W./Stumme, W. (Hrsg.): Die Musikschule, Band I, Situation – Meinungen – Aspekte, Mainz 1973, 120–127
–: Musikunterricht in der allgemeinbildenden Schule – Probleme der Integration und der Differenzierung, in: Musica 5 (1975), 400–403
–: Musikerziehung in allgemeinbildenden Schulen und Musikschulen – Möglichkeiten der Zusammenarbeit, in: Kraus, E. (Hrsg.): Schule ohne Musik? Musik und Musikunterricht in der Bildungsplanung, Analysen und Perspektiven, Vorträge der Elften Bundesschulmusikwoche Düsseldorf 1976, Mainz 1976, 69–72

–: Kooperation Musikschule – Allgemeinbildende Schule, in: Wucher, D./Berg, H. W./Träder, W. (Hrsg.): Handbuch des Musikschul-Unterrichts, Regensburg 1979, 331–337
Höhnen, Heinz W.: Schule und Musikschule in ihren Ergänzungsfunktionen, in: Auerbach, L./Dreyer, G./Höhnen, H. W./Keller, W./Nitsche, P./Regner, H./Schneider, M./Stumme, W.: Die Musikschule, Band III, Musikalische Grundausbildung/Beiträge zur Didaktik, Mainz 1974, 114–121
Hopf, H./Probst, W./Vetter, H. J./Steiner, L./Keller, W./Mehlig, R. (Hrsg.): Arbeitsblätter für die Musikalische Grundausbildung, Regensburg 1974
Hopf, H./Mehlig, R./Probst, W./Sonntag, B./Steiner, L./Vetter, H. J.: Grundausbildung in Musik. Für Musikschule und Primarstufe. Lehrerband 1 und 2, Schülerbuch 1 und 2, Schülerarbeitsheft 1 und 2, Regensburg 1977/78
Noll, G.: Von der Gehörbildung zur Hörerziehung, in: Müller-Bech, W./Stumme, W. (Hrsg.): Die Musikschule, Band I, Situationen – Meinungen – Aspekte, Mainz 1973, 82–90
Noll, G. (Hrsg.): Bericht über die Wissenschaftliche Begleitung der Erprobung der Neufassung des Programms „Musikalische Früherziehung", Köln – Bonn 1977 ff., Reproprints
Verband deutscher Musikschulen (Hrsg.): Lehrplan Musikalische Grundausbildung, Bonn/Bad Godesberg o. J. (gültig bis 1974)
–: Lehrplan Musikalische Grundausbildung, Bonn/Bad Godesberg o. J. (1974)
Wucher, D.: Musikerziehung in allgemeinbildenden Schulen und Musikschulen – Möglichkeiten der Zusammenarbeit, in: Kraus, E. (Hrsg.): Schule ohne Musik? Musik und Musikunterricht in der Bildungsplanung. Analysen und Perspektiven. Vorträge der Elften Bundesschulmusikwoche Düsseldorf 1976, Mainz 1976, 73–78
Wucher, D.: Grundfächer Musikalische Früherziehung und Grundausbildung, in: Wucher, D./Berg, H. W./Träder, W.: Handbuch des Musikschul-Unterrichts, Regensburg 1979, 127–134
–: Musikschulen bedroht von verknappten Etats, in: Neue Musikzeitung, Ausgabe Schulmusik, 30. Jg. Dezember 1981, Nr. 6
Wucher, D. (Hrsg.): Konzerte für Kinder. Begründungen, Voraussetzungen, Beispiele, Regensburg 1977

VII. Die Ausbildung und Fortbildung der Lehrer für den Musikunterricht in der Grundschule

Die Ausbildung der Lehrer (1. Phase)

Ulrich Günther

Vorbemerkung

Die Ausbildungssituation ist vielfältig und unübersichtlich geworden, manchmal sogar im selben Bundesland. Abschnitt I gibt einen Überblick über den gegenwärtigen Stand, der sich – wie in Abschnitt II dargestellt wird – in nur anderthalb Jahrzehnten herausgebildet hat. Das ganze Ausmaß der Veränderungen zwischen 1965 und 1980 wird deutlich, wenn man sich zum Vergleich die zahlreichen, jedoch wenig wirksamen Reformansätze in der ersten Jahrhunderthälfte (und früher) vor Augen führt; das versucht ein historischer Exkurs (Abschnitt III), der auch untersucht, warum bestimmte Ideologien und Praktiken sich so lange halten konnten. Abschnitt IV stellt dann die Paradoxie dar, daß zwar inzwischen eine ausreichende Zahl qualifizierter Fachlehrer auch für den Grundschul-Musikunterricht zur Verfügung steht, diese aber wegen des weiter wachsenden Lehrerüberschusses bei zurückgehender Schülerzahl nicht in den Schuldienst übernommen werden. – Abschließend einige Anmerkungen zur künftigen Musiklehrerausbildung für die Grundschule (Abschnitt V).

Den folgenden Ausführungen liegen neben Daten aus den Statistischen Jahrbüchern und den Jahrbüchern der Deutschen Musikorganisation (1931) und der deutschen Musik (1943) sowie aus G. BRAUN (1957) und U. GÜNTHER (1967) Ergebnisse von Umfragen und Erhebungen zugrunde bei ca. 30 Hochschullehrern aus den elf Bundesländern, die für die Grundschullehrerausbildung für Musik kompetent sind, sowie bei über 100 Lehrern, die nach ihrer Ausbildung (zwischen 1926 und 1980) und ihren Lehrerfahrungen mit Musikunterricht in der Grundschule befragt wurden.

I. Gegenwärtiger Stand (1983)

1. Organisation

Grundschullehrer für das Fach Musik werden in allen Hochschulformen ausgebildet: in Pädagogischen oder Erziehungswissenschaftlichen Hochschulen, Universitäten, Gesamthochschulen und Musikhochschulen.

Berlin: Hochschule der Künste HdK; Baden-Württemberg: 6 Pädagogische Hochschulen (Freiburg, Heidelberg, Karlsruhe, Ludwigsburg, Schwäbisch Gmünd, Weingarten; geschlossen werden Esslingen, Lörrach, Reutlingen; Bayern: Uni Augsburg, Bamberg, Bayreuth, Eichstätt, Erlangen-Nürnberg, München, Regensburg (o. Professuren nur in Augsburg, Bamberg, München); Musikhochschulen München, Würzburg; Hamburg:

Uni mit Musikhochschule; Bremen: Uni mit (Fach-)Hochschule für Musik und Gestaltung; Hessen: Uni Frankfurt, Gießen; GHS Kassel; Niedersachsen: Uni Braunschweig, Göttingen (auslaufend), Hannover, Oldenburg, Osnabrück mit Vechta; Hochschulen Hildesheim, Lüneburg; Nordrhein-Westfalen: Uni Bielefeld, Dortmund, Köln, Münster; GHS Essen, Paderborn, Siegen, Wuppertal (auslaufend in Aachen, Bonn, Düsseldorf-Neuss, Duisburg); Rheinland-Pfalz: Erziehungswiss. Hochschule mit Abt. in Koblenz, Landau; Schleswig-Holstein: Päd. Hochschulen in Flensburg, Kiel; Saarland: keine Ausbildung mehr seit 1978.

Manchenorts erfolgt ihre Ausbildung gleichzeitig mit der Ausbildung von Musiklehrern für Hauptschulen und Gymnasien oder sogar in sie integriert.

Uni Bremen, Dortmund, Oldenburg, Osnabrück, Paderborn; Musikhochschulen München, Würzburg, HdK Berlin; in Hamburg wird die Musikpraxis an der Musikhochschule studiert, die übrigen Gebiete an der Uni. Im Saarland wurde 1978/79 die PH in die Uni eingegliedert, die Musiklehrerausbildung für Haupt- und Realschullehrer in die Musikhochschule, dagegen blieb die für Grundschullehrer seitdem „ausgesetzt".

Die Ausbildung von Musiklehrern auch für die Grundschule ist in einen künstlerisch-praktischen, einen fachwissenschaftlichen und einen fachdidaktischen Studienbereich gegliedert – ein wichtiger Fortschritt, der nicht nur die frühere Beschränkung auf methodische Handreichungen und die pragmatisch-unkritische Vermittlung einer musikalischen Handwerkslehre überwunden hat, sondern der auch bedeutet, daß mit den nun übereinstimmenden Ausbildungsstrukturen aller Studiengänge für die Musiklehrämter derjenige für die Grundschule als gleichrangig gilt. Das kommt auch in dem gegenwärtigen Trend zum Ausdruck, eine Aufnahmeprüfung, wie seit jeher an Musikhochschulen für das gymnasiale und das Realschullehramt üblich, auch für die anderen Lehramts(teil)studiengänge in Musik einzuführen, was in einigen Ländern, teils im modifizierter Form („Eignungsprüfung"), bereits praktiziert wird.

Die Regelstudienzeit für künftige Grundschul-Musiklehrer beträgt im allgemeinen 6 Semester, in Berlin nur für das „Ein-Fach-Lehramt"; Abweichungen gibt es in Bremen (8 für alle Lehrämter), in Bayern (6 bis 8) und in Hamburg (8 für das Lehramt an Grund- und Mittelstufe ohne weitere Stufendifferenzierung oder als „Lernbereich Musik" im Rahmen der Grundschulpädagogik) – jeweils plus Examenssemester. Das Studium schließt mit der 1. Staatsprüfung ab; die Prüfungsordnungen werden von den zuständigen Ministerien erlassen. Auf ihrer Grundlage erarbeiten die Hochschulen ihre ebenfalls genehmigungspflichtigen Studienordnungen. Inwieweit die Vereinheitlichung des Studiums (aller Fächer) aufgrund der gegenwärtig durchgeführten Studienreform (Regelstudienzeit, Inhalte, Durchlässigkeit verwandter Studiengänge) Veränderungen auch in der Musiklehrerausbildung, speziell für die Grundschule, bringt, die über die erwähnte Eignungs- oder Aufnahmeprüfung hinausgehen, ist noch nicht absehbar.

2. Strukturen und Ziele

Während sich im Laufe der 60er Jahre in den Pädagogischen Hochschulen der Übergang vom Volksschullehrer, der vom 1. Schuljahr an auch Musik unterrichten können mußte, zum Grund- und Hauptschullehrer vollzog, der Musik als Haupt- oder als eines von (zunächst vier, dann) zwei didaktischen oder Nebenfächern, schließlich als eines von zwei Hauptfächern studieren konnte, bildete sich in den frühen 70er Jahren, im Zusammenhang mit der Einrichtung von Gesamtschulen und Orientierungs- oder Förderstufen, die Tendenz zum Stufenlehrer, auch für die Grundschule oder Primarstufe, heraus. Die Stufenlehrerausbildung wurde jedoch in nur wenigen Ländern verwirklicht; einige andere machten Ansätze dazu wieder rückgängig; in den meisten ist die Grundschule ein Schwerpunkt in einer Ausbildung, die darüber hinaus für eine weitere Schulstufe oder ein weiteres Lehramt qualifiziert. Eine Analyse der gegenwärtigen Ausbildungsstrukturen in den elf Bundesländern ergibt, daß kaum zwei Länder in der Ausbildungsstruktur übereinstimmen, in einigen gibt es sogar Hochschulen mit jeweils verschiedenen Strukturen.

Die Vielfalt betrifft auch die Bezeichnungen. Neben Haupt-, Studien-, Wahl-, Wahlpflicht-, Unterrichtsfach finden wir Fächergruppe, Lern- oder Gegenstandsbereich, statt der Bezeichnung Nebenfach auch Kleines, Weiteres, Didaktik-, Zusatz-, Bei-, Nachweis- oder Drittfach. Die Bezeichnungen werden teils synonym, teils mit unterschiedlichen Bedeutungen verwendet. Deshalb ist in der (vereinfachenden) Übersicht nur von Haupt- und Nebenfach die Rede:

a) Qualifikation: Es bilden aus

- zum Stufenlehrer: Bremen, Nordrhein-Westfalen, Hessen; Hamburg, Bayern, Berlin für 2 Stufen (P = 1–4 [Berlin 1–6] und SI = Hauptschule und Realschule, in Berlin ggf. auch, in Hamburg bisher nicht Gymnasium);
- zum Grund- und Hauptschullehrer *mit* Schwerpunkt Grundschule: Bayern, Baden-Württemberg, Niedersachsen, Rheinland-Pfalz; *ohne* Schwerpunkt Schleswig-Holstein.

b) Struktur: Musik kann studiert werden

- nur als Hauptfach in Berlin, Bremen, Kassel, Rheinland-Pfalz;
- als eins von zwei Hauptfächern oder als didaktischer „Leistungsnachweis" („3. Fach") in Niedersachsen;
- wahlweise als Haupt- oder Neben-/Zusatzfach in Schleswig-Holstein, Baden-Württemberg (innerhalb des „Musisch-ästhetischen Gegenstandsbereichs"); als Nebenfach nur innerhalb des Komplexes „Grundschuldidaktik" in Bayern, Hamburg, Frankfurt, Gießen.

(In Hessen berechtigt die „Wahlfach"-Qualifikation für die Grundschule auch für die S I [5–10], in Bayern das „Studienfach" Musik auch für Haupt- und Realschule, in Hamburg Musik als eins der beiden [Schul-]Fächer auch für die S I, dabei für das Gymnasium allerdings nur nominell, nicht faktisch.)

Diese Strukturunterschiede sagen allerdings nichts darüber aus, wie intensiv und effektiv die jeweilige Ausbildung ist, zumal auch ihr Umfang außerordentlich differiert: beim Hauptfach zwischen insgesamt 30 (Schleswig-Holstein) und 45 (Nordrhein-Westfalen) – in Bremen sogar 60 (bei allerdings 8 Semestern); beim Nebenfach 6–8 (Bayern) und max. 36 (Baden-Württemberg) Semesterwochenstunden.

3. Gliederung

Die Abschnitte 3 und 4 stützen sich auf Angaben der befragten Personen (s. o. Vorbemerkung) und auf die Analyse der Veranstaltungsverzeichnisse fast aller Hochschulen seit 1945 (z. T. auch davor).

Zwar hat sich eine spezifische Ausbildung auch für den Grundschul-Musiklehrer durchgesetzt, sie wird jedoch in den meisten Hochschulen nicht getrennt von der Ausbildung für andere Schularten oder -stufen praktiziert. Der Grundschulanteil beträgt $1/5$ bis $1/4$, selten mehr, eher weniger.
Die Gliederung der Ausbildung in die Studienbereiche Musikpraxis, Fachwissenschaft und Fachdidaktik ist nur formal; denn zum einen werden, insbesondere von seiten der Fachdidaktik, die Teilbereiche häufig aufeinander bezogen und sogar integriert, zum anderen bestehen an den einzelnen Hochschulen Schwerpunkte in bezug auf Umfang, Inhalt und Zielsetzung in jedem der drei Bereiche. Die Schwerpunkte ergeben sich nicht nur daraus, daß die Ausbildung in einer Kunst- oder einer wissenschaftlichen Hochschule stattfindet, sondern sie hängen auch von Ausstattung und Tradition einer Hochschule oder eines Faches ab.
Das wohl größte Defizit bei den meisten Studenten, so eine allgemeine Klage, besteht in zu geringen musikpraktischen Fähigkeiten und Fertigkeiten, was die Lösung des nach wie vor bestehenden Problems der *musikpraktischen Ausbildung* nicht gerade erleichtert, besonders im Blick auf die Kürze des Studiums und auf den späteren Tätigkeitsbereich.
In den meisten wissenschaftlichen Hochschulen besteht das Problem zum einen darin, daß die Finanzmittel im erforderlichen Umfang fehlen, zum anderen – von wenigen Ausnahmen abgesehen – in einer zu geringen Anzahl von qualifizierten, zumeist nebenamtlichen oder -beruflichen Lehrkräften, die bereit und auch dazu fähig sind, ihre – in aller Regel nur stundenweise und überdies schlecht bezahlte – Tätigkeit inhaltlich in die Gesamtausbildung zu integrieren. Umgekehrt stehen in den Musikhochschulen für die musikpraktische Ausbildung zwar hauptamtliche Lehrkräfte zur Verfügung; ob allerdings die dort vorwiegend künstlerisch ausgerichtete Ausbildung den Grundschul-Musikunterricht optimiert, muß sich erst noch erweisen.
Die *Fachwissenschaft* umfaßt auch erziehungs- und musikwissenschaftliche Komponenten. Sie wird aber nicht mehr wie in den 50er Jahren nur von der Musikwissenschaft und in den 60er Jahren vornehmlich von der Erziehungswissenschaft her bestimmt, sondern – entsprechend der sich verstärkenden facheigenen Forschung – mehr und mehr von der Musikpädagogik und -didaktik, die auch die *unterrichts- und berufspraktische Ausbildung* umfaßt. Auch diese ist keineswegs einheitlich. Insbesondere haben die Neubestimmung der Musikpädagogik und -didaktik als wissenschaftliche Disziplin und die Einführung einer Referendarausbildung auch für Grund- und Hauptschullehrer dazu geführt, daß die für die Pädagogische Hochschule so kennzeichnende enge Verbindung zur Unterrichtspraxis sich immer mehr lockert, vor allem dort, wo die Ausbildung in alte Universitäten eingegliedert wurde.

4. Inhalte

Inhaltlich bezieht sich die Ausbildung auf die „Lernfelder" des Musikunterrichts, die sich im großen und ganzen auf die von DANKMAR VENUS (1969) eingeführten „Verhaltensweisen" in der Musik beziehen oder zurückführen lassen:

Produktion (Musik erfinden: komponierend und improvisierend), Reproduktion (vorgefundene Musik singen und spielen), Rezeption (Musik hören), Transposition oder Transformation (Musik mit Text, Bild, Bewegung oder Szene verbinden), Reflexion (über Musik nachdenken, sprechen; Musiktheorie).

Allerdings gibt es an nur wenigen Hochschulen kontinuierliche Angebote eigens für den Bereich Grundschule; in der Regel sind sie punktuell, nur selten breit gefächert. Die Gründe dafür sind verschieden, so z. B. das spezielle Interesse eines Hochschullehrers oder dessen Kompetenz, zuweilen auch die manchenorts inzwischen geringe Anzahl der Musikstudenten mit dem Schwerpunkt Grundschule.

Insgesamt gesehen überwiegt heute – das weisen Veranstaltungsverzeichnisse und Befragungsergebnisse aus – das Angebot in den Teilbereichen Musikerfinden (Klangexperimente, Gruppenimprovisation) und beim Vertonen von Sprache, Bild oder szenischem Spiel. Dabei erhalten auch Lied und Singen bzw. die Stimme sowie das Umgehen mit Orff- und das Bauen von Einfachinstrumenten eine neue Bedeutung. Auch der Aspekt „Musik und Bewegung" gewinnt an Boden. Demgegenüber sind Musikhören sowie kritisches Nachdenken und Verbalisieren von musikalischen Erscheinungen, Schwerpunkte um 1970, deutlich zurückgetreten.

Gründe für diese Verschiebung sind außer den erwähnten persönlichen Interessen einzelner Lehrkräfte in erster Linie die Entwicklung der musikdidaktischen Diskussion, neue Studien- und Prüfungsordnungen und damit Ausbildungskonzepte, das Hinzukommen neuer Hochschullehrer und damit neuer Akzente und Akzentverschiebungen in den Lehrkörpern, eine verbesserte und umfangreichere Ausstattung der Hochschulen, das Erarbeiten oder Verarbeiten neuer didaktischer Erkenntnisse sowie die Herausbildung spezifischer Konzeptionen einer Musiklehrerausbildung für die Grundschule.

5. Forschung

Die Institutionalisierung eines speziellen Ausbildungsschwerpunktes Grundschule hatte zur Folge, daß die musikpädagogische Forschung auch auf diesem Gebiet intensiviert worden ist, und zwar insbesondere in den Bereichen Kindertänze, Hörerziehung, Schülermitbestimmung, Unterrichtsdokumentation, Fachgeschichte, vokales und instrumentales Musizieren im Klassenverband. Ursache und Folge dieser Entwicklung waren einerseits die Publikationen einer großen Anzahl von Musiklehrbüchern für den Grundschul-Musikunterricht – die meisten im „Medienverbund": Schülerbuch, Lehrerband, Tonträger –, anderseits die Verleihung des Promotionsrechts, in der Regel zum Dr. phil. mit

Hauptfach Musikpädagogik (dagegen Baden-Württemberg: Dr. paed., Schleswig-Holstein: Dr. sc. paed., Nordrhein-Westfalen: Dr. paed. oder Dr. phil.); nur in Gießen und in Berlin (HdK) gibt es (noch) kein Promotionsrecht. In den meisten Ländern haben die Hochschulen auch das Habilitationsrecht in Musikpädagogik.

An manchen Hochschulen (etwa der EWH Rheinland-Pfalz) kann beim Habil.-Verfahren Musikpädagogik nur als mündliches Nebenfach gewählt werden. – Kein Habil.-Recht haben Berlin, Baden-Württemberg, Schleswig-Holstein, Gießen.

II. Entwicklung zum Musikfachlehrer für die Grundschule (1965–80)

1. Organisatorische Veränderungen

Wie erwähnt, hat sich der heutige Stand der Ausbildung zum Musiklehrer für die Grundschule seit etwa Mitte der 60er Jahre herausgebildet. Damals beherrschten das Schlagwort von der „Bildungskatastrophe" (PICHT 1964), die Forderung „Bildung ist Bürgerrecht" (DAHRENDORF 1968), die kritische Frage „Wie hoch ist die höhere Schule?" (v. HENTIG 1962) und die Prognose vom „Ende der Volksschule" (MUTH 1963) die sehr heftige und äußerst kontrovers geführte öffentliche Diskussion. Die Schule könne nur noch als „Wissenschaftsschule" (WILHELM 1967) ihre gesellschaftlichen Aufgaben lösen, und bald wurde deutlich, daß eine Schulreform allein nicht mehr ausreichte, sondern eine umfassende „Bildungsreform ... (durch) Revision des Curriculum" (ROBINSOHN 1967) notwendig geworden war.

Den entscheidenden Anstoß zu organisatorischen und inhaltlichen Veränderungen gab der 1966 von Bund und Ländern geschaffene Deutsche Bildungsrat mit seinem „Strukturplan für das Bildungswesen" (1970). Dieser enthielt konkrete und bis ins einzelne begründete Vorschläge für eine organisatorische und inhaltliche Umgestaltung von Schule und Lehrerbildung. Chancengleichheit, Integration bei innerer Differenzierung, Wissenschaftsorientierung waren Hauptgesichtspunkte für eine Reform der allgemeinbildenden Schule und der Ausbildung ihrer Lehrer mit dem politischen Ziel, das überkommene, in Anlehnung an die Ständeschule vertikal gegliederte Schulsystem durch ein stufig organisiertes zu ersetzen.

Eine Konsequenz für die Lehrerausbildung, auch im Fach Musik, war der Stufenlehrer, wodurch die herkömmliche, starr vertikal organisierte Lehrerausbildung für die verschiedenen Schularten nicht mehr erforderlich war und aufgebrochen wurde: Pädagogische Hochschulen wurden (außer in Baden-Württemberg, Rheinland-Pfalz und Schleswig-Holstein) aufgelöst, in wissenschaftliche Hochschulen umgewandelt oder in bestehende integriert, Musikhochschulen zu künstlerisch-wissenschaftlichen erweitert oder ganz umstrukturiert.

Die Stufenlehrerausbildung setzte sich jedoch nicht allgemein durch und blieb schließlich nur in Bremen, Kassel und Nordrhein-Westfalen erhalten, in modifi-

zierter Form auch in Hamburg und Berlin. Im übrigen zielte die Ausbildung weiterhin auf die tradierten Schularten, selbst in den Integrierten Gesamtschulen, beim Grund- und Hauptschullehrer (früher: Volksschullehrer) allerdings mit den Stufenschwerpunkten Grund- oder Hauptschule.
Eine andere Folge der organisatorischen Veränderungen seit 1970 war die Fachlehrerausbildung auch für die Grundschule. Abgesehen vom 1. Schuljahr, wo ungefächerter „Gesamtunterricht" erteilt wurde, hatte es Fachunterricht in der Grundschule schon immer gegeben, aber vom selben Lehrer erteilt, der die Spannung zwischen Fächerdifferenzierung und -integration ausgleichen konnte. Mit der Fachlehrerausbildung stellte sich dieses Problem schärfer. Man versuchte es so zu lösen, daß Lehrer nicht nur für einzelne Fächer, sondern auch für Fächergruppen oder Lernbereiche mit verwandten Schulfächern ausgebildet wurden – mit sehr unterschiedlichen Ergebnissen (siehe I.2).
Die Fachlehrerausbildung machte zwar die Musik zum gleichrangigen didaktischen Fach, führte jedoch dazu, daß der Anteil der Musikstudenten, zumal mit dem Schwerpunkt Grundschule, an vielen Orten nur 5% und weniger betrug. Noch geringer war er dort, wo wie in Bremen das Studium für alle Lehrämter gleich lange dauert; denn die damit verbundene entscheidende Regelung, gleiche Bezahlung für alle Lehrer, ließ sich bundespolitisch nicht durchsetzen.

2. Veränderte Ziele und Inhalte

Dieser Abschnitt folgt dem vom Autor verfaßten Kapitel „Zur Situation des Musikunterrichts und der Musikdidaktik" in GÜNTHER/OTT/RITZEL 1982.

Aus der kritischen Auseinandersetzung mit der sich als musische Bildung verstehenden Musikerziehung folgten gegen Ende der 60er Jahre mehrere Versuche, die auf ein neues Selbstverständnis der Musikpädagogik zielten; auch die Aufgabe, nun im Rahmen einer wissenschaftlichen Hochschule Musikfachlehrer auch für die Grundschule auszubilden, zwang dazu, Ziele und Inhalte des Fachs neu zu bestimmen. Das fand auf breiter Basis statt und spiegelte sich besonders deutlich in den Beiträgen zur 8. Bundesschulmusikwoche 1970 in Saarbrücken wider, wo es u. a. um die Aspekte Lernziele und Curriculum, Schul- und Unterrichtsorganisation, Breitenarbeit und Eliteförderung, Klassen und Kursunterricht, Lernvoraussetzungen und Begabung ging, zusammengefaßt unter dem Tagungsmotto „Bildungsziele und Bildungsinhalte des Faches Musik" (KRAUS 1970).
Die inhaltliche Öffnung und Ausweitung verlangte nach Systematisierung. Die ersten Versuche stellten Musik als „Wirklichkeitsbereich" dar mit den „Verhaltensweisen in der Musik" als einem besonders wichtigen Teilbereich (GÜNTHER 1968). VENUS (1969) unterbreitete einen Systematisierungsvorschlag, der die bereits in Abschnitt I.4 erwähnten fünf „vorrangigen" Verhaltenskategorien enthielt.
Mitte der 60er Jahre war an die Stelle der musischen Funktionalisierung der Musik durchweg die Musik selbst getreten, und zwar potentiell in allen ihren Erscheinungsformen. Jedoch wiesen die neuen didaktischen Entwürfe erhebli-

che Unterschiede in der Definition dessen auf, was sie unter der „Sache Musik" verstanden. Das läßt sich auch an den Versuchen ablesen, ein musikdidaktisches Gesamtkonzept zu formulieren (u. a. ALT 1968; ANTHOLZ 1970; GÜNTHER 1971). Insgesamt standen um 1970, geht man von den fünf Venusschen Grundverhaltensweisen aus, drei davon im Vordergrund: das Musikhören, das Improvisieren und Experimentieren sowie das Reflektieren.

Die Ausweitung der Inhalte und der Verhaltensweisen – und damit die inhaltliche und zahlenmäßige Vergrößerung auch der didaktischen Probleme und Fragestellungen – lösten eine sich immer stärker verselbständigende und aufsplitternde Diskussion aus. In einem Rückblick lassen sich allerdings inhaltliche und thematische Schwerpunkte ausmachen, die sich zunächst nicht speziell auf die Grundschule bezogen; denn die den Pädagogischen Hochschulen zufallenden Aufgaben betrafen seinerzeit vorrangig Haupt- und Realschule, Orientierungs- und Förderstufe und Gesamtschule. Als wichtigste musikdidaktische Positionen und damit Teilbereiche lassen sich schlagwortartig die folgenden nennen: Hörerziehung, die sich – mit Blick auf den Hörer von Musikwerken in Konzertsaal und Medien – vor allem am musikalischen Kunstwerk orientierte; demgegenüber ging es der Auditiven Wahrnehmungserziehung in erster Linie um den Schüler, der ständig der auditiv wahrnehmbaren Umwelt ausgesetzt ist und erst einmal erfahren soll, wie Musik als ästhetisches Gebilde entstehen und was sie ihm und anderen bedeuten kann. Eine extreme Ausweitung der Wahrnehmungserziehung war die Polyästhetische Erziehung, die vor allem auf produktive Kreativität zielte (ROSCHER 1976). Einen immer breiteren Raum nahm sodann die Didaktik der populären Musik ein, und schließlich kam die Diskussion um Lied und Singen und um das Musikmachen auf Instrumenten im Klassenmusikunterricht neu in Gang.

Diese Positionen waren freilich nicht aus sich selbst heraus entstanden, sondern verschiedenen Einflüssen unterworfen. So wurde die Kunstwerkdidaktik stark von der Musikwissenschaft (Interpretation, Hermeneutik, Analyse) beeinflußt, die Auditive Wahrnehmungserziehung von Neuer Musik, von der Kommunikationstheorie und, wie die Polyästhetische Erziehung auch, von der Theorie der Ästhetischen Erziehung, die Hörerziehung von den Auswirkungen der Massenmedien, die Didaktik der Populären Musik und des instrumentalen Musikmachens vom veränderten Freizeitverhalten der Schüler. Immer häufiger wurden auch politische und soziologische Fragestellungen artikuliert, wie seinerzeit auf allen Gebieten. Aufs Ganze gesehen stand der Versuch, die Musikdidaktik auf den Boden eines wissenschaftlich begründeten Selbstverständnisses zu stellen, im Einklang mit der damals aktuellen erziehungswissenschaftlichen „Theorie der Schule im Zeitalter der Wissenschaften" (WILHELM 1967) und mit den Vorschlägen des Deutschen Bildungsrates.

3. Neue Lehrpläne und Lehrbücher – Musikdidaktische Literatur und Ausbildungsthemen

Mit der *Grundschule* tat sich die Musikdidaktik zunächst allerdings schwer; sie kam so recht erst in den Blick, als es darum ging, auch hier neue *Lehrpläne* und Curricula zu entwickeln. Die seit Anfang der 70er Jahre erschienenen entsprachen im großen und ganzen den Ergebnissen der musikdidaktischen Diskussion in den vorangegangenen Jahren. Vorrang hatte nun das Musikhören; Neue Musik, Technik und Experiment waren hinzugekommen, aber auch tradierte Inhalte wie Liedersingen und Elementare Musiklehre waren zu finden. Man wollte, insgesamt gesehen, innovieren, und das war weitgehend nur mit Hilfe des Musik*fach*lehrers möglich.

Ebenfalls seit 1970 erschienen in immer dichterer Folge *Musiklehrbücher* nun auch für die Grundschule, die zumeist neue didaktische Erkenntnisse und Aspekte materialisierten. Da aber die herkömmliche Form des Schulliederbuches dafür nicht mehr ausreichte, wurden in der Mehrzahl „Lehrwerke im Medienverbund" entwickelt, die auch Tonbeispiele und z. T. sehr ausführliche Lehrerinformationen enthielten. Diese neuen Lehrbücher widersprachen damit in weiten Teilen oder sogar ganz den immer noch geltenden Lehrplänen aus den 60er Jahren; sie wurden dennoch genehmigt, weil auch die meisten Kultusbehörden Innovationen fördern wollten. Deshalb wurden vielerorts neue Lehrpläne erst in einem zweiten Schritt entwickelt, nicht selten unter Mitarbeit von Lehrbuchautoren; so erhielten auch die Lehrpläne innovatorische Perspektiven.

Das wurde noch unterstützt von didaktischen *Veröffentlichungen*, in denen sich einige neue Themen niedergeschlagen haben, die sich auch in den Veranstaltungsverzeichnissen der Hochschulen und in den Befragungen (vgl. Vorbemerkung) finden: Experimentelle Klangerprobung, Neue Musik, Kreativität, daneben aber weiterhin Lied und Singen sowie Singeleitung, dagegen nur selten Rhythmisch-musikalische Erziehung und Kindertanz.

Das tradierte Verhältnis zum (unreflektierten) Liedersingen war allerdings gebrochen, desgleichen das zum früher so wichtigen Notenlehrgang. Kritische Reflexion überwog, das praktische Musizieren trat demgegenüber zurück, desgleichen das praktische Vermitteln und Einüben von Unterrichtsmethoden. Aber die anfangs als befreiend empfundene Offenheit und Vielfalt der Thematik und der didaktischen Diskussion verursachten zunehmend ein Gefühl von Unverbindlichkeit und Unsicherheit. Es wurde noch dadurch verstärkt, daß die meisten Veröffentlichungen zwar zur Diskussion auf Hochschulebene beitrugen, jedoch nur selten konkrete Hilfen für eine neue Unterrichts*praxis* waren; denn auch sie setzten, wie Lehrpläne und Musiklehrbücher, den Fachlehrer voraus, der jedoch erst noch ausgebildet werden mußte; deshalb waren viele Grundschullehrer, die Musik unterrichteten oder unterrichten mußten, überfordert. Die Folge war, daß sich an vielen Stellen so gut wie nichts änderte, selbst dort nicht, wo schon Fachlehrer unterrichteten, weil deren Situation (Schülerzahl, Stundenzahl, Ausstattung) einen Neubeginn nicht gerade erleichterte oder gar förderte.

4. Konsolidierung

Um die Mitte der 70er Jahre trat eine gewisse Beruhigung ein, von Reformeifer und Aufbruchstimmung war immer weniger zu spüren. Eine Folge davon war, daß sich das Interesse der Musikdidaktik nun stärker auf konkrete Probleme des Musikunterrichts und die Alltagsnöte der Musiklehrer(innen) insbesondere der Grundschule richtete. Das läßt sich an den seitdem erschienenen Lehrplänen ebenso ablesen wie an den Themen der Musiklehrerausbildung für die Grundschule und an der musikdidaktischen Literatur. In den Lehrplänen seit 1976 herrscht nun das Musikmachen vor, meistens verbunden mit Erfinden, Improvisieren und Experimentieren, und fast überall erscheint auch die Thematik „Verbundene Musik"; demgegenüber tritt das Reflektieren, einschließlich Musiktheorie, deutlich zurück; ähnlich in den Veranstaltungsthemen und in der – aufs Ganze gesehen dünn gesäten – musikdidaktischen Literatur. Außer den wenigen grundschulbezogenen Monographien „Karlsruher Versuche für den Musikunterricht der Grundschule" (FUCHS 1974), „Musikunterricht auf der Grundstufe" (GÜNTHER/GUNDLACH 1974), „Musikunterricht in der Grundschule II" (GUNDLACH 1977), „Musikunterricht 1–6" (GÜNTHER/OTT/RITZEL 1982) gibt es Beiträge in Anthologien, die auch andere Schulstufen betreffen oder sich auf sie übertragen lassen: „Praxis des Musikunterrichts" (GUNDLACH/SCHMIDT-BRUNNER 1977), „Musikunterricht" (LEMMERMANN 1977), „Projekte im Musikunterricht" (KOHLMANN 1978), „Jahrbuch für Musiklehrer" (KLEINEN/KRÜTZFELDT/LEMMERMANN 1979/80 ff.), „Musikerfahrung mit Instrumenten" (GUNDLACH 1980), „Musikmachen im Klassenunterricht" (GÜNTHER/OTT 1984). Fast noch magerer ist das Angebot in den Fachzeitschriften, von denen sich die „Zeitschrift für Musikpädagogik" gelegentlich, „Musik und Bildung" häufiger und seit 1982 regelmäßig mit Themen zur Musik in der Grundschule befassen. Insgesamt herrscht auch in der Literatur die Tendenz vor, sich mit der Unterrichts*wirklichkeit* auseinanderzusetzen, anstatt sie zu idealisieren oder gar zu ignorieren. Demgegenüber fällt den seit 1976 erschienenen Musiklehrbüchern der Versuch, der Unterrichtswirklichkeit näherzukommen, noch schwer. Ihre Ansprüche sind in den meisten Fällen allenfalls von erfahrenen Musikfachlehrern zu erfüllen, zuweilen sogar nur unter günstigen Unterrichtsbedingungen.

Vgl. vor allem: Musikunterricht Grundschule, hrsg. von W. FISCHER u. a., Mainz 1976; Resonanzen Primarstufe 1 (Vorklasse und 1. Schuljahr) und Resonanzen Primarstufe (1./2. bis 4. Schuljahr), hrsg. von M. NEUHÄUSER u. a., Frankfurt/Main 1977 bzw. 1979; Dudelsack, hrsg. von P. FUCHS/W. GUNDLACH, Stuttgart 1977 – dazu: Schalmei, 1979; Musik macht Spaß, hrsg. von I. BECKER/H. JUNG, Frankfurt/Main 1978.

Nachdem jahrzehntelang musikpädagogische *Forschung* kein Thema war – verursacht insbesondere durch die theoriefeindliche musische Ideologie –, hatte sich in den 60er Jahren ein Arbeitskreis gebildet, der sich 1971 als „Arbeitskreis Musikpädagogische Forschung" (AMPF) konstituierte und seitdem ein regelmäßiges Diskussionsforum mit einem eigenen Publikationsorgan – „Musikpädagogische Forschung" – bietet. (Musikpädagogische Forschung, LAABER

1980 ff. [bis 1983 4 Bände]; zuvor „Forschung in der Musikerziehung" [1969–70 Publikationsorgan des gleichnamigen Arbeitskreises]; vgl. auch U. GÜNTHER: Musikpädagogik und Forschung, in: ANTHOLZ/GUNDLACH [1975]). Auch im Bereich musikpädagogischer und -didaktischer Forschung ist seit geraumer Zeit eine deutliche Tendenz zur Empirie, besonders zur Unterrichtsforschung, festzustellen, jedoch spielte dabei bisher die Grundschule im großen und ganzen eine untergeordnete Rolle. Das begann sich erst in allerjüngster Zeit zu ändern (vgl. Abschnitt I. 5).

*

Der Aufschwung der Musikdidaktik in den anderthalb Jahrzehnten von 1965 bis 1980 ist nicht zu leugnen. Er wirkte sich nicht nur in der Musiklehrerausbildung, sondern auch in der Entwicklung neuer, vor allem praktikablerer Lehrpläne und Materialien für den Musikunterricht selbst aus. Dennoch ist gerade in der Unterrichtspraxis eine entsprechende positive Veränderung kaum oder gar nicht zu beobachten. Daran haben auch die intensiven Bemühungen der vielen Grundschulkongresse und -tagungen seit 1969 im großen und ganzen nichts Wesentliches zu ändern vermocht. Ein Grund liegt darin, daß – von Ausnahmen wie etwa Berlin abgesehen – die Zahl der neuausgebildeten Lehrer und die Wirkung der von ihnen ausgehenden Impulse nur verhältnismäßig gering waren und auch nur sein konnten, wenn man an die Überzahl der schon tätigen Lehrer denkt, die in ganz anderer Weise ausgebildet worden waren. Der folgende historische Exkurs soll das verdeutlichen.

III. Historischer Exkurs: 100 Jahre Krisen und Reformen

Auf und Ab, Unsicherheit, Krisen – diese Kennzeichen gegenwärtiger Musiklehrerausbildung sind keineswegs neu; denn ein Jahrhundert Fachgeschichte sind 100 Jahre Krisen und Notrufe. Sie lassen sich schon weitaus früher nachweisen, aber vor gut 100 Jahren, 1881, veröffentlichte HERMANN KRETZSCHMAR den berühmt gewordenen Reisebericht des Engländers Hullah über den trostlosen Zustand des Schulgesangsunterrichts u. a. in Deutschland. Diese Veröffentlichung führte später zu Reformen auch in der Ausbildung von Schulgesanglehrern, deren letzter Jahrgang erst um 1970 in den Ruhestand trat, in Süddeutschland sogar erst um 1980.
Die Notrufe – und die meisten waren durchaus begründet – lösten fast immer wieder neue Reformen des Musikunterrichts und der Musiklehrerausbildung aus, die aber oft durch die politischen Zeitläufte beeinträchtigt oder gar gestoppt wurden. Und so gilt auch noch heute, cum grano salis, was GEORG SCHÜNEMANN (1928, 367) schon für die Zeit vor 100 Jahren schrieb:

„Geht man nach Verordnungen und Erlassen, so müßte es um die Schulmusik herrlich bestellt sein. Und doch sieht die Wirklichkeit anders aus."

Ganz offensichtlich klafft nach wie vor eine große Lücke zwischen „Wunsch und Wirklichkeit", Lehrerausbildung und Schulunterricht, Theorie und Praxis, und auf diesen Mißstand und seine Folgen wollte denn auch das „Memorandum zur Situation des Musikunterrichts" in Hessen 1981 „eindringlich aufmerksam machen" (Musik und Bildung 3/1981; s. a. 4/1981, 234 ff.).

Die Frage ist, ob das jemals anders sein konnte und kann; denn immer, wenn aufgrund veränderter Bedingungen in der allgemeinen Politik, der Bildungs-, Hochschul- und Schulpolitik neue Ansätze gesucht und neue Konzeptionen entworfen, also Reformen eingeleitet (oder – wie gegenwärtig – wieder rückgängig gemacht) werden sollen, setzen sie bei der Lehrerausbildung an, in der richtigen Erkenntnis, daß auf die Dauer nur anders ausgebildete Lehrer eine Veränderung der Schulwirklichkeit und des Unterrichts bewirken können. Lehrerausbildung blieb daher immer auf die Zukunft von Schule und Unterricht gerichtet, während die Gegenwart aus ihrer jeweiligen Vergangenheit resultierte, die eben durch anders ausgebildete Lehrer überwunden werden sollte. Aber das war und ist ein langer Prozeß, wenn man bedenkt, daß stets mehr als 40 Lehrerjahrgänge gleichzeitig tätig sind, die ganz verschiedenen „Reformperioden" angehören, also unterschiedlich arbeiten. Einige Beispiele sollen das zeigen.

Die ersten, 1921 von Preußen erlassenen „Richtlinien für die Aufstellung von Lehrplänen" für die 1920 im Deutschen Reich neugeschaffene Grundschule für alle 6- bis 10jährigen sollten die Pauk- und Drillschule des 19. Jahrhunderts ersetzen helfen durch eine Kinderschule mit Erlebnis- und „Gesamtunterricht". Aber welcher Lehrer konnte das leisten? Die 1921 im Schuldienst tätigen (117 000 in Preußen, 200 000 in ganz Deutschland) waren ja noch ganz anders ausgebildet worden, nämlich für die Aufgaben der Volksschule des 19. Jahrhunderts.

Ähnlich erging es der Kestenberg-Reform in den 20er Jahren, die anstelle des Schulgesangs- den Musikunterricht einführte – ein großer Fortschritt, der sich aber erst viel später und ganz allmählich auswirken konnte, auch in der Lehrerbildung, die bis 1933 in Pädagogischen Akademien oder Instituten, dann bis 1939 in Hochschulen für Lehrerbildung, bis 1945 schließlich in Lehrerbildungsanstalten stattfand. 1939 waren die Absolventen der Hochschulen für Lehrerbildung 24 bis 26, die der Pädagogischen Akademien 27–34 Jahre alt, insgesamt etwa 30 000 Lehrer; demgegenüber waren ca. 146 000 33- bis 65jährige Lehrer, also 33 Jahrgänge, in Präparanden und Seminaren ausgebildet worden, viele noch nach Plänen des 19. Jahrhunderts. Da jedoch die Ausbildungsjahrgänge zwischen beiden Weltkriegen sehr schwach besetzt waren, dürften gegen Ende der 30er Jahre etwa 4/5 aller Volksschullehrer mit ihren Schülern nicht viel anders gesungen haben, als sie es im Seminar gelernt hatten. Dies Verhältnis wurde noch ungünstiger, als ab 1939 gerade die jüngeren Lehrer zum Kriegsdienst einberufen und durch „Schulhelfer" oder Pensionäre ersetzt wurden. Die letzten Jahrgänge der im Dritten Reich ausgebildeten Lehrer werden 1992 pensioniert werden.

Nach 1945 wurde die Lehrerbildung im Sinne musischer Erziehung, wenn auch ohne NS-Vorzeichen, fortgesetzt. Es wurden Volksschullehrer ausgebildet für alle Fächer und alle Jahrgänge vom 1. Schuljahr an. Die Grundschule fand – das läßt sich an methodischen Veröffentlichungen, den Veranstaltungsverzeichnissen der Hochschulen und den Befragungsergebnissen ablesen – wie schon vordem kaum besondere Berücksichtigung. Das änderte sich erst um die Mitte der 60er Jahre, wenn auch nur schrittweise. Damals vollzog sich die Entwicklung der Pädagogischen Hochschule zur wissenschaftlichen Hochschule; das (1969 schließlich überall eingeführte) 6semestrige Studium einiger Fächer mit dem Schwerpunkt Grund- oder Hauptschule trat an die Stelle der Ausbildung zum Volksschullehrer für alle Fächer. Parallel dazu bildeten sich die Fachdidaktiken heraus. Damit wurde Musik zwar zum gleichrangigen didaktischen Fach, aber nur mehr von wenigen studiert. Die obligatorische Grundausbildung in Musik für alle künftigen Lehrer ging somit zu Ende.

Das konnte nicht ohne Folgen für den Musikunterricht vor allem in der Grundschule bleiben, die bis dahin einen von fachlich ausgebildeten Lehrern erteilten Musikunterricht kaum kannte. Hinzu kam, daß besonders hier der Bedarf an Lehrern enorm wuchs: infolge rapide steigender Schülerzahlen (1955–65 von ca. 2,5 auf 3,5 Mio.), durch Abwanderung vieler Lehrer zur Realschule, durch die Auswirkung der Verlängerung des Studiums auf 6 Semester und die Einrichtung eines 9. Hauptschuljahres. Deshalb bildeten einige Länder zusätzlich in zumeist Einjahreskursen sog. „Fachlehrer" (vor allem -lehrerinnen) aus; dabei war der Musikanteil in Hessen erheblich größer und intensiver als in Rheinland-Pfalz oder in Nordrhein-Westfalen, in Niedersachsen dagegen Null. So gab es in den 60ern bis Mitte der 70er Jahre zwei gegenläufige Ausbildungsarten: das wissenschaftlich und didaktisch begründete Studium auch im Fach Musik und die Ausbildung von Hilfslehrern, teilweise auf oder unter dem Niveau des alten Lehrerseminars.

Daß beim Musikunterricht auch der Grundschule alles beim alten blieb, wird besonders klar, wenn man sich vor Augen hält, welche Lehrergenerationen mit welcher Art von Ausbildung um 1965 unterrichteten. Die fünf ältesten Jahrgänge waren noch seminaristisch ausgebildet worden. Die 52- bis 62jährigen hatten Pädagogische Akademien, Institute oder Hochschulen für Lehrerbildung besucht – neun nur schwach besetzte Jahrgänge, was auch für die Schulhelfer und die Schüler der Lehrerbildungsanstalten (vor 1945) sowie für die Absolventen der „Sonderlehrgänge" nach 1945 gilt. Gegenüber diesen insgesamt 30000 Lehrern im Alter von 48 bis 65 Jahren waren die PH-Absolventen um 1965 in der Mehrzahl (130 000). Diese waren 22 bis 47 Jahre alt, also 26 starke Jahrgänge, von denen die meisten noch vier Semester lang zum musisch durchdrungenen Allroundlehrer ausgebildet worden waren, die Mehrzahl davon Frauen, die im übrigen in allen Formen der Lehrerbildung von Mitte der 30er bis Ende der 60er Jahre zahlenmäßig überwogen und dann vor allem in der Grundschule unterrichteten.

Die stark wachsende Zahl von Musikstudenten und neuausgebildeten Musiklehrern in den 70er Jahren versprach eine entscheidende Änderung. Aber die dann alsbald sinkenden Schülerzahlen hatten zur Folge, daß nur relativ wenige, seit 1980 kaum noch junge Lehrer in den Schuldienst übernommen wurden, die erstmals für den Musikunterricht in der Grundschule qualifiziert waren.

IV. Abbau der Lehrerausbildung seit Beginn der 80er Jahre

Die in den 60er Jahren vorbereitete und Anfang der 70er Jahre eingeleitete Bildungsreform wurde, soweit sie Schule und Lehrerbildung betraf, vor allem mit dem damals herrschenden' großen Lehrermangel begründet. Deshalb wurde landauf, landab für den Lehrerberuf geworben – mit Erfolg. Da seinerzeit auch die Abiturientenjahrgänge immer stärker wurden und viele Interessenten am Lehrerberuf den Zweiten Bildungsweg gingen, wuchs die Zahl der Lehramtsstudenten außerordentlich. Nicht zuletzt deshalb wurden neue Hochschulen gegründet und bestehende ausgebaut, ihre personelle, räumliche und apparative Ausstattung wesentlich verbessert und erweitert. Wo früher in einem Fach wie Musik zwei Dozenten unterrichteten, waren es nun an vielen Stellen fünf bis zehn, wo 1970 dreißig Lehramtsstudenten Musik gewählt hatten, zehn davon mit dem Schwerpunkt Grundschule, waren es um 1980 zwei- bis dreihundert, die Musiklehrer werden wollten, davon fünfzig und mehr in der Grundschule. Dementsprechend stieg die Zahl der Absolventen für das Grund- und Hauptschullehreramt von 15 000 (1970) auf 45 000 (1980); 1976 waren es sogar 66 500 gewesen (für alle Fächer), 1982: 27 000 (für alle Lehrämter). Die Gesamtzahl im Jahrzehnt 1970–80 betrug rund 455 000, davon – bei einem angenommenen Anteil von 5% – ca. 23 000 fachlich qualifizierte Musiklehrer, deren Zahl bis 1983 noch einmal angewachsen ist. Mit ihnen hätte man, statistisch gesehen, alle Grund- und Hauptschulen mit Musikfachunterricht mehr als ausreichend versorgen können – aber eben nur statistisch; denn die Aussicht für Absolventen, in den Schuldienst übernommen zu werden, wurde seit 1980 immer geringer; inzwischen ist sie nicht einmal mehr eine vage Hoffnung.
Hauptursache dafür ist die sinkende Schülerzahl, was sich zuerst in der Grundschule auswirkt. 1975 wurden erstmals Daten darüber und über den dadurch sich reduzierenden Lehrerbedarf bekannt; dennoch wollten 1976 immer noch 18 000 Abiturienten Grund- und Hauptschullehrer werden (1975 sogar 30 000). Die sinkende Schülerzahl (1965 = 4,4; 1975 = 4; 1980 = 3,5; 1983 = 3,1 Mio.) hat inzwischen den Lehrermangel in der Grundschule längst ausgeglichen, allerdings nur zahlenmäßig, nicht jedoch im Hinblick auf das Verhältnis von erforderlichem Fachunterricht und dafür qualifizierten Lehrkräften, auch und vor allem für das Fach Musik. Da die Schülerzahl weiter sinkt, dagegen die Anzahl der arbeitslosen Lehrer – inzwischen mehrere Zehntausend – ständig steigt, wurde die Lehrerausbildung in zunehmendem Maße eingeschränkt.
So werden im Saarland seit 1978 überhaupt keine Musiklehrer für die Grundschule mehr ausgebildet (für die Hauptschule seitdem an der Saarbrücker Musikhochschule); in Nordrhein-Westfalen wurde seit 1980 die Ausbildung von Primarstufenlehrern (für alle Fächer) an vier von zwölf Hochschulen eingestellt, in Baden-Württemberg bisher drei der neun Pädagogischen Hoch-

Die Ausbildung der Lehrer (1. Phase)

schulen geschlossen, in Niedersachsen die Anzahl der Studienanfänger für Grund- und Hauptschule von 2500 auf 1000 gesenkt. Diese Restriktionen könnten sich indes bald als überflüssig erweisen, denn die Anzahl der Bewerber um einen Studienplatz für das Grund- und Hauptschullehramt ist 1983 deutlich zurückgegangen, so daß manchenorts die zur Verfügung stehenden Studienplätze nur noch zur Hälfte in Anspruch genommen werden, in einigen Fächern weit weniger.

So ist eine paradoxe Situation entstanden. Auf der einen Seite bieten Lehrpläne und Unterrichtsmaterialien Möglichkeiten für einen didaktisch modernen Musikunterricht; und dafür stehen in immer mehr Ländern auch entsprechend qualifizierte Musiklehrer zur Verfügung – nur nicht in der Schule. Hier gibt es inzwischen zwar eine ausreichende Zahl von Lehrkräften, die aber wiederum dafür nicht ausgebildet sind. Die Folge ist, daß Musikunterricht in der Grundschule (wie in der Hauptschule) weiterhin vielerorts ausfällt oder von vorhandenen Lehrkräften so erteilt wird, wie diese es gelernt haben: die heute 40- bis 65jährigen in ihrer relativ kurzen Ausbildung zum Volksschullehrer nach dem Leitbild musischer Erziehung oder, zu Zeiten großen Lehrermangels (während des Krieges und während der 60er/70er Jahre), in einer noch kürzeren Ausbildungszeit zu Hilfslehrkräften, teils mit, teils ohne musikalischen Anteil. Demgegenüber ist der Prozentsatz der in der Grundschule tätigen jüngeren Lehrer mit musikalischer Fachausbildung gering; sie können daher allenfalls punktuell etwas verändern.

Altersstruktur 1983:
63–65jährige: HfL-Absolventen 1939–41
48–65jährige: HfL-Absolventen, Schulhelfer/innen
41–65jährige: PH-Absolventen nach 1946: Volksschullehrer mit musischer Bildung für alle (zahlenmäßig die weitaus meisten)
25–41jährige: PH-Absolventen 1961–63ff., 1975–80 auch Uni/GHS-Absolventen, mit zunehmend besser qualifizierter Fachlehrerausbildung, aber immer geringer werdenden Chancen, in den Schuldienst übernommen zu werden
22–25jährige: Fachausbildung (praktisch ohne Chance, als Lehrer tätig zu werden)

Unter solchen Bedingungen ist eine Überwindung der seit vielen Jahren weithin als desolat bekannten Situation des Grundschul-Musikunterrichts (GÜNTHER 1975; Musik und Bildung 12/1976; 7 8/1978) oder gar dessen Erneuerung ausgeschlossen, es droht vielmehr seine Erstarrung. Daran können im Prinzip auch ganz auf einen praktizistischen Unterricht ausgerichtete Veröffentlichungen etwa des Fidula- oder Eres-Verlags nichts ändern, auch wenn diese Art von Praktiker-Literatur manchem Grundschullehrer im Augenblick weiterzuhelfen scheint. Auch die Einführung eines Liederkanons per Erlaß wie in Schleswig-Holstein oder in Baden-Württemberg entspringt politischen Absichten, nicht aber musikdidaktischer Erkenntnis; denn alles dies hat mit fachlich qualifiziertem Musikunterricht ebensowenig zu tun wie die Rückbesinnung auf Musik als ein drittes Fach, das als „Leistungsnachweis" ja nicht wirklich studiert werden kann, oder, wie in Rheinland-Pfalz, die Ausbildung von Grundschullehrern in allen Fächern wieder durch Grundschul-Didaktiker – ohne Kontakt mit den

Fachdidaktikern. Solange keine auch für das Fach Musik qualifizierten Lehrer neu eingestellt werden (können), sondern statt dessen wegen immer weiter sinkender Schülerzahlen immer mehr Lehrer die Grundschule verlassen (müssen), können in der Zwischenzeit neue Impulse nur über die Lehrerfortbildung gegeben werden. Indes zeigen die Erfahrungen, daß viele Lehrer auf fast allen Unterrichtsgebieten Neues lernen müssen, auch und besonders in der Grundschule, so daß für Fächer wie Musik nur selten Zeit und Kraft bleiben.
Deshalb kann die schon 1978 getroffene Feststellung nicht überraschen, daß

„die Lehrerfortbildung, gemessen an der Zahl der Musik unterrichtenden Lehrer, viel zu wenige erreicht, außerdem zu selten und damit zu wenig intensiv ... (und grundschul-) spezifisch anspricht ... (und) meistens zu wenig innovativ ist" (Musik und Bildung 1978, 507 f.).

Einige Länder haben versucht, daraus Konsequenzen zu ziehen. So veranstaltet Hamburg seit langem zu Beginn eines jeden Schuljahrs für alle Lehrer einer 1. Klasse eine Tagung „Schulanfang", und Berlin fördert im Rahmen der Lehrerfort- und -weiterbildung bevorzugt die Belange des Grundschulmusikunterrichts, während einige Flächenstaaten (Rheinland-Pfalz, Schleswig-Holstein, Bayern, Niedersachsen) Konzepte für die musikalische und musikdidaktische Fort- und -weiterbildung von Grundschullehrern entworfen und mit Hilfe von „Multiplikatoren" verwirklicht haben. Überall war der Andrang interessierter, übrigens auch der von fachlich qualifizierten Lehrern über Erwarten groß; die begrenzten Finanzmittel erlauben jedoch keine Prognose, ob alle Wünsche befriedigt, darüber hinaus diese Fortbildung regelmäßig wiederholt oder gar, wie geplant und erwünscht, eine qualifizierende Weiterbildung eingerichtet werden kann. Die politische Problematik, die in dieser Art von Lehrerfort- oder -weiterbildung liegt, ist freilich offensichtlich: Sie reduziert die letzte Hoffnung vieler neuausgebildeter Grundschul-Musiklehrer, in den Schuldienst übernommen zu werden, auf noch längere Sicht, ist jedoch, umgekehrt, die derzeit einzige Möglichkeit, der musikalischen Arbeit mit Grundschulkindern einige wenige neue Anregungen zu geben.
Vielen Grundschullehrern helfen auch Fortbildungskurse und andere Aktivitäten von Vereinen oder Verbänden, beispielsweise der Internationalen Gesellschaft für musikpädagogische Fortbildung IGMF, die seit nunmehr 25 Jahren solche Kurse durchführt.

V. Perspektiven?

Es wird also viele Jahre lang auch im Fach Musik so gut wie keinen Lehrernachwuchs in den Schulen geben. Die daraus erwachsenden Nachteile liegen auf der Hand: Den Lehrkörpern droht Erstarrung hinsichtlich ihres Altersaufbaus und ihres pädagogischen und didaktischen Selbstverständnisses und der sich daraus ergebenden Praxis, damit Nachteile für die Schüler, aber auch für die Lehrerausbildung: Ihr fehlt auf Jahre hinaus die kritische Rückmeldung über die Bewährung ihrer Absolventen im Schulalltag, dies um so mehr, als die Tendenz unverkennbar ist, die erste Ausbildungsphase von der zweiten strikt zu trennen, also möglichst alles, was mit Unterrichtspraxis zusammenhängt, dem Referendariat zu überlassen und zu überantworten – eine deutliche Umkehr aller Integrationsbemühungen während der 70er Jahre. Diesem Trend sollte auch die Musiklehrerausbildung mit allen ihr zur Verfügung stehenden Mitteln entgegenwirken, um sich nicht in die Ecke „reiner Theorie" drücken zu lassen, die dann bald ebenfalls steril wird und erstarrt. Erziehungswissenschaft und didaktische Theorien brauchen den Wechselbezug zur Schul- und Unterrichtswirklichkeit, wie umgekehrt Schule und Lehrer die Verbindung zur Hochschule brauchen, um einer drohenden Verkrustung entgegenwirken zu können, ganz unabhängig von der mittlerweile unbestrittenen Erkenntnis, daß Wissen und Kompetenzen häufig schon nach fünf Jahren überholt, zumindest ergänzungsbedürftig sind. Hier müssen die Hochschulen an der Entwicklung neuer Formen von Lehrerfortbildung und -weiterbildung mitwirken, deren freiwilliger Charakter angesichts der genannten Probleme anachronistisch erscheinen muß.

Die Lehrerausbildung muß sich aber auch rechtzeitig auf einen erneuten Lehrermangel einstellen, wie es ihre eigene Geschichte sie immer wieder gelehrt hat; er wird für die 90er Jahre erwartet, von manchem schon früher. Daraus folgen für die Musiklehrerausbildung zwei Aufgaben: Zum einen sollte sie weiterhin auf Kontinuität achten, sodann versuchen, das Erreichte zu konsolidieren und allen Trends widerstehen, ihre Uhren um 30, 50 oder gar 100 Jahre zurückdrehen zu lassen. Zum anderen sollte sie die Zwischenzeit nutzen, erkennbare Defizite zu beseitigen, die nicht zuletzt infolge der hektischen Entwicklung während der 70er Jahre fast zwangsläufig entstanden sind, und dafür neue Konzepte oder Teilkonzepte auf dem inzwischen erreichten Erkenntnisstand entwickeln und erproben.

Als immer noch ungelöstes Hauptproblem ist das Fachlehrersystem zu betrachten, das, in reiner Form praktiziert, sich nicht bewährt hat – und damit die Fachlehrerausbildung für den Grundschul-Musikunterricht. Erfahrungsgemäß sollte es in den unteren Jahrgängen, gewiß aber im 1. Schuljahr, noch keinen Fachlehrer-Musikunterricht geben. Das 3. und 4. brauchen einen Musikunterricht neuen Typs mit vokalem und instrumentalem Musikmachen als einem kontinuierlichen Fundament, vor allem in Verbindung mit Bewegung, Sprache und szenischem Spiel; im Zusammenhang damit bzw. von diesen Erfahrungen ausgehend oder auf sie zuarbeitend sollten erst dann andere musikbezogene Verhaltensweisen ins Spiel kommen. Ziel sollte ein *grundschulgemäßer* Musikunterricht sein, ein Unterricht also, der dem Grundschulkind dient, nicht aber eine Unterweisung in Techniken und „Lernstoffen" wie Notenlehre, Terminologie, Liederkanon mit Texten im Sinne einer Vorbereitung auf den „eigentlichen" Fachunterricht in den weiterführenden Schulen (oder gar dessen Vorwegnahme), in dem sehr häufig „der Schüler gar nicht stattfindet" (vgl. GÜNTHER 1982).

Dieses Ziel birgt allerdings nicht nur ein psychologisches, sondern mehr noch ein didaktisches Problem. Bis in die 1960er Jahre hinein wurde der Musikunterricht in der Grundschule mit Liedersingen und Notenlernen gleichgesetzt – und nicht selten auch noch heute, wie gegenwärtig geltende Lehrpläne und gebräuchliche Musikbücher, darüber hinaus zahlreiche Beobachtungen und Berichte zeigen. Im Mittelpunkt stand seit jeher das Singen, das „Liedgut" dafür wurde in Schulliederbüchern bereitgestellt.

1883 waren beispielsweise in Schleswig-Holstein „den Kindern nach den nötigen Vorübungen folgende drei Lieder nach Text und Melodie einzuprägen: O du fröhliche; Weißt Du, wieviel Sterne stehen; Winder ade" (BRAUN 1957, 117).

Noch 1962 ging es, nun weniger streng, etwa in den niedersächsischen Volksschul-Richtlinien um einen „Schatz gern gesungener Lieder" (S. 93); für „die fröhlich singende und musizierende Klassen- und Schulgemeinschaft" wurden allerdings „Kernlieder für die Schule" angeboten, das „unveräußerliche Liedgut einer Zeit, das in allen guten Liederbüchern wiederkehrt" (KRAUS/OBERBORBECK 1962, 3) – und die gab es in Hülle und Fülle. Methodische Schriften wie „Handwerkslehre zur Musikerziehung für Lehrkräfte der Volksschulen" (WARNER) oder „Wege elementarer Musikerziehung" (SYDOW) sollten dem Lehrer bei der Vermittlung nicht nur der Lieder helfen, sondern auch und ganz besonders bei der Einführung in die (besser: der) Notation – der anderen herkömmlichen Aufgabe der Volksschule, die jedoch in ihren untersten Klassen praktiziert, zumindest versucht wurde, vor allem mit Hilfe von „Singfibeln" und überlieferten ausgeklügelten Methoden (Tonsilben, Handzeichen).

Da *jeder* Lehrer dafür ausgebildet war und in *seiner* Klasse auch den Musikunterricht erteilte, konnte man, zumindest formal, ein schrittweises Lehren und Lernen und damit Kontinuität voraussetzen, so daß der Elementarunterricht – wie auf allen Lerngebieten – auf die Grundschule beschränkt blieb (wenn auch im musikalischen Bereich trotz enormen Aufwands mit mäßigem Erfolg). Das änderte sich, als in den 60er Jahren das Studium weniger Fächer auch für die Grundschule an die Stelle der Ausbildung für alle Fächer in neun Jahrgängen trat. Die Folge war, daß auch in der Grundschule noch mehr Musikunterricht ausfiel, in manchen Klassen jahrelang. Die so entstandene Diskontinuität zwang die Musikdidaktik dazu, nach neuen Wegen des Elementarunterrichts auch für ältere Schüler zu suchen, ein Problem, das noch längst nicht gelöst ist, auch nicht für die Grundschule.

Deshalb muß die Musiklehrerausbildung gerade auch darauf in ihren drei Studienbereichen vorbereiten. Die *musikpraktische Ausbildung* sollte sich besonders zwei Aspekten widmen: zum einen neue Formen und Inhalte des Singens entwickeln und erproben, und zwar nicht zuletzt aufgrund der Tatsache, daß die allermeisten Grundschulkinder seit jeher gern singen (möchten), zum anderen das Erlernen von bzw. den Unterricht auf grundschulgeeigneten Instrumenten wie Gitarre, Percussions-, aber auch Einfachinstrumenten obligatorisch machen und dafür Lehrer mit entsprechenden musikalischen und unterrichtlichen Erfahrungen heranziehen. Die *Fachdidaktik* sollte dann solche musikpraktischen Erfahrungen zusammen mit diesen Lehrern im Unterricht erproben lassen, darüber hinaus viel verschiedenartigen Unterricht versuchen, beobachten und analysieren lassen, wenn möglich mit – distanzierenden und beliebig oft wiederholbaren – Fernsehaufzeichnungen; vor allem sollte sie Studenten über längere Zeit Lehrern assistieren lassen (was diesen wiederum helfen könnte, sich vor fachlicher Erstarrung zu bewahren). Die *Fachwissenschaft* schließlich sollte solche Einzeldaten und -erfahrungen theoriebildend zusammenfassen, und zwar gemeinsam mit den Studenten, die dann nicht nur erleben, sondern daran mitwirken können, wie sich aus ihren eigenen punktuellen und begrenzten Erfahrungen Verallgemeinerungen ableiten und Gesetzmäßigkeiten erkennen lassen; diese werden dann anhand vorliegender Literatur kritisch überprüft. Nur eine solche enge Verzahnung von Theorie und Praxis kann Schule und Hochschule vor der Isolierung und Erstarrung bewahren und zu neuen Arbeitsformen und -inhalten verhelfen, die beiden dienen.

Literatur

Alt, M.: Didaktik der Musik. Orientierung am Kunstwerk, Düsseldorf 1968
Antholz, H.: Unterricht in Musik, Düsseldorf 1970
Antholz, H./Gundlach, W. (Hrsg.): Musikpädagogik heute, Düsseldorf 1975
Bastian, H. G.: Der Musikunterricht in Wunsch und Wirklichkeit, in: Musik und Bildung 13 (1981), 162–166
Braun, G.: Die Schulmusikerziehung in Preußen von den Falkschen Bestimmungen bis zur Kestenberg-Reform, Kassel 1957
Dahrendorf, R.: Bildung ist Bürgerrecht, Hamburg 1968
Deutscher Bildungsrat (Hrsg.): Strukturplan für das Bildungswesen, Stuttgart 1970
Fuchs, P. (Hrsg.): Karlsruher Versuche für den Musikunterricht der Grundschule, Stuttgart 1974
Günther, U.: Die Schulmusikerziehung von der Kestenberg-Reform bis zum Ende des Dritten Reiches, Neuwied/Berlin 1967
–: Der Einfluß der Technischen Mittler auf die Musikdidaktik, in: *Kraus, E.* (Hrsg.): Der Einfluß der Technischen Mittler auf die Musikerziehung unserer Zeit, Mainz 1968, 191–206
–: Zur Neukonzeption des Musikunterrichts, in: Forschung in der Musikerziehung 5–6/1971, 12–22
–: Grundschul-Musikunterricht in der Krise – Folgerungen für die Musiklehrerausbildung, in: Musik und Bildung 7 (1975), 337–344
–: „Der Schüler – der findet gar nicht statt." Musikpädagogik auf dem Prüfstand, in: Musik in der Schule? Gespräche über Musik und Erziehung, hrsg. von H. J. Kaiser, Paderborn 1982, 42–87
Günther, U./Gundlach, W. (Hrsg.): Musikunterricht auf der Grundstufe, Frankfurt 1974
Günther, U./Ott, T./Ritzel, F.: Musikunterricht 1–6, Weinheim 1982
Günther, U./Ott, T.: Musikmachen im Klassenunterricht. 10 Unterrichtseinheiten aus der Praxis, Wolfenbüttel 1984
Gundlach, W. (Hrsg.): Musikunterricht in der Grundschule II. Analyse der Richtlinien, Frankfurt 1977
Gundlach, W./Schmidt-Brunner, W. (Hrsg.): Praxis des Musikunterrichts. 12 Unterrichtseinheiten für die Primar- und Sekundarstufe I, Mainz 1977
Gundlach, W., u. a.: Musikerfahrung mit Instrumenten, Paderborn 1980
Hase, H. v. (Hrsg.): Jahrbuch der deutschen Musik 1943, Leipzig und Berlin o. J.
Hentig, H. von: Wie hoch ist die höhere Schule? Stuttgart 1962
Kestenberg, L. (Hrsg.): Jahrbuch der deutschen Musikorganisation, Berlin 1931
Kleinen, G./Krützfeldt, W./Lemmermann, H. (Hrsg.): Jahrbuch für Musiklehrer 1979/80 ff., Lilienthal 1979 ff.

Kohlmann, W.: Projekte im Musikunterricht, Weinheim 1978
Kraus, E. (Hrsg.): Bildungsziele und Bildungsinhalte des Faches Musik, Mainz 1970
Kraus, E./Oberborbeck, F. (Hrsg.): Gar fröhlich zu singen. Kernlieder für die Schule. Neue, erweiterte Ausgabe, Wolfenbüttel 1962
Lehrerfortbildung. Musik für den Primarbereich. Ergebnisse einer Umfrage – Anregungen für Verbesserungen, in: Musik und Bildung 10 (1978), 506–511
Lemmermann, H.: Musikunterricht, Bad Heilbrunn 1977
Musiklehrerausbildung für den Primarbereich. Ergebnisse einer Erhebung, in: Musik und Bildung 8 (1976), 633–645
Muth, J.: Das Ende der Volksschule, Essen 1963
Picht, G.: Die deutsche Bildungskatastrophe, Olten/Freiburg 1964
Richtlinien für die Volksschulen des Landes Niedersachsen, Hannover 1962
Robinsohn, S. B.: Bildungsreform als Revision des Curriculum, Neuwied 1967
Roscher, W.: Polyästhetische Erziehung, Köln 1976
Schünemann, G.: Geschichte der deutschen Schulmusik, Bd. 1, Leipzig 1928
Die Situation des Musikunterrichts an Grund-, Haupt- und Sonderschulen in Hessen, in: Musik und Bildung 13 (1981), 234–236
Sydow, K.: Wege elementarer Musikerziehung, Kassel 1955
Venus, D.: Unterweisung im Musikhören, Wuppertal 1969
Warner, T.: Handwerkslehre zur Musikerziehung für Lehrkräfte der Volksschulen, Kassel 1954
Wilhelm, Th.: Theorie der Schule. Hauptschule und Gymnasium im Zeitalter der Wissenschaften, Stuttgart 1967

Die Ausbildung der Lehrer (2. Phase)

Otto Junker

I. Einleitung

Entsprechend der Reform des Studiums der Musiklehrer ist auch die Ausbildung in der zweiten Phase in den letzten Jahren dem Anspruch der modernen Schule und unserer pluralistischen Gesellschaft angepaßt worden. Mit Recht wird heute auch der Grundschullehrer durch ein mindestens 6semestriges Studium an einer Universität oder Pädagogischen Hochschule für seine Aufgaben qualifiziert. Hierüber ist an anderer Stelle dieses Bandes alles Wissenswerte nachzulesen. Diese stärkere Betonung wissenschaftlicher Prinzipien im Studium ist grundsätzlich zu begrüßen. Die damit verbundene Verstärkung des fachwissenschaftlichen Studienbezuges in den Unterrichtsfächern bringt jedoch bestimmte Probleme mit sich, wenn sie auf Kosten didaktisch-pädagogischer und schulpraktischer Studienanteile erfolgt. Nach meinen Erfahrungen braucht jeder Grundschullehrer Qualitäten, die durch die Vermittlung fachwissenschaftlicher und künstlerischer Fähigkeiten sowie fachdidaktischer Fertigkeiten allein nicht sichergestellt werden können. Die Praxis der Grundschularbeit, die Tätigkeit des Lehrers vor Ort, der kindgemäße Umgang mit den Grundschülern können selbstverständlich im Studium nur punktuell und marginal erfahren werden. Gerade deshalb muß die zweite Phase der Ausbildung auf diese Praxis ausgerichtet sein, ohne auf die durch die Hochschule vermittelte Theorie zu verzichten.

In den einzelnen Bundesländern ist – entsprechend der Kulturhoheit der Länder – die zweite Phase der Lehrerausbildung unterschiedlich organisiert. Während sich die Gestaltung in Form eines Vorbereitungsdienstes, der die schulpraktische Tätigkeit an der Schule begleitet, in fast allen Ländern durchgesetzt hat, differieren der rechtliche Status, das Beamtenverhältnis, die Amtsbezeichnung und die Zahlen der Pflichtstunden an der Ausbildungsschule noch erheblich. Die Unterschiede beispielsweise bei den Zahlen der Wochenpflichtstunden liegen zwischen 27 (Schleswig-Holstein) und 12 (Bremen, Hamburg, Nordrhein-Westfalen, Hessen, Niedersachsen). Trotz aller – in Teilen doch erheblichen – Unterschiede in Organisation, Zielsetzung und Ausbildungsinhalten haben sich in den letzten zehn Jahren überall primarstufenspezifische Kriterien herauskristallisiert, die es ermöglichen, bei der Ausbildung von Grundschullehrern auf klar konturierte Ausbildungsprofile hinzuarbeiten.

Eine primarstufenspezifische Musiklehrerausbildung soll im folgenden am Beispiel Nordrhein-Westfalens erörtert werden. In großen Zügen lassen sich alle hier sichtbaren Probleme und Lösungsmöglichkeiten auf die übrigen Bundesländer übertragen.

In Nordrhein-Westfalen wurde die alte Volksschule im Jahre 1968 in eine eigenständige Grundschule und eine darauf aufbauende Hauptschule getrennt. Im Zuge der damit verbundenen Profilierung und der angestrebten Verwissenschaftlichung dieser beiden Schulformen wurde ein Jahr später ein Vorbereitungsdienst für die zweite Phase der Lehrerausbildung für Grund- und Hauptschullehrer eingerichtet. Zuerst erfolgte die Ausbildung in für beide Schulformen gemeinsamen Haupt- und Fachseminaren. Das bedeutete vor allem für die Musiklehrer in der Grundschule eine gewisse Benachteiligung, denn die meisten Musikstudenten der ehemaligen PH bevorzugten eine Tätigkeit an der Hauptschule. Gerade die Neuerungen der Musikdidaktik der beginnenden siebziger Jahre (Bevorzugung des Musikhörens, Orientierung am Kunstwerk, stärkere Berücksichtigung von kognitiven Lernprozessen im Unterricht), verbunden mit der – etwas euphorischen – Deklarierung der Hauptschule als weiterführende Schule lassen diese Bevorzugung verständlich erscheinen. Die Folge war die Ausrichtung der Ausbildungsarbeit einseitig auf die Hauptschule. Musiklehrer, die an einer Grundschule ausgebildet wurden, kamen tatsächlich sachlich und methodisch zu kurz. So geschah es immer wieder, daß Unterrichtsinhalte und Verfahrensweisen der Hauptschule verfrüht in die Grundschule hineingenommen wurden, und der Musikunterricht in der Grundschule zu einseitig auf Musikhören, -analyse und -theorie eingeengt wurde. Die Richtlinien und Lehrpläne für die Grundschule in NW aus dem Jahre 1973 kamen dieser Einseitigkeit entgegen, indem sie fast ausschließlich das Musikhören zum Ziel hatten, dem die anderen Lernfelder Zuträgerdienste leisten sollten.

Inzwischen haben sich hier bedeutsame Veränderungen ergeben, die erstmalig in der Geschichte der Lehrerausbildung eine primarstufenspezifische Ausbildung möglich machen. Im Jahre 1974 hat der Landtag von NW ein Lehrerausbildungsgesetz beschlossen, das die Ausbildung von Lehrern nicht mehr nach Schulformen gegliedert vorsieht, sondern eine Ausbildung getrennt nach Schulstufen verbindlich vorschreibt. Dementsprechend wurden für die ersten Absolventen der Hochschulen mit einem Abschluß für ein Stufenlehramt 1978 Ausbildungsseminare mit einem Vorbereitungsdienst für das Lehramt für eine Schulstufe eingerichtet. Seitdem ist es möglich, die Ausbildung in der zweiten Phase für das Lehramt für die Primarstufe ganz auf die Erfordernisse der pädagogischen Arbeit in der Grundschule auszurichten.

In den ersten Jahren nach 1974 hat es sich herausgestellt, daß das Studium von nur zwei Fächern als Basis für einen kindgerechten Grundschulunterricht zu schmal war. Nach etlichen Novellierungen ist es deshalb heute so, daß alle Studierende für das Lehramt für die Primarstufe drei Fächer studieren müssen, und zwar Deutsch und Mathematik verbindlich, dazu ein weiteres Fach. Diese Regelung ist von der Einsatzfähigkeit der künftigen Lehrer in der Grundschule her zu begrüßen. Daß aber andererseits dadurch eine Gewichtsverlagerung nötig ist bezüglich der Studienanteile, ist klar. Um so wichtiger ist es, für das Fach Musik schon in der ersten Phase der Ausbildung primarstufenspezifische Unterrichtsinhalte und Verfahrensweisen für das Lehramt für die Primarstufe anzubieten.

II. Ziele und Inhalte der Ausbildung

Fragt man Musiklehrer nach Mängeln in ihrer Ausbildung, so steht der geringe Praxisbezug von Studium und Vorbereitungsdienst an erster Stelle. Das geht auch aus entsprechenden empirischen Untersuchungen hervor (vgl. SCHAFFRATH u. a. 1982, 112). Dem Bedürfnis nach vermehrter praktischer Orientierung hat der Kultusminister durch verschiedene Maßnahmen Rechnung getragen: durch eine enge Verzahnung der Ausbildung im Ausbildungsseminar, durch die Erarbeitung von Rahmenempfehlungen für die Ausbildung in den einzelnen Fächern der Grundschule und durch die Verpflichtung zu eigenem Unterricht wird die schulpraktische Ausbildung ermöglicht.

Entsprechend den erarbeiteten Rahmenempfehlungen ist es das Ziel der Ausbildung für das Lehramt für die Primarstufe im Fach Musik, „gemäß der Ordnung des Vorbereitungsdienstes den Lehramtsanwärter zu befähigen, die Musikerziehungs- und Musikunterrichtstätigkeit an der Grundschule selbständig auszuüben" („Rahmenempfehlungen", 1). Die Ziele und Inhalte der Ausbildung bestimmen sich konkret nach den Erfordernissen der Grundschule, wie sie in den noch gültigen Richtlinien und Lehrplänen festgelegt sind. Der Lehrer ist gehalten, nach diesen zu unterrichten. Die noch in Arbeit befindlichen Richtlinien, die 1985 in Kraft treten sollen, unterscheiden sich dabei durch stärkere Schülerorientierung, durch Zurückdrängung kognitiver Anteile am Musikunterricht zugunsten von Musikmachen im Sinne von Handlungsorientierung und durch Reduktion der als z. T. unerträglich empfundenen Stofffülle von den noch gültigen aus dem Jahre 1973. Der bisher vorliegende Teilentwurf Musik unterscheidet „fachspezifische" von „allgemeinerzieherischen" Aufgaben des Musikunterrichts. Unter den beiden Aspekten „Musik als Unterrichtsfach" und „Musik als Bestandteil des Schullebens" wird also einmal der Anspruch des Faches mit seinen je eigenen Gesetzmäßigkeiten und Verfahrensweisen, andererseits aber auch die erzieherische Wirkung von Musik und Musikunterricht betont. Hier zeigen sich neue Akzentsetzungen, die auch für die zweite Phase der Ausbildung bedeutsam sind, so, wenn z. B. gesagt wird, daß

„alle musiktheoretischen Kenntnisse im Zusammenhang mit unterrichtlicher Praxis und musikalischen Erfahrungen des Schülers zu erwerben" sind (Landesinstitut Soest, „Überarbeitung der Richtlinien").

Bezüglich der allgemeinerzieherischen Aufgaben betont der Teilentwurf, daß der Musikunterricht

„gestalterische Kräfte des Kindes freilegen, seine Erlebnisfähigkeit steigern und seine Ausdrucksfähigkeit erweitern und differenzieren soll" (a. a. O.).

Wie man sieht, werden hier neue Erkenntnisse der Musikpädagogik aufgegriffen und für den konkreten Unterricht fruchtbar gemacht. Diese neueren Strömungen der Musikdidaktik, die wichtige Ergebnisse der Reformpädagogik wieder in die aktuelle Diskussion einführen und damit einen deutlich neuen Akzent setzen gegenüber den überwiegend auf Musikhören und kognitive Lernprozesse fixierten Prinzipien der siebziger Jahre haben einen hohen Stellenwert in der zweiten Phase der Lehrerausbildung.

Die veränderten Bedürfnisse der Gesellschaft, die Bedingungen heutigen Schullebens sowie die berechtigten Wünsche der Individuen müssen auch die Ausbildung derjenigen, die unter diesen veränderten Bedingungen bilden und erziehen wollen, bestimmen. In einer Gesellschaft, die potentiell über immer mehr Freizeit verfügt, muß auch die nachfolgende Generation auf diese Freizeit vorbereitet werden; es stimmt also nur noch teilweise, daß die Schule auf den Beruf vorzubereiten habe. Als Freizeitbeschäftigung kommt aber der Musik ein hoher Stellenwert zu. Die heutige Grundschule kann ihrem Anspruch, Kinderschule zu sein, nur entsprechen, wenn sie ein differenziertes Schulleben, außerunterrichtliche Aktivitäten und ein den Neigungen der Schüler entgegenkommendes Spielangebot bereitstellen kann. Auch hier kommt der musikalischen Betätigung der Schüler ein hoher praktischer und ideeller Wert zu. Wenn Schule Spaß machen soll, wie es die Richtlinien verschiedener Bundesländer im Interesse der Kinder mit Recht fordern, so kann Musik machen und hören – richtig eingeführt – den Kindern Spaß machen. Damit ergeben sich für den Musikunterricht in der Grundschule Prinzipien, die in der Ausbildung den künftigen Lehrern vermittelt werden müssen.

III. Tätigkeitsfelder

Die im Strukturplan des deutschen Bildungsrates 1970 bezeichneten Berufsfunktionen des Lehrers gelten uneingeschränkt auch für den Lehrer in der Primarstufe; sie müssen in der Ausbildung im Hinblick auf die Anforderungen an den Lehrer in der Grundschule konkretisiert werden. Als solche Berufsfunktionen werden im Strukturplan folgende Tätigkeiten des Lehrers genannt:

- der Lehrer *erzieht;*
- der Lehrer *unterrichtet;*
- der Lehrer *beurteilt;*
- der Lehrer *berät;*
- der Lehrer *innoviert.*

1. Gehört das *Erziehen* für jeden Lehrer zu den ureigensten Aufgaben seines Berufes und seiner Berufung, so gilt das sowohl für den Grundschullehrer als auch für den Musiklehrer in besonderem Maße. Ein Arbeitskreis zur Erarbeitung von Ausbildungsplänen (unter der Leitung des Verfassers, siehe Literaturverzeichnis) hat die Grundqualifikationen auf den Bereich der Musikerziehung

übertragen und diese zur Richtschnur der ganzen Ausbildung gemacht. Im didaktisch-methodischen Kommentar des Ausbildungsplans heißt es:

„Der Lehramtsanwärter muß befähigt werden, auf wissenschaftlicher Grundlage Musikunterricht zu erteilen sowie zur Musik und durch Musik zu erziehen."

Damit ist es klar, daß sich der Musiklehrer nicht mit dem Erteilen von Musikstunden begnügen darf. Daß Musik ein wertvolles Kulturgut ist, daß Musikmachen und Musikhören hohe Befriedigung verschaffen können, daß man Musik sinnvoll zum Inhalt seiner freien Zeit machen kann, daß Musik Menschen verbindet und einen Menschen tief erfüllen kann – all das sollte ein Lehrer nicht nur verbal weitergeben, sondern selbst erfahren haben, selbst erleben können und aus diesen Erfahrungen und Erlebnissen heraus Schülern nahebringen und – wenn möglich – vorleben. Erst als Vorbild und lebendiges Beispiel für seine Schüler wird es ihm gelingen, diese im Bereich der Musik zu persönlicher Stärke („Emanzipation"), zu geistiger Beweglichkeit und Kritikfähigkeit, zu Lernfreude und Leistungsbereitschaft und zur Selbsttätigkeit zu führen. Das Schulleben mit seinen vielfältigen Möglichkeiten musikalischer Betätigung (den Eltern vorspielen und -singen, Feste und Feiern musikalisch ausgestalten, den Mitschülern etwas vormusizieren, mit Eltern und Geschwistern Erfahrungen austauschen und sie zu musikalischen Tätigkeiten anregen, die christlichen und jahreszeitlichen Feste musikalisch begleiten u. ä.) spielt hier in erzieherischer Hinsicht eine große Rolle. Lehramtsanwärter werden deshalb immer wieder ermutigt und ermuntert, sich an ihrer Ausbildungsschule entsprechend zu betätigen. Ausbilder an der Schule und in der Ausbildungsgruppe geben hierzu Anregungen und Hilfestellung, wo immer es notwendig ist.

2. Die Qualifizierung des Lehramtsanwärters zur *Erteilung eines fach-, sach-, situations- und schülergemäßen Musikunterrichts* bildet schon im Studium den Kern der Ausbildung. Während die Hochschule ihm das nötige Rüstzeug auf dem Gebiet der musikalisch-künstlerischen Betätigung (Gesang, Instrumentalspiel, Ensembleleitung, Dirigieren), der Musikwissenschaft, der Musiktheorie und der Musikdidaktik mit auf den Weg gibt, ist es die Aufgabe des Vorbereitungsdienstes, ihn durch praktisches Unterrichten für den Musikunterricht zu qualifizieren. Die Planung des Musikunterrichts nimmt dabei einen breiten, unverzichtbaren Raum ein (s. auch das Kapitel „Unterrichtsplanung" in diesem Band). Der Lehramtsanwärter soll unter Anleitung eines fachlich entsprechend qualifizierten Ausbildungslehrers in möglichst vielen Klassen der Schule (und in unterschiedlichen Jahrgangsklassen) Musikunterricht selbständig erteilen. Dabei sollten mehrere Lernfelder bearbeitet und die verschiedenen Methoden des Musikunterrichts erprobt werden. Jeder Lehramtsanwärter ist darüber hinaus verpflichtet, vor den Teilnehmern seines Fachseminars sog. „Unterrichtsversuche" durchzuführen, in denen er Gelegenheit hat, bestimmte – möglichst unkonventionelle – Inhalte und Methoden zu erproben. An der Qualität seines Unterrichts wird auch der Ausbildungserfolg des einzelnen Lehramtskandida-

ten gemessen. Über die dabei anzulegenden Maßstäbe und Kriterien wird weiter unten noch einiges gesagt.

3. Die *Beurteilung* von Schülern im Musikunterricht ist ein besonders schwieriges Kapitel. Daß bezüglich der Beurteilung auch bei erfahrenen Grundschullehrern mit vieljähriger Praxis große Unsicherheit herrscht, macht die Sache für die Ausbilder und die Auszubildenden noch komplizierter. Das Dilemma der Benotung von Grundschülern allgemein läßt sich wohl nur durch Verzicht auf Notengebung lösen, wie es seit 1976 für die beiden ersten Schuljahre der Grundschule in NW vorgeschrieben ist. Der Mut zur Individualisierung, das Prinzip der ermutigenden Erziehung und der Verzicht auf Wettbewerbsdenken in der Grundschule vermögen hier zum Teil die genannten Schwierigkeiten zu überwinden. Aufgabe der Ausbildung in der zweiten Phase ist es daher, unterschiedliche Bewertungspraktiken zu ermitteln, zu analysieren und im Hinblick auf das Lernen und die Motivation der Schüler für das Fach Musik zu bewerten. Nur in der Auseinandersetzung mit den Kollegen an der eigenen Schule, mit den Eltern, aber auch mit den Schülern selbst wird es dem Lehrer gelingen, eine Beurteilungspraxis sich zu erarbeiten, die allen Beteiligten einleuchtet, ermutigt und dem einzelnen Schüler gerecht wird. Die Ausbilder versuchen, dem Lehramtsanwärter hierbei Hilfen zu geben und ihn zu unkonventionellen Verfahrensweisen zu ermutigen. Bei der Beurteilung von Schülern muß der angehende Lehrer lernen, den Grad der musikalischen Sozialisation seiner Schüler zu ermitteln und zu berücksichtigen, die Lernfähigkeit der einzelnen Schüler richtig einzuschätzen, das Sozialverhalten der Klasse richtig zu analysieren und Verhaltensstörungen sowie Lernbehinderungen rechtzeitig zu diagnostizieren sowie die entsprechenden Förder- und Therapiemaßnahmen zu kennen und richtig einzusetzen. Daß hierbei die Ausbildung nur einen ersten Schritt mit den Auszubildenden gehen kann, daß jeder Lehrer sich während seines ganzen Berufslebens weiterbilden und höherqualifizieren muß, gilt hier in besonderem Maße.

4. Ähnlich sieht es mit der *Beraterfunktion* des Grundschullehrers aus. Gerade der Musiklehrer ist hier ein von den Eltern besonders gefragter Experte. Er wird gefragt bei der Entscheidung, ob Eltern ihr Kind zur Musikschule schicken sollen, ob Kinder ein Instrument erlernen sollen und wenn ja, welches; Lehrer werden nach Kosten für Musikunterricht genau so gefragt wie bei der Diagnose über die Musikalität ihrer Kinder; die Frage nach preiswerten Instrumenten gehört ebenso zu den Informationswünschen von Eltern wie die nach brauchbaren Hilfen bei der Auswahl von Schallplatten oder Kassetten für die Hand der Kinder. Hier tut sich für den angehenden Lehrer ein weites Feld der Beratung auf; die Ausbilder sollten auch Sorge dafür tragen, daß angehende Lehrer sich entsprechend informieren und die – hier einmal sinnvoll einzubringende – Rolle des musikalischen Fachmannes spielen. Beraten werden wollen aber auch die Kollegen, die das Fach nicht studiert haben und mit ihrer Klasse Musik betreiben wollen. Auch die Lehrerkonferenzen sind bei der Auswahl von

Liederbüchern auf die Hilfe und den Rat des Fachmannes angewiesen. In der Ausbildung der Primarstufenlehrer läßt sich die Beratungsfunktion des Musiklehrers insofern schon praxisnah trainieren, als Lehramtsanwärter, die das Fach nicht studiert haben, gewisse Grundkenntnisse und -fertigkeiten auch auf dem Gebiet der Musikerziehung brauchen, um z. B. ihre Funktion als Klassenlehrer schülergemäß ausfüllen zu können. Hier können die Lehramtsanwärter mit dem Fach Musik ihre Kollegen beraten, ihnen Hilfen beim Singen von Liedern oder beim Einsatz des ORFFschen Instrumentariums geben. In der Ausbildungsgruppe, in der ich tätig bin, gehört beispielsweise das regelmäßige Liedersingen und ORFF'sches Musizieren zu den Regularien des Hauptseminars, so daß alle Lehramtsanwärter Grundqualifikationen erwerben können. Die Kollegen mit dem Fach Musik leisten hierbei Tutoren-, Moderatoren- und Demonstrationsdienste. Beratung wird also hier zu einer aus der Arbeit wie selbstverständlich herauswachsenden Tätigkeit.

5. *Innovation* heißt das letzte Stichwort des Strukturplans des deutschen Bildungsrates bezüglich der Berufsfunktionen des Lehrers. Dadurch, daß jeder Lehramtsanwärter auch unkonventionelle Unterrichtsinhalte und -methoden ausprobieren muß, wird das Innovieren thematisiert. Bei der Durchführung von Unterrichtsversuchen mit neuartigen Themen oder ungebräuchlichen Verfahren wird der Lehramtsanwärter aus verständlichen Gründen nicht immer auf die Gegenliebe seines Ausbildungslehrers stoßen. Diese Schwierigkeit muß jedoch überwunden werden. Bei gründlicher Vorbereitung und sachentsprechender Aufklärung des Kollegen wird es in der Regel gelingen, zumindest die stillschweigende Duldung des Fachlehrers zu erreichen. In den meisten Fällen wird es sogar seitens des Kollegiums begrüßt, wenn auch einmal experimentiert wird. Im übrigen beruht jede Weiterentwicklung im Bereich der Bildung und Erziehung auf der Arbeit von Lehrern, die experimentierfreudig neue Verfahren ausprobieren.

IV. Prinzipien

1. Ein wichtiges Prinzip in der neueren Didaktik – übrigens nicht nur in der Musikdidaktik – ist die *Handlungsorientierung*. Das bedeutet für den Musikunterricht, daß das Musikmachen wieder stärker in den Vordergrund rückt. Dementsprechend kann man feststellen, daß dem Prinzip der *Kreativität* ein großer Raum gewährt wird. Gewinnung sozialer Lernerfahrungen, therapeutische Wirkungen, Intendierung von Selbst- und Mitbestimmung sowie Bildung von Werthaltungen und Einstellungen zur Musik sind Richtziele, die beim Musikmachen weit über das durch früheres Liedersingen mögliche Lernen hinausgehen. Handlungsorientierung so verstanden ist ein durchgehendes Prinzip des Musikunterrichts, das sich in der Ausbildung von Musiklehrern verstärkt durchsetzen muß. Damit das Handeln in Handlungssituationen überhaupt fruchtbar werden kann, müssen Lernsequenzen zumindest partiell den Hand-

lungswünschen und -bedürfnissen der Schüler (HILBERT MEYER nennt sie „Handlungsziele" – MEYER 1981) entsprechen. Also muß sich der Musikunterricht mehr als früher am Schüler orientieren, und zwar nicht an Idealtypen, sondern an den Kindern, wie sie hier und heute in unsere Grundschulen kommen. Ein wesentliches Ausbildungsziel in der zweiten Phase der Ausbildung von Grundschullehrern ist es deshalb, die Lehramtsanwärter für die außerschulischen Vorerfahrungen – für das *Alltagsbewußtsein* – der Schüler zu sensibilisieren. Auch der angehende Lehrer für das Fach Musik kommt ohne spezifische Kenntnisse über die akustisch-auditive Umwelt heutiger Grundschulkinder nicht aus. Sinnvolles Lernen vollzieht sich nach Erkenntnissen der neueren Lernpsychologie nur, wenn die Interessen, die Wünsche, die Motivation und die Erwartungen der Lernenden berührt werden. Solche Erwartungen und Einstellungen sind heute vielfältig durch das Elternhaus, die Massenmedien, die Meinungen der Gleichaltrigen („peer-groups") und den Kindergarten vorgeprägt. Der schulische Musikunterricht muß an diese Vorerfahrungen anknüpfen. Der Lehrer sollte also sehr genau erkunden, wie die spezifischen Vorbedingungen in seiner Klasse aussehen. Angesichts einer beschränkten Stundenzahl für den Musikunterricht muß eine Auswahl aus den vielfältigen Lernmöglichkeiten im Bereich der Musik getroffen werden. Wenn man, wie es heute zwingend geboten ist, den Schüler als Agenten seiner Lernprozesse ansieht, so muß er mit seinen Vorstellungen, Erwartungen und Bedürfnissen auch zum Zuge kommen. Die daraus resultierende veränderte Lehrerrolle muß der Lehramtsanwärter an sich erfahren.

2. Noch zwei weitere wichtige Prinzipien der pädagogischen und unterrichtlichen Tätigkeit des Musiklehrers in der Grundschule müssen in der Ausbildung verstärkt berücksichtigt werden: zunächst die *Verzahnung der Lernfelder*. Im Entwurf für die neuen Richtlinien sind die vier Lernfelder Werkhören/Musikübung/Musiktheorie/Musikpädagogische Information durch die drei *„Musik machen"*, *„Musik hören"* und *„Musik umsetzen"* ersetzt worden. Hierin zeigt sich die Betonung des eigenen Musizierens gegenüber den Richtlinien von 1973. Aber auch etwas anderes wird noch sichtbar: nämlich eine stärkere *Integration* der verschiedenen Inhalte und Verhaltensweisen im Bereich der Musik. Bildeten in den älteren Richtlinien die vier Lernfelder zugleich mehr oder weniger in sich abgeschlossene inhaltliche Bereiche, so strebt man jetzt eine stärkere Durchdringung der Bereiche an. Die Musiktheorie beispielsweise hat nun mehr eine Hilfsfunktion zum Verstehen von Musik beim Selbermachen und beim Hören. Auch die Information hat jetzt nicht mehr den Stellenwert, der noch in den älteren Richtlinien zu finden ist. Den durch das Studium und die theoretischen Angebote der Universität eher auf kognitives Musiklernen fixierten Lehramtsanwärtern muß diese Neugewichtung der Lernfelder ganz deutlich gemacht werden. Es genügt dabei nicht, diesen Sachverhalt nur verbal und auf dem Papier zu behaupten, sondern die Durchführung der Lernfelder muß vor Ort im eigenen Unterricht des angehenden Lehrers praktisch erfahren werden. Im Zusammenhang mit dem Planen von Unterrichtsreihen muß dem jungen Lehrer

die wechselseitige Ergänzung bestimmter Lernprozesse in einem Lernbereich durch entsprechendes Lernen in einem anderen deutlich zu Bewußtsein kommen. Die inzwischen zahlreich angebotenen Unterrichtswerke berücksichtigen in ihrer Konzeption und ihrer methodischen Aufbereitung immer stärker dieses Prinzip der Integration der Lernfelder; in der Ausbildung leisten diese Unterrichtswerke eine große Hilfe bei der Ausarbeitung von Unterrichtsreihen. In diesem Zusammenhang sei noch einmal auf das Kapitel „Unterrichtsplanung" in diesem Band hingewiesen.

3. Schließlich sei noch ein wichtiges Prinzip des Musikunterrichts in der Primarstufe erwähnt, das in der Ausbildung in Zukunft immer stärkere Berücksichtigung erfahren wird: das der *fächerübergreifenden Lernsequenzen*. Nimmt man die Tatsache ernst, daß sinnvollerweise über die Hälfte der Unterrichtsstunden im 1. und 2. Schuljahr vom Klassenlehrer erteilt wird, so liegt es schon aus diesen personalen Gründen nahe, Lernsequenzen aus verschiedenen Fachbereichen miteinander zu verknüpfen. Aber auch die Inhalte des Musikunterrichts erfordern eine immer stärkere Berücksichtigung von fächerübergreifenden Aspekten. Gab es auch schon früher Berührungspunkte zwischen dem Deutschunterricht und dem Fach Musik (vertonte Texte, Lieder), so geht die Zusammenarbeit heute noch viel weiter. Ich denke an Klanggeschichten, Sprecherziehung, Stimmbildung, erzählende Musik (Programmusik), Sprachrhythmik, szenische Ausgestaltung mit Elementen der Musik und das Kunstlied im Bereich des Musikhörens, um nur einige fächerübergreifende Themenbereiche zwischen Deutsch und Musik zu nennen. Berührungspunkte mit dem Fach Sport gibt es gerade in letzter Zeit viele. Hier könnte man auf das Fach „Musik- und Bewegungserziehung" an den bayerischen Grundschulen verweisen, ferner auf die seitens der Sportpädagogik in den letzten Jahren herausgearbeiteten Bereiche „Gymnastik/Tanz". „Rhythmische Bewegung" und „Jazztanz". Dementsprechend eröffnet sich auch für den Musiklehrer ein weites Feld der fruchtbaren Zusammenarbeit mit Sportlehrern. In der Ausbildung wird gerade der „Musik- und Bewegungserziehung" ein großes Gewicht beigemessen. Sowohl die Fachseminare Sport wie auch Musik bieten solche fächerübergreifende Ausbildungssequenzen an. Auch das Hauptseminar kann hier eine wichtige kompensatorische Aufgabe erfüllen. Zu nennen wären noch fächerübergreifende Aspekte mit den Fächern Kunst und Religion. Überall, wo entsprechende Fachleiter zur Verfügung stehen, lassen sich gemeinsame Ausbildungsinhalte finden und erarbeiten.

V. Organisation

Der Vorbereitungsdienst für die Stufenlehrämter wurde durch Novellierung des Lehrerausbildungsgesetzes 1979 auf einheitlich zwei Jahre festgelegt. Die Konzentration in der Ausbildung für die Primarstufe für zwei Jahre auf eine Schulform ist als Fortschritt gegenüber früheren Regelungen zu begrüßen. Der

Lehramtsanwärter nimmt wöchentlich an einem 3stündigen Hauptseminar teil (Erziehungswissenschaft, Schulrecht, Unterrichtstheorie) und an drei Fachseminaren zu je 60 Minuten. An mindestens vier Tagen in der Woche ist er morgens an seiner Schule. Der Ausbildungsunterricht umfaßt 12 Stunden in der Woche, wozu mindestens 8 Stunden selbständigen Unterrichts gehören. Eine besondere Schwierigkeit stellt die Tatsache dar, daß oft für die Grundschule nur eine Wochenstunde Musik für jeden Jahrgang zur Verfügung steht. Der Lehramtsanwärter ist also gezwungen, in mehreren Klassen Musikunterricht zu erteilen. Das muß nicht unbedingt ein Nachteil sein, führt aber an kleinen Schulen mitunter zu Engpässen. Die Fachseminararbeit unter der Leitung eines Fachleiters (ein besonders für sein Fach qualifizierter Lehrer) soll der theoretischen Grundlegung des Unterrichts und der Ausbildung des Lehramtsanwärters in allen erforderlichen Teilbereichen seines Faches dienen. Dem Fachleiter kommt also in der Ausbildung und bei der Beurteilung des Lehramtsanwärters eine wichtige und unverzichtbare Funktion zu. Die Leiter des Hauptseminars kennen alle Lehramtsanwärter in allen Fächern von Unterrichtsbesuchen her, deshalb können sie den jeweiligen Kandidaten gezielte Hilfen geben und aus der Sicht mehrerer Fächer argumentieren. Die Ausbildung an den Schulen wird in der Regel von einem ganz bestimmten Ausbildungslehrer in dem jeweiligen Fach betreut. Da der einzelne Lehramtsanwärter jedoch verpflichtend sowohl 6 Monate im 1. Schuljahr als auch 6 Monate im 4. Schuljahr unterrichten muß, ist meistens ein Wechsel des Ausbildungslehrers nicht zu vermeiden. Jeder Lehrer sollte sich im Laufe der Zeit bestimmte *Grundfertigkeiten* auch auf musikalischem Gebiet aneignen, um für seine Schüler der richtige Lehrer zu sein. Gerade die Einbindung der Musik in den Unterricht an der Grundschule allgemein kann sich hier als Leitidee vorteilhaft für die Ausbildung auswirken. Der Musiklehrer kann sich an einer Grundschule nicht ausschließlich als Fachlehrer begreifen, sondern zuerst ist er der Lehrer für seine Kinder. Auch Lehramtsanwärter sollen ihr fachliches Können mit ihrer pädagogischen Aufgabe als Verantwortlicher für das Lernen der Kinder, aber auch ihr Wohlbefinden, verbinden.

VI. Vermittlungsmethoden

In der Ausbildung von Lehrern setzt sich immer mehr der Grundsatz durch, daß man das, was man Schülern nahebringen will, selbst als wertvoll und bildend erfahren haben muß. Das bezieht sich nicht nur auf Inhalte von Unterricht, sondern ebenso auf Methoden und Vermittlungsformen. Für die Arbeit in den Fachseminaren und im Hauptseminar heißt das, daß der Lehramtsanwärter möglichst viel selbst ausprobiert haben muß, daß er instrumentale Fähigkeiten und Fertigkeiten durch eigenes Handeln erwerben muß, daß er sozial relevante Gruppenprozesse selbst an sich erfahren haben muß, daß er Umgang mit Kindern nur lernt, indem er mit ihnen spielt, ihnen etwas erzählt, ihnen etwas Interessantes zeigt oder mit ihnen singt und musiziert. Somit nimmt das Schulpraktische Musizieren, verbunden mit Ensembleleitung, in der zweiten Phase der Ausbildung eine zentrale Stellung ein. Nehmen wir als Beispiel das einfache Liedersingen. „Mit Kindern singen" – das hört sich so einfach an, ist aber in der Praxis gar nicht so leicht! Vor allem Lehramtsanwärter ohne Studium des Faches Musik, aber oft sogar diese (!) tun sich damit schwer! Probleme entstehen dabei nicht so sehr bei der Liedauswahl als vielmehr beim praktischen Singen mit der Klasse. Techniken des Liedanstimmens, des „Dirigierens", des „Einsatzgebens" und der verständlichen Gestik müssen regelmäßig und intensiv geübt werden. Der Musikfachleiter muß sich darauf einstellen, nicht nur mit den ausgebildeten Leuten seines Fachseminars, sondern auch mit den Laien des Hauptseminars diese Dinge zu trainieren. In den letzten beiden Jahren wurden in NW gerade für praktische Übungen im Bereich des Musikmachens verstärkt Anstrengungen gemacht, um auch die nicht in Musik ausgebildeten Lehramtsanwärter in die Lage zu versetzen, mit den Schulkindern zu singen und auf ORFFschen Instrumenten zu musizieren. Freiwillige Arbeitsgemeinschaften, Tagungen mit musikfachlichem Schwerpunkt, regelmäßiges Liedersingen (mit Übungen zum Anstimmen, Liedleiten, Begleiten, auf Instrumenten spielen) zu Anfang jeder Hauptseminarsitzung und die Einführung von Liedern für Lehramtsanwärter durch andere Lehramtsanwärter wurden durchgeführt. Für die Arbeit im Fachseminar Musik bedeutet das, daß neben die traditionellen Methoden wie Referat und Diskussion Übungen zur Musizierpraxis treten müssen.

VII. Zusammenfassung

Zusammenfassend ergeben sich – bei aller Hoffnung auf einen effektiven, handlungsorientierten und an der Erfahrung der Schüler anknüpfenden Musikunterricht – einige Probleme, die miteinander zusammenhängen und durch das pädagogische Bedingungsfeld Grundschule strukturiert sind. Anfang der siebziger Jahre wurde wissenschaftsorientierter Fachunterricht auch für die Grundschule proklamiert. Inzwischen ist es deutlich geworden, daß ein solcher Fachunterricht Kinder der Primarstufe überfordert. Kinder der Grundschule *lernen konkret, an Gegenständen, handlungsorientiert, an Situationen gebunden, spielerisch* und *ganzheitlich*. Fachwissenschaften insgesamt sind genau gegenteilig ausgerichtet: abstrakt, allgemein, ohne Bezug zu konkreten Beispielen, situationsunabhängig, synthetisch. In der schulischen Praxis bedeutet das, daß der Lehrer immer zugleich Fachlehrer und *Lehrer für seine Kinder* zu sein hat. Der Lehrer als Bezugsperson hat Vorrang vor dem sein Fach beherrschenden Experten. Als „der" Lehrer schlechthin muß er eine Menge Dinge beherrschen, die von einem Fach allein her gar nicht zu vertreten sind; gerade die Musik (Singen, Musizieren, Spielen, Tanzen ...) bietet eine Fülle allgemeinmenschlicher Verhaltensweisen, ohne die eine kindgemäße Grundschule nicht zu denken ist. Deshalb werden Singen und ORFFsches Musizieren nicht dem Fachseminar allein überlassen, sondern sie werden als Gegenstände der Schulpädagogik zu Inhalten des Hauptseminars. Unter dem Aspekt „Schulleben" (wo die Musik ja nicht wegzudenken ist) ist diese Zuordnung legitim.

Das, was bezüglich der zweiten Phase der Ausbildung von Musiklehrern für die Grundschule in NW hier ausgeführt wurde, betrifft die unterrichtspraktische Ausbildung von Grundschullehrern in den übrigen Bundesländern in gleicher Weise. Grundschularbeit ist schulform- und schulstufenspezifisch und insofern unterrichtlich, pädagogisch und rechtlich homogen. Die Musikpädagogik in Theorie und Praxis sollte die Chance der Erarbeitung schülergemäßer Unterrichtskonzepte, die angehenden Musiklehrern und ihren Ausbildern tragfähige Handlungsgrundlagen bieten, nutzen. Die Ausbildung in der zweiten Phase ihrerseits versucht, Musiklehrer auszubilden, die den Anforderungen heutiger Grundschularbeit gerecht werden – als Lehrer für ihre Schüler!

Literatur

Der Kultusminister in NW: Rahmenempfehlungen für die Ausbildung für das Lehramt für die Primarstufe/Ausbildungsplan Musik 1981 (unveröffentlicht)

Landesinstitut für Schule und Weiterbildung, Soest: Überarbeitung der Richtlinien und Lehrpläne für die Grundschule/1. Teilentwurf Musik (unveröffentlicht)

Meyer, Hilbert: Leitfaden zur Unterrichtsvorbereitung, Königstein 1981

Schaffrath, H./Funk-Hennings, E./Ott, Th./Pape, W.: Studie zur Situation des Musikunterrichts und der Musiklehrer an allgemeinbildenden Schulen (Reihe „Musikpädagogik/Forschung und Lehre" Band 20), Mainz 1982

Die Fortbildung der Lehrer

Hans-Bruno Ernst

I. Rahmenbedingungen und Definition

1. Darstellung von Rahmenbedingungen durch den Deutschen Musikrat

„Beim Musikunterricht in der Grundschule muß davon ausgegangen werden, daß die Musik sowohl in fachlicher Hinsicht vertreten wird als auch in übergreifenden Lernbereichen ihren Platz hat" (Musik und Bildung 1/1977, 36).

„Für Musikunterricht ausgebildete Lehrkräfte sollten vornehmlich zur Erteilung von Musikunterricht eingesetzt werden; dies gilt insbesondere für die Grundschule" (ebd., 38).

„Doch am schwierigsten ist die Situation in der Grundschule, wo aufgrund der veränderten Ausbildungssituation nur noch eine minimale Zahl von fachlich ausgebildeten Musiklehrern zur Verfügung steht. Es wird geschätzt, daß etwa 50 Prozent der Kinder ohne musikalische Unterweisung sind, obwohl in dieser Altersphase optimale musikalische Lernmöglichkeiten bestehen und darum gerade hier musikalischer Unterricht besonders notwendig wäre" (ebd.).

Das sind die Rahmenbedingungen, denen der Musikunterricht in der Bundesrepublik unterliegt. Eine Fachkommission der AGMM des Deutschen Musikrates unter Vorsitz von RICHARD JACOBY hat sie mit dem Titel „Schulische und außerschulische Musikpädagogik und Musikpflege. Situation, Probleme, Perspektiven" beschrieben und bereits 1977 in „Musik und Bildung" veröffentlicht.

Da Fortbildung für Musik zwangsweise in Verbindung steht mit sonstigen Fortbildungsmaßnahmen, sei zur Einleitung auch ein definitorischer Rahmen gespannt.

2. Der definitorische Rahmen

„Lehrerfortbildung zielt . . . auf
- die Erweiterung und Vertiefung des beruflichen Wissens und der beruflichen Fähigkeiten,
- die Anwendung und Bewertung neuer Forschungsansätze,
- die Vermittlung von Anstößen zur Theoriebildung im Feld der Erziehung, zur Überprüfung der Unterrichtspraxis und zu einem zeitgemäßen Verständnis der Lehreraufgabe,
- die Änderung von Einstellung und Verhalten in neuen Lern- und Arbeitssituationen.

Die Lehrerweiterbildung dient darüber hinaus dem Erwerb zusätzlicher und weiterer Qualifikationen für den Lehrer, die durch besondere Bescheinigungen bestätigt werden" (Didaktik des Lehrgangs, 9).

Für diese Überschau möchten wir noch festlegen, daß, im Sinne unseres Themas, solche Fortbildungsmaßnahmen als Fortbildung für den Musikunterricht in der Grundschule verstanden werden, die sich bewußt an den genannten Adressatenkreis „Grundschullehrer" wenden und auf ihn einzustellen versuchen; denn es besteht ja wohl kein Zweifel, daß im allgemeinen jedwede intensive Beschäftigung mit Musik oder musikpädagogischen Problemen auch dem Musikunterricht der Grundschule zugute kommen würde. Solche nicht organisierten und nicht adressierten Lernvorgänge, wenn auch bedeutend für den Lernzuwachs des Musikunterricht erteilenden Grundschullehrers, stehen nicht im Zentrum dieses Beitrages. Primär geht es hier um gezielte Maßnahmen, nach dem eingangs aufgeführten Zielkatalog, die den schon praxiserfahrenen Lehrer in die Lage versetzen, seinen Musikunterricht in der Grundschule besser erteilen zu können.

3. Die Aufgabe der Lehrerfortbildung im Spannungsfeld

Zwischen fachlichen Problemen und sachlichen Zwängen ist die Aufgabe des Lehrerfortbildners angesiedelt. Der musikalischen Erziehung zu dienen, ohne den gesteckten organisatorischen Rahmen zu brechen – das gilt besonders für die Lehrerfortbildung zum Fach Musik in der Grundschule. Ist doch Musik als durchaus nicht zentrales Fach integriert zu sehen in den Kontext der übrigen Unterrichtsfächer und des allgemein erzieherischen Anliegens, jedenfalls so stark wie in keiner anderen Schulart und Schulstufe, jedenfalls in der Meinung vieler Praktiker, der Schulaufsichtsbehörden, überwiegend, bundesweit.

Daß die Bedingungen für Musik in der Grundschule, wie für Lehrerfortbildung, und ihre zielbezogenen Inhalte von Bundesland zu Bundesland, entsprechend der differenziert artikulierten Kulturhoheit der Länder, variieren und wechseln, steht wohl auch außer Frage. Das wird auch die nachfolgende Darstellung der Fortbildungsgegebenheiten erweisen.

Doch bevor der Iststand der Lehrerfortbildung für den Musikunterricht in der Grundschule herausgestellt wird und einige Anmerkungen zu einer zukünftigen Gestaltung gewagt werden, soll an einem konkreten Beispiel, in einem großen Bundesland, der Aufbau der Lehrerfortbildung erläutert werden.

In Bayern ist es möglich, auf nun 10 Jahre, 1973 bis 1983, professionell organisierter Lehrerfortbildung für Musik zurückzublicken. Der Autor konnte daran, größtenteils als Referatsleiter für Musik an der zentralen Akademie für Lehrerfortbildung Dillingen, mitwirken. Der nachfolgende Abschnitt hat folgende Intentionen: die Schilderung eines zum Gesamtbild ergänzbaren Teilausschnitts

- durch das konkrete Beispiel
- im Bewußtsein der subjektiven Erfahrungsgrundlage und der Notwendigkeit, diese für Vergleich und Transfer vorstellen zu müssen.

Dabei sei herausgestellt, daß für den beschriebenen Zeitabschnitt in Bayern die Fortbildung von Lehrern für den Musikunterricht in der Grundschule besonders betont worden ist. Das mag schon allein in der Vergangenheit des Autors als Grundschullehrer begründet gewesen sein.

II. Die institutionalisierte Lehrerfortbildung für Musik in Bayern

1. Die Organisation der Lehrgänge

Die Hauptaufgabe des für die Lehrerfortbildung verantwortlichen Dozenten besteht in der praktischen Durchführung und inhaltlichen Gestaltung von Lehrgängen zum Fach Musik für die Lehrer aller Schularten. Wie bei dem Adressatenkreis Hauptschule, Realschule, Gymnasium und Berufliche Schulen (verschiedener Arten) ist diese Arbeit durch folgende Momente charakterisiert:

a) Die Feststellung des Bedarfs und der Lehrgangskapazität

Im Bayerischen Staatsministerium für Unterricht und Kultus entscheidet der sog. Koordinierungsausschuß, welche und wie viele Lehrgänge durch die staatliche Lehrerfortbildung auf den verschiedenen Ebenen durchgeführt werden sollen. Grundlage dieser Entscheidung sind:

- die sog. Legenden (Kurzbeschreibungen) der Lehrgänge; meist wurden sie in Zusammenarbeit mit dem Staatsinstitut für Schulpädagogik (ISP) auf der Basis der Praxiserfahrungen und Gesprächsergebnisse mit Kollegen erstellt;
- das Schwerpunktprogramm, das u. a. gewisse bildungspolitische Akzente aufweist;
- der vom Ministerium festgelegte Proporz im Gesamtkontingent für die einzelnen Schularten;
- der aktuelle Bedarf, der meist an den drängendsten Problemen gemessen wird, z. B. an neuen Lehrplänen, an Änderungen innerhalb der Schularten und Fächer.

b) Die eigentliche Lehrgangsdurchführung

Ausgehend von der grundsätzlichen Orientierung an den Erfordernissen der Schulpraxis bzw. den Anliegen der in der Praxis stehenden Kollegen, werden die Lehrgänge gestaltet.

- Organisatorische Festlegungen werden dabei einerseits durch die Berücksichtigung der drei Ebenen der Lehrerfortbildung in Bayern getroffen: die zentrale (meist an der Akademie für Lehrerfortbildung Dillingen), die regionale (für kleinere Gebietseinheiten, z. B. einen Regierungsbezirk), die lokale (für einen Schulverband oder ein Schulamt). Andererseits konnten regelmäßig stattfindende und systematisch geplante Veranstaltungen zu einem Themenbereich wie der Musik in der Grundschule bisher nur von der Akademie für Lehrerfortbildung angeboten werden. So soll auch hier zunächst von dieser Zentrale ausgegangen werden. Sie führt Lehrgänge nicht nur in eigenen Räumen, sondern auch am Institut für Lehrerfortbildung in Gars und nach Bedarf im Deutschen Museum München durch. Im Normalfall arbeiten und wohnen die etwa 30 Teilnehmer eines Lehrgangs in der Akademie, einem weitläufigen und großzügig angelegten Gebäudekomplex, der durch seine Geschichte wie auch durch moderne Ausstattung beste Voraussetzung für eine intensive Fortbildungsarbeit bietet. Insgesamt können z. Z. pro Woche über 150 Lehrkräfte im Gästehaus der Akademie untergebracht und verköstigt werden. In Zukunft soll diese Zahl, insbesondere für Weiterbildungsmaßnahmen, noch

einmal um die Hälfte erhöht werden. Aber natürlich wird diese Erhöhung allen Fächern, nicht nur der Musik, zugute kommen.
● Ankündigung und Anmeldung erfolgen nach einem standardisierten Verfahren: Alle Lehrgänge der zentralen und z. T. auch der regionalen Ebene werden mit Kurzbeschreibungen in einem regelmäßig erscheinenden Programmheft allen in der Praxis stehenden Lehrkräften angekündigt und zur gezielten Anmeldung angeboten. Interessierte Teilnehmer melden sich, von ihren Vorgesetzten befürwortet, auf dem Dienstweg mit einem Formblatt z. B. bei der Akademie für Lehrerfortbildung an. Das verantwortliche Referat, im Zusammenwirken mit den entsprechenden Dienstvorgesetzten, wählt aus und lädt ein. Fahrt, Unterbringung und Lehrgangsteilnahme sowie Verpflegung sind für staatliche Lehrkräfte kostenlos.

2. Praxis der Musiklehrgänge

Bei der Lehrgangsgestaltung bewährte Verfahren sind folgende:

a) Vor Beginn des Lehrgangs hat der Lehrgangsteilnehmer bzw. Referent eine grobe Einschätzung des Wissens- und Könnensstandes der Teilnehmer vorzunehmen (eventuell schriftlich), eine Bedarfsanalyse zu erstellen und vorbereitende Aufgaben an die Lehrgangsteilnehmer zu vergeben.
b) Während des Lehrgangs müssen schon in die Begrüßungs- und „Anwärm"-Phase die genauere Bedarfsanalyse, ein erstes Kennenlernen der Teilnehmer und die Einführung in Lehrgangsziele, -inhalte und -möglichkeiten eingebaut sein. Nach der Darstellung der fachlich-theoretischen Grundlagen sollte die Abwicklung des eigentlichen Lehrgangsgeschehens möglichst nach lerntheoretischen Grundsätzen erfolgen. Genannt seien die auch hier gültigen Prinzipien der

● Abwechslung (z. B. in den Referenten; zwischen verschiedenen Formen der Gruppenarbeit; zwischen Referat und Diskussion und im Wechsel der musikspezifischen und musikpraktischen Verfahren, vokal, instrumental, bewegungsmäßig, mit Aufführungsversuchen und mit Analysen; im Wechsel von schriftlichen, verbalen und musikpraktischen Arbeitsformen);
● Veranschaulichung (z. B. durch die verschiedenen Ebenen der Veranschaulichung, Erfahrung und Problemorientierung, wie musikalisches Tun, Notation, Transformation, Einsatz von Medien, Darbietung und gemeinsame Beurteilung und Gestaltung von Unterrichtsbeispielen, Nachbesprechungen und Sachdiskussionen);
● Sicherung (z. B. durch Arbeitspapiere, Protokolle, Vorbereitung von [einem weiteren Kreis zugänglichen] Lehrgangsberichten; Einforderung eines Feedbacks; mehrphasiges Arbeiten mit mehreren Lehrgangsabschnitten, die durch zwischenzeitliche Rückkehr in die Praxisarbeit unterbrochen sind).

c) Nach Abschluß des Lehrgangs werden den Teilnehmern also nicht nur Teilnahmebestätigungen überreicht, sondern die entscheidende Nacharbeit besteht u. a. in der Erstellung des Lehrgangsberichts, in der Zusammenschau des Feedbacks und der Fragebogen, in der Veröffentlichung geeigneter Lehrgangsergebnisse, in der Einbeziehung der Ergebnisse in eine zukünftige Lehrgangsplanung.

3. Die Differenzierung in den verschiedenen Ebenen

a) Schon nach der Aufgabenverteilung ergab sich zum Thema Musik in der Grundschule eine je spezifische Ausrichtung des Fortbildungsangebots auf den verschiedenen Ebenen:

● Die zentrale Ebene in der Akademie für Lehrerfortbildung Dillingen richtete ihr Hauptaugenmerk vor allem auf die Aus- und Fortbildung von Fortbildungsreferenten (Multiplikatoren), die ihrerseits wieder auf regionaler und lokaler Ebene eigene Musikkurse durchführen sollten, meist in Form von Arbeitsgemeinschaften. Es wurde aber nicht gänzlich ausgeschlossen, daß auch Lehrer als „Normalverbraucher" einmal an Lehrgängen der zentralen Ebene teilnehmen konnten. Zumindest wurde allerdings die Weitergabe der gewonnenen Lehrgangsergebnisse im Kreise der eigenen Lehrerkonferenz erwartet.
● Demnach entstanden auch Unterschiede in der Dauer und Intensität der Fortbildungsangebote. Während in der zentralen Lehrerfortbildung der Wochenlehrgang mit etwa 30 Teilnehmern den Normalfall darstellt, wurde auf den anderen Ebenen meist in kleineren Zeiteinheiten gearbeitet, die auch den regulären Dienstbetrieb nicht zu sehr belasteten.

b) Auch methodisch flossen die Erfahrungen der verschiedenen Ebenen ineinander über. Während ursprünglich die zentrale Lehrerfortbildung nur auf den Basisergebnissen sporadischer Lehrerfortbildung draußen im Land aufgebaut werden konnte, wurden später doch viele positive Ergebnisse der zentralen in die regionale Lehrerfortbildung übernommen, z. B. Gruppengrößen, methodische Artikulation, Instrumenten- und Medienarbeit, Wechsel in den Referenten, Arbeitspapiere und Handreichungen.

c) Inhaltlich ergaben sich demnach zwangsweise auch Unterschiede im Angebot. Während regional die kurze, intensive Arbeitsphase mit sofortiger Rückkehr in die Praxis, auch das kleinere überschaubare Thema, naheliegt (z. B. Bewegungsbegleitung, neues Liedgut, Musikhören an einem Werk), verbleibt dem Wochenlehrgang und dem zentralen Lehrgang mehr die breitere Darstellung verschiedener Arbeitsfelder und ihre Verzahnung (z. B. Improvisation, Lied und Liedbegleitung, Hilfen zur Realisierung eines ganzen Lehrplankonzepts).

4. Positive Erfahrungen

Als wesentlich positiv einzuschätzende Erfahrung dieser Jahre für die Lehrerfortbildung kann in der Rückschau die Möglichkeit genannt werden, systematisch und kontinuierlich *einen* konzeptionellen Ansatz von Musikerziehung durchzuhalten. Als Motto empfanden viele, was trotz aller wechselnden Lehrplanansätze in allen Lehrgängen immer wieder zum Tragen gebracht werden konnte, die unverzichtbare Bedeutung der „Tat-Sache Musik". Gemeint ist hier der auch in Forderungen nach handlungsorientiertem und projektbezogenem Musikunterricht zum Ausdruck kommende Grundgedanke, daß sich Musik und auch musikpädagogisches Tun und Lernen vor allem und zuerst im musikalischen Tun, im Musizieren, in musikalisch-praktischen Erfahrungen erfüllt.

So konnten zunächst die üblicherweise genannten Ziele zentraler Lehrerfortbildung auch für die Musik in der Grundschule erreicht werden:
- Ausbildung von Multiplikatoren für die regionale Lehrerfortbildung,
- Einführung in Neuerungen fachlicher und methodischer Art,
- Vorstellung neuer Lehrplankonzepte,
- Kompensation von Ausbildung im Hinblick auf Erfordernisse der Praxis.

Doch wurde inhaltlich auch hier der „rote Faden" der „Tat-Sache Musik" meist sichtbar gemacht, und zwar in Lehrgängen und Fortbildungsunternehmungen wie:
- Modellversuch „Musik- und Bewegungserziehung – Multiplikatorenmodell" für die 1./2. Jahrgangsstufe der Grundschule (mit Grund- und Aufbaulehrgängen, Praxisphasen und vor allem der ganzen Breite musikalischen Tuns im instrumentalen, vokalen und bewegungsmäßigen Ausdruck);
- Grund- und Aufbaulehrgängen zur Musik in der Grundschule, die entweder stufenbezogen (1/2 und 3/4) oder arbeitsgebietsbezogen veranstaltet wurden, dabei aber immer aktives musikalisches Tun von jedem einzelnen Teilnehmer erforderten, z. B. im gemeinsamen Singen, an den ORFF-Instrumenten, im volkstümlichen Spielen und Tanzen.

Eine zufällig ausgewählte Dankeskarte einer Grundschullehrerin macht deutlich, was vielleicht da und dort erreicht wurde, was übergeordneterweise erreicht werden wollte:

„Ich habe für meine Schularbeit sehr profitiert und wieder einmal festgestellt, wie herrlich Musik sein und wieviel Freude sie bereiten kann, besonders den uns anvertrauten Kindern."

5. Die beiden Hauptprobleme

a) Das erste Problem stellt zweifellos die allzu große Zahl von Adressaten, speziell für die Grundschule, dar. Und in Korrespondenz damit die erschreckend kleine Anzahl von Lehrgangseinheiten für die Fortbildung in Musik für alle Schularten, speziell aber für die Grundschule. Zehntausenden von Grundschullehrern steht man zunächst mit der Möglichkeit, pro Halbjahr in der zentralen Lehrerfortbildung etwa zwei Wochenlehrgänge veranstalten zu können, reichlich hilflos gegenüber. Da bleiben nur wenige Auswege:
- das musikpolitische und bewußtseinsverändernde Einwirken auf entscheidende Stellen, die Mittel für die entsprechenden Fortbildungsmaßnahmen zu erhöhen, auf lange Sicht;
- mittelfristig alle Türen und Hintertüren für diesen Zweck zu öffnen (z. B. Anbindung an andere Fächer und pädagogische Anliegen, Aktivierung idealistischer Basisarbeit von Kollegen für die Fortbildung; Mitarbeit in Unternehmungen, welche indirekt zur Fortbildung der Lehrer etwas beitragen können, etwa Schullandheimarbeit, Schulfunk und -fernsehen o. ä.);
- kurzfristig die Verbreiterung der Fortbildungsmaßnahmen auf die verschiedenen Ebenen und die Aktivierung vieler Referenten in Abhängigkeit voneinander (Multiplikatorenmodell).

b) die unterschiedliche Ausbildung der z. Z. das Fach Musik unterrichtenden Lehrer in der Grundschule. Fachlehrer (als standespolitische Dienstbezeichnung gemeint) werden in Bayern für den Musikunterricht in der Grundschule kaum mehr eingesetzt. Die Musikstunden werden, zumindest nach Stundentafel und Stundenplänen, von den Volksschullehrern als Klassenlehrer erteilt. Diese haben unterschiedliche Ausbildung: LBA (Lehrerbildungsanstalt), Institut für Lehrerbildung, Pädagogische Hochschule, Universität. Gemeinsam ist dieser Vielfalt, daß trotz dieses konsequenten Weges zur akademischen Lehrerbildung damit auch ein entscheidender Terrainverlust für die Musik verbunden war. Die einst sprichwörtliche handwerklich-musikalische Solidität der Lehrer ging verloren. Zuletzt bei der Möglichkeit, Musik nur mehr als musisches Wahlfach zu wählen (oder eben abzuwählen), waren es noch 12 bis 18%, die Musik für ihre Lehrerausbildung gewählt hatten. Deswegen erhoffte man sich viel vom neuen Bayerischen Lehrerbildungsgesetz.

Dabei haben die Grundschullehrer Musik eben „nicht vertieft" studiert oder im sog. „Kleinfach" gewählt. In jedem Fall sind sie unterschiedlich stufenbezogen ausgebildet. Größtenteils gehören die nachkommenden Lehrer aber weiter jener fachlich beklagenswerten Gruppierung an, die Musikunterricht erteilen werden, ohne selbst eine fachliche Ausbildung erhalten zu haben: in der wahrscheinlich sogar mindestens so hohen Quote wie bisher, nämlich ca. 80%.

Das bedeutet auf alle Fälle für die Lehrerfortbildung in Zukunft immer mehr die Verstärkung des Trends zu inhomogenen Zielgruppen und damit die notwendige Verstärkung der methodisch-didaktischen und auch organisatorischen Bemühungen.

III. Der Ist-Stand der Lehrerfortbildung für den Musikunterricht in der Grundschule

Die bayerischen Verhältnisse, aus dem Blickwinkel der zentralen Lehrerfortbildung gesehen, mögen in vielen Punkten übertragbar sein; dennoch ist es kein Geheimnis, daß es bundesweit wegen unterschiedlicher Kulturhoheiten unterschiedliche Ausprägungen, besonders im Schulwesen, gibt. Wenn schon Musikunterricht, etwa von den didaktischen Rahmenbedingungen her, nicht gleich Musikunterricht ist, dann kann auch Fortbildung für den Musikunterricht nicht in allen Bundesländern gleich sein.

Deshalb führte ich zu Beginn des Jahres 1983 bundesweit eine Befragung durch bzw. erstellte aus bereits vorliegenden Programmen und Ankündigungen eine Übersicht zur Fortbildung von Lehrern für den Musikunterricht in der Grundschule.

Grobergebnisse sollen im folgenden hier aufgeführt werden:

1. Wer bildet fort?

a) Die Kultusministerien mit ihren nachgeordneten Instituten und Behörden

Das sind vor allem Fortbildungsakademien (eine oder mehrere pro Bundesland), aber auch Regierungsschulämter, Schulämter o. ä., ja sogar Schulen im

Auftrag der Ministerien. Für sie gelten meist gewisse inhaltliche oder vereinheitlichte organisatorische, natürlich auch enge finanzielle, Vorgaben. Die Ausrichtung an den jeweils gültigen landeseinheitlichen Lehrplänen ist mehr oder weniger straff. Mitunter erfolgt in diesem Sinne auch Hilfestellung, Zu- oder Nachordnung durch zentrale Institutionen, entsprechend den mehrstufigen Fortbildungsebenen. Z. T. gibt es auch in den einzelnen Bundesländern, nicht nur in den Ministerien in der Art von Schulaufsichts- und Verwaltungsbeamten, für die Lehrerfortbildung fachlich verantwortliche Referenten.

b) Berufsverbände

Im Unterschied zu den von den Kultusministerien in ihrem Sinne ausgerichteten und systematisch aufgebauten Fortbildungsangeboten, wirkt das Programm der Berufsverbände, je nach Beziehung zur Musik, eher punktuell, manchmal wohl auch zufällig und mitunter wohl auch unkontrolliert.
Der VDS (Verband Deutscher Schulmusikerzieher) hält alle zwei Jahre die Großveranstaltung der Bundesschulmusikwoche ab und jeweils dazwischen das Forum „Schulen musizieren". In beiden sind immer mehr sich steigernde Anteile für die Grundschule enthalten.
Auch die Landesverbände (z. B. der VBS, Verband Bayerischer Schulmusikerzieher) bieten vereinzelt Fortbildungskurse für Grundschullehrer an.
Der Bundesverband für rhythmisch-musikalische Erziehung, die Deutsche Orff-Schulwerk-Gesellschaft bilden in ihrer Weise auch mit einigen Kursen, speziell für Grundschullehrer fort.
Auch vor Ort mag in einzelnen Untergliederungen von Standesverbänden das eine oder andere Kurzfortbildungsangebot zur Musik in der Grundschule gebracht werden. Das zeigen z. B. Vortragsankündigungen von KEG (Katholische Erziehergemeinschaft), GEE (Gemeinschaft evangelischer Erzieher) und BLLV (Bayerischer Lehrer- und Lehrerinnenverband). Doch sind dies Einzelveranstaltungen, die kaum durchdringen. So ist es bezeichnend, daß auf Anfrage kein Landesverband des großen Dachverbandes VBE (Verband Bildung und Erziehung) Veranstaltungen in seiner Verantwortung nennen konnte. Wohlgemerkt, Fortbildungsveranstaltungen zu anderen Themen schon, aber nicht zur Musik in der Grundschule.

c) Musikalische Fortbildungsakademien und ähnliche Institutionen

Neben den Bundesakademien in Trossingen und Remscheid lassen sich zunehmend mehr musikalische Fortbildungsakademien, die im Rahmen der Landesmusikpläne eigentlich mehr zur außerschulischen Fortbildung ausgebaut wurden, angelegen sein, direkte oder indirekte Kursangebote für Grundschullehrer zu bringen. Besondere Erwähnung verdient das Orff-Institut Salzburg, das als Unterabteilung des Mozarteums jährlich zahlreiche Lehrkräfte zu Sommerkursen anzieht.
Hier könnten noch einige ähnliche Einrichtungen aufgeführt werden, die aber exemplarisch bereits mit den genannten als vertreten gelten mögen. Gemeinsam

ist ihnen allen, daß ihre Fortbildungsveranstaltungen meist nur zur Ferienzeit besucht werden können, da die Kultusministerien immer weniger bereit sind, zum Fortbildungsbesuch (außer in eigenen nachgeordneten Institutionen) Dienstbefreiung zu gewähren.

d) Modellversuche des Bundes

Das sind innovative Projekte, die meist zur Hälfte aus Landesmitteln, zur anderen Hälfte aus Bundesmitteln finanziert und im Zusammenwirken mit (staatlichen) Institutionen durchgeführt werden. Für die Musik in der Grundschule sind bekannt geworden:

● SIL-Projekt Musik in der Grundschule
Das Staatliche Institut für Lehrerfort- und Lehrerweiterbildung des Landes Rheinland-Pfalz (SIL) in Speyer führt im Auftrag des Kultusministeriums ein innovatives Projekt durch. Bei Beteiligung möglichst aller Grundschulen des Landes, repräsentiert durch ca. 2000 teilnehmende Lehrerinnen und Lehrer, liegt das Ziel in einer nachweislichen Verbesserung des Grundschulunterrichts in Richtung auf mehr Entkrampfung, Kreativität und Kinderfreundlichkeit. Dies soll erreicht werden, indem die Möglichkeiten von Musik und Musikunterricht ausgeschöpft werden.
Das SIL-Projekt wurde in seiner Entstehung und während der Erstdurchführung in den Jahren 1977–1979 durch den Bundesminister für Bildung und Wissenschaft im Rahmen der Bund-Länder-Kommission für Bildungsplanung und Forschungsförderung als Modellversuch gefördert.
Füf den Zeitraum 1980–1981 ist die Zweitdurchführung des Projekts vorgesehen. Diese hat gegenüber der Erstdurchführung den zusätzlichen Schwerpunkt der Einführung des neuen Lehrplanentwurfs Musik Grundschule, der während der Erstdurchführung in enger Verschränkung mit dem SIL-Projekt entstanden ist (SIL-Projektbeschreibung 1980, 2).
Im Gegensatz zu Fortbildungsmodellen, die auf den nachträglichen Erwerb der (amtlich abgesicherten) zusätzlichen Lehrbefähigung für Musik angelegt sind (so z. B. in Schleswig-Holstein), wollte das SIL-Projekt, das auch in anderen Bundesländern in veränderter Form aufgenommen wurde, möglichst alle Grundschullehrer positiv erfassen und motivieren.
● Modellversuch Rhythmik und Tanz in der Schule Remscheid im Bundesmodellversuch „Künstler und Schüler", Primarstufe 1978 bis 1981
Das auch in der Sekundarstufe I durchgeführte Projekt erfaßte ca. 58 Grundschulen in Nordrhein-Westfalen, ca. ebensoviele Klassen mit etwa 1 650 Kindern, nicht zu vergessen 103 Grundschullehrer. Es wollte vor allem durch die „Bildungsmöglichkeiten der Rhythmik" der „pädagogischen Arbeit in der Grundschule bedeutsame Impulse vermitteln" (Dokumentation 179 ff.).
● Modellversuch „Musik- und Bewegungserziehung – Multiplikatorenmodell"
Der von der Akademie für Lehrerfortbildung Dillingen betreute Modellversuch wurde in den Jahren 1977 bis 1979 für die 1. und 2. Klassen der bayerischen Grundschulen durchgeführt. Aus Mitteln des Landes Bayern und des Bundes gefördert, hatte er insbesondere die Aufgabe, eine neues fachliches Konzept leichter realisierbar zu machen. 100 Fortbildungsreferenten (Multiplikatoren), danach 7 600 Lehrer, danach Hunderttausende von Kindern sollten für die Anliegen des relativ schnell eingeführten neuen Schulfaches Musik- und Bewegungserziehung der 1./2. Jahrgangsstufe aufgeschlossen werden. Der damit beinahe flächendeckende Versuch wurde in einem weiter geförderten Projekt in den Jahren 1981 bis 1983 auf die Grundschulstufe der Sonderschule für Lernbehinderte ausgedehnt.

e) Ergänzende Lehrerfortbildung

Diese, mehr punktuell auftretende Art der Fortbildung, auch für die Musik der Grundschule, wird von Universitäten, Firmen und Verlagen, vom Schulfunk und -fernsehen (mit Begleitmaterial), aber auch durch Einzelinitiativen (z. B. von Lehrern, Musikschullehrern) angeboten.
Im weiteren sind die Übergänge zwischen gezielt musikpädagogischer und allgemein auch der Grundschularbeit nützlicher musikalischer Fortbildung fließend.

2. Welche Typen der Fortbildungsmaßnahmen lassen sich bundesweit aus dem Angebot heraus entnehmen?

a) Dem Inhalt nach

● Der Hauptteil der schulartbezogenen Lehrgänge scheint bisher auf die Realisierung von Lehrplankonzepten (z. B. neu eingeführten) ausgerichtet zu werden.
● Lehrgänge mit rein fachlichen Themen, zu denen Grundschullehrer zugelassen sind, sind oft nicht speziell auf die Schulart ausgerichtet.
● Immer wieder angebotene Teilbereiche der Fortbildung von Lehrern für den Musikunterricht in der Grundschule sind z. B.: Arbeitsfelder des Musikunterrichts (vokales und instrumentales Feld, Musikhören, Bewegung und Tanz),
schulpraktisches Instrumentalspiel (Liedbegleitung und Improvisation, Bewegungsbegleitung, Blockflötenspiel und Spiel mit Orff-Instrumenten, Gitarrenspiel),
fachüberschreitende pädagogische und musisch-ästhetische Musikerziehung.

b) Den Zielgruppen nach

● Grundschullehrer ohne Berücksichtigung der differenzierten Vorbildung zum Musikunterricht,
● Grundschullehrer ohne spezielle Vorkenntnisse,
● Grundschullehrer mit besonderen Aufgaben im Fach Musik (z. B. Leiter von Arbeitsgemeinschaften, Schulchören, Instrumentalgruppen, Klassen mit erweitertem Musikunterricht, Multiplikatoren).

c) Der Organisation nach

Eine für den Teilnehmer recht wichtige Unterscheidung bildet sich zwischen staatlichen und nichtstaatlichen Lehrgangsangeboten: Die einen sind meist kostenlos und bringen für die Zeit der Abwesenheit Dienstbefreiung, die andern müssen z. T. recht ansehnlich honoriert werden und finden in der Freizeit bzw. in den Ferien statt. Zunehmend setzt sich auch bei den Schulbehörden die Ansicht durch, daß die Teilnahme an Fortbildungsveranstaltungen (insbesondere an staatlichen) ein gewisses Qualifikationsmerkmal bedeute.

● Organisatorische Unterscheidungen ergeben sich aber am deutlichsten von der Dauer der Veranstaltungen her, z. B. Nachmittags- oder Abendveranstaltungen, Halbwochen- oder Wochenkurse.
● Manche Fortbildungseinrichtungen setzen bewußt Intensivkurse mit mehreren Phasen (Grund- und Aufbaulehrgänge) ein, um in vertiefter Arbeit der oft beklagten Oberflächlichkeit der (auch notwendigen) Breitenarbeit entgegenzuwirken. Ein Versuch

eines Auswegs ist wohl das Multiplikatorenmodell, das zwischen Breiten- und Spitzenarbeit einen Kompromiß finden möchte.

IV. Zum Soll-Stand der Lehrerfortbildung für die Musik in der Grundschule

Nach der vorausgegangenen Schilderung der differenzierten Gegebenheiten bei der Lehrerfortbildung läßt sich sicher behaupten, daß allgemeine Forderungen nur sehr schwer vereinheitlichend gestellt werden können. Oder sie müssen an der Oberfläche bleiben und zweifellos recht subjektiv sein.
Nach den Erfahrungen, die ich in meinem Bundesland machen konnte, nach den Vergleichen, die ich aufgrund von Material und bei gelegentlichen Treffen und Gasttätigkeiten auch darüber hinaus gewinnen konnte, seien dennoch, quasi als Zukunftsprojektion, Wunschvorstellung oder Minimalkatalog, einige Forderungen aufgestellt, die die Basis einer effektiven Lehrerfortbildung der Musik unterrichtenden Grundschullehrer sicherer machen könnten:

1. Lehrerfortbildung für den Musikunterricht in der Grundschule braucht organisatorisch günstige Rahmenbedingungen.

a) Der Zeitfaktor

Ein Wochenlehrgang mit wechselnden Arbeitsphasen, besser noch: zwei Wochen mit dazwischengeschobener Praxisphase können zur Einübung in ein noch ungewohntes musikpädagogisches Arbeitsgebiet als zeitlich bewährt angesehen werden. Jedem Lehrer, besonders dem fachlich nicht ausgebildeten und dennoch Musik erteilenden, müßte wenigstens die Möglichkeit solcher Einarbeitung oder Auffrischung geboten werden können.

b) Der „klimatische" Aspekt

Neben der Gruppengröße (gemischte Gruppen, auf keinen Fall mehr als 30 Teilnehmer) und dem möglichst raschen Aufbau von positiven gruppendynamischen Vorgängen (persönliche Vorstellung, gemeinsame praktisch-spielerische Phasen, persönliche Gespräche und gemeinsames Ausgehen) sollte die abnehmerorientierte methodische Artikulation des Lehrgangs (Referentenwechsel, Wechsel der Arbeitsformen), die gerade der Grundschullehrer meistens besser als jeder andere Pädagoge in seinem Schulalltag einzusetzen hat, geübt werden. Die Wünsche der Teilnehmer (Bedarfsäußerung am Anfang, Sachdiskussionen während des Lehrgangsverlaufs dazwischen, Schlußdiskussion und Feedback mithilfe von Fragebögen) müssen erkennbar in das laufende oder zukünftige Lehrgangsprogramm einfließen. Räumlich (Musiksaal mit großer Variabilität, auch für Bewegungsphasen) und materiell (genügend Instrumente, Arbeitsmittel und Bücher) günstige Voraussetzungen heben nicht nur das allgemeine Wohlbefinden im Lehrgang, sondern machen fachliche Erfolge erst möglich.

2. Die fachlichen Anliegen sollten den Lehrerfortbildern wie den teilnehmenden Lehrern als kostbares Gut vermittelt werden.

Wenn man bedenkt, wie selten gerade der „Mehrkämpfer Grundschullehrer" (er erteilt ja u. U. sehr viele Fächer) die Möglichkeit zum Besuch einer Fortbildungsveranstaltung zum Fach Musik wahrnehmen kann, dann sollten alle Anstrengungen unternommen werden, daß der Praktiker in seinen Beruf wirklich verwertbare Resultate mitnehmen kann. Das bedeutet:

a) Aufbau eines praxisfundierten und fachlich integeren Referententeams: Gerade im Grundschulbereich ist diese Mischung sehr selten. Weder der „normale" Hochschullehrer, noch der gut qualifizierte Praktiker bietet sie von vornherein. Erwachsenenbildnerische Eignung und Erfahrung müssen mit der Fähigkeit, sich auf die spezielle Zielgruppe einstellen zu können, korrespondieren.

b) Die Gefahr der reinen „Exegese curricularer Lehrpläne" – wie einmal allen Ernstes gefordert wurde – liegt gerade bei der Fortbildung von fachlich unsicheren Grundschullehrern auf der Hand. Jeder Fortbildner muß neben den praxisbezogenen Forderungen des Tages (Realisierung von Lehrplänen und Richtlinien) den größeren Zusammenhang der musikpädagogischen Forschung und des zu verantwortenden Aufbaus einer kontinuierlichen Musikerziehung im Auge behalten. Denn, wie allgemein bekannt, sind die entscheidenden Jahre für die Musik und die Musikerziehung die Anfangsjahre in der Grundschule. Demnach müßte also der Grundschullehrer der am besten ausgebildete und am besten fortgebildete Lehrer des Faches Musik sein.

c) Wir brauchen auch in diesem Sinn Breiten- und Spitzenarbeit in der Fortbildung der Lehrer für Musik in der Grundschule. Speziell fachlich für Musik ausgebildete Lehrer gibt es noch zu wenig, sie werden auch noch zu wenig so speziell eingesetzt, als daß wir uns nur um sie kümmern dürften. Würden wir uns aber nur um das Heer der fachlich nicht so gut fundierten Lehrer in Musik bemühen, dann wäre das fachliche Fortbildungsergebnis zu gering.

Literatur

Akademie für Lehrerfortbildung 1971–1981, Donauwörth 1981
Akademie für Lehrerfortbildung Dillingen/ISP München (Hrsg.): Didaktik des Lehrgangs in der Lehrerfortbildung, Donauwörth 1977
Bader, L.: Lehrerfort- und -weiterbildung im Fach Musik in Rheinland-Pfalz, in: Musik und Bildung 7/8 (1979), 447–448
Betz, W. P.: Zur Fortbildung der Musiklehrer in Hessen, in: Musik und Bildung 7/8 (1979), 452–456
Binkowski, B.: Neue Ansatzpunkte in der Weiterbildung der Musiklehrer, in: Musik und Bildung 7/8 (1979), 436–440
Ehrenforth, K. H.: Lehrerweiterbildung und Hochschule – Erfahrungen in Detmold, in: Musik und Bildung 7/8 (1979), 443–444
Ernst, H.-B.: Staatliche Lehrerfortbildung für das Fach Musik in Bayern, in: Musik und Bildung 7/8 (1979), 448–450

Ernst, H.-B./Akademie für Lehrerfortbildung Dillingen (Hrsg.): Musik- und Bewegungserziehung Multiplikatorenmodell, Donauwörth 1980
Fachausschuß „Musiklehrerausbildung für den Primarbereich", AGMM im Deutschen Musikrat/Gundlach, W.: Lehrerfortbildung Musik für den Primarbereich. Ergebnisse einer Umfrage – Anregungen für Verbesserungen, in: Musik und Bildung 7/8 (1978), 506–511
Fachkommission der AGMM des Deutschen Musikrates/Jacoby, R.: Schulische und außerschulische Musikpädagogik und Musikpflege. Situation, Probleme, Perspektiven, in: Musik und Bildung 1 (1977), 36 ff.
Hansen, E.: Lehrerfortbildung im Bereich der Grund-, Haupt- und Realschulen des Landes Schleswig-Holstein, in: Musik und Bildung 7/8 (1979), 456–460
Hansen, E.: Erwerb der „Zusätzlichen Lehrbefähigung Musik" für Lehrer an Grund- und Hauptschulen des Landes Schleswig-Holstein, in: Musik und Bildung 7/8 (1981), 483–484
Redaktionsgruppe/Schulamt der Stadt Remscheid: Modellversuch Rhythmik und Tanz in der Schule Remscheid im Bundesmodellversuch „Künstler und Schüler" Primarstufe 1978–1981, Remscheid 1981
Richter, C.: Lehrerfortbildung, Modelle – Probleme – Anregungen, in: Musik und Bildung 7/8 (1979), 429–431
Schneider, E. K.: Zur Theorie und Praxis der Lehrerfortbildung, in: Musik und Bildung 7/8 (1979), 432–436
SIL/Staatliches Institut für Lehrerfort- und -weiterbildung des Landes Rheinland-Pfalz (Hrsg.): Musik in der Grundschule, Projektbeschreibung, Speyer 1980
Tschache, H.: Perspektiven und Modelle der Integration von Lehrerausbildung und Lehrerfortbildung, in: Musik und Bildung 7/8 (1979), 440–442
Ullrich, E.: Lehrerfortbildung in Berlin, in: Musik und Bildung 7/8 (1979), 461–463

Ferner wird auf weitere Veröffentlichungen in den Fachzeitschriften (Musik und Bildung, Neue Musikzeitung) und auf Programmhefte und eigene Kleinveröffentlichungen der Lehrerfortbildungsinstitute und Kultusministerien zur Lehrerfortbildung verweisen.

VIII. Medien und Hilfsmittel

Hilfsmittel und Einrichtungen für den Musikunterricht

Dieter Klöckner

I. Zum Problem der Hilfsmittel im Musikunterricht

Musikunterricht jeder Schulstufe und jeder Schulform bedarf stets besonderer Einrichtungen und besonderer Hilfsmittel, angefangen von einem Musikinstrument bis zur (Noten-)Tafel, und Musikunterricht unserer Zeit kann darüber hinaus nicht auf den Einsatz und die Verwendung technischer Geräte und Hilfsmittel verzichten. Haben die nicht-technischen Lehr- und Lernmittel für den Bereich der allgemeinbildenden Schule vor allem didaktisch-methodische Funktion, so müssen die technischen Medien – als „Massenmedien" des außerschulischen Bereichs – im Unterricht auch thematisiert werden mit dem Ziel, die Schüler zu sinnvollem Umgang mit ihnen anzuleiten und sie nicht hilflos der über die Medien transportierten Manipulation auszuliefern. Vorweg aber muß sich der Lehrer schon über den Interdependenzcharakter der Medien bei ihrer Verwendung im Unterricht im klaren sein, daß nämlich die Verwendung und der Einsatz von Medien im Unterricht – sowohl der nicht-technischen wie der technischen – bestimmenden Einfluß auf Ziel und Methode des Unterrichts haben.

Eine Vorstellung verschiedener Hilfsmittel und Einrichtungen kann immer nur einen Überblick geben, wobei eine Auflistung ohne gleichzeitige didaktische Reflexion schwierig ist; es müßte eigentlich ständig nach den Einsatzmöglichkeiten (z. B. im methodischen Bereich) und vor allem nach den sich aus dem Einsatz ergebenden unterrichtlichen Konsequenzen (z. B. Zielen) gefragt werden, was aber hier nur andeutungsweise geschehen kann.

Die wechselseitigen Beziehungen und Beeinflussungen hat DOTZAUER versucht in einem Schaubild (Abb. 1) darzustellen, wobei er selbst darauf hinweist: „eine Reihenfolge der Überlegungen, welche bei der Medienwahl wirksam sein können, ... (sei kaum) festlegbar" (DOTZAUER 1982, 190)

Um dem Lehrer Entscheidungshilfen bei der Auswahl und Anschaffung von Unterrichtsmitteln an die Hand zu geben und um den ganzen Bereich überschaubarer zu machen, sei zunächst versucht, die ‚SCHULMEDIEN' (WASEM) aufzulisten und zu systematisieren, wobei diese Aufstellung nicht hierarchisch geordnet zu verstehen ist.

Überblick über die Schulmedien

A. NICHT-TECHNISCHE MEDIEN (Arbeitsmittel, Unterrichtsmittel, Lehr- und Lernmittel)

```
                        ┌─── Vorgaben ───┐
                        ▼        ▼        ▼
              ┌──────────────┬──────────┬──────────────────┐
              │Lehrplan/     │Adressaten│Organisatorische  │
              │Curriculum    │          │Gegebenheiten     │
              └──────────────┴──────────┴──────────────────┘
```

```
z. B. FWU – Verlage – Sendepläne – Schularchiv – Selbstherstellung
                          Medienangebot
Beschreibung der Medien            mit/ohne didaktisch-methodischen
(Annotationen)                                  Begleittext
```

```
Lernzielbereiche       Lerninhalte       Lernaspekte
```

```
                     Unterrichtsphasen
              („Didaktischer Ort" des Medieneinsatzes)
Einstieg    –  Erarbeitung  –  Übung  –  Lernzielkontrolle  –  Transfer
Motivation
```

```
              Steuerung des Unterrichtsablaufs
Direct Teaching    Integrierte Lehrfunktion    Enrichment
```

```
                        Sozialformen
Einzel-            Gruppen-            Klassenunterricht
```

```
              Steuerung des Lernprozesses
Fixierung     Lerntempoanpassung     Lernwegoffenheit
```

```
                         Effizienz
                            für
Unterrichtsvorbereitung   Unterrichtsablauf    Lernweg
                                               Lernwirksamkeit
```

```
                         Entscheidung
```

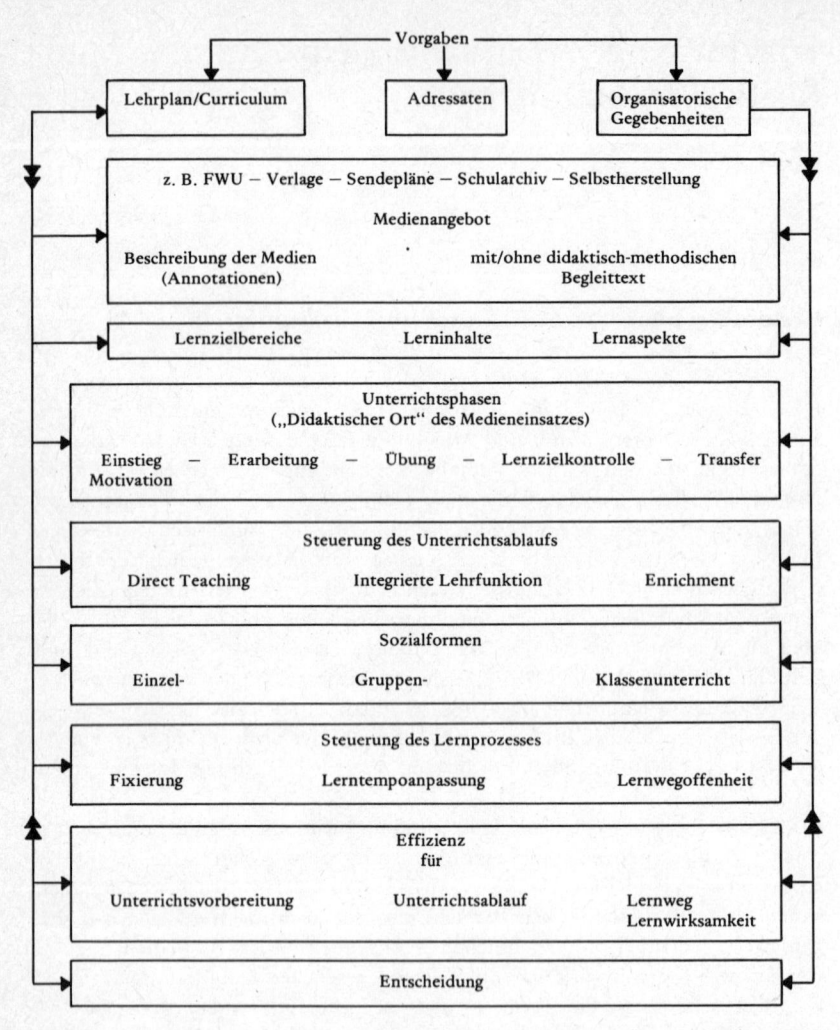

Abbildung 1: Darstellung der wechselseitigen Bezüge zwischen Medien und Strukturmomenten des Unterrichts (DOTZAUER 1982, 191)

1. **Tafel:** Normaltafel mit und ohne Notenlinien; Sonderformen wie Glas-, Magnet-, Flanell-, Plastiktafel; Papierblock. Einsatz als statisches oder sich entwickelndes Tafelbild.
2. **Musikinstrument:** allgemein jedes Instrument, aber auch speziell zugerüstete Instrumente wie z. B. Kieler Glockenturm; selbstgebaute Instrumente. Vorführung durch Lehrer oder Schüler
3. **Schulbuch:** Text, Bild, Noten. Einsatz als Liederbuch oder als Schülerarbeitsbuch
4. **Vervielfältigung:** eigene oder fremde Arbeitsblätter im Umdruckverfahren oder als Photokopien multipliziert. (Die Rechtslage beim Photokopieren beachten!)

5. **Haftelemente:** Abbildungen von Instrumenten; Farbkärtchen/beschriftete Kärtchen für Klanganalysen oder Verlaufspartituren; Noten
6. **Lernspielmaterialien:** Zur Einzel-, Partner-, Kleingruppenarbeit: für Zuordnungsspiele (Legenoten für Melodie und Rhythmus); für Erkennungsspiele (Materialien ertasten und Klang vorhersagen; Teile von Instrumenten erfühlen; Bildreihen für die Vertonung von Geschichten)

B. **TECHNISCHE MEDIEN** (unterschieden nach dem angesprochenen Sinn; genannt werden die Geräte, die ‚hard-ware')
1. **Medien mit akustisch-auditiver Funktion** (benötigen den Anschluß an eine aus Verstärker und Lautsprechern bestehende Übertragungsanlage)
1.1 *Schallplattenspieler:* Abspielen handelsüblicher oder didaktisch-methodisch aufbereiteter Schallplatten (z. B. optische Markierung bestimmter Abschnitte)
Die Compact-Disc bietet hier neue Möglichkeiten
1.2 *Tonbandgerät* (Cassetten- oder Spulengerät): Aufnahme von Klassenaktionen; Sammlung von Musikbeispielen; bietet die Möglichkeit, sich die Tonbeispiele in gewünschter Reihenfolge hintereinander zu ordnen
1.3 *Radiogerät:* in Verbindung mit Tonband und Schaltuhr Aufzeichnung von (Schulfunk)sendungen; Mithören aktueller Sendungen in der Klasse
1.4 *Synthesizer:* Erzeugung synthetischer Klänge; hierbei Demonstration akustischer Grundphänomene; für die Primarstufe nur sehr bedingt zu empfehlen
2. **Medien mit optisch-visueller Funktion** (benötigen zusätzlich eine Projektionswand)
2.1 *Diaprojektor:* Projektion stehener Bilder, Abbildungen und abfotographierter Partituren
2.2 *Episkop:* Projektion von stehenden Bildern/Abbildungen/Partituren direkt aus einem Buch
2.3 *Epidiaskop:* Kombination von Diaskop und Episkop
2.4 *Tageslichtschreiber (Arbeitsprojektor):* Projektion vorgefertigter oder selbst hergestellter Transparente (Einzeltransparente oder Overlays); auch als Tafelsonderform einsetzbar (Arbeitsvorgang wird sichtbar; Schüler können auf ihnen bekannter Ebene und Blattgröße schreiben)
2.5 *Stummfilm* (Elementfilm, Cassettenfilm im S-8-Format): nur sehr bedingt einsetzbar (z. B. Demonstration von Instrumentenbau mit Erklärungen durch den Lehrer)
2.6 *GeDaVis:* Spontane Reaktionen der Schüler auf akustische Ereignisse werden sichtbar gemacht (z. B. Wiedererkennen von Instrumenten oder Melodieabschnitten; diese werden auf die entsprechende Eingabe hin optisch angezeigt, gespeichert und mit der Lehrervorgabe verglichen) (Lit.: WEYER 1976)
3. **Audivisuell kombinierte Medien** (AV-Medien im engeren Sinn)
3.1 *Fernsehgerät/Videogerät:* Aufnahme und Wiedergabe von Schulfunk- und anderen Fernsehsendungen; eigene Aufnahmen von Klassenaktivitäten (Tanz, Pantomime usw.)
3.2 *Tonfilm* (auf Spule oder in Cassette im S-8- oder 16-mm-Format): Wiedergabe professionell gefertigter Filme (z. B. des FWU); auch Herstellung und Vertonung eigener Filme
3.3 *Klingende Notentafel* (bei Berührung erklingt der aufgemalte Ton): Schulung des Tonvorstellungsvermögens; einsetzbar auch bei Improvisation
4. **Medienverbundsysteme**
4.1 *Verbund nicht-technisch/nicht-technisch:*
Buch – Arbeitsblatt
Instrument – Buch/Arbeitsblatt
4.2 *Verbund nicht-technisch/technisch:*
Arbeitsblatt/Buch – Tonband/Schallplatte
Arbeitsblatt/Buch – Hörfunk/Fernsehen
Instrument – Tonband (Musiklabor)
Instrument – Oszilloskop (Sichtbarmachung von Schwingungsverläufen)

Instrumente(e) – Stummfilm (ad-hoc-Vertonung)
4.3 *Verbund technisch/technisch:*
Tonband/Schallplatte – Epidiaskop (z. B. „Tönende Partitur")
Tonband/Schallplatte – Tageslichtschreiber (z. B. „Additive Partituren")
Tonband/Schallplatte/Synthesizer – Oszilloskop

II. Der Musikfachraum und seine Einrichtung

1. Die Gestaltung des Raumes

Der Komplex „Hilfsmittel und Einrichtungen" ist verbunden mit der Frage nach dem Raum, in dem sich Musikunterricht abspielt oder abspielen soll. Einhellig ist hier die Forderung nach einem eigenen Musikfachraum, der als Grundvoraussetzung für einen sinnvollen und erfolgversprechenden Unterricht angesehen wird.

„Angesichts der Vielzahl der benötigten Lehrmittel zählt ein Fachraum zu den wichtigsten Vorbedingungen des Musikunterrichts. Dem Musiklehrer kann nicht zugemutet werden, von Stunde zu Stunde mit Instrumenten und technischen Medien von einem Klassenraum in den anderen oder gar von einem Schulgebäude in das andere umzuziehen" (Richtlinien Schleswig-Holstein 1975, 24).

Weitere Kriterien sind die zu geringe Größe eines normalen Klassenraumes, was z. B. verhindert, daß der Raum „den variablen Unterrichts- und Arbeitsformen anpaßbar" ist (ANTHOLZ 1976, 197), und die akustische Störung anderer Klassen und durch andere Klassen. Auch das vielfach geübte Ausweichen in den Feier- und Mehrzweckraum ist nur bedingt zu vertreten, da wesentliche Grundbedingungen einer Gestaltung des „Arbeitsplatzes für Lehrer und Schüler" nicht erfüllt werden können, wie sie von dem Schulbauinstitut der Länder formuliert wurde:

„Der Raum für die 5- bis 7jährigen [und das gilt für die ganze Grundschulzeit] muß ein reichhaltiges Angebot von ‚Umwelt' für verschiedenste Tätigkeiten bieten, die parallel, nacheinander, in verschiedenen Gruppierungen, spontan, gelenkt erfolgen können" (SBL 1974, 7).

Darüber hinaus muß ein solcher Raum aber auch „ein Gefühl der Geborgenheit für die Kinder vermitteln" (SBL 1974, 8), muß durch „seine ästhetische Gestaltung die Schüler stimulieren" (THIELEN 1975, 105) und sollte so ausgestattet sein, daß keine Sorge um Beschmutzung und Zerstörung bei normalem Gebrauch bestimmte unterrichtliche Aktivitäten (z. B. das Sich-nach-Musik-Bewegen) behindert oder gar verhindert. Diese Gefahr besteht vor allem bei solchen Räumen, die „in ihrer Funktionalität der pädagogischen Konzeption der alten, auf dem Autoritätsprinzip basierenden Volksschule entsprechen" (SBL 1974, S. 8), d. h. nur oder fast nur Frontalunterricht zulassen.

„Es ist also notwendig, daß der Fachunterrichtsraum zu einem Unterrichtsraum gestaltet wird, in dem materielle pädagogische Mittel (Möbel, Vorrichtungen, Geräte der technischen Grundausstattung, fachspezifische Unterrichtsmittel), die entsprechend der Ziele, Inhalte und Methoden unseres Faches erforderlich sind, so bereitzustellen sind, daß sie möglichst optimal einer ... Gestaltung des gesamten musikpädagogischen Prozesses ... dienen können" (THIELEN 1975, 103/4.

a) Kriterien zur Gestaltung und Einrichtung des Musikfachraumes

- Musikunterricht der Primarstufe mit seinen vielfältigen und unterschiedlichen Aktions- und Sozialformen (Singen; Hören; Musik machen; sich zu Musik bewegen; Musik in Bewegung, Spiel, Pantomime, Bilder usw. umsetzen) ist nur in einem eigenen Fachraum durchführbar.
- Dieser Fachraum muß groß genug sein (60 bis 80 m^2), um einmal Klassen unterschiedlicher Stärke aufnehmen zu können und um unterschiedliche Aktionsformen in hierfür bestimmten Raumbereichen ohne Umräumen zu ermöglichen (Forderung nach einem freien Raumbereich für die Bewegungsgestaltung; aber auch Sitzordnungen in Kreis oder Halbkreis).
  Er darf aber auch nicht zu groß sein (Gefahr bei der Benutzung des Feier- oder Mehrzweckraumes), um die Kinder nicht durch seine ‚psychologische Kälte' zu bedrücken.
  Größe und Anordnung der Einrichtung werden außerdem durch die Zwänge einer optimalen Beschallung des Raumes (Stereophonie) bestimmt, wobei zu überlegen wäre, ob nicht eine Beschallung mit mehr als zwei Lautsprechern den Erfordernissen mehr entgegenkäme.
- Instrumente, technische Geräte und andere Hilfsmittel müssen so untergebracht werden können, daß sie leicht erreichbar, aber auch sicher vor Staub und Beschädigungen sind. Das bedeutet z. B., daß sich Bodenschwingungen nicht auf den Plattenspieler übertragen dürfen oder daß kein Tafelstaub die Geräte verschmutzen darf.
- Der Raum muß ästhetisch ansprechend gestaltet sein (Farbe von Bodenbelag, Wänden, Einrichtungen), verdunkelt und ausreichend belüftet werden können (zugfrei, ohne akustische Störung anderer beim Fensteröffnen).
  Er muß Teppich- oder Parkettfußboden haben, damit die Kinder auch mit Turnschuhen oder auf Strümpfen sich bewegen können, und muß akustisch ausgeglichen sein (nicht hallig, trocken oder gar dumpf). Eventuell helfen hier Vorhänge und bewegliche Akustikelemente (einen Akustiker zu Rate ziehen!).

b) Vorschläge zur Gestaltung eines Musikraumes

Empfehlung zur Einrichtung eines Musikraumes von FISCHER et al. (1977, 44)

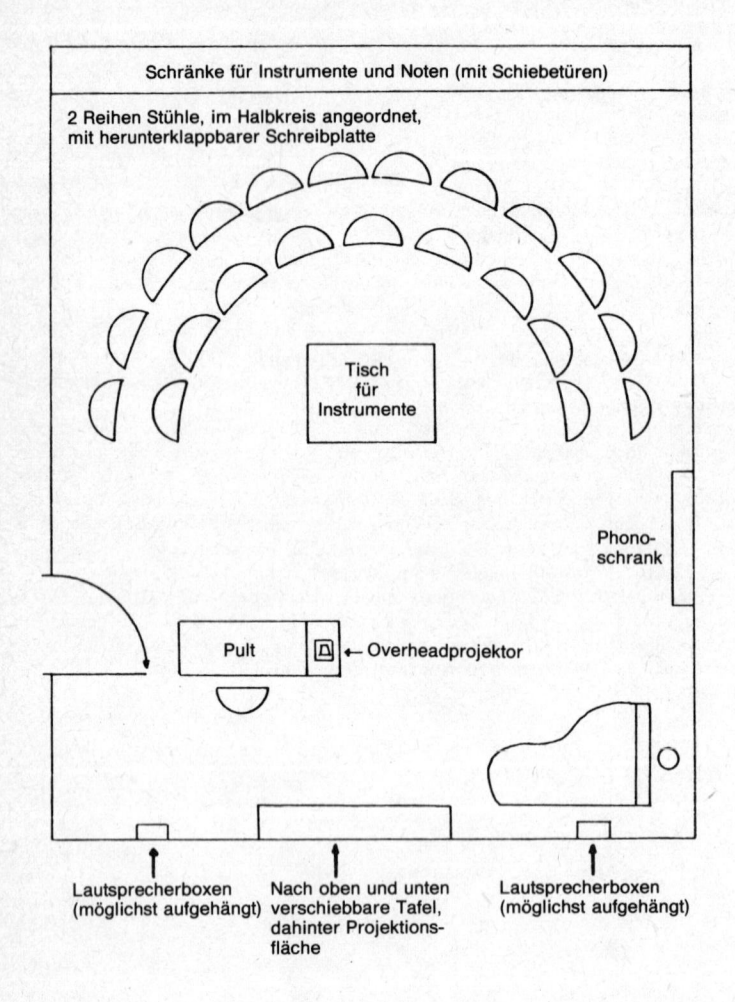

Schränke für Instrumente und Noten (mit Schiebetüren)

2 Reihen Stühle, im Halbkreis angeordnet, mit herunterklappbarer Schreibplatte

Tisch für Instrumente

Phonoschrank

Pult ← Overheadprojektor

Lautsprecherboxen (möglichst aufgehängt)

Nach oben und unten verschiebbare Tafel, dahinter Projektionsfläche

Lautsprecherboxen (möglichst aufgehängt)

Hilfsmittel und Einrichtungen

Eigener Vorschlag

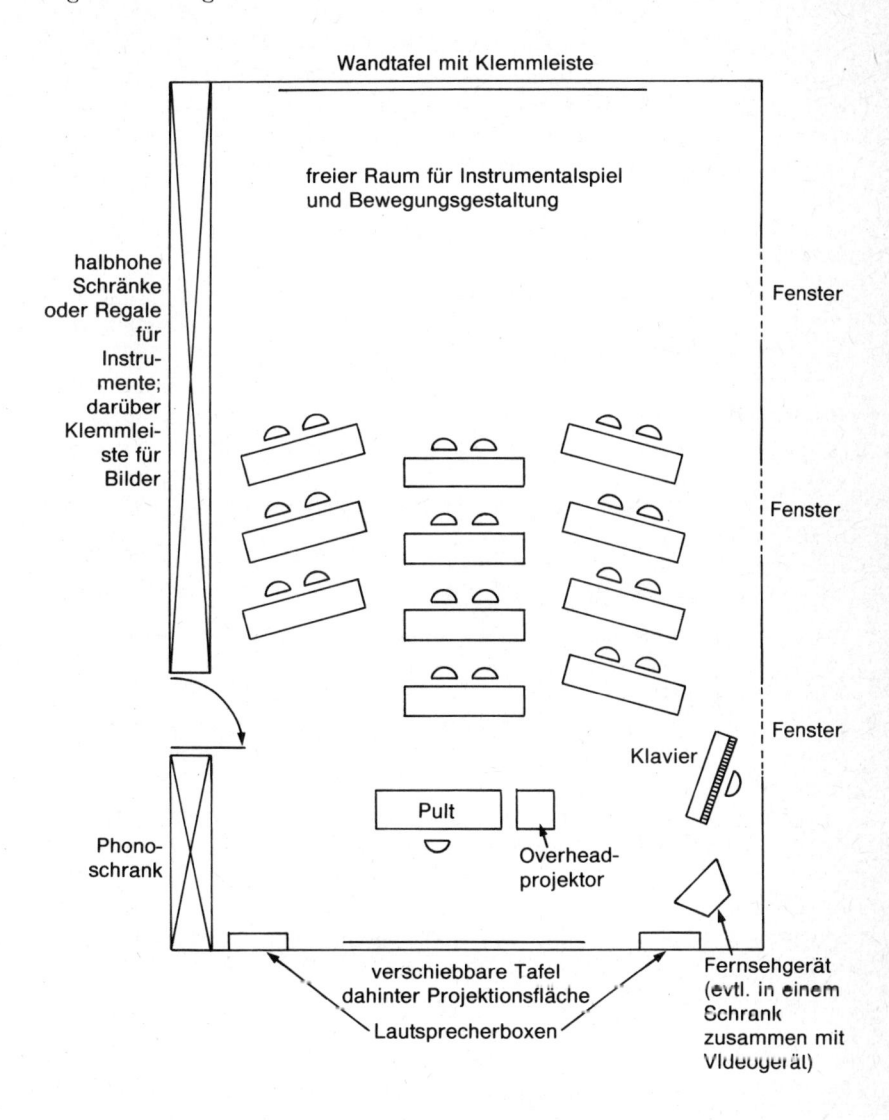

Wandtafel mit Klemmleiste

freier Raum für Instrumentalspiel und Bewegungsgestaltung

halbhohe Schränke oder Regale für Instrumente; darüber Klemmleiste für Bilder

Fenster

Fenster

Klavier

Fenster

Pult

Overheadprojektor

Phonoschrank

verschiebbare Tafel dahinter Projektionsfläche
Lautsprecherboxen

Fernsehgerät (evtl. in einem Schrank zusammen mit Videogerät)

2. Einrichtungen für den Musikfachraum

„Die musikalische Arbeit des Lehrers und der Schüler... ist Voraussetzung für... Musikunterricht... Die Möbelausstattung des Fachunterrichtsraumes und die Anordnung der Schülerplätze müssen diesen musikspezifischen Bedürfnissen entsprechen" (THIELEN 1975, 104).

Der Einrichtung kommt also erhöhte Aufmerksamkeit zu, hat sie doch direkten Einfluß auf die Unterrichtsgestaltung und mögliche Sozialformen. Erforderlich ist also eine Möblierung, die eine variable Raumgestaltung offenläßt und einen gleich leichten Zugriff zu technischen oder traditionellen Medien ermöglicht, d. h. daß Instrumente, technische Geräte und andere Hilfsmittel (sofern nicht wegen der Größe eine separate Aufstellung notwendig ist) am besten in Schränken oder Regalen untergebracht werden, wo sie auch von Schülern erreicht, also ein- und ausgeräumt werden können.

a) Bestuhlung

Eine eindeutige Präferenz für eine Tisch-Stuhl-Kombination oder Stühle mit wegklappbarem Schreibpult gibt es nicht; beide Einrichtungen haben ihre Vor- und Nachteile: Stühle sind mobiler; Kinder können aber schlechter auf den Schreibpulten schreiben (zu geringer Platz); Tische sind stabiler und ergeben zusammengestellt größere Arbeitsflächen, lassen sich aber kaum während des Unterrichts verschieben, außerdem nehmen sie zur Seite gestellt mehr Platz weg als stapelbare Stühle. Auch die Aufstellung der Stühle oder Tische (im Halbkreis oder frontal ausgerichtet) wird von der jeweils geforderten Unterrichtsform bestimmt.

b) Schränke/Regale für Instrumente

Die Schränke oder Regale zur Aufbewahrung der Instrumente sollten im hinteren, freien Teil des Raumes an Rück- oder Seitenwand aufgestellt werden; sie sollten nur so tief sein, daß jedes Instrument für sich stehen kann; auch muß darauf geachtet werden, daß die Kinder bequem alle Fächer erreichen können. Um nicht unnötig den Raum einzuschränken und um Verletzungsgefahren durch geöffnete Türen auszuschließen, empfiehlt es sich, Schränke mit Rolladen-Türen anzuschaffen, die während des Unterrichts geöffnet bleiben können, sofern nicht offene Regale angeschafft wurden.

c) Phonoschrank

Ein Phonoschrank mit Zugriff von der Frontseite scheint für die Primarstufe besser als eine ‚Phonobar' mit Zugriff von oben; er darf wegen des Kreidestaubes keinesfalls direkt neben einer Tafel stehen. Jedes Gerät sollte auf einem eigenen Gefachboden stehen.
Empfehlenswert ist, zumindest Plattenspieler und evtl. vorhandenes Spulentonbandgerät auf sicher gelagerte, ausziehbare Gefache zu stellen.
Aus Sicherheitsgründen empfiehlt sich ein Zentralschalter, der bei Schließen des Schrankes automatisch den Stromkreis für alle Geräte unterbricht. Für den Phonoschrank sind Klapptüren besser als Rolladen-Türen, da man dann Kabel und anderes Kleinmaterial übersichtlich an Haken oder Klemmen unterbringen kann.
Bei Um- oder Neubau sollte auch überlegt werden, ob nicht einige festinstallierte Mikrophonanschlüsse an Wänden oder Decke gelegt werden, so daß

‚Kabelsalat' oder – bei Befestigung an der Decke – Beschädigungen von Mikrophonen weitgehend ausgeschaltet sind.

III. Hilfsmittel

1. Nicht-technische Hilfsmittel

a) Tafel

Sie gehört auch heute noch den wichtigsten und meistgebrauchten Hilfsmitteln und darf in keinem Musikraum fehlen. Neben der frontal angebrachten *Schiebe-Klapptafel* mit Notenlinien auf mindestens einer Tafelseite wird eine längere *feste Wandtafel* mit einer Klemmleiste zur Befestigung von Bildern, Anschauungsmaterialien usw. empfohlen; vor allem in größeren Räumen ist auch eine zusätzliche, *fahrbare Schwenktafel* (eine Seite mit Notenlinien) sinnvoll.
Bei Neueinrichtung oder Umbau sollte man überlegen, Tafelsonderformen zu installieren, z. B. *Magnet-Tafel* (Metall-Tafel), um mit Haftelementen arbeiten zu können, oder *Glastafel,* bei der der Tafelhintergrund nach Wunsch gewechselt werden kann. Hierfür gibt es vorgefertigte Einschübe mit Noten- oder Schreiblinien; es lassen sich aber auch neutrale Einschübe nach eigenen Ideen beschriften oder bemalen, die – einmal angefertigt – immer wieder verwendet werden können (z. B. Lieder als Strukturbilder aufgeschrieben; Elementarpartituren; Stellen aus Musikstücken; Umrisse von Instrumenten), da die Schüler ja die Tafel beschriften oder bemalen und nicht das Blatt.
Tafelsonderformen sind weiterhin *Flanelltafel* oder *Plastiktafel,* die nur bei Bedarf aufgehängt werden und an denen Lehrer oder Schüler mit vorgegebenen oder auch selbstgefertigten Haftelementen (Noten, Instrumentenabbildungen, Zeichen aus dem Bereich der graphischen Notation usw.) arbeiten können.

b) Wandtafelblock

Ähnlich wie auf den Einschüben bei Glastafeln lassen sich auch auf einem Wandtafelblock aus festem Papier (Größe DIN A1 oder 2) mit oder ohne (Noten-)Linien Lieder, graphische Partituren, Formskizzen usw. vom Lehrer vorbereiten und immer wieder verwenden, doch bleibt es reines Anschauungsmaterial, läßt – zumindest unter dem Gesichtspunkt der Wiederverwendbarkeit – keine Veränderung durch Schüler zu.

c) Anschauungsbilder oder -tafeln

Vor allem im Bereich Instrumentenkunde werden großformatige Anschauungstafeln angeboten (z. B. von den Firmen Braun oder Wilhelmiana), doch sollte man nicht darauf verzichten, mit der Klasse entsprechend dem jeweiligen Thema Anschauungsmaterial zu sammeln und selbst zusammenzustellen.

d) Hilfsmittel für die Einzel-, Partner- und Kleingruppenarbeit

Solche Hilfsmittel sind immer ganz entschieden didaktisch-methodisch vorbestimmt wie etwa die „Legenoten" oder „Rhythmus-Legekärtchen" (B. NIEPAGE, Hamburg), Klaviertasten-Atrappen und Notenschreibhefte, die meist als Hilfen beim Erlernen der traditionellen Notation gedacht sind und einen sehr statischen Begriff des Elementaren einschließen (beispielsweise wird die „Wandernote" des ‚Notenfix' mittels eines Fadens an der gleichen Stelle aufwärts oder abwärts geführt).

Hierunter fallen aber auch Legeelemente aus der Mengenlehre, etwa zur raschen Erstellung einer Elementar-Partitur, oder die Erprobung verschiedenster Materialien bezüglich ihrer Klangeigenschaften sowie selbstgebastelte Musikspiele (Musikalisches Würfelspiel, Kartenspiele mit Instrumenten oder Noten usw.) und Bilderreihen, die verklanglicht werden können.

2. Instrumente

a) Elementares Instrumentarium

Das schon traditionelle sog. ORFF-Instrumentarium wird heute im allgemeinen durch Rhythmusinstrumente aus dem außereuropäischen Bereich und durch selbstgebastelte Rhythmus- und „Melodie"-Instrumente erweitert und in den Bereichen Musiklehre, Improvisation, Bewegungsgestaltung und Liedbegleitung eingesetzt. Entsprechend dem Einsatz bestimmt sich die Zusammenstellung des Instrumentariums, wobei angestrebt werden sollte, daß für jedes Kind in der Klasse *ein* Instrument aus der Gruppe der Stabspiele (Xylophon, Metallophon, Glockenspiel) mit verschiedenen Schlegeltypen und *mindestens ein* Instrument aus der Gruppe der Rhythmusinstrumente zur Verfügung stehen sollte.

Um die Anschaffungskosten nicht in astronomische Höhen zu treiben und auch der vielfältigeren Einsatzmöglichkeiten wegen sind zumindest anfangs „Klingende Stäbe" (jeder Klangstab hat seinen eigenen Resonator) vorzuziehen, da sie einzeln an die Kinder verteilt werden können.

Prinzipiell sollten chromatische Stabspiele und Instrumente mit vollerem Volumen (d. h. Instrumente in den Stimmlagen Alt und Tenor) trotz des höheren Preises Vorrang vor den schrill klingenden Glockenspielen haben.

Wichtig ist es, „auf Gefahren hinzuweisen, die zum Teil mit der üblichen Grundstimmung (C-Dur-diatonisch) ... zusammenhängen. Die C-Stimmung hat zu einer einseitigen Bevorzugung der Tonarten C, G und F ... auch bei Liedsätzen geführt, was ungünstige (zu tiefe oder zu hohe) Lagen für die Singstimme hat und bei der C-Tonart das Ausschwingen der Bordun- und Ostinato-Begleitung nach unten verhindert" (KELLER 1975, 301).

Auch wird die Klangerfahrung der Kinder durch diatonische Instrumente zu stark eingeengt.

Unter dem Vorbehalt, daß jeder Lehrer die Instrumente so auswählen und zusammenstellen sollte, wie es seinen Bedürfnissen entspricht, sei hier die

Aufstellung einer Grundausstattung und ihrer möglichen Erweiterung gegeben (weitere Aufstellungen: Richtlinien NRW 1969, 244; Richtlinien Schleswig-Holstein 1975, FISCHER et al. 1977, 44; KÜNTZEL-HANSEN 1980, 18).

A. GRUNDAUSSTATTUNG

Stabspiele (möglichst chromatisch; je 2 Paar verschiedene Schlegel)
1 Alt-Xylophon
1 Sopran-Xylophon
1 Alt-Metallophon (als „Klingende Stäbe")
1 Tenor/Baß-Xylophon (oder Metallophon) auf Einzelresonatoren
1 Alt-Glockenspiel
2 Sopran-Glockenspiele

Schlagwerk
2 Handtrommeln verschiedener Größe
1 Schellentrommel (oder Schellenkranz)
2 Triangeln verschiedener Größe
1 Becken (als hängendes Becken) mit 2 verschiedenen Schlegeln
1 Paar Cymbeln
1 Stielkastagnette
1 Holzblocktrommel
1 Holzröhrentrommel
1 Paar Klangstäbe
2 Pauken verschiedener Größe mit 2 Paar unterschiedlichen Schlegeln
1 Guero („Gurke")
1 Paar Bongos

B. ERWEITERUNG

Stabspiele (alle chromatisch, evtl. auch chromatische Ergänzung von Instrumenten der Grundausstattung; je 2 Paar Schlegel; zusätzliche Schlegel zur Grundausstattung)
1 Alt-Xylophon
1 Sopran-Xylophon
1 Tenor/Baß-Xylophon
1 Tenor/Alt-Metallophon
1 Alt-Glockenspiel
1 Sopran-Glockenspiel

Schlagwerk
1 größere Rahmentrommel (mit Schlegel)
1 größere Triangel
1 großes Becken mit Ständer
1 Gong
1 Paar Cymbeln
1 Paar Fingercymbeln (Cinellen)
1 Schellenband
1 Glockenkranz
1 Holzröhrentrommel
3–4 Effektinstrumente (Peitsche, Ratsche, Vibra-slap, Affuche o. ä.)

b) Traditionelle Instrumente

Klavier

Ein Flügel oder zumindest ein (Klein-)Klavier gehören zur Grundausstattung eines Musikraumes, wobei das Instrument meist nur als Demonstrationsmedium für den Lehrer betrachtet wird (Liedbegleitung; Vorspielen von Werkausschnitten oder Klavierstücken; Hilfe bei der Liedvermittlung), weniger als ein auch für Schüler zugängliches und zu benutzendes Hilfsmittel bei Klangerfahrung oder Improvisation.

Blockflöten (in verschiedenen Stimmlagen)
Verschiedentlich werden noch Blockflöten (FISCHER et al. 1977) oder auch Panflöte und Lotosflöte (KELLER 1975) als für den Unterricht notwendige Instrumente aufgeführt, wobei z. T. intendiert scheint, daß die ganze Klasse die Anfänge des Blockflötenspiels als Einführung in Musik erlernt. Der Lehrer sollte dann wenigstens Instrumente tieferer Stimmlagen als Begleitinstrumente zur Verfügung haben.
Werden die Flöten im Klassensatz angeschafft, sollte man überlegen, ob aus hygienischen Gründen (Desinfektion!) und wegen der größeren Robustheit (geringeres Verstimmen) Instrumente aus Plastik nicht geeigneter sind als die wesentlich teureren Holzflöten (Gefahr des Verstimmens durch Quellen).

Andere Orchesterinstrumente
Hier geht es weniger darum, daß Schülern solche Instrumente für den Einzelunterricht zur Verfügung gestellt bekommen, als daß solche, evtl. nicht mehr voll funktionstüchtigen Instrumente als Anschauungs- und Erprobungsobjekte in der Instrumentenkunde verwendet werden können (evtl. Eltern um Überlassung solcher Instrumente bitten.)

Gitarre
Sie wird nirgendwo als notwendig erwähnt, obwohl sie von vielen Lehrern zur Liedbegleitung eingesetzt wird und daher auch als Schulinstrument vorhanden sein sollte.
Das künstlerische Problem, ob eine einzelne Gitarre zur Begleitung einer ganzen Schulklasse ausreichend ist, sei nur angedeutet.
Im Bereich akustischer Grunderfahrungen kann sie zudem ebensogut eingesetzt werden wie ein Monochord.

3. Technische Geräte und Hilfsmittel/Medien

„Schallplatte und vor allem Tonband machen es allen Lehrern möglich, jede Art von Musik an das Kind heranzutragen. In Verbindung mit Projektoren und Vervielfältigungsgerät gehören diese Schallspeicher daher zur unumgänglichen Ausrüstung des Musiklehrers, der sie weniger als gelegentlich benutzte Hilfsmittel ansehen, sondern als unentbehrliche Arbeitsmittel betrachten sollte" (VENUS 1969, 22/23).

Es überwiegen im Bereich der technischen Medien dem Fach entsprechend die akustischen und audiovisuellen Medien, deren Einsatz geprägt ist „durch die wechselseitige Beeinflussung von Medienverwendung und Unterrichtsplanung" (SCHWENK 1978, 10). Während der Einsatz und die Verwendung von Instrumenten im Unterricht fast ausschließlich von den didaktischen, methodischen oder zielgerichteten Entscheidungen des Lehrers bestimmt werden, muß er sich bei dem Einsatz der technischen Medien – und hier vor allem beim

Einsatz audiovisueller Medien – mit den didaktischen, methodischen und zielgerichteten Vorentscheidungen und Intentionen der Produzenten der ‚software' auseinandersetzen; nur wenn der Lehrer sich hier zu einem Kompromiß entschließen kann – „das Medium wird unter bestimmten Fragestellungen eingesetzt und der Lehrer modifiziert seine Unterrichtskonzeption je nach den vorfindlichen Möglichkeiten des Mediums" (SCHWENK 1978, 13) –, wird er die vorhandenen Medien und die angebotene ‚soft-ware' nutzen können.
Wie bei den Instrumenten wird auch hier wieder ein Vorschlag für eine Grundausstattung unterbreitet und auf Erweiterungsmöglichkeiten hingewiesen. Zusätzlich werden Materialien (soft-ware) vorgestellt.

A. GRUNDAUSSTATTUNG

(eine Geräteempfehlung des FWU kann über die Bildstellen angefordert werden)
Verstärkeranlage mit mindestens 30 Watt Ausgangsleistung (Empfänger, Verstärker, 2 Lautsprecherboxen)
Stereo-Plattenspieler (automatisch oder halbautomatisch; auf jeden Fall mit Tonarm-Lift, um kratzfrei bestimmte Abschnitte abrufen zu können; hierzu werden von der Industrie Hilfseinrichtungen angeboten)
Stereo-Cassetten-Tonbandgerät (als Tape-Deck ohne eigene Endstufe) mit 2 Mikrophonen und Stativen; Fernbedienung)
Arbeitsprojektor (evtl. mit Aufsatz für die Dia-Projektion)

B. ERWEITERUNGSMÖGLICHKEITEN

Video-Aufzeichnungsgerät und Fernsehgerät (man sollte sich wegen der Kompatibilität bespielter Bänder mindestens innerhalb der Schule auf das gleiche System einigen)
Epidiaskop (Kombination von Diaskop und Episkop; oder getrennte Geräte)
Spulen-Tonbandgerät (3-Motoren-Tape-Deck) mit mindestens 2 Geschwindigkeiten und Trickmöglichkeiten (Echo, Multiplay) in Halbspurtechnik; Überspielkabel; Fernbedienung)
Tonfilmgerät (S-8)
zusätzliches Spulen- und/oder Cassetten-Tonbandgerät und Verbindungskabel
Videokamera mit Stativ
Klingende Notentafel

C. MATERIALIEN (SOFT-WARE)

Schallplatten (vgl. den Beitrag von W. ABEGG)
Tonbänder/Audio-Cassetten: Leerbänder zum eigenen Aufnehmen in der Klasse
Leerbänder zum Aufnehmen von Schulfunk/Rundfunksendungen
professionell bespielte Beispieltonbänder (z. B. des FWU)
Arbeitstransparente: auf Blankfolien selbst hergestellte Transparente; vorgefertigte Transparente (angeboten vom TLV-Tageslicht Lehrmittel Verlag, ZELL u. a.; Westermann Verlag, Braunschweig)
Diareihen: auch als Tonbildreihen in Verbindung mit Tonband oder Schallplatte (angeboten z. B. von FWU)
Video-Cassetten: Leer-Cassetten zum Mitschneiden von Schulfernseh-Sendungen u. ä.; professionell bespielte Cassetten
Bezüglich des Einsatzes der Medien sei auf entsprechende Artikel im Literaturverzeichnis hingewiesen.

Literatur

Akademie der pädagogischen Wissenschaften (Hrsg.): Fachunterricht – Unterrichtsmittel – Fachunterrichtsräume, Berlin 1974
Andersen, F./Störensen, K.: Medien im Unterricht. Ein Handbuch, Stuttgart 1972
Antholz, H.: Unterricht in Musik, Düsseldorf ³1976
Ashauer, G. (Hrsg.): Audiovisuelle Medien. Handbuch für Schule und Weiterbildung, Bonn 1980
Auerbach, L., et al. (Hrsg.): Musikalische Grundausbildung in der Musikschule. Lehrerhandbuch. Teil 1: Didaktik und Methodik, Mainz 1978
Allendorf, O./Wiese, J.: Taschenbuch der Overhead-Projektion. Beiträge zu einer Didaktik und Methodik der Overhead-Projektion in Unterricht und Ausbildung (Theorie und Praxis der Unterrichtstechnologie, hrsg. von der Akademie für Informatik und Unterrichtstechnologie Reihe D, Bd. 2), Köln o. J.
Brömse, P.: Vorführung von Arbeitsmitteln, in: Musikhören und Werkbetrachtung in der Schule. Musikpädagogisches Forum Gießen 1968. Hrsg. von K. Sydow, Wolfenbüttel/Zürich 1970
Doelker, Chr.: Didaktik und Methodik der audiovisuellen Mittel, Zürich 1971
Dotzauer, W.: Medien im Musikunterricht, in: W. Schmidt-Brunner (Hrsg.): Methoden des Musikunterrichts, Mainz 1982, 185–205
Dwyer, T.: Komponieren mit dem Tonbandgerät. Musique concrète für Anfänger (Reihe Curriculum Musik, hrsg. von M. Geck, Jg. 1, H. 3), Stuttgart 1973
Fischer, W., et al: Materialien für den Musikunterricht in der Grundschule in Schleswig-Holstein, Kiel 1975
Fischer, W., et al.: Musikunterricht Grundschule. Lehrerband 1 (Musikunterricht. Unterrichtswerk für allgemeinbildende Schulen, hrsg. von G. Noll und H. Rauhe), mainz 1977
Gewerkschaft Erziehung und Wissenschaft (Hrsg.): Die neue Grundschule. Vorschläge für Bau und Einrichtung neuer Schulen der Primarstufe, Düsseldorf 1971
Große-Jäger, H.: Es mangelt an Ausbildung und Ausstattung. Musikunterricht in der Grundschule: Kritische Bilanz und konstruktive Vorschläge, in: NMZ 2 (1982), 1, 17–18
*Haarmann, D. (*Hrsg.): Unterrichtsmittel für Grundschüler. Ein Medienhandbuch der Primarstufe (Beiträge zur Reform der Grundschule, hrsg. von E. Schwarz, Sonderband S 9/10), Frankfurt 1974
Heise, W.: Technische Einrichtungen, in: Lexikon der Musikpädagogik in Lose-Blatt-Folge, hrsg. von H. Hopf, Wuppertal 1971
–: Technische Ausstattung von Musikräumen, in: Segler, H. (Hrsg.): Musik und Musikunterricht in der Gesamtschule, Weinheim 1972, 293–298
Hirsch, M.: Hinweise zur Hi-fi-Technik. Wie stattet man Unterrichtsräume aus?, in: NMZ 5 (1979), 52
Hubalek, F.: Audio-visuelle Medien im Unterricht (Schriften zur Lehrerbildung und Lehrerfortbildung Bd. 8), Wien 1974
Heinrichs, H.: Audiovisuelle Praxis in Wort und Bild. Geräte – Techniken – Methoden, München 1972
Institut für Film und Bild in Wissenschaft und Unterricht (FWU) (Hrsg.): Merkblatt für die technische Ausrüstung von Schulräumen, Gründwald o. J.
Jakat, U.: Die Zukunft der Unterrichtsmedien, in: Allgemeiner Schulanzeiger 32 (1978), 112–116
Keller, W.: Elementares Gruppenmusizieren, in: Valentin, E./Hof, H. (Hrsg.): Neues Handbuch der Schulmusik (bosse musik paperback Bd. 6), Regensburg 1975, 299–310
Kersten, V.: Das Schulgebäude – ein Instrument für den Musikunterricht, in: Segler, H. (Hrsg.): Musik und Musikunterricht in der Gesamtschule, Weinheim 1972, 299–306
Kleinen, G./Lägel, H.: Tontechnik. Montagen. Collagen. Medien im Musikunterricht (Bausteine für Musikerziehung und Musikpflege B. 30), Mainz 1974

Küntzel-Hansen, M.: Lernfelder der Musik. Ein Lehrerhandbuch für den Musikunterricht an Grundschulen und Musikschulen, Hannover 1980
Köneke, H. W.: Der Fachraum und seine Grundausstattung, in: Auerbach, L., et al. (Hrsg.): Musikalische Grundausbildung in der Musikschule, Lehrerhandbuch. Teil 1: Didaktik und Methodik, Mainz 1978, 209–210
Krieg, J.: Tonbandarbeit in der Grundschule, in: Die Grundschule 6 (1973), 414–416
Kultusminister Niedersachsen (Hrsg.): Musikräume für die Sekundarstufe I und II, in: Musik und Bildung 2 (1975), 81–83 (= Niedersächsisches Schulverwaltungsblatt 1/1975)
Kultusminister Nordrhein-Westfalen (Hrsg.): Richtlinien und Lehrpläne für die Grundschule in Nordrhein-Westfalen, Wuppertal/Ratingen/Düsseldorf 1973
Kultusminister Hessen (Hrsg.): Rahmenrichtlinien Primarstufe Musik, Wiesbaden 1976
Lemmermann, H.: Musikunterricht. Hinweise – Bemerkungen – Erfahrungen – Anregungen, Bad Heilbrunn 1977
Lägel, H.: Instrument Musikraum, in: Schul-Management 5 (1978), 49–54
Nardelli, R.: Möglichkeiten des Einsatzes audio-visueller Mittel im Schulmusikunterricht, in: Musikerziehung (Österreich) 5 (1970), 215
Neußer Didaktischer Arbeitskreis (Hrsg.): Lehr- und Arbeitsplan für die Hauptschule. Kommentar zu den Bildungsplänen für die Hauptschule. Hilfen für die Unterrichtsgestaltung, Wuppertal/Ratingen/Kastellaun 1973
Milan, W.: Arbeiten mit dem Videorecorder. Aufzeichnung. Wiedergabe. Praktische Anwendung. Leichter Lehren und Lernen mit dem Bildschirm, Wien 1976 (Selbstverlag)
Milan, W.: Tageslicht-Overhead-Projektion. Selbstfertigung von Transparenten, Wien ²1972 (Selbstverlag)
Ortner, R.: Audiovisuelle Medien in der modernen Grundschule, Esslingen 1972
Pädagogische Arbeitsstelle des DVV (Hrsg.): Unterrichtsmediendienst. Informationen für die Weiterbildung, Frankfurt 1973 ff.
Radigk, W.: Der Overheadprojektor im Anfangsunterricht, in: AULA 1 (1969), 109–114
Rother, E. (Hrsg.): Audio-visuelle Mittel im Unterricht, Stuttgart 1968
Ruprecht, H., et al. (Hrsg.): lehren und Lernen mit Tonband, München 1965
Sandvos, I.: Materialien zum Flächenbedarf in Grundschulen (Schriften des Schulbauinstituts der Länder H. 46), Berlin 1973
Stern, W.: Legeblättchen im Musikunterricht, in: Musikerziehung (Österreich) 9 (1975), 26–28
Schütz, V.: Liste von empfehlenswerten Instrumenten und Verstärkern zur (Re-)Produktion von populärer Musik in der Schule, in: Populäre Musik im Unterricht 2 (1981), 42
Schulbauinstitut der Länder (Hrsg.): Räumliche Bedingungen für den Unterricht der 5–7jährigen (Studien 22), Berlin 1974
Schulz, G.: Hinweise zur Gestaltung eines FUR und zum Einsatz des Polylux, in: Musik in der Schule 5 (1975), 172–174
Schwenk, J./Meese, H. (Hrsg.): Audiovisuelle Medien im Musikunterricht (Schriftenreihe AV Pädagogik, hrsg. vom Institut für Film und Bild in Wissenschaft und Unterricht), Stuttgart 1978
Schvepke, C.. St. Paul's Primary School, London. Ein Beispiel englischer Grundschulplanung, in: Bauwelt (1973), 2
Theuring, W. (Hrsg.): Lehren und Lernen mit Medien – Beiträge aus Medienforschung und Medienpraxis. Festschrift Walter Cappel (Reihe AV-Forschung, Sonderband), München 1983
Thiele, I.: Der Fachunterrichtsraum Musik, in: Musik in der Schule 3 (1975), 103–107; 4 (1975), 141–145
Thomas, C.: Filmsequenzen mit Skulpturinstrumenten, in: W. Roscher (Hrsg.): Polyästhetische Erziehung, Köln 1976
Venus, D.: Unterweisung im Musikhören, Wuppertal-Kastellaun/Düsseldorf 1968
–: Funktionsgemäße Musikräume, in: Musik und Bildung 12 (1971), 611–613

Wieblitz, E.: Über den Umgang mit dem Orff-Instrumentarium, in: Auerbach, L., et al. (Hrsg.): Musikalische Grundausbildung in der Musikschule, Lehrerhandbuch. Teil 1: Didaktik und Methodik, Mainz 1978, 180–183
Witte, A.: Handbuch zur Arbeitsprojektion. Technische, methodische, didaktische und ökonomische Handreichung für den Einsatz des Arbeitsprojektors zur Steuerung von Lernprozessen, Schwäbisch Gmünd ²1974
–: Didaktische Handreichung zur Arbeitsprojektion, Langen 1975 (Sonderausgabe für die Firma Demolux)
Weyer, R.: Musik hören – Musik sehen. Ein neues Lerngerät für den Musikunterricht, in: Musik und Bildung 4 (1976), 201–205
–: Schulen – Primarstufe. Grundschulen, Vorschulen, Kindergärten (Architekturwettbewerbe 70), Stuttgart 1972

Musik-Schallplatten und -Cassetten für Grundschulkinder

Werner Abegg

I. Abgrenzung

Den Gegenstandsbereich dieses Berichts systematisch einzugrenzen, ist ohne Kompromisse kaum möglich. Was gehört dazu, was nicht? Auf keinen Fall können mit „Musikschallplatten" alle Platten gemeint sein, auf denen Musik zu hören ist. Hörspiele mit Musikeinlagen beispielsweise scheiden aus, ebenso Platten mit Kinderliteratur und musikalischen Überleitungen. Wenn aber die Hörspiele das Leben von Komponisten behandeln und einschlägige Ausschnitte aus Kompositionen eingeblendet sind, dann handelt es sich wohl doch um Musikschallplatten, und bei Kinderliteratur muß man je nach Funktion der Musikeinlagen differenzieren. Auch Schallplatten zu Kinderserien im Fernsehen bilden keine einheitliche Gruppe: Pinocchio- oder Pumuckl-Platten scheiden für uns aus, Liedersammlungen aus „Rappelkiste" oder „Löwenzahn" werden erfaßt.

Ich kann also nur pragmatisch definieren: Ich berichte über solche Schallplatten und Cassetten, die

a) ihrem Inhalt nach im Musikunterricht der Grundschule unter allgemein formulierbaren, auch fachübergreifenden Kriterien verwendet werden können,
b) vom Hersteller als Kinderschallplatten gekennzeichnet oder für die Verwendung im musikpädagogischen Bereich produziert wurden,
c) in der Bundesrepublik im Handel oder auf einfachem Bestellwege erhältlich sind.

Nicht berücksichtigt wurden Begleitplatten zu Unterrichtswerken sowie ältere Produktionen aus der Zeit vor 1970.

Innerhalb dieses grob markierten Bereichs gibt mein Bericht eine Übersicht mit jeweils ausgewählten Beispielen. Vollständigkeit wurde nicht angestrebt; bei der lebhaften Produktion könnte das nur zu allzu schneller Veraltung führen.

II. Systematisierung mit Kurzbesprechungen

1. Lieder

Nach Inhalt und Herkunft der Liedertexte, auch nach ihrer musikalischen Aufbereitung, lassen sich mehrere Untergruppen bilden.

a) Traditionelle Kinderlieder

Teils mündlich überliefert, teils von bekannten Autoren des 18. und 19. Jahrhunderts stammend, bilden die hier zusammengefaßten Lieder den Kernbestand des traditonellen volkstümlichen Kinderliedguts. Meistens werden sie von Kinderchören gesungen, begleitet von kleineren Instrumentalbesetzungen. Die hörenden Kinder sollen mitsingen, Liedertexte sind fast immer beigefügt. Drei Beispielplatten:

Das Liederkarussell. Auswahl aus dem gleichnamigen Liederbuch, hrsg. von JULIANE METZGER, Bearbeitung: RÜDIGER TRANTOW. Annette Beltz Verlag München, o. J., Best.-Nr. ABV 1

Lieder zu den Tages- und Jahreszeiten sowie zur Arbeit und zum Spiel. Kinderchor mit gemischter Instrumentalbegleitung. Zum Mitsingen geeignet, konventionelle Arrangements.

Das große Liederbuch. Die schönsten deutschen Kinderlieder, Auswahl aus „Das große Liederbuch", hrsg. von WILLI GOHL, Illustrationen von TOMI UNGERER. Arrangements: WILLI GOHL. Pelca (1976) PSR 50007.

22 Kinderlieder, inhaltlich lose geordnet. Liederheft mit Noten und Texten, UNGERERs Illustrationen. Geschulter Kinderchor mit anspruchsvoll arrangierter Instrumentalbegleitung. Eher zum Zuhören als zum Mitsingen geeignet.

Der fröhliche Kinderliederzoo. Kindermusikstudio Saarbrücken, Leistung: CHRISTA FRISCHKORN. Schwann (1978) H + L 107

Tierlieder älteren und neueren Datums, nicht ausschließlich deutscher Herkunft. Einfache Arrangements, Kinderchor und ORFF-Instrumentarium. Zum Mitsingen gut geeignet.

b) Neuere Kinderlieder, musikpädagogisch bearbeitet

Diese Gruppe umfaßt neu komponierte oder aus anderen europäischen Ländern übertragene Lieder aus den Federn von HEINZ LEMMERMANN, HANS POSER, KARL BERG u. a., die in der Fidulafon-Serie erschienen sind. Es handelt sich um 17-cm-Platten, denen jeweils ein Notenblatt mit den Melodien und Modellen für Begleitsätze beiliegt. Wegen des hohen Bekanntheitsgrades dieser Serie beschränke ich mich hier auf einen pauschalen Hinweis.

c) Neue Kinderlieder im Liedermacherstil

Speziell für die Plattenproduktionen geschriebene und vertonte Texte über Erlebnisse und Probleme heutiger Kinder werden von den Autoren zusammen mit Partnern und Kindern gesungen. Gesang und Instrumentalbegleitung sind weniger kunstvoll als auf den Platten der Gruppen a) und b), die Standard-Begleitinstrumente sind Gitarren und Banjos.

Der bekannteste Kinderliedermacher ist zweifellos FREDRIK VAHLE. Mit CHRISTIANE KNAUF, als Duo CHRISTIANE und FREDRIK, produzierte er drei Platten mit schwungvollen Liedern zu witzigen Texten, auch über ernste Gegenwartsprobleme:

Die Rübe. Lustige und listige Lieder für Kinder von 7 bis 70. Pläne (1973) K 20 900
Der Fuchs. Pläne (1976) K 20 902.
Der Spatz. Spiel- und Erzähllieder für Kinder ab 4. Pläne (1979) DK 0098
Neuere Platten von FREDRIK VAHLE:

Der Elefant. Lieder in unserer und in Eurer Sprache für Kinder ab 6 Jahre. Pläne (1981) 88267
Italienische und türkische Volkslieder und deutsch-/gemischtsprachige Lieder von F. VAHLE. Die Texte kreisen um das gegenseitige Kennenlernen und Zutrauenfinden deutscher und ausländischer Kinder.

Der Friedensmaler. Lustige und nachdenkliche Lieder vom Angsthaben und Mutmachen für kleine und große Leute. Pläne (1982) 88311
Balladeske bis polemische Texte wollen verdeutlichen, daß Frieden im großen und im kleinen zusammenhängen. Komplexere Arrangements als auf den früheren Platten. Nicht mehr so viele Lieder zum Mitsingen.

Ein wenig am Rande liegend, aber dennoch erwähnenswert ist die Platte nach LEO LIONNIs Kinderbüchern „Fredrick" und „Geraldine und die Mauseflöte", die VAHLE in Hörspiele mit eigenen Liedeinlagen umarbeitete. Als anregendes Vorbild für Schüler-Klanggeschichten ist auch diese Platte schulisch verwendbar (SCHWANN 1980, H + L 228).
Sehr ähnlich in pädagogischer Intention und Machart der Texte wie VAHLEs Platten sind die von KLAUS HOFFMANN. Auch er begann mit einer Gesangspartnerin als Duo Klaus und Helga und produzierte spätere Platten mit stärker wechselnden Besetzungen. Seine häufig im Western-Style gehaltenen Arrangements setzen ein größeres, abwechslungsreicheres Instrumentarium ein.
Kinderwelt. Kinderlieder von Klaus und Helga. Pläne (1976) K 20904
Ich bin neugierig. Neue Kinderlieder mit Klaus und Helga und Freunden. Pläne (1978) D-K 0097
Das Bärenorchester. Neue Kinderlieder von und mit KLAUS HOFFMANN. Pläne (1982) 88290
Wenn der Elefant in die Disco geht. (Pläne) 1983
Eine gut gelungene Integration von Rockmusik-Elementen in die weiterhin leicht singbaren Kinderlieder mit witzigen Texten.

Familiäre und soziale Probleme von Großstadtkindern bearbeiten KLAUS NEUHAUS und KARIN HEIMANN auf ihrer Schallplatte:
. . . sonst fahr' ich nach Amerika! Kinderlieder von Karin und Klaus. Dortmund 1979, Kontaktadresse: KARIN HEIMANN, Sperberstr. 50, 4600 Dortmund 15
Weniger professionell arrangiert und aufgenommen als die vorgenannten Platten, aber wegen der eindringlichen Texte für ältere Grundschulkinder geeignet. Vorwiegend zum Besprechen oder Nachmachen, kaum zum Mitsingen.

Lieder aus den frühen Theaterstücken des Berliner Grips-Theaters sind zusammengefaßt in:

Die große GRIPS-Parade. 15 Lieder zum Mitsingen. Texte: V. LUDWIG, Musik: B. HEYMANN. WAGENBACHs Quartplatte (1973) Nr. 10
Die bewußt aus der Weltsicht der Kinder geschriebenen Lieder verlieren, aus ihrem dramatischen Kontext gelöst, einiges von ihrer provokativen Verve, lassen sich aber möglicherweise gut in neue Theaterstücke von Grundschülern einbauen.

d) *Neue Kinderlieder im Schlager-Stil*

Melodie- und Rhythmusmodelle des Schlagers und ein stärker unterhaltsamer, weniger kritisch-aufklärerischer Grundtenor erlauben die Zusammenfassung zweier dennoch recht verschiedenartiger Platten in diesem Abschnitt.

Rolfs Radio Lollipop. Die fröhliche Hitparade für die ganze Familie. Musik und Text: ROLF ZUCKOWSKI. Polydor (1981) 2372068
Schlager für Kinder über Themen aus Schule und Freizeit. Professionelle Arrangements im Studio-Sound. Wegen zündender Rhythmen und gut singbarer Melodien bei Kindern beliebt, zum lustvollen Mitsingen und -tanzen gut geeignet.

Der grüne Zweig. Lieder für junge und alte Leute, komponiert von PETER JANSSENS. PETER JANSSENS Musik Verlag (1980), Telgte
Texte von Kinderdichtern wie GUGGENMOS, auch FONTANE (Ribbeck) und UHLAND (Einkehr) sowie von P. JANSSENS und ROLF KRENZER in schwungvollen Arrangements und mit leicht faßlichen, wenn auch recht gleichförmigen Melodien. Zur Ergänzung sprachlicher Gedichtbehandlung einsetzbar.

e) *Lieder aus Kinderserien im Fernsehen*

Aus der großen Menge weitervermarkteter Fernsehserien auf Schallplatten sind für den Unterricht wohl nur die Sammlungen mit Liedern verwendbar. Auch musikalisch unter Umständen ergiebig finde ich:

Neue Lieder aus der Rappelkiste. 12 Originallieder aus der gleichnamigen Fernsehserie des ZDF. Autoren: KRISTOV BRÄNDLI, ESTHER HAUSMANN, KONRAD SCHRAGE, JÜRGEN TAMCHINA. Fontana (1981) 6449106
Die Puppen Ratz und Rübe singen mit imitierten Kinderstimmen bewußt kunstlos ihre frechen Lieder über soziale Kinderprobleme. Speziell für Schulanfänger geeignete Lieder.

Löwenzahn. Lieder und Geschichten, gesungen und vorgestellt von PETER LUSTIG. DG Junior (1983) 2546063
Die Lieder entstammen vorwiegend naturkundlichen Zusammenhängen der Fernsehserie. Sparsame, aber effektvolle Arrangements, je nach Textinhalt Sprechgesang, Männerterzett oder Kinderstimme. Zur zwanglosen Vertiefung passender Themen des Sachunterrichts gut geeignet.

f) *Neue religiöse Lieder*

Die traditionelle Fächerverbindung Religion – Musik, die einstmals auf der schulischen Einübung der Kirchenlieder basierte, erhält mit den folgenden Liederplatten neues, belebendes Material, das auch vom musikpädagogischen Standpunkt aus Lohnendes bietet.

Was macht der Hahn dort? 9 Lieder von WOLFGANG LONGARDT. Abakus Schallplatten, 6349 Greifenstein 2 (1982) Nr. 90049

Die Lieder behandeln biblische Geschichten. Leicht singbare Melodien, vom Autor oder von Kinderstimmen vorgetragen. Aufwendige, zum Mitsingen ermunternde Arrangements im professionellen Pop-Musik-Stil.

Ich wünsch' dir einen guten Tag. Kinderlieder von und mit ROLF KRENZER für Religion und Gottesdienst. Abakus (1983) Nr. 90052

15 Lieder für Feiern, Spiele und für die Besprechung schulischer und familiärer Probleme. Mut und Lebensfreude vermittelnde Texte, Melodien reichen vom einfachen Spiellied bis zum Chanson. Vom Autor mit Kindern gesungen. Einfache, aber abwechslungsreiche Instrumentalbegleitung.

Ein Regenbogen bunt und schön. Kinderlieder von und mit ROLF KRENZER. Abakus (1982) Nr. 90046

Ebenfalls 15 Lieder über Themen aus der Bibel, zum Beten und Danken, über Stimmungen, den Frieden usw. Keine konfessionelle Bindung. Einfache Melodien zum Mitsingen und -tanzen, auch für Rollenspiele.

He du, mich drückt der Schuh! Neue Kinderlieder mit Melodien von PETER JANSSENS. EMI/Peter Janssens Musik Verlag (1975) Nr. 1017

Von den 12 Liedern beziehen sich nur einige auf religiöse Themen im weiteren Sinne, wie Hilfsbereitschaft, Freude an der Schöpfung. Andere sind Scherzlieder oder behandeln Alltagserfahrungen. Stimmungsvolle Melodien, sparsam und doch effektvoll arrangiert. Überwiegend weniger zum spontanen Mitsingen als zum nachdenklichen Zuhören bestimmt.

2. Musik zum Mitmachen

Wie schon mehrfach angemerkt, konnten die Kinder auch bei den Liederplatten in vielfältiger Weise mitmachen: mitsingen, mittanzen, mitspielen. Bei den jetzt zu besprechenden Platten, die Lieder mit rein instrumentaler Musik mischen, liegt der Schwerpunkt des Mitmachens stärker auf der Bewegung oder auf instrumentalen Aktionen. Doch die Grenzen verfließen, das zeigen besonders die beiden Platten:

Das Liedmobil. Wach- und Traumlieder von DOROTHÉE KREUSCH-JACOB u. a. DG Junior (1982) 2546059

Lieder und Instrumentalmusik zum Themenkreis Schlafen, Träumen, Aufwachen; teils zum phantasiegeleiteten Zuhören, teils zum Mitspielen auf selbstgebastelten Instrumenten, teils zum Mitsingen und -tanzen. Im Charakter der Texte und in den Arrangements sehr abwechslungsreich. In vielfältigen Unterrichts-Zusammenhängen ergiebig.

Musik zum Mitmachen. Mit HENNING VENSKE. Nach einer Idee von INGEBORG BECKER. Decca (1979) 6.23799 AO

Neukomponierte Stücke und in Ausschnitten zitierte Musikwerke sollen die Kinder aktivieren zum Tanzen, Mitspielen, Erfinden von Fortsetzungen, Mitdirigieren usw. Gut ausgewählte Musikbeispiele, witzige Aufgabenstellungen, schriftliche Spielanleitungen. Für Kinder der ersten Schuljahre gut geeignet.

Auf die tänzerische Aktion, allgemeiner auch auf die Bewegung zur Musik konzentriert haben sich die Autoren von:

Gehen wir im Kreis . . . 6 Spiellieder. Aus der Reihe „Musikwerkstatt" von MARGARETE und WOLFGANG JEHN. Eres o. J. Nr. 2307
Tanzlieder europäischer Siedler im nordamerikanischen Westen, für Kinder aufbereitet. Beigeheftet die Liedmelodien, Texte und Tanzanweisungen, auch für weniger erfahrene Lehrer/innen benutzbar.

Kindertänze aus Südamerika. 2 17-cm-Platten mit insgesamt 8 Tänzen, gespielt und gesungen unter Leitung des Arrangeurs JOSÉ POSADA. Textübertragungen: HILTRAUD RECKMANN. Fidulafon 1262, 1263
Südamerikanische Rhythmen vereinfacht, klanglich dem Originalsound angeglichen. Texte, Noten und Beschreibungen der Tänze liegen bei. Etwas komplizierter zu realisieren als die vorige Platte.

Von der starken motorischen Energie, die auch unserer europäischen klassischen Musik innewohnt, hat sich die Schweizerin GERTRUD SCHNEIDER zu einer sehr originellen Methode inspirieren lassen. Sie benutzt das Bewegungsbedürfnis der Kinder als Mittel, sie zu erstem analytischem und zugleich phantasiegeleitetem Hören zu führen. Indem sie den Kindern die spezifischen Bewegungselemente einzelner Werke über phantasievolle Beschreibungen auseinanderlegt und die Kinder sich dazu bewegen läßt, erleichtert sie das Verfolgen eines musikalischen Ablaufs und das Wiedererkennen von bereits Bekanntem. Die Platten heißen:

Musik für die Füße und die Ohren. DG Junior (1979) 2546035
Klaviertänze von FRANZ SCHUBERT sind zu einer abwechslungsvollen Folge, auch zu einer Tanzgeschichte zusammengefaßt. Für kleinere Gruppen im 1. und 2. Schuljahr geeignet.

Für Ohren, die auch sehen. DG Junior (1979) 2546041
Einige Sonaten von DOMENICO SCARLATTI dienen vorwiegend zum Hören vorgestellter Bewegungsabläufe in der Phantasie. Die Geschichten sind zum Teil recht lang und für unvorbereitete Kinder recht anspruchsvoll, aber sehr originell.

3. Dokumentierte Ergebnisse musikalischer Arbeit mit Kindern

In diesem Abschnitt geht es nicht um Kinderschallplatten im engeren Sinne, sondern um Dokumentationen musikpädagogischer Arbeit auf den Feldern: Singen und Tanzen, Erfinden eigener Lieder, Vertonen von Klanggeschichten, Improvisationen mit avantgardistischen Klangtechniken. Alle Aufnahmen stammen aus der Arbeit mit Kindern im Grundschulalter.

Hallo mein Schatz. Kinderlieder zum Mitsingen von LISA WITTMANN in deutscher und türkischer Sprache. Musicassette (1983), Kontaktadresse: LISA WITTMANN, Zum Nordhang 9, 5804 Herdecke
Ein deutsch-türkischer Kinderchor singt unter Leitung der Autorin mit Instrumentalbegleitung 4 türkische und 11 deutsche Lieder zum Thema Friede und Freundschaft unter Kindern und Erwachsenen. Dazu einige türkische Tänze.

Kinderlieder selber machen. 11 Lieder von Kindern zwischen 4 und 14 Jahren, hrsg. von der Musiklehrergruppe Freiburg. Kontaktadresse: P. SCHLEUNING, Goethestr. 35, 2800 Bremen

Hörbeispiele zu Publikationen von P. SCHLEUNING, improvisierte Lieder von Schülern und einem Vorschulkind. Teils frei erfunden, teils nach Schlagermelodien.

Wir spielen ein Bilderbuch. Aufzeichnung eines sprachlich-musikalischen Experiments mit Kindern. Aus der Reihe „Musikwerkstatt" von MARGARETE und WOLFGANG JEHN. Eres o. J. Nr. 2308

Die Bilderbuchgeschichte „Ein dicker Mann wandert" von GÜNTER BRUNO FUCHS wurde von einem 3. Schuljahr klang- und sprachschöpferisch vertont. Text, Arbeitsprotokoll und Materialbeschreibung enthält das eingeheftete Begleitbuch.

Aus zwei Gründen ist die folgende Cassette ein Sonderfall: Sie stellt die Weiterverarbeitung einer bekannten Komposition vor und entstand in Zusammenarbeit von Musikschule und Sonderschule für geistig behinderte Kinder:

Peter und der Wolf. Von SERGEJ PROKOFIEFF, als Schattenspiel arrangiert von FRIEDEL DOÉRT. Hrsg. vom Verein der Freunde und Förderer der Carl-Sonnenschein-Schule, Schule für Geistigbehinderte des Märkischen Kreises, Postfach 5011, 5860 Iserlohn

In einer stark vereinfachten Klavierfassung und in einer Bearbeitung für Blockflötenensemble und Schlagwerk ist PROKOFIEFFs Klassiker zu hören. Text für geistig behinderte Kinder gekürzt, sehr langsam gesprochen. Schattenspielbilder im Begleitbuch erhältlich. Ein interessantes, nachahmenswertes Experiment.

Von den Dokumentationen avantgardistischer Improvisationen, die der Komponist MICHAEL VETTER mit Kindern veranstaltet hat, sind in unserem Zusammenhang zwei Schallplatten zu nennen:

Informationen. Eine avantgardistische Musikstunde für Kinder. Klett/UE (1971) 3-12-92840 0-1

Ein 4. Grundschuljahr erlebt eine Einführung in Musik mittels nonverbaler, musikalischer Kommunikation über die gesamte Dauer einer Unterrichtsstunde. Weniger zum Abhören als zum Selbst-Realisieren geeignet. Ausführlicher Vorbereitungstext und Verlaufsbeschreibung liegen bei.

Gespräch ohne Worte. Modelle vokaler Improvisationen mit Kindern. Klett/UE (1974) 3-12-92847 0-2

Wie sich ein ausschließlich mit Lauten geführtes „Gespräch" unter Kindern in mehreren Versuchen von ersten verlegenen Ansätzen bis zu dichteren Gruppenrealisationen entwickelt, läßt sich gut verfolgen. Ein Modell wird vorgegeben und mehrmals weiterentwickelt.

4. Musik-Märchen und Kindermusicals

a) Märchenvertonungen im Stil moderner E-Musik

An PROKOFIEFFs „Peter und der Wolf" denkt jedermann sofort, daher kann hier auf die zahlreichen Plattenproduktionen dieses Werkes verzichtet werden (vgl. auch GROSSE-JÄGER 1979). Andere, zumindest kennenswerte Märchen-Kompositionen liegen jeweils in nur einer Aufnahme vor:

FRANCIS POULENC: *Die Geschichte von Babar, dem kleinen Elefanten.* Nach dem gleichnamigen Kinderbuch von JEAN DE BRUNHOFF. Instrumentiert für großes Orchester von JEAN FRANCAIX. DG Junior (1980) 2546 044

Erlebnisse eines kleinen Elefanten, der im Urwald gefangen wird und in Paris unter den Menschen lebt. Die Geschichte wird erzählt und von musikalischen Illustrationen unterbrochen. Bildkräftige Musik, wenn auch nicht so prägnant wie PROKOFIEFFs „Peter und der Wolf". Zur möglichen Verwendung im Unterricht vgl. LANGNER 1982.

TILO MEDEK: *Die betrunkene Sonne.* Ein Melodram für Kinder. Text: SARAH KIRSCH. DG Junior (1981) 2546054

Der zur ununterbrochen fließenden Musik gesprochene Text erzählt die Abenteuer eines kleinen Jungen, der die Sonne versehentlich betrunken macht und damit die Vorbereitungen einer Maifeier stört. Musik im maßvollen STRAWINSKY-Stil. Für Kinder im 2./3. Schuljahr ein interessantes Hör-Erlebnis.

b) Musicals

Dieser Gattungsbegriff wird von den Autoren der folgenden Produktionen ausdrücklich benutzt, seine spezifischen Merkmale – u. a. vom Jazz geprägte Musik, gegenwartsbezogene Handlung – werden in unterschiedlichem Maße erfüllt.

Fridolin und der Kater Mau. Ein Musical für Kinder von WERNER BAER und PETER JANSSENS. Peter Janssens Musik Verlag o. J., 4404 Telgte, Nr. 1012

Willi Schlappohr. Neue Abenteuer mit Fridolin und Kater Mau. Dieselben Autoren im selben Verlag, Nr. 1020

Ein Kater und ein aufziehbarer Stoffhund bestehen einige Abenteuer mit räuberischen und geldgierigen Menschen. Leicht verworrene Handlungen mit gutem Ausgang. Musikeinlagen in sehr gemäßigtem Rockmusikstil, Melodien teilweise schwer singbar. Stark kaschierte Gegenwartsbezüge.

Das Auto Blubberbum. Ein Musical für Kinder (ab 8) von DIETER SÜVERKRÜP und WOLFGANG DAUNER. Pläne (1976) K 20903

Sehr karikierte Gegenwartsgeschichte von der solidarischen Rettungsaktion von Fabrikarbeitern und Kindern für den Chauffeur eines rücksichtslosen Fabrikdirektors. Musikalisch ein breites Spektrum von Operettenelementen bis zu avanciertem Jazzrock. Im Zusammenhang mit aktuellen Ereignissen (Streiks o. ä.) und bei gleichzeitiger politischer Aufklärung auch für den Musikunterricht im 4. Schuljahr sehr ergiebig.

5. Instrumentenkunde

Das Kennenlernen der Orchesterinstrumente kann in der Grundschule nicht auf systematische Vollständigkeit ausgerichtet sein, sondern auf den anschaulichen Kontakt mit ausgewählten Instrumenten. Die Kinder sollen die Instrumente sehen, sie anfassen und möglichst auch ausprobieren können. Schallplatten können auf diesem Gebiet als Notbehelf dienen, wenn keine Instrumente beschafft werden können, oder zur Vervollständigung der klanglichen Erfahrung verhelfen.

Als Ersatz für die Anschaulichkeit bieten einige Schallplatten Geschichten an, in denen die Musikinstrumente als handelnde Individuen auftreten und dabei von ihren Klangeigenschaften abgeleitete Charaktere erhalten: die muntere Klarinette, die kapriziöse Geige, der gutmütige Kontrabaß usw.

Abenteuer einer Kapelle. Von ILJA HURNIK. Wergo (1981) T 210
7 leicht groteske Kurzgeschichten stellen je ein Instrument in den Mittelpunkt, andere treten als „Nebenfiguren" hinzu. Keine sachlichen Informationen. Als Einstieg in eine Unterrichtsreihe weniger geeignet, eher als Vorbild zum Erfinden eigener Geschichten über bereits bekannte Instrumente.

Die kleine Flöte. Eine Kindergeschichte mit viel Musik von LILIAN WESTPHAL. Musik von TIBOR KASICS. Christophorus o. J. SCGLB 75 986
Geschichte von einem Jungen, der sich mit dem Üben auf einer Bambusflöte plagt, bis er bei einer Kammermusikprobe merkt, wie schön sein Instrument klingen kann. Zur Behandlung der Flöteninstrumente geeignet, auch Informationen über Streichinstrumente.

Piccolo, Sax & Co. Kleine Geschichte eines großen Orchesters. Musik von ANDRÉ POPP. Philips o. J. 841 802 QSY

In einer munteren Geschichte werden nacheinander alle Orchesterinstrumente, zunächst in Gruppen, dann einzeln, eingeführt und lustig, aber treffend charakterisiert. Die Platte hat inzwischen mehrere Fortsetzungsplatten nach sich gezogen, die auch andere als die Orchesterinstrumente einbeziehen.

Übrigens läßt sich „Der Karneval der Tiere" von CAMILLE SAINT-SAENS auch unter instrumentenkundlichem Aspekt betrachten, nicht nur als Beispiel für Programmusik. Er liegt in vielen Einspielungen vor. Der „Orchesterführer für junge Leute" von BENJAMIN BRITTEN, ebenfalls in vielen Aufnahmen erhältlich, ist wegen seiner formalen Gebundenheit für Grundschulkinder in der Regel noch zu schwer zugänglich.

6. Einführungen in das Hören klassischer Werke

Es ist in diesem engen Rahmen nicht möglich, das vielfältige Angebot an Kinderschallplatten mit klassischer Musik auch nur zu umreißen (ausführlichere Informationen hierüber vgl. ABEGG 1984). Ich beschränke mich auf die Kurzdarstellung einiger exemplarischer Konzeptionen.

a) Einzelwerke

Ein Menuett einpacken. Mozart-Variatio – nein – Zauberationen von und mit GERTRUD SCHNEIDER. DG Junior (1981) 2546052
Mozarts Klaviervariationen über ein Menuett von DUPORT, KV 573, werden von der Autorin aus kleinsten Motiven und deren Veränderungen spielerisch nach und nach zusammengesetzt. Das Hören erfordert viel Konzentration, auf dem Klavier versierte Lehrer/innen sollten die Methode lieber selbst anwenden.

RICHARD STRAUSS: *Till Eulenspiegels lustige Streiche*. Erzählt von LUTZ LANSEMANN. Aus der Serie „Das Kinderkonzert". RCA (1978) VL 42447

RICHARD STRAUSS: *Till Eulenspiegel*. Erzählt und dirigiert von GERD ALBRECHT. Schallplatte mit Bilderbuch. Atlantis (1982) ATL 95004

Zwei verschiedene Konzeptionen der Vermittlung eines Werkes. Der Schauspieler LANSEMANN erzählt spannend und lebendig, die Musik greift verstärkend in seine Erzählung ein. Der Dirigent ALBRECHT spricht distanziert-sachlich, genau an der Partitur orientiert. Er erläutert musikalische Details, ohne die dramatische Handlung zu vernachlässigen. Beide Platten enthalten auf der B-Seite das ganze Werk im Zusammenhang. Beide Autoren wenden ihre Konzeption auch auf andere Werke an.

Die Entführung. Oper für Kinder ab 6 Jahren nach W. A. MOZART/G. STEPHANIE von GRAZIANO MANDOZZI und JÜRGEN NOLA. Fontana (1982) 6449 138

Mozarts Musik vom Synthesizer verstümmelt. Die Arien von Schauspielern in bequemer Mittellage gesungen. Dazwischen die Opernhandlung in Hörspielszenen, reichlich zerstückelt. Mozart hat an dem Machwerk den geringsten Anteil. Einmal sei es gesagt: Abzuraten!

b) Aus dem Leben berühmter Komponisten

BEETHOVEN für Kinder. Erzählt von KARLHEINZ BÖHM. Text: JACQUES PRADÈRE. Mit Bilderbuch. Ades Schallplatten (1978) 0056.702

LUDWIG VAN BEETHOVEN. *Die Wut über den verlorenen Groschen,* oder: *Warum die Hühner ihre Eier verlegen*. Ein musikalisches Hörspiel von DOROTHÉE KREUSCH-JACOB, erzählt von WILL QUADFLIEG. Aus der Reihe: Wir entdecken Komponisten. DG (1982) 2574102

Zwei Beispielplatten aus zwei Serien über das Leben von Komponisten. Die ADES-Serie behandelt jeweils das ganze Leben, ohne viele Einzelheiten. Sehr allgemeine Texte, nicht frei von Klischees und Kitsch. Musikbeispiele häufig ohne Zusammenhang mit dem Text. Die neuere Serie der DG stellt die Kindheit des jeweiligen Komponisten in den Mittelpunkt von Hörspielszenen, mit authentischen Anekdoten. Musikbeispiele enger auf den Text bezogen. Diese Serie ist im Unterricht, in begrenzten Ausschnitten, verwendbar.

WOLFGANG AMADEUS MOZART. *Ein Kind reist durch Europa*. Ein Hörspiel von WOLFGANG ROGGE. DG Junior (1978) 2546029

Die modernisierte und vom Geniekult weitgehend gereinigte Nachfolge-Platte von „Wolfgang von Gott geliebt" aus derselben Firma. MOZARTs Kindheit, seine Reisen und die dabei empfangenen Eindrücke sowie die Entstehung früher Werke in ansprechenden Hörspielszenen. Gezielte Werkausschnitte, auf den Text bezogen. Anekdoten auf das Belegbare reduziert. Für das 3./4. Schuljahr gut geeignet.

III. Schlußbemerkung

Die meisten der hier besprochenen Schallplatten wurden nicht für die Verwendung im Unterricht produziert – auch wenn mancher Autor letztlich darauf abgezielt haben mag –, sondern für das Anhören in der Freizeit der Kinder. Als

Unterrichtsmedien eingesetzt, erhalten diese Platten eine andere Funktion. Sie werden zu Hilfsmitteln, können in der Regel auch nur einen genau geplanten Platz im Unterrichtsablauf mit begrenzter Zeit in Anspruch nehmen. Ihre Einbeziehung in einen Musikunterricht, der sich um die Vereinigung mehrerer Lernfelder unter einem Lernziel bemüht, verlangt vom Lehrer somit eine komplexere, keine vereinfachte Vorbereitung.

Von Schallplatten der hier besprochenen Art sollten immer nur kurze Ausschnitte im Unterricht verwendet werden, als Ausgangs- oder Endpunkt von Gesprächen, zur Anregung eigener Aktionen, als tragender Klanggrund beim Liedersingen. Nicht selten tut der Lehrer besser daran, sich von Einfällen der Platten-Autoren zur Nachahmung im Unterricht anregen zu lassen, als seinen Schülern die Platte vorzuspielen. Der übermächtigen Neigung zum bequemen Konsumieren von Musik muß man gezielt entgegenwirken.

Literatur

Abegg, W.: Schallplatte/Kassette: Klassische Musik, in: *Grünewald, D./Kaminski, W.* (Hrsg.): Kinder- und Jugendmedien. Ein Handbuch für die Praxis, Weinheim 1984
Große-Jäger, H.: Peter und der Wolf. Ein musikalisches Märchen von S. Prokofieff, in: *Große-Jäger, H.* (Hrsg.): Musikpraxis. Arbeitshilfen für Musik in Kindergarten und Grundschule. Boppard 1979, Heft 2, 34–48
Langner, A.: Programmusik. Jean de Brunhoff/Francis Poulenc: „Die Geschichte von Babar, dem kleinen Elefanten." Bericht und Analyse einer Unterrichtseinheit der 4. Jahrgangsstufe, in: Musik und Bildung 14 (1982), 2, 101–105
Niermann, J.: Curriculare Bedingungen für den Einsatz von Medien – dargestellt am Beispiel Kinderschallplatten, in: Zeitschrift für Musikpädagogik 5 (1979), 1, 23–33

Tonband- und Filmarbeit

Martin Geck/Niels Knolle

I. Arbeit mit dem Cassettenrecorder

1. Zur Didaktik

Viele Grundschulkinder besitzen Cassettenrecorder und zeigen lebhaftes Interesse, mit ihnen produktiv umzugehen. Inzwischen gibt es in diesem Bereich eine methodisch gesicherte Unterrichtspraxis, aufgrund derer praktikable Konzepte vorgelegt worden sind (KRIEG 1970; KLEINEN/LÄGEL 1974; GRÜNEISEL 1977; KLÖCKNER 1977).

Der oft beklagte bewußtlose und bloß rezeptive Umgang von Schülern mit technischen Mittlern kann – namentlich im Grundschulalter – nicht allein durch kritische Reflexion beeinflußt werden. Wichtiger sind Vorhaben, die aus Konsumenten massenmedial vermittelter Musik phantasievolle Produzenten machen.

Schüler-Aktivitäten in diesem Bereich tragen nicht nur dazu bei, das Maß der technischen, emotionalen und ideologischen Abhängigkeit von den technischen Medien und ihrem Musikangebot für den einzelnen Hörer zu verringern. Sie leisten zugleich auch einen Beitrag zur Musikerziehung überhaupt, speziell innerhalb der Lernfelder „Musikmachen" und „Musikhören".

2. Ausstattung

Sinnvoll läßt sich bereits mit 2 einfachen Cassettenrecordern, 1 Außenmikrofon und 1 Kofferradio arbeiten.

Produktiver ist freilich die Gruppenarbeit, die voraussetzt, daß die genannte Ausstattung für jede Gruppe verfügbar ist.

3. Einige Tricks

Micky-Maus-Effekt. Vorsichtiges Drücken der Pausentaste läßt die Cassette schneller laufen. Ist keine Pausentaste vorhanden, läßt sich derselbe Effekt dadurch erzielen, daß man mit der rechten Hand die Wiedergabetaste niedergedrückt hält und zugleich mit der linken Hand die Rücklauftaste langsam, aber kräftig drückt.

Jaul-Effekt. Kräftige Schwankungen des Geräts in alle Richtungen führen zu einem unregelmäßigen Lauf der Spulen und damit zu einem Jaul-Effekt.

Zerhacker-Effekt. Man erzielt ihn durch abwechselndes Drücken der Start- und Stoptaste.
Papageien-Effekt. Durch abwechselndes Drücken der Start- und Rücklauftaste erreicht man, daß ein bestimmter Abschnitt der Aufnahme immer wieder erklingt.
Verzerrer-Effekt. Eine Aufnahme kann bis zur Unkenntlichkeit verzerrt werden, indem man den Lautstärkeregler für einen kurzen Zeitraum extrem öffnet oder schließt.
Filter-Effekt. Um die Höhen oder Tiefen einer Aufnahme herauszufiltern, überspielt man sie bei extremer Auslenkung der Höhen oder Tiefen mehrfach von einem Cassettenrecorder auf den anderen.
Weitere Effekte lassen sich bei der Aufnahme auf eine Leer-Cassette erzielen:
Brummbär-Effekt. Man drückt bei der Aufnahme vorsichtig die Pausentaste. Weil die Cassette nunmehr schneller läuft, klingt die Aufnahme in der anschließenden Wiedergabe tiefer.
Lupen-Effekt. Man bringt das Mikrofon bei der Aufnahme ganz nah an eine leise Geräuschquelle heran und nimmt diese laut auf. Dadurch wird z. B. aus dem Zischen eines Streichholzes das Zündgeräusch einer Mondrakete.
Verfremdungs-Effekt. Eine Aufnahme läßt sich verfremden, indem man das Mikrofon in eine Papphöhre, einen Topf, einen Plastikbeutel, an eine große Fensterscheibe usw. hält.
Mischungs-Effekte. Sie ergeben sich, wenn man – möglichst nach einem bestimmten Plan – die Geräusche oder Töne von zwei oder mehr Cassettenrecordern von einem weiteren Gerät aufnehmen läßt.

4. Einige Vorhaben

Akustische Rätsel. Die Schüler raten Geräusche und Klänge, die einzelne von ihnen zuhause – gegebenenfalls mit Hilfe von „Tricks" – aufgenommen haben.
Reportagen. Schüler dokumentieren Ausschnitte ihrer akustischen Umwelt: Einen Morgen im Badezimmer, den Schulweg, eine Kreuzung, ein Streitgespräch im Schulbus. Sie vergleichen verschiedene Aufnahmen zum gleichen Thema.
Trick-Spiele. Die Schüler erproben die unter 2 genannten Tricks und benutzen sie zur Gestaltung kleiner Hörbilder (z. B. verfremdete Wiedergabe der Pausenordnung).
Hörspiele. Zu einer Geschichte oder einem Gedicht werden von einem oder mehreren Cassettenrecordern Musik und Geräusche eingespielt, die zuvor live aufgenommen oder mit der Stimme und Instrumenten produziert worden sind.
Cassettenrecorder im Raum. Einzelne Schüler postieren sich mit einem Cassettenrecorder im Raum und lassen jeweils ihre Aufnahme aufgrund eines vorher vereinbarten Spielplans ablaufen.
Produktion eines Schlager-Playbacks. Das Einüben von (eventuell verändertem) Text, Melodie und Arrangement eines Schlagers kann natürlich ohne Cassettenrecorder erfolgen. „Studio-Atmosphäre" erhöht jedoch die Motivation und

Leistungswilligkeit der Schüler. Die Arbeit mit dem Cassettenrecorder ermöglicht außerdem die Kontrolle der einzelnen Arbeitsschritte und die „zukünftige" Darbietung des fertigen Produkts im Playback.

II. Arbeit mit Filmen

1. Musikfilme für die Grundschule

Die Stadt- und Kreisbildstellen halten einige 16-mm-Tonfilme für die Grundschule bereit, die im wesentlichen von FWU produziert wurden. Man kann unterscheiden zwischen Filmen, die Eigenaktivitäten anregen sollen, und solchen, die in einen Gegenstandsbereich des Musikunterrichts demonstrativ und kognitiv einführen.
In die erste Kategorie gehören die Filme „David Bedford: Ein spannendes neues Spiel" (Kinder spielen aleatorische Musik), „Spiel mit Cassettenrecordern" (Kinder führen ihre Arbeit mit Cassettenrecordern vor), „Winny und die Musik" (Einführung in den Umgang mit Musik). Der zweiten Kategorie sind zuzurechnen die Filme „Instrumente 1–3", „Winny und das Klavier" sowie „Winny und die Noten".
In allen genannten Filmen scheinen die didaktischen und methodischen Möglichkeiten des Mediums Film in der Grundschule erst ansatzweise reflektiert worden zu sein. Dementsprechend sind diese Filme zwar geeignet, Abwechslung in den Schulalltag zu bringen, nicht aber, grundsätzlich neue Lehr- und Lernverfahren durchzusetzen.

2. Filmmusik im Musikunterricht der Grundschule

Wichtiger als Musikfilme anzuschauen, ist es für Grundschüler, im Bereich des Mediums Film musikalisch aktiv zu werden, das heißt selbst Filmmusik zu machen.
Dazu bieten auch Filme, die gar nichts mit Musik zu tun haben, beste Gelegenheit. So läßt sich zu einem Lehrfilm „Tiere im Winter" eine akustische Begleitung erarbeiten und später vom Cassettenrecorder an den „richtigen" Stellen abrufen. Besonders lustig kann die live-Begleitung eines kurzen Zeichentrickfilms sein. Entsprechende Vorhaben eignen sich gut zur Vorführung auf Klassenfesten und Elternabenden.

3. Videoarbeit in der Grundschule

Grundschulkindern erschließt sich ihre Umwelt in hohem Maße über das sekundäre Medium „Fernsehen". Die Tatsache, daß Grundschulen zunehmend mit Videorecordern ausgestattet werden, bietet die Möglichkeit, entsprechende Umwelterfahrungen der Kinder anhand von Video-Aufzeichnungen geeigneter Sendungen aufzuarbeiten.

Damit kann zum einen das Lernfeld „Musik in der Umwelt" anschaulich erschlossen werden. Zum anderen lassen sich emotionale Einstellungen zu funktioneller Musik im Fernsehen reflektieren, etwa die Angst vor Unheil signalisierender Filmmusik oder die Begeisterung für die Darbietungen von Schlagerstars.

Auf diesem Wege könnte sich der Unterricht in der Grundschule zumindest ansatzweise jener Musik-Wirklichkeit öffnen, die die gesellschaftliche und damit auch weitgehend die Wirklichkeit der Kinder ist.

Literatur

Dwyer, J.: Komponieren mit dem Tonband, Deutsche Bearbeitung von M. Geck, Stuttgart 1973
Grüneisel, P.: Mit dem Tonband feststellen, was sein soll, in: Neue Musikzeitung 4/5 (1977)
Jehn, M. u. W.: Die Schleife singt ihr Abendlied, Lilienthal 1982
Kleinen, G./Lägel, H.: Tontechnik, Montagen, Collagen. Medien im Musikunterricht, Mainz 1974
Klöckner, D.: Umgang mit dem Cassettenrecorder. Bericht über eine Arbeitsgemeinschaft in der Grundschule, in: Musik und Bildung 12 (1977)
Knolle, N.: Technische Mittler im Musikunterricht, in: HiFi-Stereophonie 12 (1975)
Krieg, F. J.: Tonbandarbeit in der Grundschule, in: Fuchs, P.: Karlsruher Versuche für den Musikunterricht der Grundschule, Stuttgart 1974
Reinhardt, F.: Schüler machen Musik mit technischen Medien, Stuttgart 1982
Schmidt, H. Chr.: Musik in den Massenmedien Rundfunk und Fernsehen, Mainz 1976

Schulfunk

Karl Weber

I. Didaktische Konzeption von Schulfunksendungen

1. Enrichment

Hier versteht sich der Schulfunk als Bereicherung oder auch Ergänzung des Unterrichts. Er selbst bietet also keinen Unterricht oder Ersatz des Unterrichts, sondern eine Beigabe, die Schülern und Lehrern sonst nicht zur Verfügung steht, ist also eine effektive Anreicherung. Die Sendungen haben weniger Lehr-, sondern mehr Erlebnis- und Erfahrungscharakter. Sie wirken motivierend und fördern kognitives Lernen. Das Tonband sollte möglichst nicht angehalten werden, sondern die Sendung sollte als Ganzes wirken.

2. Direct Teaching

Hier übernimmt der Schulfunk selbst die Lehrfunktion, er steuert weitgehend den Unterrichtsablauf und den Lernprozeß. Dabei werden die Schüler zu verschiedenen Aktivitäten aufgefordert. Sie erhalten Aufgaben und sollen Fragen beantworten, wobei die Korrektur oder Bestätigung naturgemäß nur verallgemeinernd erfolgen kann. Trotzdem haben sich Sendungen dieser Konzeption gerade im Musikunterricht der Grundschule gut bewährt.

3. Dokumentation

Hier bietet der Schulfunk methodisch aufbereitetes Lehrmaterial, vor allem Musikbeispiele. Der Kommentar ist weniger journalistisch und motivierend, sondern rein sachbezogen angelegt. Die Konzeption versteht sich eher als Baustein für den Unterricht.

4. Kontext-Sendungen

Hier übernimmt der Schulfunk im „direct teaching" nur Teile des Unterrichtsprozesses, der ergänzt wird durch andere Medien, z. B. Lichtbilder, Filme, Schülerarbeitsmaterial. Die Kombination von Sendungen und gleichzeitig vorliegenden Arbeitsbogen hat sich dabei besonders bewährt.

II. Sendeformen

1. Kollegform

Sie ist sowohl in der Konzeption ‚Dokumentation' möglich als auch im „direct teaching". Die Arbeitsschritte im Unterricht werden monologisch angekündigt und erklärt, ebenso die zu lösenden Aufgaben auf den integrierten Arbeitsblättern (z. B. WDR „Musikfibel" und „Mit offenen Ohren").

2. Dialogform

Im Prinzip die Kollegform, die durch fingierte Dialoge größere Höranreize bieten soll. Bei 1. und 2. Klassen ist diese Form erfolgreich, in 3., spätestens 4. Klassen wird sie fraglich.

3. Hörspiel

Es spricht Schüler emotional an und aktiviert sie dadurch. Die dramatischen Szenen werden durch einen „Erzähler" verbunden. Im Musik-Schulfunk für die Grundschule seltener eingesetzt als in der Sekundarstufe I.

4. Feature

Der Begriff ist nicht genau umrissen. Es gibt viele Varianten. Immer handelt es sich aber um eine Mischung von Kurzszenen, Monologen, Kurzreportagen, Interviews, Geräuschen, Musik, anonymen Stimmen, wobei das alles nicht in einer einzigen Sendung auftreten muß. Bei vorsichtiger Gestaltung ist diese Form auch in der Grundschule erfolgreich (z. B. WDR „Was war das los?", „Von Musikern und ihrer Musik").

5. Reportage

Meist nur als Element im Feature eingesetzt, kann aber, wie z. B. bei Reportagen von Schülerkonzerten wie auch vom Musizieren von Grundschülern oder von Konzerten für Kinder, in dieser Altersstufe gelegentlich informativ und auswertbar sein.

6. Interview

Wird in Sendungen für die Grundschule nur selten verwendet. Interviews von Musikern über ihre Arbeit, Ausbildung, ihr Instrument usw. waren in vierten Klassen erfolgreich.

III. Einsatz der Sendungen

Grundsätzlich kann der Schulfunk an jeder Stufe in der Gliederung von Unterrichtseinheiten eingesetzt werden. Entscheidend ist dabei die Konzeption und Zielsetzung, die sich der Lehrer gesetzt hat.

1. Am Beginn einer Unterrichtseinheit

Die Sendung soll hier den Einstieg in einen Themenkreis erleichtern, motivierend wirken, zum Thema führen, Interesse wecken, Impulse für die weitere Arbeit geben. In diesem Fall sollte man die Schüler nicht zu eingehend vorbereiten, sondern sie von dem Neuen überraschen lassen. Bei der vertiefenden Nachbesprechung sollte man „die Schüler kommen lassen" und nicht gleich eigene Schwerpunkte setzen.

2. Auf verschiedenen Zwischenstationen

Die Sendung kann hier neue Informationen, z. B. für die Stufe der Problemlösung, an die Schüler heranbringen. Je nach Art kann sie auch eine Festigung des bisher Erarbeiteten, eine Zwischenbilanz darstellen.

3. Am Schluß einer Unterrichtseinheit

Die Sendung kann hier nach dem vom Lehrer mit eigenen Materialien gestalteten Unterricht als Zusammenfassung und Wiederholung vertiefend, ergänzend und abrundend wirken. Sie kann den Transfer fördern und macht das Einprägen interessanter.
Immer ist bei diesen Einsatzformen der Schulfunk eine Ergänzung, eine Beigabe zum Unterricht. Entscheidend für den Lehrerfolg bleibt die Vor- und Nacharbeit durch den Lehrer.

IV. Lehrgänge

Die Lehrgänge oder Kurse, die von verschiedenen Schulfunkabteilungen für die Grundschule angeboten werden, verstehen sich fast alle als „Elementarbuch" eines Wissensgebietes. Immer geht es um die Erfahrung und das Bewußtwerden von musikalischen Elementen und Parametern. Das ist nur durch genaues Hinhören möglich. Aufmerksam hören zu lernen ist deshalb das erste Anliegen solcher Kurse, die vom Einfachen zum Schwierigen gehen. Dazwischen sind Wiederholungen, Erfolgskontrollen, oft in Quizform, eingebaut. Der Einsatz dieser Sendungen muß immer gut vorbereitet sein. Das Arbeitsmaterial muß bereitliegen, eventuell die Tafel präpariert sein. Der Lehrer muß die Sendung kennen.

V. Direktabnahme, Mitschnitt

Fast immer wird der Mitschnitt auf Band oder Cassette für den Einsatz im Unterricht die bessere Lösung sein, obgleich die direkte Übernahme zur Sendezeit natürlich die technisch einfachere ist. Für bestimmte Sendetypen, z. B. die Reportagen „Schüler musizieren" des WDR, ist der Direktempfang sogar wirkungsvoller, da er einen „Ereignischarakter" hat.

1. Einsatz der musikalischen Materialien

Es ist möglich, aus den Musik-Schulfunksendungen allein die Tonbeispiele zu verwenden. Hier wird dann nur der Lehrstoff, methodisch aufbereitet, übernommen. Der Lehrer baut ihn in seinen Unterricht ein. Solche Verwendung verlangt einen „gewandten" Lehrer, der dann allerdings einen klassenindividuellen Unterricht großer Effektivität gestalten kann.

2. Anhalten des Tonbandes

Zwar sind grundsätzlich alle Schulfunksendungen als Ganzheit konzipiert (das müssen sie auch schon der außerschulischen Hörer wegen), doch kann ein Anhalten, z. B. bei Fragestellungen, und sogar Zurückfahren, sinnvoll sein. Das trifft vor allem für die direkt unterrichtenden Sendungen zu, die für eine Weile die Lehrerfunktion in der Klasse übernehmen. Hier kann der Klassenlehrer den Funklehrer z. B. im Tempo des Fortschreitens dann doch korrigieren.
Bei Sendungen wie „Wir singen" oder besonders bei Hörspielen sollte man die Sendung keinesfalls unterbrechen, auch nicht bei Konzerten und Reportagen musizierender Schüler.

VI. Beihefte und Arbeitsmaterial

Die Beihefte sind als Handreichung für den Lehrer konzipiert. Sie unterrichten über Programm und Sendezeiten, Form, Inhalt, Lernziele, erwartete Vorkenntnisse, Vorschläge für vor- und nachbereitende Arbeit. Sie sind für einen gezielten Einsatz von Schulfunk im Unterricht unverzichtbar.
Ebenso unverzichtbar ist das zu einigen Sendereihen von den Schulfunkredaktionen und den Autoren entwickelte Arbeitsmaterial für die Schüler, meist in Form von Arbeitsblättern. Beihefte, Sendepläne und Arbeitsmaterial können allerdings zu unterschiedlichen Terminen und Bedingungen bei den unten aufgeführten Adressen der Sender und ihrer Schulfunkabteilungen angefordert werden:

Bayerischer Rundfunk
Abteilung Schulfunk
Rundfunkplatz 1
8000 München 2   Tel.: 089/5900 2701

Hessischer Rundfunk
Abteilung Schulfunk
Bertramstr. 8
6000 Frankfurt 1   Tel.: 06 11/1 55 2 27/8

Norddeutscher Rundfunk
Abteilung Schulfunk
Rothenbaumchaussee 132
2000 Hamburg 12   Tel.: 0 40/4 13 25 19

Radio Bremen
Abt. Schul- und Kinderfunk
Heinrich-Hertz-Str. 13
2800 Bremen   Tel.: 04 21/23 84 2 46

Saarländischer Rundfunk
Abt. Bildung und Erziehung
Martin-Luther-Str. 12
6600 Saarbrücken 3   Tel.: 06 81/6 02 4 22

Sender Freies Berlin
Abt. Schule und Erwachsenenbildung
Masurenallee 8–14
1000 Berlin 19   Tel.: 0 30/3 08 26 18

Südwestfunk
Abt. Ausbildungsprogramme
Hans-Bredow-Str.
7570 Baden-Baden   Tel.: 0 72 21/27 61

Süddeutscher Rundfunk
Abteilung Schulfunk
Neckarstr. 145
7000 Stuttgart 1   Tel.: 07 11/2 88 25 54

RIAS
Abt. Bildungsprogramme
Kufsteiner Str. 69
1000 Berlin 62   Tel.: 0 30/85 03 3 60

Westdeutscher Rundfunk
Schulfunk und Bildungsprogramme
Appellhofplatz 1
5000 Köln 1   Tel.: 02 21/2 20 33 86

VII. Technische Hinweise

1. Der Lautsprecher sollte in der Klasse möglichst in Kopfhöhe stehen, und so, daß kein Schüler außerhalb des Abstrahlkegels sitzt.
2. Vorsicht mit den Tiefen bei der Klangfarbe, lieber die Höhen voll ausnutzen und nur soviel Bässe geben, daß sie nicht hervortreten.
3. Man kann sich den Mitschnitt durch Zeitschaltuhren, die auch bei Abwesenheit die Geräte einschalten, erleichtern.
   Praktisch sind auch die tragbaren Radio-Kassettengeräte, auf denen man nach vorheriger Einstellung des Senders sogar bei weggenommenem Ton

während des Unterrichts mitschneiden kann. Die Wiedergabe sollte dann aber am besten über eine Verstärkeranlage erfolgen. Noch praktischer sind Radio-Recorder mit eingebauter Quarzuhr und Schaltautomatik, die auf die Minute genau den Mitschnitt besorgen und 24 Stunden vorher schon zu programmieren sind.

Schlußbemerkung

Die Informationen über Schulfunk im Unterricht mußten verallgemeinernd ausfallen, da man an den Sendern der Bundesrepublik Deutschland in Form, Anlage, Ziel, didaktischer und funkischer Gestaltung sehr unterschiedliche Sendungen produziert, deren Prinzipien dazu auch noch in kurzen Zeiträumen sich ändern können.

IX. Anhang

Lehrbücher für den Musikunterricht

Hier sind die bekanntesten der neueren Lehrbücher für den Musikunterricht seit 1970 in chronologischer Reihenfolge aufgeführt. Die Angaben beruhen auf Auskünften der Verlage. Sie informieren auch über Zusatzmaterialien und geben einen stichwortartigen Überblick über den Inhalt der einzelnen Werke. (Ausarbeitung: Cornelia Nest)
Eine kommentierte Zusammenstellung wichtiger *Liederbücher* findet sich im Beitrag von G. Küntzel (Lied und Singen) in diesem Band, S. 97 ff.)

Titel/mögliche Schuljahre	Verfasser/Verlag	Inhaltsangabe	sonstige Arbeitsmittel
LEHRBUCH DER MUSIK, Bd. 1 Primarstufe 1.–4. Schuljahr	Helmut Hopf, Hermann Rauhe, Hildegard Krützfeldt-Junker Möseler Verlag Wolfenbüttel/Zürich Verlag Erziehung und Wissenschaft Hamburg 1970	Musikgeräte – Tonband, Geräusche der Umwelt, Instrumente und ihr Klang, Notenlehrgang, Formbetrachtungen, Werkbetrachtungen, Liederanhang, Kleines Musiklexikon für die Grundschule	Lehrerband
MUSIKBUCH PRIMARSTUFE A Vorschule und 1. Schuljahr	Werner Breckoff, Margit Küntzel-Hansen, Wolfgang Rogge, Helmut Segler Schroedel Verlag Hannover 1971	Geräusche der Umwelt – Höraufgaben, Spiele mit der Stimme – Einführung in graphische Notation, Spiel mit einfachen Instrumenten, Instrumentenkunde, Liedanhang	Schallplatte Lehrerbegleitband
MUSIKBUCH PRIMARSTUFE B 2.–4. Schuljahr	Werner Breckoff, Wolfgang Rogge, Helmut Segler Schroedel Verlag Hannover 1972	Wer ist musikalisch?, Hinhören und weghören, Die menschliche Stimme – Spiele mit der Stimme, Auch Musiker sind erfinderisch – Instrumentenkunde, so funktioniert ein Tonband, Musik kann man aufschreiben – Notenlehrgang, Zeichen und Abkürzungen, Werkbetrachtungen – Sprechen über Musik, Spielregeln zum Musikmachen – formale Gliederungen, Zeit und Tempo in der Musik, Instrumentenkunde, Musik aus anderen Ländern, graphische Notationen, Lernzielkontrollen	Tonband Lehrerbegleitband
KLANG UND ZEICHEN Bd. 1 Musiklehrbuch für die Grundschule	Bernhard Hölscher, Margret Pietzsch-Amos, Karl Rüdiger, Helmut Trott Pädagogischer Verlag	Rhythmus – Notenlehrgang, Umgang mit Rhythmusinstrumenten, Gestaltung von Liedern und Versen Tonräume – die menschliche Stimme, Tonhöhen Intervalle, Werkbetrachtungen, Formbe-	Lehrerhandbuch Schallplatte

Lehrbücher

MUSIKUNTERRICHT GRUNDSCHULE 1.–4. Schuljahr einschließlich Vorklassen	Wilfried Fischer, Erich Hanser, Jens Jacobsen, Martin Schulz B. Schott's Söhne Mainz 1976	Musik in den Medien Improvisation – Spiel auf Stabspielen, Klanggeschichten Musik kann etwas erzählen – Umweltgeräusche, Stimmungen und Gefühle, Geschichten Wie man Musik macht – Instrumentenkunde, Schlaginstrumente, Saiteninstrumente, Blasinstrumente, Klangfarbenpartituren Unsere Stimme als Instrument – Geschichten erzählen und singen, Sprache und Sprechen, Stimmen unterscheiden sich Klänge haben verschiedene Eigenschaften, Wie Musik notiert wird – Notenlehrgang Wie Musik gemacht ist – formale Gliederungen, Möglichkeiten der Veränderungen Musik in unserer Umwelt – Musik in verschiedenen Lebensbereichen, Umfelder von Musik, Umgang mit Musik	Schülerarbeitsheft Lehrerband Arbeitstransparente Schallplatten (Musikcassetten)	
Unser Musikbuch für die Grundschule DUDELSACK 1.–4. Schuljahr	Peter Fuchs, Willi Gundlach, Verlagsredaktion Grundschule Ernst Klett Verlag Stuttgart 1976	*Musik mit Instrumenten und Stimmen* – Instrumentenkunde/Instrumentenspiele, Musik und Bewegung, Spiele mit dem Atem und der Stimme, Lieder aus anderen Ländern, Lieder begleiten *Musik aufschreiben und lesen* – Spiele nach Zeichen, Beschreibungen von Musik mit Zeichen oder Worten, Notenlesen, Abschnitte finden, Baupläne/Partituren *Musik hören und kennenlernen* – Musik zum Singen und Spielen, Musik aus dem Theater, Musik fremder Länder, Musik beschreibt Bilder oder Erlebnisse. *Musik in unserer Umwelt* – Umweltgeräusche, Signale, Erkennungsmusiken, Musikleben am Ort, Instrumentenspiel, Werkstatt eines Instrumentenbauers, Musikprogramme	Lehrerband 2 Schallplatten bzw. 2 Cassetten Arbeitstransparente	
MEIN MUSIKBUCH Hör, spiel und sing mit 1. und 2. Schuljahr	Hermann Handerer, Hubert Völkl, Otto Wolf R. Oldenbourg Verlag München 1976	Geräusche hören, Schallgeschichten, Töne – Klänge – Geräusche, sprechen und singen, Instrumentenkunde, Notenlehrgang, musikalische Grundparameter, Werkbetrachtungen, Liedanhang	Lehrerausgabe Tonband/Cassetten Bilderlotto zu Geräuschgeschichten	

Titel/mögliche Schuljahre	Verfasser/Verlag	Inhaltsangabe	sonstige Arbeitsmittel
Resonanzen Primarstufe Band 1 Arbeitsbuch für den Musikunterricht Vorklasse und Jahrgangsstufe	Meinolf Neuhäuser, Arnold Reusch, Horst Weber Verlag Moritz Diesterweg Frankfurt 1977	Höraufgaben zu verschiedenen Themenkreisen, Erarbeitung graphischer Notationszeichen, Klanggeschichten, Umgang mit einfachen Instrumenten, Musik aus anderen Ländern	Überlegpapier zum Bemalen und Beschreiben Lehrerband Tonbänder P I–P III (Cassettenversion) Antwortschablonen zu P III
BSV MUSIK Unterrichtswerk für die Musikerziehung in der Grundschule 1. und 2. Schuljahr	Josef T. Dillenkofer, Günther Riehl, Hermann-Josef Wilbert Bayrischer Schulbuch-Verlag München 1977	Sing- und Tanzspiele, Bewegungsspiele, Klanggeschichten, graphische Notationen, Notenlehre – rhythmische Werte, Tonhöhe, Lieder aus dem kindlichen Lebenskreis, Instrumentenkunde	Lehrerbuch Schallplatte
BSV MUSIK 2 3. und 4. Schuljahr	s. o.	Werkbetrachtungen, Notenlehrgang II, Lieder, Klanggeschichten – Verklanglichung von Dias, Comics, Gedichten, Instrumentenkunde, graphische Notationen, Formbetrachtungen, Musik aus aller Welt	Lehrerbuch Schallplatte
MUSIK MACHT SPASS Arbeitsbuch für den Musikunterricht in der Grundschule 1.–4. Schuljahr	Ingeborg Becker, Heinz Jung Hirschgraben Verlag Frankfurt 1978	Geräusche zu Hause und unterwegs – Geschichten – hören und gestalten, graphische Notation, Stimmen von Menschen und Tieren – Spiele mit der Stimme, Instrumente zum Selberbauen, Spiel auf Schlag- und Rhythmusinstrumenten, Wie du Musik ausschreiben und lesen kannst – Notenlehrgang – Rhythmusinstrumente – Melodieinstrumente, Musikfundgrube, Musikinstrumente, deren Spiel du lernen kannst – Instrumentenkunde, Musikinstrumente spielen gemeinsam, Musik im Radio, der Cassettenrecorder, Umgang mit dem Schallplattengerät, dem Tonbandgerät, Musik im Fernsehen	Lehrerhandbuch Beispielcassetten Playbackcassetten
RONDO 1 Ein Musiklehrgang für die	Jürgen Kerger, Brigitte Person, Karl H. Keller	Lieder, Klangillustrationen, Unkonventionelle Klangerzeuger/Instrumentenkunde, Umwelt-	Bildkärchen von Instrumenten

Lehrbücher 531

			pievorlagen) 2 Schallplatten Foliensatz zum Schülerbuch
1. Schuljahr	Offenburg 1978		
RONDO 2 2. Schuljahr	s. o. 1979	Lieder singen und tanzen, Instrumentenkunde, Werkbetrachtungen, Klangillustrationen, graphische Notation, Notenlehrgang, Musik erklingt, Liederanhang, Kleines Instrumentenlexikon	Lehrerhandbuch (mit Kopiervorlagen) 2 Schallplatten Altglockenspiel Foliensatz zum Schülerbuch
RONDO 3 3. Schuljahr	s. o. 1980	Mehr Musik in der Schule, Notenlehrgang, Sich vorbereiten – Stimmbildung zur Vorbereitung zum Singen und Spielen, Klangillustrationen, der Cassettenrecorder – ein kleines Tonbandgerät, Instrumentenkunde, Werkbetrachtungen, Musik aus anderen Ländern	Lehrerhandbuch (mit Kopiervorlagen) 2 Schallplatten Foliensatz zum Schülerbuch
RONDO 4 4. Schuljahr	s. o. 1981	Spiel- und Tanzlieder, Musik und Tänze aus anderen Ländern, das Tonband, der Plattenspieler, Notenlehrgang, Musik lebt von Gegensätzen, Musikstücke haben verschiedene Teile, Klangfarbenpartituren, Instrumentenkunde, Jeder Staat hat eine Nationalhymne, Werkbetrachtungen	Lehrerhandbuch (mit Kopiervorlagen) 2 Schallplatten Foliensatz zum Schülerbuch
MUSIK ÜBERALL 1 Unterrichtswerk für Musik und Bewegungserziehung in der 1. Jahrgangsstufe 1. Schuljahr	Karl Haus, Franz Möckl, Margit Möckl Bayerischer Schulbuch-Verlag R. Oldenbourg Verlag München 1983	Kinder gehen und fahren zur Schule, Ein Morgen auf dem Bauernhof, Blätter und Tücher flattern im Wind, Winter und Weihnachten, Was wir im Zirkus sehen und hören, Spiele mit der Stimme, Spiel und Bau einfacher Instrumente, Spiel auf Schlaginstrumenten – Einstieg in den Notenlehrgang, Musik auf Stabspielen, Musik aus anderen Ländern, Wir gestalten lustige Geschichten Lieder zu allen Bereichen, mit Vorschlägen zur Gestaltung	Toncassette Lehrerheft
MUSIK ÜBERALL 2 und MUSIK ÜBERALL 3/4 in Vorbereitung			

Stundentafeln für Musik in den Bundesländern

In vielen Bundesländern wurde entsprechend der veränderten Einstellung zur Eingangsstufe (1. und 2. Schuljahr) der Musikunterricht in den allgmeinen Unterricht (als vorfachlicher Unterricht) integriert. Nur wenige Länder halten noch am fachlichen Musikunterricht auch in der 1. Klasse fest. Die Tendenz geht dahin, mehrere verwandte Fächer zu bündeln. So werden häufig Kunst und Musik zusammen ausgewiesen. Dazu kommen manchmal Fächer wie Textilgestaltung oder wie im Fall Bremen das Fach Sport. (In Bremen heißt der ganze Komplex „musischer Bereich", der der Lehrerausbildung entspricht.) Die Schulkonferenz kann in solchen Fällen entscheiden, und der einzelne Lehrer kann seinen Unterricht flexibler und offener gestalten. Möglich ist allerdings auch, daß aus Lehrermangel im Fach Musik Stundenanteile ohne „Aufsehen" reduziert werden.
(Informationsstand: Nov. 1983)
(Bearbeitung: Ingrid Böhle)

Stundentafeln für Musik in den Bundesländern

Land	Kl. 1	Kl. 2	Kl. 3	Kl. 4	Anmerkungen
Baden-Württemberg	1	1	1	1	
Bayern	Im Rahmen des grundlegenden Unterrichts (Musik und Bewegung)		2	2	
Berlin	In den vorfachlichen Unterricht integriert		2	2	Kl. 5 u. 6 (Grundschule) jeweils 2 Std.
Bremen	Sport, Musik, Kunst				
	5	6	6	6	
Hamburg	In den Gesamtunterricht integriert		3 Kunst u. Musik	3 Kunst u. Musik	
Hessen	3 Kunst und Musik	3 Kunst und Musik	3 Kunst und Musik	3 Kunst und Musik	Der Erlaßentwurf läßt erwarten, daß in Kl. 1 u. 2 in den übrigen Unterricht integriert wird. Der fachdidaktische Aspekt soll reduziert werden.
Niedersachsen	3 Kunst und Musik	3 Kunst und Musik	4 Kunst und Musik	5 Kunst, Musik, gestaltendes Werken, textiles Gestalten	
Nordrhein-Westfalen	Musik, Kunst, Textilgestaltung				
	3	4	4	4	
Rheinland-Pfalz	2	2	2	2	
Saarland	2	2	2	2	
Schleswig-Holstein	1	1	2	2	

Lehrpläne für den Musikunterricht

Die hier veröffentlichten Angaben beruhen auf Auskünften der Kultusministerien oder der von ihnen beauftragten Institute. Es wurden auch Angaben über solche Neubearbeitungen aufgenommen, die noch nicht abgeschlossen sind. Das Gesamtbild zeigt, daß im Augenblick die meisten Lehrpläne entweder in einer Neufassung (seit 1979) vorliegen oder gerade überarbeitet werden. Damit wird jene Lehrplangeneration abgelöst, die um 1970 ihrerseits an die Stelle der früheren, musisch orientierten Pläne der Nachkriegszeit getreten war.
Es werden auch Angaben über Zusatzmaterialien gemacht. Schließlich erleichtern die Bezugsquellennachweise eine evtl. Beschaffung.
(Informationsstand: November 1983) (Bearbeitung: Ingrid Böhle)

Literatur zu den Richtlinien

Gundlach, W. (Hrsg.): Musikunterricht in der Grundschule II. Analyse der Lehrpläne, Arbeitskreis Grundschule, Frankfurt 1977
Nolte, E.: Die neuen Curricula, Lehrpläne und Richtlinien für den Musikunterricht an den allgemeinbildenden Schulen in der Bundesrepublik Deutschland und Westberlin. Einführung und Dokumentation Teil I: Primarstufe. Reihe Musikpädagogik. Forschung und Lehre, Band 16, Mainz 1982
Venus, D.: Über neuere Richtlinien für den Musikunterricht der Grundschule, in: Günther, U./Gundlach, W. (Hrsg.): Musikunterricht auf der Grundstufe. Diskussionsbeiträge und Materialien, Frankfurt 1974

Baden-Württemberg

Bildungsplan für die Grundschule (Lehrplanheft 3/1977, Reihe A/I)
Der sog. revidierte Lehrplan Grundschule Musik, Endfassung für die Lehrerfortbildung (Stand: 1. 8. 1983) tritt am 1. 8. 1984 in Kraft.
Neckar-Verlag, Villingen-Schwenningen
Zusatzmaterial:
„Handreichungen für den Musikunterricht in der Grundschule", in: Reihe B 2, „Lehren und Lernen", Villingen-Schwenningen

Bayern

Lehrplan für die bayrischen Grundschulen (Amtsblatt des Bayrischen Staatsministeriums für Unterricht und Kultur vom 16. 7. 1981, Sondernr. 20, S. 549 – KMB 1 I So. – Nr. 20/1981)
Lehrplan für das Fach Musik- und Bewegungserziehung
Seit 1. 8. 1982 in Kraft

Berlin

Vorläufiger Rahmenplan für Unterricht und Erziehung in der Berliner Schule. Grundschule. Fach Musik (1979)

Lehrpläne 535

(Eine Überarbeitung ist nach einem Durchlauf von zwei oder drei Jahren vorgesehen.)
Didaktische Informationen zum Fach Musik an Grundschulen (1979)
(Zusatzmaterial wird nach Bedarf vom Päd. Zentrum Berlin von überwiegend aus dem Schuldienst abgeordneten Lehrern erstellt.)
Der vorläufige Rahmenplan ist im Hermann Luchterhand Verlag, Neuwied erschienen.

Bremen

Lehrplan Musik, Bremen 1983, Musik Klasse 1–4
Der Lehrplan löst den Lehrplanentwurf Musik Klasse 1–4 Grundschule, Bremen, September 1977 ab.
Handreichungen, erarbeitet von einem Lehrplanausschuß, der aus erfahrenen Grundschullehrern besteht.
Lehrplan und Handreichungen erscheinen im Eigenverlag: Senator für Bildung, Wissenschaft und Kunst, Rembertiring 8–12, 28 Bremen

Hamburg

Lehrplan Musik für die Grundschule (1973)
Zusatzmaterial:
Referat „Vorschulische Erziehung und Grundschule" (Hrsg.): Wir öffnen das Tor – Spiel- und Tanzlieder für ausländische und deutsche Kinder im Eingangsbereich der Grundschule
Der Lehrplan wird herausgegeben von der Behörde für Schuljugend und Berufsbildung. Gesamtherstellung: Walhalla u. Praetoria Verlag, Regensburg

Hessen

Rahmenrichtlinien Primarstufe Musik (1976)
Die Rahmenrichtlinien werden z. Z. überarbeitet. Der Abschluß der Revision wird zum 31. 7. 1984 erwartet.
Materialienbände „Musik-Primarstufe" Bd. 1 und 2 (Arbeitshilfen und Materialien werden entwickelt vom Hessischen Institut für Bildungsplanung und Schulentwicklung [H/BS] in Wiesbaden.)
Die noch gültigen Rahmenrichtlinien sind erschienen beim Verlag Moritz Diesterweg, Hochstr. 31, Frankfurt

Niedersachsen

Rahmenrichtlinien für die Grundschule (1975)
Z. Z. erfolgt eine Überarbeitung der Rahmenrichtlinien, die voraussichtlich 1984 vorliegen.
(Kommission ist mit fachkompetenten Lehrkräften besetzt.)
Zusatzmaterial wird nicht erarbeitet.

Die Rahmenrichtlinien (1975) sind veröffentlicht im Schroedel-Schulbuchverlag, Hildesheimer Str. 202, Hannover, Best.-Nr. 36400

Nordrhein-Westfalen

Richtlinien und Lehrpläne für die Grundschule in NRW.
Lehrplan Musik (1973)
Der Entwurf eines neuen Lehrplans ist gegenwärtig in der Diskussion. Nach dem bisherigen Zeitplan wird er im Schuljahr 1984/85 rechtskräftig.
Zusatzmaterial wird nicht erarbeitet.
Der Lehrplan Musik ist erschienen im Greven-Verlag, Köln

Rheinland-Pfalz

Lehrplanentwurf Musik Grundschule (1980)
Der neue verbindliche Lehrplan für Musik in der Grundschule wird zum Schuljahresbeginn 1984/85 eingeführt.
Zusatzmaterial wird nicht erarbeitet.
(Das Material „Musik in der Grundschule", wie es vom Staatlichen Institut für Lehrerfort- und -weiterbildung in Speyer erstellt wurde, wird weiterhin zu verwenden sein.)
Der bisherige Lehrplan ist veröffentlicht bei E. Sommer, Kirchheimer Str. 20, 6718 Grünstadt

Saarland

Lehrplanentwurf Musik Grundschule (1980)
Der augenblicklich gültige gemeinsame Lehrplan Rheinland-Pfalz/Saarland wird z. Z. überarbeitet. Es ist vorgesehen, für das Saarland einen eigenen Lehrplan herauszugeben. Der neue Lehrplan wird nicht vor Ende des Schuljahres 1983/84 vorliegen.
Der noch gültige Lehrplan (gemeinsam mit Rheinland-Pfalz) ist veröffentlicht bei E. Sommer, Kirchheimer Str. 20, 6718 Grünstadt

Schleswig-Holstein

Rahmenrichtlinien von 1978
Mit Handreichungen („Materialien für den Musikunterricht in der Grundschule in Schleswig-Holstein – Projektgruppe Grundschule, Fachbereich Musik –, Kiel")
Verlag Schmidt u. Klauing, Kiel

Literatur

Diese Zusammenstellung stützt sich im wesentlichen auf die Verzeichnisse der Autoren. Sie soll dem Benutzer einen zusammenfassenden Überblick über wichtige Literatur bieten und eine erste Einführung ermöglichen. Wer darüber hinaus spezielle Angaben sucht, findet sie in der Regel bei den einzelnen Beiträgen.

(Zusammenstellung: Ingrid Böhle)

1. Wörterbücher, Bibliographien und Zeitschriften

a) Wörterbücher

Gieseler, W. (Hrsg.): Kritische Stichwörter zum Musikunterricht, München 1978
Hopf, H/Heise, W./Helms, S. (Hrsg.): Lexikon der Musikpädagogik, Regensburg 1983
Kochan, B./Neuhaus-Simon, E.: Taschenlexikon Grundschule, Königstein 1979
Roth, L. (Hrsg.): Handlexikon zur Didaktik der Schulfächer, München 1980

b) Bibliographien

Kraemer, R.-D./Schmidt-Brunner, W. (Hrsg.): Musikpsychologische Forschung und Musikunterricht. Eine kommentierte Bibliographie, Mainz 1983
Schmidt, H. (Hrsg.): Der Grundschulunterricht 1968–1978, eine Literaturübersicht. Lernbereiche Kunst/Musik/Religion/Sport, Bd. 6 (Beihefte zum BIB-report, Beiheft 9), Duisburg 1979

c) Zeitschriften

Grundschule. Zeitschrift für die Grundschule des Schulwesens. Zeitschrift des Arbeitskreises Grundschule e. V., Braunschweig (erscheint monatlich)
Praxis Grundschule. Materialien für den Unterricht – Beihefte zur Zeitschrift „Grundschule", Braunschweig (erscheint vierteljährlich)
Grundschulmagazin, München (erscheint monatlich)
Musica. Gleichzeitig Organ des Internationalen Arbeitskreises für Musik c. V., Kassel (erscheint zweimonatlich)
Musik und Bildung. Zeitschrift für Musikerziehung. Mitteilungsblatt des Verbandes Deutscher Schulmusikerzieher e. V. (VDS); des Verbandes deutscher Musikerzieher und konzertierender Künstler e. V. (VDMK); des Arbeitskreises für Musik in der Jugend e. V. (AMJ); des Arbeitskreises Musikpädagogische Forschung e. V. (AMPF), Mainz (erscheint monatlich)
Musikpraxis. Arbeitshilfen für Musik in Kindergarten und Grundschule, Boppard/Salzburg (erscheint vierteljährlich)
Populäre Musik im Unterricht. Zeitschrift des Instituts für Didaktik Populärer Musik, Lüneburg (erscheint dreimal jährlich)
Neue Musik Zeitung (NMZ), Regensburg, Mitteilungsblatt des VDMS, der Bundesfachgruppe Musikpädagogik, des AfS und der Gesellschaft für Musikpädagogik (GMP) (erscheint zweimonatlich)
Zeitschrift für Musikpädagogik (ZfMP), Regensburg (erscheint viermal jährlich)

2. Allgemeine Didaktik und Schulpädagogik

Ashauer, G. (Hrsg.): Audiovisuelle Medien. Handbuch für Schule und Weiterbildung, Bonn 1980
Blankertz, H.: Theorien und Modelle der Didaktik, München [10]1979
Deutscher Bildungsrat: Die Eingangsstufe des Primarbereichs, Bd. 2/1. Spielen und Gestalten; Gutachten und Studien der Bildungskommission, Bd. 48/1, Stuttgart 1975

Haarmann, D. u. a. (Hrsg.): Lernen und Lehren in der Grundschule. Studienbuch für den Unterricht der Primarstufe, Braunschweig 1977
Haarmann, D. (Hrsg.): Unterrichtsmittel für Grundschüler. Ein Medienhandbuch der Primarstufe, Frankfurt 1974
Hänsel, D./Klemm, K.: Lernen in der Grundschule, Weinheim 1977
Hohmann, M. (Hrsg.): Unterricht mit ausländischen Kindern, Düsseldorf 1976
König, E./Schier, N./Vohland, U.: Diskussion Unterrichtsvorbereitung – Verfahren und Modelle, München 1980
Meyer, Hilbert: Leitfaden zur Unterrichtsvorbereitung, Königstein 1980
Reinert, G.-B. (Hrsg.): Pädagogische Interaktion zur Theorie und Praxis der Lehrerbildung, Königstein 1982
Roth, H. (Hrsg.): Begabung und Lernen. Deutscher Bildungsrat. Gutachten und Studien der Bildungskommission, Bd. 4, Stuttgart 1968
Sandfuchs, U. (Hrsg.): Lehren und Lernen mit Ausländerkindern, Bad Heilbrunn 1981
Schuldt, W. (Hrsg.): Soester Symposium Grundschule 1981, Landesinstitut Nordrhein-Westfalen, Soest 1981
Schwartz, E.: Die Grundschule – Funktion und Reform, Braunschweig 1969 (vergriffen)
Schwartz, E. (Hrsg.): Grundschulkongreß '69. Bd. 1: Begabung und Lernen im Kindesalter, Bd. 2: Ausgleichende Erziehung in der Grundschule, Bd. 3: Inhalte grundlegender Bildung, Frankfurt 1970
Theuring, W. (Hrsg.): Lehren und Lernen mit Medien – Beiträge aus Medienforschung und Medienpraxis. Festschrift Walter Cappel (Reihe AV-Forschung, Sonderband), München 1983

3. Musikpädagogik (schulstufenübergreifend)

Alt, M.: Didaktik der Musik, Düsseldorf [5]1980 (1968)
Antholz, H.: Unterricht in Musik, Düsseldorf [2]1972 (1970)
Antholz, H./Gundlach, W. (Hrsg.): Musikpädagogik heute, Düsseldorf 1975
Bastian, H. G./Klöckner, D. (Hrsg.): Musikpädagogik, historische, systematische und didaktische Perspektiven. Heinz Antholz zum 65. Geburtstag, Düsseldorf 1982
Behne, K. (Hrsg.): Gefühl als Erlebnis – Ausdruck als Sinn (Musikpädagogische Forschung Bd. 3), Laaber 1982
Dahlhaus, C. (Hrsg.): Funkkolleg Musik, Weinheim 1978
Hörmann, K.: Musikwahrnehmung und Farbvorstellung. Empirische Grundlagen für Unterricht und Therapie, Weil der Stadt 1982 (mit umfassender Bibliographie)
Kleinen, G. (Hrsg.): Kind und Musik (Musikpädagogische Forschung Bd. 5), Laaber 1984
Kleinen, G./Krützfeld, W./Lemmermann, H. (Hrsg.): Jahrbuch für Musiklehrer, Lilienthal/Bremen 1979/80 ff.
Lemmermann, H.: Musikunterricht, Bad Heilbrunn 1977, 3. verbesserte Auflage 1984
Lugert, W. D.: Grundriß einer neuen Musikdidaktik, Stuttgart 1975
Rauhe H./Reinecke, H.-P./Riebke, W.: Hören und Verstehen. Theorie und Praxis handlungsorientierten Musikunterrichts, München 1975
Schmidt, H.-Chr.: Musik in den Massenmedien Rundfunk und Fernsehen, Mainz 1976
Tschache, H. (Hrsg.): Handlungsorientierte Ansätze und Perspektiven praxisnaher Curriculumentwicklung im Schulfach Musik, Wolfenbüttel 1982
Venus, D.: Unterweisung in Musikhören, Ratingen 1969
Vogelsänger, S.: Musik als Unterrichtsgegenstand, Mainz 1970

4. Musikdidaktik für die Primarstufe

Fischer, W.: Musik in der Primarstufe, in: Roth, L. (Hrsg.): Handlexikon zur Didaktik der Schulfächer, München 1980
Fischer, W. u. a.: Musikunterricht Grundschule, Lehrerband, Mainz 1978
Fuchs, P./Gundlach, W.: Unser Musikbuch für die Grundschule. Dudelsack. Lehrerband, Stuttgart 1976

Große-Jäger, H.: Freude an Musik gewinnen. Erprobte Wege der Musikerziehung im Kindergarten, Freiburg 1983
Günther, U./Gundlach, W. (Hrsg.): Musikunterricht auf der Grundstufe. Diskussionsbeiträge und Materialien. Arbeitskreis Grundschule, Frankfurt 1974
Günther, U./Ott, Th./Ritzel, F.: Musikunterricht 1–6, Weinheim 1982
Küntzel-Hansen, M.: Lernfelder der Musik. Ein Lehrerhandbuch für den Musikunterricht an Grundschulen und Musikschulen, Hannover 1980

a) Musikunterricht auf der Grundstufe

Abel-Struth, S.: Musikalischer Beginn in Kindergarten und Vorschule. Bd. 1: Situation und Aspekte, Kassel 1971; Bd. 2: Praktikum, Kassel 1972; Bd. 3: Materialien, Kassel 1977
Abel-Struth, S.: Hörwelt und Musik, in: Deutscher Bildungsrat, Gutachten und Studien der Bildungskommission, 48/1, Die Eingangsstufe des Primarbereichs, Bd. 2/1, 151–171
Abel-Struth, S.: Musikalische Sozialisation. Musikpädagogische Aspekte, in: Musik und Individuum. Musikpädagogische Theorie und Unterrichtspraxis. Vorträge der 10. Bundesschulmusikwoche München 1974. Hrsg. von E. Kraus, Mainz 1974, 60 ff.
Abel-Struth, S.: Der musikpädagogische Umgang mit Kindern – und seine Irrtümer, in: Musica 36 (1982), 315 ff.
Abel-Struth, S./Groeben, U.: Musikalische Hörfähigkeiten des Kindes (Musikpädagogik, Forschung und Lehre, hrsg. von Abel-Struth, S., Bd. 15), Mainz 1979
Auerbach, L.: Hören lernen – Musik erleben, Wolfenbüttel 1972
Auerbach, L./Dreyer, G./Höhnen, H. W./Keller, W./Nitsche, P./Regner, H./Schneider, M./Stumme, W.: Die Musikschule, Bd. III, Musikalische Grundausbildung. Beiträge zur Musikdidaktik, Mainz 1974
Bentley, A.: Musikalische Begabung bei Kindern und ihre Meßbarkeit (engl. Ausgabe London 1966). Schriftenreihe zur Musikpädagogik, Frankfurt 1968
Deutscher Musikrat (Hrsg.): Musikunterricht an allgemeinbildenden Schulen und Musikschulen, in: Referate/Informationen 43, Dezember 1979, Bonn 1979, 29–31
Dotzauer, W.: Medien im Musikunterricht, in: Schmidt-Brunner, W. (Hrsg.): Methoden des Musikunterrichts, Mainz 1982, 185–205
Ewert, O.: Begabung und Begabungsmessung, in: Forschung in der Musikerziehung 3/4 (1970), 6–9
Fritze, Ch.: Die Förderung der auditiven Wahrnehmung, Regensburg 1979
Fuchs, P./Gundlach, W.: Unser Liederbuch Schalmei, Lehrerband, Stuttgart 1982
Fuchs, P./Gundlach, W.: Unser Liederbuch Schalmei, 1. Schuljahr. Lieder, Spiele und Tänze für den Anfangsunterricht, Lehrerbuch, Stuttgart 1983
Füller, K.: Lernzielklassifikation und Leistungsmessung im Musikunterricht, Weinheim 1974a
Füller, K.: Standardisierte Musiktests. Schriftenreihe zur Musikpädagogik, Frankfurt 1974b
Gruhn, W./Wittenbruch, W.: Wege des Lehrens im Fach Musik. Ein Arbeitsbuch zum Erwerb eines Methodenrepertoires, Düsseldorf 1983
Gundlach, W./Schmidt-Brunner, W. (Hrsg.): Praxis des Musikunterrichts. 12 Unterrichtseinheiten für die Primar- und Sekundarstufe I, Mainz 1977
Institut für Frühpädagogik (Hrsg.): Musik und Bewegung im Elementarbereich, München 1974
Kaiser, H. (Hrsg.): Musik in der Schule? Gespräche über Musik und Erziehung mit Sigrid Abel-Struth u. a. (Beiträge zur Musikpädagogik 1), Paderborn 1982
Kemmelmeyer, K. J./Probst, W. (Hrsg.): Quellentexte zur pädagogischen Musiktherapie, Regensburg 1981
Kraus, E. (Hrsg.): Schule ohne Musik? Musik und Musikunterricht in der Bildungsplanung, Analysen und Perspektiven. Vorträge der 11. Bundesschulmusikwoche Düsseldorf 1976, Mainz 1976

Lägel, H.: Instrument Musikraum, in: Schul-Management 5 (1978), 49–54
Lohmann, W.: Ansätze zu einer objektiven Bewertung von Leistungen im Musikunterricht (Schriften zur Musikpädagogik Bd. 10), Wolfenbüttel 1982
Merkt, I.: Deutsch-türkische Musikpädagogik in der Bundesrepublik, Berlin 1983
Müller-Bech, W./Stumme, W. (Hrsg.): Die Musikschule, Bd. I, Situationen – Meinungen – Aspekte, Mainz 1973
Noll, G./Suder, A. (Hrsg.): Musik im Vorschulalter, Regensburg 1974
Probst, W.: Das Besondere als das Normale annehmen, in: Neue Musikzeitung 3 (1981)
Probst, W./Vogel-Steinmann, W.: Musik, Tanz und Rhythmik mit Behinderten, Regensburg 1979
Schmidt-Brunner, W. (Hrsg.): Methoden des Musikunterrichts, Mainz 1982
Schmitt, R.: Kriterien zur Bewertung von Schülerleistungen im Musikunterricht, in: Musik und Bildung 13 (1981), 396–398
Schwenk, J./Meese, H. (Hrsg.): Audiovisuelle Medien im Musikunterricht (Schriftenreihe AV-Pädagogik, hrsg. vom Institut für Film und Bild in Wissenschaft und Unterricht), Stuttgart 1978
SIL-Projekt, Musik in der Grundschule. Staatliches Institut für Lehrerfort- und Weiterbildung des Landes Rheinland-Pfalz, Speyer 1980
Thema „Beurteilungskriterien im Musikunterricht", Aufsätze und Praxisberichte, in: Musikerziehung als Herausforderung der Gegenwart. Kongreßbericht der 13. Bundesschulmusikwoche Braunschweig 1980, Mainz 1981, 143–236
Wucher, D./Berg, H. W./Träder, W. (Hrsg.): Handbuch des Musikschul-Unterrichts, Regensburg 1979
Wucher, D. (Hrsg.): Konzerte für Kinder. Begründungen, Voraussetzungen, Beispiele, Regensburg 1977

b) *Lernfelder des Musikunterrichts*

Baader, U.: Kinderspiele und Spiellieder. Kinderspiellieder und Abzählreime, Tübingen 1979
Bannmüller, E.: Neuorientierung der Bewegungserziehung in der Grundschule, Stuttgart 1979
Berzheim, N./Meier, U.: Aus der Praxis der elementaren Musik- und Bewegungserziehung, Singen – Tanzen – Musizieren, Donauwörth 1982
Friedemann, L.: Kinder spielen mit Klängen und Tönen. Ein musikalischer Entwicklungsgang aus Lernspielen, Wolfenbüttel 1971
Fuchs, P.: Karlsruher Versuche für den Musikunterricht der Grundschule, Stuttgart 1974
Fuchs, P.: Musikhören, Stuttgart 1969
Glathe, B./Krause-Wichert, H.: Rhythmik. Grundlagen und Praxis, Wolfenbüttel 1978 ff.
Große-Jäger, H.: Notation von Musik als Unterrichtsfaktor, in: ZfMP 3 (1977), 40–49
Gundlach, W. u. a.: Musikerfahrung mit Instrumenten, Paderborn 1980
Günther, U./Ott, Th.: Musikmachen im Klassenunterricht, Wolfenbüttel 1984
Haselbach, B.: Improvisation, Tanz, Bewegung, Stuttgart 1976
Holzheuer, A.: Musik- und Bewegungserziehung im Kindergarten und Grundschule, Bad Heilbrunn 1980
Jehn, M./Jehn, W.: Musikalische Spielzeugkiste, Lilienthal/Bremen 1979
Klusen, E.: Singen – ein Prozeß. Notizen aus der Wirklichkeit, in: Musica 33 (1979), 331–335
Kohlmann, W.: Projekte im Musikunterricht, Weinheim 1978
Küntzel-Hansen, M.: Musik mit Stimmen, Hannover 1972
Küntzel-Hansen, M.: Probleme des Kinderliedes heute, in: Musik und Bildung 13 (1981), 220–225
Küntzel-Hansen, M.: Instrumentenbuch für Kinder, Velber 1972
Loos, H.: Gesungene Musik im Unterricht – einige gute Gründe für Hörerziehung durch Vokalmusik, in: ZfMP 20 (1982)
Martini, U.: Musikinstrumente – erfinden, bauen, spielen, Stuttgart 1980

Merkt, I.: Kinderlieder heute. Für Kleine gedacht – von Großen gemacht, in: Musik und Bildung 13 (1981), 225–229
Merkt, I.: Singen oder Denken – Spaß oder Ernst? in: Grundschule 14 (1982), 169 ff.
Meyer-Denkmann, G.: Klangexperimente und Gestaltungsversuche im Kindesalter, Wien 1970
Meyer-Denkmann, G.: Struktur und Praxis neuer Musik im Unterricht, Wien 1972
Modellversuch Rhythmik und Tanz in der Schule, Remscheid – im Bundesmodellversuch „Künstler und Schüler" – Primarstufe – 1978 bis 1981. Eine Dokumentation. Hrsg. Redaktionsgruppe Grundschule 1981
Musik und Bildung: Aufsätze zum Thema Instrumentenbau in und für den Musikunterricht, Hefte 10 (1981) und 4 (1982)
Musik und Bildung: Aufsätze zum Thema Lied und Singen, 12 (1980) und 14 (1982)
Neuhäuser, M. u. a.: Musik zum Mitmachen (Schallplatte) und Spiel-mit-Sätze, Frankfurt 1982
Paynter, J./Aston, P.: Klang und Ausdruck, Wien 1972
Rectanus, H.: Das Aufschreiben von Musik als Form der musikalischen Analyse: Erfahrung mit Vor- und Grundschulkindern beim Musikhören und Notieren, in: Kontakt, Bd. 4, Stuttgart 1975
Reinhardt, F.: Schüler machen Musik mit technischen Medien, Stuttgart 1982
Schaarschmidt, H.: Die instrumentale Gruppenimprovisation. Modelle für Unterricht und Freizeit, Regensburg 1983
Schleuning, P. (Hrsg.): Kinderlieder selber machen, Reinbek b. Hamburg 1978
Schmidt, H.-Chr.: Versungen und Vertan? Das Lied als problematischer Gegenstand der Musikpädagogik, in: ZfMP 13 (1981), 32–40
Schmolke, A./Tiedt, W.: Rhythmik/Tanz in der Primarstufe, Wolfenbüttel 1978
Segler, H.: Macht Singen dumm? Ein Beitrag zu den Theorieversuchen des Singens in der Schule, in: Westermanns Pädagogische Beiträge 3 (1976), 139–141
Spangenberg/Poppel: So einfach ist Theater, München 1979
Steiner, L./Engel, I.: Rhythmische Kurzspiele, Regensburg 1980
Steiner, L./Engel, I.: Musikalische Kurzspiele, Regensburg 1982
Sündermann, H./Ernst, B.: Klang – Farbe – Gebärde. Musikalische Grafik, Wien und München 1981
Stöcklin-Meier, S.: Sprechen und Spielen. Alte und neue Wortspiele mit Fingern, Händen, Füßen, Schatten und Requisiten, Ravensburg 1980
Vogelsänger, S.: Grafische Darstellung als Hilfsmittel der Werkinterpretation, in: Rectanus, H.: Neue Ansätze im Musikunterricht, Stuttgart 1972

Autoren

Dr. *Werner Abegg,* Professor, Universität Dortmund, Seerosenweg 11, 4600 Dortmund 50

Dr. *Sigrid Abel-Struth,* Professor, Universität Frankfurt/M., Institut für Musikpädagogik, Dörnweg 36, 6236 Eschborn

Dr. *Eva Bannmüller,* Professor, Pädagogische Hochschule Ludwigsburg, Stirnbandstr. 13, 7000 Stuttgart

Dr. *Ingrid Böhle,* Dipl.-Päd., Universität Dortmund, Pulverstr. 27, 4600 Dortmund 50

Hans-Bruno Ernst, Studiendirektor, Kath. Universität Eichstätt, Wachtelweg 5, 8800 Dillingen

Dr. *Wilfried Fischer,* Professor, Universität Köln, Ingendorfer Weg 47a, 5000 Köln 30

Peter Fuchs, Professor, Pädagogische Hochschule Karlsruhe, Kantstr. 1, 7552 Durmersheim

Dr. *Martin Geck,* Professor, Universität Dortmund, Stockumer Bruch 66, 5810 Witten-Stockum

Hermann Große-Jäger, Professor, Universität Bielefeld, Geschwister-Scholl-Str. 8, 4400 Münster

Dr. *Ulrich Günther,* Professor, Universität Oldenburg, Husbrok 4, 2900 Oldenburg

Dr. *Willi Gundlach,* Professor, Universität Dortmund, Markusstr. 13, 4600 Dortmund 30

Walter Heise, Professor, Universität Osnabrück, Drosselweg 9, 4513 Belm

Otto Junker, Dipl.-Päd., stellvertr. Leiter des Ausbildungsseminars für Grundschulen Bochum, Kolmarer Str. 2, 4600 Dortmund 1

Dr. *Dieter Klöckner,* Akademischer Oberrat, Universität Bonn, Josef-Kuth-Str. 24, 5300 Bonn 1

Dr. *Niels Knolle,* Akademischer Oberrat, Universität Oldenburg

Dr. *Rudolf-Dieter Kraemer,* Professor, Musikhochschule Westfalen-Lippe, Ida-Gerhardi-Weg 19, 4930 Detmold

Dr. *Gottfried Küntzel,* Professor, Hochschule Lüneburg, Am Neuen Felde 28, 3140 Lüneburg

Dr. *Heinz Lemmermann,* Professor, Universität Bremen, Trupe 25, 2804 Lilienthal

Dr. *Irmgard Merkt,* Akademische Rätin, Universität Dortmund, Stockumer Bruch 66, 5810 Witten-Stockum

Cornelia Nest, Dipl.-Päd., Universität Dortmund, Bergstr. 40, 4690 Herne 1

Dr. *Günther Noll,* Professor, Universität Düsseldorf, Amandusstr. 72, 5000 Köln 71

Dr. *Werner Probst,* Professor, Universität Dortmund, Auf dem Aspei 69a, 4630 Bochum

Dr. *Eva Rieger,* Akademische Rätin, Universität Göttingen, Am weissen Stein 18, 3400 Göttingen

Dr. *Rainer Schmitt,* Professor, Pädagogische Hochschule Ludwigsburg, Narzissenweg 17, 7153 Weissach im Tal – Oberweissach

Helmut Segler, Professor em., Universität Braunschweig, Rudolf-Wilke-Str. 11, 3300 Braunschweig

Dr. *Dankmar Venus,* Professor, Universität Göttingen, Erziehungswiss. Fachbereich, Waldweg 26

Dr. *Siegfried Vogelsänger,* Professor, Fachhochschule Niederrhein, Abteilung Mönchengladbach, Bellevue, B-4670 Montzen/Belgien

Horst Weber, Regierungsschuldirektor, Landesinstitut für Curriculumentwicklung, Lehrerfortbildung, Neuss, Schumannstr. 32, 4100 Duisburg 46

Karl Weber, Schulfunkredakteur WDR, Junkersbusch 18, 5200 Siegburg

Dr. *Rudolf Weber,* Professor, Universität Osnabrück, Roonstr. 17, 4500 Osnabrück

Register

Abstraktionsvermögen 373
Affekte 377
Alltagsbewußtsein von Kindern/Schülern 468
Altersstufe 157
anthropologische Grundbedingungen des Lernens 236 ff.
Arbeitsformen 360
Arbeitsgemeinschaft Curriculum Musik 227
auditive Wahrnehmungsförderung 425
Auffälligkeits-Sammlung 192
Aufgabenformen 346
Aufgreifen des Liedgutes der Kinder 48
Ausbildungslehrer 470
Ausbildungsmethoden 470
Ausländerpolitik 284
Avantgarde-Musik 135

Bedingungen des Musikunterrichts 320
Bedingungsanalyse 325, 332
Begabung 345
Beratungsfunktion des Musiklehrers 466
Beurteilen 466
Bewegung und Musik 138 ff.
Bewegung zur Musik 510
Bezugsfelder der Musiktheorie 204 ff.
Bildrepertoire 260
bildungspolitische Bedeutung von Grundschule und Musikschule 430 f.
Bildungs-/Schulreform 446 ff., 452

Call-response-Prinzip 56 f.
Chancen frühen musikalischen Lernens 358
Curriculum 227

Deutschlandlied 39 f.
didaktisch aufbereiteter Partiturausschnitt 309
didaktisch aufbereitetes Tonband 308
didaktische Literatur, Zeitschriften 449 f., 455

didaktisch-methodische Idee 299
didaktische Modelle 279
didaktische Struktur 300
Differenzierung der hörenden Wahrnehmung 191
Direct Teaching 520
Doppelstrategie 285

Eingangsstufe 274
Einstieg in den Bereich Musikhören 197
Einstellungen, Vorurteile 371
Elementarbereich 405
elementarer musiktheoretischer Ansatz 202 ff.
Enrichment 520
entdeckendes Lernen 382
Erfinden von Liedern und Stimmaktionen 49 ff.
Erfolgskontrolle 340
Erlebnis 254
Erlebnisbild 254
Erziehen 463 f.
Evaluation 341
experimentell-entdeckender Umgang mit Instrumenten 122

Fachlehrer 21
Fachleiter Musik 470
Fachseminar Musik 470
fachwissenschaftlicher Unterricht 471
fächerübergreifende Lernsequenz 330, 333, 469
Fernsehen 240, 249 f.
Fernsehserien 508
Filmarbeit 518 f.
Freizeitgestaltung 425

geistig Behinderte 422
Gesamtkunstwerk 254 f.
Gesamtschule 227 ff.
Gesamtunterricht 276
Gestaltungsversuch 217 f.
Götsch, Georg 113 f.

graphische Notation 194, 213f., 257, 261
Gruppenarbeit 336, 338

Handlungsorientierung 319, 467
Hilfsmittel (soft-Ware) 501
Hörerwartung 305
Hören klassischer Werke 513
Hörerziehung 138
Hörspiel 517
Hörverhalten 173

Imitationslernen 384
Improvisation 511
– freie 126
– traditionell gebundene 126
informierender Unterricht 218f.
Innovation 467
Instrumentalspiel
– mit Behinderten 425
– nach graphischer Notation 125
– nach traditioneller Notation 123
Instrumente (Grundausstattung) 499
Instrumentenkunde 512
– beschreibende 127
Instrumenten-Selbstbau 128, 133ff.
interkultureller Unterricht 286

Katalog von Lernzielen 177
Kategorien des Musikhörens 190
Kinderlied 323, 506
Kinderlied-Typen 66ff.
Kinderliedermacher 506
Kinderschallplatten 505
kindliche Formen des Erfahrungserwerbs 359
Klangerwartung 194
Klanggeschichten 330
Klangspiele 271
Körperbehinderte 422
Kontext Sendungen 520
„Konzertgespräch" 190
Kreativität 334
Kreisspiele 155

Lehrbücher, Lehrwerke, Liederbücher 20, 445, 449f.
Lehrer
– Altersstruktur 452ff.
– Fachlehrer-Klassenlehrer-Problem 447, 457
– für Grund- und Hauptschulen 443, 447, 455

– Hilfslehrer 452f., 455
– Gesangslehrer 451
– Stufenlehrer 443, 446f.
– Volksschullehrer 442f., 447, 452f., 455
Lehrerausbildung
– geschichtlicher Überblick 451ff.
– Inhalte, Themen 445, 447f.
– Gliederung, Studienbereiche 442, 444, 458
– Organisation 441
– Qualifikation 443, 456
– Struktur, Ziele 442f.
– Studiendauer 442
Lehrer-Ausbildungs-Institutionen
– Hochschule für Lehrerbildung (AfL) 452f., 455
– Lehrerbildungsanstalt (LBA) 452f.
– Lehrerseminar 452f.
– Pädagogische Akademie (PA), Pädagogisches Institut (PI) 452f.
– Musikhochschule, Hochschulen der Künste (HdK; Berlin) Kunsthochschule 441f., 444, 446
– Pädagogische/Erziehungswissenschaftliche Hochschule (PH/EWH) 441f., 446, 453
– Universität, Gesamthochschule (GHS), wissenschaftliche Hochschule 441f., 444, 446
Lehrerfortbildung
– allgemein, Lehrgangsorganisation 475
– allgemein, Ziele 473
– Musik Grundschule 473
– Musik Grundschule, Ist-Stand 479
– Musik Grundschule, Lehrgangsgestaltung 476
– Musik Grundschule, Lehrgangstypen 482
– Musik Grundschule, Soll-Stand 483
– Weiterbildung 456f.
Lehrpläne, Richtlinien 19, 118f., 449ff.
– für die musikalische Grundausbildung 432f.
Leistungsbewertung 351
Leistungskontrolle 340
Leistungsmessung 340
Lernbarrieren 364
Lernbehinderte 421
Lernfelder 25, 468
Lernfeld Musikhören 176
Lernpsychologie und Musikunterricht 320, 336

Lernzielorientierung 321
Liedbrücke 194
Liedeinführung 324 f.
Lieder, Auswahlkriterien 46, 74 ff.
Lieder der Kinder 71 f.
Lieder für Kinder 67 ff.
Liederbücher 97 ff.
Liedformen 72 ff.
Liedidyllen des 19. Jahrhunderts 67 f.
Liedkantaten 272
Liedpräferenzen 61 ff.
Liedrepertoires 61 ff.

Massenmedien 370
Märchenvertonungen 511
Medien 337
Medienerziehung 240, 249
Melodieformeln 158 ff.
Mensch als ganzheitliches Wesen 170
Methoden 322, 327, 335
Methoden der Liedvermittlung 89 ff.
Methodenrepertoire 190
Mitmachen 509
Modellversuche an Musikschulen 435
Motivationsphase 316
Musical 512
Musikalische
– Begabung 361
– Einstellung 397 ff.
– Entwicklung 365
– Früherziehung 406
– Graphik 254
– Grundausbildung 431 ff.
– Hörfähigkeiten 393 ff.
– Leistungsaspekte 342
– Lernbereiche 342
– Motivation 398
– Präferenzen 398
Musikalitätstests 364
Musik – Bild – Galerie 189
Musikfachraum 493
Musikhören 433
– subjektives Ereignis 174
– Werke mit Liedmelodien 60 f.
Musik im Kindergarten 405, 408
Musiklehrgänge – Definition 474
Musikmachen 381
Musikmachen mit Liedern 48 f.
Musikmalen 258
musikpädagogische Forschung, Promotions-/Habilitationsrecht 445 f., 450 f.
Musikschule 429 ff.

Musikschule und Behinderte 425
Musiktheorie 200
Musiktherapie, pädagogische 426 f.

nachahmende Musik 136
Nachahmungsmusik 221 f.
Naturvolk-Musik 134 f.
Notenlehre 434
Noten-Puzzle 194
Notenschrift 172, 210 ff.
– Bedeutung für die Grundschule 212 f.

Orff, Schulwerk 111 ff., 115 ff.
Organisationsformen der Grundschule 429
Organisationsformen der Musikschule 429

Para-Komposition 193
Parodien 52, 71
Planungselemente 320
Planungsmodelle 320
Poser, Klavierstücke 185
Produktauswertung 312
Projektunterricht 133
psychische Nähe 243

Raumorganisation 311
religiöse Lieder 508
Repertoirebildung, musikalisch/bildnerisch 261 f.
rhythmische Bewegungserziehung 399 ff.
rhythmische Fähigkeiten 399 ff.
Richtlinien 462

Sachanalyse 306
Schalleigenschaften 228 ff.
Schlager 508, 517 f.
Schubert, Oktett op. 166 180
Schülerinteresse 309
Schülerorientierung 179
Schulfunk 520
Schulgottesdienst 271
Schulleben 267
Schulmedien (Überblick) 489
schulpraktisches Musizieren 470
Sendeformen 521
Sensibilisierung der Wahrnehmung 228
Singen 37 ff., 471
Singdidaktik 45
Singgeschichte 313
Sonderschulen 420 f.
Sozialformen 311

Sozialisation 226, 369
Spiel 385
Spiellieder 95
Spielweise von Instrumenten 121
Sprache in der Musiktheorie 215 f.
Sprechen über Musik 379, 395 ff.
„Stadtbummel" 189
Stimmaktionen 55, 164 f.
Stimmbildung 91 f.
Stimmumfang 91
Strichpartitur 310
Strophenlieder 72 ff.
strukturelles Hören 222 f.
Systematik des Umgangs mit Lied und Stimme 46 f.
szenisches Spiel 146
szenische Spielformen zu Liedern 93 f.

Tanzen 330
Tanzformen 156
Tanzformen zu Liedern 93
Tänze der Kinder 154
Tänze in der Reihe 155
tänzerische Musik 219 f.
technische Geräte (Grundausstattung) 501
Teilrealisation 193
Test(s)
– arten 344
– auswertung 352
– Bentley 345
– informelle 345
– Seashore 345
– standardisierte 344
Tonbandarbeit 516 ff.
Transformation (Transposition) 195
türkische Musikkultur 290
Umdenken, begriffliches 255
Unterrichten 465
Unterrichtsatmosphäre 361
Unterrichtsbeispiele zu Lied und Singen 76 ff.
Unterrichtseinheit 320, 332
Unterrichtsplanung 318

Vorbereitungsdienst 461 f., 469

Wahrnehmung 373
Wahrnehmungserziehung 138
Waldorf-Pädagogik 238 f.
Werkvergleich 195
Wirkungsanalyse 196

Zensurengebung 342, 352
Zuordnungsverfahren 192
Zusammenarbeit von Grundschule und Musikschule 434
Zusammenhang Hören – Sehen – Denken 171

LP's für die GRUNDSCHULE bei SCHWANN

Die Liederfibeln
Die Lieder der Liederfibel
LP H&L 103/MC 22103
Die Weihnachtsliederfibel
LP H&L 109/MC 22109
Die Tierliederfibel
LP H&L 112/MC 22112
Die Gute-Nacht-Liederfibel
LP H&L 118/MC 22118
Auch als Geschenkalben mit 16seitigen, farbigen Beiheften lieferbar
Sing mit – Spiel mit 1
LP H&L 102/MC 22102
Sing mit – Spiel mit 2
LP H&L 104/MC 22104
Sing mit – Spiel mit 3
LP H&L 106/MC 22106
Sing mit – Spiel mit 4
LP H&L 1/8/MC 22108
Sing mit – Spiel mit 5
LP H&L 110/MC 22110
Gespielt und gesungen vom Kindermusikstudio Saarbrücken unter der Leitung von Christa Frischkorn

Zum Mitturnen und Nachspielen
Christa Frischkorn
Mischa und der Tausendfüßler
Sabine geht in den Zoo
Eine „Turn mit – Tanz mit"-Platte mit dem Kindermusikstudio Saarbrücken
LP H&L 115/MC 22115
Serge Prokofieff
Christa Frischkorn
Peter und der Wolf
zum Nachspielen
LP H&L 120/MC 22120

Musik für Kinder
Maurice Ravel/Mutter Gans
vorgestellt und erläutert
von Gerd Albrecht
AT 95003 digital

**Richard Strauss/
Till Eulenspiegels lustige Streiche**
vorgestellt und erläutert
von Gerd Albrecht
AT 95004 digital

**Serge Prokofieff/
Peter und der Wolf für Kenner**
erläutert von Gerd Albrecht, erzählt von Boy Gobert und gespielt vom RIAS-Jugendorchester
AT 95006, Album mit farb. Buch

**Friedrich Smetana/
Die Moldau**
erläutert und vorgestellt
von Gerd Albrecht
AT 95005 digital

Kindersinfonien
Leopold Mozart/Joseph Haydn
VMS 2035 stereo

**Musikinstrumente,
wie man sie spielt 1**
Streicher und Holzbläser
AT 95001 stereo

**Musikinstrumente,
wie man sie spielt 2**
Blechbläser, Pauken, Schlagzeug, Harfe
AT 95002 stereo

Schwann-Bagel GmbH
Am Wehrhahn 100
4000 Düsseldorf 1
Tel. (02 11) 36 03 01

Herausgegeben von
Hermann Große-Jäger

musik✱praxis

Die Zeitschrift, die sich seit Jahren bewährt

ARBEITSHILFEN für MUSIK in Kindergarten und Grundschule

Erscheint vierteljährlich
Jahres-Abonnement
DM 19,80

Die einzige Zeitschrift,
die regelmäßig praxiserprobte Materialien
für den Unterricht in der Grundschule bringt:

Vermittlung und Gestaltung von Liedern / Musikhören / Tänze und Bewegungsspiele / Spiel-mit-Stücke / Klanggeschichten / Einführung in große Musikwerke / Musikpädagogische Themen / Schallplatten-Besprechungen /

Fordern Sie bitte den ausführlichen Prospekt an

FIDULA D 5407 Boppard
A 5033 Salzburg

MUSIKPÄDAGOGIK bei SCHWANN

Hans Günther Bastian, Dieter Klöckner (Hrsg.)
Musikpädagogik
Historische, systematische und didaktische Perspektiven
228 Seiten, Broschur – ISBN 3-590-14548-X

In einem gesamtthematischen Konzept (Musikpädagogik und ihre Studienbereiche) konkretisieren die einzelnen Beiträge namhafter Musikpädagogen und Musikwissenschaftler das Spektrum heutiger Musikpädagogik aus historischer, systematischer und didaktischer Perspektive.

Wilfried Gruhn, Wilhelm Wittenbruch
Wege des Lehrens im Fach Musik
Ein Arbeitsbuch zum Erwerb eines Methodenrepertoires
240 Seiten, Broschur – ISBN 3-590-14549-8

Das Buch untersucht das Methodenproblem im Unterricht und vermittelt einen Überblick über verschiedene methodische Ansätze des Lehrens und Lernens.

Ekkehard Kreft (Hrsg.)
Lehrbuch der Musikwissenschaft
600 Seiten, Polyleinen – ISBN 3-590-14456-4

Eine zusammenfassende Darstellung der Teilbereiche des Faches Musikwissenschaft.

Heinz Antholz, Willi Gundlach (Hrsg.)
Musikpädagogik heute
Perspektiven, Probleme, Positionen
261 Seiten, Broschur – ISBN 3-590-14223-5

Heinz Antholz
Unterricht in Musik
256 Seiten, Broschur – ISBN 3-590-14505-6

Michael Alt
Didaktik der Musik
292 Seiten, Broschur – ISBN 3-590-14203-0

Musik aktuell

Informationen, Dokumente, Aufgaben

Ein Musikbuch für die Sekundar- und Studienstufe von Werner Breckoff, Günter Kleinen, Werner Krützfeldt, Werner S. Nicklis, Lütz Rössner, Wolfgang Rogge und Helmut Segler. Neunte, ab der fünften verbesserte Auflage.

Musik aktuell

Analysen, Beispiele, Kommentare

Für die Sekundar- und Studienstufe. Herausgegeben und jeweils mit einem didaktischen Kommentar versehen von Helmut Segler. Redaktion: Ingrid Grünberg

1
Wolfgang Rogge: Neue Musik
Behandlung von neun charakteristischen Beispielen aus dem Schaffen namhafter zeitgenössischer Komponisten.
Dazu: Klangbeispiele (LP)

2
Diether de la Motte: Form in der Musik
Eine „Lehre des Formens" in 17 in sich abgeschlossenen Kapiteln.
Dazu: Klangbeispiele (LP)

3
Josef Kuckertz: Musik in Asien I
Indien und der Vordere Orient: Ägypten, Mesopotamien, Alt-Israel, Äthiopien, Afghanistan, Iran, Marokko, Türkei und Tunesien. Erster Teil einer Reihe von Heften über außereuropäische Musik.
Dazu: Klangbeispiele (LP)

4
Hans-Christian Schmidt: Filmmusik
Eine Materialsammlung zu vielen bekannten Filmsequenzen, die zeigt, wie Filmmusik gemacht wird, was die Kritiker, Journalisten, Theoretiker und Systematiker gedacht und geschrieben haben, und die einen Ausblick auf den Sprachcharakter von Musik überhaupt ermöglicht.
Dazu: Klangbeispiele (2 LP)

5
Hanns-Werner Heister: Jazz
Eine Fülle von dokumentarischem Bildmaterial und biographische Notizen über Jazzmusiker, die allerdings nicht im Aneinanderreihen von Stories und Anekdoten steckenbleiben, sondern die soziale Situation des Jazzmusikbetriebes in den USA schlaglichtartig erhellen.
Dazu: Klangbeispiele (LP)

6
Helmut Schaffrath: Musik in Asien II
Südost- und Ostasien. In Vorbereitung
Dazu: Klangbeispiele (LP)

Liedermagazin

In Verbindung mit „Musik aktuell". Für die Sekundarstufen zusammengestellt und kommentiert von Werner Breckoff, Günter Kleinen, Heinz Lemmermann und Helmut Segler. Fünfte, überarbeitete Auflage.
Dazu: Klangbeispiele (LP)

Die einzelnen Ausgaben des Unterrichtskonzeptes „Musik aktuell" sind bereits für verschiedene Schultypen und Bezugsmöglichkeiten in mehreren Bundesländern zugelassen. Nähere Auskunft auf Anfrage.

Weitere Informationen in dem Sonderprospekt „Musik aktuell".

Bärenreiter